THE REAL ANTHONY FAUCI

This Korean edition published by arrangement with Skyhorse Publishing Inc.
through Shinwon Agency Co., Seoul

THE REAL
ANTHONY
FAUCI

백신의 배신

"안전하고 효과적"이라고 믿었던 백신의 추악한 민낯

"요제프 괴벨스 박사는 '한 번의 거짓말은 여전히 거짓말일 뿐이지만, 같은 거짓말을 천 번 되풀이 하면 진실이 된다'고 했다. 인류에게는 비극적인 일이지만, 파우치와 그의 졸개들이 퍼뜨린 거짓말은 수없이 많다. 로버트 F. 케네디 주니어는 수십 년 동안 축적된 거짓을 폭로한다."

— 노벨상 수상자, 뤽 몽타니에(Luc Montagnier)

"바비 케네디는 내가 만나본 사람 가운데 가장 용감하고 타협하지 않는 인물이다. 언젠가 그의 그러한 인품으로 인정받을 날이 온다. 우선 이 책을 읽어라."

— 폭스 뉴스 (Fox News) 전 앵커, 터커 칼슨(Tucker Carlson)

"역사를 통틀어 공포는 국민을 통제하고 조종하는 데 이용됐다. 민주주의에서 우리는 공포를 조장하는 주체에 대한 의문을 품을 권리와 의무를 지니고 있다. 로버트 F. 케네디 주니어는 최근 몇 년 동안 미국 국민이 박탈당했던 중요한 것을 지적하고 있다. 바로 한 가지 이상의 관점을 접할 기회다. 여러분이 이 책에 담긴 새로운 정보를 받아들이든가 거부하든가 선택할 수는 있지만, 적어도 경청은 해야 한다."

— 베스트셀러 〈The Gift of Four〉 저자, 개빈 드 베커(Gavin de Becker)

"로버트 F. 케네디 주니어는 법정 변호사로 일하면서 세계에서 가장 막강한 기업들을 상대로 사람들과 환경에 해를 끼친 책임을 물었다. 그런 기업들은 잘못을 인정하지 않았지만 거듭해서 판사들은 케네디의 주장이 옳다는 판결을 내렸다. 그가 제시하는 정보에 동의하든 동의하지 않든 늘 경청할 필요가 있다. 우리 모두 그의 주장에서 깨달음을 얻게 되기 때문이다."

— 베스트셀러 작가, 토니 로빈스(Tonny Robins)

"바비 케네디와 나는 코비드와 백신을 둘러싼 현재의 여러 가지 측면에서 이견을 보인다는 사실은 널리 알려져 있다. 우리는 파우치 박사에 대해서도 서로 다른 견해를 지니고 있다. 그러나 나는 바비의 주장에서 늘 깨우치는 게 있다. 그러니 이 책을 읽고 그가 내린 결론을 반박하라."

— 변호사, 앨런 더쇼위츠(Alan Dershowitz)

"케네디의 이 책을 통해 많은 미국인이 파우치의 실체를 알게 되었다는 데 의심의 여지가 없다. 파우치는 공개적인 토론을 억눌러 생명과학의 발전을 저해했다는 사실 말이다."

— 생명과학 연구 과학자, 제임스 라이언스 와일러(James Lyons-Weiler)

"주류 거대제약사들의 논조에 반하는 연구 결과들에 대해 수많은 탁월한 과학자와 의사들이 침묵한 이유가 궁금하다면 로버트 F. 케네디 주니어가 앤서니 파우치의 실체를 폭로한 이 책만 읽으면 된다."

— 버몬트 대학교 의과대학원, 산부인과 임상 조교수, 의사,
크리스티안 노스럽(Christiane Northrup)

"나는 내부자로서 상황이 어떻게 돌아가는지 안다고 생각했다. 그러나 이 책은 정부의 부패가 내가 생각했던 정도보다 훨씬 더 체계적이고, 뿌리 깊고, 만연해 있으며, 그 때문에 우리가 이 지경에 이르게 되었음을 분명히 보여준다."

— 바이러스학자, 면역학자, 분자생물학자, 의사,

로버트 멀론(Robert Malone)

"코비드-19 팬데믹에 이르기까지 지난 100년 동안의 역사를 깊이 파고들고 싶다면 〈백신의 배신〉은 필독서이다. 이 책은 파우치의 실체를 폭로할 뿐만 아니라 빌 게이츠와 거대제약사와 수많은 중요한 인물들의 거미줄처럼 얽힌 관계를 보여준다. 그들은 백신 주사와 마스크와 봉쇄령(lockdown)으로 어마어마한 금전적 이득을 올리고 세계적으로 전체주의를 실행할 방안을 모색하고 있다."

— Mercola.com 창립자, 조셉 머콜라(Joseph Mercola) 박사

"이 책은 금전적 이득과 권력을 쟁취하기 위해 인류를 배반한 한 인간(파우치)과 한 기관(국립보건원)에 관한 놀랍고 뒤틀린 진실을 보여준다. 미국 국민이 이 책에 담긴 진실을 안다면 수백만 명이 거리로 뛰쳐나와 인류 배반에 가담한 자들을 모조리 형사 처벌하라고 요구하며 시위를 벌일지도 모른다."

— NaturalNews.com 창립자, 마이크 애덤스(Mike Adams)

"앤서니 파우치에 관한 케네디의 책을 읽으면 벌어진 입이 다물어지지 않는다. 이 책은 정부의 최고위층에서 자행하는 탐욕, 부패, 그리고 배임에 관한 충격적인 내용이다. 일시적으로나마 의료 전체주의에 매료되었던 미국 국민이 깨어나기를 바라며, 그들이 각성하면 의료계의 왜소한 체구의 요제프 스탈린은 미국 역사상 가장 부패한 공직자로 기록될 것이다."

— 배우, 롭 슈나이더(Rob Schneider)

"로버트 F. 케네디 주니어는 파우치가 후천성면역결핍증후군(AIDS) 정책 조율 책임자로서 처참하게 실패한 내용을 이 책에 담았는데, 국립알레르기전염병연구소(NIAID) 소장으로서 코비드 백신 의무접종을 주장하기 전에 파우치가 과거에 자행한 심란한 행각을 엿볼 수 있다. 결국 파우치 박사는 어떤 사람인가? 미국 의료계는 마피아 조직처럼 부패한 사기 집단으로 전락했나? 로버트 F. 케네디 주니어의 책은 강력하고 설득력이 있다.

— 영화감독, 제작자, 시나리오 작가, 올리버 스톤(Oliver Stone)

"케네디의 책을 읽으면서 나는 파우치의 행각에 관한 철저하고 주도면밀한 수사가 이뤄져야 한다고 생각했다. 과거에 입찰을 조작했던 조직범죄단의 형사 범죄가 떠올랐다.

— 전 FBI 요원, 뉴욕지부 조직 범죄국 정책 조율 담당관으로 은퇴,
마이크 캠피(Mike Campi)

"로버트 F. 케네디 주니어는 지칠 줄 모르고 미국 국민이 제대로 된 정보를 바탕으로 의료 선택을 행사할 권리를 주장한다. 그는 오래전부터 전면에 나서서 고삐 풀린 거대 제약산업의 위험에 대해 경고해왔다."

— 〈The Beauty Myth〉, 〈Give Me Liberty〉, 〈Outrages〉 저자,
내오미 울프(Naomi Wolf)

"이 책이 폭로한 내용은 심란하고 충격적이다. 우리나라 정치체제, 정부 기관들이 얼마나 타락했고 주류 대중매체가 우리의 일상을 조종하고 통제하는 데 어떻게 이용되는지 적나라하게 보여준다."

— 음악가이자 음반 제작자, 랜디 잭슨(Randy Jackson)

헌사

오랜 세월 동안 앤서니 파우치 박사의 견해와 주장이 대중매체를 도배해왔고 따라서 과학자들이 그의 생각과 행동을 보편적으로 지지하거나 그가 과학과 의학을 대표한다고 추정하는 이들이 있을지도 모른다.

그러나 오히려 전 세계적으로 명성있는 수많은 과학자와 학자들이 코비드 팬데믹 당시 파우치 박사가 주장한 봉쇄령과 여러 정책에 반대했다. 그중에는 노벨상 수상자들, 자기 분야에서 뛰어난 업적을 쌓고, 왕성하게 연구논문을 발표하고, 세계적으로 인정받는 과학자들도 있다.

나는 투쟁의 선봉에 선 용감한 과학자와 의사들에게 이 책을 바친다. 그들은 그들이 평생 쌓아온 경력과 생계와 평판을 걸고 증거를 바탕으로 한 과학과 윤리적인 의료를 부르짖었다. 환자의 안위와 공중보건이라는 명분을 자신의 야심보다 우선한 이 용감한 이들은 큰 대가를 치르고 자신의 고결함을 지켜내었다. 그들이 언젠가는 영혼이 파괴된 의료 전문직과 기성 과학계를 치욕에서 구원해줄지 모른다. 이들 한 사람 한 사람은 민주주의 체제를 사랑하고 급격히 부상하는 의료권위주의에 저항하는 전세계 사람들에게 명료하게 진실을 말한다. 여러분의 품성, 용기, 뛰어난 통찰력, 경험주의와 비판적 사고에 대한 열정으로 내게 영감을 준 여러분 모두에게 감사드린다.

Dr. Harvey Risch, Yale University Professor of Epidemiology, Editor, Journal of the National Cancer Institute, Board of Editors, American Journal of Epidemiology (2014-2020), biostatistician

Dr. Robert Malone, original inventor mRNA and DNA vaccination technologies, NIH Accelerating COVID-19 Therapeutic Interventions and Vaccines (ACTIV) Clinical Working Group (2020), Editor-in-Chief, Journal of Immune Based Therapies and Vaccines (2007-2012), Salk Institute (1986-1989)

Dr. Geert Vanden Bossche, Senior Ebola Program Manager, Global Alliance for Vaccines & Immunization (2015), Head of Vaccine Development for Germany's Center for Infection Research (2017), vaccine developer at GSK (1995-2006), Novartis (2006), virologist

Dr. Michael Yeadon, Chief Scientist and vice-president of Pfizer's allergy and respiratory research division (1995-2011), respiratory pharmacologist

Dr. Luc Montagnier, Virologist, 2008 Nobel Prize in Physiology/Medicine

Dr. Wolfgang Wodarg, Chair of the Parliamentary Assembly, Council of Europe Heath Committee (1998-2010), member of German Parliament (1994-2009), pulmonologist

Dr. Peter McCullough, clinical cardiologist, vice chief of internal medicine at Baylor University Medical Center (2014-2021)

Peter Doshi, University of Maryland School of Pharmacy associate professor pharmaceutical health services, and Associate Editor at The British Medical Journal ix

Dr. Paul E. Marik, Founder, Front-Line Covid-19 Critical Care Alliance, Professor of Medicine, Chief of Pulmonary and Critical Care Medicine, Eastern Virginia Medical School

Dr. Pierre Kory, President and Chief Medical Officer of the Front-Line Covid-19 Critical Care Alliance, Former Associate Professor, Chief of Critical Care Service, Medical Director of Trauma and Life Support Center at the University of Wisconsin (2015-2020)

Dr. Byram Bridle, University of Guelph associate professor of Viral Immunology

Dr. Tess Lawrie, World Health Organization consultant, physician

Dr. Didier Raoult, Director, Infectious and Tropical Emergent Diseases Research Unit (France), physician and microbiologist

Dr. Peter Breggin, National Institute of Mental Health (1966-1968), Harvard Medical School (1963-1964), doctor of psychiatry, author of more than 40 books

Dr. Meryl Nass, physician, vaccine-induced illnesses, toxicology, expert delegate to the US Director of National Intelligence bio-threat study program (2008)

Dr. Vladimir Zelenko, Medical Director Monsey Family Medical Center, physician

Dr. Charles Hoffe, physician

Dr. James Todaro, physician

Dr. Scott Jensen, University of Minnesota Medical School Clinical Associate Professor, Minnesota State Senator (2016-2020), physician

Dr. Ryan Cole, pathologist

Dr. Jacob Puliyel, Director Department of Pediatrics and Neonatology, St. Stephen's Hospital (India), past member of India's National Technical Advisory Group on Immunization

Dr. Christiane Northrup, University of Vermont College of Medicine Assistant Clinical Professor of Obstetrics & Gynecology (1982-2001), physician, three-time New York Times bestselling author

Dr. Richard Urso, MD Anderson Cancer Center assistant professor (1993-2005), Chief of Orbital Oncology, scientist

Dr. Joseph Ladapo, Surgeon General of Florida, professor University of Florida College of Medicine, associate professor at UCLA's David Geffen School of Medicine, assistant professor of Population Health and Medicine at NYU School of Medicine

Dr. Martin Kulldorff, Harvard University professor of medicine, biostatistician, epidemiologist, expert in vaccine safety evaluations and monitoring infectious disease outbreaks

Dr. Michael Levitt, Stanford University biophysicist and professor of structural biology, 2013 Nobel Prize in Chemistry

Dr. Satoshi Ōmura, biochemist, 2015 Nobel Prize in Physiology/Medicine

Dr. Paul E. Alexander, US Department of Health & Human Services Senior Covid Pandemic Advisor (2020), WHO Pan American Health Organization (2020)

Dr. Clare Craig, UK National Health Service (2000-2015), pathologist, Oxford University and Cambridge University trained

Dr. Lee Merritt, US Navy physician and surgeon (1980-1989), past president Association of American Physicians and Surgeons

Dr. Sucharit Bhakdi, Microbiologist, head of the Institute of Medical Microbiology and Hygiene at University of Mainz (1991-2012)

Dr. Jay Bhattacharya, Stanford University Medical School professor, physician, epidemiologist, health economist, and public health policy expert focusing on infectious diseases

Dr. David Katz, Yale University, founder of Yale's Prevention Research Center, physician

Dr. John P.A. Ioannidis, Stanford University Professor of Medicine, Epidemiology and Population Health, physician-scientist

Dr. Sunetra Gupta, Oxford University epidemiologist, immunology expert, vaccine development, infectious disease mathematical modeling

Dr. Catherine L. Lawson, Rutgers University research professor, Institute for Quantitative Biomedicine

Dr. Salmaan Keshavjee, Harvard Medical School professor of Global Health and Social Medicine

Dr. Laura Lazzeroni, Stanford University professor of biomedical data science, professor of psychiatry and behavioral sciences

Dr. Cody Meissner, Tufts University professor of pediatrics, expert on vaccine development, efficacy, and safety

Dr. Lisa White, Oxford University professor of epidemiology and modeling

Dr. Ariel Munitz, Tel Aviv University professor of clinical microbiology and immunology

Dr. Motti Gerlic, Tel Aviv University, clinical microbiology and immunology

Dr. Angus Dalgleish, University of London professor of infectious disease,

Dr. Helen Colhoun, University of Edinburgh professor of medical informatics and epidemiology, public health physician

Dr. Simon Thornley, University of Auckland epidemiologist and biostatistician

Dr. Stephanie Seneff, Massachusetts Institute of Technology, Senior research

환자들을 치료한 영웅들

위에 열거한 인물들보다 잘 알려지지는 않았지만, 일선에서 환자들을 치료하고 오염되지 않은 과학적 진실을 추구하고, 권위주의적인 코비드 정책에 반기를 드는 데 자신의 전부를 건 수많은 의료 전문가와 박사 연구자들이 있다. 그 가운데 많은 이들이 수십 년 동안 묵묵히 최전선에서 투쟁을 벌여왔다. 한 사람 한 사람이 거대제약사 카르텔에 포획된 정부 규제당국, 타락한 의료전문협회, 대중매체, 소셜미디어, 의학 학술지, 그리고 정부가 후원하는 사실확인 기관들로부터, 정도의 차이는 있지만, 하나같이 비방과 중상을 당하고 축출되고 자격증을 박탈당하고 검열당했다. 그들은 조롱과 경멸의 대상이 되고 책임을 전가 당하고 희생양이 되고 논문이 철회되고 경력과 평판이 훼손되고 금전적으로 파산에 이르면서도 환자를 보호하고 진실을 포기하지 않았다. 마땅히 그 이름들을 빠짐없이 여기 언급해야 하지만 지면의 제약으로 인해 불가피하게 누락된 모든 분께 사과드린다. 여러분이 큰 희생을 치른 데 대해 위안 삼을 것이라고는 깨끗한 양심뿐이라는 사실이 유감스러울 따름이다.

그리고 선전 선동을 거부하고 검열에 맞서고, 자유와 인간의 존엄을 지키는 데 생사를 건 모든 진실 유포자들의 이름을 일일이 언급하지 못한 점에 대해서도 사과의 말씀을 드린다.

케이티 와이스먼(Katie Weisman)과 밸러리 케네디 체임벌린 (Valerie Kennedy Chamberlain)을 기리며

치밀하게 사실 확인 작업을 해준 케이티 와이스먼은 내가 이 책을 집필하는 동안 세상을 떠났다. 케이티는 백신으로 피해를 입은 세 자녀를 둔 헌신적인 아내이자 엄마였다. 화학요법으로 끔찍한 고통에 시달릴 때도 케이티는 주위의 만류에도 불구하고 무자비하게 사실 확인 작업을 이어갔다. 그녀가 마련한 토대를 바탕으로 우리는 실존적 진실 추구라는 무모한 작업을 할 조직을 구축했다. 그녀의 타협하지 않는 정직성은 우리의 운동을 고무했고 내가 진행한 수많은 프로젝트의 정확성을 담보했다. 그녀가 내게 보여준 우정에도 감사드린다.

밸러리 케네디 체임벌린은 은퇴한 고생물학자이자 대학교수로서 내가 손글씨로 쓴 〈타이메로설(Thimerosal: Let the Science Speak)〉 초안들을 타자기로 치고 사실 확인 작업을 했고, 세계 수은 프로젝트(World Mercury Project) 출범 당시부터, 그리고 훗날 아동건강보호(Children's Health Defense)에서, 저자, 편집자, 타자수로서 핵심적인 역할을 했다. 그녀는 훌륭한 친구이기도 했다.

Dr. Robin Armstrong

Dr. Cristian Arvinte

Dr. David Ayoub

Dr. Alan Bain

Dr. Richard Bartlett

Dr. Cammy Benton

Dr. Robert Berkowitz

Dr. Andrew Berry

Dr. Harvey Bialy

Dr. Thomas Borody

Dr. Joseph Brewer

Dr. Kelly Brogan

Dr. David Brownstein

Dr. Adam Brufsky

Dr. Zach Bush

Dr. Dolores Cahill

Dr. Teryn Clarke

Dr. Tom Cowan

Dr. Andrew Cutler

Dr. Roland Derwand

Dr. Joyce Drayton

Dr. Peter Duesberg

Dr. Alieta Eck

Dr. John Eck

Dr. Richard Eisner

Dr. Christopher Exley

Dr. George Fareed

Dr. Angelina Farella

Dr. Richard Fleming

Dr. Ted Fogarty

Dr. Silvia N. S. Fonseca

Dr. C. Stephen Frost

Dr. Michael Geier

Dr. Charles Geyer

Dr. Simone Gold

Dr. Gary Goldman

Dr. Russell Gonnering

Dr. Karladine Graves

Dr. Kenneth Gross

Dr. Sabine Hazan

Dr. Kristin Held

Dr. H. Thomas Hight

Dr. LeTrinh Hoang

Dr. Douglas Hulstedt

Dr. Suzanne Humphries

Dr. Stella Immanuel

Dr. Michael Jacobs

Dr. Tina Kimmel

Dr. Lionel H. Lee

Dr. Sin Han Lee

Dr. John Littell

Dr. Ivette Lozano

Dr. Douglas Mackenzie

Dr. Carrie Madej

Dr. Marty Makary

Dr. Harpal Mangat

Dr. Ben Marble

Dr. David E. Martin

Dr. John E. McKinnon

Dr. Shira Miller

Dr. Kari Mullis

Dr. Liz Mumper

Dr. Eileen Natuzzi

Dr. James Neuenschwander

Dr. Hooman Noorchashm

Dr. Jane Orient

Dr. Tetyana Obukhanych

Dr. Ramin Oskoui

Dr. Larry Palevsky

Dr. Vicky Pebsworth

Dr. Don Pompan

Dr. Brian Procter

Dr. Chad Prodromos

Dr. Jean-Jacques Rajter

Dr. Juliana Cepelowicz Rajter

Dr. C. Venkata Ram

Dr. David Rasnick

Dr. Salete Rios

Dr. Michael Robb

Dr. Rachel Ross

Dr. Moll Rutherford

Dr. Ed Sarraf

Dr. Martin Scholz

Dr. Bob Sears

Dr. Christopher Shaw

Dr. Marilyn Singleton

Dr. Kenneth Stoller

Dr. Kelly Sutton

Dr. Sherri Tenpenny

Dr. Paul Thomas

Dr. James Tumlin

Dr. Brian Tyson

Dr. Michelle Veneziano

Dr. Kelly Victory

Dr. Elizabeth Lee Vliet

Dr. Craig Wax

Dr. Rachel West

Dr. James Lyons-Weiler

Dr. Alexandre Wolkoff

Dr. Vicki Wooll

Dr. Bob Zajac

Dr. Andrew Zimmerman

감사의 말씀

·

주디스 컨리와 낸시 호커넨은 지렁이가 꿈틀거리며 기어가는 듯한 내 육필 원고를 해독하고 타자를 쳤고, 사실과 맞춤법을 확인하고, 웃음을 잃지 않고 참을성 있게 편집작업을 해준 든든한 우군이다. 그들이 해준 충고는 하나같이 소중했다.

로버트 멀론 박사, 실리아 파버, 메릴 내스 박사, GDB, 켄 매카시, 찰스 오틀립, 존 로리첸은 이 책 원고를 읽고 평가하고 인용할만한 자료를 제시하고 논평해주었다. 오류를 바로잡고, 유익한 제안을 해주고, 수많은 과학적 역사적 이슈에 관한 이해의 지평을 넓혀준 여러분 모두에게 감사드린다.

로라 보노, 리타 슈레플러, 브라이언 후커, 린 레드우드, 리즈 멈퍼, 재키 하인스, 캐리 샤제너는 아동건강보호 조직의 자료 조사와 사실 확인을 담당한 구성원으로서 늘 이상을 마음에 품고 열정적이고 성실하고 끈기있게 이 책 원고의 인용 자료를 찾고 사실 확인 작업을 해주었다. 아동의 건강과 민주적 원칙과 정밀함과 실존적 진실과 정확을 추구하는 숭고함에 헌신한 그들 모두에게 나는 큰 빚을 졌다.

메리 홀런드, 롤프 헤이즐허스트, 하이디 키드, 린 아놀드, 케리 번디, 앤젤라 브래든, 카트리나 부드로, 폴리 토미, 조이스 겐, 캐런 맥도너, 코넬리아 터커 마잰, 에이미 빌렐라 맥브라이드, 스테파니 로크리치오, 캐서린 폴, 에로웬 헌터, 재닛 매클린, 존 스톤, 디비안시 드위베디, 메건 레드쇼, 브라이언 버로우스, 애론 루이스, 커티스 코스트, 웨인 로드, 앨릭스 마이어, 크리스티나 크리스틴, 그리고 캐런 쿤츠는 아동건강보호 소속 전사들로서 민주주의, 정의, 공중보건을 지키는 투쟁에 삶을 바쳐왔다. 그들 모두가 직접적으로 또 간접적으로 이 책의 완성에 보탬을 주었다.

로빈 로스, 아일린 이오리오, 크리스틴 세버린, 제임스 라이언스-와일러, 조엘 스몰리, 제시카 로즈, 소피아 카스텐스는 자신이 지닌 재능과 가용자원을 총동원해서 연구조사와 관련해 시도 때도 없이 내가 던지는 질문에 신속하게 답변해 크게 보탬이 되었다.

믿음직스럽고 성실하고 절대로 휴대전화를 꺼놓지 않은 데이비드 화이트사이드에게 감사드린다.

이 책을 펴낸 〈스카이호스 퍼블리싱(Skyhorse Publishing)〉의 앤서니 라이언스와 헥터 커루소, 마크 곰퍼츠, 커스틴 달리, 루이스 콘티를 비롯한 여러 직원에게도 감사드린다. 그들이 불철주야 정중하게 나를 닦달한 덕분에 이 책이 제때 세상에 나오게 되었다.

마지막으로 참을성 있고 지혜로운 내 아내 셰릴 하인스가 아니었다면 나는 이 책을 집필하지 못했을지도 모른다. 그녀의 믿음직한 사랑이 내 허전한 공간을 꽉 채워주고 분노를 자아내는 세상사에 일희일비하지 않게 해준다. 서로 생각이 다를 때조차 너그럽게 나를 지지해주고 사랑해주고 웃음을 잃지 않는 아내에게 감사하다. 그리고 내 아이들, 바비, 코너, 카이라, 핀, 에이든, 캣에게도 고맙다. 내 아이들은 내가 그들에게 지워주는 짐을 긍정적으로 묵묵히 감당해내고 이 아비가 그들에게 사랑받고 있음을 항상 느끼게 해준다.

영문판 출판사 공지

과학적으로 도덕적으로 복잡한 문제는 다른 의견을 검열하고 인터넷에서 내용을 삭제하거나 권력층의 의견에 반하는 정보를 제시하는 과학자와 저자들의 명예를 더럽히는 방법으로 해결되지 않는다. 검열하면 오히려 정부 기관과 거대 기업에 대한 불신만 더 깊어진다.

이념이나 정치와 무관하게 명백한 사실은 지적해야 한다. 과학적 오류와 정책적 오류는 실제로 일어난다. 그리고 처참한 결과를 초래하기도 한다. 오류는 하자 있는 분석, 서두름, 오만, 그리고 때로는 부정부패에서 비롯될지도 모른다. 원인이 무엇이든 해결책은 열린 마음으로 탐색하고 성찰하고 끊임없이 재검토하는 데서 비롯된다.

과학과 공공정책은 절대로 정체되지 않는 게 이상적이다. 과학과 공공정책은 절차이고, 협업이고, 토론이고, 동반자관계다. 이 책으로 인해 난관에 봉착한 막강한 권력자들이 이 책에 잘못된 정보가 담겨있다고 주장한다면 우리의 대답은 간단하다. 이 책 어느 부분이 틀렸는지 지적하고 최선을 다해 반박하고 그런 반박을 뒷받침할 자료를 제시하라. 우리는 대화, 비판, 참여를 권장하고 독려하며 어떤 제안이든 빠짐없이 경청하고 심사숙고하겠다.

팬데믹 상황이 급속히 펼쳐지는 와중에 〈백신의 배신〉이 출간됐고 정보 검열과 억압이 시행되고 있으므로 이 책은 살아있는 문서로 접근하는 게 최선이다. 이 책에 담긴 수천 개의 참고자료나 인용 자료를 보완하거나 더 보탤 새로운 정보가 등장하면 새로운 참고자료는 아래에 있는 QR 코드와 이 책에 전반적으로 포함된 QR 코드를 통해 제공하도록 하겠다.

우리는 논쟁의 대상인 수많은 이슈에서 서로 다른 관점을 지닌 저자들의 책을 출간했다. 그게 우리가 할 일이다. 책을 출간하는 일은 광장을 만들어 할 말이 있는 사람들에게 발언할 기회를 주고 경청하고 싶은 사람에게 귀 기울일 기회를 주는 일이다. 앨런 더쇼위츠 말마따나, "나는 바비의 주장을 읽거나 들으면 늘 깨달음을 얻는다." 나는 더쇼위츠의 발언에서 한 발 나아가, 바비가 저자로서 얼마나 원칙적이고 철두철미한지 그리고 이 책을 집필하면서 얼마나 꼼꼼하게 자료를 조사했는지 직접 겪어보았다.

이 중요한 여정을 여러분과 함께해 기대된다.

앤서니 라이언스
스카이호스 퍼블리싱

ChildrensHealthDefense.org/fauci-book

childrenshd.org/fauci-book

최신 정보, 새로운 인용 자료나 참고자료는

편집자 주: 편의상 이 책에서는 SARS Cov-2 바이러스와 Covid-19 질병을 코비드-19(COVID-19)라고 칭한다.

THE REAL ANTHONY FAUCI

들어가는 말

현대 의학 연구가 추구하는 일차적 목적이 미국 국민의 건강을
가장 효과적이고 효율적으로 개선하는 일이라는 환상을 버려야 한다.
기업이 자금을 대는 임상 연구의 일차적인 목적은 건강 증진이 아니라
투자에 대한 금전적 수익의 극대화이다.

― 하버드 의과대학원, 의사, 존 애브람슨(John Abramson)

내가 이 책을 쓴 이유는 미국인들이 ― 그리고 전 세계 시민들이 ― 2020년에 시작된 당
혹스러운 격변의 역사적 토대를 이해하도록 돕기 위해서이다. 그 끔찍한 1년 사이, 자유
민주주의는 전 세계적으로 붕괴하기 시작했다. 이상주의적 생각을 지닌 미국 국민이 자
유, 보건, 민주주의, 시민권, 공공정책의 수호자라고 믿고 의지했던 대중매체, 정부와 보건
당국, 소셜 미디어의 유명인사들은 일치단결해 국민의 표현의 자유와 개인의 자유에 일격
을 가했다.

대중이 신뢰했던 기관들은 갑자기 일치단결해 공포를 조장하고, 복종을 강요하고, 비
판적 사고를 억제하며 70억 인구를 줄 세웠으며, 제대로 임상실험을 거치지도 않고 부적
절하게 허가된 신약으로 공중보건 실험을 하기 시작했다. 이 신약의 위험성에도 불구하
고 제조사들은 지구상의 모든 정부가 그들을 면책조항으로 보호해 주지 않으면 약을 생
산하지 않겠다고 으름장을 놓았다.

서구 진영 전역에 걸쳐, 공포에 사로잡힌 시민들은 전체주의의 대중 선전 선동, 검

열, 공포 조장, 과학 조작, 토론 억압, 반론자들의 중상비방, 시위 금지 등을 겪을 수밖에 없었다. 제조사들이 아무런 책임도 지지않는 실험 약물 강제 접종에 반대한 양심적 거부자들을 상대로 대중매체와 기관들은 합심해 책임을 전가하고, 소외하고 희생양으로 삼았다.

입법부의 승인이나 사법부의 검토, 위험평가나 과학적 인증도 거치지 않고 강제로 적용된 극단적인 정책으로 미국인의 삶과 생계는 산산조각이 났다. 이른바 긴급명령으로 상업시설, 학교, 교회가 폐쇄됨과 동시에 사생활에 대한 전례 없는 침해가 자행되었고, 사회적 관계와 가족 관계가 무너졌다. 전세계 시민들은 집 밖으로 나가지 말라는 명령을 받았다.

이 모든 무자비한 정책을 자신만만하게 진두지휘한 인물이 있다. 미국 정부의 코비드 대응을 책임진 신뢰받는 공직자인 앤서니 파우치 박사는 위험천만한 방향으로 진로를 정하고 미국 대중을 설득해 민주주의의 새로운 목적지를 설정했다.

이 책은 미국이 공중보건과 민주주의를 지키기 위해 구축한 이상주의적인 기관들이 어떻게 갑자기 미국 국민과 미국의 가치를 배반하는 폭력을 자행했는지 이해하려고 내가 고군분투한 결과이기도 하다. 평생 민주당 지지자로 살아오며, 80년 넘게 미국 공중보건 관료계에 깊이 관여한 우리 집안은 앤서니 파우치(Anthony Fauci, 국립보건원 산하 국립알레르기전염병연구소 소장), 프랜시스 콜린스(Francis Collins 국립보건원 원장), 로버트 갈로(Robert Gallo, 과학자)를 비롯해 핵심적인 연방 규제당국 인사들과 오랜 친분을 유지해 왔다. 집안 사람들은 이러한 인사들이 집행하는 정책의 토대인 법규들을 만들었고, 평등하고 효과적인 공중보건정책을 수립했다. 또한 공화당이 장악한 의회 위원회를 필두로 산업계의 재정적 지원에 힘입어 무자비하게 자행되는 '산업계 친화적인' 기관으로 만들려는 시도로부터 규제당국을 보호했다. 오랜 세월 동안 환경보호와 공중보건에 몸담고 이러한 인사들과 규제기관들과 연대를 구축하며, 존경심을 지니고 그들을 지켜보았다. 그러나 1980년을 기점으로 규제받아야 할 산업계에 포섭된 의회 의원들이 역으로 체계적으로 이 기관들을 무너뜨리기 시작하며 산업계의 꼭두각시로 전락하는 모습 또한 지켜볼 수밖에 없었다.

나는 환경과 공중보건 분야에서 40년 동안 일하면서 규제당국이 규제대상인 산업계의 볼모로 전락하는 과정인 '규제당국의 포획(regulatory capture)'이라는 부패한 메커니즘을 잘 이해하게 되었다. 40년 동안 미국 환경보호청(Environmental Protection Agency, EPA)을 비롯해 여러 환경 규제기관들을 상대로 소송해 규제당국과 규제 대상인 환경 오염 업계와의 부패한 친밀한 관계를 폭로하고 바로잡으려 애썼다. 내가 소송을 맡은 수백 건 가운데 아마 4분의 1은 빅 오일(Big Oil)* 미국 서부 탄광 산업, 화학약품과 거대 농산물 업체에 매수되어 불법적인 행위를 눈감아준 규제당국자들을 상대로 한 소송이었다. 나는 포획당한 규제당국을 냉소적인 시각으로 바라볼 만큼 나 자신이 단단히 무장되어있다고 생각했다.

그러나 내 생각은 틀렸다. 2005년 마지못해 백신 논쟁에 뛰어들게 된 순간부터 거대제약사와 정부 보건 규제당국 사이의 얽힌 금전적 관계와 포획당한 상황이 상상 이상이라는 사실에 경악했다. 예컨대, 질병통제예방센터(Centers for Disease Control and Prevention, CDC)는 57개 백신 특허를 보유하고 있고[1] (2019년 현재) 연간 예산 120억 달러 가운데 49억 달러의 백신을 매입해 배포하는 데 쓰고 있다.[2][3] 국립보건원(National Institutes of Health, NIH)은 수백 건의 백신 특허를 보유하고 있으며, 규제대상인 상품 판매를 통해 소속 연구원이 수익을 올리고 있다. 파우치를 비롯한 고위 관료들은 자신이 개발과 승인에 관여한 상품의 특허 사용료를 해마다 최대 15만 달러까지 챙기고 있다.[4] 식품의약국(Food and Drug Administration, FDA)은 예산의 45퍼센트가 제약업계로부터 비롯되는데 이를 제약업계로부터 받는 '수수료(user fee)'라고 에둘러 칭한다.[5] 이러한 놀라운 사실을 깨닫고 나자, 미국 국민의 건강이 처참한 상태인 까닭이 분명히 보였다. 이는 환경보호청이 예산의 45퍼센트를 석탄 산업계로부터 받는 셈이며, 그렇게 된다면 환경이 어떤 지경이 될지 짐작이 간다. 오늘날 민주당의 많은 동지들은 수십 년에 걸친 철저한 공격에 정부기관이 거대 제약사의 부속기관으로 전락했다는 사실을 깨닫지 못하고, 여전히 공화당의 비방과 예산 삭감으로부터 '우리의' 기관들을 보호한다는 조건반사적인 대응에 매몰된다.

이 책에서 나는 앤서니 파우치가 공중보건 연구원이자 의사로 출발해 막강한 기술관

---

* 수퍼메이저스(Supermajors)라고도 일컫는 세계 7대 석유 가스 기업들 - 옮긴이

료로 변신한 후 2020년 서구 민주사회를 상대로 역사적인 쿠데타를 모의하고 실행하기까지의 인생 여정을 추적했다. 이 책에서 용의주도하게 계획된 의료계의 군사화와 금전화를 통해 어떻게 미국 국민이 병들고 민주주의가 파괴되었는지 알리고 싶다. 위험할 정도로 언론 권력이 집중된 주류매체, 빅테크 악덕 기업, 군사기관과 정보기관의 우려스러운 역할, 그리고 제약사와 공중보건기관과의 역사적으로 뿌리깊은 제휴 관계도 이 책에 담았다. 여기서 언급하는 심란한 내용은 지금까지 공개적으로 밝혀지지 않았고, 권력층은 이 내용이 대중에게 알려지지 않게 하려고 사력을 다했다. 그 권력층의 중심인물이 바로 앤서니 파우치이다.

2020년 코비드-19 팬데믹 동안 팔순에 접어든 파우치 박사는 인류 역사에서 전례 없는 세계적인 드라마의 중심이었다. 전염병 초기에 미국은 여전히 공중보건의 기준을 제시하는 나라라는 평판을 누리고 있었다. 트럼프 정권 동안 세계가 미국의 지도력에 대해 지닌 믿음이 사그라지고 있었지만, 세계가 미국에 대해 느끼는 환멸로부터 자유로운 유일한 미국 기관은 공중보건 규제당국인 듯이 보였다. 보건복지부(Department of Health and Human Services, HHS) ─ 그리고 CDC, FDA, 그리고 NIH 등 그 산하기관들 ─ 은 여전히 공중보건 정책의 본보기이자 과학적 연구의 표준을 제시한다는 평판을 유지했다. 다른 나라에서는 미국의 막강한 공중보건 관료인 파우치 박사를 우러러보았고, 그가 제시한 미국 보건 정책의 방향과 신속한 대응조치는 전세계가 채택할 정책이 되리라 기대했다.

앤서니 파우치 박사는 반세기 동안 미국 공중보건의 권위자로 군림하면서 세계적인 팬데믹에 맞서는 역사적 대전을 지휘할 총사령관으로서의 마지막 역할을 준비해 왔다. 1968년을 시작으로 그는 국립알레르기전염병연구소(NIAID)에서 다양한 직책을 역임했고, 1984년 11월부터 이 연구소 소장으로 재직했다.[6] 그는 연봉이 417,608달러인데, 대통령을 비롯해 400만 명에 달하는 연방 정부 공직자들 연봉 가운데 가장 높은 액수다.[7] 핵심적인 연방 관료조직의 고위 관료로 50년 동안 생존하면서 여섯 명의 대통령, 국방부, 정보기관들, 외국 정부들, 세계보건기구(World Health Organization, WHO)에 자문하면서 경륜을 쌓은 그는 위기가 닥치자, 역사상 의사는 물론이거니와 통치자도 거의 누려본 적이 없는 막강한 권력을 휘두르게 되었다.

전염병 초기, 파우치 박사의 침착하고 권위적이면서도 친근한 말투는 트럼프 정권과 코비드-19라는 실존적 위기를 마주한 미국인들의 불안을 덜어주었다. 트럼프 대통령의 예측 불가능한 스타일에 충격받은 미국 민주당 진영과 전 세계에 있는 이상주의적 자유주의자들은 파우치 박사의 차분하고 든든한 존재감에서 위안을 얻었다. 트럼프 대통령이 산만하고 자기도취적인 호언장담을 하는 인물이었다면, 그는 이를 상쇄하는 합리적이고 직설적인, 과학을 근거로 하는 해독제의 역할이었다. 어디로 튈지 모르는 트럼프 대통령과 치명적인 전염병 사이의 진퇴유곡을 헤쳐 나가는 파우치 박사는 영웅과 같았다. 불길한 예감을 뒤로 하고 파우치 박사를 믿고 맹목적으로 그를 따른 미국인들은 자신들의 목적지가 민주주의의 무덤이라는 사실을 깨닫지 못했다.

팬데믹 위기 첫해 내내 파우치 박사의 카리스마와 권위적인 목소리는 사람들에게 믿음을 주었고, 보편적이지는 않더라도 상당한 호감을 얻었다. 대다수 미국인은 집 밖으로 나가지 말라는 파우치 박사의 격리 지침을 고분고분 따랐고 파우치 팬클럽에 가입하면서 위안을 얻었다. "파우치 사랑해요"가 인쇄된 베개를 베고 심신을 진정시키고, "우리는 파우치를 믿는다"라는 문구가 인쇄된 머그잔에 차를 담아 홀짝이고, 파우치 양말과 방한화로 언 발을 녹였으며, 파우치 도넛으로 포식했다. 또한 그들은 "파우치를 위해 경적을 울리자"라는 문구가 적힌 팻말을 앞마당에 세우고, 파우치 박사 얼굴이 인쇄된 초에 불을 밝히기도 했으며, 무릎을 꿇고 기도했다. 파우치 애호가들은 파우치 브라우저 게임에서부터 파우치 인형과 버블헤드(bobblehead, 목 부분에 용수철을 넣어 머리가 끄덕거리는 인형)에 이르기까지 다양한 선택지가 주어졌고, 자녀들에게는 아동용 위인전에 담긴 파우치의 전기를 읽어주었다. 봉쇄령이 절정에 달했을 때 영화배우 브래드 피트(Brad Pitt)는 주말 코미디 쇼 〈새터데이 나이트 라이브(Saturday Night Live)〉에 출연해 파우치 박사에게 경의를 표하는 공연을 했고[8], 가수 바버라 스트라이젠드(Barbara Streisand)는 실시간 화상회의 플랫폼 줌(Zoom)으로 열린 파우치의 생일 축하 파티에 녹음한 생일 축하 메시지를 보내 깜짝 출연했다.[9] 〈뉴요커(The New Yorker)〉 잡지는 그를 '미국의 의사'라고 일컬었다.[10]

그렇게 파우치 박사는 자신을 신격화함과 동시에 이를 비판하는 자들을 이단자로 칭했다. 2021년 6월, '짐이 곧 국가이니라(je suis l'état)'라는 논조의 인터뷰를 한 그는 자신의 발언에 의문을 제기하는 미국인은 과학을 부인하는 자라고 했다. "나를 공격하면 솔직히 말해서 과학을 공격하는 셈이다."라는[11] 그의 발언은 과학이 아니라 권위에 대한 맹목적인 믿음을 강요하는 종교를 떠올리게 했다. 과학은, 민주주의와 마찬가지로, 공식적인 정설에 대한 회의를 바탕으로 번성한다. 파우치 박사는 의회의 소환을 무시했고, 〈뉴욕타임스(New York Times)〉와의 인터뷰에서 자기 의제를 밀어붙이기 위해 미국 국민에게 — 마스크와 집단면역에 관해 — 두 번 거짓말 했다고 인정했다. 이러한 사실로 미루어볼 때 파우치가 '과학적'이라고 한 다른 주장들도, 이와 마찬가지로, 파우치가 보기에 스스로 판단할 역량이 없는 속이기 쉬운 국민에게 한 '선의의 거짓말'일지 모른다는 의문이 제기된다.[12 13]

2021년 8월, 파우치 박사의 추종자 — CNN TV에 출연하는 의사, 피터 호테즈(Peter Hotez) — 는 한 과학 학술지에 기고한 글에서 "증오범죄로부터의 보호를 확대한" 연방 법안을 만들어 파우치 박사에 대한 비판을 중범죄로 다루어야 한다고 주장했다.[14] 그는 백신 회의론자들을 없애버려야 한다면서[15] 파우치 박사를 옹호하는 자신에게는 어떠한 이해충돌도 없다고 주장했지만, 그는 1993년 이후로 파우치가 이끄는 NIAID로부터 수백만 달러의 연구 자금을 지원받았을 뿐만 아니라,[16] 파우치의 동반자 빌 게이츠(Bill Gates)는 1,500만 달러 이상의 연구 자금을 그가 수장으로 있는 베일러 대학교 열대의학 연구소에 지원했다.[17 18] 앞으로 알게 되겠지만, 파우치 박사가 — 국립보건원, 빌&멜린다 게이츠재단(Bill & Melinda Gates Foundation, BMGF), 웰컴 트러스트(Wellcome Trust)를 통해 — 세계 의생명과학 연구 자금의 57퍼센트를 직접적으로 또는 간접적으로 주무르므로[19] 유수한 연구자들조차 비굴할 정도로 파우치에게 고분고분하고, 그 덕분에 파우치는 세계적인 의학적 논조의 장악력을 구축하고 영속화하고 파우치 자신이 곧 과학의 화신이라는 교리를 공고히 한다.

호테즈 같이 대중에게 얼굴이 잘 알려진 해결사들 — 그리고 큰손 광고주로서 대중매체의 재정을 좌악지주하는 거대 제약사들 — 은 NIAID 소장 파우치의 발언이 토론의 대상이 되지 않도록 보호하고, 과학으로도 그의 공중보건 관련 업적으로도 뒷받침되지 않는 품성적인 미덕과 의학적인 중량감을 그에게 부여한다. 공중보건 관련 업적이라는 척도로 살펴보면, 50년 동안 공중보건 관료로 재직하면서 그는 공중보건과 민주주의에 재앙을 불러왔다. 그의 코비드 팬데믹 정책도 마찬가지로 참사였다.

전세계가 지켜보는 가운데 앤서니 파우치가 지시한 일련의 정책들은 역대 최악의 사망률로 이어졌고 미국은 지구상의 그 어느 나라보다도 코비드-19 사망률이 높았다. 오로지 무차별적인 선전 선동과 철두철미한 검열만이 코비드-19 첫해에 그가 저지른 처참한 실책들을 가릴 수 있었다. 세계 인구의 4퍼센트를 차지하는 미국은 세계 코비드 총 사망자 가운데 14.5퍼센트를 차지했다. 2021년 9월 무렵, 미국의 사망률은 100만 명당 2,107명으로 증가했다. 100만 명당 사망자가 139명에 그친 일본과는 대조적이었다.

앤서니 파우치의 성적표

2021년 9월 30일 현재, 인구 100만 명당 사망률[20]	
미국 2,107명 사망/1,000,000	이란 1,449명 사망/1,000,000
스웨덴 1,444명 사망/1,000,000	독일 1,126명 사망/1,000,000
쿠바 650명 사망/1,000,000	파키스탄 128명 사망/1,000,000
자메이카 630명 사망/1,000,000	케냐 97명 사망/1,000,000
덴마크 455명 사망/1,000,000	한국 47명 사망/1,000,000
인도 327명 사망/1,000,000	콩고(브라자빌) 35명 사망/1,000,000
핀란드 194명 사망/1,000,000	홍콩 28명 사망/1,000,000[21]
베트남 197명 사망/1,000,000	중국 3명 사망/1,000,000
노르웨이 161명 사망/1,000,000	탄자니아 0.86명 사망/1,000,000
일본 139명 사망/1,000,000	

이런 처참한 성적표에도 불구하고 음식이 눌어붙지 않는 테플론 프라이팬처럼 어떤

오점도 들러붙지 않는 '테플론 같은 앤서니(Teflon Anthony)'는 대중매체를 능수능란하게 이용하고 뛰어난 책략으로 새로 취임하는 조 바이든 대통령을 구워삶아 신임 행정부의 코비드 대응 책임자로 임명되었다.

파우치 박사만이 치명적인 질병을 막아줄 든든한 보루라고 믿게 된 미국 국민은 넉넉히 조장된 공포에 질린 나머지 눈이 멀어서 파우치 박사의 정책이 지속적으로 실패하고 있다는 엄청난 증거가 보이지 않았고, 동시에 파우치는 집요하게 거대 제약사의 수익을 증진하고 공중보건에 대한 장악력을 강화했다.

앞으로 살펴볼 파우치 박사의 50년 역정을 통해 드러나겠지만, 그가 내린 처방은 치료해야 할 질병보다 더 치명적인 경우가 허다했다. 그의 코비드 처방도 예외가 아니었다. 대량 백신 접종이라는 해결책에만 협소하게 집중한 파우치 박사는 그의 정책 지침과 연관해 치러야 하는 다른 수많은 비용은 안중에도 없었다.

앤서니 파우치는 건강한 사람들을 격리하는 전례 없는 조치가 코비드보다 더 많은 사람을 죽음으로 몰아넣고, 세계 경제를 마비시키고, 수백만 명을 빈곤과 파산의 나락에 빠뜨림과 동시에 헌법에 기초한 민주주의를 심각하게 훼손할 가능성을 염두에 두지 않은 듯 하다. 얼마나 많은 사람이 고립, 실직, 치료 지연, 우울증, 정신질환, 비만, 스트레스, 약물 과용, 자살, 약물 중독, 알코올 중독, 그리고 절망에 수반되는 각종 사고로 목숨을 잃었는지 헤아릴 길이 없다. 그의 봉쇄령은 전염병보다 훨씬 치명적이었다는 주장을 일축해서는 안 된다. 2021년 6월 24일 발간된 〈영국 의학 학술지(British Medical Journal, BMJ)〉에 실린 한 연구에 따르면,[22] 미국의 기대수명은 격리 조치 기간에 무려 1.9년 하락했다. 코비드 사망은 주로 노년층에서 나타났고, 영국에서 코비드로 인한 사망자의 평균 연령은 82.4세로서 평균 수명보다 높았으며,[23] 바이러스 혼자서는 이러한 기대수명의 급격한 하락을 일으키지 못한다. 앞으로 드러나겠지만, 미국의 히스패닉과 흑인은 파우치 박사의 무모한 공중보건 정책의 부담을 가장 많이 떠안았다. 이러한 점에서 그의 코비드-19 대응조치들도 예외가 아니었다. 2018년부터 2020년까지의 기간에 평균적인 히스패닉 미국인은 수명이 3.9년 단축되었고, 흑인 미국인의 평균수명은 3.25년 단축되었다.[24]

이러한 급격한 수명 단축은 미국에서만 나타나는 독특한 현상이었다. 2018년부터 2020년 사이 기간에 미국인의 출생 시 평균 기대수명은 1.9년 하락했는데 이는 미국과 비교할만한 다른 17개 나라에서 나타난 수치의 약 8.5배에 달한다. 이들 나라는 모두 평균 기대수명 하락 정도가 햇수가 아니라 달수로 측정되었다.[25]

버지니아 커먼웰스 대학교 사회와 건강 연구소 소장 스티븐 울프(Steven Woolf)는 "나는 순진하게도 팬데믹은 그러한 격차에 크게 영향을 미치지 않으리라고 생각했다. 세계적인 팬데믹이므로 모든 나라가 타격을 받으리라고 생각했기 때문이다."라고 말하면서 다음과 같이 덧붙였다. "나는 미국의 팬데믹 대응이 얼마나 형편없을지 예상하지 못했다. 이러한 연구에서 흔히 보지 못했던 수치들이다. 이 분야에서는 수명이 0.1년만 단축되어도 관심을 끈다. 따라서 3.9년과 3.25년, 심지어 1.4년 수명 단축도 끔찍한 수치다. 우리는 제2차 세계대전 이후로 이 정도의 수명 단축을 겪은 적이 없다."[26]

격리의 대가 – 죽음

파우치 박사의 정책이 전 세계적으로 실시되자 세계적으로 3억 명의 인구가 처절한 빈곤, 식량 공급 불안, 기아에 빠져들었다. "세계적으로 봉쇄령이 사회 정책, 식량 생산, 공급사슬에 영향을 미치면서 수많은 사람이 기아와 영양실조에 빠졌다."라고 〈태블릿 매거진(Tablet Magazine)〉의 알렉스 구텐탁(Alex Gutentag)이 말했다.[27] AP통신에 따르면, 2020년 동안 달마다 아동 1만 명이 바이러스로 인한 세계 봉쇄령에서 비롯된 기아로 사망했다. 게다가 한 달에 50만 명 아동이—한해로 치면 이전 해의 총 4,700만 명에서 670만 명 증가한 수치다—영양실조로 인한 소모성 질환과 발육부진을 겪었는데, 이는 "아동의 신체와 정신 건강을 영구적으로 손상할 수 있고 개인적인 비극을 한 세대의 재앙으로 탈바꿈시킨다."[28] 2020년 남아시아에서는 보건과 영양 서비스의 차질로 아동 22만 8천 명이 사망했다.[29] 암, 신부전증, 당뇨 치료를 미루면서 수십만 명이 사망하고 심혈관 질환이 폭증하고 진단이 미확정된 암도 증가했다. 실업의 충격 여파로 향후 15년에 걸쳐 89만 명이 추가로 사망하리라고 예상된다.[30][31]

봉쇄령으로 필수적인 식량 공급사슬이 해체되고 발달 부진, 고립, 우울증, 어린 아동들의 심각한 학습장애뿐만 아니라 아동학대, 자살, 약물 중독, 알코올 중독, 비만, 정신질환도 폭증했다. 10대와 청년층의 3분의 1이 팬데믹 기간에 정신 건강이 악화했다고 털어놓았다. 오하이오 주립대학교가 실시한 한 연구에 따르면,[32] 아동들 사이에서 자살률이 50퍼센트 증가했다.[33] 브라운 대학교가 2021년 8월 11일에 발표한 한 연구에 따르면, 격리 기간에 태어난 유아는 베일러 척도 검사(Baylor scale test)로 측정했을 때 지능지수가 평균 22포인트 하락했다.[34] 2020년에 93,000명 정도의 미국인이 약물 과다복용으로 사망했다―2019년에 비해 30퍼센트 증가한 수치다.[35] 동시에 알렉스 구텐탁에 따르면, "6월, 합성 아편 약물 과다복용이 38.4퍼센트 증가했고,[36] 2020년 6월 미국 성인의 11퍼센트가 자살을 생각해 봤다.[37] 공립 학교에 다니던 아동 300만 명이 더는 등교를 하지 않고, 정신 건강 문제로 응급실을 찾은 청소년이 31퍼센트 증가했다."[38] [39] 주요한 발달 이정표에 도달하지 못한 어린 아동이 기록적인 수치에 달했다.[40] [41] 병원과 요양원 환자 수백만 명이 가족과 작별 인사도 나누지 못하고 외롭게 세상을 떠났다. 파우치 박사는 자신이 주도한 대응조치로 고독, 빈곤, 건강에 해로운 고립, 우울증이라는 대가를 치르게 되리라는 점을 고려한 적이 없다고 실토했다. 파우치 박사는 "나는 경제적 문제에 대해 조언하지 않는다.[42] 나는 공중보건 외에는 그 어떤 조언도 하지 않는다."라고 말했다. 자신이 엄청난 경제적 사회적 비용을 치르게 한 장본인임이 명백한데도 말이다.

경제의 파괴와 부의 상향 이전

코비드 팬데믹 동안 파우치 박사는 미국의 경제를 인위적으로 파괴하는 선봉장 역할을 했다. 예상한 대로 그의 봉쇄령은 미국의 경제 활성화 원동력을 산산조각 냈고, 5,800만 미국인을 실업자로 만들었으며,[43] 흑인 자영업자 41퍼센트를 비롯해 소형 자영업자들을 영구히 파산시켰다. 그중 일부는 수세대에 걸쳐 투자해 구축한 자영업도 있다.[44] 폐점은 국가 부채증가에도 한몫했는데, 이자 상환만 해도 연간 거의 1조 달러에 달하게 된다.[45] 이 정도의 부채라면 1945년 이후 미국 중산층을 강화, 육성하고 유지해 온 사회 안전망인 뉴딜 정책을 영구히 파산시킬 수도 있다. 정부 관료들은 이미 거의 100년이 되어가는 뉴딜(New Deal), 뉴프론티어(New Frontier), 위대한 사회(the Great Society), 오바마케어(Obamacare) 의료보험 체제 등의 정책적 유산을 청산해 봉쇄령으로 축적된 부채를 상환하기 시작했다. 앞으로 미국은 학교 급식, 의료복지, 저소득층 임산부, 모유 수유 여성, 3세 미만 유아의 건강관리와 영양 보충 프로그램, 저소득층 의료보장(Medicaid), 노령층 의료보장(Medicare), 대학 학자금 지원, 그리고 그 밖에 오랜 세월 동안 유지되어 온 지원 정책들에 작별을 고하게 될 수도 있다.

부익부

파우치는 자영업자 사업장 폐쇄로 미국의 중산층을 갈아엎었고 이는 인류 역사상 최대 규모의 인위적인 부의 상향 이전을 초래했다. 2020년 근로자 계층은 3.7조 달러를 잃었는데 억만장자들은 3.9조 달러를 더 벌었다.[46] 새로 493명의 억만장자가 탄생했고,[47] 추가로 800만 미국인이 빈곤선 아래로 추락했다.[48] 최대 승자는 악덕 대기업들—바로 파우치 박사의 봉쇄령에 환호성을 올리고 파우치를 비판하는 이들을 검열한 기업들, 즉 빅테크, 빅데이터, 거대 통신사, 거대 금융사, 공룡 매체들(마이클 블룸버그, 루퍼트 머독, 바이아컴, 디즈니 등) 그리고 제프 베조스, 빌 게이츠, 마크 저커버그, 에릭 슈미트, 세르게이 브린, 래리 페이지, 래리 엘리슨, 잭 도시 등과 같은 실리콘밸리 거물들이다.

통신을 민주화한다는 약속으로 우리 모두를 속인 인터넷 기업들은 미국인들이 자국 정부를 비판하거나 제약사 상품의 안전성에 의문을 제기하지 못하게 막고, 정부의 공식 발표를 적극적으로 지지하는 한편 반론은 모조리 삭제했다. 중산층의 피를 말려 결국 사라지게 만든 테크, 데이터, 통신 악덕 기업은 미국의 자랑이었던 민주주의를 검열과 감시가 횡행하는 경찰국가로 전락시켰고, 그 와중에 재빨리 이익을 챙겼다.

마이크로소프트사의 최고경영자 사티아 나델라는 질병통제예방센터(CDC)와 게이츠가 재정적으로 지원하는 존스홉킨스대학교 생체보안센터와 제휴해 코비드 팬데믹을 이용해 "2년이 걸릴 디지털 전환을 두 달 만에" 끝냈다며 자랑스럽게 떠벌렸다.[49]

마이크로소프트 팀즈(Microsoft Teams) 사용자는 하루 만에 미팅 참여자 수가 2억 명으로 급증해 적극적 사용자가 평균 7,500만 명이 넘었다. 사용자가 2,000만 명이었던 2019년 11월과는 대조적이다.[50] 그리고 마이크로소프트 주가도 폭등했다. 래리 엘리슨의 기업 오라클(Oracle)은, 미국 중앙정보국(Central Intelligence Agency, CIA)과 제휴해 새로운 클라우드 서비스를 구축했고, CDC의 모든 백신 접종 데이터를 처리하는 계약도 수주했다.[51] 엘리슨의 자산은 2020년 340억 달러 증가했다. 마크 저커버그의 자산은 350억 달러 증가했다. 구글의 세르게이 브린의 자산은 410억 달러, 제프 베조스의 자산은 860억 달러, 빌 게이츠의 자산은 220억 달러,[52] 그리고 마이클 블룸버그의 자산은 70억 달러 가까이 증가했다.[53]

엘리슨, 게이츠, 그리고 바이든 정부와 산업계의 협업에 참여한 다른 인사들도 봉쇄령을 빌미로 인공위성, 안테나, 바이오메트릭 안면인식, 위치 추적 기간시설 등으로 구성된 5G 네트워크 구축에 박차를 가했고,[54] 이러한 기업들과 그들과 제휴한 정부와 정보기관들은 일반 국민에 대한 자료를 수집하고, 금전화했다. 동시에 반대 의견을 더 억압하고, 독단적 지시의 복종을 강요했으며 민주주의를 강탈당한 사실을 알게 될 미국인들의 분노를 관리하는 데 사용했다. 한편 미국인은 정부 당국이 독감 수준의 바이러스를 이용해 조장한 공포에 휩싸여 몸을 움츠렸다.

코비드에 대해 인위적으로 조장된 공포가 만연한 가운데, 헌법에 명시된 권리는 급격히 그리고 꾸준히 침해되었고, 민주적 체제에 대한 세계적 차원의 쿠데타가 조장되었으며, 중산층은 붕괴하고 권리장전은 거덜났다. 감시 자본주의의 파고가 높아지고, 생물안보국가(biosecurity state)가 부상하고, 부와 권력은 첨단기술 실리콘밸리 소수의 악덕 기업에 이전되었다. 이는 거짓에 현혹되어 비판 능력이 마비된 미국 국민에게 안전을 위해서 치러야 할 합리적인 대가처럼 보였을지 모른다. 아무튼 미국인은 15일만, 어쩌면 15달이 될지도, 얼마나 오래 걸릴지 모르지만 파우치 박사가 '데이터를 분석하는데' 필요하다고 생각하는 기간만큼 봉쇄령을 유지해야 한다는 얘기를 들었다.

실패가 승진의 발판

코비드-19 위기 동안 파우치 박사가 건강을 증진하는 데 처참하게 실패한 사실은 그가 국립알레르기전염병연구소(NIAID)를 이끈 반세기 동안 공중보건 상태가 재앙 수준으로 하락한 사실과 일맥상통한다. 연방 정부의 보건 관료가 공중보건을 개선하는 성과를 낸 덕분에 직책을 유지하고 승승장구했다고 생각하는 이는 파우치 박사가 NIAID에서 장수한 진짜 이유를 알면 낙담하고 미몽에서 깨어날지도 모른다. 하지만 분명히 그는 실책을 거듭하면서도 승승장구했다.

'공중보건계의 J. 에드거 후버(J. Edgar Hoover, 전 중앙정보국장)'라 불리는 파우치가 공중보건을 책임진 고위 관료로 군림하는 동안 만성질환이 폭증했고 — 그가 NIAID 수장의 자리에 오른 1984년 이후에 출생한 — '파우치 세대'가 등장했다. 파우치 세대는 미국 역사상 가장 병약한 세대로서 이들 덕분에 미국인이 지구상 가장 병약한 국민으로 손꼽히게 되었다. 거대 농산물 기업, 거대 식품 기업, 거대 제약사들에게 비굴할 만큼 굴종적인 파우치 때문에, 미국 아동들은 살충제 잔여물, 옥수수 액상과당, 가공식품에 뒤섞인 독극물에 익사할 지경에 이르렀고 18세가 될 무렵 69회분의 백신을 의무적으로 접종해야 하는 바늘꽂이로 전락했다. 게다가 의무 접종 백신 가운데 안전성이 제대로 검증된 백신은 단 하나도 없다.[55] 파우치 박사가 NIAID 수장으로 취임할 당시만 해도 미국은 아직 세계에서 가장 건강한 인구로 손꼽혔다. 커먼웰스 펀드(Commonwealth Fund)가 2021년 8월 발표한 연구 자료에 따르면, 미국의 보건 의료체계는 산업화 국가들 가운데 꼴찌이고, 유아사망률은 최고이며, 기대수명은 최저를 기록했다. 이 연구를 이끈 저자는 커먼웰스 펀드에서 정책과 조사를 담당하는 선임부사장 에릭 슈나이더(Eric Schneider)인데, 그는 "보건 의료가 올림픽 경기 종목이라면 미국은 다른 고소득 국가들과 겨룰 자격이 없다."라고 탄식한다.[56]

제2차 세계대전이 끝난 후 미국의 기대수명은 50년 동안 상승하면서 선진국 진영에서 가장 장수하는 국민으로 손꼽혔다. 지능지수도 1900년 이후로 10년마다 3포인트씩 꾸준히 상승했다. 그러나 앤서니 파우치는 공중보건을 확대하기는커녕 제약사와 화학 중심의 패러다임을 확장하는 데 1990년대를 허비하면서 수명과 지능지수의 개선 속도는 하락했다. 미국의 기대수명이 하락하면서 미국과 그 비슷한 수준의 국가들 사이의 기대수명 격차는 거의 5년으로 벌어졌고,[57] 미국 아동은 2000년 이후로 지능지수가 7포인트 하락했다.[58]

의회는 알레르기, 자가면역, 만성질환에 대한 조사와 예방을 NIAID에게 맡겼다. 그런데 이러한 질병을 앓는 아동은 파우치가 소장으로 취임한 1984년 당시 12.8퍼센트였는데, 파우치의 휘하에서 이 수치는 눈덩이처럼 불어나 이제 아동의 54퍼센트가 각종 만성질환에 시달리고 있다.[59] 그가 소장으로 취임하고 5년이 지난 1989년을 기점으로 천식, 습진, 식품알레르기, 알레르기성 비염, 과민증과 같은 알레르기 질병이 폭발적으로 증가한 이유를 파우치 박사는 해명하지 못하고 있다. NIAID는 웹사이트에서 자가면역 질환은 NIAID가 가장 우선 연구하는 질병으로 손꼽는다고 허풍을 떤다. 소아 당뇨, 류머티스성 관절염, 그레이브스 병, 크론 병 등 80여 종류의 자가면역 질환들은 1984년 이전까지만 해도 사실상 희귀했지만, 파우치의 휘하에서 갑자기 확산했다.[60][61][62] 많은 과학자가 이제는 자가면역 질환으로 간주하는 자폐증은[63][64][65] 앤서니 파우치가 NIAID에 합류할 당시 1만 명당 2명에서 4명 사이였는데[66] 오늘날 34명당 1명으로 폭증했다. 주의력결핍장애/주의력결핍과잉행동장애(ADD/ADHD), 언어장애, 수면장애, 기면(嗜眠) 발작(narcolepsy), 안면근육 경련(facial tics), 투렛증후군(Tourette's syndrome) 같은 신경성 질환은 미국 아동들 사이에서 아주 흔해졌다.[67] 미국에서 만성질환에 따른 인명손실, 건강훼손, 경제적 비용에 비하면 모든 전염병으로 인한 비용을 합친 액수는 새발의 피다. 2020년대 끝 무렵이면 미국인 85퍼센트가 비만, 당뇨를 앓거나 당뇨 전 단계(pre-diabetes)에 놓이게 된다.[68] 미국은 지구상에서 가장 과체중인 10개 나라에 손꼽힌다. 이러한 유행 질환이 건강에 미치는 영향은 가장 과장된 코비드-19의 영향을 무색하게 한다.

이러한 대격변이 일어난 원인은 무엇일까? 유전자는 질병을 유행시키지 않으므로 틀림없이 환경 독소가 주범이다. 이러한 질병은 대부분 1980년대 말 유행하게 되었는데, 바로 정부가 백신 제조사에 면책권을 부여해 보호하기로 하고 뒤이어 새로운 백신들의 도입이 가속화 한 시점이다.[69] 69회분 백신에 제조사가 첨부한 설명서에는 이제는 흔해진 170여 가지의 각종 질병이 백신 부작용으로 열거되어있다.[70] 이러한 순서로 보아이 질병들의 유발 원인은 백신일 가능성이 있지만, 유일한 범인이라고 보기는 힘들다. 1989년부터 모든 인구집단에 걸쳐 나타나기 시작했다는 기준에 부합하는 다른 범인, 혹은 공범은 옥수수 액상과당, 과불화옥탄산(perfluorooctanoic acid, PFOA) 난연제, 가공식품, 휴대전화(cell phone), 전자파 (EMF radiation), 클로르피리포스(chlorpyrifos, 잔디·관상 식물 등의 살충제), 초음파, 니코틴계 살충제(neonicotinoid pesticides) 등이다.

범인을 다 열거하자면 한도 끝도 없지만, 우리에게 해답을 줄 연구를 설계하는 건 간단한 일일지도 모른다. 역학 연구, 관찰 연구, 기초 연구, 동물 대상 실험 등을 통해 이러한 질병들의 원인을 추적하는 일이 의회가 파우치 박사에게 부여한 임무다. 그러나 앤서니 파우치는 공중보건의 돈줄을 장악하고 있고, 이러한 의문을 규명할 기초과학에 자금을 지원하는 일에 조금도 관심을 보이지 않았다.

이유가 뭘까? 이러한 만성질환의 원인을 파헤치게 되면, 파우치 박사와 그의 20년 지기 동업자 빌 게이츠가 평생을 바쳐 옹호해 온 막강한 제약사, 화학물질, 농산물, 가공식품 제조 다국적 기업들이 범인으로 드러날 게 뻔하기 때문일까? 앞으로 드러나게 되겠지만, 파우치 박사가 알약, 가루약, 물약, 독극물, 살충제, 오염물질, 주삿바늘 장사꾼의 입속의 혀처럼 노는 능력이 그가 보건복지부에서 장수한 비결이다.

여러 범인이 초래한 위기에 대해 파우치 박사 탓을 하는 게 정당한가? 파우치 박사는 천문학적인 액수의 예산을 주무르고, 정치인들에게 접근할 수 있으며, 보건복지부와 그 산하 기관들을 대상으로 권력을 휘두른다. 그는 도덕적 권위와 도덕적 유연성을 지녔고, 이의를 제기하는 사람들에 대한 협박과 응징을 하는 막강한 인물이므로 국민의 에너지를 수렴해 해결책을 찾을 힘을 그 어떤 개인보다도 많이 지니고 있다. 그러나 그는 자신이 지닌 힘을 제대로 쓰지 않고 엉뚱한 데 행사했다. 파우치 박사는 만성질환이 유행하는 원인을 규명하려고 애쓰기는커녕 연방 과학연구와 의과대학원, 의학 학술지, 과학자들의 경력을 좌지우지하는 막강한 권력을 의도적으로 체계적으로 이용해 해답을 제시할지도 모르는 조사를 방해하고 연구를 막았다.

파우치 박사가 건설한 제약국가

공화당 진영 일부는 권력이 점점 더 막강해지고 얼핏 자의적으로 보이는 발언들을 하는 파우치 박사를 경계하면서 제어하려고 했지만, 정치적 당파성과 무자비하게 조장된 코비드-19에 대한 공포가 복합적으로 작용해 넋을 잃은 민주당 진영은 파우치 박사의 코비드-19 정책이 대참사를 낳은 위험한 실패라는 명백한 증거도 외면했다.

공중보건, 엄격한 과학적 검증, 그리고 제약사의 부패와 금전적으로 얽히고설킨 관계로부터 자유로운 독립적인 규제기관을 위해 싸워온 나는 오랜 세월 동안 파우치 박사를 상대로 싸워왔고, 내가 그에게서 받은 인상은 내 동지인 민주당원들이 받은 인상과 매우 달랐다. 내 동지인 민주당원들은 파우치 박사를 TV로 중계된 백악관 코비드-19 기자회견의 주인공으로서 단정하고 겸손하고 성실하고 호감이 가는 인물로 처음 만났다. 그러나 안타깝게도 파우치 박사는 공중보건 기관들을 제약업계가 접수하는 '정부 기관 포획 (agency capture)'을 주도한 설계자로서의 역사적인 역할을 해냈다.

파우치 박사가 코비드 팬데믹 동안 공중보건 목표 달성에 실패한 일은 그가 이례적으로 저지른 오류가 아니라 제약사의 수익과 파우치 본인의 사사로운 이익의 제단에 공중보건과 안전을 제물로 바치는 그의 반복되는 행동유형과 일맥상통한다. 그는 일관성 있게 공중보건보다 제약산업계의 이익을 우선시했다. 이 책을 읽는 독자들은 파우치 박사가 오랜 세월 공중보건 관료로 재직하면서 특허 약품을 찬양하는 과정에서 어떻게 상습적으로 과학을 날조하고 국민과 의사들을 속이고 안전성과 효용에 대해 거짓말을 했는지 알게 된다. 이 책에 상세하게 기록된 파우치 박사의 범죄 가운데는 흑인과 히스패닉 고아와 위탁 아동을 잔인하고 치명적인 의약 실험의 대상으로 삼은 사례, 그리고 빌 게이츠와 의기투합해 비싼 약값을 빌미로 수십만 명의 아프리카인을 대상으로 임상실험하며 실험실 쥐로 전락시킨 사례가 있다. 앞으로 파우치 박사와 게이츠 씨가 아프리카 대륙에 유효기간이 만료된 위험하고 효과 없는 약물을 떨이로 처분했고, 그 가운데는 미국과 유럽에서는 안전성 문제로 사용이 중단된 약물들도 있다는 사실에 관해 설명하겠다.

여러분은 이 책을 통해 파우치 박사가 팬데믹을 일으키는 초강력 바이러스를 유전자 조작하는 이른바 '기능 획득(gain of function)' 실험에 매료되어 넉넉한 연구 자금을 투자하는 기이한 행태, 미국의 두 대통령이 팬데믹 사태 해결을 믿고 맡긴 파우치 박사가 전 세계적인 전염병을 일으키는 데 역할을 했을 공교로운 가능성에 대해서도 알게 된다. 또한 파우치 박사가 20년 동안 새로운 백신, 약물 판매와 제약사의 수익을 촉진하기 위해서 가짜 팬데믹을 조장한 전력에 대해서도 알게 된다. 나아가 혈액과 백신의 대대적인 오염을 은폐하기 위해 그가 한 행동, 제약사의 패러다임에 이의를 제기하는 과학자들을 파멸시키는 복수와 응징, 인유두종바이러스에서 코비드-19에 이르기까지 전염병 치료에 효과적이고 특허가 만료된 저렴한 약물 사용을 의도적으로 방해하고, 효과가 훨씬 낮아도 특허가 유효해 훨씬 수익성이 좋은 약물들이 순조롭게 팔리도록 윤활유 역할을 했다는 사실도 알게 된다. 공중보건보다 산업계의 수익을 우선시하는 냉혈한 파우치 박사의 정책으로 희생된 시체들이 차곡차곡 쌓여왔다는 사실 또한 밝혀지게 된다. 코비드 팬데믹 동안 그가 실행한 전략 — 과학 연구 조작에서부터 위험하고 효과 없는 약물을 시장에 출시하고, 팬데믹을 연장하고, 수많은 생명을 희생시키는 대가를 치르게 되는데도 불구하고 특허가 만료돼 수익이 낮지만, 경쟁력 있는 약물 판매를 억압하고 방해하는 등 — 은 모조리 앞서 언급한 공통의 목표를 추구한다. 바로 근시안적으로 제약사의 이익 증진에 헌신하는 게 목표다. 이 책은 앤서니 파우치는 공중보건을 위해 일하는 관료가 아니라, 사업가이고, 자신의 공직이 부여하는 권력을 이용해 제약업계 동업자들의 배를 불리고 자신을 인류 역사상 가장 막강한 — 그리고 폭압적인 — 의사로 만들어 준 영향력이 미치는 범위를 확장하는 게 목표임을 폭로한다. 그런 결론에 도달하려면 지금 파우치에 대해 지닌 견해를 완전히 바꿔야 하는 이들도 있을지 모르겠다. 그러나 대부분 독자는 앤서니 파우치의 실체를 직관적으로 알고 있으므로 사실을 조직적으로 드러내 주기만 하면 된다.

내가 이 책을 쓴 까닭은 제약사들이 미국 정부를 지배하고 민주주의를 전복하는 데 있어서 파우치 박사가 수행한 사악한 역할을 미국인 — 민주당 진영과 공화당 진영 모두 — 이 깨닫도록 하고 민주주의에 대한 작금의 쿠데타에서 파우치 박사가 한 핵심적인 역할을 기록으로 남기기 위함이다.

1장

팬데믹
관리 실패

"이보게, 자네 격리된 도시에 가본 적 있나?

없다면 자네가 내게 어떤 요청을 하는지 깨닫지 못할 걸세.

샌프란시스코에 그런 저주를 내린다면 100건의 화재와 지진보다

참혹할걸세. 나는 이 도시를 끔찍하게 아끼므로

그런 가혹한 해를 가할 수 없네."

— 루퍼트 블루(Rupert Blue), 1907년 역병 관리를 책임진 공중보건 관료.
블루는 훗날 미국의 제4대 의무 총감(Surgeon General)과 미국의학협회 회장을 역임했다.

I: 자의적인 조치: 과학적 근거가 전혀 없는 의학

파우치 박사가 코비드-19 팬데믹을 관리하는 전략은 마스크 착용을 의무화하고 사회적 거리 두기를 하고 건강한 사람들을 격리하는 봉쇄령(lockdown)을 시행한 가운데, 코비드 환자들에게는 집으로 가서 — 아무런 치료도 받지 않고 — 가만히 있다가, 숨쉬기가 힘들어지면 다시 병원을 찾아 정맥에 렘데시비어(remdesivir)를 주사기로 주입하고 산소호흡기를 착용하라고 지시하는 방식이었다. 전염병 확산을 막는 이런 접근방식은 공중보건에서 실시된 전례가 없고 과학적으로도 뒷받침되지 않았다. 예상대로 그 전략은 대단히 비효과적이었다. 미국은 세계에서 가장 많은 사망자를 냈다.

코비드에 대항할 저렴하고 안전한 약품은 이미 존재했고, 이러한 약품을 미국에서 사용했다면 수십만 건의 입원을 막고 그 못지않은 수의 목숨을 구할 수 있었다. 그러나 파우치 박사와 그와 협조한 제약사들은 그러한 치료를 의도적으로 억압했다. 오로지 제약사들에게 수십억 달러 수익을 안겨줄 신약이 출시될 때까지 기다리기 위해서였다. 미

국인은 타고난 이상주의적 성향으로 정부의 코비드 정책이 어처구니없을 정도로 엉망이고 과학적인 근거가 부실하다는 사실을 믿고 싶지 않았고 공중보건 당국이 금전적인 이득에 사로잡혀 있지 않다고 생각했다. 그 결과, 죽지 않아도 될 수십만 명이 목숨을 잃게 되었다. 그러나 앞으로 살펴보겠지만, 증거는 명백하다.

동료 학자들의 엄격한 심사를 거친 연구논문들 가운데 마스크 착용, 격리, 사회적 거리 두기를 뒷받침하는 근거는 희박했고, 파우치 박사도 자기가 내린 지시를 뒷받침할 그 어떤 근거도 제시하지 못했다. 상식적으로 볼 때 그리고 과학적 증거의 부재로 볼 때, 이 모든 전략은 의문의 여지 없이 세계 경제를 마비시키고 그러한 전략이 구했을 목숨보다 훨씬 많은 사망과 피해를 낳았다.

파우치 박사는 마스크 착용이 과학적 증거에 정면으로 배치된다는 사실을 분명히 알고 있었다. 2020년 7월, 전 국민에게 마스크를 착용하라고 권고하는 쪽으로 방향을 바꾼 후, 파우치 박사는 〈인스타일(InStyle)〉 잡지와의 인터뷰에서 노라 오도널에게 이전에 마스크의 효과를 일축한 자신의 주장은 "내가 그 발언을 한 시기적인 맥락에서 볼 때" 옳았다며 소비자가 너도나도 마스크를 구하려고 하면 코비드 최전선에서 일하는 의료진이 쓸 마스크가 모자랄지 모르기 때문에 한 말이라고 했다.[1] 그러나 파우치 박사가 주고받은 이메일을 보면 사적으로도 마스크가 효과가 없다고 조언하고 있었다. 게다가 일반인들에게 그리고 보건당국 고위 관료들에게 그가 자세히 설명한 바에 따르면, 그는 보통 마스크는 바이러스 감염을 막는 효과가 전혀 없다고 진정으로 믿었다는 사실이 드러난다. 예컨대, 2020년 2월 5일 그는 오바마 정권의 보건복지부 장관을 지냈고 파우치의 예전 상사였다고 알려진 실비아 버웰(Sylvia Burwell)에게 건강한 사람의 마스크 착용은 쓸데없는 짓이라고 조언한다.[2] 2월 17일, 그는 〈USA 투데이(USA Today)〉와의 인터뷰에서도 다음과 같이 똑같은 주장을 했다:

마스크는 이미 감염된 사람에게 훨씬 더 적합하고 감염으로부터 보호하는 목적이 아니라 이미 감염된 사람이 다른 사람들에게 전염시키지 않게 하는 목적에 훨씬 더 적합하다. 약국에서 판매하는 마스크는 마스크 주변으로 바이러스가 새 나가

므로 감염을 막는 데 별 소용이 없다. 지금 미국에서 마스크를 착용해야 할 아무런 이유가 없다.[3]

파우치 박사는 1월 28일 보건복지부 규제 담당 관료들을 대상으로 한 연설에서 증상이 없는 사람들은 마스크를 착용할 이유가 없다며 다음과 같이 설명했다:

역사적으로 볼 때 깨달아야 할 게 하나 있다. 일부 무증상자가 병을 전염시키는 경우가 있다고 해도, 호흡기 감염 바이러스의 역사를 통틀어서, 무증상 감염이 전염병 확산을 주도한 적이 없다. 병을 전염시킬지도 모르는 무증상 감염자라는 희귀한 사례가 있다고 해도 전염병의 대유행은 무증상 감염자가 주도하지 않는다.[4]

파우치가 초기에 한 발언과 일맥상통하는 과학적 자료들이 있다. 동료 학자들의 엄격한 심사를 거친 많은 연구논문은 건강한 사람에게 마스크를 씌우는 게 바이러스 확산을 막는 효과적인 방법이라는 주장을 전혀 뒷받침하지 않으며, 파우치 박사는 자기가 태도를 바꾼 이유를 정당화할 근거를 제시했다. 2020년 12월 중국 우한 지역의 거주자 1,000만 명을 대상으로 한 포괄적인 연구는 파우치 박사가 2020년 1월 28일 무증상 감염자가 코비드-19를 퍼뜨릴 가능성은 매우 희박하다고 한 주장을 확인했다.[5] 게다가 국립보건원의 웹사이트에서 볼 수 있는 52개 연구논문에서는 N95 마스크보다 성능이 낮은 보통 마스크일 때, 병원이나 수술실 같은 의료기관 여건에서도 바이러스 감염률을 낮추지 못한다는 결과가 나왔다.[6][7] 게다가 25개 연구논문은 피부, 치아, 위장, 심리적 손상뿐만 아니라 호흡기 질환과 면역체계 질환을 비롯한 각종 심각한 피해의 원인으로 마스크 착용을 지목하고 있다.[8] 이런 피해를 상쇄할 만큼, 마스크가 코비드-19 감염 방지에 효과가 있음을 설득력 있게 보여주는 공신력 있는 연구논문은 찾아볼 수 없다. 마지막으로 파우치 박사의 마스크 착용 의무화 정책을 분석한 연구논문들도 마스크 착용이 아무런 이익이 없음을 확인해 준다. 구텐탁에 따르면, "미국의 각 지역을 분석한 자료를 보면 인구의 93퍼센트가 마스크 의무 착용을 준수했지만, 감염 사례 비율에 아무런 효과를 미치지 못한다. 더군다나 질병통제예방센터 데이터에 따르면, 코비드-19에 감염된 사람의 85퍼센트가 마스크를 착용했다.”고 말했다.”[9]

2020년 3월 파우치 박사는 마스크는 ‘착용하는 사람을 약간 더 안심시키는’ 효과밖에 없다고 말했다.[10] 아마도 그는 마스크가 전염을 막는 효과는 없지만 강력한 심리적 효과가 있다는 점을 인식했을지 모르겠다. 이러한 상징적인 효과는 대중이 강압적인 의무 접종을 순순히 받아들이도록 하는 훨씬 중대한 정책의 집행을 순조롭게 만드는 전략적인 이득을 가져왔다. 파우치 박사가 마스크 착용을 반대하던 입장에서 갑자기 돌변해 마스크 의무 착용을 지지하게 된 시점은 정치적 양극화가 점점 심해질 때였고, 마스크는 점차 파우치 박사를 옹호하는 이들에게는 올바른 행동이라는 상징이 된 반면 마스크 착용을 꺼린 이들에게는 자격 없는 권위에 맹목적으로 복종한다는 낙인으로 해석되어 그 사람이 어느 편인지 식별하는 중요한 표식이 되었다. 게다가 마스크 착용은 모든 이의 공포심을 증폭함으로써 국민의 비판적 사고를 마비시켰다. 마스크는 국민 개개인이 잠재적으로 바이러스에 감염될지 모르는 위협적인 존재임을 우리에게 끊임없이 상기시킴으로써 사회적 고립을 증폭시키고 분열과 갈등을 조장했고, 결국 조직적으로 정치적인 저항을 하지 못하게 방해했다. 마스크 착용이 국민의 정신상태에 미친 영향은 내가 어렸을 때 했던 ‘민방위훈련’을 떠올리게 했다. 냉전 시대의 군사적 이데올로기를 뒷받침하고 공고히 한 이 쓸데없는 훈련은 내 큰아버지 존 F. 케네디의 국방부 장관 로버트 맥나마라가 ‘국가적 집단적 정신이상’이라 일컫는 현상을 강화했다. 이 훈련은 전면적인 핵 전쟁이 가능하다고 미국인들에게 암시했을 뿐 아니라 핵 개발에 전력을 다해 투자해야 살아남는다는 주장을 정당화했다. 미국 정부와 군산복합체(Military Industrial Complex) 상층부는 이 어처구니없는 논조를 바탕으로 수조 달러를 확보했다.

사회적 거리 두기 의무화도 과학적인 근거가 부실하기 짝이없다. 2021년 9월, 식품의약국 전 위원 스캇 고틀립(Scott Gotlieb) 박사는 파우치 박사와 그의 보건복지부 동료 관리들이 미국인들에게 강요한 2미터 거리 두기 규정은 ‘자의적’이고 전혀 과학적 근거가 없다고 시인하면서 그러한 정책을 채택한 절차는 “질병통제예방센터가 권고안을 만드는 과정이 얼마나 주먹구구식인지 여실히 보여주는 사례”라고 덧붙였다.[11][12]

마지막으로, 건강한 사람들의 발을 묶어놓은 봉쇄령은 전무후무한 일이라 세계보건기구(WHO)의 공식적인 팬데믹 규정도 이 정책에 반대했다. 일부 WHO 관리들은 강력히 이의를 제기했는데, 그 가운데 WHO 사무총장에게 직보하는 직책인 코비드-19 담당 선임 특사 데이비드 나바로(David Navarro) 박사도 있었다. 그는 2020년 10월 8일 다음과 같이 말했다:

> 우리 WHO는 이 바이러스를 통제하는 일차적인 수단으로서 봉쇄령을 지지하지 않는다. 봉쇄령을 실행하면 내년에 세계 빈곤율이 두 배로 증가할 가능성이 크다. 아동 영양실조는 적어도 두 배로 늘어나게 된다. 아동들이 학교에서 급식을 먹지 못하게 되고 빈곤층 부모들은 식비를 감당할 경제적 여유가 없기 때문이다. 이는 끔찍하고 혹독한 세계적인 재앙이다. 세계 모든 지도자에게 호소한다. 봉쇄령을 일차적인 통제 수단으로 이용하기를 중단하라…. 봉쇄령은 절대로 무시하면 안 될 단 하나의 결과를 초래한다. 바로 가난한 사람들이 훨씬 더 가난해진다는 점이다.[13]

위에서 언급했듯이, 파우치 박사를 비롯한 관료들은 봉쇄령이 득보다 실이 많은지에 대해 제대로 알아보지도 않았다. 뒤이어 실시된 연구논문들을 보면 봉쇄령은 감염률을 낮추는 데 아무런 영향도 미치지 못했다는 결과가 나온다. 자율에 맡긴 지역과 엄격한 봉쇄령과 마스크 착용을 강제한 지역 간에는 코비드 감염과 사망의 차이가 거의 없다.[14]

선의의 거짓말과 형편없는 데이터

마스크 착용과 관련해 파우치 박사가 쓴 속임수는 공정한 공중보건 관리가 지니기에 바람직하지 않은 기만적이고 남을 조종하는 성향을 드러낸 몇 가지 '선의의 거짓말' 중 하나다. 파우치 박사는 〈뉴욕타임스〉와의 인터뷰에서 '집단면역(herd immunity)'을 보장하는 데 필요한 백신 접종률 추정치를 3월의 70퍼센트에서 9월에 80~90퍼센트로 상향 조정했는데, 이는 과학적 근거를 바탕으로 한 결정이 아니라 백신을 접종하겠다는 사람의 비율이 상승하고 있다는 설문조사를 토대로 했다고 설명했다.[15] 그는 공개적으로는 자연면역이 인구를 보호하는 데 보탬이 안 된다고 주장했지만, 감염 후 면역이 생길 가능성이 크다고(때로는 이 문제에 대해 오락가락했지만) 누누이 말했다. 그는 코비드에 감염된 후에는 백신 접종이 불필요하고 위험하기도 하다는 과학적 증거들이 넘치는데도 이를 무시하고, 이미 감염된 적이 있는 미국인들도 코비드 백신을 맞으라고 권했다.[16][17] 2021년 9월 이와 관련해 추궁받은 파우치 박사는 이 정책을 과학적으로 정당화하는 자료는 없다는 사실을 시인했다.[18] 2021년 9월 파우치 박사는 초등학교 아동들이 코비드 백신을 의무적으로 접종해야 한다고 발표하면서 본인이 초등학교 시절 홍역과 이하선염 백신을 맞았던 기억을 어렴풋이 떠올렸다고 하지만, 그런 기억은 존재할 수가 없다. 두 백신은 각각 1963년과 1967년에 출시되었고, 파우치 박사는 1940년대에 초등학교를 다녔다.[19] 마스크, 홍역, 이하선염, 집단면역, 자연면역에 대한 파우치 박사의 이러한 사소한 위증들은 그가 정치적 의제를 밀어붙이기 위해서라면 사실도 기꺼이 조작하는 인물임을 보여준다. 코비드-19 팬데믹은 공중보건 관료들이 내놓은 처참한 대책인 마스크 의무착용, 봉쇄령, 감염률과 치사율, 무증상 전염, 백신 안전과 효과에 대한 비과학적이고 우유부단한 믿음을 세상에 드러냈다. 이에 따라 정책이 우왕좌왕하고 국민과 의료 전문가를 사이에 혼란과 분열과 양극화를 조장했다.

　파우치 박사가 마음대로 사실을 조작하는 성향이 코비드에 대한 모든 공중보건 대응에서 가장 심란하고 분노를 자아내는 측면이었다고 생각한다. 백신 의제를 밀어붙이기 위한 노골적이고 집요한 데이터 조작은 규제당국이 자행한 경악스러운 배임행위의 절정이었다. 고품질의 투명한 데이터를 시기적절하게 분명한 기록으로 남기고 이를 국민이 접근하도록 하는 게 유능한 공중보건당국이 갖추어야 할 필수 조건이다. 팬데믹 동안 병원균의 행동을 판단하고, 취약한 인구를 규명하고 신속하게 대응조치들의 효과를 측정하고, 첨단 질병 관리에 능한 의료계를 동원하고 국민의 협조를 유도하려면 신뢰할 만한 포괄적인 데이터가 꼭 필요하다. 충격적일 정도로 질 낮은 코비드-19 관련 데이터, 엉터리 치료, 혼란, 입맛에 맞는 정보만 취사선택, 노골적인 왜곡은 이전 세대의 모든 미국 공중보건 관료들을 모욕하고 분노하게 하고 치욕을 느끼게 했을 게 틀림없다. 파우치 박사는 툭하면 이러한 체계적인 기만의 중심에 있었다. '실수'는 늘 똑같은 방향으로만 전개되었다. 코비드에 대한 대중의 공포심을 조장하고 방역 조치에 순순히 응하게 만들기 위해서 코로나바이러스의 위험, 백신의 안전성과 효과를 부풀리는 방향으로 말이다. 이러한 실수를 변명하는 과정에서 그는 국민(비접종자)을 탓하고, 정치를 탓하고 "과학과 더불어 진화해야 한다"는 말로 자신의 오락가락한 입장을 해명했다.[20]

팬데믹 초기에 파우치 박사는 미국의 사망자 수를 525퍼센트나 과대 추정한 매우 부정확한 모델을 사용했다.[21][22] 사기꾼이자 팬데믹 데이터 조작자인, 임페리얼 칼리지 런던의 닐 퍼거슨(Neil Ferguson)은 빌&멜린다 게이츠 재단(BMGF)으로부터 받은 1억 4천 880만 달러의 연구기금으로 이런 쓸모없는 모델을 구축했다.[23] 파우치 박사는 이 모델을 이용해 봉쇄령을 정당화했다.

파우치 박사는 질병통제예방센터(CDC)가 코비드 사망자 수를 부풀리고 따라서 감염 치사율도 부풀리는 방식으로 사망진단서를 발급하도록 선택적으로 규정을 바꾸는 행태도 묵인했다. CDC는 나중에 코비드 사망자 가운데 아주 건강한 사람들은 겨우 6퍼센트 임을 인정했다. 나머지 94퍼센트는 잠재적으로 치명적인 다른 질병들을 평균 3.8가지 앓고 있었다.[24]

규제당국은 중합효소연쇄반응(Polymerase Chain Reaction, PCR) 검사도 오용했고, CDC 는 뒤늦게나마 2021년 8월 이 검사는 코비드와 다른 바이러스 질병을 구분하지 못한다는 사실을 시인했다. 파우치 박사는 이 검사에서 유전자 증폭 기준을 37에서 45까지 높이는 부적절한 방법도 용인했다. 본인이 빈스 라카니엘로(Vince Racaniello)에게 유전자 증폭을 35 이상으로 하는 검사 결과는 복제 가능한 생 바이러스의 존재를 뜻할 가능성이 매우 희박하다고 말했으면서 말이다.[25] 2020년 7월 파우치는 이 정도 증폭 수준의 검사에서 감염됐다는 결과가 나오면 "그냥 죽은 뉴클레오타이드(nucleotide)일 뿐이다. 더 토를 달 것도 없다."라고 말했지만,[26] 검사의 정확도를 높이기 위해서 검사 기준을 조정하지도 않았다. 미국의 코비드 황제로서 파우치 박사는 백신이 사망 원인으로 추정되는 사망자들의 부검을 하지 않기로 한 CDC의 결정에 대해서도 전혀 이의를 제기하지 않았다. 이러한 관행으로써 CDC는 백신 접종 후의 사망은 하나같이 '백신과 무관'하다고 끊임없이 주장했다. CDC는 백신 피해를 보았다고 주장하는 사람들을 대상으로 한 의료 조사를 하는 후속 조치도 취하지 않았다. 모든 환자를 코비드-19 피해자로 분류하게 만드는 유인책 — 노령층 의료보장(Medicare) 당국은 코비드-19 환자를 치료할 때 산소호흡기 한 대당 39,000달러를 지급했지만,[27] 그 밖의 다른 흔한 호흡기 감염 질병의 경우 13,000달러만 지급했다 — 도 병원들이 거짓에 동조하게 만드는 데 한몫했다.[28] 이번에도 파우치 박사는 사기 행위를 묵인했다.

파우치 박사는 제대로 기능하지 않기로 악명높은, 보건복지부가 운영하는 백신 피해 감시 체제인 백신 부작용 보고 체계(Vaccine Adverse Event Report System, VAERS)를 바로잡기도 거부했는데 이는 변명의 여지가 없는 직무태만이다. 보건복지부가 직접 실시한 연구 자료들에 따르면 VAERS는 백신 피해를 실제보다 무려 99퍼센트 이상 과소평가할 가능성이 있다.[29]

국민은 감염 치사율이나 연령 별 코비드 위험에 대한 사실을 전달받은 적이 없다. 그러한 사실을 바탕으로 그들을 진료하는 의사와 더불어 증거를 바탕으로 자신이 어느 정도 바이러스 감염과 사망에 취약한지 분명히 평가할 수 있는데 말이다. 연방 관료들은 애매한 속임수를 써서 모든 연령 집단에서 코비드의 위험을 무모하게 부풀렸다. 이 모든 속임수가 거의 모든 주류 언론, 특히 CNN과 〈뉴욕타임스〉 보도를 도배했고 국민에게는 어마어마하게 부풀려지고 형편없이 부정확한 치사율이 전달되었다. 여러 설문조사에 따르면, 폭스뉴스 시청자들이 9/11 테러 후 충격적일 정도로 잘못된 정보를 접했듯이, CNN 시청자와 〈뉴욕타임스〉 독자들도 2020년 동안 코비드-19에 대해 처참할 정도로 잘못된 정보를 받았다. 뒤이은 갤럽 설문조사에 따르면 평균적인 민주당 지지자는 코비드 감염자의 50퍼센트가 입원하게 된다고 믿었다. 실제로는 감염자의 입원율은 1퍼센트에도 미치지 못했다.[30]

전문가를 믿어라

심각할 정도로 제약업계와 유착된 정부 보건 관료들은 코비드-19 팬데믹을 관리하는 책임을 실행하는 과정에서 안전성을 철저히 조사하고 정직하고 책임 있는 열린 토론을 요구하기는커녕 주류 언론, 소셜미디어와 작당해 핵심적인 공중보건 문제들에 관한 토론을 원천적으로 차단했다. 그들은 백신의 경쟁 대상이 될지도 모르는, 감염 초기 치료 방법을 제시한 의사들이나 부실한 임상실험만 거친 실험 단계의 백신 접종과 그 부작용에 대한 제약사들의 면책을 맹목적으로 옹호하기를 거부하는 이들의 입을 틀어막았다.

이렇게 뒤죽박죽이고 혼란스러운 자료수집과 해석을 통해 규제당국은 '과학적 합의'라는 미명으로 자기들이 자의적으로 만든 규정들을 정당화했다. 의료 전문가들 또한 과학적인 연구 자료나 분명한 데이터가 아닌 제약업계에 포획당한 파우치 박사나 세계보건기구, 질병통제예방센터, 식품의약국, 국립보건원의 주장을 인용했다. 이런 방식으로 그들은 의료기술 관료주의가 행사하게 된 새로운 위험한 권력을 정당화했다.

바이든 대통령과 유선 및 지상파 방송의 진행자들을 비롯해 파우치 박사의 열혈지지자들은 미국 국민에게 "전문가들을 믿어라."라고 충고했다. 그런 조언은 비민주적이고 비과학적이다. 과학은 역동적이다. '전문가'들은 과학적 의문을 둘러싸고 서로 이견을 보이고 그들의 견해는 정치, 권력, 금전적인 사익에 따라 천차만별이다. 내가 관여했던 거의 모든 소송에서는 서로 맞서는 양측이 모두 경력이 화려하고 신뢰받는 전문가들을 내세웠고 이들은 진실만을 말하겠다고 선서한 상태에서 똑같은 사실들을 토대로 서로 정반대인 입장을 제시하며 갑론을박했다. 사람들에게 "전문가들을 믿어라"라고 하는 사람이 있다면, 그 사람은 순진하든가 사람들을 조종하려는 의도를 품고 있든가 아니면 둘 다이다.

파우치 박사가 무리하게 강제한 의무조항들과 데이터를 조작하는 속임수는 하나같이 공포심을 조장했고, 사실 수십억 달러의 세금을 제약사 간부들과 주주들에게 넘겨주는 것이 목적인 백신의 출시를 빌미로 국민의 절박한 심정을 증폭시켰다. 미국에서 가장 눈부신 과업을 이룬 과학자 일부, 그리고 최전선에서 코비드와의 투쟁을 이끄는 의사들은 새로운 mRNA 백신 — 그리고 길리어드(Gilead) 사가 제조한 고가의 특허 항바이러스제 렘데시비어 — 에 죽기 살기로 집착하는 앤서니 파우치가 효과적인 조기 치료제들을 무시하거나 사용을 탄압해 죽지 않아도 되었을 수십만 명을 죽음으로 내몰고 팬데믹을 연장했다고 생각하게 되었다.

면역체계 강화

나는 코비드-19 초기, 몇 달 동안 오로지 백신에만 몰두한 미국의 의사 파우치가 미국인들에게 면역체계를 강화하는 방법에 대해 전혀 언급하지 않는 모습에 놀랐다. 그는 2020년 3월부터 5월까지 날마다 백악관 브리핑을 하면서 미국인들에게 담배(흡연과 전자담배/물담배는 코비드 사망률을 두 배로 증가시킨다)를 삼가고,[31] 햇빛을 충분히 쬐고 적정한 비타민 D 수위를 유지하고(코비드-19 환자의 거의 60퍼센트가 입원 당시 비타민 D가 결핍된 상태였고, 코비드-19 폐렴이 상당히 진행된 상태인 남성의 경우 가장 결핍 상태가 심각했다),[32] 식단을 조절하고, 운동하고, 체중을 줄이라고(코비드-19로 입원한 미국인의 78퍼센트가 과체중이거나 비만이었다)[33] 말한 적이 한 번도 없다. 오히려 정반대로 파우치 박사가 지시한 봉쇄령 때문에 미국인은 한 달 평균 약 0.9kg 체중이 늘고 하루 평균 27퍼센트 운동량이 줄었다.[34] 그는 당분과 단 음료수, 가공식품, 화학 잔여물을 피하라고 권고하지도 않았는데, 이 모두가 염증을 증폭하고 면역반응을 훼손하고 면역체계를 관장하는 장내 미생물군 유전체(microbiome)를 교란한다. 과학계가 (흔히 감기라고도 불리는) 코로나바이러스의 치료법을 모색했지만, 결실을 보지 못한 지난 수세기 동안 동료 학자들의 심사를 거친 여러 연구논문에서 그 효과가 되풀이해서 입증된 물질은 오로지 아연뿐이다. 아연은 바이러스 복제를 방해하고 감기를 예방하고 감기 지속 기간을 단축하는 효과가 있다.[35] 약국에 가보면 약을 진열해 놓은 선반이 무너져 내릴 정도로 아연을 토대로 한 감기약들이 가득하다는 사실이 아연의 뛰어난 효과를 말해준다. 그러나 앤서니 파우치는 미국 국민에게 감염에 노출된 후 아연 섭취량을 늘리라고 조언한 적이 없다.

파우치가 자연면역 반응을 경시한 행태는 백신을 제외한 그 어떤 치료법에 대해서도 적대감을 보이는 연방 규제당국의 특성과 일맥상통한다. 2021년 4월 30일, 캐나다의 온타리오주 의사협회는 비타민 D를 비롯해 백신이 아닌 약품을 처방하는 의사는 예외 없이 의사 면허증을 박탈하겠다고 위협했다.[36] 박사이자 의사인 캐나다 백신 연구학자 제시카 로즈(Jessica Rose)는 "그들은 자연면역이라는 개념을 완전히 지워버리려고 하고 있다. 머지않아 끊임없는 거짓말과 선전 선동으로 세뇌당한 대중은 살아남으려면 자연면역이 아니라 주사를 맞고, 알약을 삼키는 방법만이 유일한 희망이라고 생각하게 된다."
라고 말했다. 2021년 10월 1일 〈워싱턴 포스트(Washington Post)〉의 기자 애쉴리 페터즈 멀로이(Ashley Fetters Maloy)는 한 팟캐스트와의 인터뷰에서 다음과 같이 잘못된 정보를 유포함으로써 코비드-19에 대한 '잘못된 정보'를 폭로하는 시늉을 했다:

> "여러분 신체와 면역체계가 코비드-19를 퇴치할 만큼 건강하다는 생각이 만연해
> 있다. 그러나 코비드-19는 신종 코로나바이러스다. 그 누구의 신체도 이 바이러스
> 를 퇴치하지 못한다. 백신을 접종하지 않고도 이 바이러스를 인식하고 퇴치할 만
> 큼 신체가 건강한 이는 아무도 없다."[37]

이는 명백한 가짜 정보다. 백신이 출시되기 전인 2020년 내내 99.9퍼센트의 사람들은 자연 면역체계 덕분에 중증과 사망을 면했다. CDC와 WHO, 그리고 사실상 모든 세계적인 보건 전문가들이 건강한 면역체계를 지닌 건강한 사람들은 코비드로 인해 위험에 처할 가능성이 미미하다고 인정했다. 보건 전문가들에 따르면 실제로 많은 사람이 코비드에 적절한 면역반응을 보이므로 자신이 코비드에 감염됐는지조차 알지 못하고 지나간다. 인간은 백신 없이 코비드-19를 퇴치하지 못한다는 멀로이의 발언은 순전히 잘못된 정보다.

프랭클린 시어도어 루즈벨트 대통령이 경제 대공황 당시 그랬듯이 국민에게 침착하기를 촉구하면서 "우리는 두려움 자체 말고는 두려워할 게 아무것도 없다."라고 하기는 커녕 파우치 박사가 제시한 처방과 발언 — 강제 격리, 마스크 의무 착용, 사업장 폐쇄, 퇴출과 파산, 봉쇄령, 부모로부터 자녀를 분리하고 조부모로부터 부모를 분리한 조치 — 은 스트레스와 외상을 극대화하려는 의도로 보였다.[38][39] 공포심, 스트레스, 외상은 우리 면역체계를 훼손한다.

조기 치료

파우치 박사를 비판한 이들은 '바이러스 확산 속도를 늦추고, 감염률을 일정 수준으로 유지하면서 백신이 출시되기를 기다리는' 파우치의 전략이 — 하나같이 장기적으로 효과와 안전성이 입증되지 않은 백신을 뒷받침하기 위한 전략으로서 — 공중보건계에서 수용되어 온 관행과는 완전히 동떨어진 전례 없는 조치라고 주장한다. 그러나 가장 심란한 점은 파우치 박사가 겁에 질린 감염자들에 대한 조기 치료를 무시하거나 노골적으로 억압했다는 사실이다. 예일대학교 전염병학자 하비 리쉬(Harvey Risch) 박사는 "전염병 유행을 막는 가장 좋은 관행은 환자를 격리 치료하고, 가장 취약한 계층을 보호하고, 용도 확장 약품*을 적극적으로 찾아내고, 조기 치료를 통해 입원을 방지하는 관행이다."라고 말한다.

리쉬 박사는 임상 치료 규정과 관련해 세계적인 권위자로 손꼽힌다. 그는 두 개의 권위 있는 학술지 편집자이고 동료 학자들의 엄격한 심사를 거친 350건 이상의 논문 저자이다. 다른 연구학자들이 그의 연구논문을 인용한 횟수가 44,000차례 이상이다.[40] 리쉬 박사는 코비드 통제 전략에 고려했어야 하는데 하지 않은 엄연한 사실을 다음과 같이 지적한다. "세계로부터 자국을 고립시킬 의향이 있는 섬나라가 아닌 한 세계적인 바이러스 팬데믹을 막기는 불가능하지만, 치명성을 낮출 수는 있다. 우리가 추진했어야 하는 목표는 입원과 사망을 줄이는 치료법을 고안하는 일이었다. 우리는 코비드-19의 힘을 빼서 계절독감보다 훨씬 덜 치명적으로 만들 수도 있었다. 그것도 아주 신속히 해낼 수 있었다. 그렇게 했다면 수십만 명의 생명을 구했을지도 모른다."

피터 매컬러(Peter McCullough) 박사도 이에 동의한다. 그는 "코비드 같은 전염성이 높은 바이러스가 인구 내에 교두보를 마련하면 필연적으로 이 바이러스에 대한 면역이 없는 개개인에게 모조리 전파된다. 확산 속도를 늦출 수는 있겠지만 확산을 막지는 못한다. 밀물을 막지 못하듯이 말이다."라고 말한다. 매컬러 박사는 텍사스주 댈러스에 있는

---

* repurposed drug 또는 off-label drug라고 한다. 기존의 약물 중 본래 승인받은 용도 외에 다른 용도에도 효과가 있는 약물을 뜻한다 - 옮긴이

베일러 대학교 의료센터와 베일러 심혈관 병원의 내과 의사이자 심장전문의다. 그는 국립 의학 도서관에 동료 학자들의 심사를 거친 논문 600편이 등록되어 있고 코비드-19의 치명적인 결과인, 심장병과 연관된 신장병 분야에서 역사상 가장 많은 논문을 발표한 의사이다. 코비드-19 팬데믹이 발생하기 전 그는 두 개의 주요 학술지 편집자였다. 그가 최근에 발표한 논문 가운데 코비드-19 관련 논문이 40편 이상이고 그 가운데 두 편이 코비드 중환자 치료를 다룬 기념비적인 논문이다. 2020년 〈미국 의학 학술지(American Journal of Medicine, AJM)〉[41]와 〈심혈관 의학 비평(Reviews in Cardiovascular Medicine)〉[42]에 실린, 코비드-19 조기 치료에 돌파구를 마련한 그의 두 편의 논문은 이 주제에 관한 논문 가운데 다운로드 횟수가 역대 최고를 기록했다. 매컬러 박사는 내게 다음과 같이 말했다. "나도 코비드-19에 감염돼 폐에 문제가 생겼었다. 내 아내도 감염됐었다. 처가댁 쪽에는 목숨을 잃은 분도 있다…. 나는 이 세상 그 누구보다도 이 문제에 대한 내 견해를 밝힐 의학적 권위가 있다고 믿는다."

매컬러 박사는 "조기 치료 방법, 그리고 아이버맥틴(Ivermactin, IVM)과 하이드록시클로로퀸(hydroxychloroquine, HCQ)을 비롯해 수많은 기존의 약품을 이용해 코비드 치사율과 입원율을 대폭 줄일 수 있었다."라고 지적한다. 매컬러 박사는 이러한 약품으로 2,000명의 코비드 환자들을 치료했다. 매컬러 박사는 동료 학자들의 심사를 거친 수백 편의 논문이 조기 치료가 코비드로 인한 사망을 80퍼센트 줄일 수 있었다는 사실을 보여준다고 지적하면서 다음과 같이 덧붙였다. "코비드 감염 검사에서 양성반응이 나왔지만, 아직 증상은 없는 미국인들을 조기에 치료해 입원을 막는 조치를 처음부터 시행했어야 한다. 그렇게 했다면 사망률을 계절독감으로 인한 사망률보다 낮추고 병원으로 환자가 몰리는 병목현상을 해소할 수 있었다. 안전성이 입증되었고 처방전 없이 구매할 수 있는 기존의 약품을 신속히 도입하고 이러한 약품이 주는 이득과 위험을 분석해 의사결정에 반영했어야 한다." 매컬러 박사는 다음과 같이 말을 이어갔다. "용도 확장 약품을 사용했더라면 2020년 5월 무렵 이 팬데믹을 종식하고 50만 명의 미국인을 살릴 수도 있었다. 파우치 박사의 아집과 새로운 백신과 렘데시비어에 집착하는 편협한 생각만 아니었다면 그렇게 할 수도 있었다."

중환자를 치료하는 폐 질환 전문의 피에르 코리(Pierre Cory) 박사도 매컬러 박사의 추정에 동의한다. 코리 박사에 따르면, "이러한 약품들 가운데 일부는 질병 예방 효과가 거의 기적에 가까울 정도로 뛰어나다. 이런 약품을 썼더라면 2020년 봄에 팬데믹을 즉각 막을 수 있었다."

리쉬, 매컬러, 코리는 감염된 환자를 감염 초기에 집에서 치료하며 재앙적인 수준의 봉쇄령을 면하고 취약한 인구를 보호할 약품을 발굴하는 한편 저위험군인 연령 집단 사이에서 질병이 확산하도록 해 영구적인 집단면역에 도달할 수 있었다고 이구동성으로 주장하는 전문가들(노벨상 수상자 뤼크 몽타니에(Luc Montagnier) 등)에 속한다. 세 사람은 자연면역은 백신이 유도한 면역보다 지속 기간도 더 길고(보통 자연면역은 평생 지속된다) 방어해 주는 폭도 훨씬 넓다는(뒤이어 등장하는 변이들에 대해서도 방어막을 제공해준다) 면에서 백신 면역보다 월등하다. 코리 박사는 "자연면역이 생긴 사람들에게 백신을 접종하는 공중보건 정책은 절대로 시행하지 말았어야 한다."라고 말한다.

파우치 박사는 신기술 백신을 개발하는 고도로 위험한 도박에 사회적 재원 수천억 달러를 쏟아부었지만, 코비드 치료에 효과적인 용도 확장 약품 발굴에는 거의 한 푼도 쓰지 않았다. 코리 박사는 "바로 그 전략으로 인해 전 세계적으로 꼬박 1년 동안 치료가 중지되었고 그러는 사이 쉽게 치료할 수 있는 호흡기 바이러스가 인구 사이에 급속히 퍼졌다."라면서 다음과 같이 덧붙였다. "파우치가 외래환자 치료는 전혀 권하지 않고, 심지어 본인도 복용하는 비타민 D를 국민에게 권장하지 않았다는 사실은 어마어마한 충격이다. 미국 국민 대부분이 비타민 D 결핍인데 말이다."

코리 박사는[43] 현재 일선 코비드-19 중환자 치료 연맹(Front Line COVID-19 Critical Care Alliance, FLCCC) 회장이고, 위스콘신 대학교 의과대학 병원 외상과 생명 유지 센터 소장과 부교수, 그리고 밀워키에 있는 오로라 세인트 루크 의료센터 중환자 치료 부문 책임자로 일했다. 그는 중환자 초음파진단에 관한 기념비적인 연구로 2015년 영국 의학협회 회장상을 받았다.

리쉬, 매컬러, 코리는 파우치가 용도 확장 약품을 규명하려는 노력을 전혀 하지 않은 데 대해 충격을 표한 수백 명의 과학자와 의사들 가운데 일부다. 코리는 다음과 같이 말했다. "환자를 치료하는 의사들로부터 자문받는 절차를 거치지 않았다는 사실이 경악스럽다. 의학은 자문이 중요하다. 데보라 벅스(Deborah Birx, 백악관 코비드-19 정책 코디네이터), 파우치, 로버트 레드필드(Robert R. Redfield, 질병통제예방센터 소장)는 날마다 기자회견을 하고 자의적인 지시사항을 하달했는데, 세 사람 중 단 한 명도 코비드 환자를 치료하거나 응급실이나 중환자실에서 일해본 경험이 없다. 그들은 아무것도 모른다."

매컬러 박사는 이렇게 말했다. "TV로 백악관 대응팀 기자회견을 봤는데, 아무도 입원과 사망은 코비드-19의 부정적인 결과라고 언급하지 않았고, 의사들로 팀을 꾸려서 치료법과 치료제를 규명해 이러한 입원과 사망을 막겠다는 말도 하지 않았다."

매컬러 박사는 파우치 박사가 코비드 대응 총책임자로서 세계적으로 일선에서 환자를 상대하는 1,100만 명의 의사들을 국제적 통신 네트워크로 연결하고 서로 실시간으로 유용한 정보를 수집하고 안전하고 혁신적인 치료법을 공유하고 최선의 예방조치와 조기 치료 관행을 개발했어야 한다고 주장하며 다음과 같이 말했다. "파우치는 긴급 직통 전화선을 개설하고 웹사이트를 구축해 의료 전문가들이 치료에 대해 문의할 사항이 있을 때 전화로 도움을 청하고 취약한 계층과 감염에 노출된 개인들의 감염을 예방할 가장 최근의 혁신적인 조치를 수집하고 정리하고 널리 알리고, 감염을 조기에 치료해서 입원을 최대한 막았어야 한다." 코리 박사도 이에 동의한다. "입원을 미리 방지하는 게 목표였어야 한다. 가만히 앉아서 감염된 환자가 증상이 나타날 때까지 기다려서는 안 된다. 제대로 치료받지 않은 환자들이 입원하고 나서야 비로소 치료를 시작하는 게 파우치 박사의 전략이었다. 그러나 환자가 입원할 무렵이 되면 이미 치료하기에 시기적으로 너무 늦은 이들이 대부분이었다. 미친 짓이었다. 사악하고 비윤리적이었다."

매컬러 박사는 파우치 박사가 운신이 가능한 환자들을 위한 치료센터와 무증상 감염자나 코비드 감염 초기 환자를 전문적으로 치료하는 현장 클리닉을 구축했어야 한다면서 다음과 같이 말한다. "파우치는 대형 의료기관 산하 시설인 위성 클리닉(satellite clinic)이 외래환자들을 대상으로 소규모 임상실험을 실시해 신속하게 가장 효과적인 치료법, 약품, 치료제를 규명하라고 격려했어야 한다."

리쉬 교수도 이에 동의한다. "전 세계 의사들에게 단기 임상실험을 하고 전도유망한 약품을 규명하고 성공적인 치료법을 공유하도록 했었어야 한다. 종착점은 자명했다. 입원과 사망을 예방하는 일이었다." 매컬러와 코리는 정부가 치료법을 신속하게 개발하고 계속 다듬는 동시에, 현대 팬데믹 동안 공중보건 규제당국이 반드시 해야 할 의무를 다했어야 하는데 그러지 않았다고 말한다. 바로 국립보건원의 웹사이트에 최고의 조기 치료법을 공개하고 콜센터를 구축함과 동시에 소통을 원활하게 해서 서로 자문할 수 있게 하고, 정보와 최신 치료법을 공유하며 널리 알려 최신 정보로 수정 보완할 웹페이지를 통해 가장 성공적인 전략에 대한 지식을 국민이 지속해서 축적하도록 했었어야 한다는 말이다.

매컬러 박사는 다음과 같이 덧붙인다. "정보를 공유하고 서로 소통할 센터를 구축해 환자를 치료하는 의사와 병원들이 24시간 최신 데이터를 공고하고 입수하도록 했었어야 한다. 그런데 의사들이 감염된 환자들을 조기에 치료하고 싶어도 그럴 방법이 없었다."

요양원과 격리시설

리쉬 박사는 공중보건 관료들은 조기 치료법을 개발하는 한편 노령층 환자들이 더는 다른 사람에게 병을 전염시키지 않게 될 때까지 병원에 격리되어 있도록 했었어야 한다며 다음과 같이 말한다. "이미 감염된 환자들을 다른 노인들이 바글바글한 요양원으로 돌려보내지 말고 격리시설을 구축해 그 시설에 임시로 머무르게 했었어야 한다. 노령 환자들을 안전한 시설에 머물게 하고 첨단 치료로 그들을 보호했어야 한다." 리쉬는 보건 당국이 미국 전역에 야전 병원을 구축하느라 6억 6천만 달러의 세금을 쏟아부었다고 지적한다.[44] 민주당 소속 뉴욕 주지사 앤드로 쿠오모(Andrew Cuomo)를 비롯해 민주당 소속 주지사들은 환자들이 쇄도하리라고 예상하고 야전 병원 침상을 비워두었다. 그러한 예상은 공포를 조장하는 왜곡된 모델의 완전히 빗나간 추정치에 근거했고, 이러한 추정치는 게이츠가 재정적으로 지원하는 두 조직, 보건계측평가연구소(Institute for of Health Metrics and Evaluation, IHME)와 로열 칼리지 오브 런던이 부추기고 파우치 박사가 인증했는데, 마치 공중의 공포심을 조장하는 목표의 일환으로 보였다. 격리시설로 사용할 수 있는 야전 병원의 침상이 텅텅 비어있는데 주지사들은 감염된 어르신들을 사람이 바글바글한 요양원으로 돌려보냈고, 거기서 어르신 환자들은 이 질병에 가장 취약한 인구에게 질병을 퍼뜨려 치사율을 높였다. 리쉬는 "뉴욕주 사망자의 절반, 그리고 미국 전국적으로 사망자의 3분의 1이 노령층의 돌봄 시설에 거주하는 어르신들이었다."[45]라고 지적한다.

파우치 박사는 수천 명의 목숨을 구했을지도 모르는 단일클론 항체(monoclonal antibodies)를 요양원에 공급하지 않는 이해할 수 없는 정책적 결정도 내렸다. "워프 스피드 작전(Operation Warp Speed)*이 출범할 당시, 백신이 출시되기 한참 전인 2020년 11월 무렵 이미 식품의약국이 정식으로 승인한 첨단기술인 단일클론 항체 사용이 가능했다."라고 매컬러 박사는 말한다.

리쉬 박사는 "단일클론 항체는 효과가 크지만, 외래환자에는 적합하지 않다. 정맥주사로 주입하기 때문이다. 따라서 요양원에는 안성맞춤이다. 팬데믹 동안 숨진 코비드 사망자의 3분의 1이 미국 전역의 요양원과 노령층 집단생활 시설(assisted living facilities, ALF)에서 발생했다.[46] 파우치 박사는 요양원과 격리병원에 단일클론 항체를 배치했어야 한다." 그러나 파우치는 이러한 시설들이 환자에게 단일클론 항체를 투여하지 못하게 막았다. "어르신들이 일주일에 1만 명씩 죽어 나가던 시기에 노령층 돌봄 시설에서 이 치료법을 쓰지 못하게 막은 행태는 천인공노할 잔인한 행위로서 의료과실이자 배임이다."

매컬러 박사는 "뭐든 공중보건당국이 한 짓과 정반대로 해야 한다. 그들이 제대로 한 일을 찾기가 어렵다."라고 말한다.

위기에 독자적으로 뛰어든 의사들

팬데믹 초기에 코리 박사와 그의 멘토이자, 이스턴 버지니아 의과대학원 교수 겸 폐질환과 중환자 치료 부서장인 폴 메릭(Paul Merik) 박사는 세계에서 가장 논문을 많이 쓰고 업적을 이룬 중환자 치료 전문가들을 모아 신속하게 기능적인 코비드 치료법을 개발하기 시작했다. FLCCC 공동 창립자 다섯 명은 하나같이 코비드가 발생하기 이전부터 중환자 치료와 폐 질환 과학의 발전에 한몫한, 세계적으로 널리 알려진 인물들이다. 전

---

* 코비드-19 백신을 신속하게 개발, 배포, 접종하는 정책의 명칭 - 옮긴이

세계적으로 최전선에서 환자를 치료하는 의사 1,693여 명이 FLCCC 회원이다.[47] 팬데믹 초기에 이 의사들은 정부 기관과 팬데믹 센터가 방치한 위급한 상황에 뛰어들었고 기존의 약품으로 서로 협력해 조기 치료 방법을 개발하기 시작했다. 그들은 곧 코비드 치사율을 급격히 줄일 방법을 찾아냈다. 그러나 그들은 코비드를 성공적으로 치료함으로써 명의라는 찬사를 받기는커녕 국가의 적이 되었다.

피터 매컬러 박사는 피에르 코리 박사나 FLCCC에 대해 알기 훨씬 전에 연방 정부의 대응책이 무용지물이고 비도덕적이라는 똑같은 결론에 도달했다. 매컬러 박사는 다음과 같이 회상한다. "4, 5월 무렵 심란한 경향이 눈에 띄었다. 코비드-19에 감염된 환자들을 집에서든 요양원에서든 어디서도 치료하려는 노력을 기울이지 않는 경향이었다. 마치 환자들을 의도적으로 집에 방치하고 환자가 호흡이 곤란해질 지경에 이르러서 병원에 입원시키는 듯했다."

파우치 박사는 코비드 양성판정이 나온 환자를 치료하지 않고 집에 돌려보냈다. 공포에 떠는 환자가 호흡곤란에 다시 병원을 찾을 때까지 내버려두라고 지시하는 전례없는 조치를 채택했다. 그리고 병원을 찾는 환자는 두 가지 치명적인 치료를 받았다. 바로 렘데시비어와 산소호흡기였다.

나도 이러한 어처구니없는 정책을 직접 경험하고 좌절감을 느꼈다. 2020년 12월 나는 나의 93세 노모의 주치의에게 모친이 PCR 검사에서 양성판정이 나오면 어떻게 치료할지 계획을 말해달라고 요청했다. 그는 내게 다음과 같이 말했다. "모친께서 호흡이 곤란해지기 전까지는 우리가 할 수 있는 게 없다." 내가 아이버멕틴과 하이드록시클로로퀸에 관해 물어보았지만, 그는 어깨만 으쓱했다. 그는 코비드 환자에게 그 약품들을 사용한다는 얘기는 금시초문이라고 했다. 그는 내게 "코비드 조기 치료 방법은 없다."라고 자신 있게 말했다.

파우치 박사가 감염된 미국인에 대한 조기 치료를 거부하기로 한 선택은 단순히 잘못된 공중보건 정책이 아니라, "인구 차원에서의 잔혹 행위"라며 "역사를 통틀어 의사가 의도적으로 환자를 이런 야만스러운 방식으로 대한 적이 없다."라고 매컬러 박사는 공언한다.

"나는 나 자신에게 다짐했다. '나는 내가 환자를 치료할 때든, 국가적 차원이든 세계적 차원이든 절대로 이런 행태를 용납하지 않겠다.'라고 말이다."라고 매컬러 박사가 내게 말했다. 코비드는 여러 각도로 접근해야 한다고 생각한 메컬러 박사는 이탈리아, 그리스, 캐나다, 유럽 전역, 방글라데시와 남아프리카공화국 등 다른 나라의 의사들을 접촉하기 시작했고, 그들은 코비드-19 치료의 성공사례들을 공유했다.

매컬러 박사는 다음과 같이 말을 이었다. "이 질병이 다른 유형의 폐렴이나 호흡기 질환이나 다른 전염병이라면 조기에 치료를 시작해야 하고, 환자의 증상이 악화할 때까지 기다리지 않고 훨씬 쉽게 치료 가능하다는 사실을 알고 있다." 매컬러 박사는 이는 코비드-19에도 적용된다면서 "코비드 감염자가 입원해야 할 정도로 증상이 악화하기까지 2주 정도 걸린다는 사실을 금방 터득했다."

최전선에서 환자를 치료하는 의사들은 곧 이 질병이 여러 경로를 통해서 작동하고 경로마다 나름의 치료 방법이 필요하다는 사실을 깨달았다. 매컬러 박사는 "이 질병은 세 가지 특징이 있는데, 첫째, 바이러스가 길게는 2주 동안 복제한다, 둘째, 몸의 염증이 심해진다, 셋째, 뒤이어 혈전이 생긴다."라면서 다음과 같이 덧붙였다. "2020년 4월 무렵 대부분 의사는 한 가지 약물로는 이 질병을 치료하기에 역부족이라는 사실을 터득했다. 여러 가지 약품을 복합적으로 사용해야 했다."

"우리는 신속하게 세 가지 원칙을 세웠다."라고 매컬러 박사는 말한다. 그가 세운 3단계 치료법은 다음과 같다:

- 약품을 이용해 바이러스 확산을 지연시킨다.
- 약품을 이용해 염증을 완화하거나 줄인다.
- 혈전을 처리한다.

매컬러와 그와 제휴한 세계 각지의 의사들은 곧 코비드 단계마다 조기에 투여해 뛰어난 효과를 보여준, 처방전이 불필요한 각종 기존 약품을 이용한 치료법을 규명했다.

매컬러 박사는 최전선에서 환자를 치료하는 의사들이 코비드 치료에 효과적인 약품들을 신속하게 대거 발견했다고 말한다. 보건복지부가 초기에 실시한 연구 자료들은 2005년 이후로 코로나바이러스에 대한 하이드록시클로로퀸(HCQ)의 효능을 뒷받침했고 2020년 5월 무렵 뉴욕에서 아시아에 이르기까지 각지의 의사들이 이를 코비드 치료에 이용해 뛰어난 효과를 보고 있었다. 같은 달, 매컬러 박사와 그가 근무하는 의료센터의 동료 의사들은, 식품의약국과 더불어, HCQ를 이용한 예방 요법을 최초로 구축했다. "2020년 초여름 무렵 방글라데시를 비롯한 여러 지역의 의료진으로부터 아이버멕틴(IVM)에 대한 놀라운 데이터를 입수했다. 이제 우리에게는 코비드를 치료하는, 특허가 만료되어 저렴한 두 가지 약품이 생겼다." 매컬러와 최전선에서 환자를 치료하는 50명 남짓한 의사들은 HCQ과 IVM이 코비드 치료에 상당히 효과적이지만, 다른 약품들을 첨가하면 결과가 훨씬 더 향상된다는 사실을 발견했다. 아지트로마이신(azithromycin) 또는 독시사이클린(doxycycline), 아연, 비타민 D, 셀레브렉스(Celebrex), 브로맥사인(bromhexine), 엔 아세틸 시스테인(N-acetyl cysteine, NAC), 정맥주사 비타민 C, 케르세틴(Quercetin) 등이 그러한 약품들이다. 매컬러 박사 팀은 HCQ나 IVM과 마찬가지로 ─ 천연물질로서 건강보조제 판매점에서 쉽게 구할 수 있는 ─ 케르세틴도 이온투과담체(ionophore), 즉 세포가 아연을 흡수하도록 촉진하고 코로나바이러스의 복제 역량을 파괴하는 물질이라는 사실을 깨달았다. 매컬러 박사는 다음과 같이 말을 이었다. "캐나다는 그리스가 최초로 한 임상실험을 바탕으로 신뢰도 높은 임상실험을 통해 콜치신(Colchicine)을 규명했고, 혈전과 아스피린을 비롯한 항혈전제의 필요성과 관련해서는 UCLA를 비롯한 여러 기관의 전문가들로부터 더 많은 정보를 얻었다. 우리는 단일 클론 항체의 사용 승인도 일찍 받았다. 플루복사민(fluvoxamine)과 파모티딘(famotidine)도 여러 약물을 이용한 치료에서 역할을 한다는 사실도 뒤늦게나마 깨달았다." 루이지애나 주립대학교 의과대학원 교수 폴 하치(Paul Harch)는 동료 학자들의 심사를 거친 중국발 논문들을 발견했는데, 이 논문 저자들은 고압 산소실(hyperbaric chambers, HBOT)을 이용해 놀라운 성과를 거두고 있었다.[48] 4월과 5월 사이에 뉴욕 대학교 연구팀은 환자들의 산소호흡기를 떼어내고 HBOT를 이용해 20명 가운데 18명이 신속하게 건강을 회복하게 함으로써 중국의 연구를 재현했다.[49] (예일 대학교는 현재 이 치료법의 3차 임상실험을 진행하고 있는데 놀라운 결과를 낳고 있다.)

그 밖에도 전도유망한 치료법들이 많이 있다. 아시아 국가들은 식염수로 비강(鼻腔)을 세척해 바이러스의 양과 전염을 줄이는 데 큰 효과를 보고 있었다.[50] 매컬러 박사는 포비돈 아이오다인(povidone iodine), 과산화수소(hydrogen peroxide), 하이포클로라이트(hypochlorite), 리스터린(Listerine) 또는 세틸피리디니움 클로라이드(cetylpyridinium chloride)가 함유된 구강 세척제 등 바이러스를 죽이는 물질들을 함유한 각종 구강/비강 세척액을 희석해 사용함으로써 환자의 증상 악화를 예방하고 바이러스의 양을 줄이고 전염을 예방할 수 있다는 사실을 발견했다. 매사추세츠 종합병원의 전염병 전문가 마이클 캘러핸(Michael Callahan) 박사는 2020년 1월 중국 우한 지역에서 수백 명의 환자를 진료하면서 처방전 없이 쉽게 구할 수 있는 소화제 펩시드(Pepcid)의 놀라운 효능을 경험했다. 일본은 이미 프레드니손(Prednisone, 관절염 소염제), 부데소나이드(Budesonide, 천식과 만성 폐 질환에 쓰이는 약물), 파모티딘(famotidine, 위궤양과 역류성 식도염에 쓰이는 약물)을 이용해 뛰어난 결과를 얻고 있다.

7월 1일 무렵, 매컬러 박사와 그의 팀은 효과도 있고 납득할 수준의 안전성도 확보되는 최초의 치료법을 개발했고 그 연구 내용을 〈미국 의학 학술지(American Journal of Medicine)〉에 제출했다. "코비드-19 외래환자 조기 치료의 병태생리학적 근거와 임상적 원리(The Pathophysiologic Basis and Clinical Rationale for Early Ambulatory Treatment of COVID-19)"라는 제목의 이 논문은[51] 세계에서 가장 다운로드 횟수가 높은 논문이 되었고 COVID-19 환자를 치료하는 의사들에게 도움을 주었다.

매컬러 박사는 "이 논문이 나오기 전까지 파우치 박사는 단 하나의 치료 방법도 발표한 적이 없다. 그리고 '미국의 의사'라고 불리는 그는 지금까지 코비드 환자를 치료하는 방법에 대해 그 어떤 논문도 발표한 적이 없다. 아직도 공식적인 치료 방법이 없다는 사실이 충격적이다. 새로운 치료 방법을 담은 논문을 게재하려고 애쓰는 사람은 누구든 파우치의 통제하에 있는 학술지들로부터 철통같은 봉쇄를 당한다."

중국에서도 2020년 3월 3일 나름의 조기 치료 방법이 학술지에 실렸는데,[52][53] 매컬러 박사가 발견한 예방과 조기 치료 약품들과 똑같은 종류의 약품들 — HCQ의 사촌 격인 클로로퀸, 항생제, 항염제, 항히스타민제, 각종 스테로이드와 프로바이오틱스로 면역체계를 안정시키고 강화하고, 케르세틴, 아연, 글루타사이온 선구물질(glutathione precursor)

이 함유된 각종 물질을 비롯해 중국 한의학의 약제, 비타민, 무기질―을 사용하고 있다.[54] 중국은 조기 치료를 코비드 대응 전략에서 가장 우선 실행해야 할 조치로 삼았다. 그들은 철저한―그리고 사생활 침해가 심한―위치 추적 감시 기능을 이용해 코비드에 감염된 중국인을 찾아내고 즉각 입원 치료시켰다. 조기 치료 덕분에 중국은 2020년 4월 무렵 팬데믹을 종식했다. "우리도 그렇게 할 수 있었다."라고 매컬러 박사는 말한다.

매컬러 박사는 여전히 툭하면 검열을 당하지만, 미국의학협회(American Medical Association, AMA)에는 위에서 언급한 매컬러 박사의 연구논문이 2020년에 가장 다운로드 횟수가 많은 논문으로 등재되어 있다. 미국 내외과 의사협회(Association of American Physicians and Surgeons, AAPS)는 AMA에 등재된 매컬러 박사의 논문을 다운로드해서 공식적인 치료 지침으로 삼았다.[55] AAPS 회장 제러미 스네이블리(Jeremy Snavely)는 2021년 8월 내게 이 지침이 122,000번 다운로드 되었다면서 다음과 같이 말했다. "이 논문을 본 사람이 100만 명이 넘는다고 본다. 사람들이 유일하게 신뢰하는 지침이다. 우리 사무실 전화가 쉴새 없이 울린다. 대부분 보건복지부 웹사이트에서는 도저히 구하지 못하는 도움이 절실히 필요한 의사와 환자들이 거는 전화다."

가을 무렵, 일선에서 환자들을 치료하는 의사들은 코비드가 아닌 다른 용도로 제조되었지만 코비드 치료에 효과가 있는 기존의 약품들을 모아 정리했다.

그 무렵, HCQ를 이용한 치료를 뒷받침하는 논문이 200편 이상, IVM을 이용한 치료를 뒷받침하는 논문이 60편이었다. 매컬러 박사는 "우리는 이러한 약품들을 독시사이클린, 아지트로마이신과 함께 투여해 감염을 막았다."라고 말한다. 또 다른 메타 분석 자료는 프레드니손과 하이드로코티존(hydrocortisone, 류머티스성 관절염 치료제)과 그 밖에 널리 쓰이는 스테로이드제가 염증을 완화하는 데 효과가 있음을 뒷받침하고 있다.[56] 부데소니드를 흡입하는 방법도 효과가 있다는 연구가 3편인데, 2021년 2월에 발표된 옥스퍼드 대학교 논문은 이 치료제로 저위험군인 환자의 입원을 90퍼센트 줄일 수 있었음을 보여주고 있고,[57] 2021년 4월에 발표된 논문은 이 치료법으로 고위험군 환자의 회복 속도가 빨라졌음을 보여준다.[58] 게다가 한 대규모 연구는 콜치신의 항염 효과를 뒷받침했다.[59] 마지막으로 점점 더 합류하는 의사가 늘고 있는 매컬러 박사 팀은 감염 말기인 입원 환자들을 아스피린과

에녹사파린(Enoxaparin) 아픽사반(Apixaban), 리바록사반(Rivaroxaban), 다비가트란(Dabigatran), 에독사반(Edoxaban) 등을 비롯한 항혈전제, 그리고 혈전 치료용으로는 저분자량 헤파린(heparin)이 함유된 항응고제로 치료해 얻은 관찰 데이터를 확보했다.[60]

매컬러 박사는 이렇게 말했다. "우리는 의사들이 4가지에서 6가지 서로 다른 약품을 복합적으로 사용하고 아연, 비타민 D와 C, 그리고 케르세틴 등을 비롯해 비타민과 건강 기능 약품을 이용해 환자를 치료할 수 있음을 입증했다. 게다가 의사들은 재택 치료하는 환자들, 심지어 고위험군인 어르신들에게도 지침을 제공해 병원에 입원해 사망에 이르는 끔찍한 결과를 모면하게 한다."

매컬러 박사와 그의 팀은 댈러스시 북쪽 플라노/프리스코 지역에 있는 대규모 의료시설과 손잡고 이 치료법을 800여 명의 환자에게 투여해 입원을 85퍼센트 줄였다. 뉴욕주 먼로에서 개업의로 활동한(그리고 2022년 7월에 작고한) 전설적인 인물, 블라디미르 젤렌코(Vladimir Zelenko) 박사가 이끄는 또 다른 의료시설도 이와 비슷한 놀라운 결과를 얻었다.[61]

파우치 박사가 베푸는 시혜에 너무 의존하고 있는 정부나 대학 소속이 아닌 독자적인 의사들은 날마다 새로운 코비드 치료 방법을 발견하고 있었다. 브라질에서는 무작위로 선정한 코비드-19 환자 738명을 또 다른 보조제 플루복사민으로 치료했다. 이 약품은 팬데믹 초기에 사이토카인 폭풍(cytokine storm)*을 완화하는 잠재력이 있는 것으로 규명되었다.[62] 또 다른 733명은 2021년 1월 20일부터 8월 6일까지의 기간 동안 위약을 투여했다. 연구자들은 임상실험이 진행되는 28일 동안 플루복사민을 투여한 환자를 빠짐없이 추적한 끝에, 플루복사민을 투여하지 않은 이들보다 대략 30퍼센트 감염이 낮은 결과를 얻었다. 다른 모든 치료제와 마찬가지로 플루복사민도 오랫동안 사용돼 안정성이 입증된 저렴한 약품이다. 플루복사민은 열흘 치료 분량에 겨우 3달러 든다. 플루복사민은 1990년대부터 사용되어 왔고 그 안전성은 잘 알려져 있다.[63]

매컬러 박사는 "HCQ과 IVM은 코비드 치료에 꼭 필요하지도 않고 단독으로 코비드

---

* 면역체계가 사이토카인이라 불리는 친염증성 분자를 과도하게 분비하게 만드는 생리적 반응. 사이토카인은 감염에 대한 면역체계의 정상적인 반응이지만 갑자기 대량으로 분비되면 각종 장기부전과 사망을 초래하기도 한다 - 옮긴이

를 치료하는 데 충분치도 않다. 코비드를 치료하는 물질이 많이 있다. HCQ와 IVM이 정치적으로 너무 민감한 문제가 되어서 아무도 이 약품들을 사용하지 않으려 한다면, 항응고제뿐만 아니라 항염제, 항히스타민제 등 다른 약품들로써 병을 막을 수 있고, 다시 말하지만, 입원과 사망률을 낮출 수 있다."라고 말한다.

데이비드 브라운스틴(David Brownstein) 박사는 팬데믹이 시작되자 디트로이트 지역의 다른 의료시설들은 대부분 문을 닫았다면서 내게 다음과 같이 말했다. "나는 내 직원들, 동업자 여섯 명과 회의를 열었다. 나는 그들에게 '우리는 계속 진료 활동을 하면서 코비드를 치료할 예정이다.'라고 말했다. 그들은 방법이 뭔지 알려달라고 했다. 나는 '우리는 이 자리에서 25년 동안 바이러스 질병을 치료했다. 코비드도 다른 바이러스 질환과 다를 리 없다.'라고 말했다. 그 긴 세월 동안 우리 시설에서 독감이나 독감과 유사한 질병 때문에 사망한 환자는 단 한 명도 없었다. 우리는 사람들이 타고 온 자동차 안에서 경구용 비타민 A, C, D, 그리고 요오드(iodine)로 그들을 치료했다. 우리는 실외에서 정맥주사로 과산화수소와 비타민 C를 주입했다. 우리는 사람들에게 자동차 창문 밖으로 엉덩이를 내밀라고 해서 근육 내 오존 주사를 놓아주었다. 우리는 사람들에게 과산화수소과 루골의 요오드(Lugol's iodine)를 뿌려주었다. 우리는 IVM과 HCQ는 아주 드물게 사용했다. 우리는 735명의 환자를 치료했는데, 10명이 입원했고 사망자는 없었다. 조기 치료가 비결이었다. 우리는 조기 치료에 대해 함구해야 했다. 의료계 기득권 세력 전체가 조기 치료를 중단시키고 성공담을 얘기하는 의사들을 모조리 입을 틀어막았다. 한 세대 의사들 전체가 일시에 의료 활동을 중단했다. 조기 치료 얘기를 하면, 의료계 카르텔 전체가 우리를 응징하려고 달려들었다. 나는 지금 1년째 의료 위원회를 상대로 법정 투쟁을 하고 있다. 우리가 회복한 환자들을 찍은 동영상을 올리자, 동영상이 순식간에 퍼졌다. 한 동영상은 조회 수가 100만 회를 기록했다. 공정거래위원회는 우리를 상대로 공식 항의서를 제출했고 우리는 모든 동영상을 삭제해야 했다." 브라운스틴과 그의 동료 일곱 명은 동료 학자들의 심사를 거친 논문을 발표하고 조기 치료의 눈부신 성공을 상세히 묘사했다. 공정거래위원회는 그에게 그 논문을 철회하라고 경고하는 서신을 보냈다. 브라운스틴 박사는 "코비드로 인해 사망할 필요가 없다는 사실을 미국 국민이 알기를 바라는 이가 하나도 없었다. 코비드는 100퍼센트 치료할 수 있다.

우리가 그걸 증명했다. 아무도 죽지 않았다."라고 말하면서 다음과 같이 덧붙였다. "한편 백신을 접종한 환자들은 심각한 부작용에 시달렸다. 백신을 접종한 우리 환자들 가운데 일곱 명이 뇌졸중으로 몸이 심각하게 마비되었다. 폐색전이 세 건, 혈전이 두 건, 그레이브스병이 두 건, 사망이 한 건 있었다."

코비드 치료에 사용한 용도 확장 약품도 입원한 환자들의 사망을 대폭 줄일 수 있었다는 문서 기록이 있다. 코리 박사가 주도한 FLCCC의 공동 창립자이자 휴스턴 메모리얼 의료센터의 책임자인 조 배런(Joe Varon) 박사는 400일 동안 쉬지 않고 날마다 20~30명의 환자를 진료했다. 배런 박사는 2020년 봄부터 IVM과 항염제, 스테로이드, 항응고제를 복합적으로 처방해서 중환자실 코비드 환자의 입원 중 사망률을 4.1퍼센트로 낮췄다. 전국 평균 사망률 23퍼센트와는 대조적이다. "제대로 치료를 받지 못한 중환자들이 들어오는 중환자실에서도 우리는 사망률을 급격히 줄일 수 있었다."라고 코리 박사는 말한다.

"요양원에서 시행한 치료법은 무엇이든 — 기본적으로 위와 같은 치료법을 다양하게 복합적으로 적용하면 — 치사율이 적어도 60퍼센트 감소한다."라고 매컬러가 내게 말했다. 2021년에 〈의학적 가설(Medical Hypotheses)〉에 게재된 한 논문이 매컬러의 이러한 주장을 뒷받침한다.[64] 12명의 의사가 공동으로 쓴 이 연구에 따르면, 이러한 다양한 약품과 이와 유사한 약제들을 다양하게 섞어서 처방했더니 여러 요양원에서 사망률이 급격히 하락했다. "치료 방법을 부인하는 태도가 미국의 어르신들을 죽인 장본인이다."라고 매컬러 박사는 말한다.

실제로는 매컬러 박사의 발언보다 훨씬 효과가 클지도 모른다. 팬데믹 초기에 스페인에 있는 두 요양원은 저렴하고 구하기 쉬운 기존의 약품으로 감염된 어르신들과 직원들을 조기에 치료해서 100퍼센트 생존율을 달성했다. 2020년 3월부터 4월까지의 기간에 코비드-19가 스페인의 예페스와 톨레도에 있는 두 개의 노령층 돌봄 시설을 강타했다. 이 시설의 거주자 평균 연령은 85세이고 거주자의 40퍼센트가 80세가 넘었다. 석 달 만에 이 시설의 거주자 100퍼센트가 바이러스에 감염되었다. 6월 말 무렵 거주자의 100퍼센트, 그리고 직원의 절반이 코비드에 대해 혈청 반응 양성을 보였다. 즉, 감염을 이겨내고 회복했다는 뜻이다. 단 한 사람도 입원하지 않았고 단 한 사람도 사망하지 않았다. 약물 부작용을 겪은 이도 단 한 명도 없었다. 해당 지역 의사들은 매컬러 박사가 권장한 약품들―항히스타민제, 스테로이드, 항생제, 항염제, 아스피린, 비강 세척제, 기관지확장제, 항혈전제 등―과 똑같은 종류의 약품으로 조기 치료법을 신속하게 개발했다. 취합된 자료를 보면, 같은 기간 동안 같은 지역에 있는 유사한 요양원 거주자들은 28퍼센트가 사망했다. 이 연구는 저렴하고 쉽게 구할 수 있는 기존의 약품을 코비드 치료 목적으로 사용하면 입원과 사망을 쉽게 예방할 수 있다는, 직접 환자들을 치료하는 의사들의 경험을 뒷받침한다.[65]

매컬러 박사와 57명의 동료 의사들은 2020년 12월 〈심혈관 의학 비평(Reviews In Cardiovascular Medicine)〉에 두 번째 논문을 게재했다. "코비드 감염 고위험군 외래환자의 다면적이고 집중적인 다양한 약물 치료(Multifaceted highly targeted sequential multidrug treatment of early ambulatory high risk SARS-CoV-2 infection (COVID-19))"라는 제목의 이 논문은 이 의사들이 그 당시까지 개발한 효과적인 약품들이 놀라울 정도로 폭넓다는 사실을 설명하고 있다.[66]

전 세계 각지의 의사들로부터 수집한 데이터를 바탕으로 그들은 치료제 목록에―모두 코비드-19 치료에 효과적이라고 증명된―새로운 물질 수십 가지를 추가했다. 코리 박사는 일선에서 환자를 치료하는 의사들이 기존의 약품들로 코비드를 치료하는 방법을 개발해 대대적인 성공을 거두었지만, 전 세계 그 어떤 정부로부터도 지원을 받기는 커녕―파우치 박사와 미국 공중보건 기관들이 조장한―적개심만 받았다는 사실에 매우 심란해했다. 해마다 국립보건원으로부터 연구 자금 수억 달러를 받는 규모가 큰 대학교들도 반감을 보였다. 매컬러 박사는 "치료법을 단 하나라도 개발한 교육기관이 단 하나도 없었다. 시도도 하지 않았다. 하버드, 존스홉킨스, 듀크 등 이름만 대면 알만한 교육기관 중에 단 하나도 없다. 천막이라도 치고 환자를 치료하고 입원과 사망을 예방하려고 노력조차 한 의료센터가 단 하나도 없다. 백신 말고 코비드와 싸우는 데 쓸 만한 창의적인 연구는 미국에서는 눈을 씻고 찾아봐도 없었다."라고 말한다. 이러한 대학들은 모조리 국립보건원으로부터 받는 수십억 달러의 연구 자금에 크게 의존한다. 앞으로 살펴보겠지만, 이러한 교육 기관들은 앤서니 파우치의 심기를 건드릴까 전전긍긍하고 그러한 두려움 때문에 그들은 팬데믹 와중에 생각이 마비되었다.

코리 박사는 "파우치 박사는 이러한 치료법을 알리기를 거부했다. 그는 기존의 약품 가운데 효과적인 치료제를 발굴하려는 노력만 하지 않은 게 아니라 그런 치료제들의 사용을 적극적으로 억눌렀다."라고 말한다.

국립보건원과 그 밖의 다른 연방 규제기관들은 매컬러 박사의 노력을 지원하기는커녕 효과적인 치료제에 대한 정보를 적극적으로 검열하기 시작했다. 코비드 조기 치료의 잠재적인 이득에 대해 열린 토론을 하려고 한 의사들은 아무런 이유 없이 엄격하게 검열당했다. 파우치 박사는 페이스북의 마크 저커버그를 비롯해 소셜미디어 사이트들과 손잡고 그 어떤 치료법에 관한 토론도 하지 못하게 재갈을 물렸다. 식품의약국은 건강식품 판매점에서 수십 년 동안 쉽게 구할 수 있었던 엔아세틸시스테인(NAC)을 건강보조제로 판매하는 행위는 불법이라고 경고하는 서신을 보냈고 중국이 사용해 대단한 효과를 본 정맥주사 비타민 C 사용도 억압했다.

9월, 매컬러 박사는 자비를 들여 유튜브 동영상을 제작해 동료 학자들의 심사를 거쳐 〈미국의학협회〉 학술지에 실린 논문 내용을 4개의 슬라이드로 만들어 올렸고 HCQ을 비롯한 여러 가지 치료제로 조기 치료하면 어떤 이득이 있는지 의사들에게 알렸다. 그의 동영상은 순식간에 퍼졌고 수십만 회 다운로드 되었다. 그런데 이틀 후 유튜브 측이 이 동영상을 삭제했다.

매컬러, 코리, 라이언 콜(Ryan Cole), 데이비드 브라운스틴, 그리고 리쉬 같이 미국에서 가장 논문을 많이 발표한 경륜이 있는 의사들과 최전선에서 환자를 치료하는 코비드 전문가들을 비롯해 손꼽히는 의사와 과학자들은 파우치 박사가 조기 치료와 특허 만료 약품들 사용을 억누른 조치에 코비드로 인한 사망의 80퍼센트까지 책임이 있다고 생각한다. 다섯 명의 의사들이 각자 따로 내게 똑같은 말을 했다. 의도적으로 조기 치료에 효과적인 코비드 치료법을 억누르고, 독성이 강한 렘데시비어를 강요하는 무자비한 배임행위로 인해 많게는 미국인 50만여 명이 입원 중 불필요하게 죽음을 맞았을 가능성이 크다.

코리 박사는 다음과 같이 분명히 말한다. "파우치가 조기 치료를 억압한 행위는 중환자실에 입원한 50만 명의 미국인을 죽음으로 내몬 조치로 역사에 기록될 것이다."

라이언 콜은 팬데믹 초기에 매컬러 박사의 치료법을 채택한 의사로 손꼽힌다. 콜 박사는 메이요 클리닉(Mayo Clinic)과 컬럼비아 대학교에서 수련했고 전문의 자격증을 갖춘 해부/임상 병리학자이자, 아이다호주에서 규모가 가장 큰 독자적인 연구소 콜 진단학 연구소의 최고경영자이자 의학 소장이다. 그는 의사로 일하면서 35만 명 이상의 환자에게 진단을 내렸다. 콜 박사는 자신이 거주하는 주와 인접한 주에 사는, 과체중인 그의 형제가 PCR 검사 양성 판정을 받고 응급실로 실려 가는 도중 그에게 전화해 호흡곤란, 혈중산소 농도 86, 가슴이 최고점 10점 척도상으로 9점만큼 답답하다고 호소하자 조기 치료 방법을 조사하다가 매컬러 박사의 연구 내용을 발견했다. 콜 박사는 자기 형제를 지역 약국으로 보냈고 전화로 IVM을 처방했다. 콜 박사는 내게 다음과 같이 말했다. "내 형제는 1형 당뇨 환자다. IVM의 인터페론 효과 덕분에 IVM을 복용한 지 여섯 시간 만에 그의 가슴 통증은 10점 척도상 2점 정도로 가라앉았고 24시간 만에 혈중산소 농도는 98이 되었으며 결국 완치되었다. 깨달음의 순간이었다."

콜 박사는 팬데믹 동안 코비드 검사를 125,000회 이상 감독하거나 직접 시행했다. 자기 형제의 목숨을 구한 이후로 그는 감염 초기인 수많은 환자를 만났다. 그는 내게 이렇게 말했다. "거의 아무도 자기가 사는 지역에서 치료해 줄 의사를 구하지 못했다. 나는 양성 판정을 받은 300명 이상의 환자를 조기 치료했는데, 그중 절반은 다른 질병도 동시에 앓고 있는 고위험군이었다." 그가 치료한 이들 중 입원한 이도 없고 사망한 이도 없다. 그는 다음과 같이 말을 이었다. "두말할 것도 없이 코비드-19 조기 치료로 생명을 구할 수 있다. 코비드-19는 염증과 혈전을 유발하는 질병이라는 사실은 잘 알려져 있으므로, 의료 전문가들이 전진적으로 사고하고 이 질병에 집중해 조기에 외래환자들을 다양한 약품으로 치료했다면 미국인 수십만 명을 살릴 수 있었다."

콜 박사는 "의학 역사상 그 어떤 질병을 앓는 그 어떤 환자에게도 의료 전문가들이 이렇게 대대적으로 조기 치료를 노골적으로 거부하고 방치한 적이 없다."라면서 이렇게 덧붙인다. "전염성이 강하고 치명적인 질병이 창궐하는 와중에 환자를 치료하지 않는 행위는 해를 끼치는 행위다."

콜은 다음과 같이 말한다. "진정으로 치명적인 팬데믹은 치료를 제대로 하지 않는 행위가 만연해 있었다는 것이다. 의사와 환자의 성스러운 관계를 앤서니 파우치와 정부/의료계/제약 산업 복합체가 훼손했다. 의사는 히포크라테스 선서를 하던 초심으로 돌아가야 한다. 환자는 의료 전문가들에게 환자로서 치료받을 권리를 요구해야 한다. 올해 방향성과 영혼을 잃은 의료 체계의 수많은 결함이 드러났다."

콜 박사는 다음과 같이 지적한다. "70세 이하이고 심각한 기저질환이 없는 사람은 코비드-19에 감염되어도 사망할 가능성이 거의 없다. 따라서 줄이고 말고 할 치사율 자체가 없다. 그리고 피터 매컬러 박사와 그의 동료 학자들의 연구 내용에서 드러났듯이, 노령층이고 기저질환이 있다고 하더라도 이 바이러스를 치료하는 아주 효과적인 약품들을 사용하면 치사율은 70에서 80퍼센트가량 줄어든다. 그렇다면 백신의 긴급사용승인(emergency use authorization, EUA)을 허가할 그 어떤 근거도 없다. 하지만 조기 치료에 효과적인 기존의 약품들은 백신 카르텔과 렘데시비어에게 커다란 위협이 되었다."

쉽게 구할 수 있는 치료 약품을 발견한 의사들은 라이언 콜 박사처럼 파우치의 연구 기금에 의존하지 않고, 코비드-19와의 전투에 직접 뛰어든 독자적인 의사들이다. "학계와 절연한 용감한 의사들이 있다."라고 매컬러는 말한다. 마지막으로 미국 내외과 의사 협회(AAPS), 일선 중환자 치료 콘소시엄(FLCCC), 미국 최전선 의사들(American Front-Line Doctors) 등을 비롯해 독자적인 조직들은 전국적인 원격치료 서비스를 네 개, 지역 중심의 원격진료 서비스를 세 개 구축했다. 코리 박사가 미국 상원에 출두해 폭발적인 내용의 증언을 한 이후로 수천 명의 의사와 겁에 질린 코비드 환자들이 치료를 문의하는 전화가 쇄도했다. "우리가 보건 의료를 장악했다."라고 매컬러는 말한다.

코리 박사는 이렇게 말했다. "세계 수많은 나라와 지역에서 IVM이 배포되거나 보건 당국이 IVM을 권고한다고 발표한 직후 감염 사례와 사망 사례 둘 다 급격히 줄었다." 미국에서도 IVM 사용 시기와 감염/치사율이 감소한 시기가 시기적으로 일치한다고 볼 수 있다.

파우치 박사와 제약업계 선동가들은 2021년 1월에 코비드 감염 사례, 입원, 사망이 하락한 이유를 2020년 12월 중순에 배포하기 시작한 백신 덕분이라고 주장했다.

그러나 주류 언론에 출연하는 의사들조차도 이러한 하락은 백신 효과일 리가 없다고 마지못해 인정했다. 2월 무렵 미국 인구 가운데 겨우 7.6퍼센트인 2,520만 명이 1차 백신을 접종했다.[67] 질병통제예방센터도 2차 백신을 접종하고 몇 주가 지나기 전까지는 효과가 없다고 시인한다.

앤서니 파우치가 조기 치료를 거부한 결정이 팬데믹을 연장하고 강화했다는 점은 의심의 여지가 없다. 매컬러는 조기 치료는 입원을 예방할 뿐만 아니라 팬데믹의 확산을 막아 바이러스를 굶어 죽게 한다고 지적하면서 다음과 같이 말한다. "조기 치료하면 감염 기간이 14일에서 4일로 줄어든다. 또한 감염자가 집에 머물게 되므로 집 밖에서 다른 사람들을 감염시키지 않는다. 그리고 증상의 강도를 완화하고 지속 기간을 단축하는 놀라운 효과가 있으므로 환자가 호흡곤란에 시달리지 않을 수 있으며 격리 조치를 위반하고 병원으로 가야 한다는 두려움을 피할 수 있다." 매컬러는 중증 환자들이 병원을 오가게 되면 팬데믹이라는 화재에 기름을 붓는 격이 되는데, 특히 그 시점에 환자는 바이러스가 몸에 들끓고 있으므로 다른 사람들에게 병을 옮길 가능성이 매우 크다면서 "미국에서 수백만 명이 병원에 입원했는데 입원한 환자는 하나같이 병을 훨씬 더 많이 전파하는 수퍼 전파자(super-spreader)가 되었다. 환자는 주변의 아끼는 이들, 응급 구조원, 우버 택시 운전사, 병원과 사무실의 직원을 감염시킨다. 완전히 엉망진창이 된다."라고 말한다. 조기 치료하면 코비드-19 환자가 자기 집에서 치료받게 되므로 의사가 팬데믹 화재를 진압하는 셈이 된다고 매컬러는 말한다.

"지금까지 미국 영웅들의 활약상을 얘기했다. 조기 치료는 전 세계적으로도 성공했다."라고 매컬러는 말한다. 매컬러가 이끄는 조직은 이제, 코비드가 아닌 다른 용도로 쓰이면서 안전성이 검증되었으며 저렴하지만, 코비드 치료에도 효과가 있는 기존의 약물을 이용해 생명을 살리는 최전선에서 환자들을 치료하는 의사들로 구성된 전 세계적인 네트워크의 일환이다. 이러한 의사들은 정부 기관과 학계의 패권에서 벗어나 독자적으로 관계망과 정보은행을 구축해 실제로 치유의 의술을 펼치고 있다. 그들의 관계망에는 영국의 BIRD 의료연맹, 다양한 약품으로 조기 치료해 입원율 0퍼센트를 달성한 성과를 축하하는 집회를 개최한, 이탈리아의 도미칠리아레 코비드-19 등이 포함되어 있다. 매컬러 박사에 따르면, "남아프리카공화국에는 PANDA, 호주에는 코비드 메디컬 네트워크가 있다. 정부 기관들과 학계의 의료기관들은 말 그대로 손가락 하나 까딱하지 않았지만, 독자적으로 활동하는 의사들과 용감한 조직들이 팔을 걷어붙였다."

매컬러 박사는 이렇게 말한다. "지금도 여전히 그렇다. 델타 변이가 등장한 지금 누가 델타 변이에 감염된 환자들을 치료하고 있을까? 이번에도 역시 학계 의료센터도 정부도 심지어 대형 의료시설도 아니다. 그들은 이 환자들에게 손도 대지 않는다. 이번에도 역시 독자적인 의사들이 나서고 있다. 실제로 환자들에게 손을 내밀고 특정 약품의 위험성이 의심된다면 과학적 증거가 나오기 전까지는 환자를 그 위험으로부터 보호해야 한다는 사전예방 원칙을 적용하는 독자적인 의사들이다. 그들은 자신이 지닌 의학적 판단과 과학적인 데이터를 총동원해서 치료에 적용하고 치유의 의술을 펼치고 있다. '매컬러 박사, (조기 치료에 쓰이는 약품을 대상으로 한) 대규모 무작위배정 대조군 실험 결과가 나올 때까지 기다려야 합니다.'라고 말하는 내 학계 동료들에게 나는 항상 "이보세요, 사망자가 속출하고 있습니다. 사람들이 입원하고 있어요. 대규모 무작위배정 대조군 실험을 기다릴 수 없습니다. 의사가 필요해요. 당장 사람들 치료에 착수해야 합니다."라고 말했다.

II : 하이드록시클로로퀸(Hydroxychloroquine, HCQ) 죽이기

나의 민주당 동지들은 대부분 파우치 박사가 수십만 명의 목숨을 구하고 팬데믹을 대폭 단축할 수 있었던 약품과 보조제에 미국이 접근하지 못하게 의도적으로 방해하는 조치를 진두지휘했다고 믿는다. 파우치 박사와 빌 게이츠가 이끄는 코비드 위기에서 막강한 백신 카르텔의 사악한 의도를 이보다 더 분명하게 드러내는 측면은 없다. 그들은 팬데믹을 연장하고 치명적인 효과를 증폭해 백신 접종을 부추겼다.

처음부터 하이드록시클로로퀸(HCQ)을 비롯한 여러 약제는 파우치 박사와 빌 게이츠가 밀어붙이는 480억 달러짜리 코비드 백신 프로젝트, 그리고 특히 게이츠가 거액을 투자한 무익한 약물 렘데시비어에[68] 실존적인 위협을 가했다. 다음과 같이 연방 법에 따르면, 식품의약국이 승인한 기존의 약품이 특정 질병 치료에 효과적이면 새로운 백신과 약

품은 긴급사용승인(EUA)을 받지 못한다:

> 식품의약국이 특정 상품에 대한 EUA를 실행하려면 해당 질병이나 상태를 진단,
> 예방, 또는 치료할, 이미 승인받은 적절한 대안이 없어야 한다….[69]

따라서 HCQ(또는 IVM) 같이 식품의약국이 승인한 약품이 코비드 치료에 효과가 있다고 입증되면, 제약사들은 수십억 달러어치 백신을 EUA를 받아 신속하게 시장에 내놓지 못한다. 대신 백신은 수년 동안 임상실험을 통해 안전성과 효과를 검증해야 하고, 따라서 수익이 줄고 불확실성이 커지며, 시장 출시까지 훨씬 오래 기다려야 하고, 수익이 짭짤한 코비드-19 백신 골드러쉬는 물 건너가게 된다. 파우치 박사는 모더나(Moderna) 백신에도 국민 세금 60억 달러를 투자했다.[70] 그가 이끄는 국립알레르기전염병연구소는 모더나 백신 특허 공동소유자로서[71] 특허 사용료로 천문학적인 금액을 벌어들이게 되어 있다. 파우치가 친히 지명한 관료들 가운데 적어도 네 명이 모더나의 성공을 토대로 한 해에 15만 달러의 특허 사용료를 벌게 된다. 미국 국민이 그들에게 이미 지급하고 있는 연봉은 별도로 하고 말이다.[72][73]

그러니 트럼프 대통령이 말라리아 치료제인 HCQ가 코비드에 효과가 있다고 언급하기 훨씬 전에 이미 의료 카르텔의 막강한 권력자들은 HCQ를 제거해야 할 표적으로 삼고 있었다. 트럼프 대통령이 2020년 3월 19일 HCQ 사용을 지지하면서[74] HCQ를 둘러싼 논쟁이 극도로 정치화되었고 파우치 박사의 HCQ 깎아내리기 캠페인은 민주당 진영과 주류언론에 순조롭게 먹혀들었다. 그 이후로 트럼프를 비판하는 이들은 코비드 치료에 표백제를 권하고, 기후변화를 부인하는 등 과학에 반하는 트럼프의 발언들을 쓰레기통에 처박았듯이, 이번에도 트럼프의 비과학적 발언이라는 오명을 쓴 HCQ 효과에 대한 주장도 쓰레기통으로 향했다. 그렇게 오래전부터 사용되어 온 안전한 약품인 HCQ는 정치와 선전 선동에 휘말려 희생되었다.

파우치 박사의 중상비방 캠페인 이전의 HCQ

파우치 박사가 HCQ는 위험한 약품이라고 입증하려면 극복해야 할 험난한 난관이 있었다. HCQ는 전 세계 규제 당국들이 오래전에 각종 질병에 안전하고 효과적이라고 승인한 65년 된 성분이다. HCQ는 미국 독립전쟁 당시 조지 워싱턴 장군이 자기 휘하의 군인들을 말라리아로부터 보호하는 데 사용한 기니 나무(cinchona)의 껍질에 함유된 퀴닌(quinine)와 유사하다. 수십 년 동안 WHO는 HCQ를 여러 질환에 효과가 입증된 '필수 약품'으로 지정했다.[75] 제조사가 제공하는 설명서[76]에 따르면, HCQ는 처방전 없이 구입 가능한 수많은 약품보다 훨씬 안전하고 대체로 무해하다.

전 세계적으로 수 세대가 사실상 제약받지 않고 수백억 회분의 HCQ를 이용해왔다. 어린 시절 아프리카 여행하는 동안 나는 말라리아를 예방하려고 HCQ를 날마다 복용했다. 아프리카를 방문하는 이들과 아프리카에 거주하는 이들 수백만 명이 의례적으로 채택한 관행이다. 오랜 세월 사용되면서 HCQ의 안전성과 효과는 철저히 검증되었고 대부분의 아프리카 국가들은 HCQ를 처방전 없이 구입 가능한 약품으로 허가했다. 아프리카인들은 HCQ를 "일요일-일요일"[77]이라고 일컫는다. 수백만 명의 아프리카인들이 말라리아 예방약으로 일주일에 한 번 꼭 HCQ를 복용하기 때문이다. 아프리카 대륙의 나라들이 코비드 사망률이 가장 낮은 나라에 손꼽히는 게 아마 우연이 아닐 것이다. HCQ는 13억 인구를 보유한, 지구상에서 두 번째 인구 대국인 인도에서 가장 많이 사용되는 약품이다. 코비드 팬데믹 이전만 해도 HCQ와 그 원조 격인 클로로퀸(Chloroquine, CQ)은 프랑스, 캐나다, 이란, 멕시코, 코스타리카, 파나마를 비롯해 세계 대부분 지역에서 처방전 없이 쉽게 구입 가능했다.

미국에서는 식품의약국이 아무런 제약 없이 65년 동안 HCQ 사용을 승인했다. 의사들이 오프레이블(off-label)로, 즉 식품의약국의 허가사항에 명시되지 않은 용도로도 이 약을 처방할 수 있다는 뜻이다. 질병통제예방센터의 정보에 따르면 HCQ는 임신부, 모유 수유 여성, 아동, 유아, 노령층과 면역체계가 손상된 환자와 모든 연령의 건강한 사람에게 안전하다.[78] 질병통제예방센터는 아무 제약 없이 말라리아 예방용으로 복용 기간 제한 없이 무한정 HCQ를 사용하도록 하고 있다. 아프리카와 인도의 수많은 사람이 평생 HCQ를 복용한다. 코비드 치료용으로는 일주일만 복용하도록 권장하고 있으므로, 뜬금없이 이 약이 위험하다는 파우치 박사의 주장은 아무리 좋게 해석해도 미심쩍다.

피터 매컬러 박사에 따르면, "HCQ의 안정성을 잘 파악하고 있는 유능한 의사들로부터 이 약을 처방받은 코비드-19 환자들 가운데 사망 위험이 증가했다는 신뢰할만한 보고서는 지금까지 단 한 건도 없었다."[79]

HCQ의 코로나바이러스 조기 치료 효과

정부와 독자적인 연구자들이 실시한 200여 편의 (동료 학자들의 심사를 거친) 논문(C19Study.com를 참조하라)에 따르면, 특히 코로나바이러스 감염 예방 차원에서 HCQ를 복용하거나, 감염 초기에 아연과 지트로맥스(Zithromax)와 함께 복용하면 안전하고 효과적이다.

아래 표에는 HCQ를 이용해 외래환자들을 조기 치료한 32개 연구 내용을 열거하고 있다. 31개 연구에서 효과가 나타났고 오로지 한 가지 연구에서만 해롭다는 결과가 나왔다. 해롭다는 결과는 입원이 필요한 치료 집단에서 단 한 명의 환자에게서 비롯되었다. 모든 연구를 고려했을 때, 결과 측정 척도는 서로 다르지만 평균적인 이득은 64퍼센트라는 것을 알 수 있다. HCQ를 복용한 실험군이 부정적인 결과를 얻는 비율은 HCQ를 복용하지 않은 대조군이 부정적인 결과를 얻는 비율의 36퍼센트에 불과하다는 뜻이다.

과학 문헌들은 2004년 HCQ나 CQ가 코로나바이러스에 효과적인 치료일지도 모른다고 주장했다.[80] 당시에 전염병 발병에 뒤이어 중국과 서구 진영의 정부들은 수천만 달러를 쏟아부어 기존의 약물을 본래의 용도가 아닌 새로운 용도, 즉 코로나바이러스에 효과가 있는 약물인지 규명하고 "용도를 확장(repurposed)"하려고 했다. 그들은 HCQ라는 성배(聖杯)를 우연히 발견했다. 벨기에 연구자들은 CQ가 말라리아 치료에 상응하는 용량, 즉 안전한 수준의 용량으로 바이러스를 죽이는 데 효과적이라는 사실을 발견했다.[81] 2005년 〈바이러스학 학술지(Virology Journal)〉에 게재된 질병통제예방센터의 연구논문 "CQ의 중증급성호흡기증후군(Severe acute respiratory syndrome, SARS) 코로나바이러스 감염과 확산 억제제로서의 잠재력(Chloroquine is a Potent Inhibitor of SARS Coronavirus Infection and Spread)"에 따르면, CQ는 SARS 발병 동안 배양한 영장류 세포에서 코로나바이러스를 신속하게 제거했다. 이 연구 논문은 다음과 같이 결론을 내린다. "CQ는 영장류 세포의 SARS-코로나바이러스 감염에 대한 강한 항바이러스 효과가 있다. 바이러스에 노출되기 전과 후 모두 효과가 있다는 사실로 미루어 볼 때 예방 효과도 있고 치료 효과도 있다고 본다."[82]

이러한 결론은 특히나 백신 제조사들에 위협이 되었다. CQ가 SARS-코로나바이러스의 치료제로서뿐만 아니라 예방 효과도 있는 '백신'으로 기능한다는 뜻이기 때문이다. 그렇다면 변형된 다른 코로나바이러스에도 효과가 있다고 추정하는 게 상식이다. 그런데 파우치 박사와 백신을 제조하는 그의 동업자들 입장에서 보면 설상가상으로 2014년 국립알레르기전염병연구소가 발표한 한 연구와 네덜란드에서 발표된 한 연구도,[83][84] CQ가 ─ 마찬가지로 또 다른 코로나바이러스인 ─ 중동호흡기증후군(Middle East Respiratory Syndrome, MERS)에 효과적이라고 확인했다.

의사들은 팬데믹 초기에 이러한 연구 결과들을 토대로 고위험군 코비드-19 환자들이 처음 증상을 보이고 5~7일 안에 입원하지 않고도 CQ만으로 또는 HCQ, 아연, 아지트로마이신(또는 독시사이클린)으로 구성된 혼합제제로써 성공적으로 치료할 수 있다는 사실을 알아냈다.

이와 관련된 여러 가지 학문적인 연구 결과가 나오면서 코비드 증상이 발현하고 며칠 안에 HCQ와 HCQ를 토대로 한 복합적인 혼합제제를 복용하면 효과가 있다는 사실이 증명되었다. 이러한 사실을 확인한 연구는 중국,[85] 프랑스,[86] 사우디아라비아,[87] 이란,[88] 이탈리아,[89] 인도,[90] 뉴욕시,[91] 뉴욕주 북부,[92] 미시건 주,[93] 브라질[94]에서 실시되었다.

HCQ를 최초로 사용한 디디에 라울(Didier Raoult) 박사는 프랑스의 저명한 전염병학 교수로서 2,700여 편의 논문을 썼고 휘플씨 병(Whipple's Disease)를 일으키는 병원균을 비롯해 100가지 미생물을 발견했다. 2020년 3월 17일, 라울 박사는 마르세유에 있는, 자신이 몸담은 기관에서 HCQ으로, 그리고 이따금 아지트로마이신으로 36명의 환자를 성공적으로 치료한 내용을 담은 예비 보고서를 공개했다.[95]

HCQ의 코비드-19 조기치료 연구 32편					hcqmeta.com Oct 11, 2021		
	Improvement, RR [CI]	Treatment	Control	Dose (4d)			
Gautret	66% 0.34 [0.17-0.68] viral+	6/20	14/16	2.4g			
Huang(RCT)	92% 0.08 [0.01-1 .32] no recov.	0/10	6/12	4.0g (c)			
Esper	64% 0.36 [0.15-0.87] hosp.	8/412	12/224	2.0g			
Ashraf	68% 0.32 [0.10-1.10] death	10/77	2/5	1.6g			
Huang (ES)	59% 0.41 [0.26-0.64] viral time	32 (n)	37 (n)	2.0g (c)			
Guérin	61% 0.39 [0.02-9.06] death	0/20	1/34	2.4g			
Chen (RCT)	72% 0.28 [0.11-0.74] viral time	18 (n)	12 (n)	1.6g			
Derwand	79% 0.21 [0.03-1.47] death	1/141	13/377	1.6g			
Mitjà (RCT)	16% 0.84 [0.35-2.03] hosp.	8/136	11/157	2.0g			
Skipper (RCT)	37% 0.63 [0.21-1.91] hosp./death	5/231	8/234	3.2g			
Hong	65% 0.35 [0.13-0.72] viral+	42 (n)	48 (n)	n/a			
Bernabeu-Wittel	59% 0.41 [0.36-0.95] death	189 (n)	83 (n)	2.0g			
Yu (ES)	85% 0.15 [0.02-1.05] death	1/73	238/2,604	1.6g			
Ly	56% 0.44 [0.26-0.75] death	18/116	29/110	2.4g			
Ip	55% 0.45 [0.11-1.85] death	2/97	44/970	n/a			
Heras	96% 0.04 [0.02-0.09] death	8/70	16/30	n/a			
Kirenga	26% 0.74 [0.47-1.17] recov. time	29 (n)	27 (n)	n/a			
Sulaiman	64% 0.36 [0.17-0.80] death	7/1,817	54/3,724	2.0g			
Guisado-Vasco (ES)	67% 0.33 [0.05-1.55] death	2/65	139/542	n/a			
Szente Fonseca	64% 0.36 [0.20-0.67] hosp.	25/175	89/542	2.0g			
Cadegiani	81% 0.19 [0.01-3.88] death	0/159	2/137	1.6g			
Simova	94% 0.06 [0.00-1.13] hosp.	0/33	2/5	2.4g			
Omrani (RCT)	12% 0.88 [0.26-2.94] hosp.	7/304	4/152	2.4g			
Agusti	68% 0.32 [0.06-1.67] progression	2/87	4/55	2.0g			
Su	85% 0.15 [0.04-0.57] progression	261 (n)	355 (n)	1.6g			
Amaravadi (RCT)	60% 0.40 [0.13-1.28] no recov.	3/15	6/12	3.2g			
Roy	2% 0.98 [0.45-2.20] recov. time	14 (n)	15 (n)	n/a			
Mokhtari	70% 0.30 [0.20-0.45] death	27/7,295	287/21,464	2.0g			
Million	83% 0.17 [0.06-0.48] death	5/8,315	11/2,114	2.4g			
Sobngwi (RCT)	52% 0.48 [0.09-2.58] no recov.	2/95	4/92	1.6g			
Rodrigues (RCT)	-200% 3.00 [0.13-71.6] hosp.	1/42	0/42	3.2g			
Sawanpanyalert	42% 0.58 [0.18-1.91] progression	n/a	n/a	varies			
Early treatment	64% 0.36 (0.29-0.46)	148/20,390	996/34,231			64% improvement	
					0 0.25 0.5 0.75 1 1.25 1.5 1.75		
Tau² = 0.20; I² = 52.9%; Z = 8.20		Effect extraction pre-specified, see appendix			Favors HCQ	Favors control	

4월, 뉴욕주 북부에서 개업의로 활동하는 의사이자 초기에 HCQ를 채택한 블라디미르(제프) 젤렌코 박사는 800명의 환자를 HCQ 혼합제제로 치료해 예상 치사율을 급격히 줄임으로써 디디에 라울 박사가 거둔 '놀라운 성공'을 그대로 재현했다.[96]

2020년 4월 말 무렵 미국의 의사들은 환자들과 그들의 가족에게 널리 HCQ를 처방하고 예방 차원에서 본인들도 복용하고 있었다.

2020년 5월, 하비 리쉬 박사는 코비드에 대한 HCQ의 효과에 관한 가장 포괄적인 연구를 발표했다. 앞서 말했듯 리쉬는 예일 대학교 역학 분야에서 대단히 명망이 높은 교수로서 임상 데이터 분석의 세계적인 권위자이다. 리쉬 박사는 HCQ 혼합제제를 조기에 사용하면 안전하다는 증거가 명백하다는 결론을 내렸다. 리쉬 박사는—5편의 외래환자 연구논문들을 메타 분석한—이 논문을 존스 홉킨스 대학교 블룸버그 공중보건대학원과 함께 〈미국 역학 학술지(American Journal of Epidemiology)〉에 게재하고 "증상이 있는, 코비드-19 고위험군 환자의 조기 외래환자 치료는 팬데믹 위기를 종식할 해법으로서 즉각 전면 시행해야 한다."라는 급박함이 읽히는 제목을 달았다.[97]

더 나아가 그는 HCQ를 비판한—빌 게이츠와 앤서니 파우치 박사로부터 거액의 연구비 지원을 받는[98]—이들이 HCQ와 함께 처방하면 도움이 되는 아연과 지트로맥스는 처방하지도 않는 등 잘못된 치료 방식을 사용해 어떻게 부정적 결과를 유도하고 잘못된 정보를 발표했는지 구체적으로 밝혔다. HCQ 혼합제제 치료법이 반드시 실패하게 만들기 위해 그들이 쓴 가장 중요한 속임수는 환자가 중증으로 증상이 악화할 때까지 기다렸다가 HCQ를 처방하는 방법이었다. 이 질병 말기로 가면 HCQ는 효과가 없다고 알려져 있다. 리쉬 박사는 감염 말기에 HCQ가 효과가 없다는 증거는 HCQ의 효과와 무관한 사안이라고 지적한다. 리쉬는 프랑스의 디디에 라울 박사가 HCQ의 긍정적인 효과를 보여준 연구는 표본을 무작위로 추출한 연구는 아니라는 점을 인정하면서도, 그렇다고 해도 라울 박사가 얻은 결과는 연구의 결함을 상쇄하고도 남을 만큼 놀라운 결과라고 주장했다. 리쉬 박사는 "HCQ와 아지트로마이신을 복합 처방해서 얻은 결과는 표준적인 치료보다 50배 나았다. 이는 어마어마한 차이이므로 무작위로 표본을 추출한 연구가 아님에도 불구하고 무시할 수 없는 결과다."[99]라고 말하면서 위약을 투여한 대조군을 포함한 임상실험이 필요하다는 주장은 그냥 의례적으로 하는 말일 뿐이라고 지적한다. 2014년 코크란 공동연구소(Cochrane Collaboration)는 10,000건의 연구논문을 분석한 기념비적인 메타 분석 자료에서 디디에 라울 박사가 발표한 종류의 관찰 연구는 무작위배정 위약 대조군 실험 못지않게 예측 능력이 있다는 사실을 입증했다.[100] 더군다나 리쉬는 팬데믹 와중에 효과를 낼 가능성이 있는 약품 — 특히 HCQ처럼 오랜 세월 동안 안전성이 검증되어 온 약품 — 을 환자에게 투여하지 않는 행위는 매우 비윤리적이라고 지적했다.

내가 지금까지 공유한 이 모든 자료에 대해 파우치 박사는 다음과 같이 단 한마디로 일축했다. HCQ가 어떻게 코비드를 퇴치하는지 그 매커니즘을 이해할 수 없으므로 사용하면 안 된다. 이는 명백히 상식에 반하는 또 하나의 의례적인 발언일 뿐이다. 규제당국이 작동 메커니즘을 모르는 약품은 수없이 많지만, 효과적이고 안전한 약품은 사용을 승인한다. 파우치가 애지중지하는 mRNA 백신과 렘데시비어를 비롯해 다른 수많은 의약품이 작동하는 메커니즘보다 HCQ가 어떻게 코비드를 물리치는지에 대해 우리는 훨씬 많이 알고 있다는 게 사실이다.

게다가 베일러 대학교의 피터 매컬러 박사 외 다수가 2020년 8월에 발표한 논문은 'HCQ 복합제제의 성분들'이 항바이러스 효과를 발휘하는 메커니즘을 설명했다.[101] 매컬러는 HCQ 복합제제의 효과는 HCQ 이온투과담체가 '총' 역할을 하고 아연이 '총알' 역할을 하는 한편 아지트로마이신은 항바이러스 효과를 한층 강화한다는 약리학이 그 토대라는 사실을 보여주었다.

2020년 9월 30일 발표된, 이보다 훨씬 더 광범위한 메타 분석 자료는 최근의 연구논문들을 취합해 환자가 감염된 지 일주일 안에 HCQ를 조기 투여한 연구는 빠짐없이 모두 효과가 나타났지만, 환자의 증상이 악화한 후에 HCQ를 투여한 연구는 엇갈리는 결과가 나왔다고 결론을 내렸다.[102]

2020년 3월, 〈네이처(Nature)〉는 배양 조직에서 CQ가 바이러스 복제를 막는 구체적인 메커니즘을 보여주는 논문을 실었다.[103]

2020년 4월 중국의 과학자 한 팀은 62명의 환자를 대상으로 무작위배정 위약대조군 실험을 통해 HCQ의 효과를 알아보았는데, HCQ를 투여한 집단에서 회복이 훨씬 빠르고 중증으로 악화하는 정도도 훨씬 덜하다는 결과가 나왔다.[104]

2020년 5월, 중국의 한 전문가 집단은 의사들에게 코비드-19 폐렴의 경증, 중간 정도, 중증에 CQ를 사용하라고 권고했다.[105]

2021년 5월 핀란드에서 발표된 한 연구에서는 HCQ의 효과가 다섯 배인 것으로 나타났다.[106] 그리고 캐나다와 사우디아라비아에서 실시된 연구에서는 효과가 세 배로 나타났다.[107]

여기서 나는 효과가 자명한 HCQ에 자꾸 사족을 다는 행위를 멈추고 독자에게 묻고 싶다. HCQ가 효과가 있다는 주장은 일부 정신 나간 이들이 하는 근거 없는 주장이었을까? 아니면 규제당국이 팬데믹이 창궐하는 동안 질병을 완화할 가능성이 있는 치료제로서 정직하게 조사했었어야 할까?

제약사, HCQ에 전쟁을 선포하다.

코비드와의 전쟁에서(특허가 만료돼 저렴한) 기존의 약품이 그 어떤 백신보다 월등한 치료 효과가 있을 가능성은 제약 카르텔에게 중대한 위협이 되었다. 제약사들이 가장 혐오하는 약품의 특징으로 손꼽히는 게 바로 저렴한 가격인데, HCQ는 치료 전 과정에 겨우 10달러밖에 안 든다.[108] 치료 전 과정에 3,000달러가 드는, 파우치 박사가 애지중지하는 렘데시비어와는 대조적이다.[109]

세계보건기구가 팬데믹을 선언하기도 전에 그리고 트럼프 대통령이 3월 19일 HCQ의 효과를 언급해 논란을 일으키기 훨씬 전인 2020년 1월 이미 일찌감치 제약사들이 HCQ 공급을 제한하고 깎아내릴 다국적인 선제공격에 착수한 게 놀랄 일이 아니다. 1월 13일 우한 독감 코비드-19 소문이 퍼지기 시작하자 프랑스 정부는 전례 없고 불가해하고 해괴하고 대단히 미심쩍은 조치를 취했다. 처방전 없이 살 수 있는 HCQ를 처방전이 필요한 약품으로 전환했다.[110] 프랑스 공중보건 관리들은 그 어떤 연구나 근거도 밝히지 않고 은밀히 HCQ를 '2급 독성 물질'로 전환하고 처방전 없이 판매하는 행위를 금지했다.[111] 이러한 놀라운 우연의 일치는 몇 주 후 캐나다에서도 되풀이되었다. 캐나다 공중보건 관리들도 똑같이 은밀히 HCQ를 약국 진열대에서 수거해 버렸다.[112]

잠비아의 한 의사는 하비 리쉬 박사에게 일부 마을과 도시에서 조직화된 구매자 단체가 약국의 HCQ를 싹쓸이하더니 마을 외곽으로 나가 불태웠다고 전했다. 남아프리카 공화국은 2020년 말 생명을 구하는 HCQ 2톤을 수입 규정을 위반했다는 핑계로 폐기 처분했다.[113] 미국 정부는 2021년 부적절하게 수입됐다는 이유로 HCQ 1,000톤 이상을 폐기 처분하라고 지시했다.[114] 이 어처구니없는 명령에 대해 저항할 방법을 모색하던 한 변호사는 "연방정부 관리들이 HCQ를 전량 폐기 처분하라고 우기면서 세계 어디에서도 단 하나의 생명을 구하는 데도 쓰이면 안 된다고 한다."라고 말했다.

3월 무렵 전 세계적으로 일선에서 환자들을 치료하는 의사들은 자발적으로 HCQ의 놀라운 조기 치료 효과를 보고하기 시작했고, 이는 제약사들을 안절부절못하게 했다. 3월 13일 미시건 주의 의사이자 무역업자인 제임스 토다로(James Todaro) 박사는 HCQ가 효과적인 코비드 치료제라는 트윗을 날리면서 한 구글 공개 자료의 링크를 걸었다.[115][116] 그러자 구글은 몰래 토다로 박사의 글을 삭제했다. 트럼프 대통령이 HCQ의 효과를 인정하는 발언을 하기 엿새 전의 일이다. 구글은 사용자들이 토다로 박사의 메시지가 행방불명됐다고 생각하지 않기를 바랐던 게 틀림없다. 그리고, 구글은 사용자들이 토다로의 글이 애초에 존재하지 않았다고 믿기를 바랐던 것도 틀림없다. 구글은 백신 업계의 이익에 반하는 정보를 억압해 온 긴 역사를 자랑한다. 구글의 모회사 알파벳은 독감, 전립선암, 코비드 백신에 사활을 건 백시테크(Vaccitech)와 베릴리(Verily)를 비롯해 백신 제조사 몇 개를 소유하고 있다.[117][118] 구글은 글락소스미스클라인(GlaxoSmithKline)과 7억 1,500만 달러의 가치를 지닌 제휴를 비롯해 거대 백신 제조사들 모두와 수입이 짭짤한 제휴를 맺고 있다.[119] 베릴리는 코비드 감염 검사를 하는 사업체도 소유하고 있다.[120] HCQ에 대한 공식적인 논조에 반하는 내용을 금지하는 소셜미디어 플랫폼은 구글뿐만이 아니다. 페이스북, 핀터레스트, 인스타그램, 유튜브, 메일침프(MailChimp) 등 사실상 모든 빅테크 플랫폼이 HCQ의 효과를 보여주는 정보를 삭제하고 이를 파우치 박사/게이츠가 장악한 공중보건 기관들(미국 보건복지부, 국립보건원, 세계보건기구)이 날조한 제약업계의 선전 선동물로 대체하기 시작했다. 후에 트럼프 대통령이 파우치 박사가 HCQ에 대해 사실대로 말하지 않는다고 주장하자 소셜미디어는 트럼프 대통령의 포스팅을 삭제했다.

2020년 3월에 열린 한 기자회견에서 파우치 박사는 HCQ에 대한 조직적인 공격에 착수했다. HCQ가 코비드 예방책으로 쓰여도 되는지 질문을 받은 그는 다음과 같이 되받아쳤다.[121] "안 됩니다. 그리고 기자가 말하는 증거는 그냥 한 사례에 불과합니다." 파우치와 한패인 〈뉴욕타임스〉 동맹 세력은 라울 박사를 중상 비방하는 활동에 착수했다.[122]

치명적인 팬데믹 와중에 매우 막강한 권력을 지닌 누군가가 코로나바이러스 퇴치에 효과적이라고 알려진, 수십 년 동안 처방전 없이 구해온 약품을 은밀히 캐나다에서 잠비아에 이르기까지 약국 진열대에서 수거하고 싶어 했다.

3월, 보건복지부의 요청을 받은 몇몇 거대 제약회사들 — 노바티스(Novartis), 바이엘(Bayer), 사노피(Sanofi), 외 다수 — 은 6,300만 회분에 달하는 HCQ와 200만 회분에 달하는 CQ 재고 물량을 보건복지부의 대비와 대응 담당 차관보 휘하의 기관인 생의학첨단연구개발국(Biomedical Advanced Research and Development Authority, BARDA)이 관리하는 전략적 국가 비축 물량(Strategic National Stockpile)에 기부했다.[123] BARDA 국장 릭 브라이트(Rick Bright) 박사는 후에 CQ 약품은 치명적이고 따라서 자신은 미국 국민을 그러한 약품으로부터 보호할 의무가 있다고 주장했다.[124] 브라이트는 식품의약국과 모의해 기부된 약품을 입원 환자에게 쓰지 못하게 제한했다. 식품의약국은 대부분 의사가 어떤 목적으로든 이 약을 처방하는 행위는 금지된다고 믿도록 만드는 논조로 작성된 사용 허가문을 발표했다.

그러나 6월 초를 시작으로, HCQ가 효과를 발휘하기에는 너무 늦은, 중증으로 악화한 입원 환자에게 의도적으로 고용량을 투여한 임상실험을 토대로, 식품의약국은 HCQ의 긴급 사용 승인을 철회하는 전례 없는 조치를 내리면서,[125] 어마어마하게 비축된 소중한 약품 물량에 미국 국민이 손도 대지 못하게 만들었고 재고분을 손실한 제약사들에는 감세 혜택으로 기부행위를 보상해 주었다.

HCQ는 65년 동안 널리 이용되어 왔는데, 어찌 된 일인지 식품의약국은 뜬금없이 2020년 6월 15일 HCQ는 위험한 약품이므로 오직 병원에서만 가능한 수준의 감시 감독이 필요하다는 경고를 내릴 필요를 느꼈다.[126] 그러나 연방 관리들은 갑자기 위험 약물로 지정된 이 약을 루푸스(Lupus), 류머티즘 관절염, 라임병(Lyme)과 말라리아에는 제약 없이 사용하라고 의사들에게 계속 권장하는, 논리적으로 앞뒤가 안 맞는 행태를 보였다. 코비드 치료에만 쓰지 않으면 괜찮았다. 파우치 박사를 비롯한 여러 보건복지부 관리들의 권고로 많은 주에서 동시에 HCQ 사용을 제한했다.

제약업계의 날조된 연구

코비드-19 이전까지만 해도 안전에 대한 우려 때문에 HCQ 사용을 삼가야 한다는 증거를 제시한 연구는 단 하나도 없었다. HCQ가 코비드를 치료하는 안전하고 효과적인 약품이라는 증거가 산더미처럼 쌓여가자, 게이츠, 파우치 박사, 그리고 그들과 동맹인 제약사들은 제약업계와 친밀한 관계인 연구자들을 대거 동원해 HCQ가 위험하다는 증거를 꾸며냈다.

2020년 무렵, 빌 게이츠는 세계보건기구(WHO)를 완전히 장악했고 HCQ를 깎아내리는 작업에 이 국제기구를 동원했다.[127]

파우치 박사, 빌 게이츠, 그리고 WHO는 그들이 용병으로 부리는 연구자들에게 재정적 지원을 해 HCQ가 안전하지 않다고 설계된 날조연구 20편을 연달아 찍어냈다. WHO의 17개 연구는 표준 치료 용량인 하루 400mg 대신 거의 하루 복용량으로는 치사량에 가까운 2,400mg을 첫날 투여했고[128] 그 이후로 하루에 800mg을 투여했다. HCQ를 상대로 냉소적이고 사악하고 말 그대로 인명을 살상하는 전쟁에 앞장선 빌&멜린다 게이츠 재단(BMGF)의 용병들은 이례적으로 고용량 투여를 고안하고 밀어붙이는 데 핵심 역할을 했다. 그들은 브리튼, 웨일즈, 아일랜드, 스코틀랜드 등 영국 전역에 있는 수십 개 이상의 병원에서 1,000명의 고령층 환자들을 대상으로 영국 정부가 실시한 '회복(Recovery)' 임상실험, 35개국 400개 병원에서 3,500명 환자를 대상으로 한 유엔의 '연대(Solidarity)' 실험, 그리고 13개국에서 추가로 실시한 '리맵-코비드(Remap-COVID)' 실험 등에서 하나같이 이러한 전례 없는 위험한 고용량을 투여했다.[129] 이는 CQ가 위험하다고 '증명'하려는 뻔뻔한 수작이었고, 아니나 다를까, 노령층 환자들은 치사량 투여로 사망할 수도 있음을 증명했다. 의사이자 의학 역사학자이자 생물학전 전문가인 메릴 내스(Meryl Nass) 박사는 "명백하게 환자들을 독살하고 HCQ에 누명을 씌우려는 의도였다."라고 말한다.

'회복' 실험과 '연대' 실험 등 두 실험에서 HCQ를 처방한 실험군은 예상대로 대조군(운 좋게도 표준적인 치료를 받은 환자들)보다 10~20퍼센트 사망률이 더 높았다.[130]

영국 정부와 웰컴 트러스트(Wellcome Trust)와 빌&멜린다 게이츠 재단(BMGF)은 합동으로 '회복' 실험을 재정적으로 지원했다.[131] 이 연구를 이끈 책임 연구원(Principal Investigator, PI) 피터 호비(Peter Horby)는 긴급사태과학자문단(Scientific Advisory Group for Emergencies, SAGE) 자문위원이자 신종호흡기바이러스위협자문단(New and Emerging Respiratory Virus Threats Advisory Group) 회장인데, 이 두 단체는 영국 정부에 팬데믹을 완화하는 정책을 자문하는 중요한 위원회이다.[132 133] HCQ 치사량을 환자들에게 투여해 사망할 위험을 기꺼이 감수한 호비는 그 덕분에 영국 의료계의 위계질서에서 상층부로 급상승했다. 호비는 어르신들을 대량으로 독살하는 연구를 꾸며낸 후에 승진을 거듭하면서 눈부시게 승승장구했고, 엘리자베스 여왕은 그에게 작위를 수여했다.[134]

이러한 피비린내 나는 프로젝트에서는 게이츠의 자취가 물씬 풍긴다. 세계보건기구가 부분적으로 비밀리에 진행한 3월과 4월 회의 회의록의 공개된 일부를 보면, 누락된 부분이 있어 미심쩍기는 하지만, 호비 같은 의료 연금술사들이 CQ와 HCQ의 치사량을 설정했다는 사실이 드러난다. '연대' 실험의 HCQ와 CQ 투여량을 결정한 세계보건기구의 두 번째 회의에는 오로지 네 명만 참여했는데, 그중 하나가 빌&멜린다 게이츠 재단의 선임 프로그램 책임자 스캇 밀러(Scott Miller)이다. 이 문서는 '연대' 실험에서 최근에 실시된 그 어떤 실험보다도 높은 최고 용량을 투여했다고 시인하고 있다.[135]

이 문서는 "BMGF는 말라리아 질병에서 CQ가 조직에 침투하는 모델을 개발했다."고 밝히고 있다.[136] BMGF의 독특한 투여 용량 책정 모델은 적정한 폐 조직에 침투해 적정한 농도를 달성하는 데 필요한 HCQ 용량을 의도적으로 과대평가했다. 세계보건기구보고서는 "그러나 이 모델은 타당성이 없다."라고 시인하고 있다. 게이츠의 치명적인 속임수를 토대로 식품의약국은 HCQ가 안전한 수준의 용량에서는 효과가 없다는 틀린 발표를 했다.

세계보건기구의 2020년 3월 13일 회의 자료를 보면 BMGF가 HCQ의 적절한 용량과 조기 투여 필요성에 대해 알고 있었음을 보여준다. 그러나 BMGF 소속 연구자들은 의도적으로 치사량을 투여하고, 체중에 따라 투여량을 조절하지도 않고, 약품이 효력을 발휘하는 조기 투여 시기를 놓치고, 이미 코비드 증상이 중증으로 악화했고 게다가 기저질환을 여러 가지 않고 있으므로 고용량을 견뎌낼 가능성이 희박한 환자들에게 약을 투여했다. '연대' 실험 설계는 함량 효능 부작용 등에 대한 안전성 자료를 수집하지 않음으로써 표준적인 실험 설계를 벗어났고, 오로지 환자의 사망 여부와 입원한 기간만 명시했다. '연대' 실험 연구자들은 환자가 병원에 입원해 있는 동안 얻은 합병증에 대한 정보도 수집하지 않았다. 이러한 전략을 통해 세계보건기구는 약품에 대한 부정적인 반응이 용량에서 비롯되었을 가능성에 대한 정보를 수집하지 않아도 되었다.

대부분 국가에서는 실험에 참여하는 사람들로부터 사전 동의서를 받도록 법으로 정해 놓았는데, 세계보건기구의 HCQ 실험 보고서는 연구자들이 과용량을 투여받은 고령층 환자들로부터 사전 동의서도 받지 않았고, 일부 환자는 실험 후 '소급해서' 동의서에 서명했다는 해괴한 주장을 하고 있는데 이는 언뜻 보기에도 기가 막히게 비윤리적인 절차다. 세계보건기구의 연구자들은 이 실험에 대한 중간 보고서에 다음과 같이 기록하고 있다. "환자들이 사전 동의서에 서명하고 환자들이 사전 동의서를 보유했다(이는 관례를 벗어난 대단히 미심쩍은 절차로서 환자로부터 공식적인 동의서를 받지 않았을 가능성을 시사한다). 그러나 동의는 일반적으로 실험에 앞서 사전에 받지만(해당 지역에서 승인이 나는 경우) 실험 후인 사후에 받기도 한다." 환자의 가족은 격리된 코비드 환자 병동에 출입이 금지되었는데 고령층 환자인 부모나 조부모가 고용량 약물을 투여한다는 사실을 연구자들이 환자들의 가족에게 알려주었는지 의심스럽다.

'연대' 실험 연구자들이 실험 보고서를 작성할 때 그들이 사용한 용량에 관한 연구 기록을 은폐했다는 사실이 바로 자신들의 행위가 범죄임을 알고 있었다는 증거다. 그들은 투여량을 결정한 세계보건기구 회의 보고서에서 투여량 수치를 빠뜨리고 세계보건기구의 '연대' 실험 자료를 등록할 때도 투여량에 대한 구체적 정보를 빠뜨렸다.

2020년 4월 중순 또 다른 연구자 집단이 CQ 과다 투여 방법을 이용한 연구논문을 공식적으로 공개하기 전에 사전 배포 형태로 공개했고 곧이어 권위 있는 학술지 〈미국의학협회학술지(Journal of American Medical Association, JAMA)〉에 게재했다. 이 청부살인 음모에서 브라질 연구자들은 CQ를 하루에 1,200mg, 최장 10일 동안 투여했다.[137] CQ와 HCQ의 독성에 관한 2020년 검토 자료에 따르면, "성인에게 CQ 치사량은 보통 3~4g인

것으로 보고되지만, 2~3g도 성인 환자에게 치명적일지 모른다." 예상대로, 고용량을 투여한 브라질 연구에서 너무 많은 연구 대상이 사망하는 바람에(위에서 언급한 분량을 복용한 실험 대상 41명 가운데 39퍼센트인 16명이 사망했다) 연구자들은 연구를 중단해야 했다. 실험 대상의 평균 연령은 겨우 55세였다.[138] 사망자들의 의무(醫務) 기록을 보면 CQ 독성의 특징인 심전도 변화가 드러난다. 세계보건기구와 영국의 실험을 조율한 이들은 이 사실을 틀림없이 알았지만, 과다 투여 실험을 중단하려는 노력도, 투여량을 줄이려는 노력도 하지 않았다.

게이츠는 위에서 언급한 〈JAMA〉에 실린 연구에 직접 연구비를 지원하지는 않았지만(신원이 불분명한 여러 기부자나 단체들을 통해서 간접적으로 지원했을 가능성은 매우 크다), 이 연구논문에 저자로서 마지막으로 이름을 올린 선임 연구원 마르쿠스 비니시우스 기마래스 라세르다(Marcus Vinicious Guimaraes Lacerda)는 게이츠로부터 연구 자금을 지원받고 수많은 연구 프로젝트를 진행한 연구자이다. 게다가 BMGF는 라세르다와 이 논문의 제1 저자 또는 '책임' 저자인 보르바(Borba)가 일하는, 브라질 마나우스에 있는 의료재단이 추진한 여러 프로젝트에 자금을 지원해 왔다.[139]

게이츠와 그 패거리는 여러 가지 속임수를 무기 삼아 HCQ가 치명적일 뿐만 아니라 효과도 없는 듯이 보이도록 만들었다. 게이츠가 자금을 댄 연구는 하나같이―HCQ 치료법의 중요한 구성요소인―지트로맥스와 아연을 투여하지 않았다. 파우치, 게이츠, 세계보건기구, '연대', '회복', '리맵-코비드' 모두 코비드 감염 환자가 증상이 악화한 말기 단계에서 HCQ를 투여했다. HCQ를 감염 초기에 투여해야만 효과가 있다는 통상적인 의사들의 권고에 반하는 행태였다.[140][141] 이러한 짜고 치는 고스톱에 분통을 터뜨린 사람들은 게이츠의 연구 자금 수혜자들이 이러한 연구가 잘해야 HCQ의 효과를 증명하는 데 실패하고 최악의 경우 살인을 자행하도록 의도적으로 연구를 설계했다고 비판했다.[142] 브라질의 검사들은 논문 저자들이 고령의 환자들에게 CQ 고용량을 투여해 의도적으로 독살했다며 그들을 기소했다.[143]

2020년 내내 빌 게이츠와 파우치는 기회가 있을 때마다 HCQ를 비방했다. 팬데믹 초기인 3월 빌 게이츠는 〈워싱턴 포스트〉에 기고문까지 썼다.[144] 빌 게이츠는 미국의 모든 주가 빠짐없이 완전히 봉쇄령을 내려야 한다고 주장한 데 더해 다음과 같이 경고했다. "지도자들은 HCQ에 관한 소문에 불을 지피거나 사람들이 공포에 질려 이 약을 사재기 하는 일이 없도록 해야 한다. HCQ가 코비드-19 응급치료제로 승인이 나기 한참 전부터 사람들이 이 약을 사재기하기 시작해 이 약이 있어야 목숨을 유지할 수 있는 루푸스 환자들이 어려움을 겪고 있다."[145]

물론 그의 주장은 거짓말이다. HCQ를 사재기하는 자는 파우치 박사와 전략적 국가 비축 물량 당국 책임자로서 미국에 있는 노인 병동에 입원한 환자들에게 거의 한 사람 도 빠짐없이 공급하고도 남을 6,300만 회분의 투여량을 꼭꼭 숨긴 릭 브라이트뿐이었 다.[146] 그들은 HCQ 물량 부족 사태를 조장하려고 애를 썼지만, 그런 사태는 일어나지 않 았다. HCQ는 저렴하고 신속하게 효과를 발휘하고 제조하기 쉬운 약품이다. 게다가 특 허가 만료된 약품이라 전 세계 수십 개 제조사가 신속히 생산을 늘려 점증하는 수요를 충족시킬 수 있다.

7월, HCQ가 코로나바이러스에 효과가 있다고 주장하는 동영상의 조회 수가 수천만 회에 이르자, 게이츠는 HCQ를 권고하는 내용을 검열해야 한다고 했다.[147] 게이츠는 그 동영상이 "터무니없다."라면서 서둘러 동영상을 삭제한 페이스북과 유튜브에 찬사를 퍼 부었다. 그러면서도 그는 다음과 같이 투덜거렸다. "페이스북과 유튜브에서는 그 동영 상을 직접 볼 수는 없지만, 여전히 인터넷에 떠돌아다니므로 너도나도 링크를 공유하고 있다."[148] 게이츠는 이는 두 소셜미디어 플랫폼이 지닌 고질적인 결함을 보여준다며 〈야 후 뉴스(Yahoo News)〉와의 인터뷰에서 다음과 같이 두 플랫폼을 꾸짖었다. "그들은 가짜 정보가 퍼지기 전에 미리 막는 능력을 개선했어야 한다."

8월 중순, 게이츠는 〈블룸버그 뉴스(Bloomberg News)〉로부터 트럼프 정부가 HCQ를 권한 사실에 대해 어떻게 생각하느냐는 질문을 받고 "효과가 없고 일부 환자에게 심장 문제를 일으킨다는 게 되풀이해서 증명됐는데도 그런 발언을 하다니. 지금은 과학의 시대다. 하지 만 이따금 그렇다는 기분이 들지 않는다. 이론상으로 HCQ은 그럴듯해 보였다. 하지만 심 각한 부작용 없이 효과를 보인다는 게 증명된 다른 좋은 치료 약품들이 많이 있다."[149] 그러 더니 게이츠는 HCQ에 비하면 성과를 낸 기록이 형편없는, 길리어드(Gilead)사가 제조한 렘데시비어가 최선의 대안이라고 선전했다.[150] 렘데시비어는 파우치 박사가 규제당국의 문턱을 통과시키기만 하면 수백억 달러를 벌어들이게 되어있었다.

게이츠의 입속의 혀처럼 노는 기자들은 게이츠가 객관적인 전문가처럼 보이도록 부추겼고, 게이츠는 그 인터뷰를 이용해 HCQ와 나를 중상 비방했다. 〈블룸버그 뉴스〉 인터뷰를 진행한 기자는 다음과 같이 천편일률적인 발언으로 게이츠에게 밑밥을 깔아주면서 말문을 열었다. "수년 동안 사람들은 백신 반대자들(anti-vaxxers)이 그들의 조부모들처럼 팬데믹을 겪어봤다면, 달리 생각하게 될 것이라고 말했다." 게이츠는 다음과 같이 답했다. "(2016년 이후로) 나는 백악관에 두 번 갔는데, 로버트 케네디 주니어 같은 백신 반대자들의 주장에 귀를 기울여야 한다는 소리를 들었다. 사람들이 백신에 대해 의문을 제기하고 있는데 '아니 세상에 백신 말고 무슨 수로 이 참담한 팬데믹에서 벗어난단 말인가?'라고 고민해야 한다니 참 어처구니없다."[151]

게이츠가 나에게 직접 물어보기만 했다면 내가 말해줬을 텐데 말이다!

랜싯 추문(Lancetgate)

세계에서 가장 권위 있는 과학 학술지로 손꼽히는 〈랜싯(The Lancet)〉과 〈뉴잉글랜드 의학 학술지(New England Journal of Medicine, NEJM)〉가 알려지지도 않은 한 업체가 소유한 존재하지도 않는 데이터베이스를 토대로 노골적으로 날조한 연구논문을 게재하도록 실력을 행사한 인물(들)이 누군지 여전히 오리무중이다. 앤서니 파우치와 백신 카르텔은 2020년 5월 22일 〈랜싯〉과 〈NEJM〉에 실린 두 논문이 이미 관에 들어앉은 HCQ의 관뚜껑에 마지막으로 못을 박아 넣었다며 환호작약했다.[152][153]

이 두 권위 있는 학술지에 게재된 두 편의 논문 모두 듣도 보도 못한 '서지스피어 코퍼레이션(Surgisphere Corporation)'이라는 회사가 제공한 데이터를 사용했는데, 이 회사는 일리노이주에 있는 '의학 교육' 회사로서 600개 이상의 병원에 있는 96,000명 환자의 의료정보에 접근할 수 있는 탁월한 글로벌 데이터베이스를 보유하고 있다고 주장한다.[154] 2008년에 창립된 이 미심쩍은 기업은 별 볼 일 없는 공상과학 작가 한 명과 포르노 스타

겸 행사 진행자 한 명을 포함해 직원이 11명이다. 서지스피어는 HCQ나 CQ로 환자들을 치료한 수백 개 병원과 6개 대륙에서 수집한 데이터를 실시간으로 분석해왔다고 주장한다. 누군가가 〈랜싯〉과 〈뉴잉글랜드의학학술지(NEJM)〉를 설득해 각각 5월 1일과 5월 22일에 별도로 서지스피어 데이터를 이용한 연구논문을 게재하게 했다. 여느 게이츠 지지자와 마찬가지로 〈랜싯〉에 실린 논문도 HCQ가 효과도 없고 위험한 약물이라고 주장한다. 〈랜싯〉에 실린 연구는 서지스피어 데이터가 HCQ가 코비드-19 환자의 심장병 사망률을 높인다는 점을 입증했다고 한다. 이 연구논문을 근거로 식품의약국은 2020년 6월 15일 HCQ의 긴급 사용 승인을 철회했다.[155] 세계보건기구와 영국 정부는 5월 25일 HCQ 임상실험을 일시적으로 중단했다.[156] 이 두 임상실험은 잠시 재개되었다가 6월에 HCQ가 도움이 되지 않는다고 선언하면서 중단되었다.[157] 유럽의 3개국이 즉각 HCQ 사용을 금지했고 그로부터 수주 안에 다른 나라들도 3개국의 뒤를 따랐다.[158]

여느 정상적인 상황이라면 그걸로 마무리되었을 텐데, 200명의 독자적인 과학자들이 〈랜싯〉과 〈NEJM〉에 실린 두 논문이 충격적일 정도로 허술하고 날조된 사기임을 만천하에 폭로했다.[159] 이 두 논문의 토대인 서지스피어의 데이터는 어처구니없을 정도로 오류가 많아, 날조했다는 해석 외에는 설명할 도리가 없었다. 한 가지 예를 들자면, 호주에 있는 한 병원에서 HCQ를 복용한 환자들 가운데 사망자 수가 호주 전체의 총사망자 수보다 많았다. 세계적으로 격론이 이는 가운데 서지스피어의 데이터베이스는 존재하지도 않는다는 사실이 곧 드러났고, 곧 서지스피어 자체가 인터넷에서 사라졌다. 유타 대학교는 논문 저자들 가운데 한 사람인 아미트 파텔(Amit Patel)의 교수 임용을 철회했다. 서지스피어 창립자 사판 S. 드사이(Sapan S. Desai)는 시카고 병원에서 근무했는데 갑자기 사라졌다.

〈뉴욕타임스〉조차 "100명 이상의 과학자와 임상 의사들이 그 연구의 정직성뿐만 아니라 데이터베이스의 신빙성에 의문을 제기했다."라고 보도했다.[160] 비난이 빗발치는데도 불구하고 〈랜싯〉은 2주 동안 꿋꿋하게 버티다가 결국 격렬한 항의 앞에 무릎을 꿇었다. 마침내, 〈랜싯〉에 실린 논문의 저자 4명 가운데 3명이 논문을 철회해 달라고 요구했다. 〈랜싯〉과 〈NEJM〉은 결국 실린 논문을 철회하는 치욕을 맛보았다. 의료계 카르텔의 최상층에 군림하는 누군가가 HCQ를 박살내기 위해 학술지의 팔을 비틀고 사타구니에 일격을 가하고 무릎뼈를 으스러뜨렸다. 권위있는 학술지는 준수해야 하는 정책을 포기하고 윤리규정을 휴짓 조각으로 만들어 수세기동안 어렵게 쌓아온 명성과 신뢰는 이렇게 무너졌다. 현재까지 논문 저자들도 학술지들도 그들에게 과학 학술지 역사상 가장 경악스러운 사기 논문을 공동 저술하고 게재하게 만든 자가 누구인지 밝히지 않고 있다.

영국 신문 〈가디언(The Guardian)〉이 이 사건을 폭로한 기사에 달린 다음과 같은 제목이 과학 출판계의 가장 막강한 대들보들이 저지른 대사기극에 전 세계 과학계가 충격을 받았음을 잘 보여준다. "〈랜싯〉은 근대 역사상 가장 치욕스러운 논문 철회 조치를 내렸다. 어떻게 이런 일이 일어났을까?"[161] 〈가디언〉 기자들은 〈랜싯〉이 사기를 조장했다고 다음과 같이 대놓고 비판했다. "틀리거나 누락된 정도가 심하고 횟수가 너무 많아서 단순히 무능해서라고 보기 불가능하다." 〈가디언〉은 이렇게 지적했다. "믿기지 않는 사실은 이러한 권위 있는 학술지의 편집자들이 아직도 직책을 유지하고 있다는 점이다—그들이 물러나야 할 정도로 이 두 연구를 뒷받침하는 이른바 데이터가 형편없었다는 뜻이다."

세계적으로 최고의 권위를 자랑하는 두 의학 학술지 〈NEJM〉과 〈랜싯〉의 팔을 비틀어 날조된 연구논문을 눈감아주게 만드는 동시에,[162][163] 뻔뻔스러운 사기 논문을 팬데믹 와중에 학술지에 게재하게 만든, 그들 위에 군림하는 제약사의 역량이 제약 카르텔의 막강한 권력과 무자비함을 입증해 준다. 제약사들이 의학 학술지를 적극적으로 통제하고 〈랜싯〉, 〈NEJM〉, 〈JAMA〉는 제약사가 마음대로 휘두르는, 부패하고 타락한 도구임은 논쟁의 여지가 없다. 〈랜싯〉 편집장 리처드 호튼(Richard Horton)은 "학술지들은 제약업계를 위해 정보를 세탁해주는 일꾼으로 전락했다."라고 확인해 준다.[164] 20년 동안 〈NEJM〉 편집장을 지낸 마샤 앤젤(Marcia Angell) 박사에 따르면, 학술지들은 "본질적으로 제약사의 판촉부"[165]이다. 그녀에 따르면, 제약사는 "자기 사업에 방해가 될 만한 기관들을 모조리" 접수했다.[166][167]

높은 사망률을 유지하기 위해 HCQ를 타도하다.

파우치 박사는 5월 27일 CNN과의 인터뷰에서 〈랜싯〉의 서지스피어 데이터 연구를 언급하면서 HCQ에 대해 "이제는 정말로 효과가 없다는 과학적 데이터가 명백히 나왔다."라고 말했다.[168] 사기 논문 추문이 낱낱이 까발려지고 이를 실은 학술지들이 논문을 철회한 후에도 파우치 박사는 거짓을 방치했다. 파우치 박사는 세계적으로 권위 있는 두 의학 학술지가 경천동지할 어마어마한 사기를 저지른 사건에 대한 조사에 착수하고 공개적으로 사과하기는커녕, 파우치 박사와 의학계 기득권 세력은 비행을 묵인하고 전 세계 사람들이 생명을 구하는 HCQ에 접근하지 못하게 차단하는 계획을 집행하는 데 매진했다.

과학에 관한한 문맹인 데다가 전문가를 맹목적으로 추종하는 주류 언론은 역사에 길이 남을 학술지의 논문 철회 사건이 눈에도 들어오지 않았는지 맹렬하게 코비드 선전 선동에 매진했다. 주류 언론의 표제 기사들은 병들고 기저질환이 있는 고령층 환자들에게 치사량의 약물을 주입해 독살한 사악한 연구자들에게 책임을 묻기는커녕 계속 HCQ를 탓했다. 무엇보다도 경악스러운 사실은, 식품의약국이 HCQ에 대해 내린 경고를 변경하려는 시늉도 하지 않았다는 점이다. 다른 나라들도 생명을 구하는 이 약품을 계속 끈질기게 비방했다.

식품의약국이 특정한 약을 처방해도 된다는 승인이 떨어지면 미국의 의사는 누구든 승인된 약품을 어떤 이유에서든 처방해도 된다고 연방 법에 명시되어 있다. 미국의 의사들이 처방전을 쓰는 약품의 21퍼센트가 의사들이 의학적 판단을 행사해, 승인받은 본래의 용도가 아닌 다른 용도에 약을 쓰는 오프-레이블(off-label) 사용이다.[169]

식품의약국이 HCQ의 긴급사용승인을 철회하고 웹사이트에 사기성 경고문을 포스팅한 후에도[170] 미국 전역에 걸쳐 일선에서 환자들을 치료하는 많은 의사가 계속 적정량의 HCQ를 처방하고 좋은 결과를 얻었다고 보고했다. 그러자 파우치 박사는 한술 더 떠 의사들이 HCQ를 처방하지 못하게 방해하는, 전례 없는 조치를 내렸다.

3월, 일주일에 1만 명꼴로 사람들이 죽어 나가는 와중에 파우치 박사는 HCQ는 임상실험에서만 사용해야 한다고 발표했다.[171] 미국 역사상 처음으로 한 정부 관료가 환자를 치료하는 의사 수천 명의 의학적 판단을 무시하고 의사들에게 본인이 적합하다고 판단하는 명령을 내렸다. 파우치 박사는 뻔뻔하고 집요하게 "제대로 설계되고 시행된 무작위배정 대조군 임상실험에서 HCQ는 치유 효과가 없다는 압도적인 증거가 있다."라고 주장했다.[172] 파우치 박사는 자기의 그러한 발언의 근거로 내세운 실험들 가운데 환자들이 증상을 보인지 첫 5~7일 안에 약을 투여한 실험은 단 하나도 없다는 사실을 밝히지 않았다. 그런 무작위배정 대조군 실험들은 모조리 입원해야 할 정도로 이미 중증으로 악화한 환자들만 실험 대상에 포함했다.

병을 치료하는 결정적인 시기인, 감염 후 일주일 안에 치료받아서 입원을 피하고 싶은 사람들은 사실상 그럴 행운을 누리지 못했다. 과학적 증거와 과거의 경험을 통해 HCQ의 효과가 입증되었는데도 파우치 박사가 환자들이 결정적인 치료 시기 동안 생명을 구하는 이 약을 구하지 못하게 막았기 때문이다.

7월 2일, 학술지의 논문 철회라는 치욕적인 추문에 뒤이어 디트로이트에 있는 헨리 포드 보건 연구소(Henry Ford Health System)가 HCQ는 코비드 감염 중기나 말기 사례에서도 심장과 관련된 그 어떤 부작용도 일으키지 않고 사망률을 상당히 줄인다는 내용의, 동료 학자들의 심사를 거친 논문을 발표했다.[173] 파우치는 백신 사업을 지키기 위해 바리케이드를 사수했다. 7월 30일, 그는 의회에 출석해 미시건 주 디트로이트에서 나온 연구 결과는 '결함'이 있다고 증언했다.[174]

식품의약국의 HCQ 긴급사용승인 철회와 파우치 박사의 미시건 주 임상실험 궤멸 작전을 방패막이 삼아 33개 주 주지사들은 HCQ 처방이나 배포를 제한하는 데 돌입했다.[175]

뉴욕주 주지사 앤드루 쿠오모(Andrew Cuomo)는 의사들에게 입원한 환자들에게만 HCQ를 처방하라고 지시함으로써 사망자 수를 기록적으로 폭증시켰다.[176] 네바다주 주지사 스티븐 시솔락(Steven Sisolak)은 코비드-19 치료 목적으로 CQ를 처방하고 배포하는 행위를 모두 금지했다.[177] 각 주의 의사면허증 심사위원회는 지침을 무시하고 CQ를 처방하는 의사들을 상대로 '직업윤리 위반 행위'의 책임을 묻고 '제재'를 가하겠다고 엄포를 놓았다(이는 의사 면허증을 박탈하겠다는 협박이다).[178] 약사는 대부분 처방전에 따라 HCQ를 배포하기 두려워했고, 6월 15일 애리조나, 아칸소, 미시건, 미네소타, 뉴햄프셔, 뉴욕, 오리건, 로드 아일랜드주의 약품 위원회는 의사와 소매업자들의 HCQ 처방과 주문을 거부하기 시작했다.[179] 2020년 6월 15일을 기해 병원들은 의사들에게 환자를 HCQ로 치료하는 행위를 중지하라고 명령했다.[180] 국립알레르기전염병연구소는 외래환자들에 대한 HCQ 임상실험에 착수한 지 겨우 한 달이 지난 시점인 2020년 6월, 참여자 2,000명으로 계획했던 실험에 겨우 20명만 참여시킨 채, 임상실험을 중단했다.[181] 식품의약국은 사노피를 비롯한 여러 제약사가 전략적 국가 비축 물량에 (감세 혜택을 받고) 기부한 수백만 회분의 HCQ와 CQ에 대한 접근을 차단했다.[182] 사노피는 코비드 치료용으로는 더는 이 약을 공급하지 않겠다고 발표했다. 파우치 박사와 그의 보건복지부 패거리는 미국인들이 불필요하게 코비드-19 증상이 악화하고 죽어가는 동안 이 약을 창고에 처박아 두었다.

6월 17일, 세계보건기구는 전세계적으로 수백 개 병원에서 진행되던 HCQ 임상실험을 중단하라고 요구했다(빌 게이츠는 미국 정부 다음으로 세계보건기구에 많이 기부한 사람으로, 게이츠와 파우치 박사는 세계보건기구를 쥐락펴락한다).[183] 세계보건기구 사무총장 테드로스 아드하놈 게브레예수스(Tedros Adhanom Ghebreyesus)는 회원국들에게 HCQ와 CQ 사용을 중지하라고 명령했다. 포르투갈, 프랑스, 이탈리아, 벨기에는 코비드-19 치료용 HCQ를 금지했다.[184]

외국의 사례들

세계보건기구의 권고안을 따라 스위스는 HCQ 사용을 금지했다. 그러나 HCQ 사용이 금지되고 약 2주 만에 사망률이 3배로 치솟자 스위스는 15일 정도가 지나 다시 HCQ 사용을 허가했다. 그러자 코비드 사망률은 다시 본래 수준으로 하락했다.[185] 스위스에서 '자연스럽게 이루어진 실험'은 HCQ의 효과를 입증하는 또 하나의 강력한 증거다.

이와 비슷하게, 파나마의 의사이자 정부 자문위원인 산체스 까르데나스(Sanchez Cardenas)는 파나마가 HCQ를 금지하자 사망률이 치솟았고 정부가 금지를 풀자 사망률은 다시 본래 수준으로 하락했다는 점을 주목한다.[186]

2020년 6월 2일 법정에 제출된, 코비드 치료에 HCQ가 효과가 있다는 주장을 뒷받침하는 자료들 가운데는 HCQ에 대한 접근과 관련해 서로 다른 다양한 정책을 실행한 나라들의 국가별 사망률을 비교한 미국 내외과 의사협회(AAPS)의 자료도 포함되었다. 미국 보건복지부와 식품의약국이 HCQ 접근을 차단한 미국보다 보건 의료 체계가 부실한 수많은 나라가 조기에 HCQ를 이용해 미국보다 훨씬 낮은 사망률을 달성하고 있었다.[187] AAPS 법률 자문 앤드루 쉴래플리(Andrew Schlafly)는 "필리핀, 폴란드, 이스라엘. 터키 국민들이 미국 국민보다 훨씬 HCQ에 쉽게 접근했고" 치사율이 훨씬 낮았다고 지적하면서 다음과 같이 덧붙였다. "베네수엘라에서는 처방전 없이 HCQ를 구할 수 있지만, 미국에서는 약사들이 HCQ 처방전이 있어도 약을 내주지 못하게 금지되어 있다."[188]

다른 해외 연구들도 HCQ의 효과를 강력히 뒷받침한다. 노바(Nova)의 한 연구에 따르면, HCQ를 사용한 국가들은 이 약품을 금지한 국가들보다 사망률이 80퍼센트 낮았다.[189]

스페인, 이탈리아, 프랑스, 사우디아라비아에서 의사들이 동료 학자들의 심사를 거친 59편의 관찰 연구논문을 메타 분석한 자료에 따르면, HCQ는 코비드로 인한 사망을 급격히 줄이며, 터키, 캐나다, 미국에서 의사들이 발표한 또 다른 논문은 HCQ가 심장에 미치는 독성은 무시해도 될 정도에 불과하다고 결론 내리고 있다(코비드-19에 대한 CQ 약품의 효과에 관한 99편의 연구(이 가운데 58편이 동료 학자들의 심사를 거쳤다. 이 내용에 대해 자세히 알고 싶다면 c19study.com을 참조하라).[190]

더군다나, 수십 개국에 걸쳐 수집된 사망 데이터를 보면 HCQ에 대한 접근 여부와 코비드-19 사망률 간에 강력한 상관관계가 나타난다.[191][192] 그러한 상관관계가 원인/효과를 증명하는 인과관계를 입증하지는 않지만, 현실을 무시하고 아무런 관계가 없다고 추정한다면 제정신이 아닌 셈이다.

국가별로 데이터를 살펴보면 HCQ에 접근할 수 있는 정도와 낮은 사망률 사이에 연관성이 있다고 일관되게 나타난다. 최빈국들은—HCQ를 사용한 경우—HCQ를 사용하지 않은 선진국보다 훨씬 낮은 사망률을 보였다. 빌 게이츠 같은 '전문가'들이 사망률 최고를 기록하리라고 예언한 빈곤한 아프리카 국가들조차 HCQ를 금지한 나라들보다 훨씬 낮은 사망률을 보였다. 예컨대, 세네갈과 나이지리아 모두 HCQ를 사용했고 미국

보다 훨씬 낮은 사망률을 기록했다.[193]

마찬가지로, 위생 상태가 훨씬 열악한 에티오피아[194], 모잠비크[195], 니제르[196], 콩고[197], 아이보리코스트[198]에서도 단위 인구 당 사망률이 미국보다 훨씬 낮았다. 2021년 9월 24일 현재 그러한 나라들에서 사망률은 100만 명당 8명에서 47.2명 사이였다. 이와는 대조적으로 HCQ를 금지한 서구진영 국가들의 경우 100만 명당 사망자 수는 네덜란드가 850명[199], 미국이 2,000명, 벨기에는 850명[200]이었다. 메릴 내스 박사는 "말라리아가 창궐하는 이 나라들 국민이 아연, 비타민 C와 비타민 D로 면역체계를 강화한다면 코로나바이러스로 인한 사망률이 한층 더 줄어든다."라고 지적했다.

이와 비슷하게, 방글라데시, 세네갈, 파키스탄, 세르비아, 나이지리아, 터키, 우크라이나 모두 제한 없이 HCQ 사용을 허용했고, HCQ를 금지한 나라들의 사망률과 비교해볼 때, 모두가 미미한 사망률을 보였다.[201] 상대적으로 부유한 자유 민주주의 국가나 HCQ 치료법을 유달리 제약한 나라들 — 아일랜드, 스페인, 네덜란드, 영국, 벨기에, 프랑스 — 은 상대적으로 치사율이 높았다.

앤드루 쉴래플리는 다음과 같이 지적한다. "HCQ 사용을 허가한 나라들의 코비드-19 사망률은 이 약품 접근을 방해한 미국 같은 나라들 사망률의 10분의 1에 그쳤다. … 중앙아메리카 일부 지역에서는 정부 관리들이 가가호호 방문해 직접 HCQ를 배포하기까지 했다. … 이러한 나라들은 코비드-19로 인한 사망률을 부유한 나라들 사망률의 몇분의 1까지 낮추는 성공을 거두었다."[202]

제약업계/정부 카르텔이 국민이 HCQ를 손에 넣지 못하도록 맹렬하게 선동하는 가운데, 수많은 의사가 반격을 시도했다. 7월 23일, 예일대학교 바이러스학자 하비 리쉬 박사는 이번에는 〈뉴스위크(Newsweek)〉에 "코비드-19를 퇴치할 열쇠는 이미 존재한다. 이 무기를 쓰기 시작하기만 하면 된다."라는 제목의 글을 기고하고 끈질기게 반격을 이어갔다.[203] 리쉬 박사는 HCQ가 생명을 구하고 팬데믹을 빨리 종식한다면서 당국에 간곡하게 호소했다. 그 무렵 리쉬 박사는 이미 HCQ, 아연, 아지트로마이신으로 코비드-19를 조기 치료한 분석 자료를 최신 자료로 수정 보완해놓은 상태였다. 그는 조기 HCQ 투여로 사망률을 50퍼센트 줄일 수 있음을 보여주는 12편의 임상실험 연구를 인용했다. 그렇게 되면 코비드-19 치사율은 계절독감 치사율보다 낮아진다는 뜻이다. 하비 리쉬는 내게 "그래도 여전히 팬데믹은 유지되겠지만, 살육은 면하게 된다."라고 말했다.

2020년 6월 메릴 내스 박사는 50여 편의 HCQ 연구논문을 주목하면서 리쉬의 추산을 뒷받침했다. "인도에서 일부 직업군과 일부 지역에서 그리하듯이, 예방 차원에서 (일주일에 겨우 두 알) 이 약을 복용하면, 바이러스에 노출된 후에 감염률을 적어도 50퍼센트 줄일 가능성이 크다."[204] 그러나 앤서니 파우치는 팬데믹을 즉각 중지하고 싶지 않은 듯이 보였다. 파우치 박사 때문에 미국 대부분 주는 그 무렵 HCQ 치료를 금지했는데, 내스 박사의 고향인 메인주도 HCQ를 금지했지만, 중증 치료에는 허용했다. 내스 박사는 "HCQ 사용을 억누른 조치는 치밀하게 계산되고 조율되었다."라면서 "이는 팬데믹을 지속시켜 선택의 여지가 없는 포획된 국민에게 비싼 약품을 팔려고 계획되었다."라고 주장한다.[205]

2020년 6월 27일 발표한 논문에서[206] — HCQ를 광범위하게 연구해온 — 메릴 내스 박사는 "감염 초기에 HCQ를 예방 차원에서 복용하면 99퍼센트 이상이 신속하게 감염을 해소하고 사이토카인 스톰, 혈전, 장기 손상 등이 나타나는 질병 말기로의 진행을 막게 된다. 이와 상반되는 주장들과 달리 이 치료법은 매우 안전하지만, 미국에서는 외래환자 치료 방법으로 금지되어있다."라고 지적한다.

2020년 6월 27일을 시작으로 내스 박사는 파우치/제약업계/게이츠 카르텔이 HCQ에 대한 논쟁을 통제하고 이처럼 효과적인 치료법에 대한 미국 국민의 접근을 금지하는 데 써먹은 기만적인 수법들의 목록을 작성하기 시작했다. 이 목록은 58가지 서로 다른 전략으로 점점 늘어났다.[207] 내스 박사는 "지난 몇 달에 걸쳐서 일어난 대대적인 일련의 사건들을 통해 HCQ에 관한 통일된 메시지가 유포되고 미국, 캐나다, 호주, 뉴질랜드, 그리고 서유럽이 비슷한 정책들을 양산하는 기막힌 일이 일어났다."라고 지적하면서 "그 메시지는 특허가 만료되어 저렴하고(치료 전 과정에 겨우 1달러밖에 들지 않는다) 오랜 세월 동안 사용되어 안전성이 검증된 HCQ가 위험하다는 내용이다."라고 덧붙였다.[208]

파우치 박사의 위선적인 HCQ 게임

국립알레르기전염병연구소(NIAID) 소장으로서 후천성면역결핍증(Acquired Immune Deficiency Syndrome, AIDS) 해결을 맡게 된 초창기에 파우치 박사는 식품의약국이 AIDS 팬데믹이 절정에 달한 시기에 무작위배정 이중맹검 위약 대조군 실험(randomized Double-blinded placebo study)을 요구한다며 식품의약국이 비인도적이라고 맹공격했다. 그런데 이제 그는 비싸고 특허의 보호를 받는 약품 렘데시비어, 여러 백신과 경쟁하게 된다는 이유로 효과적인 치료 약품을 금지함으로써 자기가 비난한 비인도적인 행동을 본인 스스로 하고 있었다.

* * *

파우치 박사는 코비드-19에 대한 HCQ의 효과가 '무작위배정 이중맹검 위약 대조군 실험'을 통해 증명되기 전까지는 절대로 사용을 허락하지 않겠다고 끊임없이 우겼다.[209] 리쉬 박사는 이러한 파우치의 입장을 "뻔히 속셈이 들여다보이는 사기"라고 말한다. 파우치 박사는 제약업계도 제약업계의 책임연구원도 특허가 만료된 상품에 대한 임상실험을 재정적으로 지원할 리가 없다는 사실을 잘 알고 있었다. 파우치 박사가 HCQ의 효과를 보여주는 증거가 없다고 탄식하면서도 HCQ, 아연, 지트로맥스로 조기 치료하는 방법에 대한 임상실험을 직접 실시하기를 거부했다는 사실을 주목할 필요가 있다. 파우치 박사 본인은 제약사들이 부작용에 대해 면책을 받고 아무런 책임도 지지 않는 백신에 480억 달러를 쏟아부으면서도, 처음에는 HCQ의 무작위배정 위약 대조군 실험에는 단 한 푼도 배정하지 않았다. 설상가상으로 그는 NIAID가 후원해 진행하던 외래환자 HCQ 치료 실험 두 가지를 실험이 만료되기도 전에 취소했다.[210]

파우치 박사가 긴 관료 인생에 걸쳐 입장을 계속 바꾸었던 사실을 아는 사람에게는, HCQ와 관련한 박사의 위선적 언행이 명백히 보인다. 그는 자기가 못마땅해하는(그가 아끼는 특허가 유효한 치료제와 경쟁 관계인) 약품에 대해서는 무작위배정 이중맹검 위약 대조군 실험을 실행해야 한다고 끈질기게 우겨왔고, 국립알레르기전염병연구소가 실행한 렘데시비어 실험은 실험 대상인 약품에 유리한 결과가 나오도록 실험 도중에 실험의 종결점(endpoint, 또는 평가변수)을 변경하면서 아무렇지도 않게 임상실험을 조작했다. 파우치 박사는 마스크, 봉쇄령, 또는 사회적 거리 두기의 효과에 관한 무작위배정 대조군 실험에 대한 후원도 권고도 하지 않았다. 그리고 그가 NIAID 소장을 맡은 후 수십 년 동안, 현재 아동의 백신 접종 목록에 올라가 있는 총 69회 분의 백신의 안전성을 확인하는 무작위배정 대조군 실험을 요구한 적도 없다. 아동이 접종하는 백신은—1986 아동 백신 상해 법안(National Childhood Vaccine Injury Act)과 대법원의 말을 빌리자면—하나같이 '불가피하게 위험하므로' 백신 제조사들은 면책을 요구했고 원하는 걸 얻었다.

2013년 〈유에스에이 투데이(USA Today)〉와의 한 인터뷰에서 파우치 박사는 또 다른 치명적인 코로나바이러스인 중동호흡기증후군(MERS)의 치료법을 논했다. MERS는 카타르와 사우디아라비아에서 30퍼센트가 넘는 치사율을 보이면서 확산하고 있었다.[211] 당시 파우치 박사는 지금 HCQ에 대해 발언하는 논조와는 전혀 다른 주장을 내세웠다. 그는 항바이러스 약품인 리바비린(ribavirin)과 인터페론-알파 2b(interferon alpha 2b)를 복합적으로 사용해 MERS를 치료하라고 권고했다. 이 치료법은 MERS 치료제로서 인체에 사용해도 안전하거나 효과가 있는지 실험에서 증명된 적이 없는데도 말이다. 파우치 박사의 NIAID는 이 치료법으로 실험실에서 배양한 세포에서 MERS 바이러스의 복제를 막는다는 점을 알아냈다. 그리고, 물론, NIAID는 이에 대한 특허를 출원했다.[212]

당시에 파우치 박사는 기자들에게 "신약 제조에 착수할 필요가 없다.[213] 앞으로 카타르나 사우디아라비아에서 누군가 응급실에 실려 오면 이미 쉽게 구할 수 있는 약품이 준비되어 있다. 게다가 데이터도 얻게 된다."[214] 파우치가 언급한 치료법은 아무런 실험도 거치지 않았지만, 그는 측은지심을 발휘해 이 치료제를 써야 한다고 촉구하면서 다음과 같이 말했다. "내가 병원 의사이고 누군가가 죽어간다면, 손 놓고 가만히 있으니 차라리 뭐라도 해보고 효과가 있는지 알아보겠다."[215]

그랬던 그가 코비드 치료 방법과 관련해서는 전혀 다른 새로운 규정을 주장하면서, 환자들이 사망하는데도 의사들에게 수수방관하라고 강요하면서 용도 확장 약품들

(repurposed drugs)을 복합적으로 사용해 '효과가 있는지 알아보려는' 의사들의 손발을 묶었다.[216] 2013년으로 거슬러 올라가서 당시 파우치 박사가 MERS 치료제로 리바비린/인터페론 사용을 권장했는데, 국립보건원에 따르면 두 약제를 혼합한 이 치료법은 C형 간염 치료에 사용되어 끔찍한 결과를 낳았다. 이 복합제제를 복용한 환자는 말 그대로 단한 사람도 예외 없이 적혈구 파괴로 생기는 용혈성빈혈(hemolytic anemia), 만성피로증후군(chronic fatigue syndrome), 각종 선천적 기형, 태아 사망 등 끔찍한 부작용을 겪었다. 리바비린은 유전적 결함을 유도하는 독성이 있고, 돌연변이를 유발하며, 잠재적인 발암물질이다.[217]

그런데도 2013년 파우치 박사는 이 치료법을 적극적으로 권장했다. 무작위배정 위약대조군 임상실험이 전혀 없고 사실상 MERS 치료 방법으로 인체를 상대로 실험한 그 어떤 데이터도 존재하지 않는데도 말이다.

긴급사용승인 허가를 받은 코비드 백신들 가운데는 mRNA와 DNA 같은 새로운 플랫폼을 이용해 안전성에 대한 정보가 전혀 없는 백신들도 있고, 스쿠알렌(squalene)이나 알루미늄 같은 독성 보조제(adjuvant, 약제의 효과를 돕는 역할을 하는 물질)나 새로운 보조제들을 사용하고 있는데, 이 가운데는 이미 위험하다고 검증된 물질도 있고 많은 이들이 심각한 부작용을 겪을 가능성이 크다. 코비드 백신의 긴급사용승인을 정당화하기 위해서 시행된 두 달짜리 무작위배정 대조군 임상실험은 실험 기간이 너무 짧아서 잠복기가 길면 부작용을 알아내기 어렵다.[218] [219] [220] 코비드 백신들은 너무 위험해서 보험업계는 보험계약을 거부했고[221] 제조사들은 부작용에 대한 일괄 면책권을 부여하지 않으면 생산하지 않으려 했다.[222] 여러 가지 새로운 코비드 백신에 대한 주요 투자자인 빌 게이츠는 제조사의 위험부담이 너무 커서 모든 정부가 하나같이 자신을 소송으로부터 보호해 주지 않으면 백신을 제공하지 않겠다고 요구했다.[223]

그렇다면 코비드 약품 가운데 왜 유독 HCQ만 인위적으로 높이 쌓은 장애물을 통과해야 한다는 말일까? 60년 넘게 사용해 안전성이 이미 입증된 HCQ는 코비드 백신이나 렘데시비어보다도 무작위배정 위약대조군 실험의 필요성이 훨씬 적은데 말이다. 백신은 감염 위험이 적은 건강한 사람들이 접종하지만, HCQ는 실제로 병든 환자에게 투여하는데도 부작용 위험은 사실상 없는 약품이다. 어떤 약품이 안전하고 효과가 있을 가능성이 있다면, 사람들이 죽어 나가고 있고 다른 뾰족한 방법이 없다면, 사용해 봐야 하지 않을까?

약품의 안전성에 대한 파우치 박사의 입장은 상황에 따라, 개인적인 이익에 따라, 지속적으로 오락가락한다. 7월 31일 그는 HCQ에 대해 다음과 같이 주장했다. "무작위배정 위약대조군 실험에서 효과가 증명되면 내가 가장 먼저 인정하고 사용을 권하겠지만, 그런 자료가 없다. 나는 그저 데이터를 따를 뿐이다. 어떤 식으로든 전혀 내 이해가 걸려 있는 문제가 아니다. 나는 그저 데이터만 볼 뿐이다."[224]

그러나 실제로 파우치 박사는 HCQ 사용을 방해하는 데 어마어마한 개인적 이해가 걸려 있다. 그중 하나가 렘데시비어다. 세계보건기구가 실시한 무작위배정 위약대조군 실험에서 렘데시비어는 코비드에 효과가 없다는 결론이 나왔다.[225] 게다가 렘데시비어의 안전성은 처참한 수준이다.[226]

파우치의 개인적 이해가 걸린 두 번째 약품은 모더나 백신이다. 그는 이 백신에 오랜 세월과 국민 세금 60억 달러를 투자했다. 파우치는 (그가 이끄는 NIAID가 특허를 공동으로 소유한) 모더나 백신의 인체 실험을 기꺼이 후원했다. 동물을 대상으로 한 실험에서 안전성과 효과에 대한 자료가 나오기도 전에 말이다. 이는 식품의약국 규정 위반이다. 그러더니 그는 무작위배정 위약대조군 실험이 마무리되기도 전에 수억 명의 사람들에게 긴급사용승인을 받은 백신을 맞으라고 밀어붙였다. 인체에 약품과 백신을 사용하는 위험을 감수하기 전에 고품질의 과학적 증거가 있어야 한다고 한 파우치 박사의 주장은 어디로 갔는가 말이다.

엄격한 안전성 검사에 관한 윤리적인 입장이 오락가락하는 파우치 박사의 행태는 특히 심란하다. 그는 자기가 소장인 NIAID와 소속 직원들이 짭짤한 금전적 소득의 원천이 될 상품을 적극적으로 추천하기 때문이다.

팬데믹 와중에 수십만 명이 코비드로 사망하고 경제는 곤두박질치는데─치명적일지도 모르는 질병에 걸린 환자들이─이미 안전성이 입증된 전도유망한 치료제 사용을 무작위배정 대조군 임상실험이 끝날 때까지 보류해야 한다는 파우치 박사의 주장은 대단히 기만적이고 철저히 비윤리적이다. CDC와 NIAID의 자체적인 연구를 통해 코로나 바이러스 복제를 막는다고 증명된 저렴하고 안전하고 효과적인 HCQ 치료제가 있는데 코비드-19 환자를 감염 초기에 치료하지 않고 증상이 악화하게 방치하는 행위는 비윤리적인 의료행위다. 파우치 박사가 제안하는 대로 이미 병든 환자들을 그런 연구에 참여하게 하는 행위도 마찬가지로 비윤리적이다. 그중 절반이 위약을 투여하게 되니 말이다.

파우치 박사의 위선적 언행은 2016년 의회가 21세기 치료 법안(the 21st Century Cures Act)을 통과시킨 이후로 특히 심해졌다. 이 법안에 따르면 식품의약국이 새로운 제품을 허가하기 위해서는 통제 임상실험 대신 젤렌코, 라울, 리쉬, 코리, 매컬러, 골드 같이 환자를 치료하는 의사들과 한의사들이 제시한 "현실 세계"에서 비롯되는 증거를 수용해야 한다.[227]

21세기 치료 법안은[228] 의사와 과학자들이 공식적인 임상실험 상황을 벗어나서 환자들을 치료하고 결과를 관찰함으로써 매우 유용한 정보를 얻게 된다는 점을 인정한다.

거대 제약업계 입장에서는 팬데믹 와중에 HCQ가 널리 효과적으로 이용되는 사태를 막는 목표가 가장 중요하다.

파우치 박사의 오락가락 일관성없는 언행과 윤리 위반은 오랜 세월 동안 거대 제약사들에게 수익을 창출해 주는 특허 상품 사용을 촉진하고 공직자로서 행사하는 권력과 영향력을 이용해 공중보건은 개의치 않고 제약업계가 추구하는 의제를 밀어붙여 온 그의 행태와 일맥상통한다. 또한 그와 관련된 코비드 백신의 추문 또한 제약사들이 특허를 소유한 상품과 경쟁하는 치료법들을 비방했던 그의 이력과 일치한다.

파우치 박사 때문에 대부분 미국인이 여전히 코비드-19 조기 치료용으로 HCQ를 구하지 못하고 있고, 예방용으로 구할 수 있는 사람은 그보다 더 적으며, HCQ의 효과에 대해 알고 있는 사람은 그보다 훨씬 더 적다.

그의 해괴하고 불가해한 행동은 많은 미국인이 그에 대해 품은 의심을 뒷받침한다. 세계 경제를 붕괴하고 기아를 야기하고 삶을 파괴한 팬데믹 와중에 달리 선택의 여지가 없는 국민에게 값비싼 특허 약품과 백신을 강요하기 위해 팬데믹을 일부러 연장하려고 하고 있다는 의심 말이다. 파우치 박사가 우리를 인질로 잡고 결함이 있다고 증명된 백신의 출시를 기다리는 사이 그가 이끄는 기관은 미국인 50만 명의 사망 원인을 코비드로 돌렸다.

리쉬 교수는 파우치 박사가 HCQ의 효능에 대해 알면서도 거짓말을 했고 본인의 영향력을 이용해 식품의약국이 HCQ에 대한 정보를 억누르게 했다고 믿는다. 동시에 리쉬 교수는 파우치를 비롯한 여러 관료가 다른 여러 세력과 작당해서 과학적 근거로 뒷받침되지 않는 의사결정을 하고 미국 국민을 죽음으로 내몰았다고 믿는다.[229]

게다가 리쉬 박사는 "HCQ를 복용했다면 생명을 구했을 수십만 명의 미국인이 죽게 만든" 장본인이 파우치와 식품의약국이라고 주장한다.[230]

III : 아이버멕틴 (Ivermectin, IVM)

2020년 여름 무렵 의료 최전선에서 환자들을 돌보는 의사들은 생명을 구하는 효과에 있어서 HCQ와 맞먹는 또 다른 코비드 치료제를 발견했다.

이보다 5년 앞선 2015년, 머크(Merck) 사의 두 과학자는 아이버멕틴(IVM)을 개발한 공로로 노벨상을 받았다. 이 약은 회충, 십이지장충, 회선사상충증, 림프사상충증 등을 비롯해 인체에 기생하는 각종 기생충 퇴치에 널리 효과가 있는 전례 없는 역량을 지녔다.[231] 노벨상 심사위원회가 60년 만에 처음으로 전염병 약품에 상을 준 쾌거였다. 식품의약국은 1996년 IVM을 인간이 사용하기에 안전하고 효과적인 약품으로 승인했다. 세계보건기구는 — 꼭 필요하고 안전하고 효과 있고 가격이 적당해서 — "인구의 우선적인 보건 의료를 충족"하는 데 반드시 있어야 하는 치료제를 열거한 '필수 약품' 목록에 (HCQ와 더불어) IVM을 등재하고 있다.[232] 세계보건기구는 기생충에 감염되었을지도 모르는 사람들을 치료하기 위해 전 국민을 대상으로 IVM을 처방하라고 권장했다. 즉 아직 감염 진단을 받지 않은 사람들에게 투여할 만큼 안전하다고 생각한다는 뜻이다.[233] 수많은 사람이 기생충 퇴치제로 IVM 수십억 회분을 복용했지만, 부작용은 미미하다. IVM의 사용 설명서에는 타일레놀(Tylenol)과 아스피린을 비롯해 처방전이 필요 없고 약국에서 가장 많이 팔리는 약품들 못지않게 안전하다고 적혀있다.

일본 기타사토 연구소(Kitasato Institute) 연구원들은 2011년 발표한 논문에서 그 어떤 약품을 설명할 때도 거의 쓰지 않은 다음과 같은 표현으로 IVM을 설명했다:

'기적의 약품'이라고 주장할 수 있는 약품은 드물다. 페니실린과 아스피린이 아마도 인류의 건강과 복지에 가장 큰 혜택을 주는 두 가지 약물일지 모른다. 그러나 사용처가 다양하고 안전하고 전 세계적으로 ─ 특히 세계에서 가장 빈곤한 수억 명에게 ─ 그동안 IVM이 주었고 여전히 주고 있는 혜택을 토대로 판단하건대 IVM도 이러한 경쟁자들과 어깨를 나란히 할 자격이 있다.[234]

카터 센터, 세계은행 본부, 그리고 세계보건기구 본부 등 세 곳에 IVM 개발을 기리는 조상(彫像)이 세워져 있다.

2012년 이후로 여러 시험관 실험에서 IVM이 각종 바이러스의 복제를 방해한다는 사실이 밝혀졌고, 〈네이처(Nature)〉는 50년 동안 실시된 여러 연구 자료들을 검토한 연구를 발표했다. 이 연구에 따르면, IVM은 "일부 바이러스를 비롯해 미생물에 대해 대단히 효과적"이고 동물을 대상으로 한 실험에서는 지카(Zika), 뎅기열(Dengue), 황열(yellow fever), 웨스트 나일(West Nile) 같은 바이러스에 대해 '항바이러스' 효과가 있다는 증거가 나왔다.[235]

2020년 4월 3일 모내쉬 앤드 멜버른 대학교와 멜버른 왕립병원 소속 호주 연구자들이 발표한 "실험실 실험을 통해 구충제 IVM이 48시간 만에 세포 내의 SARS-CoV-2를 제거한다는 사실이 드러나다."[236]라는 제목의 논문 덕분에 IVM은 코비드의 잠재적인 치료제로서 처음으로 세계적인 주목의 대상이 되었다. 처음에 세계 언론들은 안전하고, 저렴하고, 잘 알려져 있고, 쉽게 구할 수 있는 이 약품이 배양 세포에서 SARS-CoV-2를 박멸했다며 환호했다. 이 연구를 이끈 카일리 와그스태프(Kylie Wagstaff) 박사는 다음과 같이 말했다. "단 1회분만 복용해도 48시간 만에 바이러스 RNA를 사실상 모조리 제거하고 24시간 만에도 바이러스 RNA가 상당히 줄어든다."[237] 이 연구를 바탕으로 2020년 5월─코비드 팬데믹으로 큰 타격을 받고 있던─페루는 IVM을 국가적인 치료 지침으로 채택했다. 피에르 코리 박사는 "페루 의사들은 이미 이 약에 대해 알고 있었고, 구충제로 널리 처방하고 있었으며, 보건당국자들은 이 약이 안전하다는 사실을 알고 있었기 때문에 안전에 대해 우려하지 않았다."라고 말한다. 페루 정부가 IVM을 효과적으로 배포한 지역에서 코비드 사망자는 14분의 1로 급격히 하락했다. 사망자 감소는 25개 주 전역에 IVM을 배포한 정도와 상관관계를 보였다. 2020년 12월, 페루의 신임 대통령은 세계보건기구의 압력을 이기지 못하고 IVM에 대한 접근을 엄격히 제한했고 사망자는 다시 13배 급증하면서 더불어 코비드 감염사례도 반등했다.[238]

예방 효과에 관한 연구에서 IVM은 코비드 백신에 비하면 푼돈밖에 안 되는 비용으로 백신보다 훨씬 코비드에 대해 효과적이라는 결과가 되풀이해서 나왔다.

예컨대, 2020년 여름 아르헨티나에서는 헥토르 까르발로(Hector Carvallo) 박사가 IVM의 예방 효과에 관한 무작위배정 위약대조군 실험을 통해 코비드에 대한 효과가 100퍼센트라는 결과를 얻었다. 예방 차원에서 매주 IVM을 복용한 근로자 788명 중에서 단 한 명의 감염자도 나오지 않았지만, 위약 대조군 집단에 배치된 407명 가운데 무려 58퍼센트가 코비드-19에 감염되었다.[239]

뒤이어 방글라데시에서 실시된 — 마찬가지로 코비드-19 바이러스에 노출되기 전 예방 차원에서 보건 의료계 종사자들을 대상으로 IVM 복용이 효과가 있는지 살펴본 — 관찰 연구[240]에서도 페루의 연구 못지않은 놀라운 결과가 나왔다. IVM 최소량(한 달에 한 번 12mg씩 넉 달 동안 복용)을 자발적으로 복용한 보건 의료계 종사자 58명 가운데 겨우 4명이 경미한 코비드-19 증상을 보였지만, 이 약의 복용을 거부한 보건 의료계 종사자 60명 가운데 무려 44명이 감염 증상을 보였다.

게다가 2021년에 발표된 한 연구에 따르면, IVM이 작동하는 핵심적인 생물학적 기전—SARS-CoV-2 스파이크 단백질과 결합하는 성질—은 코로나바이러스의 특정한 변종에만 작동하는 게 아니고, 따라서 백신과는 달리 향후 등장할 모든 변종에 대해 효과가 있을 가능성이 크다.[241]

일찍이 2020년 3월 1일 일선에서 환자를 치료하는 중환자실과 응급실 의사들이 조기 치료법으로 HCQ와 더불어 IVM을 사용하기 시작했다. 마이애미에서 의사로 일하는 벨기에 출신 장-자크 라이터(Jean-Jacques Rajter) 박사는[242] 3월 15일 이 약을 사용하기 시작했고 즉시 환자들의 회복률이 증가하는 경험을 했다. 그는 6월 9일 훌륭한 논문을 발표했다. 한편 방글라데시에서 IVM을 사용하는 서구의 의사 두 명도, 심지어 중증 말기에 다다른 환자들도 IVM을 복용하면 회복률이 매우 높다고 밝혔다.[243]

의사들이 코비드-19에 대해 IVM을 처음으로 사용하기 시작한 2020년 3월 이후로 무작위배정 위약대조군 임상실험이 20건 이상 실시됐는데, 하나같이 입원 환자와 외래환자 치료에서 모두 코비드-19 치료에 기적적인 효과를 보였다. 2021년에 마무리된 IVM 치료 무작위배정 위약대조군 임상실험 연구논문들을 메타 분석한 자료 7편 중 6편이 코비드-19 치사율이 눈에 띄게 줄었다고 밝혔다. 타당한 연구들은 "모조리 고위험군 외래환자들에게 상당한 효과가 있음을 보여주었다."라고 예일대학교의 저명한 역학자 하비리쉬 박사는 말한다. IVM의 효과가 뛰어난 수준에 못 미치는 결과가 나온 연구는 코비드 감염 말기에 이른 환자들을 대상으로 약의 효과를 조사한 연구들뿐이다.

그러나 거의 모든 연구에서, 효과의 정도가 덜 극적이었지만 말기 환자들도 이득을 볼 수 있었다. 매컬러 외 다수가 2020년 발표한 평가 자료에 따르면, "동료 학자들의 심사를 거친 무작위배정 위약대조군 실험을 비롯해 수많은 임상실험 연구에서 IVM이 예방과 조기 치료, 그리고 말기 질병 관리에도 대단히 효과 있다고 나타났다. 이러한 내용을 종합해 볼 때 전 세계적으로 발표된 수십 건의 임상실험 결과는 임상적인 효과를 평가하고 수용할 수 있는 수준의 안전성을 보인다고 추론할 만하다."[244]

2021년 1월 초 버지니아주에 있는 7개 요양시설에서 2020년 봄부터 감염환자 191명을 치료해 온 노인의학 전문가 데이비드 체슬러(David Chesler) 박사는 파우치 박사에게 서한을 보내 IVM을 사용해 사망률을 8퍼센트에 묶었다고 주장했다. 이는 미국 고령층 돌봄 시설이 보인 평균 사망률의 절반(즉 평균보다 146,000명 적은 수치)에 불과하다. 체슬러는 파우치 박사에게 보낸 서한에 다른 나라들에서 비슷한 효과를 본 사례들을 기록한, 동료 학자들의 심사를 거친 연구논문 하나를 첨부했다. 파우치 박사도 NIAID 소속 그 누구도 체슬러 박사의 서한에 답장하지 않았다.[245]

〈피부학과 성병학 연감(Annals of Dermatology and Venereology)〉에 따르면, 프랑스의 한 요

양원에 거주하는 — 평균 연령 90세 — 69명과 직원 52명 전원이 코비드-19 역병에서 살아남았다.[246][247] 알고 보니, 그들은 모두 옴이 올라 IVM을 복용했었다. 코비드는 이 요양원 주변의 지역공동체를 초토화했지만, 이 요양원에서는 거주자 7명과 직원 4명만 감염되고 증상도 미약했다. 산소호흡기를 쓰거나 입원한 사람은 단 한 명도 없었다.

IVM은 20가지 서로 다른 원리를 통해서 효과를 발휘할지도 모른다는 연구가 있다. 그중 하나가 IVM은 아연의 세포 침투를 촉진해 바이러스 복제를 막는 '이온투과담체(ionophore)' 기능이다. IVM은 이러한 기능과 다른 여러 원리를 통해 코비드-19, 계절독감을 비롯한 수많은 바이러스의 복제를 막는다. 예컨대, 차우드리 외 다수가 2021년 3월 발표한 연구논문에[248] 따르면, "IVM은 (RNA를 주형(鑄型)으로 RNA를 합성하는 효소인) 바이러스 레플리케이즈(replicase), (단백질 분해효소인) 프로티에이즈(protease), 그리고 (SARS-CoV-2의 감염에 핵심 역할을 하는) 단백질인 TMPRSS2를 차단하는 역할을 하는데, 이는 항바이러스 효능의 생체물리학적 토대가 될 가능성이 있다." IVM은 여러 경로를 통해서 염증도 완화하므로 장기 손상도 막아준다. 또한 IVM은 스파이크 단백질이 인간의 세포막 수용체인 ACE2에 들러붙는 기능을 방해하므로 바이러스의 침투를 막는다. 게다가 IVM은 스파이크 단백질과 결합해 혈전을 막아주고, 스파이크 단백질이 적혈구의 CD147과 결합해 응집되지 않도록 막아준다. 환자가 바이러스에 노출되기 전에 IVM을 복용하면 감염을 예방하고, 이는 다른 사람에게로의 전염을 막고, 지역공동체 전체를 감염으로부터 보호하는 데 도움이 된다.

2021년 3월, 피터 매컬러와 일선에서 환자를 치료하는 여러 나라 의사 57명이 발표한 연구에 따르면, "외래환자의 조기 치료 방법은 입원과 사망이 각각 87.6퍼센트와 74.9퍼센트 감소한 결과와 연관성이 있다."[249]

다른 많은 연구도 매컬러 박사가 얻은 결과와 같은 결과를 보여준다. 국립보건원 코비드-19 치료 지침 위원회에 제출된 2021년 1월 메타 분석 자료에 따르면, 18개 임상실험을 토대로 살펴보면 사망 감소율이 평균 75퍼센트이다.[250] 세계보건기구가 후원한, 11개 연구논문을 메타 분석한 검토서도[251] 마찬가지로 IVM이 코비드-19 치사율을 최대 83퍼센트까지 줄인다고 주장한다. 아래 표는 IVM이 사망률에 미치는 효과를 살펴본

7편의 메타 분석 연구 결과들이다. 분석마다 사망률을 57퍼센트에서 83퍼센트까지 줄이는 대단한 효과가 있다는 결론을 내리고 있다.

아래 표는 IVM의 코비드 예방 효과를 살펴본 연구 결과들을 모아놓았다. 예방 차원에서 IVM을 사용하면 해로운 결과를 평균 86퍼센트 막았다. 이러한 연구들을 종합해 보면 IVM을 코비드 예방에 사용하면 7명당 6명을 감염으로부터 보호했다.

Ivermectin meta analysis mortality results			ivmmeta.com Oct 12, 2021
	Improvement, RR [CI]		
Kory et al.	69%	0.31 [0.20-0.47]	
Bryant et al.	62%	0.38 [0.19-0.73]	
Lawrie et al.	83%	0.17 [0.08-0.35]	
Nardelli et al.	79%	0.21 [0.11-0.36]	
Hariyanto et al.	69%	0.31 [0.15-0.62]	
WHO (OR)	81%	0.19 [0.09-0.36]	
ivmmeta	57%	0.43 [0.32-0.58]	
	Favors ivermectin		Favors control

0   0.25   0.5   0.75 1   1.25   1.5   1.75   2+

그리고 IVM을 조기 치료에 사용한 29편의 연구 가운데 평균적인 효과는 66퍼센트이다. 여기 제시한, 여러 메타 분석 결과를 모아놓은 세 개의 표와 메타 분석 결과들을 그래픽으로 표현한 숲그림(forest plot)은 ivmmeta.org 웹사이트에 가면 있다. 이 웹사이트는 코비드-19의 서로 다른 27가지 치료 방법을 하나하나 검증한 연구논문들을 모두 모아놓은 훨씬 방대한 자료인 c19study.com의 일부다.

〈랜싯〉에 2021년 1월 게재된 한 논문에 따르면, IVM은 증상의 강도와 지속 기간 그리고 바이러스 수치를 급격히 감소시킨다.[252]

2021년 3월, 이스턴 버지니아 의과대학원의 중환자 치료 수석의 폴 매릭(Paul Marik) 박사는 코비드 환자 치료 지침을 포스팅하기 시작했다. 중환자 치료의학 부문에서 가장 저명하고 많은 논문을 낸 학자로 손꼽히는 매릭 교수는 전세계에서 가장 존경받고 가장 논문을 많이 펴낸 중환자실 의사들을 규합해 이 신종 바이러스에 대한 가능한 모든 접근방식을 체계적으로 조사했다. 곧 그가 결성한 단체 일선 코비드-19 중환자 치료 연맹(FLCCC)

은 웹사이트를 만들고 2020년 4월 중순 처음으로 치료법을 포스팅했다. 2020년 11월 무렵, FLCCC 소속 의사들은 IVM을 치료 지침에 추가할 증거가 충분히 확보되었다고 판단했다.[253] "데이터를 보면 IVM이 코비드-19를 예방하고 조기 증상을 보이는 이들의 염증이 악화하는 단계로 발전하지 않도록 해주며, 증상이 심각한 환자들이 회복하도록 도와주기까지 한다."[254]라고 FLCCC 측은 밝혔다. 이를 검토한 동료 학자들은 FLCCC가 제시한 병원 치료 지침이 임상적으로도 과학적으로도 근거가 있으므로 게재해도 좋다는 판단을 내렸고, 〈중환자 치료의학 학술지(Journal of Intensive Care Medicine)〉은 이를 2020년 12월 중순에 발표했다.[255] FLCCC는 또한 단체 웹사이트에 IVM의 임상실험 결과를 요약한(그리고 정기적으로 최신 정보로 수정 보완하는) 한쪽 자리 정보를 게재했다.[256]

2020년 12월, FLCCC 회장이자 수석 의무관으로서 폐 질환과 중환자 치료 전문가 피에르 코리 박사는 미국 의회의 상원 국토 안보와 정부 업무 위원회를 비롯해 수많은 COVID-19 공청회에 출석해 IVM의 이득에 대해 증언했다.[257] 코리 박사는 열정적이고 설득력 있는 증언에서 다음과 같이 말했다:

> 총 2,400명 이상의 환자를 대상으로 한 6편의 연구에서 하나같이 코비드-19에 노출된 사람들이 바이러스에 전염되지 않게 막는 거의 완벽한 결과가 나왔다. 3편의 무작위배정 위약대조군 실험과 3,000명 이상의 환자들이 참여한 여러 대규모 실험들도 입원한 환자들이 놀라운 회복을 보였고 3,000명 이상의 환자들이 참여한 4편의 대규모 무작위배정 위약대조군 실험 모두가 하나같이 IVM로 치료했을 때 사망률이 통계적으로 유의미하게 대폭 감소했다.

그로부터 2주 후인 2021년 1월 6일, 코리 박사는 국립보건원 코비드-19 치료 지침 위원회에서 발표했다.[258] 그의 든든한 지원 세력인 폴 매릭 박사와 다른 FLCCC 소속 의사들도 IVM에 대한 긍정적인 데이터를 제시했으며, 세계보건기구의 메타 분석가 앤드루 힐(Andrew Hill) 박사도 초청해 발표에 동참시켰다.

〈파이낸셜 타임스(Financial Times)〉는 힐 박사가 리버풀 대학교에서 세계보건기구의 의뢰를 받고 한 연구를 인용하는 후속기사를 실었다. 6편의 IVM 연구논문을 메타 분석한 힐의 논문에 따르면, 증상이 중간에서 중증에 이르는 코비드-19 환자 하부집단에서 사망 위험이 75퍼센트 누적 감소했는데, 이는 IVM이 염증을 완화하고 바이러스 제거 속도를 높였기 때문이다.[259]

코리 박사는 "IVM은 입원을 거의 90퍼센트, 사망을 거의 75퍼센트 줄일 수 있다."라고 증언했다. 코리는 매컬러 박사를 비롯해 일선에서 환자를 치료하는 의사들 가운데 한 명으로서 IVM의 효과를 알리려고 백방으로 동분서주하고 있었고, 플로리다주 의무 총감 조 라도포(Joe Ladopo), 폴 매릭 교수, 조셉 바론(Joseph Varone), 그리고 mRNA 백신을 발명한 로버트 멀론(Robert Malone) 박사를 비롯해 수많은 다른 이들도 IVM으로 조기 치료하면 사망을 75~80퍼센트 줄이고 1조 달러의 국고를 아끼게 된다고 생각한다.

코리 박사는 다음과 같이 말한다. "HCQ와 IVM이 조직적으로 억압받지 않고 널리 사용됐더라면 사망의 75퍼센트, 즉 적어도 50만 명의 사망, 입원의 80퍼센트, 즉 480만 명의 입원을 막을 수 있었다. 그리고 주 정부들은 수천억 달러를 아낄 수 있었다."

FLCCC가 IVM에 관해 발표하고 열흘 후인 1월 14일, 국립보건원의 코비드-19 치료 지침 위원회는 그동안 IVM 사용에 대해 부정적이었던 권고를 '찬성도 반대도 하지 않는' 입장으로 변경하면서 의사들이 IVM을 치료 선택지로 사용할 여지를 조금 열어주었다. 이는 국립보건원 위원회 위원들이 단일클론 항체(monoclonal antibody)와 회복기 혈장 치료(convalescent plasma treatment)에 대해 내린 중립적인 권고안과 똑같았다.

이 두 치료법도 조기에 사용하면 효과가 있기를 희망했지만, "미국의 교육기관 산하 의료센터가 거의 하나같이 선호한 회복기 혈장 치료는 수많은 임상실험에서 처참히 실패했다"라고 코리 박사는 말했다. 한편 단일항체 치료법은 입원을 예방하는 데 효과가 있다고 나타났다.

2021년 1월 14일[260] 국립보건원이 코비드-19에 대한 IVM의 안전성과 효과를 보여주는 강력한 증거를 접하고도 "권고는 하지 않는다"라는[261] 지침을 발표했다는 사실 자체가 이 기관이 IVM 사용을 억누른다는 명백한 첫 번째 신호였다. 국립보건원은 "코비

		Improvement, RR [CI]	Treatment	Control	Dose (1m)		
Shouman (RCT)	91%	0.09 [0.03-0.23] symp. case	15/203	59/101	36mg		
Behera	54%	0.46 [0.29-0.71] cases	41/117	145/255	42mg		
Bernigaud	99%	0.01 [0.00-0.10] death	0/69	150/3,062	84mg		
Alam	91%	0.09 [0.04-0.25] cases	4/58	44/60	12mg		
Chahla (RCT)	95%	0.05 [0.00-0.80] m/s case	0/117	10/117	48mg		CT[2]
Behera	83%	0.17 [0.12-0.23] cases	45/2,199	133/1,147	42mg		
Seet (CLUS. RCT)	50%	0.50 [0.33-0.76] symp. case	32/617	64/619	12mg		OT[1]
Morgenstern (PSM)	80%	0.20 [0.01-4.15] hosp.	0/271	2/271	56mg		
Mondal	88%	0.12 [0.01-0.55] symp. case	128 (n)	1,342 (n)	n/a		
Prophylaxis	**84%**	**0.16 [0.09-0.31]**	**137 /3,779**	**607 /6,974**			**84% improvement**

Tau[2] = 0.58; I[2] = 87.5%

드-19 치료에 IVM 사용을 찬성하거나 반대할 만한 증거는 없다."라고 주장했다.

국립보건원은 어떻게 아무런 권고도 하지 않는다는 결정에 이르게 되었는지 그 절차에 대해 쉬쉬하고 공개하지 않았고, IVM에 대한 숙의에 참여한 위원회 구성원들이 누군지 밝히기를 거부했으며, 정보의 자유법(Freedom Of Information Act, FOIA)에 근거해 정보 제출 요청을 받으면 국립보건원이 공개해야 하는 문서들을 제출하면서 위원회 구성원들의 이름을 검은 잉크로 보이지 않게 지웠다. 한동안 그들의 신분을 아는 사람은 파우치 박사와 국립보건원 원장 프랜시스 콜린스(Frnacis Collins) 그리고 위원회 구성원 당사자들뿐이었다. 국립보건원은 그들의 이름을 비밀에 부치기 위해, 패널의 결정 과정이 투명하게 공개되지 않도록 연방법원까지 문제를 끌고 가는 등, 안간힘을 썼다.[262 263]

콜린스와 파우치 박사는 위원회의 의사결정 과정이 만천하에 드러나지 않도록 갖은 수를 썼지만, 질병통제예방센터는 별도로 정보를 공개하라는 요구를 받고 위원회의 구성원 9명이 누군지 공개했다.[264] 이 가운데 3명 아다오라 아디모라(Adaora Adimora), 로저 베디모(Roger Bedimo), 그리고 데이비드 V. 글리든(David V. Glidden)은 제약사 머크와 금전적 관계가 있다고 밝혔다.

국립보건원의 치료 지침 위원회의 네 번째 구성원 수재너 내기(Suzanna Naggie)는 국립보건원이 IVM에 관해 아무런 권고도 하지 않는다고 밝힌 후 IVM 추가 연구 자금으로 NIAID로부터 1억 5,500만 달러를 받았다.[265] 국립보건원 권고안을 결정하는 위원회가

IVM 사용을 승인했다면 수재너 내기는 NIAID로부터 연구 자금 횡재를 했을 가능성이 희박하다.

2021년 2월, 도쿄 광역시 의료협회 회장은 기자회견을 열어 IVM을 외래환자 치료 권고안에 추가하기를 주장했다. 인도의 여러 주도 코비드-19와 싸울 필수 의약품 목록에 IVM을 추가했다.[266] 인도네시아 정부는 IVM 사용을 허가했을 뿐 아니라 웹사이트까지 만들어 이 약을 어디서 구할 수 있는지 실시간으로 정보를 제공했다.[267] 화이자(Pfizer) 백신 3차 부스터를 배포한 후에도 여전히 코비드-19로 인한 입원과 사망률이 고공행진을 하자, 이스라엘은 2021년 9월 공식적으로 IVM을 사용하기 시작했고, 건강보험회사들은 IVM을 위험군에 속하는 국민에게 배포했다. 엘살바도르는 전 국민에게 무료로 IVM을 배포한다.[268]

국민이 너나 할 것 없이 IVM을 쉽게 구할 수 있는 나라는 코비드로 인한 사망자가 즉각 급격히 감소했다. 인도네시아의 병원들은 2021년 7월 22일 IVM을 사용하기 시작했다. 8월 첫 주 무렵 감염사례와 사망자 수는 곤두박질쳤다.[269]

2020년 12월에 발표된 한 연구논문에 따르면, IVM을 구충제로 널리 사용한 아프리카와 아시아 국가들은 세계에서 코비드 감염사례와 치사율이 가장 낮은 나라에 손꼽혔다.[270] 인간개발지수(Human Development Index)를 비롯해 다른 교란 변수들을 통제한 후에도, 아프리카 회선사상충증(흑파리가 전파해 실명을 유발하는 질병으로서 강변 실명증(river blindness) 이라고도 불리는데 IVM이 표준 치료제이다) 퇴치 프로그램 회원국인 아프리카 11개국은 이 프로그램 회원이 아닌 아프리카 국가들보다 코비드-19 치사율이 28퍼센트 낮고 감염률은 8퍼센트 낮다.

2021년 4월 20일, 인도의 의료협회들은 IVM을 국가 공식 치료법에 추가했다. 인도와 국제 언론에 따르면, 인도에서 코비드가 휩쓸고 있던 뉴델리 주 정부가 적극적인 조치에 나서서 놀라운 성공을 거두었다. 〈데저트 리뷰(Desert Review)〉에 따르면, 2021년 4월, 뉴델리는 코비드 전염 위기를 겪고 있었다. 주 정부는 IVM을 배포해 감염사례를 97퍼센트 말소했다.[271] 의사인 유스투스 R. 호프(Justus R. Hope) 박사는 "IVM이 뉴델리에서 코비드를 초토화했다."라고 말했다.[272] 〈트라이얼사이트 뉴스(TrialSite News)〉는 IVM을 도입하자 감염사례들이 대폭 감소했다면서 다음과 같이 보도했다. "국가적 차원에서 4월 초 전국을 강타한 대대적인 감염은 IVM과 부데소나이드(budesonide) 등 새로운 코비드-19 치료 방법을 도입한 후 전파 속도가 급격히 줄었다."[273] 인도는 복합제제―비용이 2달러에서 5달러 사이인 부데소나이드, IVM, 독시사이클린, 아연 등―를 이용해 조기에 치료하면 코비드 증상이 3일에서 5일 안에 사라진다는 사실을 보여주었다. 2021년 1월 무렵, 인구가 13억 명이 넘고 백신 접종률이 전국적으로 7.6퍼센트인 인도는[274] 코비드 사망자가 15만 명에 그쳤다.[275] 이와는 대조적으로 인구 3억 3,100만 명인 미국은 사망자 수 35만 7천 명을 기록했다.[276] 많은 인도 관료와 의사들은 IVM이 전염병의 확산을 억제하는 기적의 약품이라고 생각한다. 미국과는 상반되는 코비드 전략을 시행한, 인도의 2개 주―우타르 프라데쉬와 타밀 나두―와도 비교해 보면 IVM을 배포한 국가들이 월등한 성과를 낳았다는 결론이 더욱 공고해진다.

우타르 프라데쉬 주의 인구 규모는 미국 전체 인구의 3분의 2에 해당하는 2억 4천 1백만 명이다. 〈인디언 익스프레스(Indian Express)〉에 따르면,[277] 우타르 프라데쉬는 인도에서 가장 먼저 IVM을 예방 차원에서 그리고 치료제로 대대적으로 도입한 주이다. 2020년 5~6월, 안슐 파리크 박사가 이끄는 의료팀이 아그라(우타르 프라데쉬 주에서 네 번째로 큰 도시)에서 IVM을 실험 삼아 해당 지역의 의료팀 구성원 전원에게 투여했다. 그들은 날마다 바이러스 양성판정을 받은 환자들과 접촉했지만 아무도 코비드-19에 걸리지 않았다.[278] 우타르 프라데쉬 주 감독관 빅센두 아그라왈은 아그라시에서 얻은 결과를 토대로 주 정부가 코비드 환자와 접촉한 모든 이들에게 예방 차원에서 IVM 사용을 허가했고 감염자들에게도 투여하기 시작했다고 말했다.

9월 무렵, 우타르 프라데쉬 주 정부는 백신 접종률이 5.8퍼센트인데도 불구하고,[279] 주 내에 있는 33개 지역에서 (감염되었지만, 아직 회복되지는 않은) 활동성 사례(active case)가 사실상 말소되었다고 발표했다. 〈힌두스탄 타임스(Hindustan Times)〉는 다음과 같이 보도했다. "전체적으로 볼 때, 우타르 프라데쉬 주에는 활동성 사례가 총 19건이고, 양성판정률은 0.01퍼센트 이하로 하락했다. 한편 회복률은 98.7퍼센트로 개선되었다."[280] 미국은 백신 접종률이 54퍼센트일 당시 여전히 감염사례들이 증가하고 있었고 정부는 여전히 엄격한 통제 정책을 실행하고 있었다. 2021년 8월 10일 현재, 미국은 신규 감염자가

16,990명, 신규 사망자가 1,049명이었다.[281] 이와는 대조적으로 우타르 프라데쉬는 겨우 신규 감염자 19명에 신규 사망자는 단 한 명으로 미국의 1,000분의 1에 불과했다.[282]

아그라왈 박사는 때맞춰 IVM을 도입한 덕분에 첫 코비드 위기를 종식했다면서 다음과 같이 말한다. "인도에서 인구 규모가 가장 크고 인구 밀도도 최고인데도 우리는 인구 100만 명 당 양성판정률과 감염사례에서 비교적 낮은 수준을 유지했다."[283]

〈트라이얼사이트 뉴스〉에 따르면, 인도 정부는 IVM와 부데소나이드를 사용해 성공을 거두었지만, "언론은 이러한 소식을 공유하는 데 관심을 보이지 않았다. 언론은 렘데시비어가 효과적인 약품이라고 계속 보도하고, IVM을 언급한 언론들은 이 약을 '검증되지 않은 약품' 또는 '시대에 뒤떨어진 치료제'라고 일컬었다. 마치 치료에 관해 두 가지 전혀 다른 현실, 즉 치료 현장의 현실과 지역 보건 체제의 현실이 존재하는 듯하다. 수백만 명의 환자들이 이제 IVM을 복용하고 있지만, 언론 보도만 보면 절대로 이 사실을 알 수가 없다."[284]

한편 인도의 타밀 나두 주는 앤서니 파우치가 권고하는 렘데시비어를 계속 사용했고, 조기 치료를 억제했다. 〈인디언 타임스〉에 따르면, 타밀 나두 주는 미국을 강타한 재앙과 완벽하게 일치하는, 감염자와 사망자가 속출하는 재앙을 계속 겪고 있다.[285]

과학자인 테스 로리(Tess Lawrie) 박사가 발표한, 동료 학자들의 심사를 거쳤고 매우 높은 평가를 받은 메타 분석 논문도 IVM이 효과가 있음을 보여주는 압도적이고 명백한 증거다.

로리 박사는 15개 임상실험 결과를 평가하고 IVM이 사망을 62퍼센트 줄이는 누적 효과가 있음을 밝혔다. 예방 차원에서 IVM을 투여한 실험의 데이터 품질은 이보다 못하지만, 그래도 예방 차원에서 투여한 IVM이 코비드 감염을 86퍼센트 줄였다는 결과가 나왔다.[286]

세계적으로 저명한 데이터 전문가이자 과학 자문을 하는 로리 박사는 세계 공중보건 과학자와 기관들 사이에서는 명성이 자자한 인물이다. 〈데저트 리뷰〉는 그녀를 '의학계의 양심'이라 일컬었다.[287] 역량이 뛰어나고, 정확하고, 정직하다고 평판이 자자하기 때문이다. 로리 박사의 컨설팅 조직인 "증거 기반의 의학 자문(Evidence-Based Medicine Consultancy, Ltd.)"은 과학적 자료들을 검토해 코크란 공동 연구소 같은 세계적인 과학과 보건 콘소시엄뿐 아니라 세계보건기구와 유럽 각국 정부들을 비롯해 세계 공중보건 기구들을 위해 지침을 개발하고 지원한다. 그녀의 고객들은 IVM을 비롯해 여러 용도 확장 약품들의 사용을 억압한 대규모 정부 기관들을 거의 망라한다.

2000년 12월 말, 로리 박사는 우연히 피에르 코리 박사가 IVM에 대해 상원에서 증언한 유튜브 동영상을 보게 되었다. 호기심이 발동한 로리 박사는 크리스마스부터 설날까지의 기간 동안 '실용적이고 신속한 평가'에 착수해 코리 박사가 인용한 의학 문헌 27편을 하나하나 그 질과 설명력을 평가했다.

로리 박사는 내게 다음과 같이 말했다. "일주일 만에 나는 타당하다고 결론을 내렸다. IVM의 안전성은 구충제로 널리 쓰인다는 사실로써 이미 잘 입증되었고, 이 약이 여러 가지 다양한 효과가 있다는 점이 놀라웠다. 코비드에 대한 효과는 여러 연구에서 일관되게 분명히 나타났다. 나는 이렇게 많은 사람이 죽어 나가고 있는데 이 약을 쓰는 것은 도덕적 의무라고 생각했다. 이 약을 배포했어야 한다." 로리 박사는 1월 4일 영국 보건부장관 매트 행콕(Matt Hancock)에게 신속 검토 자료를 첨부한 긴급 서한을 보냈다. 그러나 그녀는 장관으로부터 아무런 답변을 받지 못했다. 그런데 우연이라고 보기에는 석연치 않은 일이 일어났다. 누군가가 세계보건기구의 연구원 앤드루 힐(Andrew Hill)이 실시한 메타 분석 자료를 〈데일리 메일(Daily Mail)〉에 유출했다.[288] 사흘 후 힐은 자기 연구의 사전 배포본을 포스팅했다. 1월 13일 국립보건원 치료 지침 위원회를 대상으로 코리 박사와 나란히 IVM의 효과에 대해 열정적으로 증언한 힐은 180도 돌변했다. 힐의 메타 분석 자료 원본은 IVM을 투여한 환자들의 입원과 사망이 급격히 줄었다는 사실을 보여준다. 언론에 새어나간 유출본에는 힐이 코비드를 치료할 기적의 약품이라고 IVM을 적극적으로 지지한 그의 주장을 뒷받침한 바로 그 연구들이 모두 담겨있었다. 이제 와서 그는 그 연구논문들은 증거로서는 질이 낮다고 주장했다. 그는 그 논문들에서는 매우 긍정적인 결과가 나왔지만 "질이 낮다"라고 깎아내렸다. 그래야 몇 달, 아니 그보다 더 오래 걸릴 장기적 무작위배정 위약대조군 실험을 먼저 하지 않고서는 세계보건기구가 IVM을 권고하지 말아야 한다고 그가 발표할 명분이 생긴다. 코리 박사는 이렇게 말했다. "누군가 그를 접촉했다. 누군가 그에게 지시를 내렸다. 앤드루 힐은 검은 세력에 포획당했다."

48 ivermectin COVID-19 studies after exclusions							ivmmeta.com Oct 12, 2021
		Improvement, RR [CI]	Treatment	Control	Dose (4d)		
Chowdhury (RCT)	81%	0.19 [0.01-3.96] hosp.	0/60	2/56	14mg		OT[1] CT[2]
Espitia-Hernandez	70%	0.30 [0.16-0.55] recov. time	28 (n)	7 (n)	12mg		CT[2]
Mahmud (DB RCT)	86%	0.14 [0.01-2.75] death	0/183	3/183	12mg		CT[2]
Ahmed (DB RCT)	85%	0.15 [0.01-2.70] symptoms	0/17	3/19	48mg		
Chaccour (DB RCT)	96%	0.04 [0.00-1.01] symptoms	12 (n)	12 (n)	28mg		
Afsar	98%	0.02 [0.00-0.20] symptoms	0/37	7/53	48mg		
Babalola (DB RCT)	64%	0.36 [0.10-1.27] viral+	40 (n)	20 (n)	24mg		OT[1]
Ravikirti (DB RCT)	89%	0.11 [0.01-2.05] death	0/55	4/57	24mg		
Bukhari (RCT)	82%	0.18 [0.07-0.46] viral+	4/41	25/45	12mg		
Mohan (DB RCT)	62%	0.38 [0.08-1.75] no recov.	2/40	6/45	28mg		
Biber (DB RCT)	70%	0.30 [0.03-2.76] hosp.	1/47	3/42	36mg		
Elalfy	87%	0.13 [0.06-0.27] viral+	7/62	44/51	36mg		CT[1]
Chahla (CLUS. RCT)	87%	0.13 [0.03-0.54] no disch.	2/110	20/144	24mg		
Mourya	89%	0.11 [0.05-0.25] viral+	5/50	47/50	48mg		
Loue (QR)	70%	0.30 [0.04-2.20] death	1/10	5/15	14mg		
Merino (QR)	74%	0.26 [0.11-0.57] hosp.	population-based cohort		24mg		
Faisal (RCT)	68%	0.32 [0.14-0.72] no recov.	6/50	19/50	48mg		
Aref (RCT)	63%	0.37 [0.22-0.61] recov. time	57 (n)	57 (n)	n/a		
Krolewiecki (RCT)	-152%	2.52 [0.11-58.1] I ventilation	1/27	0/14	168mg		
Vallejos (DB RCT)	-33%	1.33 [0.30-5.72] death	4/250	3/251	24mg		
Buonfrate (DB RCT)	-600%	7.00 [0.39-126] hosp.	4/58	0/29	336mg		
Mayer	55%	0.45 [0.32-0.63] death	3,266 (n)	17,966 (n)	151mg		
Early treatment	73%	0.27 [0.20-0.37]	37/4,500	191/19,166			73% improvement
Tau² = 0.18; I ² = 42.7%							

1월 7일, 로리 박사는 영국 총리 보리스 존슨을 겨냥해 자신의 신속 검토자료를 바탕으로 IVM의 효과를 보여주는 압도적인 증거를 요약한 동영상을 만들고 그에게 외통수에서 벗어나 당장 IVM을 배포하라고 촉구했다. 코리 박사는 그녀의 동영상이 "더할 나위 없이 설득력이 있다."라고 말한다. 그녀는 1월 7일 그 동영상을 영국과 남아프리카공화국 총리에게 보냈다. 그러나 두 총리 모두 그녀에게 아무런 답변도 하지 않았다.

2021년 1월 13일, 로리 박사는 자신의 설득력을 최대한 동원하기 위해 연구원, 의사, 환자 권익 운동가, 정부 자문 역할을 하는 이들을 망라하는 세계적인 전문가들 20명을 초청해 초청받은 사람만 참석할 수 있는 심포지엄을 개최했고, 그 자리에서 자신의 메타 분석 내용을 제시하고 증거를 바탕으로 코비드-19를 예방하고 치료하는 데 IVM 사용을 권고한다고 밝혔다. 그녀는 이 회의를 영국 IVM 권고 개발(British Ivermectin Recommendation Development, BIRD)이라고 일컬었다.

"세계보건기구가 했었어야 할 일을 테스 로리가 했다. 그녀는 모든 과학적인 증거를 철두철미하고, 개방적이고, 투명하게 검토했다."라고 코리 박사는 말한다.

하루 동안 진행된 이 회의 동안 참석자들은 로리 박사의 신속한 메타 분석 자료에 담긴 논문을 하나하나 검토하고 IVM을 즉시 배포해야 하는 증거라는 합의에 이르게 되었다. 회의를 해산하기 전에 로리 박사와 과학 패널은 모든 과학적 문헌을 코크란 공동연구소처럼 전면적으로 검토하는 작업에 착수하기로 했다. 사람의 목숨이 오가는 긴급한 상황이라서 그들은 1월 14일 훨씬 더 많은 사람을 초청해 회의를 재개하기로 했다.

한편 로리 박사는 〈데일리 메일〉이 힐의 메타 분석 자료를 유출한 지 이틀 후인 1월 6일 우여곡절 끝에 앤드루 힐과 통화하게 되었다. 그녀는 그에게 과학계의 영향력 있는 인사들이 코크란 유형의 메타 분석에 협력하기로 합의했다고 알려주면서, 힐도 협력자로서 참여하기를 제안했다. 그녀는 본인의 데이터를 힐과 공유하겠다고 하고, 통화를 마친 후 그에게 자료를 보냈다. 로리 박사는 과거에 세계보건기구의 의뢰를 받고 수많은 코크란 연구평가 분석 프로젝트를 진행했고, 연구 데이터를 체계적으로 평가하는 데 있어서 세계에서 둘째가면 서러운 전문가로 손꼽힌다. 로리 박사는 힐에게 코크란 평가서를 공동 저술하자고 제안했고 1월 13일 BIRD 회의에 그를 초대했다.[289] 천재일우의 기회였다. 정상적인 상황이었으면, 힐은 세계적으로 내로라하는 연구자들과 함께 세계보건기구를 위해 증거를 토대로 한 전문적이고 하자 없는 의사결정의 틀을 구축하는 작업에 책임저자로 이름을 올릴 절호의 기회를 낚아챘어야 한다. 그런데 그의 반응은 뜨뜻미지근했다. 그래도 그는 로리 박사가 보낸 자료를 살펴보겠다고는 했다.

로리 박사와 그녀의 동료 학자들은 다시 원점으로 돌아가서 발표된 의학 연구 문헌을 샅샅이 새로 검토하고 설명력과 편향성을 하나하나 면밀하게 검토하는 긴 장정에 돌입했다. 1월 중순, 그녀는 초안을 BIRD 단체에만 공개했다. 만장일치로 IVM을 배포하는 게 상식적인 접근방식이라고 동의했다. 그녀는 이 권고안을 코크란에 제출해 외부 인사의 과학적 검토를 받기로 했다.

1993년 영국과 스칸디나비아반도의 과학자들은 신약 임상실험에 만연하게 된 제약사의 입김과 부패 문제를 해소하기 위해 코크란 공동연구소(Cochrane Collaboration)을 설립했다. 오늘날 코크란 공동연구소는 독자적으로 활동하는 과학자 3만 명과 53개 대형 연구기관들로 구성되어 있고, 이들은 증거를 토대로 한 과학적 방법으로 업계 데이터를 검토하고 규제기관들에 자문하고 있다.[290] 코크란은 신약 개발 실험이라는 타락한 분야에 정직성을 회복하고 표준화된 과학적 방법론을 다시 도입하는 게 목표다. 코크란은 표준화된 척도와 엄격한 방법론을 이용해 증거를 평가한다. 코크란에서 자료를 평가하는 이들은 메타 분석에 담긴 논문을 체계적으로 하나하나 개별적으로 그 설명력을 평가하고, 데이터의 편향성을 규명해 가치를 하향 조정하고 연구마다 '상, 중, 하'로 증거로서의 가치를 매긴 다음 단일한 메타 분석에 포함해도 될 만한 데이터인지 판단한다.

로리 박사는 세계보건기구가 아이버멕틴(IVM) 사용 여부에 관해 결정을 내리려면 힐 박사의 연구와 맥매스터 대학교에서 비롯된 '통합 실험(Together Trial)'이라고 알려진 연구에 의존하리라는 사실을 알고 있었다. 맥매스터 대학교는 구제 불능일 정도로 극심하게 이해가 충돌하는 처지에 놓였다. 2020년과 2021년 국립보건원은 맥매스터 대학교에 연구 자금 1,081,541달러를 지원했다.[291] 당시에 맥매스터 대학교에서는 별도로 한 과학자 집단이 그들 나름의 코비드 백신을 개발하고 있었다. 이때, 세계보건기구가 IVM을 표준 치료제로 권고한다면 그들의 노력은 금전적인 결실을 절대로 거두지 못하게 된다. 빌&멜린다게이츠재단(BMGF)은 브라질을 비롯한 여러 지역에서 IVM, HCQ 그리고 코비드를 치료할 잠재력이 있는 여러 약품을 대상으로 한 대대적인 '통합 실험'에 연구비를 지원하고 있었다. 전문가들은 게이츠와 맥매스터 대학교 연구원들이 IVM이 실험에 실패하게끔 연구를 설계했다고 비판했다. 이 연구는 여러 가지 문제를 안고 있는데, 그중 하나가 이미 IVM을 널리 사용하고 있는 인구를 대상으로 했다는 점이다. 그렇게 하면 교란 변수(위약 대조군에 속한 실험 대상들이 IVM을 약국에서 몰래 구입해 복용할지도 모른다)가 생겨 IVM의 효과를 제대로 밝히기 어렵게 된다. 맥매스터 대학교 연구원들은 IVM에 대한 긍정적인 평가가 나와 이를 권고하게 되면 자기들이 소속된 대학교가 수억 달러 손실을 보게 된다는 사실을 분명히 알고 있었을 게 틀림없다. '통합 실험'을 조직한 인물은 빌 게이츠 밑에서 실험 설계 전문가로 일하는 에드 밀스(Ed Mills)로서, 그는 제약업계와 깊은 이해관계를 맺고 있고 과학자로서의 정조(貞操)를 제약업계에 팔아넘기는 생물학 매춘부(biostitute)로 악명이 높다.

로리 박사는 세계보건기구의 치료 지침을 제대로 만들고 고품질의 과학 연구 문헌을 생산하려면 밀스를 설득해 코크란 공동연구소의 메타 분석에 동참하도록 설득하는 방법밖에 없다는 사실을 알고 있었다. 그다음 주에 로리 박사는 다시 힐과 통화했다. 이번에는 화상회의인 줌(Zoom)으로 진행됐다.

줌 통화 내용은 녹음되었다.

로리 박사는 힐과의 첫 대화에서 힐이 그의 메타 분석에 전반적으로 사용한 기법은 '심각한 결함'이 있고 힐은 체계적인 검토나 메타 분석을 한 경험이 없다는 결론을 내렸다. 그녀는 "그 일이 그에게 맡겨졌다는 사실이 놀라웠다."라고 말한다.

그녀가 1월 13일 힐과 나눈 대화의 속기록을 보면 힐은 체계적인 검토가 충족해야 하는 조건들에 대해 전혀 문외한이라는 게 드러난다. 논문들을 체계적으로 검토하려면 연구자가 통일된 기준들을 이용해 논문마다 설명력과 편향성의 위험을 평가하고, 점수를 매기고, 편향성의 위험이 큰 연구를 배제하는 '민감성 분석'을 해야 한다. 이러한 종류의 검토는 불가피하게 각 연구에 참여한 저자들의 신뢰도에 관한 판단을 내리게 된다. 코크란 소속 문헌 검토자들은 그들이 검토한 모든 논문의 질, 정직성, 그리고 연구에 이름을 올린 모든 공동 저자의 개인적 역량, 각 저자에게 영향을 미칠 가능성이 있는 금전적 이해충돌 등을 토대로 잠재적인 편견이 있는지에 대해 가혹할 정도로 엄격한 판단을 내릴 의향이 있어야 한다. 그러나 힐은, 자기가 검토한 7개 연구논문에 저자로 이름을 올린 이들을 모조리 자기의 메타 분석 논문의 공동 저자로 이름을 등재하는 해괴한 짓을 했다. 힐의 이런 행태를 두고 코리 박사는 다음과 같이 말한다. "그건 마치 한 야구팀의 포수에게 심판 역할도 해달라고 부탁하는 셈이다. 야구 경기를 조금이라도 아는 사람이면 그런 실수를 할 리가 없다. 힐은 그 저자들을 평가해야 하는 처지인데 오히려 그들을 협력자로 대우하고 있다."

로리 박사는 힐에게 그런 행위는 "메타 분석에서는 이례적"이라고 정중히 말하고

"체계적인 검토에서는 검토 대상인 논문의 저자들 이름을 체계적 검토의 저자로 등재하지 않는 게 관례다. 그렇게 되면 체계적 검토를 한 사람의 결론이 편향될 가능성이 있기 때문이다. 결론은 독자적이어야 한다."라고 덧붙였다.

로리 박사는, 힐이 평가해야 하는 논문의 저자들 이름을 평가서 공동 저자로 등재한 사실 외에도, 힐의 논문은 표준 절차에 따라 증거에 체계적으로 점수를 매기는 시늉도 하지 않았다고 설명했다. 이러한 결함 때문에 힐의 논문은 '세계보건기구에 임상적인 지침'을 제시하는 데 전혀 쓸모가 없는 자료라고 로리 박사는 설명했다. 게다가 힐의 메타 분석은 코비드 환자의 사망이라는 오로지 한 가지 결과만 보았다. 사망은 그가 분석한 연구논문들이 사용한 척도와 연구 종결점의 아주 일부에 불과한 하부 데이터에 불과한데 말이다. 그녀는 힐에게 다음과 같이 말했다. "그건 메타 분석이 아니다. 사망 외에 다른 결과들을 전혀 메타 분석하지 않았으니 말이다. 손에 쥐고 있는 증거의 아주 일부만 이용해 사망을 메타 분석하고는 '더 많은 연구가 필요하다'라고 결론을 내리는 셈이다."

로리 박사는 힐에게 그의 연구에서조차 압도적으로 효과가 있다는 결론을 내린 IVM에 대해 태도가 180도 돌변한 이유를 물었다. 그녀는 "어떻게 그러실 수 있나요? 당신은 돌이킬 수 없는 해를 끼치고 있는 겁니다."라고 정중하게 추궁했다.

힐은 자기는 "곤란한 입장"에 놓였다고 해명했다. 그를 후원하는 이들이 그에게 압력을 가하고 있었기 때문이다. 힐은 리버풀 대학교의 바이러스학자로서 BMGF와 클린턴 재단 자문위원으로 활동하고 있다. 로리 박사는 "그는 내게 자기 후원자가 국제의약품구매기구(UNITAID)라고 했다."라고 말했다. UNITAID는 BMGF와 유럽을 비롯한 여러 국가—프랑스, 영국, 노르웨이, 브라질, 스페인, 한국, 칠레—가 재정적으로 지원하는 유사 정부 단체로서 아프리카 빈곤층에게 배포하기 위해 다국적 제약사들의 의약품 구입을 재정적으로 지원해달라고 정부를 상대로 로비활동을 한다. 이 단체의 일차적인 목적은 제약사들의 특허와 지식재산권을 보호하고—앞으로 알게 되겠지만 이는 빌 게이츠의 최우선 목적이다—판매 대금을 즉각 전액 지불받도록 하는 일이다. UNITAID의 재정 63퍼센트는 항공권에 부과되는 부가세에서 비롯된다. BMGF는 UNITAID 집행위원회 위원석과 의장석을 보유하고 있고, 2005년부터 UNITAID에 1억 5천만 달러를 기부했다.[292] 글로벌 펀드(Global

Fund), 세계백신면역연합(Global Alliance of Vaccine and Immunization, GAVI), 유니세프(UNICEF) 등, 게이츠가 재정적으로 지원하는 대리 단체나 전위조직도 UNITAID 재정에 십시일반하고, 물론 제약사들도 재정적으로 거든다. BMGF와 게이츠는 이러한 쓸데없고 백해무익한 대규모 사업에서 이득을 보는 수많은 제약회사에 개인적으로 거대 지분을 갖고 있다. 게이츠는 UNITAID를 이용해 힐같이 고분고분하고 부패한 연구자들이 하는 연구에 돈을 대 과학을 타락시키고 그런 자들의 연구로써 게이츠 본인이 세계보건기구에 지시하는 정책을 정당화한다. UNITAID는 앤드루 힐의 연구가 공개되기 나흘 전에 그의 고용주인 리버풀 대학교에 4,000만 달러를 기부했다.

힐 박사는 자기 후원자들이 자기에게 압력을 넣어 연구 결론을 바꾸게 했다고 자백했다. 로리 박사가 누가 그에게 영향력을 행사했는지 묻자, 힐은 "저기, 나는 말이죠, 내가 아주 미묘한 처지에 놓였다는 생각이 드는데…."

테스 로리 박사(이하 로리로 표기): "미묘한 처지에 놓인 사람이 한둘입니까. 지금 병원에서, 중환자실에서 사람들이 죽어가고 있어요. 그 사람들은 이 약이 필요해요."

앤드루 힐 박사(이하 힐로 표기): "그게 말입니다…."

로리: "내가 이해가 안 가는 건 말이죠, 댁은 환자를 돌보는 의사가 아니잖아요. 그러니 날마다 사람이 죽어 나가는 게 보이지 않죠. 그리고 이 약품은 사망을 80퍼센트나 예방합니다. 그러니 지금 죽어가는 사람들의 80퍼센트가 IVM만 있으면 죽을 필요가 없어요."

힐: "내가 말했듯이. 이 약에 대해서는 견해가 천차만별입니다. 어떤 사람들은 그저…."

로리: "우린 데이터를 보고 있어요. 다른 사람들이 뭐라든 중요하지 않아요. 데이터를 검토하고 이 저렴하고 효과적인 치료제가 목숨을 구한다는 사실을 모두에게 알리고 안심시키는 게 우리가 맡은 임무입니다. 분명히 효과가 있습니다. 누가 이랬다더라는 말은 필요가 없어요. 이 약은 명백히 효과가 있습니다. 당장 생명을 구할 수 있어요. 정부가 IVM을 사게 만들기만 하면 말입니다."

힐: "아 글쎄, 그렇게 간단한 문제가 아니라는 생각이 든다니까요. 댁이 실험 자료를 갖고 있다고 해서…."

로리: "더할 나위 없이 간단한 문제입니다. 연구 결과를 기다릴 필요가 없어요. IVM이 생명을 구하고, 입원을 예방한다는 충분한 증거가 있습니다. 날마다 출근하는 병원 직원들이 바이러스에 노출되지 않게 할 수 있어요. 게다가 댁은 누가 당신에게 영향력을 행사하고 있는지 아직 애기하지 않았잖아요? 누가 댁에게 그런 의견을 주나요? 댁은 자꾸 처지가 난처하다고 말하는데, 댁이 어떤 대가를 받고 어떤 주장을 지지하라는 말을 들었다면 난처한 처지인 게 맞습니다. 그렇다면 댁은 결정해야죠. 이 대가를 받을 것인가? 실제로 사실상 댁이 내린 잘못된 결론 때문에 사람이 다치게 된다는 게 보일 겁니다. 그렇다면 대가를 받고 이런 짓을 안 하겠다고 해야죠. 효과가 있다는 증거가 보입니다. 그리고 나는 코크란 연구팀에 자발적으로 합류할 겁니다. 다른 코크란 연구팀 구성원들처럼 말입니다. 이 일을 하면서 대가를 받는 사람은 아무도 없어요."

힐: "내 생각에는, 근본적으로 우리는 생명을 구하는 효과에 대해서는 같은 결론에 도달하고 있습니다. 우리 둘 다 생존율을 높이는 데 상당한 효과가 있다는 결론을 얻고 있어요."

로리: "아뇨, 나는 증거에 등급을 매깁니다. 내 말은 이 증거는 확실하다는 말입니다. 추호도 의심할 여지 없이 사망을 예방한다는 말입니다. 이 치료제만큼 효과적인 건 없어요. 댁이 주저하는 이유는 뭐죠? 누가 내린 결론입니까?"

그러자 힐은 다시 외부인들이 그에게 영향력을 행사한다고 투덜거렸다.

로리: "자꾸 다른 사람들 애기를 하는데 말이죠, 댁은 당신 자신을 믿지 못하는 듯합니다. 자신을 믿는다면 잘못했어도 잘못을 바로잡으면 된다는 걸 알 텐데요. 이 치료제가 죽음을 막는다는 사실을 내심 알고 있을 테니 말입니다."

힐: "그게 말이죠, 현재로서는 그 데이터로는 이 약을 사용해도 좋다는 승인이 나지 않을 거라는 사실은 분명합니다."

로리: "하지만, 앤디, 이거 밝혀집니다. 사람들에게 진실과 증거를 알리지 못하게 방해하는 장애물이 있었다는 사실은 드러나게 됩니다. 그러니 제발, 이 기회에 댁의 연구에 담긴 진실을 인정하고 결론을 바꾸고 코크란 연구팀에 합류해 주세요. 명백한 결과가 나

올 겁니다. 증거를 보여주는 연구 자료가 될 겁니다. 수요일 밤에 전문가 20명이 모인 회의에서 나온 합의입니다."

힐은 국립보건원이 IVM을 권고하는 데 동의하지 않을 거라고 항변한다.

로리: "알아요, 국립보건원은 백신 로비 단체에 꽉 잡힌 신세니까."

힐: "그건 금시초문인데요."

로리: "글쎄, 내 말은 부정부패 악취가 진동하고 댁은 이용당하고 있다는 겁니다."

힐: "난 그렇게 생각하지 않아요."

로리: "뭐 그렇다면 댁은 변명의 여지가 없네요. 댁의 연구 검토자료는 결함이 있으니까요. 서두른 티가 역력합니다. 데이터를 제대로 취합하질 않았어요."

로리 박사는 힐의 연구가 환자에게 영향을 미치는 여러 가지 임상적인 결과를 무시하고 있다는 점을 지적한다.

그녀는 IVM의 예방 효과, PCR 검사 양성판정자를 음성판정으로 신속히 전환하는 효과, 산소호흡기 사용, 중환자실 입원을 비롯해, 임상적으로 유의미한 여러 가지 결과를 무시했다고 힐을 꾸짖으며, 다음과 같이 덧붙인다.

로리: "이건 형편없는 연구입니다. 형편없는 연구라고요. 이젠 모르겠어요. 댁은 좋은 사람 같지만, 나는 댁이 정말로 진짜로 걱정됩니다."

힐: "그래요. 알아요. 내 말은, 참 어려운 상황입니다."

로리: "아뇨. 댁은 어려운 상황에 놓여있을지 모르지만 나는 아닙니다. 난 돈 받고 섬기는 주인이 없어서 진실을 말할 수 있어요…. 어떻게 그렇게 일부러 일을 그르칠 수가 있어요?"

힐: "일을 그르치는 게 아닙니다. 시간을 두고 더 많은 연구를 들여다보자는 말이죠."

로리: "얼마나 더 사람들이 쓸데없이 죽게 내버려 둘 건가요? 이게 당신이 결정할 문제인가요? 결론이 날 때까지 얼마나 더 기다려야 한다고 생각하나요? 결론이 나면 그때는요?"

힐: "글쎄요, 내 생각에는…. 내 생각에는 세계보건기구와 국립보건원과 식품의약국과 유럽의약품관리국에 회부해야죠. 그러면 그들이 그만하면 충분하다는 결정을 해야겠죠."

로리: "수많은 사람이 목숨을 잃게 되는 위험을 감수하시겠다는 거군요. 당신과 내가 힘을 합하면 우리가 통일된 전선을 구축하고 원하는 결과를 얻게 된다는 사실을 알고 있어요? 우리가 해낼 수 있다고요. 생명을 살릴 수 있단 말입니다. 영국 국립 의료서비스 의사와 간호사들이 감염되지 않게 예방할 수 있어요. 어르신들이 목숨을 잃지 않게 할 수 있다고요."

로리: "이 연구들은 전 세계 여러 나라에서 실시됐습니다. 그리고 하나같이 똑같은 결론을 내리고 있어요. 게다가 IVM이 효과가 있다는 다른 온갖 증거가 있습니다. 무작위 배정 위약대조군 실험만 능사가 아니라고요. 무작위배정 위약대조군 실험을 토대로 한다고 해도 IVM는 명백히 효과가 있습니다. 사망을 예방하고 중증도 예방하고 결과도 개선한다고요. 댁이 싫든 좋든, 시인을 하든 말든, 댁은 다른 꿍꿍이속이 있어서 얘기에 진전이 없네요. 그리고 그 꿍꿍이는 가능한 한 최대한 결정을 미루려는 심사죠. 우리는 생명을 구하려고 애쓰고 있어요. 그게 우리가 하는 일입니다. 나는 의사이고 가능한 한 많은 생명을 살리려고 합니다. 그리고 IVM의 효과를 널리 알려서 생명을 살리려고 합니다. 유감스럽게도, 댁의 연구는 이를 방해할 겁니다. 당신은 수많은 사람의 죽음을 책임질 수 있나 본데, 나는 그렇게 못 합니다."

그리고 나서 그녀는 다시 묻는다.

로리: "세계보건기구를 통해서 댁에게 누가 자문료를 지급하는지 좀 알고 싶은데 말해주실래요?"

힐: "UNITAID입니다."

로리: "그렇군요. 댁이 검토한 자료에 담긴 결론은 누구의 결론인가요? 저자로 이름을 올리지 않은 사람인가요? 누가 실제로 연구에 기여했죠?"

힐: "그러니까 내 말은, 구체적인 얘기는 별로 하고 싶지 않아요, 그러니까, 그게…. UNITAID가…."

로리: "내 생각은 말이죠…. 분명히 밝혀야 합니다. 댁의 논문에 저자로 등재되지 않았는데 논문의 결론에 영향력을 행사하는 사람이 누군지 알고 싶단 말입니다. UNITAID가 발언권이 있나요? 그들이 댁의 논문에 영향력을 행사하나요?"

힐: "UNITAID가 그 논문의 결론에 대해 발언권이 있습니다. 맞아요."

로리: "알겠어요. 그렇다면 UNITAID의 누군가요? 누가 댁의 증거에 감 놔라 배 놔라 하나요?"

힐: "그게 말이죠, 그냥 거기 소속된 사람들입니다. 난 잘 모르는…."

로리: "그러니까 그들이 당신 결론에 대해 발언권이 있다는 얘기군요."

힐: "그렇습니다."

로리: "UNITAID 관계자 한 사람 이름 좀 얻을 수 있을까요? 얘기 좀 해보게요. 그러면 내 증거도 공유하고 그들을 이해시키고 설득 좀 해 보게요."

힐: "누구에게 연락하면 좋을지, 댁한테 누구 이름을 줄지 생각해 볼게요. 하지만 그러니까, 이게 참 어려운 게 말이죠. 알다시피 나는 이 논문을 써야 하는 역할을 맡았고 우리는 아주 곤란하고 미묘한 처지에 놓여서요…."

로리 박사는 여기서 힐의 말을 끊고 불쑥 끼어든다.

로리: "도대체 이 사람들 누구예요? 이런 말을 하는 사람들이 누구냐고요?"

힐: "그러니까 그게…. 아주 막강한 로비 단체니…."

로리: "알겠어요. 저기요 내 생각에 우리 대화에 진척이 없네요. 댁이 형편없는 연구 관행을 정당화하려고 구구절절하게 온갖 변명을 하는 듯하니. 그래서 정말로 진심으로 유감스러워요, 앤디. 댁이 말과 몸짓으로 분명히 내게 말해줬네요. 댁은 댁이 내린 결론이 아주 탐탁지는 않지만, 당신에게 영향력을 행사하는 사람들로 인해 곤란한 처지에 놓였고, 당신에게 대가를 주고 사실상 당신 대신 결론을 내려줬다고 말입니다."

힐: "내가 난감한 처지라는 걸 이해해 줘야 해요. 난 중도적인 입장을 견지하려고 애쓰는데 너무 힘드네요."

로리: "그렇겠죠. 중도. 댁이 취한 중도라는 입장은 중도가 아닙니다. 당신이 취한 입

장은 사람들이 목숨을 잃게 될 실험을 더 하자는 극단적인 입장이에요. 이 사실이 드러나면 당신 잘못이 될 겁니다. 그리고 왜 댁은 그걸 보지 못하는지 이해가 가지 않아요. 증거가 눈앞에 있는데 댁은 그냥 증거를 부인하는 게 아니라 사실상 댁의 연구가 적극적으로 진실을 호도하고 있어요. 그리고 이 사실은 드러나게 될 겁니다. 정말 유감스럽네요. 다시 말하지만, 댁은 좋은 분 같은데 어떤 식으로든 속아 넘어간 듯합니다."

힐은 6주만 시간을 주면 IVM의 승인을 받기 위해 있는 힘을 다하겠다고 약속했다.

힐: "글쎄요, 난 말이죠, 이 교착상태가 오래 지속되지 않기를 바랍니다. 몇 주 정도. 그리고 장담컨대 나는 가능한 한 이 교착상태를 단축하기 위해서 최선을 다할 겁니다."

로리: "그럼 이 상태가 얼마나 계속될 거라고 보세요? 이 교착상태를 얼마나 오랫동안 지속해야 댁이 보상받나요?"

힐: "내 관점으로 보면 말이죠. 2월 말쯤이면, 6주 정도면 해결되리라고 생각합니다."

로리: "하루에 몇 명이 사망하죠?"

힐: "아, 그렇죠. 내 말은, 알다시피, 하루에 15,000명이죠."

로리: 하루 15,000명 곱하기 6주라…. 이 속도로 가면, 영국과 미국만 빼고 다른 나라는 모조리 IVM을 배포하게 됩니다. 영국과 미국과 유럽은 백신 로비 단체가 장악했거든요.

힐: "내 목표는 IVM 승인이 나도록 하는 일이고 그러기 위해 최선을 다할 예정이고 그렇게 해서 이 약이 최대한 많은 사람에게…."

로리: "댁은 최선을 다하고 있지 않잖아요. 최선을 다한다면 댁에게 금전적으로 보상하는 사람들에게 해야 할 말을 해야죠. '이 약이 사망을 막아줍니다. 따라서 이 결론은 더는 지지하지 못합니다. 나는 진실을 말하겠습니다.'라고 말입니다."

힐: "이 약이 승인받도록 가능한 한 많은 지지를 가능한 한 빨리 얻어내는 게 내 책임입니다."

로리: "글쎄요, 댁이 쓴 결론대로라면 이 약은 승인을 받지 못할 겁니다. 댁은 자기 발등을 찍었고, 댁이 우리 모두의 발등을 찍었습니다. 우린 하나같이 좋은 일을 하려고 애쓰는데 댁이 완전히 망쳐놓았어요."

힐: "뭐, 그 부분과 관련해서는 서로 견해가 다름을 인정해야겠네요."

로리: "그렇죠. 그러고도 댁은 어떻게 밤에 잠이 오는지 나는 모르겠습니다."

1월 14일 BIRD 회의를 마무리하면서 로리 박사는 폐막사에서 의학 역사의 연감에 가장 중요한 연설로 기록되어야 할 기념비적인 연설을 했다. 로리 박사로서는 개인적으로 상당히 큰 위험을 감수한 셈이다. 그녀의 생계와 경력은 그녀가 비판의 표적으로 삼은 바로 그 기관들에 달려있었기 때문이다.

로리 박사는 다음과 같이 IVM의 기적적인 효과를 소개하면서 말문을 열었다.

> "전 세계 의학계 동료 의사들이 처음으로 IVM의 효과에 대해 당국에 알린 2020년
> 에 이 약을 사용했었다면 수백만 인명을 살리고, 팬데믹과 그와 연관된 모든 고통
> 과 손실도 신속하게 제때 종식되었을 겁니다."

로리 박사는 청중에게 IVM 사용의 억압은 의료 카르텔이 환자와 인류를 배반하게 한 제약업계에 만연한 부패상을 보여주는 징후라며 다음과 같이 말을 이었다.

> "IVM 사연은 우리가 의학 역사에서 중요한 분기점에 도달했음을 드러내 줍니다.
> 기업의 탐욕에서 비롯되는 잘못된 정보의 무차별적인 살포로 우리가 환자를 치유
> 하고 환자와 교감하는 수단들이 체계적으로 훼손되고 있습니다. IVM의 사연을 통
> 해 우리가 국민으로서 정부 당국을 신뢰한 게 잘못이었고 돈과 권력이 얼마나 사
> 람을 타락시키는지 과소평가했음이 드러났습니다."

로리 박사는 다음과 같이 과학적 증거를 분석하는 방법을 개혁하자고 주장했다.

> "임상실험을 설계하고 데이터를 장악한 이들이 실험 결과도 좌지우지합니다. 따
> 라서 제약업계가 임상실험을 주도하는 체제는 종식되어야 합니다. 새로운 코비드
> 치료법에 대해 현재 진행 중이고 앞으로 진행될 임상실험 데이터는 독립적으로

관리되고 분석되어야 합니다. 철저한 투명성이 담보되지 않는 데이터는 절대로 신뢰하면 안 됩니다."

로리 박사는 거대제약업계를 비롯해 여러 이익집단으로 인해 현대 의학이 타락했다고 부르짖으면서 IVM 사용을 억압한 야만적인 행태는 훨씬 수익률이 높은 백신에 대한 집착에서 비롯되었다며 다음과 같이 말했다.

"그 이후로 수천만 명이 인류 역사상 가장 대대적인 의학 실험에 참여했습니다. 대량 백신 접종은 증명되지 않은 새로운 치료법이었습니다. 국민이 지불하는 약값 수천억 달러가 거대제약업계의 주머니로 들어갑니다. 정치인을 비롯해 의료계 종사자가 아닌 이들이 우리 같은 의사들에게 어떤 약을 처방할지 말지 지시를 내리게 되면서, 의사로서 우리는 히포크라테스 선서를 준수하는 역량이 공격받는 처지에 놓이게 되었습니다."

로리 박사는 빌 게이츠가 IVM 사용을 억누르는 데 한몫했음을 시사하면서 다음과 같이 말했다.

"따라서 이 중대한 시점에, 우리는 선택해야 합니다. 부패한 기관들, 보건당국, 거대제약업계, 그리고 억만장자 소시오패스들에게 계속 인질로 잡혀있을지, 아니면 의사로서 우리가 해야 할 도덕적 전문가적 의무를 다해 우선 환자에게 해를 끼치지 않고 우리가 돌보는 이들을 위해 최선을 다할지 말입니다. 후자를 선택한다면 전 세계 우리 동료 의사들에게 당장 손을 내밀고 오랜 세월 사용되어 안전성이 검증된 기존의 의약품 가운데 어떤 게 코비드 치료에 효과적인지 의논해야 합니다."
"의사의 역할이 지금처럼 중요했던 적이 없습니다. 이처럼 엄청난 해를 끼치는 데 우리가 가담한 적이 없었기 때문입니다."

마지막으로 로리 박사는 기업과 억만장자들의 이익이 아니라 사람들의 이익을 대표하는 사람 중심의 조직으로서 의사들이 새로운 세계보건기구를 만들자고 제안했다.

* * *

2021년 10월 1일, 앤드루 힐은 잠잠했던 트위터 활동을 재개하고 곧 자기가 할 강연을 홍보했다. 공교롭게도 강연 제목은 "IVM 사용 촉진에 있어서 편향성의 효과와 의료사기의 가능성"이었다. 피에르 코리 박사는 "앤드루는 이제 IVM을 지지하는 의사와 과학자들을 의료 사기꾼이라고 비난하면서 생계를 유지하고 있다."라고 역겨움을 표하면서 다음과 같이 덧붙였다. "힐과 그를 후원하는 자들은 인류 역사상 최악의 인간들이다. 그들은 수백만 명의 사망에 대한 책임을 져야 한다."

* * *

앤드루 힐의 등장은 국립보건원과 의료계/언론 카르텔이 의사들의 IVM 사용을 막기 위해 벌어지는 전쟁을 구성하는 하나의 전선일 뿐이었다. 식품의약국은 2020년 4월 10일 IVM에 대한 경고를 처음으로 발행했다. 호주의 모내쉬 대학교와 미국인 의사 장-자크 라이터가 실시한 IVM 연구가 발표되고 나자 나온 조치였다. 식품의약국은 웹사이트에서 "IVM이 코로나바이러스나 코비드-19를 치료하는 데 사용해도 안전한지 또는 효과적인지 판단하려면 추가적인 실험이 필요하다."라고 주장했다.

코리 박사가 2020년 12월 8일 상원에 출석해[293] IVM 사용을 뒷받침하는, 동료 학자들의 심사를 거친 과학적 문헌들을 소개한 동영상은 급속히 퍼졌고, 미국 의사들이 IVM 처방전을 쓰는 사례가 폭발적으로 증가했다. 미국인들은 약국에서 합법적인 처방전에 따라 약을 받았고, 한 주에 최대 88,000건의 처방이 내려졌다.

이 약의 효과에 대한 진실이 급속히 퍼지고 있었지만, 파우치 외 다수는 코비드에 효과적인 치료제는 절대로 용납할 수 없었다. 뭔가 손을 써야 했다.

미국 정부는 IVM 사용을 적극적으로 저지하기 시작했다. 12월 24일, 여론의 반응을 떠보려는 듯이, 남아프리카공화국은 슬며시 IVM 수입을 금지했다. 유튜브는 곧 코리 박사의 증언 동영상을 삭제했고[294] 페이스북은 코리 박사 계정을 차단했다. 그러더니 2021년 3월 미국 식품의약국, 유럽 의학협회(European Medicines Association, EMA), 세계보건기구는 코비드-19에 IVM을 사용하지 말라고 권고하는 성명을 발표했다. EMA는 IVM을 절대로 사용하지 말라고 했다. 세계보건기구는 HCQ를 퇴치할 때 써먹은 전략을 그대로 쓰면서 IVM 사용은 임상실험에만 사용되어야 한다고 말했다(임상실험에는 큰 비용이 들고, 그러한 비용은 국립보건원, 국립알레르기전염병연구소, 빌 게이츠나 제약사가 주로 지원하므로 실험 결과는 쉽게 조작된다는 뜻이다). 식품의약국은 다음과 같이 훨씬 더 엄격한 지침을 내렸다. "코비드-19를 치료하거나 예방하는 용도로 IVM을 사용하지 말아야 한다."[295]

식품의약국의 구체적인 지침은 다음과 같다:

식품의약국은 인간이나 동물을 대상으로 코비드-19 예방이나 치료를 위해 IVM 사용을 허가하지도 승인하지도 않았다. IVM은 기생충, 머리 이가 일으키는 감염과 안면홍조증 같은 피부질환을 치료하는 용도로 승인을 받았다.

현재까지 축적된 데이터에는 IVM이 코비드-19에 효과적이라는 내용이 없다. IVM 알약이 코비드-19 예방이나 치료에 효과적인지를 평가하는 임상실험이[296] 진행되고 있다.

IVM을 고용량 복용하면 위험하다.

담당 의사가 IVM을 처방해 주면 합법적인 경로를 통해 처방받고 정확히 처방한 대로 복용해야 한다.

2021년 7월 28일, 〈월스트리트저널(Wall Street Journal)〉은 전면에 "식품의약국은 왜 안전하고 효과적인 약품을 공격할까?"라는 표제 기사를 실었다.[297]

2021년 8월 16일, 〈월스트리트저널〉의 기사가 나가고 2주 후, 질병통제예방센터는 의사들에게 IVM 처방을 중단하라고 명령했다. 2020년 8월 17일, 국립알레르기전염병

연구소는 신종 코로나바이러스 퇴치에 IVM을 사용하지 말라고 권고했다. 2021년 8월 26일, 질병통제예방센터는 보건 경고 네트워크(Health Alert Network)를 이용해 긴급 경고문을 발령했다.[298]

2021년 9월 초, 식품의약국, 질병통제예방센터, 국립알레르기전염병연구소에 뒤이어 미국의학협회(AMA), 미국약사협회(APhA), 미국보건 체제 약사협회(ASHP)는 의사들에게 임상실험 외에는 코비드-19 치료용으로 IVM을 처방하는 행위를 즉각 중단하라고 요구했다.[299] 이러한 영향력 있는 조직들은 제약업계의 금전적 지원에 크게 의존한다.

2021년 9월 2일 〈MSNBC 투나잇〉에서 진행자 크리스 헤이즈(Chris Hayes)는 AMA 회장 제럴드 하먼(Gerald Harmon) 박사를 인터뷰했다. 하먼 박사는 임상실험용을 제외하고 IVM을 처방하지 말라고 의사에게 권고한다고 말했다. 그는 AMA가 이러한 전례 없는 조치를 취하는 까닭은 식품의약국이 코비드-19 치료 용도로 IVM을 승인하지 않았기 때문이라고 했다. 그러나 그는 미국 의사들이 내리는 처방의 최대 30퍼센트가 식품의약국이 승인한 용도가 아닌 다른 용도에 쓰인다는 사실을 언급하지 않았다. 한편 AMA는 의사들이 환자를 치료하는 데 어떤 약을 쓸지 결정하는 조정자 역할을 식품의약국이 해야 한다는 가히 혁명적인 관점을 지지하면서 거대제약업계의 주사약에서 비롯되는 수많은 부상과 사망은 묵인했다. 전통적으로 의사들은 식품의약국이 승인한 약품이 지닌 위험과 효과를 환자에게 알려주는 한 그 약을 어떤 목적으로든 처방할 전권을 누렸다. 그런데 뜬금없이 AMA와 AMA를 후원하는 제약업계와 업계에 포획당한 규제당국자들이 의사가 환자를 치료하는 권한을 제약하겠다고 달려들었다. 식품의약국은 의술을 규제할 권한이 없다. 식품의약국 국장을 지낸 스티븐 칸(Stephen Khan) 박사는 2020년 10월 식품의약국이 승인한 용도 외에 다른 용도로 약을 처방하는 오프레이블(off-label) 처방은 의사와 환자가 결정할 문제라고 지적했다.

아직 계속되는 이런 안타까운 상황에서 의사들이 다음과 같은 의문을 제기하기를 기대한다.

- IVM은 안전한 약인가?

- IVM이 해로울까?

- 정부 당국이 코비드-19에 효과가 있다고 입증된 치료제를 제공하는 상황에 놓여있는가?

- 환자를 진료하는 의사가 특정 약품이 도움이 된다고 믿을만한 이유가 있다면, 특히 해당 약품이 해롭다고 믿을 이유가 없다면, 그 약을 써볼 자유가 있는가?

위와 같은 질문에 스스로 답을 하고 9월 초 이후로 IVM을 처방한 의사들은 점점 감시를 받고 검열, 의사 개업인가와 면허증 박탈 위협, 정부와 의료 위원회로부터의 온갖 억압적인 정책들을 비롯해 강압적인 조치를 당해야 했다. CVS와 월마트 같은 대형 체인 상점에 있는 약국을 비롯해 약국들은 처방전대로 약을 판매하기를 거부했다. 매컬러 박사는 "역사상 처음으로 약사들이 의사에게 어떤 약을 처방할지 말지 명령하게 되었다."라고 말한다. 이러한 지침은 전통적으로 성역으로 간주된 의사와 환자의 관계를 산산조각 냈다. 의료계는 의사들에게 의사의 단 하나의 의무는 환자에 대한 의무라고 말해왔다. 그런데 AMA가 위와 같은 입장을 발표함으로써 의사를 국가정책을 충실히 집행하는 새로운 역할을 하는 직종으로 전락시켰다. 국가정책은 의사가 개별적인 환자의 건강 증진이 아니라 국가가 최선이라고 인식하는 이익을 토대로 치료제를 처방하게 했다.

"HCQ와 IVM 사용을 억압한 조치는 현대에 일어난 최악의 비극이자 범죄로 손꼽힌다."라고 피터 브레긴(Peter Breggin) 박사가 내게 말했다. 작가 캔디스 퍼트(Candice Pert)가 "정신의학계의 양심"이라고 일컬은 브레긴 박사는 〈프로작과 코비드-19와 세계적 포식자들에 대한 저항(Talking Back to Prozac and Covid-19 and the Global Predators)〉이라는 책의 저자이다.[300]

플로리다주와 사우스캐롤라이나주에서는 의료보험업체 블루크로스블루쉴드(BCBS)가 IVM 처방에 더는 보험을 적용하지 않기로 했고 IVM을 처방하는 의사는 회계감사를 받게 된다고 협박하는 내용을 담은 서한을 의사들에게 대량으로 발송했다.

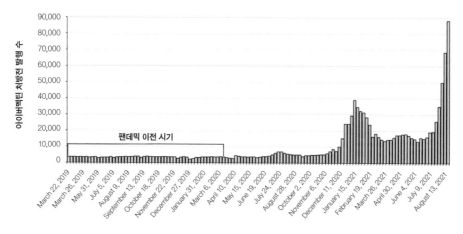

미국에서 2019년 3월 16일부터 2021년 8월 13일까지 소매 약국에서 배포된 외래환자용 IVM 처방전 수 추정치

2021년 1월, 뉴욕주 시라큐스에 거주하는 변호사 랄프 로리고(Ralph Lorigo)는 병원에 입원한 한 중환자—그의 고객 중 한 명의 모친—를 대신해, 그녀를 IVM으로 치료해달라는 가족의 요청을 거부하는 지역 병원을 상대로 법원에 강제 명령을 신청했다. 주 대법원 판사는 즉시 로리고의 요청을 받아들였다. 죽어가던 여성은 IVM을 복용한 지 12시간이 채 안 돼 기적적으로 회복하기 시작했다. 그로부터 2주 후, 로리고는 비슷한 처지인 환자를 위해 두 번째로 강제 명령을 신청했고, 이 환자도 기적적으로 회복했다. 지역 언론이 로리고의 IVM 승소 사연을 보도하자 그의 법률사무소 전화통에 불이 나기 시작했다. 몇 주가 지나지 않아 그는 새로 쏟아져 들어오는 소송 의뢰를 처리하고 뉴욕주와 오하이오주 법원에 강제 명령 신청서를 접수해 죽어가는 환자들에게 IVM을 확보하게 해주느라 하루에 20시간씩 일하게 되었다. 지금까지 로리고는 30개 법정에 출두했다. "내가 제때 IVM을 구하도록 도운 사람들은 모두 살았다. 다른 사람들은 사망했다." 그는 환자들을 위해 수십 건의 강제 명령을 확보해 그들의 빠른 쾌유를 촉진했다. 로리고는 이렇게 말했다. "병원들은 오만하기 짝이 없다. 그들은 사람들이 죽게 내버려 두고 있다. 그들은 환자에게 산소호흡기를 씌우고 정부로부터 한 명당 37,000달러를 받고는 그냥 죽게 방치한다."

머크(Merck), 자사의 효자 약품을 죽이다.

제약업계가 HCQ를 공격하기 시작한 초기에, 이 약의 주요 제조사인 사노피(Sanofi)는 팬데믹 이전 이 약이 짭짤한 수익을 창출해준 지난 수십 년 동안 발견하지 못했던 '안전에 대한 우려'를 감지했다고 뜬금없이 발표했다. 그러더니 우연치고는 놀랍게도 2021년 2월 4일 머크는 IVM과 관련한 "대부분 연구에서 안전성을 입증하는 데이터가 존재하지 않는다는 우려스러운 사실을" 발견했다.[301] 머크는 IVM의 원 제조사이고 IVM를 '명약(wonder drug)'이라고 자랑했다.

머크는 이 약을 세계시장에 판매해 온 지난 40년 동안 단 한 번도 안전이 의심되는 징후가 있다고 밝힌 적이 없다. 1987년 이후로 머크는 옴, 회선사상충증,[302] 림프사상충증을 비롯한 각종 기생충 치료제로 개발도상 지역에 IVM 수십억 회분을 보급했지만, 안전성에 대한 그 어떤 경고도 나오지 않았다. 2016년, 머크는 아프리카에만 IVM 9억 회분을 배포했다. 당시 머크의 대변인은 "이 약은 안전하고 부작용은 아주 경미하다."라며 다음과 같이 말했다.

> "심각한 — 때로는 치명적인 — 부작용을 보인 과거의 치료제와는 달리, IVM은 안전하고 널리 쓰일 수 있다. 이 약은 또한 매우 효과적인 치료제이고 단독으로 수백만 명의 삶을 바꿔놓았다."

그런데 머크는 왜 갑자기 안전에 대한 우려를 표명했을까? 머크가 배타적으로 소유한 IVM 특허는 1996년에 만료되었고,[303] 이제 수십 개 제약사가 1회 분에 40센트라는 저가로 IVM을 생산하면서, 머크가 IVM에서 창출하는 수익이 대폭 줄었다. 게다가 머크가 IVM의 안전성에 대한 우려를 표명하기 겨우 열흘 전, 노바백스(Novavax)와 이머전트 바이오솔루션즈(Emgergent BioSolutions)의 코비드 백신이 마지막 임상실험 단계에 돌입하면서 머크는 두 제약사와 백신 제조 제휴를 맺었다.

게다가 2020년 12월, 머크는 국립알레르기전염병연구소와 3억 5천 6백만 달러에 달하는 공급계약을 체결했다고 발표했다. 이 계약에 따르면 국립알레르기전염병연구소는 MK7110이라는 실험 단계의 코비드 알약 6만 정에서 10만 정을 구입하기로 했다. 머크는 이 계약의 일환으로 이 약을 개발한 온코이뮨(Oncoimmune)을 4억 2천 5백만 달러에 인수했다. 빌 게이츠가 창립한 유사 정부 기관, 국제 AIDS 백신 구상(International AIDS Vaccine Initiative, IAVI)이 이 약을 개발도상 지역에 배포하기로 합의했다.

그러나 무엇보다도, 머크의 또 다른 코비드-19의 약품이자 최고의 수익을 안겨줄 몰누피라비어(molnupiravir)와 저가의 약품인 IVM이 경쟁구도에 있다는 점이 중요하다. 공교롭게도, 몰누피라비어는 IVM와 똑같은 작동 원리를 차용한 복제약이다.[304] 이 약품은 소매가로 치료 전 과정에 700달러가 드는데,[305] 이 약을 팔려면 머크는 자사가 만든 값싼 경쟁자를 없애야 한다.

잠시 몰누피라비어의 계보를 살펴볼 가치가 있는데, 그 까닭은 이 약이 코비드 팬데믹을 군사 무기화하고 금전적 이득 창출에 핵심적 역할을 한 첩보원들, 제약계 사기꾼들, 생물안보(biosecurity) 체제에서 부당하게 이득을 챙기는 세력, 그리고 국방부 하청업자들이 암약하는 음습한 암시장에서 비롯되었기 때문이다. 이 이야기도 앞으로 이 책에서 다루게 된다. 중앙정보국 요원이자 생물학무기 개발업자인 마이클 캘러핸(Michael Callahan)은 몰누피라비어를 후원한 핵심적인 인물로서, 그는 생물학무기를 관장하는 이 미심쩍은 집단을 "은밀한 거래 클럽(Secret Handshake Club)"이라고 일컬었다. 몰누피라비어는 IVM의 항바이러스 특성을 모방하는 프로티에이즈 억제제다. IVM과는 달리 몰누피라비어는 안전성이 너무 낮아서 에모리 대학 소속으로 이 약품을 공동 개발한 이들 중에는 인간을 상대로 한 1단계 실험에 반대한 이들도 있다. 이 약이 지닌 안전성 문제들 가운데 선천적 기형을 일으킬 가능성도 있다고 그들은 말한다.

캘러핸의 상사로서 열렬한 생물학무기 옹호자이자 보건복지부 대비 대응 담당 차관보를 지닌 로버트 캐들렉(Robert Kadlec, 의사) — 군사기관과 정보 기구에서 잔뼈가 굵은, '기능획득(gain of function)' 연구를 열렬히 옹호하는 인물로서, 팬데믹을 침소봉대해 그 덕에 경력을 쌓았다 — 은 거의 단독으로 70억 달러 가치의 전략적 국가 비축 물량을 창설해 자기 소유의 사기업처럼 운영하면서 자신의 인맥과 친구들의 자산을 불려주는

데 이용한다. 캐들렉은 국립보건원 산하의 극비리에 운영되는 P3CO 위원회도 이끄는데, 이 위원회는 앤서니 파우치의 기능획득 생물학무기 연구 프로젝트를 한 번도 거부하지 않고 승인했다. 기능획득이란 의도적으로 병원체를 조작해서 질병을 일으키게 하거나 훨씬 심각한 질병으로 만들고, 전염성을 증강하고, 세계적으로 많은 사람을 전염시킬 잠재력이 있는 새로운 변종을 만들어 내는 연구다.[306] 캐들렉의 수많은 미심쩍은 동업자들 가운데 존 클러리치(John Clerici)[307]라는 자가 있는데, 워싱턴에서 변호사이자 로비스트로 활동하는 교활한 불량배인 그가 거의 단독으로 생의학품첨단연구개발국(Biomedical Advanced Research and Development Authority, BARDA)을 창설했다. 트럼프 정부 때, 캐들렉이 9/11 테러가 발생한 후 보건복지부 대비 대응 담당 차관보 산하에 신설된 이 기구의 국장을 지냈다. BARDA는 국민 세금으로 캐들렉의 전략적 국가 비축분을 구매하고 미래의 위협에 대비하는 기술에 투자하는 투자기금이다. 클러리치는 "BARDA의 지원을 받으려면 나를 거쳐야 한다."라고 호언장담한다. 그는 소셜 미디어 링크트인(LinkedIn) 자기소개 난에 "존은 연방정부의 공중보건 대응책을 개발하고 조달하는 데 쓰일 자금과 연구비 30억 달러를 수십 개 기업에 확보해 주었는데 이 가운데 대부분 기금은 미국 정부가 생물학무기 공격에 대비하기 위해 구상한 프로젝트 바이오쉴드(BioShield)의 일환으로 수여했다."라고 소개하고 있다.

클러리치는 자신이 혁신적인 공공 준비 태세와 긴급 사태 대비 법안(Public Readiness and Emergency Preparedness, PREP) 법안 작성자라고 호들갑을 떤다. PREP 법안은 백신 제조사와 제공자를 비롯해 팬데믹 대응책을 제공하는 모든 당사자가 소송을 당하지 않도록 면책권을 부여해 기업의 복지를 증진하는 사기극이다. PREP 법안에 따르면, 기업이 아무리 직무에 태만하고 무책임하게 행동하며 피해자에게 아무리 심각한 상해를 입혀도 기업에 책임을 묻지 못한다. 피해 당사자가 직접 기업의 부정행위를 입증하지 못한다면 말이다. 소송을 건다고 해도 보건복지부 장관의 승인이 있어야만 소송이 진행된다.

국방위협진압국(Defense Threat Reduction Agency, DTRA)[308]은 국방부의 또 다른 생물학무기 관련 부서이자 군 하청 업체들의 배를 불리는 기업복지 프로그램으로서 에모리대학교에 2013년과 2015년 1,000만 달러를 지원해 (말의 뇌염을 예방하는) 말에 쓰는 약인 몰누피라비어를 개발했다. 국립알레르기전염병연구소는 이 약을 개발하는 데 1,900만 달러를 쏟아부었고[309] 독성이 강한 이 약의 특허를 판매 시장과 고수익에 대한 보장까지 곁들여 머크와 또 다른 제약사 리지백 바이오세라퓨틱스(Ridgeback Biotheraprutics)에게 이전해주었다. 앞으로 이 책에서 다루겠지만, DTRA는 이코헬스 얼라이언스(EcoHealth Alliance)의 주요한 재정적 지원자인데, 피터 데이잭(Peter Daszak)이 운영하는 이 '자선' 단체는 전 세계를 돌아다니며 치명적인 동물 바이러스를 찾아내고 가장 치명적인 바이러스를 국방부에 상납한다.

2021년 6월, 식품의약국과 국립알레르기전염병연구소가 IVM 사용에 대한 의료계 카르텔의 반대를 한창 부추기는 가운데, 미국 보건복지부는 식품의약국의 승인을 받는다는 조건으로 머크에 120억 달러를 지불하고 5일 치료 과정을 170만 회 할 수 있는 양의 몰누피라비어를 구입하기로 합의했다.[310] 앤서니 파우치가 워싱턴의 제약 황제로 군림하는 한 이 약이 식품의약국의 승인을 받기는 따 놓은 당상이다.

2021년 6월 9일, 바이든 대통령은 국립알레르기전염병연구소가 지원해 개발한 이 약을 머크로부터 170만 회 치료분을 조달하기로 한 약속을 이행하겠다고 재차 밝혔다.[311] BARDA는 국방부 산하 화학, 생물학, 방사선, 핵무기 방어 담당 합동 프로그램 집행국(Joint Program Executive Office for Chemical, Biological, Radiological and Nuclear Defese, JPEO-CBRND)과 육군 계약체결 사령부(Army Contracting Command)를 비롯해 국방부 산하의 다른 미심쩍은 부서들과 협력해 120억 달러 상당의 계약을 성사시켰다. 이 약은 국민 세금으로 개발되었을 뿐 아니라 치료 회당 712달러라는 가격표는 머크가 지출하는 생산비용 17.64달러의 40배에 달한다. 대박을 터뜨릴 이 신약으로 1년에 70억 달러를 벌어들이게 된다고 예상한 머크는 미국 정부와 계약을 체결했고 바이든 대통령이 방송을 통해 계약 이행을 재확인한 뉴스에 힘입어 주가가 급등했다.

이 약을 탄생시킨 수많은 막강한 주요 인물들과 미국 대통령이 이 약을 든든하게 뒷받침하는데, 아무리 임상실험 결과가 형편없는 재앙 수준이라고 해도, 식품의약국이 몰누피라비어 승인을 거부한다면 이는 전례 없는 사건이 된다. 머크는 식품의약국의 승인을 너무나도 확신한 나머지, 아직 실험이 진행되고 있는데도, 2020년 9월 이미 제조량을 몇 배로 늘렸다.

2021년 10월 머크는 몰누피라비어가 임상실험에서 위약 대조군보다 입원과 사망을 50퍼센트 더 줄이는 획기적인 결과를 보여주었다고 발표했다. 백악관 수석 의료자문이자 제약사 대변인 앤서니 파우치는 "이 특별한 항바이러스제의 효과에 대한 뉴스는 더할 나위 없는 희소식이다."라고 나발을 불면서 "식품의약국은 임상실험 자료를 검토하고 매우 효율적이고 효과적인 방식으로, 가능한 한 빨리 데이터를 평가하게 된다. 그 후부터는 순항하게 될 것이다."라고 덧붙였다.

말이 복용하는 약

머크가 말이 복용하는 신약 몰누피라비어를 출시할 만반의 준비를 갖추자, 미국의 다른 거대 제약사 화이자(Pfizer)는 자사의 항바이러스 약 PF-07321332로[312] 앞다퉈 경쟁할 채비를 했다. 이 약은 (가격만 빼고) 아이버멕틴(IVM)과 아주 비슷해서 '화이자멕틴(Pfizermectin)'이라는 비판을 받았다.[313] IVM처럼 이 약도 프로티에이즈를 억제하는 구충제이다. 이 두 가지 신약이 동시에 식품의약국의 승인을 앞둔 가운데 의료계/언론 카르텔은 합동으로 IVM이 말에 쓰는 위험한 약이라고 낙인을 찍음으로써 IVM에 최후의 일격을 날렸다. 미국과 해외를 막론하고 주류언론은 IVM이 말이 먹는 약이라는 선전 선동 사기극을 조장하는 보도를 충실히 했다.

2021년 8월 말, 국립보건원, 식품의약국, 그리고 질병통제예방센터는 IVM을 정신 나간 무모한 멍청이나 먹을 '말 구충제'라고 비방하는 혁신적인 새로운 캠페인에 착수했다. 이러한 선동에 합류한 언론 〈인디펜던트(The Independent)〉는 "아이버멕틴: 미국의 백신 반대자들은 왜 말 구충제를 코비드 치료제라고 치켜세울까?"라는 제목의 기사를 실었다.

〈비즈니스 인사이더(Business Insider)〉는 "사람들이 말 구충제로 코비드-19를 치료하거나 예방한다며 자신을 독살하고 있다."라고 독자들에게 경고했다.

8월 15일, 식품의약국은 기관 웹사이트에 "여러분은 말이 아닙니다."라고 경고했다. 2021년 8월 21일 트위터에 올린 포스팅에서[314] 식품의약국은 이 주제를 확장해 다음과 같이 말했다. "당신은 말이 아니다. 당신은 소도 아니다. 진심인데, 당신들 제발 그만해라." 백악관과 CNN도 시청자들에게 동물용 약품을 복용하지 말라고 촉구했다. 질병통제예방센터도 합세해 미국인들에게 '말 구충제' 복용으로 건강을 해치지 말라고 경고했다. 그러면서 질병통제예방센터는 웹사이트의 다른 곳에서는 남쪽 국경을 넘어오는 유색인종 불법 이민자들에게는 IVM을 복용하라고 촉구하는 다음과 같은 글을 올렸다. "중동, 아시아, 북아프리카, 중남미, 라틴아메리카, 카리브해 지역 난민들은 모두 미국으로 출발하기 전 이틀 동안 하루 한 번 체중 1kg당 200mcg의 IVM을 복용해야 한다."[315] 그들이 미국으로 이동하는 동안 기생충을 제거하는 게 목적인지 아니면 코비드 전염을 예방하기 위해서인지 확실치는 않다.

건강 관련 뉴스와 정보를 제공하는 사이트, 〈그린 메드 인포(Green Med Info)〉만이 이러한 꼼수를 꿰뚫어 보고 다음과 같이 말했다. "화이자의 IVM 복제약 출시에 때맞춰 길을 터주기 위해 시작된 언론의 IVM 비방 캠페인. 언론은 IVM 복제약을 '기적'이라고 환호하리라."

IVM을 '말에게 쓰는 약'이라고 비방하는 행태는 참 공교로웠다. 국립알레르기연구소가 관여한 머크의 대체요법 몰누피라비어야말로 말에게 사용하는 약으로 개발되었지 않은가. 게다가 IVM을 말에게 쓰는 약이라고 일컫는 건 항생제를 말에게 쓰는 약이라고 일컫는 셈이다. 오래전부터 사용된 기본적인 약품들은 대부분 모든 포유류에게 효과가 있다. 포유류는 공통적인 생물학적 특징을 지녔기 때문이다. 그러나 언론사들은 이러한 사실을 아는 체도 하지 않고 일치단결해 한목소리로 IVM을 말에게 쓰는 약이라는 논조를 밀어붙였다. IVM는 구충제로서 효과가 강력하고 40년 동안 안전성이 증명되어온 약으로서 수의학에서도 세계에서 가장 많이 처방되는 약이다. 그러나 IVM이 노벨상을 수여한 까닭은 수십억 인명을 구했기 때문이고, 정부의 엉터리 같은 안전성에 대한 경고는 물론 그럴듯한 거짓말이었다.

IVM의 검증된 안전성을 파우치 박사가 친히 간택한 두 가지 코비드 치료제 렘-데시-

비어(병원 간호사들은 이 약에 '렘-데시-비어'와 발음이 비슷한 '런-데스-이즈-니어(Run! Death is near)', 줄행랑쳐! 죽음이 다가온다."라는 별명을 붙였다)와 코비드 백신을 비교해보자. 30년에 걸쳐 IVM은 겨우 379건의 사망과 연관되었다. 사망/투여 회분 비율(Death/Dose Ratio)로 보면 10,584,408회분당 사망 1건인 놀라운 기록이다. 이와는 대조적으로 렘데시비어가 긴급사용승인(EUA)을 받은 후 18개월에 걸쳐 약 150만 명이 렘데시비어를 투여했는데 1,499건의 사망이 보고되었다(1,000회분당 사망 1건이라는 참담한 기록이다). 한편 백신이 보급된 후 열 달 동안 미국에서 코비드 백신을 접종한 사람들 가운데 접종에 뒤이어 사망한 사람은 17,000명으로서 13,250회분당 사망 1건이다. 따라서 IVM은 렘데시비어와 코비드 백신보다 수천 배 더 안전하다. 게다가 IVM이 렘데시비어나 백신보다 훨씬 더 효과적이라는 과학적 증거도 있다.

파우치 박사가 직접 나서서 IVM이 무지몽매한 미국인들을 독살하고 있다는 소문을 퍼뜨리는 데 앞장섰다. 2021년 8월 제약사 선전 선동꾼인 CNN 진행자 제이크 태퍼(Jake Tapper)와의 인터뷰에서 파우치는 이렇게 말했다. "IVM 먹지 마세요. 효과가 있다는 그 어떤 증거도 없고 독성이 있을지도 모릅니다. 이 약을 다량 복용하고 병이 나서 독극물 통제 센터에 간 사람들이 있습니다. 이 약이 효과가 있다는 그 어떤 임상적인 증거도 없어요."

봉쇄령이 계속되는 가운데 시간이 갈수록 점점 제약사 판매원같이 변해간 제이크 태퍼는 파우치 박사의 다음과 같은 논조를 앵무새처럼 되뇌었다.[316] "독극물 통제 센터에 따르면 미시시피주, 오클라호마주 같은 지역에서 전화가 쇄도하고 있다. 코로나바이러스를 치료하거나 예방하겠다고 말 구충제 IVM을 복용한 사람들 때문이다." 미시시피와 오클라호마주 관료들이 자기 주에서 IVM 중독으로 입원한 사람이 단 한 명도 없다고 부인했지만 소용없었다.

AP통신은 미시시피주 독극물 통제 센터에 걸려오는 전화의 70퍼센트가 IVM 과다복용 관련 전화라고 주장했다. 실제로는 2퍼센트 정도로 나타났다. 그러나 아무도 이런 틀린 보도를 철회하지 않았다.[317]

다른 주들에서도 IVM 관련 과다복용 사례가 증가한다는 주장을 담은 보도가 추가로 나왔다. 이런 보도도 과장되었다. 켄터키주 독극물 통제 센터는 수의과용 IVM 과다복용에 대한 전화가 약간 늘어났다고 — 연평균 1퍼센트보다 증가한 약 6퍼센트 — 시인했다. 대량 중독 사태가 일어나고 있다는 주장에도 불구하고 언론은 사망이나 입원으로 이어진 단 한 건의 IVM 복용 사례도 찾지 못했다. 사람들은 처방받은 IVM을 과다복용해서 죽어가는 게 아니라 치료하지 않고 방치한 코비드-19 때문에 죽어가고 있었다.

빌 게이츠를 대리하는 단체 세계백신면역연합(GAVI)은 보도자료에서 다음과 같은 질문을 던졌다. "소 구충제로 쓰이는 약이 어떻게 코비드-19 환자를 치료하는 의사들의 관심을 끌게 되었을까?" 이런 주장은 특히나 정직하지 못하다. 게이츠의 재단과 GAVI는, 보도자료를 낸 당시에도, 인도 아동들에게는 필라리아 병 치료제로, 아프리카인들에게는 회선사상충증과 필라리아 병 치료제로 매년 수백만 회분의 IVM을 배포하고 있었다.

안전한 약품과 환자를 아끼는 의사들만 공격 대상이 아니었다. 2021년 9월, 인기 있는 코미디언이자 팟캐스트 진행자 조 로건(Joe Rogan)이 IVM을 비롯한 복합제제를 복용하고 며칠 만에 코비드를 툭툭 털고 일어났다고 공개하자, 전 세계 언론, 정부, 제약사와 이해관계를 같이하는 자들은 똘똘 뭉쳐서 그를 중상 비방하고 마치 그가 큰 잘못을 저지른 것처럼 생각하게 만들었다. 빌&멜린다게이츠재단(BMGF)으로부터 300만 달러 기부를 받은, 미국의 국립 공영라디오(NPR)도 쓰레기 보도에 숟가락을 얹고 로건이 말이 복용하는 수준의 용량을 복용한 듯이 다음과 같이 교묘하게 거짓말을 했다:[318]

조 로건이 인스타그램 팔로어들에게 코로나바이러스를 퇴치하기 위해 IVM을 복용하고 있다고 말했다. 수의사들이 소와 말 구충제로 사용하는 약을 말이다. 식품의약국은 동물에게 처방하는 용량은 메스꺼움과 구토를 유발하고 간혹 심각한 간염을 일으킨다며 이 약을 복용하지 말라고 경고했다.

로건은 동물용 IVM을 복용하지 않았다. 로건은 '여러 의사'와 의논했고 그들이 IVM 복용을 권했다고 밝혔다. 그는 의사들의 조언을 따랐고 놀라울 정도로 빨리 회복했다.

한때 대항문화의 기수였던 〈롤링 스톤(Rolling Stone)〉 잡지는 2021년 무렵 의료 카르텔 정설을 살포하는 믿음직한 나팔수로 변질했다.[319] 2021년 10월 〈롤링 스톤〉은 자사의 웹사이트에서 백신에 함유된 수은과 아동의 뇌 손상 연관성을 다룬 내용의 2005년 기사를 삭제한다고 발표했다. 〈롤링 스톤〉은 오클라호마주에서 말 구충제인 IVM를 과다복용한 이들이 "병원 응급실로 쏟아져 들어와서 총상을 입은 사람들이 의료시설을 이용하는 데 어려움을 겪고 있다."라고도 보도했다. 이 기사에 첨부된 사진에는 말 구충제를 복용한 멍청이들이 오클라호마의 한 병원 응급실을 다 차지하는 바람에 병원에 입원하려는 총상 부상자들이 길게 줄을 서 있는 모습이 담겨있었다.[320]

〈롤링 스톤〉 기사[321]는 〈데일리 메일〉,[322] 〈비즈니스 인사이더〉, 〈뉴스위크〉,[323] 〈야후 뉴스〉, 〈가디언〉,[324] 〈인디펜던트〉[325] 등 세계 유수의 언론을 통해 들불처럼 번졌는데, 대부분이 게이츠 재단의 재정적 지원에 의존하는 언론들이다. MSNBC 뉴스 진행자 레이철 메다우(Rachel Maddow)는 시청자에게 "IVM 과다복용한 환자들이 오클라호마주 시골의 병원과 앰뷸런스 운행을 마비시키고 있다."라고 말했다.[326]

물론 이 뉴스는 가짜다. 며칠 후 오클라호마주 세코이어 북동부 의료국은 기관 웹사이트에 위의 뉴스는 완전한 날조라며 내용을 전면 부인하는 글을 올렸다. 〈롤링 스톤〉에 게재된, 길게 줄을 선 사진은 AP통신이 그 전 해 1월에 보도한 사진으로, 백신을 접종하려고 줄 서서 기다리는 사람들을 찍은 사진이다. 알고 보니, 오클라호마에서 IVM 과다복용으로 치료를 받은 환자는 단 한 명도 없었다.

그러나 〈롤링 스톤〉은 그 기사를 철회하기는커녕 그 기사 상단에 병원이 기사 내용을 부인한다는 내용을 추가로 '업데이트'해 관심을 다른 데로 돌렸다.[327] 〈가디언〉도 자사의 기사 밑에 눈에도 띄지 않는 업데이트만 추가했다.[328]

식품의약국은 한술 더 떠 IVM이 "심각한 해"를 끼칠지 모르며, "매우 독성이 강하고" "발작," "의식불명, 심지어 사망"까지 일으킬지 모른다고 경고했다.[329]

앞으로 드러나겠지만, 이런 종류의 경고는 코비드 백신 접종에 훨씬 더 적합하다. 질병통제예방센터는 2021년 8월 26일 긴급 공지를 발행하고 의사와 약사들에게 IVM을 처방하지 말라고 경고했다.[330]

몰누피라비어 출시가 임박하면서 IVM에 대한 전쟁은 한층 격화되었다. 9월 23일, 콜로라도주 법무부는 (부당 노동 행위에 대한 행정 기관의) 정지 명령(cease and desist order)을 발하고 "IVM의 효과를 과장하고 이 약을 매매"했다는 이유로 러블랜드 의료원에 4만 달러의 벌금을 부과했다. 그리고 아직 IVM를 처방전대로 조제할 의향이 있는 약사는 새로운 문제에 직면했다. 소매상들이 한 번에 몇 알씩 약을 찔끔찔끔 공급하기 시작했다. 일주일에 처방전 한 건을 처리하는 데도 부족한 양이었다. 이 모든 사악한 꼼수들은, 생명을 구하는 약의 사용을 저지하려는 의도적인 정책에 대해 그 어떤 기업도 연방기관도 분명히 책임을 지지 않는 가운데 막강한 권력을 행사하는 보이지 않는 손이 은밀히 넌지시 조장하는 듯했다.

9월 28일, 〈뉴욕타임스〉는 새로운 술수를 썼다. 코비드를 치료하려는 마약 중독자들 사이에 IVM 수요가 급증해 수의과 용으로 쓸 물량 공급에 차질을 빚고 있다면서 곧 동물들이 피해를 보기 시작할지 모른다며 경고했다.[331]

피터 매컬러 박사는 이러한 선동에 박장대소하면서 다음과 같이 말했다. "IVM은 다양한 경로와 다양한 작동 원리를 통해서 기생충과 바이러스 감염에 기적적인 효과를 보이는 물질이다. 말에 쓰든, 소에 쓰든, 사람에게 쓰든 상관없다. 물리학과 화학의 법칙은 서로 다른 동물 종들에게 모두 적용된다."

피에르 코리 박사도 이에 동의한다. "IVM은 여러 가지 특징이 있다. 여러 가지 개별적인 경로를 통해서 코비드와 싸운다. 효과적인 구충제일 뿐만 아니라 항바이러스 특징도 있고 심지어 SARS-CoV-2 스파이크 단백질로 인한 손상으로부터도 보호한다."

접골사(接骨士)인 조셉 머콜라 박사는 다음과 같이 지적했다.[332] IVM이 말 구충제이고 인간에게 치명적으로 위험하다는 주장은 코비드-19에 대항하는 안전하고 효과적인 이 약을 사람들이 쓰지 못하도록 하려고 완전히 날조한 새빨간 거짓말이다. 의도가 뭔지 뻔하다. 이른바 보건당국과 언론은 사람들이 IVM을 '동물용 약품'이라고 오해하게 만들려고 애쓰고 있는데, 이는 전혀 사실이 아니다. 궁극적으로 그들은 해결책이 코비드 백신 접종뿐이라는 거대 제약사들의 주장을 뒷받침해주려는 것이다."

IV: 렘데시비어(Remdesivir)

앤서니 파우치는 ― 국립보건원에서 반세기 동안 갈고 닦은 ― 온갖 기법과 관료들만 아는 책략을 모조리 동원해서 자신이 밀어붙이는 효과도 없는 약 렘데시비어의 식품의약국 승인을 받아야 했다. 렘데시비어는 제대로 된 임상실험마다 코비드에 아무런 효과도 없다는 결과가 나왔다. 설상가상으로 이 약은 치명적인 독성을 지니고 있고 게다가 치료에 3,000달러나 드는 비싼 독극물이다.[333] 렘데시비어의 소매가는 HCQ와 IVM의 1,000배다. 가격은 파우치가 HCQ와 IVM 사용을 방해하기 위해서 첫 번째로 극복해야 할 난관이었다. 앞서 언급한 연방 규정에 따르면, 식품의약국이 HCQ와 IVM의 효과를 인정하면 렘데시비어를 치료제로 지정하려는 야심은 자동으로 물거품이 된다. 그리고 설사 파우치 박사가 어찌어찌 식품의약국을 꼬드겨 렘데시비어 긴급사용승인을 받는다고 해도 HCQ나 IVM이 코비드-19 감염을 조기에 막는다면 ― 병들고 나서 한참 지난 말기에 병원에서 의사가 정맥주사로 투여해야 하는 ― 렘데시비어 수요는 곤두박질치게 된다.

파우치 박사는 왜 렘데시비어의 경쟁 상대가 될만한 약은 무엇이든 깎아내려야 할까? 빌&멜린다 게이츠 재단(BMGF)이 650만 달러어치의 지분을 소유한 제약사 길리어드(Gilead)가 개발한 렘데시비어에 국립알레르기전염병연구소(NIAID)와 질병통제예방센터가 7,900만 달러를 투자했다는[334] 사실과 관련이 있지 않을까?[335][336] BMGF은 이 제약사가 대대적으로 추진하는 다른 신약 개발 계약에도 관여하고 있다. 그중 하나가 린드라 세라퓨틱스(Lyndra Therapeutics)가 개발 중인 말라리아 치료제인데, 이 약의 개발에 BMGF와 길리어드가 공동으로 5,500만 달러를 투자했다. 게이츠는 케냐에서 길리어드의 약 트루바다(Truvada) 판촉도 재정적으로 지원했다.[337][338] 길리어드의 또 다른 동업자는 메릴랜드주 포트 디트릭(Ft. Detrick)에 있는 미국 육군 전염병 의료연구소(US Army Medical Ressearch Insititute of Infectious Diseases, USAMRIID)인데, 여기서는 원숭이를 대상으로 렘데시비어 임상실험이 이루어졌고 이 기관도 렘데시비어 개발에 수백만 달러를 투자했다.[339] 코로나 역병이 터진 초창기에 렘데시비어는 어떤 용도로든 식품의약국이 효과적이고 안전하다고 승인한 적이 없는, 그저 또 다른 제약사가 소유한 물질에 불과했다. 2016년 렘데시비어는 지카(zika) 바이러스에 대해 그저 그런 항바이러스 특성을 보였지만, 이 질병은 이 값비싼 무용지물 약품이 보급될 새도 없이 사라졌다.[340] 지카 바이러스의 위협이 사라진 후, NIAID는 렘데시비어를 배포할 빌미가 되는 새로운 팬데믹을 규명하는 데 690만 달러를 쏟아부었다. 2018년 길리어드는 아프리카에서 NIAID가 재정적으로 지원한 에볼라(Ebola) 바이러스 대상 임상실험에 렘데시비어를 포함했다.[341]

이렇게 우리는 앤서니 파우치가 코비드 환자 치료제로 렘데시비어 사용 승인을 받으려고 음모를 꾸밀 때 이미 렘데시비어의 독성에 대해 잘 알고 있었다. NIAID는 이 프로젝트를 후원했다. 파우치 박사는 실험단계의 단일클론 항체 약품 두 종류와 더불어 NIAID가 개발한 또 다른 약품 지맵(ZMapp)도 에볼라 바이러스 임상실험에 포함했다. 에볼라 임상실험 연구자들은 4달에서 8달에 걸쳐 아프리카 전역에서 에볼라 환자들을 상대로 이 네 가지 약품을 모두 투여한다는 계획을 세웠다.[342 343]

그러나, 에볼라 임상실험을 시작한 지 여섯 달째 접어들면서 임상실험의 안전성 평가 위원회는 갑자기 임상실험에서 렘데시비어와 지맵 투약을 모두 중단시켰다.[344] 알고 보니, 렘데시비어는 끔찍할 정도로 위험했다. 렘데시비어를 투여한 실험 대상들은 28일 안에 장기 손상, 급성신부전증, 패혈증 쇼크, 저혈압 등 치명적인 부작용을 겪었고, 렘데시비어를 투여한 집단의 54퍼센트가 사망하면서 임상실험에 포함한 네 가지 약물 가운데 가장 높은 치사율을 보였다.[345] 앤서니 파우치가 밀어붙인 또 다른 약 지맵을 투여한 집단의 치사율은 43퍼센트로 렘데시비어에 이어 2위를 차지했다. NIAID는 이 임상실험에 가장 재정적 지원을 많이 했고 실험을 진행한 연구자들은 렘데시비어에 대한 비보를 2019년 12월 〈뉴잉글랜드의학학술지(NEJM)〉에 실었다.[346] 그 무렵, 코비드-19는 이미 우한에서 퍼지고 있었다. 그러나 그로부터 두 달 후인 2020년 2월 25일, 파우치 박사는 입원한 코비드 환자들을 대상으로 렘데시비어 효과에 대해 임상실험을 진행한다고 떠들썩하게 발표했다.[347] 여기서 중요한 맥락을 살펴볼 필요가 있다. 이때는 세계보건기구가 새로운 팬데믹을 선언하기 한 달 전이다. 미국에서 코비드 감염 확정 사례가 겨우 14건에 불과했고 대부분이 다이아몬드 프린세스 여객선에서 비롯되었다. NIAID는 이 감염자들을 비롯해 코비드-19로 입원한 첫 사례들로부터 400명의 자원자를 모집해 파우치 박사의 렘데시비어 임상실험에 참여시켰다.[348] 파우치 박사가 배포한 보도자료에 따르면, 렘데시비어는 "동물실험에서 중동호흡기증후군(MERS) 치료에 희망을 보였다."[349] NIAID가 공포에 사로잡힌 이 실험 대상자들에게 1년 전 안전성 검토 위원회가 렘데시비어에 대해 용납하지 못할 수준으로 독성이 강하다는 판단을 내렸다는 사실을 알려주었는지 불분명하다.

환자들에게 치명적인 부작용을 일으킨다는 사실 외에도, 렘데시비어는 파우치 박사 입장에서는 완벽한 전략적 선택지였다. 파우치 박사가 이끄는 NIAID가 소속된 국립보건원은 항바이러스 치료제에 재원을 투입한다는 모양새를 갖출 필요가 있었다. 파우치 박사가 백신에 수십억 달러를 쏟아붓고 치료제에는 한 푼도 쓰지 않으면 여기저기서 비판이 나올 게 분명했다. 그러나, (IVM이나 HCQ처럼) 코비드 예방이나 조기 치료 효과가 있는, 승인된 용도 확장 약품은 그가 구상한 백신 프로그램을 무용지물로 만들 게 분명했다. 식품의약국이 백신에 대해 긴급사용승인을 못하게 되기 때문이다. 그러나 렘데시비어는 정맥주사로 투여하는 약물이므로 입원한 질병 말기 환자들에만 투약 가능했다. 따라서 렘데시비어는 백신의 경쟁 상대가 아니고, 따라서 파우치 박사는 자신의 핵심 사업인 백신의 경쟁력을 훼손하지 않고도 렘데시비어를 지원할 수 있었다. 더군다나, HCQ와 IVM은 특허가 만료되어 어느 제약사든 제조할 수 있지만, 렘데시비어는 여전히 특허가 살아있는 최적의 입지에 놓인 약이었다. 그러니 수익을 창출할 잠재력이 대단했다. 길리어드는 렘데시비어를 제조하는 데 1회분당 10달러가 든다.[350][351] 그러나 길리어드가 렘데시비어의 긴급사용승인을 받으면, 규제당국은 민영보험사, 고령자의료보험(Medicare), 저소득자 의료보험(Medicaid)이 치료 한 건당 약 3,120달러를 지급하도록 강제할 수 있다(3,120달러는 약 제조 비용의 수백 배이다).[352][353] 길리어드는 렘데시비어로 2020년 한 해에만 35억 달러를 벌어들이게 된다고 예상했다.[354]

파우치 박사는 2020년 1월 뜬금없이 렘데시비어가 코로나바이러스에 효과가 있을지 모르겠다는 생각이 떠오른 게 아니다. 섬뜩할 정도로 미래를 정확히 내다보는 탁월한 예지력을 여러 차례 발휘한 그는 2017년을 시작으로 자신이 숭배하는 기능획득 연구의 일인자인 노스캐롤라이나 대학교 미생물학자 랄프 베릭(Ralph Baric)에게 600만 달러를 지원해 렘데시비어를 중국 우한에 있는 생물안보 연구소에서 비롯된 코로나바이러스 치료제로 만들도록 박차를 가했다.[355][356] 베릭은 피터 데이잭의 에코헬스얼라이언스와 협업하는 중국인 바이러스학자들이 박쥐 동굴에서 채취해 배양한 코로나바이러스를 실험에 이용했다.[357][358] 파우치 박사는 자신이 가장 신뢰하는 부하직원들인 휴 어친클로스(Hugh Auchincloss)를 2018년에, 클리프 레인(Cliff Lane)을 2020년에 중국에 파견해 협상을 맡기고 중국에 있는 우한 연구소를 비롯해 각지에서 베릭이 진행하는 각종 실험을 감독하게 할 정도로 이러한 실험에 개인적인 관심을 보였다.[359] 베릭은 쥐를 대상으로 한 실험에서 렘데시비어가 SARS 바이러스 복제를 방해한다는 사실이 입증됐다고 주장하면서, 다른 코로나바이러스 복제도 방해할 가능성을 시사했다. 중국 우한 연구소와 인민해방군 군사과학 사관학교의 군 의학연구소 소속 중국 연구학자들은 렘데시비어에 대한 그들 나름의 특허출원을 제출했다.[360] 중국 인민해방군 지휘부는 합동 특허출원은 '중국의 국익을 보호하려는' 목적에서 이루어졌다고 말했다.[361]

2020년 3월 초, BMGF는 코로나바이러스 치료제를 개발하는 제약사들에게 1억 2천 5백만 달러의 연구비를 지원하고 기부에 따른 감세 혜택을 받았다.[362] 게이츠와 그의 재단은 길리어드를 비롯해 이 연구비 수혜자인 수많은 제약사의 대주주다. 2020년 4월 24일, 자발적으로 길리어드의 대변인 역할을 하는 빌 게이츠는 다음과 같이 선포했다. "신종 코로나바이러스에 효과적인 가장 앞서가는 후보는 길리어드가 생산하는 렘데시비어다."[363]

파우치 박사는 HCQ에 대해서는 잘 설계된, 무작위배정 이중맹검 위약대조군 실험을 통해 효과를 입증해야 한다고 주장했고[364][365] IVM은 치료제로 쓰지 말라고 경고했다.[366] 이와는 대조적으로, 파우치는 대조군이 실제로 진짜 위약을 투여받지도 않은 날조된 실험을 한 후 렘데시비어 사용을 승인했다.[367] 파우치 휘하의 연구자들은 위약 대조군에 배치된 환자들 가운데 증상이 심한 환자들에게는 (활성 성분이 없어서 실험에 영향을 미치지 않는) 위약을 투여하지 않았고, 증상이 심하지 않은 나머지 환자들에게는 (실험 대상인 약과는 다르지만 유효한 활성 물질이 함유된) '활성 대조약(active comparator)'을 투여했다. 활성 대조약을 투여한 집단은 렘데시비어를 투여한 집단을 치료한 방법과 같은 치료 방법이 적용되었지만, 실험 대상인 약물로 람데시비르 대신 설포부틸(sulfobutyl)를 투여했다.[368] 이른바 '독성'이 있거나 '특정물질을 첨가한(spiked)' 위약을 '가짜 위약(fauxcebo)'이라고도 하는데, 가짜 위약 사용은 파우치 박사와 그의 휘하에 있는 임상실험 연구자들이 40년에 걸쳐 개척한, 승인을 받고자 하는 독성 약품의 부작용을 은폐하는 사기 수법이다. 파우치 박사는 결국 NIAID의 렘데시비어 임상실험에 자발적으로 참여할 입원환자 400명을 모았지만, 이러한 가짜 위약 꼼수를 썼음에도 불구하고, 파우치의 연구자들은 렘데시비어가 코비드 생존률을 개선하는 효과가 있는 듯이 보이게 만드는 데 실패했다.[369]

렘데시비어의 실망스러운 임상실험 결과에도 불구하고 파우치 박사는 길리어드의 렘데시비어 개발팀과 긴밀히 협력해 만족스러운 결과가 나오도록 임상실험을 유도했다. 연구 실험 대상 보호 연맹(Alliance for Human Research Protection AHRP) 회장이자 창립자 베라 샤라브(Vera Sharav)에 따르면, "NIAID는 임상실험을 완전히 장악하고 임상실험 설계와 실행과 관련한 모든 의사결정을 내렸다. 길리어드 과학부서 직원들은 치료 절차 개발에 관한 논의에 참여했고 일주일에 한 번 NIAID의 절차 담당 팀과 전화로 회의를 했다."

샤라브가 창립한 AHRP는 임상실험의 질과 생명윤리 규정 준수 여부를 감시하는 기구다. NIAID의 렘데시비어 임상실험이 설계한 본래 실험의 종결점(endpoint)은 납득할 만 하다. 식품의약국의 승인을 받으려면 '코비드 사망률을 감소하는' 효과를 입증해야 한다. 그러나 렘데시비어는 그들이 희망했던 효과를 보여주지 못했다. 임상 실험에서 렘데시비어를 투여한 환자 집단에서 사망자 수가 덜 나오긴 했지만, 애초에 렘데시비어를 투여한 집단은 위약 대조군보다 증상이 훨씬 덜했다. 그러자 파우치 박사 팀은 설정한 목표를 바꾸기로 했다. 연구자들은 임상실험의 '종결점'을 두 번이나 변경해 조금이라도 효과가 있는 것처럼 보이려고 안간힘을 썼다. 파우치 박사가 설정한 새로운 종결점 덕분에 렘데시비어는 효과가 있다는 결과가 나왔다. 그러나 코비드 생존율이 개선된 게 아니라 입원 일수가 줄어드는 효과가 나왔다.[370] 그러나 이 또한 사기였다. 알고 보니 퇴원 후 병원에 다시 입원한 실험 참가자 가운데 렘데시비어를 투여한 환자의 수가 위약 대조군 환자 수의 두 배에 달했다. 렘데시비어 투여 환자의 입원 일수가 단축된 까닭은 렘데시비어 투여 환자를 병이 낳기 전에 퇴원시켰기 때문이다. 임상실험이 진행 중인 도중에 종결점을 변경하는 등 실험 설계를 변경하는 행위는 '과학 사기(Scientific fraud)'나 '위조(falsification)'로 흔히 알려져 있다. UCLA의 역학 교수 샌더 그린랜드(Sander Greenland)는 다음과 같이 말한다. "실험 도중에 종결점을 변경하면 안 된다. 이는 빈축을 사는 행위다." 베라 샤브도 동의한다. "임상실험이 시작된 후에 목표를 변경하면 수상하고 의심스럽다."[371]

그러나 파우치 박사는 내부자들이 렘데시비어 임상실험에서 자행된 부정행위를 폭로할까 염려할 이유가 없었다. 그가 신뢰하는 부하직원 클리프 레인이 국립보건원의 치료 지침 위원회 위원장을 맡고 있었기 때문이다.[372] 레인은 명백히 이해가 충돌하는 처지에 놓여 있었다. 그는 중국에서 실시된 렘데시비어 임상실험을 친히 감독했고, 렘데시비어가 승인받으면 특허 사용료를 나눠 받게 되어있었기 때문이다.[373] 레인 말고도 치료 지침 위원회의 구성원 중 7명이 길리어드와 금전적 관계로 엮여있었고, 추가로 여덟 명은 11달 전에 길리어드와 금전적 관계로 엮였던 사람들이었다. 이런 관계를 밝혀야 할 의무가 있었다.[374] 홀로코스트 생존자로서 심각하게 타락한 임상실험 업계가 지켜야 할 윤리 규정을 제대로 지키는지 감시하는 데 평생을 바쳐온 베라 샤라브는 "렘데시비어가 코비드 치료제로 유일하게 추천을 받았다는 사실이 놀랄 일인가?"라고 되묻는다.[375 376 377 378 379]

파우치 박사는 그의 임상실험이 종결되고 동료 학자들이 심사하기도 전에, 더군다나 결과가 공개되기도 전에, 〈랜싯(The Lancet)〉이 입원한 환자의 생명을 연장하거나 입원 기간을 줄이는 데 렘데시비어가 전혀 효과가 없음을 보여주는 중국의 위약 대조군 임상실험 결과를 게재했다는 사실을 알게 되었다.[380] 그런데 그보다도 더 중요한 사실은 렘데시비어가 혈중 바이러스 농도를 줄이지 못했다는 점이다. 가장 끔찍한 사실은 중국에서 실시한 임상실험에서 렘데시비어의 치명적인 독성이 확인됐다는 점이다. 중국 규제당국과 연구자들은 치명적인 부작용 때문에 임상실험을 중단했다. 렘데시비어는 환자의 12퍼센트에게 심각한 상해를 입혔다. 위약 대조군에서 부작용을 겪은 환자는 5퍼센트에 그쳤다.[381] 파우치의 임상실험과는 달리 중국의 임상실험은 무작위배정, 이중맹검, 위약 대조군 실험이고, 여러 센터에서 실시되었으며, 연구논문은 동료 학자들의 심사를 거쳤고, 세계적인 권위의 과학 학술지 〈랜싯〉에 게재되었다. 임상실험 결론을 뒷받침하는 데이터는 모두 입수 가능했지만, 언론은 전혀 관심도 보이지 않았고 국민은 이 임상실험에 대한 정보를 전혀 접하지 못했다.

이와는 대조적으로, 파우치의 NIAID-길리어드 임상실험 연구 결과는 그 시점에 여전히 학술지에 게재되지도 않았고, 동료 학자들의 심사를 거치지도 않았으며, 임상실험의 구체적인 내용도 공개되지 않은 상태였다. 이 연구는 가짜 위약을 사용했고 실험이 진행되는 도중에 실험 설계를 변경하는 미심쩍은 짓도 저질렀다. 4월, 중국은 중국에서 NIAID와 함께 실시하고 있던 임상실험 두 건을 취소했다. 자국에서 코비드 유행을 종식하는 데 성공했고 연구자들이 연구를 계속하는 데 필요한 만큼 임상실험에 참여할 코비드 환자를 확보하지 못했기 때문이다.[382]

어쨌든, 중국의 임상실험은 렘데시비어의 암울한 운명을 예고했다. 렘데시비어는 식품의약국의 문턱을 넘기도 전에 이미 사망 선고를 받았다. 그러나 파우치 박사는 이를 용납하지 못했다. 규제 전투에서 살아남은 생존의 거장 파우치는 이 위기에 뻔뻔하고 교활한 수법으로 대응해 나락으로 떨어지는 렘데시비어를 기적적으로 살려냈다. 그는 이번에는 대통령 집무실에서 열린, 백악관 정규 기자회견에 등장했다. 트럼프 대통령 맞은편에 데보라 벅스(Deborah Birx)와 나란히 자리한 파우치 박사는 깜짝 선언했다.

높은 단상에 선 파우치 박사는 떠들썩하게 승전보를 전했다. NIAID의 렘데시비어 임상실험 데이터가 "상당한 희소식"이라면서 이 약이 사망률을 낮추는 효과가 전혀 없다는 사실을 속였다.[383] 그는 입원 기간의 중앙값(median time)은 렘데시비어를 복용한 환자는 11일로 위약 대조군의 15일보다 짧다고 떠벌렸다. 그는 속이기 쉬운 언론을 상대로 이렇게 말했다. "데이터는 렘데시비어가 회복 기간을 줄이는 데 유의미하고 긍정적인 효과가 분명히 있음을 보여준다." 그는 자기 임상실험을 통해 렘데시비어가 코비드 환자에게 뛰어난 효과를 보인다는 결과가 나왔으므로 이 기적의 약품을 미국인들에게 배포하지 않는 행위는 비윤리적이라고 판단했다. 따라서 그는 맹검 조치를 해제하고 (unblind), 실험을 종결하고, 위약 대조군 환자들에게도 렘데시비어를 투여한다고 선언했다. 그는 렘데시비어를 미국의 코비드 '치료 표준(standard of care)'으로[384] 새로 지정한다고 선언했다. 물론 새빨간 거짓말이었다.

5월 1일, 식품의약국은 코비드 팬데믹 치료제로는 최초로 렘데시비어를 코비드-19 중증 입원환자에게 투여하는 긴급사용승인을 허가했다.[385 386]

파우치 박사의 발표 내용을 근거로, 트럼프 대통령은 미국 국민을 위해 렘데시비어 전량을 구매했다.[387] 유럽연합(EU)은 길리어드와 '합동 조달 협정'을 맺고 50만 회 치료분을 구매하기로 했다.[388] 파우치 박사가 백악관에서 발표한 다음 날 노스캐롤라이나 대학교는 다음과 같은 제목의 보도자료를 냈다. "노스캐롤라이나 대학교-채플 힐 제휴를 통해 개발된 렘데시비어는 NIAID의 인체 임상실험에서 코비드-19에 효과가 있다고 입증되었다."[389] 파우치의 기능획득 연구 마법사인 랄프 베릭 박사는 렘데시비어가 "코비드-19 환자 치료에서 획기적인 변화"를 일으킬 약이라고 했다.[390]

베라 샤라브는 정상적인 세상이라면 렘데시비어 같은 독극물은 절대로 규제당국의 승인을 받을 가망이 없다고 지적한다. 물론 약을 개발한 제약사가 세계에서 가장 막강한 공중보건 관료로 하여금 미국 대통령 집무실에 있는 푹신한 소파에서 대통령 옆에 편안히 앉아 세계 각국의 언론이 지켜보고 있는 기자회견에서 "기적의 치료제"라고 선언하게 만듦으로써 참혹한 과학적 증거로부터 사람들의 관심을 돌리면 가능하다. 샤라브는 "그보다 더 훌륭한 공짜 광고가 어디 있나?"라고 말한다.[391]

샤라브는 다음과 같이 덧붙인다. "파우치 박사는 렘데시비어에서 얻는 이득이 있다. 그는 임상실험을 후원했고 HCQ나 IVM처럼 본인이 렘데시비어의 경쟁 상품이라고 여기는 약품의 임상실험 결과에 대해서는 동료 학자들의 심사를 거쳐야 한다면서, 정작 렘데시비어 임상실험의 구체적인 결과는 동료 학자들의 심사를 거치지도 않았다. 그는 데이터를 투명하게 공개하고 설득력 있는 결과를 제시하기는커녕 자의적으로 지시를 내려 과학을 한다. 그는 실망스러운 결과를 '상당히 효과 있다.'라고 발표하고 렘데시비어를 새로운 '치료 표준'으로 지정했다. 파우치는 백악관 소파에 앉아서 제약사 판촉 활동을 했다. 임상실험의 구체적인 내용을 담은 보도자료도 배포하지 않고, 의료 전문가들과의 회의에서 발표도 하지 않고, 과학 학술지 게재에 필요한 동료 학자들의 심사를 통해, 과학자와 연구자들이 데이터를 검토하도록 하는 규범과 관행도 거치지 않고 말이다."

'치료 표준'

식품의약국이 렘데시비어를 코비드 '치료 표준'으로 지정하면 나라에서 지원하는 저소득층 의료보험과 민간 보험회사들은 그 약에 대한 보험 적용을 법적으로 거부할 수 없고 미국 국민 세금을 적어도 8,500만 달러 들여 개발한 상품에 길리어드는 어마어마한 가격표를 붙여 돈을 긁어모으게 된다.[392] 길리어드의 사업을 한층 더 번창하게 하는 점은, 의사와 병원이 렘데시비어를 사용하지 않으면 이제 의료과실로 소송을 당할 수 있다는 사실이다. 일부 의료 전문가들은 이 무용지물이자 위험한 약을 코비드 환자들에게 처방하도록 강제하면 미국인 수만 명이 목숨을 잃게 된다고 판단했다.

앞으로 드러나겠지만, 파우치 박사는 후천성면역결핍증후군(AIDS)과의 전쟁을 치른 초창기에 개발해 닳고 닳도록 써먹은 수법으로 치밀하게 각본을 짜 렘데시비어의 긴급사용승인을 받는 과정에 그대로 적용했다. 파우치는 본인이 애지중지하는 약물이 임상실험에서 참혹한 수준의 독성을 보이기 시작하는 순간 임상실험을 종결한 적이 한두 번이 아니다. 그는 실험 대상인 약이 기적과도 같은 효과를 보이므로 이를 국민에게 제공하지 않는 행위는 비윤리적이라는 얼토당토않은 주장을 하고 나서, 식품의약국의 팔을 비틀어 승인을 받아낸다. 그러나 이번만큼은, 너무 뻔뻔하게 사기를 쳐서, 주류 과학계와 언론에서조차 이례적으로 파우치 박사를 비판하는 이들이 등장했고, 국립보건원과 BMGF로부터 지원받는 거액의 연구비에 중독되어 대체로 입을 다물고 있는 학계 기관들에서도 파우치의 야바위에 대한 비판이 나왔다.

2020년 10월 24일, 〈복스(Vox)〉의 기자 우마이르 이르판(Umair Irfan)은 "식품의약국이 또다시 부실한 증거를 토대로 코비드-19 치료제를 밀어붙이고 있다."라고 지적했다.[393]

〈영국의학학술지(British Medical Journal, BMJ)〉는 "지금까지 발표된 무작위배정 위약대조군 실험 가운데 렘데시비어가 표준적인 치료보다 생명을 훨씬 더 많이 구한다는 증거를 보여주는 실험은 단 하나도 없다."라고 지적했다.[394]

스크립스 연구소(Scripps Research Institute)의 에릭 토폴(Eric Topol)은 "이는 식품의약국의 위신에 먹칠하는 행위다. 길리어드와 유럽연합 간의 거래는 그 먹칠에 한 겹을 더 보

태는 셈이고."라고 호통을 쳤다.[395]

컬럼비아 대학교 메일맨 공중보건대학원의 바이러스학자 앤젤라 라스무센(Angela Rasmussen)은 한 기자에게 "뉴스를 보고 정말 놀랐다."라고 말했다.[396]

〈사이언스(Science)〉는 파우치의 조치는 "지난 6개월에 걸쳐 렘데시비어의 임상실험을 면밀하게 지켜본 과학자들을 — 그리고 렘데시비어의 가치에 대해 많은 의문을 품은 이들을 — 어리둥절하게 했다."라고 했다.[397]

옥스퍼드 대학교 임상 치료 전문 교수 던컨 리처드(Duncan Richard)는 다음과 같이 혹독하게 비판했다. "이런 종류의 연구는 극도로 신중하게 다루어야 한다. 임상실험에서 준수해야 할 바람직한 관행들인, 대조군 설정이나 실험 대상의 무작위 배정도 하지 않았기 때문이다."[398]

게이츠가 지원하는 런던 위생학/열대의학 대학원의 약물역학 교수 스티븐 에반스(Steven Evans)는 특히 다음과 같이 가차 없이 비판했다. "이 논문의 데이터는 해독하기가 거의 불가능하다. 〈뉴잉글랜드의학학술지(NEJM)〉가 이 논문을 게재했다는 사실 자체가 매우 놀랍고 비윤리적이기까지 하다. 이 연구의 데이터는 이 연구를 후원하고 작성한 제약사의 웹사이트에 올리는 게 훨씬 적절하다. 적어도 길리어드는 고품질 과학 논문이 작성되는 방식으로 작성된 논문이 아니라고 밝히기라도 했다."[399]

빌 게이츠조차 렘데시비어 임상실험 논문에 대해 눈살을 찌푸렸다. 2020년 8월 〈와이어드(Wired)〉 잡지가 게이츠에게 본인이 코비드-19에 감염돼 입원한다면 어떤 치료를 해달라고 하겠냐고 물어보자, 그는 주저하지 않고 "렘데시비어"라고 답했지만, 다음과 같이 덧붙이면서 창피할 정도로 엉망인 임상실험으로부터 약간 거리를 두었다. "안타깝게도 미국에서 한 임상실험은 너무 엉망이어서 실제 효과가 좀 미미하게 나왔다. 잠재적인 효과는 그보다 훨씬 큰데 말이다. 미국에서 시행된 임상 실험들은 너무 혼란스럽다."[400]

* * *

그러던 중 2020년 10월 19일, 식품의약국이 렘데비시르 사용을 승인하기 사흘 전, 세계보건기구가 30개국에서 405개 병원에 입원한 코비드-19 환자 11,266명을 상대로 한 렘데시비르 임상실험 결과를 공개했다.[401][402] 이 연구는 1,062명의 환자를 상대로 한 파우치/길리어드 임상실험과는 상대도 안 될 만큼 설명력이 있었다. 세계보건기구의 임상실험에서는 렘데시비어가 사망률을 줄이지 못했고 산소호흡기 착용이나 입원 기간을 줄이지도 못했다. 세계보건기구 임상실험 연구자들은 렘데시비어로부터 아무런 이득도 찾아내지 못했고 코비드-19 환자에게 이 약을 사용하지 말라고 권고했다.[403] 세계보건기구는 식품의약국이 12세 미만의 아동들에게 렘데시비어의 긴급사용승인을 허가한 지 한 달 후 렘데시비어에 일격을 가하는 임상실험 결과를 공개했다. 파우치 박사와 식품의약국은 식품의약국이 렘데시비어 긴급사용승인을 내리기 전에 이미 세계보건기구의 임상실험에 대해 알고 있었고, 논문의 사전배포본을 읽고 결과도 알았을 게 거의 확실하다. 파우치 박사는 이번에도 부정적 결과가 나온 연구논문이 발표되기 전에 서둘러 식품의약국의 승인을 받아낸 것으로 보인다.

2021년 7월 15일, 〈오리지널 인베스티게이션(Original Investigation)〉과 〈전염병(Infectious Diseases)〉에 실린 존스 홉킨스 대학교의 대규모 연구도 "렘데시비어 치료는 생존율을 높이는 효과가 없고, 입원 기간을 (오히려) '연장'하는 것으로 나타났다."[404]라고 다시 한번 확인해 주었다.

2020년 10월 2일 유럽연합은 자체적으로 조사한 렘데시비어에 대한 안전성 검토 결과를 공개했다. 이 연구에서도 심각한 부작용을 일으킨다는 결과가 나왔다.[405][406]

피에르 코리 박사는 다음과 같이 말한다. "독자적으로 실시된 렘데시비어 무작위배정 위약대조군 실험은 하나같이 효과가 없거나 분명히 해롭다는 결과가 나왔다. (파우치 박사와 연관된) 제약사의 두 개 연구만이 이득이 있다고 나왔고 그나마도 아주 미미하다."

코리 박사는 다음과 같이 덧붙인다. "바이러스 감염 말기에 항바이러스제를 투여하다니 도대체 말이 안 된다. 바이러스 복제는 감염된 후 7일째가 되기 전에 일어난다. 항바이러스제가 효과가 있으려면 그 전에 항바이러스제를 투여해야 하고 (렘데시비어는 정맥주사로 투여하기 때문에) 외래환자에게는 투여할 수 없다."

질병보다 더 끔찍한 치료제

2020년 5월 초부터 의사와 병원들은 PCR 검사에서 양성반응이 나온 코비드 입원환자들에게 렘데시비어를 투여하기 시작했다. 이 책의 출간 날짜인 2021년 11월 9일 무렵, 코비드-19 치료제로 승인을 받아 질병통제예방센터 웹사이트에 등재된 약은 렘데시비어와 코르티코스테로이드 덱사메타손 두 가지뿐이었다.[407 408 409] 의사들은 종종 이 두 약을 함께 사용했다. 렘데시비어가 입원한 코비드-19 환자에게 미치는 영향을 평가하기란 힘들다. 코비드-19처럼 렘데시비어도 폐와 신장에 독성을 일으키고,[410] 렘데시비어의 부작용은 각종 장기 손상을 비롯해 코비드의 치명적인 증상들과 매우 비슷하기 때문이다.[411] 수많은 의사는 미국의 코비드-19 사망률이 기록적으로 높은 까닭은 2020년 렘데시비어를 널리 사용했기 때문인 이유도 있다고 생각한다. 라이언 콜 박사는 "미국은 세계에서 사망률이 가장 높았다. 사망한 미국인 가운데 렘데시비어 때문에 목숨을 잃은 사람은 얼마나 될까? 라는 의문이 머리에서 사라지지 않는다."라고 말한다.

수개월 동안, 미국은 치명성이 증명된 약으로 국민을 치료한 유일한 나라였다. 렘데시비어가 널리 사용된 바로 그 2020년에 다른 나라와 비교해 볼 때 미국은 한 달에 사망자 수가 거의 두 배로 폭증했다. 일찍이 렘데시비어를 널리 사용한 나라들 가운데 하나인 브라질이 두 번째로 높은 사망률을 보였다.[412 413]

2020년 5월, 뉴욕주의 의사들은 코비드-19가 신부전증을 일으키는 경향을 보이는 데 놀랐다. 신부전증을 일으키는 호흡기 바이러스는 지금까지 없었기 때문이다. 의사들은 환자가 입원하고 사흘, 나흘, 닷새째에 급성신부전증을 일으키는 게 보이기 시작했다.[414] 산소호흡기가 부족한 병원들은 투석 기계도 동났다. 의사이자 연구소 최고경영자인 라이언 콜 박사도 신부전증 사례들 대부분이 렘데시비어에서 비롯되었다고 생각하는 많은 의사 가운데 한 사람이다. 그는 이렇게 말한다. "코비드-19는 신장에 영향을 줄 수 있다. 소변에서 스파이크 단백질이 검출되는 걸 보면 알 수 있다. 그러나 입원한 코비드 환자들 가운데 이렇게 많은 사람이 급성신부전증을 일으킨다면 이를 오로지 코로나바이러스 감염 때문이라고 할 수는 없다."

콜 박사는 내게 렘데시비어의 동물실험에서 실험 대상인 동물의 4분의 1이 신부전증으로 사망했다고 말했다. 그는 신장이 망가지면 폐와 신체 곳곳에 물이 차고 결국 여러 장기 손상과 패혈증을 일으킨다고 — 그리고 이 모든 후유증은 코비드가 일으키는 증상이기도 하다고 — 설명한다. "렘데시비어는 시판되어서는 안 된다."라고 그는 덧붙였다.

파우치 박사의 2019년 에볼라 연구에서 렘데시비어는 사흘, 나흘, 닷새째 무렵, 이 약을 투여한 환자들 가운데 급성신부전증을 일으키는 비율이 최대 31퍼센트를 웃도는 것으로 나타났다. 사망하거나 생명을 위협하는 여러 장기 손상이나 신부전증이 너무 심해서 렘데시비어 투여를 중단해야 했던 환자의 비율이 8퍼센트이다. "따라서 입원한 코비드 환자들 가운데 거의 똑같은 비율의 환자 (8~10%)가 첫 주에 죽어가는 게 우연의 일치는 아닐지 모른다."라고 콜 박사는 말한다.

매컬러 박사는 다음과 같이 분명하게 한마디로 단정을 내린다. "렘데시비어는 두 가지 문제를 안고 있다. 첫째, 효과가 없다. 둘째, 독성이 강하고 사람들을 죽인다."

V: 최종적 해결책(Final Solution)*: 백신이 아니면 파멸

"역병을 물리칠 유일한 수단은 정직이다."

— 알베르 카뮈(Albert Camus), 〈페스트(La Peste)〉(1947)

2020년 봄, 파우치 박사와 빌 게이츠는 "기적의 백신"이 코비드 전염을 막고, 감염을 예방하고, 팬데믹을 종식하고, 인류를 가택연금으로부터 해방한다는 호언장담으로 언론에 융단폭격을 퍼부었다. 백신 학계에서 가장 백신을 옹호하는 열변을 공개적으로 토하는 피터 호테스(Peter Hotez)와 폴 오핏(Paul Offit) 같은 백신 신봉자들조차도 파우치와 게이츠의 예측이 억지스럽고 무모하다고 생각했다.[415][416] 지난 수십 년 동안, 난공불락으

---

* 최종적 해결책은 독일 나치의 유대인 멸절 계획을 뜻하는 표현이다 - 옮긴이

로 보이는 두 가지 위험한 걸림돌이 코로나바이러스 백신을 개발하려는 시도를 무산시켜 왔다.

줄줄 새는 백신(Leaky Vaccine)

첫 번째 걸림돌은 코로나바이러스가 빠르게 돌연변이를 하고, 백신에 내성이 생긴 변종들을 생성하는 특성이 있다는 점이다. 호테스나 오핏 같은 백신 개발자들은 수십 년 동안 실패를 거듭한 끝에 연구자들이 갑자기 — 백신 접종자에게서 바이러스를 완전히 박멸하고 전염과 돌연변이를 예방한다는 의미의 — '멸균 면역(sterilizing immunity)'을 달성하게 해줄 코비드 백신을 개발하게 되었다는 데 의구심을 품었다.

그러한 우려를 증명이라도 하듯이, 같은 해 5월, 영국 최고의 백신학자 앤드루 폴라드(Andrew Pollard)는 영국 정부가 지원하고 국뽕에 취해 요란하게 선전하는 가운데 옥스퍼드 대학이 실시한, 원숭이를 대상으로 한 아스트라제네카(AstraZeneca) 실험에서 멸균 면역 달성에 실패했다고 시인했다. 접종한 짧은꼬리원숭이들은 무증상인 경우조차도 비인두(鼻咽頭)에서 바이러스가 대량 검출되었다.[417] 그러더니 8월, 파우치 박사는 아스트라제네카와 경쟁하는 백신 후보들이 비슷한 결과를 보인다는 암울한 보도를 허장성세로 윤색했다. 파우치 박사는 실패를 인정하고 다시 원점으로 돌아가기는커녕, 1세대 코비드 백신은 하나같이 전염을 막을 가능성이 없다고 신이 나 발표했다.[418] 그걸로 백신 프로젝트는 완전히 무산되었어야 한다. 노벨상 수상자 뤽 몽타니에 박사를 비롯해 유수의 바이러스학자들은 멸균 능력이 없는, 다시 말해서 줄줄 새는 백신은 전염을 막지 못하고 따라서 팬데믹을 종식하는 데 실패한다고 지적했다.[419] 설상가상으로, 백신 접종자는 무증상 보균자이자 '변이 대량생산 공장'이 되어 백신에 내성이 생긴 변종들을 뿜어내 팬데믹 기간을 단축하기는커녕 연장하고 증강한다고 몽타니에 박사는 경고했다.

그러나 앤서니 파우치와 그의 동업자 빌 게이츠는 변이의 위협을 제거할 전략이 있는 듯했다. 이 두 사람은 국민 세금과 감세 혜택을 받은 돈 수십억 달러를 백신용 mRNA 플랫폼 개발에 쏟아부었다. 이 플랫폼은 이론상으로는 신속하게 새로운 '부스터(booster)'

를 생산해 백신의 영향력에서 벗어난 '탈출 변이(escape variant)'가 등장할 때마다 싸워 퇴치한다는 논리가 바탕이다. 이 기법은 거대 제약사들이 좇는 성배였다. 백신은 상업적인 상품으로서는 드물게, 실패함으로써 수익이 몇 곱절로 더 증가한다. 새로운 부스터가 나올 때마다 부스터 수익은 최초의 백신에서 비롯된 수익의 갑절이 된다. 국립알레르기전염병연구소가 mRNA 특허를 공동으로 소유한 이후로[420] 이 기관은 변이가 출현할 때마다 새로운 부스터를 연달아 생산함으로써 코로나바이러스 술수로부터 수십억 달러를 벌어들이게 되어있었다. 다다익선이지 뭔가! 거대 제약사는 전 인류가 일 년에 두 번, 심지어 세 번까지 부스터 샷에 영원히 의존하게 되니 이런 희소식이 없다. 피터 매컬러 박사는 팬데믹 기간 중 줄줄 새는 백신으로 대량 접종을 하면 "전 세계가 끝없이 부스터 샷을 접종해야 하는 상황에 놓이게 된다."라고 경고했다.[421] 거대 제약사가 샴페인을 터뜨리고 환호할 일이었다. 2021년 10월, 화이자는 코비드 백신 부스터로 벌어들이는 수익이 무려 260억 달러에 달할 것으로 전망한다고 발표했다.[422]

병원체 활성화(Pathogenic Priming)

코로나 백신 제조에 있어서 위에서 언급한 장애물보다 한층 더 극복하기 버거운 장애물은 '병원체 활성화' — '항체 의존 증강(antibody-dependent enhancement, ADE)'이라고도 한다 — 를 유도하는 경향이다. 이는 백신이 면역체계의 반응을 과도하게 자극해, 백신을 접종한 사람이 야생 바이러스와 접촉하면 심각한 손상을 입고 사망에 이를 수도 있는 현상이다. 초창기 실험에서 코로나바이러스 백신은 동물과 아동 대상 실험에서 모두 면역반응을 활발히 생성해 잠시나마 연구자들을 기쁘게 했지만, 백신 접종자들이 야생 바이러스에 다시 노출되자 안타깝게도 목숨을 잃거나 심각한 감염에 취약해졌다. 2020년 초, 파우치 박사가 연방 세금 수십억 달러를 업계에 쏟아부은 코비드 백신 접종을 현기증 나는 속도로 밀어붙이자 백신 분야에서 가장 강경하게 백신을 옹호하는 관계자들이 이러한 위험을 경고했다. 2020년 3월 5일 빌 게이츠에게 돈을 받고 나팔수 역할을 하는 피터 호테스 박사는 미국 하원 과학우주기술위원회의 코로나바이러스에 관한

청문회에 증인으로 출석해 다음과 같이 경고했다:[423]

코로나바이러스 백신의 잠재적인 안전성 문제에 대한 우려가 논의되지 않고 있다. 특정한 종류의 호흡기 바이러스 백신의 경우, 접종하고 나서 실제로 바이러스에 노출되면 역설적으로 면역반응 증강 현상이 일어난다.[424]

호테스 박사는 하원 위원회 증언에서 1966년 호흡기세포융합바이러스(respiratory syncytial virus, RSV) 백신 실험에서 병원체 활성화 현상으로 많은 아동이 사망했다고 고백하면서, 코로나바이러스 백신과 관련해 본인이 직접 하던 연구에서도 흰족제비를 대상으로 한 실험에서 똑같은 효과를 목격했다며 다음과 같이 회상했다:

우리는 코로나바이러스 백신 개발에 착수했는데, 실험실 동물들이 똑같은 면역 병상(病狀)을 보이기 시작했다. 그래서 우리는 "맙소사, 이거 문제다."라고 했다.

2020년 4월 26일, 제약사 머크의 백신 판촉의 거두인 폴 오핏 박사는 제약사를 성가시게 하는 주빈 '지독' 더매니아(Zubin "Zdogg" Damania) 박사와의 인터뷰에서 이러한 우려를 다음과 같이 더욱 강하게 표명했다:[425]

항체와 결합하면 위험하다. 항체의존증강이라는 현상 때문이다. 이미 이를 목격한 적이 있다. 내 말은, (게이츠가 후원한) 뎅기열 백신 실험에서 보았다. 뎅기열 백신의 경우 뎅기열 바이러스에 노출된 적이 없는 아동들이 백신 접종 후 야생 바이러스에 노출되면 감염 증상이 더욱 악화했다. 설상가상으로, 백신을 접종한 아동들 가운데 9세 미만이고 뎅기열에 노출된 적이 없는 아동들이 백신을 접종하지 않은 9세 미만 아동들보다 사망할 가능성이 훨씬 컸다.[426]

게다가 앤서니 파우치 박사조차 2020년 3월 26일 백악관 코로나바이러스 브리핑에

서 다음과 같이 병원체 활성화의 위험을 인정했다:[427]

안전성 문제는 미국 국민이 꼭 알아야 한다. 백신이 병을 악화할까? 질병을 예방하려고 백신을 접종하는 데 백신으로 예방하려는 바로 그 질병에 걸리고 실제로 감염을 증강하기도 한다. 감염을 예방하려고 백신 접종을 하는데 실제로 감염에 더 취약하게 만드는 게 최악이다.

파우치 박사는 백신 제조사들이(그가 힘써서 얻어낸) 면책권이 있고, 예전처럼 (그가 국립보건원을 통해서 제약사로 빼돌린) 돈으로 장난을 치고 있었기 때문에, 이 제약사들은 병원체 활성화 위험을 제거하는 데 필요한 장기적인 연구에 투자할 유인책이 없다는 사실을 틀림없이 인식하고 있었다. 돌이켜보면, 파우치 박사와 그의 패거리는 이 심각한 위험을 헤쳐 나갈 전략이 적어도 여섯 가지 있었던 듯하다. 아래 열거한 여섯 가지 모두 항체의존증강이 발생하기만 하면 그 증거를 은폐하는 수법이었다:

1) 파우치 박사의 첫 번째 수법. 3년 동안 진행하도록 설계된 임상실험을 여섯 달 만에 종결하고 위약 대조군에도 백신 접종한다. 병원체 활성화를 비롯해 장기적으로 나타나는 부작용을 감지하지 못하게 선제적으로 취하는 조치다. 규제당국은 처음에 화이자 백신 임상실험이 2023년 5월 2일까지 족히 3년 동안 계속 진행되도록 할 예정이었다.[428] 그러나 식품의약국이 화이자에 여섯 달 만에 이중맹검을 해제하고 임상실험을 종결하도록 허락하면서 — 즉, 백신을 위약 대조군에 배치된 사람들에게도 제공하면서 — 백신 접종자가 장기적으로 병원체 활성화를 비롯한 피해를 겪을지 절대 알지 못하게 되었다. 과학적 증거와 경험을 통해 볼 때, 많은 백신이 잠복기간이 길고 진단하기 전까지 오랜 세월 앓게 되는 암, 자가면역질환, 알레르기, 불임, 신경병 같은 부작용을 일으킨다. 겨우 6개월 지속된 임상실험은 이러한 피해를 은폐하게 된다.

2) 두 번째 수법. 코비드 황제 파우치 박사는 보건복지부가 설계한, 백신 피해를 감시

하는 체제인 백신부작용보고체계(Vaccine Adverse Event Report System, VAERS)가 제대로 작동하지 않는데도 이를 고치기를 완강하게 거부했고, 이 때문에 대부분의 백신 피해는 보고되지 않았다. VAERS는 자발적으로 보고하는 시스템으로서 질병통제예방센터와 식품의약국이 공동으로 관리하며 누가 보고하든 접수된다. 2010년 보건복지부가 발표한 연구에 따르면 기능이 형편없기로 악명높은 VAERS가 탐지해 내는 백신 피해는 "실제 피해의 1퍼센트"도 안 된다.[429] 달리 말하면, VAERS는 백신 피해를 99퍼센트 이상 놓치므로 가장 치명적인 백신도 안전하다는 착각을 불러일으킨다는 뜻이다. 2010년, 보건 의료 연구 품질관리국(Agency for Health Care Research Quality, AHRQ)이 VAERS보다 효율적인 대안으로 현장에서 시운행을 거친 첨단 집계(인공지능) 시스템을 설계했다. AHRQ는 하버드 필그림 의료보험사를 대상으로 수년간 이 첨단 집계 시스템을 시운행해 보고 이 시스템이 대부분의 백신 피해를 포착할 수 있음을 입증했다. 연방기관은 이 집계 시스템을 나머지 보험사들 전체에 보급할 생각이었지만, 연방기관이 내어놓은 경악스러운 결과, 즉 백신 접종자 40명 당 한 명꼴로 심각한 피해를 본다는 결과를 보고 질병통제예방센터는 새로운 시스템 개발 프로젝트를 무산시키고 창고에 처박아버렸다. 파우치 박사는 팬데믹 기간 내내 새로운 집계 시스템을 꼭꼭 숨겨둔 채 보건복지부가 형편없는 기존의 백신 보고 체계를 이용해 계속 병원체 활성화를 비롯한 백신 피해를 은폐하도록 내버려 두었다.

3) 세 번째 수법. 파우치 박사가 써먹는 수법들 가운데 가장 높은 순위를 차지한다. 바로 주류 언론과 소셜미디어를 동원해 백신 피해와 사망 관련 보도를 방송, 신문, 인터넷에서 그리고 국민의 의식에서 사라지게 만드는 수법이다. 페이스북, 구글, TV 방송국들은 병원체 활성화 부작용을 알린 의사와 과학자들을 숙청하고, 쇄도하는 다른 백신 피해에 대한 보도도 검열했다. 헌법을 준수하겠다고 서약한 연방 관료로 40여 년 동안 재직한 파우치 박사는 표현의 자유를 옹호하고 팬데믹 동안 활발한 토론을 권장했었어야 한다. 그런데 오히려 그는 빌 게이츠, 페이스북의 마크 저커버그를 비롯한 빅테크 거물들과 작당해 자기가 실행한 각종 강압적인 방역 정책에 대한 비판을 검

열하고 병원체 활성화를 비롯한 백신 피해에 대한 정보를 억압했다.[430][431] 파우치 박사와 마크 저커버그를 비롯한 소셜미디어 플랫폼 최고경영자들 사이에 오간 이메일을 보면 파우치 박사가 그들과 작당해서 나 같은 공중보건 사회활동가의 계정을 폐쇄하고 직접 백신 피해를 입었다고 포스팅하는 환자들을 소셜미디어에서 퇴출하거나 입에 재갈을 물렸다. 제약사로부터 벌어들이는 광고비에 완전히 코가 꿰인 과학 학술지들은 치명적이고 심각한 백신 부작용에 대한 연구논문들 게재를 거부했다. 빌 게이츠가 후원하는 사실확인 기구, 폴리티팩트(Politifact)[432]는 제약사가 후원하는 기구이고 팩트체크(FactCheck) 같은 기구들과 협력해 검열에 한몫했다. 팩트체크는 로버트 존슨 우드 재단으로부터도 후원을 받는데, 이 재단의 현재 최고경영자 리처드 베서(Richard Besser)는 과거에 질병통제예방센터 소장 대리를 역임한 인물이다. 로버트 존슨 우드 재단은 180억 달러에 달하는 존슨&존슨 주식을 소유하고 있고 백신 피해 사례들과 관련 연구가 "거짓임을 폭로"하느라 분주하다.[433][434]

2021년 10월 7일, mRNA 백신을 발명한 로버트 멀론(Robert Malone) 박사는 트위터에서 백신 부작용이 쇄도하는데 같은 미국 국민이 죽거나 다치고 있다는 사실을 미국인들이 전혀 모르고 있다고 다음과 같이 탄식했다. "진짜 문제는 빌어먹을 언론과 인터넷 거대 기업들이다. 언론과 이 빅테크 기업들은 자기들 입맛에 맞는 주장들만 골라 얘기를 날조하고 백신에 관해 의견의 '합의'가 이루어진 듯이 조작한다. 그러고 나서 이를 무기 삼아 아주 유능한 의사들을 비롯해 반론자들을 공격한다."[435]

4) 네 번째 수법. 파우치 박사는 질병통제예방센터가 백신 접종 후 사망한 이들에 대한 부검을 저지하도록 허락했다. 질병통제예방센터는 VAERS에 보고된 사망자들을 대상으로 부검을 권장하기를 거부했다. 부검을 빼먹은 덕에 질병통제예방센터는 2021년 10월 무렵까지 보고된 백신 접종 후 사망 16,000건은 모조리 '백신과 무관'하다는 뻔뻔한 거짓말을 끊임없이 반복했다. 따라서 질병통제예방센터는 공공기관으로서의 권위를 이용해 백신 접종으로 인한 사망과 피해가 없는 것처럼 만들어 버렸다.

언론과 소셜미디어는 정부 당국이 자행하는 이런 뻔뻔한 속임수를 폭로하기는커녕 보건복지부가 한층 더 간이 부어 최악의 배임을 저지르도록 조장했다. 2021년 1월, 나와 친분이 있는 유명한 야구선수 행크 애런(Hank Aaron)이 조지아주 애틀랜타에 있는 질병통제예방센터가 후원한 기자회견에서 공개적으로 코비드 백신을 접종하고 17일 후 사망했다. 나는 〈디펜더(Defender)〉가 보도한 기사를 인용해,[436] 애런은 코비드 주사를 접종한 후 쇄도한 고령층 사망자 중 하나라고 발언했다. 이는 사실이었다. 그러나 〈뉴욕타임스〉는 '잘못된 정보'를 퍼뜨린다며 나를 비방했고 애런을 부검한 펄튼 카운티의 검시관이 애런의 사망원인은 '백신과 무관'하다는 판단을 내렸다고 주장했다. 〈USA 투데이〉, 〈뉴스위크〉, 〈타임〉, 〈데일리 비스트〉, ABC, CNN, CBS는 〈뉴욕타임스〉의 주장을 그대로 보도했다.[437] 그러나 내가 〈뉴욕타임스〉의 주장이 사실인지 펄튼 카운티 검시관에게 직접 전화해 확인해 보니 그는 내게 펄튼 카운티 검시소는 애런의 시체를 본 적도 없고 부검도 하지 않았다고 말했다. 애런의 가족은 홈런왕 애런의 시신을 부검도 하지 않고 묻었다. 〈뉴욕타임스〉의 날조된 보도는 보건복지부 규제당국자들과 주류 언론이 손잡고 벌이는 — 미국 역사상 전례를 찾아보기 힘든 — 조직적인 속임수, 선전 선동, 검열 활동의 일환으로서 이를 통해 쓰나미처럼 쇄도하는 백신 피해와 치사율을 은폐했다.

상장된 대형 보건 의료 기업 회장 제프 핸슨(Jeff Hanson)은 다음과 같이 말했다. "앤서니 파우치는 공중보건 부문의 하비 와인스틴(Harvey Weinstein)*이다. 모두 알면서도 쉬쉬했던 그의 만행이 만천하에 공개되면서 상황이 완전히 변했다. 와인스틴도 막강한 주류 언론들이 그의 만행을 은폐한 뒷배였다."

우연히 다른 나라들로부터 흘러나온 부검 보고서들은 질병통제예방센터가 부검을 막아 미국 국민으로부터 숨기려고 안간힘을 쓴 바로 그런 종류의 정보를 담고 있었다.

2021년 9월, 독일의 경륜 있는 병리학자이자 교수 두 명, 18년 동안 뢰틀링겐에 있는 병리학연구소 소장을 지낸 아르네 부르크하르트(Arne Burkhardt) 박사와 35년 동안 유수의 폐 병리학연구소 소장을 지낸 발터 랑(Walter Lang) 박사가 백신 접종 후 사망한 사람들의 시신 10구를 부검했고 그중 다섯 명의 사망은 백신과 연관이 있을 가능성이 농후

---

* 할리우드의 거물 영화제작자로서 그 영향력을 이용해 수십 년 동안 여배우들을 성추행/성폭행 한 자 - 옮긴이

하며 또 다른 두 명의 사망은 백신과 연관이 있을 가능성이 있다고 밝혔다.[438]

나머지 세 명의 경우, 자가면역으로 촉발되는 갑상선저하증인 하시모토병, 모세혈관에 염증을 일으켜 피부 출혈로 이어지는 백혈구파괴 혈관염, 침샘과 눈물샘에 염증을 일으키는 쇼그렌증후군 등 희귀한 자가면역질환을 비롯해 극심한 자가면역과 여러 장기에 치명적인 염증이 일어난 강력한 증거를 발견했다. "열 명 중 세 명이 자가면역 증상을 보였다는 건 어마어마하게 높은 비율이다."라고 랑 교수는 말했다. 두 학자는 적혈구 세포벽으로부터 분리된 세포 내벽이 뭉친 덩어리, 혈전을 일으키는 적혈구 덩어리, 체외로 유출되지 못한 이물질 주변에 형성된 거대한 세포 등도 발견했다. 랑 박사는 지금까지 수만 건의 병리학 연구를 해왔지만 이같이 림프구*가 덩어리로 뭉쳐있는 광경은 본 적이 없다면서 다음과 같이 말한다. "모든 장기에서 림프구가 미쳐 날뛰고 있다." 랑 박사는 백신 반응과 관련한 부검을 방해한 정부 규제당국의 잘못을 다음과 같이 짚었다. "우리는 백신 부작용을 90퍼센트는 놓치고 있다."

5) 다섯 번째 수법. 파우치는 식품의약국과 질병통제예방센터의 핵심적인 여러 위원회에 국립알레르기전염병연구소, 국립보건원, 빌&멜린다 게이츠 재단으로부터 금전적 지원을 받는 수혜자들과 충신들을 배치해 그 어떤 장기적인 피해 조사도 하지 않은 mRNA 백신을 무조건 승인할 거수기 역할을 하게 했다. 모더나, 존슨&존슨, 화이자 백신의 긴급사용승인을 허가하고 화이자 백신에 최종적인 허가를 내준, 식품의약국의 백신 및 백신 관련 생물학적 약물 자문 위원회(Vaccines and Related Biological Products Advisory Committee, VRBPAC) 소속 위원의 절반 이상이 국립알레르기전염병연구소, 국립보건원, 빌&멜린다 게이츠 재단 그리고 거대 제약사들로부터 연구 자금을 받았다.[439 440] 마찬가지로 질병통제예방센터의 예방접종자문위원회(Advisory Committee of Immunization Practices, ACIP)도 구성원의 절반 이상이 이해충돌이 있는 사람들이다.

---

* 세균, 바이러스, 질병을 일으키는 물질과 싸워 감염과 질병으로부터 우리 몸을 보호하는 면역세포 - 옮긴이

6) 여섯 번째 수법. 파우치 박사는 인구 전체에게 백신을 접종해 (백신을 맞지 않은) 대조군을 아예 제거하고 백신 피해를 은폐하려는 듯하다. 2015년 한 인터뷰에서 파우치 박사는 다음과 같이 말했다:

> 그러니까 내 말은, 부모가 정말 백신을 자녀에게 맞히기 싫다면 면제받을 수 있다. 따라서 누가 당신을 묶어놓고 억지로 백신 주사를 놓거나 백신 접종 안 하면 등교도 못 하게 되는 상황은 절대로 일어나지 않는다. 어떤 상황에서도 누군가에게 어떤 강요도 해서는 안 된다.[441]

백신이 출시되기 직전까지도 파우치 박사는 툭하면 백신 강제 접종에 대해 윤리적인 반감을 표했다. 그러나 자발적으로 백신을 접종하는 이들이 더는 늘지 않자, 그런 윤리관은 자취를 감췄고, 그의 지시에 따라 연방기관들은 백신 접종을 주저하는 이들을 위험한 공공의 적으로 취급하기 시작했다. 2021년 9월 9일, 조 바이든은 전 국민을 대상으로 한 연설에서 "우리의 인내심이 한계에 다다르고 있다."라고 경고했다.[442]

파우치 박사는 전 국민에게 백신을 강요하는 정책을 총지휘했고 시간이 갈수록 이러한 정책들은 점점 더 가혹해졌다. 파우치가 공개적으로 백신 접종을 부추기면서, 대학교, 각급학교, 기업체, 병원, 공공기관을 비롯해 사회적 영향력이 집중된 수많은 조직이 일치단결해 백신 접종을 주저하는 미국인에게 접종을 강제하는, 정신이 얼얼할 정도로 강압적인 수법들을 무차별적으로 동원하기 시작했다. 비접종자는 차별당하고, 해고되고, 학교, 공원, 스포츠와 오락 시설, 술집, 식당 출입이 금지되고, 군 복무, 관공서 채용, 여행, 보건 의료에서 불이익을 당했다. 비접종자는 소외되고, 주변부로 밀려나고, 비방당하고, 소셜미디어와 주류 언론에 의해 숙청을 당했을 뿐 아니라 폭력, 감금, 법적 보복, 권리의 박탈 등 협박을 받았다. 2021년 10월, 뉴욕 주지사 캐시 호컬(Kathy Hochul)은 비접종자에게는 운전 면허증과 차량 등록증을 발행해 주지 않겠다고 공언했다. 뉴욕 시장 빌 드 블라지오(Bill de Blasio)는 비접종자들의 지하철, 체육관, 술집, 상업시설 출입을 금지하겠다고 협박했다. 콜로라도주의 한 병원은 백신을 접종하지 않은 환자들을 장기이식 대기자 명단에서 제거하겠다고 밝혔다. 미국 흑인 25퍼센트가 비접종자인 현상을 본 시민권 운동가 케빈 젠킨스(Kevin Jenkins)는 "이는 신형 짐 크로 법(Jim Crow laws)*이다."라고 단언했다.

시간이 갈수록 더욱 강압적으로 변한 이 정책은, 의도성의 유무와 상관없이 백신을 접종하지 않은 대조군을 제거하는 역할을 했고 공교롭게도 백신 피해의 증거를 영원히 은닉하게 되었다. 이러한 동기만으로도 마지막 한 명의 미국인까지, 심지어 이미 자연면역이 생겨서 백신 접종에서 얻을 이득이 전혀 없는 이들까지 백신을 강제로 접종시키려는, 파우치 박사의 무모하고 무자비한 행태가 설명된다. 50세 미만 미국인, 코비드 사망 위험이 거의 제로인 유치원 연령 아동들, 임신부까지도 강제로 접종하라고 했다. 임신부의 경우는 백신 접종이 태아에게 어떤 영향을 미치는지에 대한 정보도 거의 없는데 말이다. 파우치 박사는 인구 전체의 백신 접종만이 팬데믹을 종식할 유일한 길이라고 고집했다. 그러나 파우치의 이러한 주장은 코비드 백신이 전염도 감염도 막지 못하고 바이러스 양도 줄이지 못한다는 사실을 무시하고 있다. 백신 접종자와 비접종자가 질병을 전염시킬 가능성은 똑같음을 증명하는 과학적 자료들이 넘친다. 2021년 9월에 이스라엘에서 나온 한 연구에 따르면, 자연면역이 화이자 백신보다 코비드로부터 보호하는 효과가 27배 크다. 이 연구를 비롯해 최근에 공개된, 동료 학자들의 심사를 거친 연구논문 29편은 하나같이 자연면역이 백신보다 훨씬 우수하다는 결과를 보인다.[443] [444] 그렇다면, 이런 증거에도 불구하고 백신 접종을 주저하는 25퍼센트 국민에게 접종하라고 강압적으로 밀어붙이는 무자비한 정책은 백신을 접종하지 않은 대조군을 원천적으로 제거해 백신으로 인한 사망과 피해를 은폐하려는 속셈이 아니라면 무엇이란 말일까?

＊ ＊ ＊

＊ 미국에서 1876년부터 1965년까지 시행된 인종분리정책 - 옮긴이

2021년 11월 무렵, 파우치 박사가 밀어붙인 코비드 백신이 감염도 전염도 막지 못하고 수많은 미국인을 죽이거나 피해를 준다는 명명백백한 사실을 미국 국민으로부터 숨기기 위해 동원한 온갖 우려스러운 수법들은 대체로 소기의 목적을 달성했다. 언론들이 끊임없이 의도적으로 코비드 사망자 수를 부풀리고 감염에 대한 공포를 조장하면서 많은 미국인은 코비드 백신이 '안전하고 효과적'이라는 정부의 주장을 믿게되었고, 안전하고 효과적인지는 몰라도 "백신 접종은 실보다 득이 크다."라고 생각하게 되었다.

의사와 과학자들은 파우치의 백신 강제 접종 정책은 전 국민을 대상으로 한, 자료도 부실하고 대조군도 없는, 전례 없는 대규모 실험이라고 분통을 터뜨렸다. 한편 코비드 백신이 줄이는 사망보다 일으키는 사망이 훨씬 많음을 보여주는 실제 데이터가 나오고 있었다.

화이자 백신: 충격스러운 데이터를 냉정하게 검토해 보기

이 책이 출간될 예정인 2021년 11월 현재, 코미나티(Comirnaty)라고 알려진 화이자의 코비드 백신만 식품의약국의 승인을 받았다. 코미나티는 아직 미국에서 배포되지 않았지만, 이와 비슷한 백신—화이자-바이오엔테크(Pfizer-BioNTech)가 제조한, 이름만 다르고 똑같은 백신—은 배포되었기 때문에 나는 화이자-바이오엔테크 백신에 집중하겠다. 10월 6일 현재, 미국 공중보건당국은 화이자가 제조한 코비드 백신 2억 3천만 회분 이상을 미국인에게 투여했다. 1억 5,200만 회분의 모더나와 1,500만 회분의 존슨&존슨과 비교하면 훨씬 많이 보급되었다.[445]

화이자가 식품의약국의 승인을 받기 위해 제출한 6개월 임상실험 데이터의 최종요약 문서를 보면 이 백신을 영원히 퇴출했었어야 할 핵심적인 내용을 볼 수 있다. 화이자 백신 임상실험 동안 위약 대조군보다 백신 접종군에서 사망자가 훨씬 더 많이 발생했다. 그런데도 식품의약국이 화이자 백신을 공식 승인하고 의료계가 환자들에게 이 백신을 처방했다는 사실은 가장 치명적이고 효과 없는 약품의 끈질긴 생명력을 보여준다. 또한 제약업계와 결탁한 정부 기관에서 근무하는 포획된 규제당국자들과 고분고분한 의사들, 그리고 언론 조작을 통해 약품에 대한 논조와 정보를 통제하고 인류가 지닌 상식적인 사고를 마비시키는 막강한 힘을 드러낸다.

화이자 백신 임상실험은 백신 승인을 받기 위한 임상실험 종결점으로서 '모든 원인 사망률(all-cause mortality)'을 무시하면 어떤 위험이 있는지에 대한 교훈을 제시한다. 그러나 '모든 원인 사망률'을 논하기 전에 우선 식품의약국이 화이자에 허가를 내준 근거가 된 증거를 살펴보자.

수학적 사기 수법: 상대적 위험(Relative Risk) vs. 절대적 위험(Absolute Risk)

아래 표는 화이자가 6개월 임상실험에서 얻은 사망 데이터를 요약한 표 S4이다. 이게 화이자가 식품의약국에 제출한 최종 보고서다. 그즈음 화이자는 임상실험의 이중맹검을 해제하고(즉, 위약 대조군에도 백신을 접종하고) 실험을 종결했다.[446] 표에서 나타나듯이 화이자는 자사의 백신이 접종자 22,000명당 겨우 한 명의 사망을 막을 가능성이 있다는 형편없는 임상실험 결과에도 불구하고 식품의약국의 승인을 받았다.

그렇다면 화이자는 어떻게 22,000명의 접종자 가운데 겨우 한 명의 코비드 사망을 막는 형편없는 백신을 한 해에 50억 달러를 긁어모으는 효자 상품으로 변신시켰을까? 바로 추정 근거로서 훨씬 유용한 척도인 '절대적 위험'이 아니라 '상대적 위험'이라는 속임수로 국민을 속였기 때문이다.

아래 표를 보면, 임상실험이 진행된 6개월 동안 위약 대조군(약 22,000명)에서는 2명, 백신을 접종한 실험군(마찬가지로 약 22,000명)에서는 1명이 사망했다. 믿거나 말거나, 이 데이터 하나를 토대로 화이자는 자사의 백신이 100퍼센트 사망을 막는다고 주장했다. 백신 접종군에서는 1명이 사망하고 위약 대조군에서는 2명이 사망했으니, 화이자는 백신이 위약보다 100퍼센트 낮다고 주장할 근거가 된다는 얘기다. '2'라는 숫자는 '1'보다 100퍼센트 크니 맞는 말 아닌가? 주류 언론도 이러한 속임수를 눈감아

	BNT162b2 (N=21,926)	Placebo (N=21,921)
Reported Cause of Death	n	n
Deaths	15	14
Acute respiratory failure	0	1
Aortic rupture	0	1
Arteriosclerosis	2	0
Biliary cancer metastatic	0	1
COVID-19	0	2
COVID-19 pneumonia	1	0
Cardiac arrest	4	1
Cardiac failure congestive	1	0
Cardiorespiratory arrest	1	1
Chronic obstructive pulmonary disease	1	0
Death	0	1
Dementia	0	1
Emphysematous cholecystitis	1	0
Hemorrhagic stroke	0	1
Hypertensive heart disease	1	0
Lung cancer metastatic	1	0
Metastases to liver	0	1
Missing	0	1
Multiple organ dysfunction syndrome	0	2
Myocardial infarction	0	2
Overdose	0	1
Pneumonia	0	2
Sepsis	1	0
Septic shock	1	0
Shigella sepsis	1	0
Unevaluable event	1	0

*화이자는 임상실험의 이중맹검을 해제하기 전에 백신 접종군에서 추가로 5명이 사망했다고 보고했지만 표S4에 표시하지 않았다.

주고 자사의 백신이 100퍼센트 효과가 있다는 화이자의 경이로운 주장을 충실히 보도했다. 적어도 일부 기자들은 이러한 보도를 접한 미국인이 대부분 당연히 백신이 사망을 100퍼센트 예방한다고 믿게 되리라는 사실을 틀림없이 알고 있었을 것이다. 화이자 백신의 효과를 좀 더 정직하게, 도움이 되는 방식으로 해석하면 코비드로부터 단 한 명의 생명을 구하려면 22,000명에게 백신을 투여해야 한다는 얘기다. 백신의 사망 위험 감소율은 1/22,000이고, <영국의학학술지>가 보고한 대로라면 약 0.001퍼센트이다. 바이러스학자와 전염병 전문가는 이 백신이 코비드 전염을 조금이라도 막기에는 너무 효과가 미미하다는 사실을 알고 있었다. 어떤 백신이 전염병으로 인한 사망률을 겨우 1/22,000 줄인다고 임상실험에서 나타났다면, 그 백신은 팬데믹을 막는 능력이 전혀 없다.[447] 피터 매컬러 박사는 "임상실험에서 백신이 줄이는 절대적 위험이 1퍼센트 미만으로 나타나면(캐나다, 워털루의 브라운 R. 외 다수가 저술한 논문 참조) 그 백신은 팬데믹에 영향을 미칠 가능성이 없다."라고 말한다. 그런데도 파우치 박사는 계속해서 백신이 궁극적인 만병통치약이라고 선전했다.

게이츠와 파우치 박사가 백신이 팬데믹을 종식한다고 일 년 내내 나발을 분 근거는 이제 산산조각이 났다. 그런데도 파우치 박사는 주야장천 전 국민 완전 접종만이 팬데믹을 종식한다고 주장했고, 이를 근거로 미국 국민에게 백신 접종을 받으라고 강요했다.

그런데 여기서 얘기는 점입가경이다. 표 S4를 보면, 백신 접종자 22,000명당 달랑 코비드 사망 1건 방지(1/22,000)라는 별 볼 일 없는 경쟁력은 백신 접종자 22,000명당 심장마비와 울혈성 심부전 초과 사망자가 다섯 배 증가한다는 수치(5/22,000)가 완전히 상쇄한다. 화이자와 규제마법사 파우치 박사는 모든 원인 사망률이라는 가장 중요한 문제로부터 미국 국민의 주의를 돌리기 위해 사실을 왜곡하고 진실을 은폐했다.

모든 원인 사망률

'모든 원인 사망률(All-cause mortality)'은 그 어떤 의료 처치의 가치를 측정할 때도 핵심적인 척도가 되어야 한다. 이 척도만으로도 백신 접종자가 비접종자보다 더 나은 결과를 얻고 더 오래 사는지 알 수 있다. 얼핏 보면, 약품과 백신이 그 약품이 표적으로 삼는 질병에 효과가 있는 듯해도, 장기적으로 보면 뜻밖의 원인 ─ 사고, 암, 심장마비, 발작, 심지어 우울증과 자살 ─ 아니면 병원체 활성화로 인한 사망을 일으켜 의료 처지에서 비롯되는 단기 이득을 완전히 상쇄할지도 모른다. 앞으로 이 책의 두 장(章)에 걸쳐 살펴보겠지만, 파우치 박사는 공중보건 관료에 입문한 초기부터 독성 약품의 임상실험을 조작할 핑계를 찾아내고 장기적인 사망률을 은폐하고 전체적인 비용/편익 분석을 모호하게 만드는 방법을 터득했다.

화이자의 코비드 백신 6개월 임상실험 데이터에 따르면, 백신은 겨우 사망 1건을 막았지만, 백신접종군은 치명적인 심장마비를 겪은 사람 수가 비접종군의 네 배에 달했다. 다시 말해서, 백신에서 비롯되는 사망률 감소 효과는 전혀 없다는 뜻이다. 백신이 코비드로부터 구하는 생명 1명당 백신 부작용인 심장마비로 사망하는 초과 사망(excess death)이 4명이라는 뜻이다.[448] 화이자 임상실험에서 22,000명의 백신 접종군 가운데 20명이 "모든 원인 사망"으로 사망했는데, 수적으로 비슷한 규모의 위약 대조군에서는 14명만 사망했다. (화이자는 분명히 백신접종군의 총사망자 수를 보고 놀라서 표 S4에서 사망자 5명을 누락시키고, 보고서 깊숙한 눈에 안 띄는 곳에 아주 작은 글씨로 적어넣은 게 분명하다. 그렇다면 위약 대조군보다 백신 접종군에서 42.8퍼센트 더 많은 사망자가 나왔다는 뜻이다. 식품의약국 지침에 따르면, 임상실험 연구자들은 실험이 진행되는 동안 실험 대상에게 발생한 모든 부상과 사망을, 달리 증명되지 않는 한, 의료 처지(여기서는 백신)에서 비롯되었다고 해야 한다).[449] 이 규정에 따라 식품의약국은 백신을 접종한 사람들이 사망할 확률이 42.8퍼센트 증가한다고 추정해야 한다.

이 6개월짜리 임상실험의 안전성 보고서는 결과가 너무 참혹해서 이 백신을 사용하면 안 된다는 결론이 났어야 하지만, 제약사에 포획당한 식품의약국 관리들은 화이자 백신을 승인해 주었다. 제대로 작동하지 않는 백신부작용보고체계(VAERS), 주류 언론, 소셜미디어가 작당해서, 백신을 접종한 미국인들이 죽어 나가고 있는데도, 범죄의 증거를 은폐했고, 질병통제예방센터는 그들 나름의 온갖 술수를 동원해서 현실 세계에서 일어나는 살육을 은폐했다.

미국에서 전국적인 백신 접종 캠페인이 시작된 후 감염과 사망 사례가 줄었을까?

파우치 박사와 백신 로비 세력은 백신 배포가 시작된 직후인 2020년 12월 중순 코비드-19 사망이 급감하자 이를 백신 덕분이라고 주장하면서 기회주의적인 속임수를 쓰기 시작했다. 그러나 1차로 배포된 화이자 백신을 접종한 사람의 수는 2월 1일 무렵 겨우 2,700만 명(미국 총인구의 약 8퍼센트)이었고 — CDC에 따르면 — 백신이 감염/사망 예방

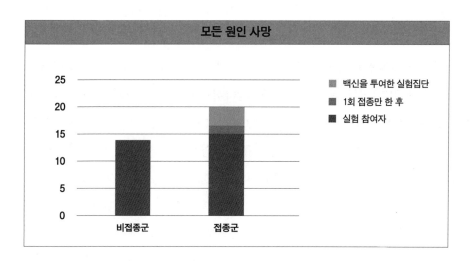

효과를 발휘하려면 적어도 접종 후 60일이 지나야 하므로, 백신은 감염/사망의 급격한 감소와 아무런 관련이 없었다. 4월 중순 무렵에도 백신을 접종한 미국인은 겨우 31퍼센트였고 6월 15일 무렵에조차도 접종자는 겨우 48퍼센트였다.

1월에 감염/사망 사례들이 급격히 감소한 이유는 그 전 해에 걸쳐 자연적으로 감염이 확산한 덕에 자연 집단면역이 이루어졌을 때문으로 추정된다. 피에르 코리 박사의 12월 5일 상원 청문회 증언에 뒤이어 하이드록시클로로퀸(HCQ)과 아이버멕틴(IVM)이 널리 사용되었고, 1월에 발생한 신규 감염 사례들 가운데 약 4분의 1에서 3분의 1을 조기에 치료하기 시작한 전국적인 6개 원격진료 병원들과 독자적인 의사들로 구성된 몇몇 대형 네트워크들의 덕분일 가능성이 크다.[450]

백신이 실제로 미국 인구의 사망률에 미치는 영향을 미국 국민은 여름이 되고 나서야 마주했다. 그러나 여기서 잠시 멈추고 미국보다 백신을 훨씬 빠른 속도로 배포하고, 덜 교활한 규제당국이 존재하고 데이터 수집과 보고가 훨씬 꼼꼼하게 이루어진 다른 여러 나라를 살펴보자.

세계적 데이터베이스: 코비드 백신 접종 후 감염 사례가 증가하다.

신속하고 공격적으로 코비드-19 백신 접종 캠페인을 펼친 나라는 거의 모조리 코비드 감염 사례가 급격히 치솟았다. 백신 접종률이 대단히 높은 인구가 코비드 감염에 더욱 취약해지면 백신 접종에 뒤이은 몇 달 사이 병원체 활성화가 개시된다는 신호다.[451]

지브롤터

세계에서 접종률이 가장 높은 지브롤터는 34,000명 인구에게 공격적으로 접종을 시행해 2021년 7월 무렵 백신 유효범위(coverage rate) 115퍼센트에 도달했다(보건당국은 스페인 관광객들까지도 접종시켰다). 백신을 배포하기 직전인 2020년 12월, 지브롤터의 보건당국이 확인한 코비드-19 사망자 수는 5명, 감염자 수는 겨우 1,040명이었다. 그런데 대대적으로 백신을 접종한 후 신규 감염 사례는 5,314명으로 5배, 사망자 수는 19배 폭증했다.[452]

몰타

유럽에서 백신 접종률이 높은 나라로 손꼽히는 또 다른 나라 몰타는 50만 명 인구에게 80만 회분을 투여해 6개월에 걸쳐 거의 84퍼센트 백신 유효범위를 달성했다. 그러나 2021년 7월을 시작으로 감염과 사망이 폭증하면서 보건당국은 새로이 강압적인 정책을 실행했고 백신이 국민을 코비드로부터 보호하지 못한다는 사실을 시인했다.[453]

아이슬란드

2021년 7월 무렵, 아이슬란드는 36만 명 인구의 80퍼센트가 1회 접종을, 75퍼센트가 2회 접종을 마쳤다. 그러나 7월 중순 무렵, 하루 신규 감염자 수가 10명에서 약 120명으로 치솟더니 백신을 접종하기 전보다 높은 수준에서 안정화되었다. 이처럼 갑작스럽게 감염이 재발하자 아이슬란드의 수석 전염병학자 토를 푸르고 드나 손은 백신으로 집단면역에 도달하기는 불가능하다고 확신했다.[454] 그는 "(백신으로 집단면역에 도달한다는 주장은) 낭설이다."라고 공언했다. 종양학자이자 통계학자인 제라드 델레핀 박사에 따르면 "아이슬란드 국민은 집단면역을 더는 믿지 않는다."[455]

벨기에

2021년 6월 무렵, 벨기에는 1,150만 명 인구의 거의 75퍼센트가 1회, 65퍼센트가 2회 접종을 마쳤다. 그러나 2021년 6월 말 무렵 하루 신규 감염자가 500명 미만에서 거의 2,000명으로 치솟았다. 벨기에 보건당국자는 지금 접종하는 백신은 코비드를 막지도 못하고 벨기에 국민을 보호하지도 못한다고 시인했다.[456]

싱가포르

싱가포르는 2021년 7월 말 무렵 5,703,600명 인구의 거의 80퍼센트가 적어도 1회 접종을 마쳤다. 그러나 8월 말 싱가포르는 감염이 기하급수적으로 증가했다. 6월에 약 10명이었던 일일 신규 감염 사례는 7월 말 150명 이상으로 치솟았고, 9월 24일 1,246명을 기록했다.[457]

영국

2021년 7월 무렵 영국은 6,700만 명 인구의 70퍼센트 이상이 1회, 59퍼센트가 2회 접종을 마쳤다. 그런데도 7월 중순 무렵 영국은 하루 신규 감염 사례가 6만 명을 기록했다.[458] 감염자가 기록적으로 치솟자, 영국의 저명한 백신 학자이자 옥스퍼드 백신 그룹(Oxford Vaccine Group)을 이끄는 앤드루 폴라드는 의회에 출석해 백신을 통한 집단면역은 허구라고 시인했다.[459]

더욱 우려스러운 사실은, 〈데일리 스켑틱(Daily Skeptic)〉에 윌 존스(Will Jones)가 취합해 보도한 2020년 8월분 데이터에 따르면, 40세 이상 연령 집단에서 백신의 효과가 마이너스 53퍼센트, 즉 부정적 백신 효과를 보여주었다는 점이다. 보도된 자료를 보면, 2회 접종자들 감염률이 가장 높았다. 이 연령 집단에서 2회 접종한 사람들은 그달에 비접종자보다 53퍼센트 높은 감염률이 보였다는 뜻이다. 백신은 감염을 예방하기는커녕 오히려 촉진한다는 뜻이다. 병들고 죽어가는 백신 접종자가 훨씬 많다는 사실은 예측한 대로 병원체 활성화가 발생하기 시작했음을 강력히 시사한다.[460]

이스라엘

화이자 백신을 열렬히 찬양하면서 혹독하고 강압적인 백신 의무접종 정책에 앞장선 이스라엘은 2021년 6월 무렵 900만 명 인구의 70퍼센트가 적어도 1회 접종, 위험군의 90퍼센트가 2회 접종을 마쳤다. 자국이 무자비한 백신 강제 정책의 효과를 증명하는 본보기라고 아전인수식으로 해석했던 이스라엘은 이제 백신의 실패를 보여주는 본보기로 전락했다.[461]

7월 이스라엘에서 감염 사례는 강력한 반등세를 보이면서 하루 신규 감염 사례가 역대 최고인 11,000명을 기록했는데, 이는 화이자 첫 회 접종에 뒤이어 감염이 유행한 2021년 1월에 찍은 최고점을 거의 50퍼센트 능가하는 수치다.[462]

2021년 8월 1일, 이스라엘 공중보건 서비스 국장 샤론 알로이-프라이스(Sharon Alroy-Preis)는 코비드-19 감염 사례의 절반은 2회 접종까지 한 사람들이라고 발표했다. 2회까지 접종을 마친 사람들, 특히 60세 이상 연령대 가운데서 심각한 질병의 징후도 포착되었다고 그녀는 말했다.[463]

68개국과 미국의 3,000개 카운티

하버드대학교 T. H. 챈 공중보건대학원의 과학자들이 2021년 10월 3일 발표한 한 연구에 따르면, 68개국의 백신 접종률과 미국 전역의 2,947개 카운티의 백신 접종률을 비교하고 이를 100만 명당 코비드-19 감염률과 비교했더니 백신 접종률이 높은 나라와 카운티에서 SARS-CoV-2 감염 사례가 더 낮게 나오지 않았다.[464][465]

병원체 활성화 때문일까?
코비드 백신은 사망률과 입원율 증가와 연관이 있다고 나타난다.

2021년 8월 무렵, 파우치 박사와 백악관 관리들은 백신 접종이 감염도 전염도 못 막는다고 마지못해 시인했지만, 그래도 어쨌든 중증이나 사망을 막는다고 주장했다 (HCQ와 IVM이야말로, 그것도 백신에 비하면 푼돈에 해당하는 비용으로, 중증이나 사망을 막는 목표를 달성했을 가능성이 크다). 파우치 박사와 바이든 대통령은, 아마도 파우치 박사의 종용으로, 미국 국민에게 중증, 입원, 사망의 98퍼센트는 비접종자라고 말했다. 이는 새빨간 거짓말이었다. 코비드 접종률이 높은 나라들로부터 취합한 실제 세계 데이터를 보면, 이러한 주장과는 정반대 결과가 나타난다. 접종률이 높은 나라는 하나같이 감염이 재개되면서 백신 접종자들 사이에 입원, 중증, 사망이 폭발적으로 증가했다. 전 세계적으로 사망률도, 화이자의 치명적인 임상실험 결과와 마찬가지로, 비접종자보다 접종자 가운데 사망자가 훨씬 많았다. 이러한 데이터는 우리가 그토록 우려한 병원체 활성화 현상이 도래했으며 이제 엄청난 피해를 일으키고 있다는 심증을 굳혀주었다.

지브롤터

세계에서 기록적인 속도로 백신을 보급하는 데 앞장선 지브롤터는 대량 접종 후 곧 사망자가 폭등해 100만 명당 2,853명이 목숨을 잃었다. 유럽에서 가장 높은 사망률이었다. 고령층에 대한 접종을 시작으로 백신을 보급하고 첫 며칠 동안 84명의 어르신이 백신 접종 직후 사망했다. 이에 충격을 받은 지브롤터 총독은 이는 자국이 겪은 역대 최고의 사망률로서, 제2차 세계대전 동안 겪은 사망률조차 초과한다고 말했다.

영국의 잉글랜드 섬

2021년 10월 이전 7개월에 걸쳐 코비드로 사망한 2,542명의 60퍼센트는 2회 접종자였다. 같은 기간 동안 코비드로 입원한 사람들 가운데 157,000명이 2회 접종자였다.[466] 비접종자보다 2회 접종자 사이에 사망률이 훨씬 높았다.[467] 영국 정부의 국립통계청이 코비드 백신 접종 상태별로 사망률을 집계한 최신 자료를 보면 연령을 보정(補正)한 사망률의 경우 2021년 10월 무렵 사망률은 비접종자보다 접종자 사이에서 훨씬 높았다.[468]

영국의 웨일스 섬

웨일스 공중보건당국의 10월 21일 데이터에 따르면, 백신 접종자가 코비드 신규 입원 사례의 무려 87퍼센트를 차지한다.[469] 당시에 웨일스 주민의 80퍼센트가 2회 접종까지 완료했다. 다시 말해서 입원이 필요한 중증 환자의 13퍼센트만 비접종자라는 뜻이다. 이는 실험단계인 이 백신을 접종한 사람들이 심각한 부작용을 경험하고 코비드-19로 입원하게 될 가능성이 훨씬 크다는 점을 시사한다.

영국의 스코틀랜드 지역

2021년 10월 발표된 입원과 사망의 공식적인 데이터에 따르면, 7월 초 시작된 세 번째 코비드-19 감염 파동으로 숨진 사람들의 87퍼센트가 2회 접종까지 마친 이들이었다.[470]

이스라엘

이스라엘에서는 전염병이 다시 무섭게 퍼지면서 입원환자가 증가했다. 백신 접종자가 입원환자의 대부분을 차지했다. 7월 말 무렵 위독한 환자의 71퍼센트가 2회까지 접종을 마친 사람들이었다. 백신을 접종한 위독한 환자의 비율은 백신 2회 접종자의 비율(61퍼센트)보다 훨씬 높았다. 이스라엘 공식 자료에 따르면, 8월에 발생한 사망자는 비접종자(390명)보다 접종자(679)가 훨씬 많아 백신이 사망을 막는 효과가 있다는 정부 당국의 주장을 무색하게 했다. 2021년 8월 5일 예루살렘에 있는 헤르조그 병원 원장 코비 하비브(Kobi Haviv) 박사는 채널 13 뉴스에 출연해 위독한 코비드-19 환자의 95퍼센트가 2회 접종자이고 백신접종자가 코비드 관련 입원의 85퍼센트를 차지한다고 밝혔다.[471] 백신 2회 접종자가 이스라엘 병원들을 가득 채우자, 정부는 8월 '백신 접종자의 팬데믹'에 대처할 새로운 방안을 발표했다. 이스라엘은 '접종 완료'의 정의를 '3회, 심지어 4회까지 접종을 마친 상태'로 '업데이트'하겠다고 밝혔다. 이스라엘의 코비드 방역 총책임자 살만 자르카(Salman Zarka)는 "백신 접종 완료의 의미를 업데이트하고 있다."라고 말했다.

미국의 버몬트주

버몬트는 미국에서 백신 접종률이 가장 높은 주이다. 2021년 10월 10일, (코비드 통계치 집계 자료에 따르면) 86퍼센트의 주민이 2회 접종을 완료했지만, 역대 최고 감염률을 보였다고 버몬트 관리들이 밝혔고, 버몬트주에서 9월에 발생한 코비드-19 사망자의 4분의 3 이상이 '접종 완료자'로 드러났다. 같은 달 버몬트주의 코비드-19 사망자 33명 가운데 비접종자는 8명뿐이었고, 주 관리들은 이 8명이 1회라도 백신을 접종한 지 여부에 대해 답변을 거부했다. 정부 관련 부서 대변인은 〈라이프사이트 뉴스(LifeSite News)〉에서, 사망자들은 "가장 먼저 백신을 접종한 이들"일 가능성이 크다면서, 돌파 감염 사례는 백신이 효과가 없음을 보여주는지도 모른다고 밝혔다. AP통신에 따르면, 버몬트주에서 입원 사례가 절정에 달하면서 9월은 팬데믹 동안 사망자가 두 번째로 많이 나온 달이 되었다.

미국의 케이프 코드 지역

매사추세츠주에 있는 내 고향 케이프 코드에서 7월 6일부터 7월 25일까지 질병통제예방센터가 반스터블 카운티에서 발생한 전염병 상황을 조사한 자료에 따르면, 코비드-19 감염 진단을 받은 사람의 74퍼센트, 입원환자의 80퍼센트가 백신을 2회 접종한 접종 완료자였다.[472]

코비드가 다시 기승을 부리고 돌파 감염이 치솟으면서 백신 접종률이 버몬트주처럼 거의 100퍼센트에 달하는 매사추세츠주를 비롯해 백신 접종률이 대단히 높은 뉴잉글랜드 지역을 코비드가 휩쓸었다. 매사추세츠주에서 2021년 9월에 발생한 코비드-19 감염사례는 그 전 해 9월의 네 배 이상 치솟았다. 사망자의 절반은 접종 완료자였고, 나머지 절반 중 1회라도 접종한 사람의 수가 어느 정도인지는 밝혀지지 않았다.

뉴잉글랜드 지역에서 나타난 코비드 백신의 실패는 미국 전역에서 나타나는 우려스러운 추세를 반영하고 있다. 9월 미국 국방부 자료에 따르면, 8월 말 코비드-19 입원 환자의 71퍼센트가 접종 완료자였다. 국방부는 나머지 29퍼센트 가운데 1회라도 접종한 사람이 얼마나 되는지는 밝히지 않았다.

예측한 대로 백신 접종 후 코비드 사망 사례가 치솟은 현상은 오래전부터 우려한 병원체 활성화의 증거라고 방역 정책을 비판하는 이들은 주장했다. 정부 관리들은 백신 접종자 사이에서 대부분 피해자와 사망자가 발생하는 이유에 대해 설득력 있는 해명을 하지 못했다. 나는 여기서 이에 대한 해답을 내놓으려는 게 아니라 앞에서 보여준 그래프들을 여러분과 공유할 뿐이다. 이 그래프에 나타난 추세가 공식적인 주장과 완전히 상반되기 때문이다. 따라서 여러분은 주류 언론에서는 이러한 놀라운 현상에 대한 보도를 접하지 못한다. 이 그래프들은 존스 홉킨스 대학교 코로나바이러스 방역센터가 취합한 데이터로 만들었다. 존스 홉킨스 대학교는 주류 의학계를 지탱하는 중요한 기둥으로서 코비드 백신을 공격적으로 밀어붙였다. 존스 홉킨스 대학교는 빌&멜린다 게이츠 재단으로부터 수천만 달러 이상, 앤서니 파우치의 국립알레르기전염병연구소와 국립보건원으로부터 10억 달러가 넘는 자금을 지원받았다.[473][474] 그런 존스 홉킨스 대학교가 모은 데이터인데도 불구하고 코비드 사망률은 수많은 나라에서 대대적인 백신 접종 직후에 급격히 치솟는 현상을 보인다. 남아프리카공화국 의사 단체인 판다(PANDA)는 존스 홉킨스 대학교의 나라별 데이터를 모아 보기 쉬운 동영상으로 만들었다.[475] 판다가 제작한 그래프는 세계 대부분 국가에서 백신 접종 직후 사망이 폭증하는 '죽음의 지대(dead zone)'를 보여준다.

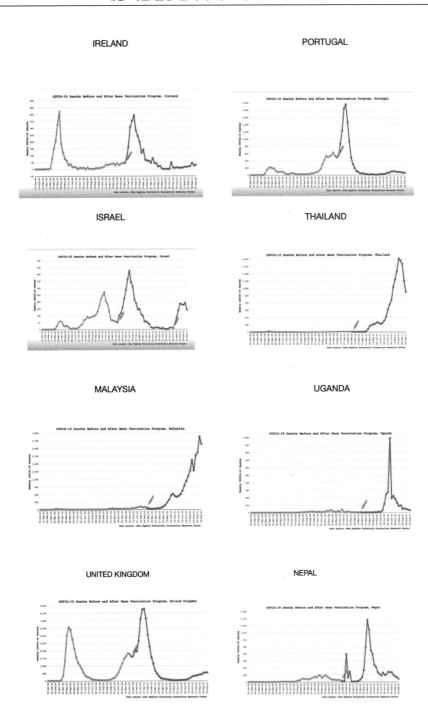

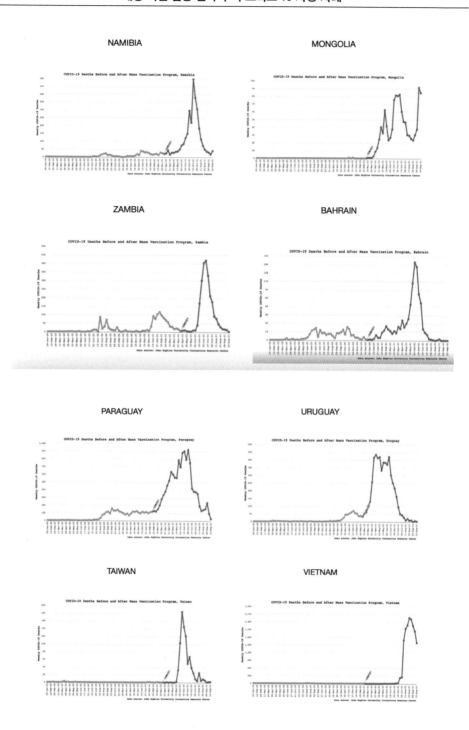

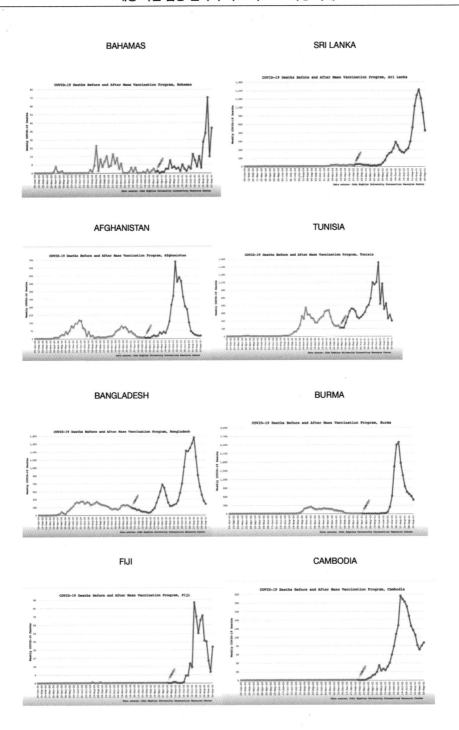

미국에서 코비드 백신은 기록적인 사망률을 야기했다.

질병통제예방센터가 미국에서 발생하는 살육을 은폐하려고 애썼지만, 제대로 작동하지 않는 백신부작용보고체계(VAERS) 조차 코비드 백신 접종 후 전례 없이 기록적인 사망 보고가 쇄도했다.

1976년, 미국 규제당국자들은 돼지독감 백신이 25명의 사망과 연관되자 백신을 회수했다.[476] 이와는 대조적으로, 2020년 12월 14일부터 2021년 10월 1일까지 미국 의사와 유족들이 코비드 백신 접종에 뒤이어 VAERS에 16,000건의 사망과 778,685건의 부작용을 보고했다.[477][478] 유럽의 백신 부작용 감시 사이트에도 4만 건의 사망과 220만 건의 부작용이 집계되었다. VAERS와 유럽의 사이트 모두 부작용/사망 사례를 실제보다 적게 집계하는 고질적인 문제가 있으므로 위에 언급한 수치들은 실제 건수의 극히 일부에 불과할 게 거의 확실하다. 이러한 사망과 부작용 건수가 얼마나 이례적인지는 다음 '하키 스틱' 모양의 그래프가 잘 보여준다. 질병통제예방센터가 지난 30년 동안 VAERS에 보고된 모든 백신 관련 사망을 표시한 그래프인데, 지난 30년 동안 아주 완만하게 상승하다가 코비드 백신이 배포된 2021년에 급격히 꺾여 치솟는 하키 스틱 모양을 나타낸다.

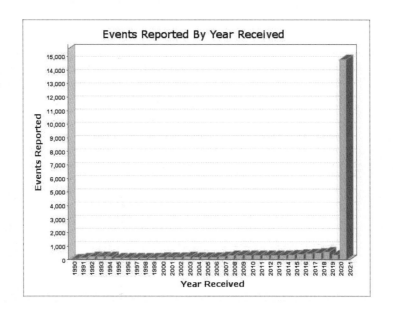

보건 의료 종사자들은 지난 32년 동안 수십억 회분의 백신을 사람들에게 투여했는데, 코비드 백신을 투여한 지 8개월 만에, 지난 30년에 걸쳐 VAERS에 보고된 백신 관련 부작용과 사망 사례를 모두 합한 것보다 훨씬 많은 부작용과 사망 사례가 보고되었다. VAERS 데이터를 보면 백신 접종 후 2주 동안 사망이 68.84퍼센트나 폭증[479]했고, 접종 후 24시간 안에 사망한 비율은 39.48퍼센트에 달했다.[480] 질병통제예방센터의 사망률 데이터에 따르면, 코비드 백신의 치사율은 독감백신의 98배에 달한다.[481]

다른 데이터베이스들은 당연히 코비드 백신 사망률을 VAERS보다 훨씬 높게 추산한다.

최근에 권위 있는 네덜란드 출판사 엘스비어(Elsevier)가 발간하는 학술지 〈독물학 비평(Toxicology Reports)〉에 실린, 동료 학자들의 심사를 거친 한 연구논문에 따르면, 코비드-19 백신이 각 연령 집단마다 구하는 사람보다 사망케 하는 사람 수가 훨씬 많다. 이 연구에 따르면, '최상의 경우'를 상정해도 가장 취약한 65세 이상 연령 집단에서 코비드-19 백신 사망자가 코비드-19 사망자의 다섯 배에 달한다.[482]

마찬가지로 실리콘밸리 사업가 스티브 커쉬(Steve Kirsch)가 소집한 명망있는 과학자와 수학자 팀이 2021년 9월에 발표한 바를 살펴보자. 그는 여덟 가지 서로 다른 독자적인 방법을 이용해 VAERS를 비롯해 인구와 부작용 감시 시스템 데이터베이스 6종류를 분석했는데, 이에 따르면 2020년 1월 이후 미국에서 코비드 백신으로 인한 사망자가 15만 명에 달한다. 커쉬는 이 집계 방법에서 오류를 찾아내는 사람에게 50만 달러 상금을 주겠다고 했다.[483][484] 모든 연령 집단에서 코비드 백신이 살리는 사람보다 죽이는 사람이 더 많다는 커쉬의 분석 자료는 백신 접종자가 비접종자보다 사망할 확률이 훨씬 높다는 결과가 나온 화이자의 6개월 임상실험 결과(사망자 수, 백신 접종자 20명 vs 비접종자 14명)와 일맥상통한다.[485]

VAERS가 아닌 다른 데이터베이스로 이러한 초과 사망을 추산한 자료가 더 있다. 오하이오에서 활동하는 변호사 토머스 렌츠는 (저소득층과 고령층 의료지원 센터의) 고령층 의료보험(Medicare) 데이터베이스를 토대로 추산한 결과 코비드-19 백신 1회 접종 또는 2회 접종 후 14일 안에 저소득층/고령층 보험 수혜자 가운데 48,465명이 사망했다고 밝혔다.[486][487] 고령층 의료보험을 적용받는 미국인은 5,940만 명으로 총인구 가운데 겨우

18.1퍼센트를 차지한다. 따라서 아찔하게 높은 이 사망자 수치들은 스티브 커쉬의 인구 전체를 대상으로 추정한 15만 사망자와 얼추 맞아떨어진다.

질병통제예방센터는 쇄도하는 백신 사망자 물결을 어떻게 은폐했나?

파우치 박사, 질병통제예방센터(CDC), 백악관, 그리고 대부분 주류 언론에 따르면, 코비드 관련 입원의 95퍼센트와 사망의 99퍼센트가 비접종자로서 우리는 지금 '비접종자가 일으킨 팬데믹'을[488] 겪고 있다. 앞서 언급한 바와 같이, 이러한 추정치는 미국의 최고위 규제당국자들이 조직적으로 국민을 — 그리고 아마도 대통령을 — 속인 결과다. 그렇다면 CDC는 어떻게 바이든 대통령을 속였을까?

CDC가 써먹는 뻔뻔한 속임수 가운데 하나는 두 번째 백신을 접종하고 2주가 지난 후에 사망한 경우만 빼고 나머지는 모조리 '비접종자'의 사망으로 집계함으로써 미국 데이터에서 나타나는 백신 접종자 사망률을 은폐하는 수법이다(공교롭게도, CDC는 이 사기 수법을 한술 더 떠서 백신으로 인한 사망을 코비드로 인한 사망으로 집계한다).[489] 이런 식으로 CDC는 백신 접종 후 발생하는 사망을 모조리 '비접종자'의 사망으로 돌린다. CDC가 백신 부작용을 은폐하고 코비드에 대한 공포를 조장하기 위해서 써먹는 통계 조작 수법은 이것 말고도 무궁무진하다.

CDC는 비접종자가 입원과 사망의 98퍼센트를 차지한다는 조 바이든 대통령의 주장을 뒷받침하기 위해서 한층 더 뻔뻔한 수작을 부렸다. 8월 5일 공개한 동영상에서 CDC 소장 로셸 왈렌스키(Rochelle Walensky) 박사는 본의 아니게 CDC가 통계를 조작할 때 주로 써먹는 수법을 공개했다. 왈렌스키는 2021년 1월부터 2021년 6월 사이에 발생한 입원과 사망 데이터를 계산에 포함했다고 겸연쩍어하며 시인했다.[490] 그러나 그 시기에 미국 인구 대부분은 아직 백신 접종을 하지 않은 상태였다. 따라서 입원한 사람 거의 전부 비접종자인 게 당연하다. 그 시기 동안 미국인 중 백신을 접종한 사람은 거의 없었으니까 말이다! 2021년 1월 1일 무렵, 미국 인구 중 코비드 백신을 접종한 인구 비율은 겨우 0.4퍼센트였다.[491] 4월 중순 무렵, 인구의 37퍼센트가 1회 또는 2회 백신을 접종했고[492] 6월 15일 현재 겨우 43.34퍼센트가 '접종을 완료'했다.[493] 따라서 이 시기의 데이터를 이용하는 행태는 뻔뻔하고 노골적인 사기다. 물론 CDC는 미국 국민에게 제시한 데이터가 8개월 묵은 데이터라고 절대로 밝히지 않았고 8월 현재 최신 입원율 데이터라고 믿게 했다. 설상가상으로 CDC는 한층 더 뻔뻔한 수작을 부렸다. CDC는 델타 변이(Delta variant)와 관련해 입원한 사람들이 포함된 (8월 현재)의 최신 데이터는 누락시켰다. 훨씬 신뢰할 만한 데이터가 존재하는 다른 나라들에서 델타 변이에 감염되어 입원한 사람들 압도적 다수가 백신 접종자였다.

CDC의 이러한 통계 조작 사기 수법은 국민을 대단히 기만하는 행위다. 바이든 대통령이 미국 국민에게 의도적으로 거짓말을 한 게 아니라고 가정한다면, CDC가 바이든 대통령에게 거짓말을 하고 대통령을 이용해 국민을 속인 게 분명하다.

코비드 백신 − 그 밖의 각종 상해(傷害)

백신부작용보고체계(VAERS)에 정보를 입력하는 절차는 매우 까다로움에도 불구하고 2020년 12월 14일부터 2021년 10월까지 9달 반 기간에 거의 80만 건의 백신 상해가 보고되었고 이 가운데 112,000건은 '심각한' 상해로 분류되었다. 화이자는 임상실험 동안 나타난 신경 손상, 혈소판 감소증, 혈전, 뇌졸중, 색전증, 동맥류, 심근염, 안면 마비, 길랑-바레 증후군, 각종 장기 손상, 사지 절단, 실명, 마비, 이명, 여성의 월경 이상 등 여러 가지 심각한 상해를 보고하지 않거나 그 심각성을 교묘하게 무마했다. 영국[494]과 미국[495]에서 각각 30,000명과 6,000명 이상의 여성이 월경 이상을 호소했다.

9월 28일, 과학 학술지 〈미국의학협회학술지 신경학(JAMA Neurology)〉은 코비드-19 백신과 연관된 일련의 새로운 뇌정맥동혈전증(CVST) 사례들을 보고하면서[496] 이 부작용의 심각성과 이와 관련된 높은 사망률을 확인했고, 또 다른 학술지도 코비드 백신을 접종한 환자의 C형 간염이 재발했다고 보고했다.[497]

이러한 심각한 상해의 종류와 발생 건수는 아마 실제보다 훨씬 축소 보고되고 있을 가능성이 크다. 스티브 커쉬는 화이자가 임상실험 동안 백신 접종군에게 나타난 심각한 상해를 은폐하는 데 써먹은 여러 가지 속임수를 파헤쳐 왔다. 예컨대, 14살 소녀 매디 드 가레이(Maddie de Garay)와 그녀의 부모가 용기를 내 밝힌 덕분에 우리는 화이자 임상실험에 참여한 매디가 발작과 영구마비를 비롯해 심각한 신경 손상을 입었다는 사실을 알게 되었다. 그러나 화이자는 매디가 복통을 일으켰다고만 기록했다.

화이자가 임상실험 데이터를 조작하고 매디 드 가레이의 상해를 은폐하는 등 심각한 규정 위반을 범했기 때문에 화이자 백신은 아동을 상대로 긴급사용승인밖에 얻지 못했다.

매디는 화이자 임상실험에 참여한 10대 청소년 2,300명 중 한 명에 불과한 점으로 미루어 볼 때, 그녀가 입은 상해는 실제로는 훨씬 심각한 의미를 지닐 가능성이 크다. 2,300명당 1건의 상해 비율을 화이자와 파우치가 백신 접종의 표적으로 삼은 8,600만 명의 10대에게 적용해 추정하면, 전국적으로 36,000명의 10대가 이런 심각한 상해를 입을 가능성이 있다. 전염병 코비드는 고령자의 목숨을 앗아갈지 모르지만,[498] 코비드 백신은, 매디의 사례에서 보다시피, 젊은이들의 목숨을 빼앗고 상해를 입힌다.

화이자의 임상실험 데이터에 따르면, 10대 318명당 한 명꼴로 치명적인 심근염을 일으킨다고 예측된다. 백신이 출시된 이후에 수집한 데이터도 심근염 발생률이 천문학적으로 높다는 현실을 확인해 준다. 2021년 10월 1일, 의학 연구원과 통계학자들이 VAERS에 보고되는 심근염 발생률은 화이자의 임상실험 데이터에 보고된 발생률보다 훨씬 높다는 사실을 밝혔다.

VAERS에 따르면, 코비드 백신 접종에 뒤이어 보고된 심근염과 심낭염 건수는 7,537건이었는데,[499] 이 가운데 5,602건이 화이자 백신을 접종한 사례였다.[500] 보고된 건수 가운데 약 476건이 12세에서 17세 사이의 아동에게서 발생했다.[501]

〈심장학 추세(Current Trends in Cardiology)〉에 게재된 한 논문에 따르면, "12~15세 연령 집단에게 코비드-19 백신을 배포하고 8주 안에, 이 연령 집단에서 통상적으로 나타나는 심근염 발생률의 19배에 달하는 발생률이 백신을 자발적으로 접종한 이들 사이에서 나타나리라고 예상된다."[502] 그러나 이처럼 심각한 수치조차도 실제로 발생하는 심근염 상해 건수를 훨씬 밑돌지 모른다. 2021년 6월 23일 질병통제예방센터 자문 위원회에 제출된 이스라엘 데이터와 미국 데이터에서도 12~17세 연령 집단에서 백신을 접종한 소년들 사이에서 발생했다고 보고된 심근염 비율은 예상보다 25배 크고 백신을 접종한 65세 이상 성인 남성 사이에서 보고된 비율보다 50배 크다.

이처럼 놀라운 수치는 심근염이 '아주 드문' 부작용이라는 파우치와 화이자의 주장과는 거리가 멀다는 뜻이다. 심근염이 무해하다는 주장도 전혀 사실이 아니다. 최근에 발표된 한 연구에 따르면, 심근염은 발병 후 5년 안에 사망하는 비율이 50퍼센트이다.[503] 10대 청소년은 전염병 코비드로 사망할 위험이 사실상 제로이지만, 백신으로 사망할 위험은 상당하다는 뜻이다.

2023년 10월, 스웨덴, 덴마크, 핀란드는 18세 이하 아동에게 모더나 코비드 백신 접종을 중단한다고 발표했다. 심근염과 심낭염 같은 염증성 질환이 증가했다는 보고에 뒤따른 조치다.[504][505] 그 주에, 아이슬란드도 심장에 염증을 일으키는 위험 때문에 모더나 백신을 전면 금지했다.

더군다나, VAERS 데이터에 보고된, 심근염을 비롯한 여러 백신 상해 건수도 실제보다 훨씬 낮을지 모른다.

이 책이 출간되기 직전인 2021년 10월 말, 식품의약국은 화이자에 보낸 서한에서 놀라운 사실을 시인했다.[506] 이 서한에서 식품의약국은 심각하면서도 흔한 백신 관련 상해와 사망의 보고 건수는 실제 발생 건수보다 훨씬 낮은 고질적인 문제가 있다고 설명했다. 마침내, 식품의약국이 VAERS는 백신 상해를 감지하는 데 무용지물임을 다음과 같이 시인했다:

식품의약국은 연방 식품 의약 화장품 법안(FDCA) 505(k)(1) 조항에 따라 약품 출시 후 부작용을 자발적으로 보고한 자료(VAERS 보고서)를 분석한 결과, 진단된 심근염과 심낭염의 심각한 위험과 잠재적인 무증상 심근염의 심각한 위험을 평가하기에 충분하지 않다는 판단을 내렸다. 나아가서, 식품의약국이 FDCA 505(k)(3) 조항에 따라 유지해야 하는 약품 감시 시스템도 이러한 심각한 위험을 평가하기에 충분치 않다는 판단을 내렸다.

이 서한은 기껏해야 규제당국자들이 그들이 승인하는 백신이 구하는 생명보다 죽이는 생명이 더 많은지 여부를 평가할 방법이 없다고 인정한 데 불과하다. 합리적인 규제 여건에서라면 식품의약국이 우려를 표명했으므로 백신 보급을 즉각 중단하라는 요구가 나와야 마땅하다.

앤서니 파우치 박사만이 다음 질문에 답할 수 있다. "미국의 백신 감시 시스템이 작동하지 않는다고 식품의약국이 자백했는데 보건복지부는 왜 코비드 백신 보급을 즉각 중단하지 않았나?" 물론 파우치 박사는 그 이유를 알고 있다. 제약사에 매수당해 뇌사한 과학 문맹인 주류 언론은 절대로 그에게 이 질문에 답하라고 강요하지 않을 터이기 때문이다.

효과가 점점 감퇴하는 백신

미국 국민이 코비드 백신에서 비롯되는 위험을 평가할 방법이 없다는 식품의약국의 자백에 대한 우려를 한층 더 심각하게 만드는 점은 코비드 백신의 효과가 거의 접종 직후 급격히 떨어진다는, 논쟁의 여지가 없는 증거다.

화이자와 식품의약국은 화이자의 임상실험을 6개월 만에 끝냈다(본래는 2023년 12월까지 3년 동안 임상실험을 할 계획이었다). 실험을 계속해 백신이 심각한 상해를 일으키고 효과가 급속히 떨어진다는 결과가 나오면 백신의 비용/편익 분석, 즉 백신의 상해에 비해 효과가 크므로 백신을 접종해야 한다는 주장을 뒷받침하기가 어렵게 된다는 판단을 내렸기 때문이다. 다시 말해서, 백신으로 인한 상해가 백신으로 얻는 이득을 앞지른다는 뜻이다.

2021년 10월 3일 스탠퍼드 대학교와 에모리대학교 과학자들이 동료 학자들의 심사를 거친 논문을 싣는 학술지 〈바이오프리스크립티브(BioRxiv)〉에 게재한 논문에 따르면, 화이자-바이오엔테크 백신이 생성한 항체 수준은 2차 접종 후 7개월 만에 10분의 1로 떨어진다.[507] 이 논문을 쓴 과학자들은 항체가 그처럼 급격히 줄게 되면 백신접종자가 코비드에 노출될 경우, 이 바이러스로부터 자체방어하는 신체 능력이 손상된다고 경고한다.

같은 주에 두 번째로 발표된 논문도 화이자의 코비드-19 백신을 2회 접종해서 얻는 면역 역량은 겨우 두 달 후에 급락한다고 결론 내렸다. 믿기는가? 겨우 두 달 만에![508]

10월에 발표된, 정부가 지원한 또 다른 연구에 따르면, 영국에서[509] 백신의 효과 하락을 조사했는데 델타 변이의 전염을 줄이는 효과는 "2차 접종 이후로 시간이 갈수록 하락해 아스트라제네카 백신의 경우 접종 후 12주가 될 무렵이면 비접종자와 비슷한 수준이 되고 화이자 백신의 전염 방지 효과도 상당히 약화한다." 다시 말해서, 접종 후 3주가 될 무렵이면 아스트라제네카 백신은 전염을 전혀 막지 못하고 화이자 백신도 그보다 나을 게 없다는 뜻이다.[510]

〈랜싯〉에 게재된 논문도 백신의 감염 예방 효과는 너무 빨리 사라져서 허무할 정도라고 밝히고 있다. 이 대규모 연구는 캘리포니아주 전역에 있는 카이저 퍼머넌트 의료시설의 환자 3,436,957명을 대상으로 최대 여섯 달까지 12세를 초과하는 이들 가운데 접종 완료자와 비접종자의 코비드-19 관련 입원과 감염을 비교한 연구다.[511]

위의 연구에 따르면, 백신의 감염 예방 효과는 2차 접종 후 첫 달 동안 88퍼센트에서 다섯 달 후 47퍼센트로 곤두박질쳤다. 이 연구에 따르면, 백신의 델타 변이 감염 예방 효과는 2차 접종 후 첫 달 동안 93퍼센트였지만, 넉 달 후 53퍼센트로 하락했다.[512]

의사를 믿는 환자에게 이런 백신을 접종해 준 의사라면 이런 정보를 접하고 욕지기가 나야 정상이다. 이런 백신은 개인이나 사회에 아무런 이득이 되지 않고 장기적으로 치러야 하는 비용은 얼마가 될지 모르지만 어마어마하리라는 불길한 예감이 든다. 어떻게 이런 일이 일어날 수 있었을까?

아동의 코비드 백신 접종은 비윤리적이다.

"코비드 백신을 아동에게 접종하는 이유가 뭔가?"라는 질문은 우리 모두 코비드 백신으로 인해 나는 욕지기를 한층 더 증폭시킨다. 커쉬가 구축한 모델에 따르면, 2021년 9월 현재 코비드 백신으로 사망한 아동이 벌써 600명이다. 최근 〈랜싯〉에 실린 논문에 따르면, 건강한 아동은 코비드로 사망할 위험이 전무하다. 이 아이들은 쓸데없이 백신을 접종해 불필요하게 죽어가고 있다는 뜻이다.[513] 임상실험에서 화이자 코비드 백신에 부정적인 반응을 보인 아동이 86퍼센트였다. 그리고 아동 9명당 한 명은 부작용이 너무 심각해서 일상생활을 못하게 되었다. 분명히 많은 아동에게 상해를 입히고 일부는 죽음에 이르게 하며 아무 이득도 없는 백신을 건강한 아이에게 강제로 접종하는 행위를 어떻게 정당화하겠는가? 커쉬는 이렇게 말했다. "그런 행위를 어떻게 윤리적이라고 할 수 있나? 아동 접종이 성인을 보호해 줄지도 모른다는 핑계로 아동을 위험에 처하게 하는 행위 말이다. 이게 괜찮다고 생각하는 성인이 있다면 그 사람은 괴물이다, 괴물!"

코비드-19 백신 때문에 미국 아동들이 심장마비를 일으키고 실명하고 몸이 마비되었다.

영국 국립 의료서비스에 따르면, 영국 정부가 10대에게 코비드-19 백신을 접종하기 시작한 이후로 심장마비로 걸려오는 응급 전화가 역대 최고를 기록한다. 코비드 백신은 아동을 코비드 19와 관련된 입원이나 사망으로부터 보호하지 못한다. 건강한 아동은 코비드-19 때문에 입원하거나 사망하지 않기 때문이다. 아동은 백신 접종에서 얻는 이득이 전혀 없다. 미국 질병통제예방센터, 영국 정부, 옥스퍼드 대학교가 최근 발표한 3건의 연구에서 드러났듯이 백신은 감염도 전염도 막지 못하기 때문이다. 백신이 단 한 명이라도 아동의 사망을 막았다는 증거는 전혀 없다.

영국 국립통계청에서 나온 심란한 통계 수치들도 예상대로다. 2021년 여름 동안 전년도 같은 기간에 비해 10대 사이에서 사망이 상당히 증가했는데, 백신을 보급한 시기와 일치한다. 〈엑스포제(The Expose)〉의 월 존스가 분석한 바에 따르면,[514] 2021년 23번째 주와 27번째 주 사이 ─ 백신 보급과 겹치는 시기 ─ 동안 잉글랜드 섬과 웨일스 섬 지역에서 15~19세 사망자가 252명이었다. 2020년 같은 기간에 발생한 사망자가 162명인 것과 비교하면 90명 또는 약 56퍼센트 증가했다. 이렇게 높은 증가율이 나타나면 어떤 식으로든 설명이 필요하다.

백신을 접종하지 않은 연령 집단인 1~4세에서는 이와 비슷한 증가가 나타나지 않았다는 사실이 중요하다. 오히려 2020년은 이 연령 집단의 사망률이 낮은 해였다. 2021년 여름 15~19세 연령 집단에서 갑자기 사망자가 증가한 이유를 코비드 때문이라고 할 수는 없다. 해당 기간에 걸쳐 국립통계청 데이터가 집계한 자료가 보여주듯이 그 연령 집단에서 코비드로 사망한 청소년은 겨우 9명이다. 실제 세계에서 나타난 증거에 따르면, 2021년 여름에 걸쳐 백신으로 사망한 15~19세 청소년 수는 같은 연령 집단에서 코비드로 사망한 청소년 수의 무려 아홉 배에 달한다. 윌 존스는 "그게(백신이) 아니라면, 어떤 해석이 가능한가? 그리고 그런 해석이 맞을 가능성은 얼마나 될까?"라고 묻는다.

공식적인 국립통계청 데이터에 따르면, 영국이 코비드-19 백신을 보급하기 시작한 이후로 15~19세 사이 10대의 사망은 47퍼센트 증가했다.[515]

코비드 백신이 코비드-19 전염병보다 10대의 사망과 상해를 훨씬 많이 일으키는 게 거의 확실하므로, 이 연령 집단에 대한 접종은[516] 매우 비윤리적이고 건강한 아동에게 백신을 접종하는 의사는 모조리 심각한 의료과실을 범하게 된다.

그런데도, 앤서니 파우치는 부모의 동의 없이 학교에서 아동들에게 백신을 접종하라고 채근했다. 코비드-19 백신이 미국 아동을 죽이고 있고 그들에게 아무런 이득도 되지 않는다는 증거가 산더미처럼 쌓였는데도 말이다.

언론매체는 백신으로 사망했다는 소식을 검열한다.

대부분 미국 국민이 이러한 살육에 대해 알지 못하는 이유는 주류 언론과 소셜미디어가 의사, 피해자, 가족이 포스팅한 백신 상해에 관한 글을 즉시 삭제하기 때문이다. CNN과 〈뉴욕타임스〉 같은 매체들은 쇄도하는 백신 상해와 사망 사례들을 무시하는 반면, 코비드 탓을 할 수 있는 사망자 수는 반사적으로 부풀린다. 이는 폭넓은 선전 선동의 일환으로 주류 언론은 가끔씩 비접종자의 사망 소식을 전하는데, 이 행태는 백신 상해와 사망 사례들을 즉시 삭제하는 형태와는 대조적이다. 대표적으로 2021년 9월 10일, ABC 방송국의 디트로이트 지사는 페이스북에서 코비드로 사망한 비접종자 사연을 모집했다. 그런데 이 방송국은 전혀 바라지 않던 정보를 수집하고 말았다. 코비드가 아니라 코비드 백신으로 상해를 입거나 사망한 이들에 대한 가슴 아픈 사연이 23만 건 넘게 접수되었다. 그중 비접종자의 죽음에 관한 내용은 단 한 건도 없었다. 독자들은 10일 만에 이 포스팅을 20만 번 공유했다.[517]

제조사별, 성별, 접종횟수별, 7일 위험기간 별로 (100만 회분 접종 당) 보고된 심근심낭염 발생률

(16~17)세 소년 317명 중 1명이 백신접종으로 심근염에 걸린다.

부스터 접종 후 이 수치는 25명 당 1명이 될 가능성이 있다.

	Pfizer (All)		Moderna (All)		Janssen (All)	Pfizer (Males)		Moderna (Males)		Janssen (Males)	Pfizer (Females)		Moderna (Females)		Janssen (Females)
Ages (yrs)	Dose 1	Dose 2	Dose 1	Dose 2	Dose 1	Dose 1	Dose 2	Dose 1	Dose 2	Dose 1	Dose 1	Dose 2	Dose 1	Dose 2	Dose 1
12–15	2.6	20.9	0.0	not calc.	0.0	4.8	42.6	0.0	not calc.	0.0	0.5	4.3	0.0	0.0	0.0
16–17	2.5	34.0	0.0	14.6	0.0	5.2	71.5	0.0	31.2	0.0	0.0	8.1	0.0	0.0	0.0
18–24	1.1	18.5	2.7	20.2	2.7	2.4	37.1	5.1	37.7	3.0	0.0	2.6	0.7	5.3	1.6
25–29	1.0	7.2	1.7	10.3	1.9	1.8	11.1	3.2	14.9	2.0	0.3	1.3	0.4	6.3	0.0
30–39	0.8	3.4	1.0	4.2	0.4	1.1	6.8	1.6	8.0	0.0	0.6	1.0	0.4	0.7	0.0
40–49	0.4	2.8	0.5	3.2	1.2	0.7	4.4	0.6	4.6	2.2	0.1	1.8	0.4	2.1	0.0
50–64	0.2	0.5	0.6	0.8	0.2	0.2	0.5	0.4	1.0	0.0	0.3	0.8	0.8	0.7	0.5
65+	0.2	0.3	0.2	0.3	1.0	0.2	0.4	0.4	0.4	1.0	0.2	0.4	0.1	0.2	0.9

* Reports with time to symptom onset within 7 days of vaccination
† Reports among persons 12–29 years of age were verified by provider interview of medical record review

13

Note:
Two dose calc: $1000000/((5.2+71.5)\times41)=317$ (note 41 is the URF)
Third dose calc: $1000000/(71.5\times13.75\times41) = 25$
Assumes each dose increases SAE rate by 13.75 (=71.5/5.2) in that age range

Reference: John Su, Safety update for COVID-19 vaccines: VAERS

15

Contents lists available at ScienceDirect

Toxicology Reports

journal homepage: www.elsevier.com/locate/toxrep

Why are we vaccinating children against COVID-19?

Ronald N. Kostoff[a,*], Daniela Calina[b], Darja Kanduc[c], Michael B. Briggs[d],
Panayiotis Vlachoyiannopoulos[e], Andrey A. Svistunov[f], Aristidis Tsatsakis[g]

[a] Independent Consultant, Gainesville, VA, 20155, USA
[b] Department of Clinical Pharmacy, University of Medicine and Pharmacy of Craiova, 200349, Craiova, Romania
[c] Department of Biosciences, Biotechnologies and Biopharmaceutics, University of Bari, Italy
[d] Independent Consultant, Roscommon, MI, 48653, USA
[e] Department of Pathophysiology, Medical School, National and Kapodistrian University of Athens, Athens, Greece
[f] Department of Pharmacology, I.M.Sechenov First Moscow State Medical University (Sechenov University), 119146, Moscow, Russia
[g] Department of Forensic Sciences and Toxicology, Faculty of Medicine, University of Crete, 71003, Heraklion, Greece

ARTICLE INFO

Handling Editor: Dr. Aristidis Tsatsakis

Keywords:
COVID-19
SARS-CoV-2
Inoculation
mRNA vaccines
Viral vector vaccines
Adverse events
Vaccine safety

ABSTRACT

This article examines issues related to COVID-19 inoculations for children. The bulk of the official COVID-19-attributed deaths per capita occur in the elderly with high comorbidities, and the COVID-19 attributed deaths per capita are negligible in children. The bulk of the normalized post-inoculation deaths also occur in the elderly with high comorbidities, while the normalized post-inoculation deaths are small, but not negligible, in children. Clinical trials for these inoculations were very short-term (a few months), had samples not representative of the total population, and for adolescents/children, had poor predictive power because of their small size. Further, the clinical trials did not address changes in biomarkers that could serve as early warning indicators of elevated predisposition to serious diseases. Most importantly, the clinical trials did not address long-term effects that, if serious, would be borne by children/adolescents for potentially decades.
A novel best-case scenario cost-benefit analysis showed very conservatively that there are five times the number of deaths attributable to each inoculation vs those attributable to COVID-19 in the most vulnerable 65+ demographic. The risk of death from COVID-19 decreases drastically as age decreases, and the longer-term effects of the inoculations on lower age groups will increase their risk-benefit ratio, perhaps substantially.

(2021년 8월 현재) 제조사, 성별, 접종 회차, 7일 위험기간* 별로 분류한 (100만 회분 투여 당) 심근염 보고 건수(16~17세) 소년 317명당 1명이 백신으로 인해 심근염에 걸리게 된다.
부스터 접종 후에 이 수치는 25명당 1명이 될 가능성이 있다.

백신 접종자나 비접종자나 코비드를 전염시킬 가능성은 똑같다.

파우치 박사는 '비접종자'를 미국의 국가적 희생양으로 삼기를 공식적인 전략으로 삼고 비접종자가 질병을 전염시킬 가능성이 훨씬 크기 때문에 그들의 일상생활 참여를 허락하지 말아야 한다고 주장했다. 여러 출처와 연구논문을 통해 얻은 데이터를 보면 전혀 다른 현실이 포착된다.

2021년 7월 질병통제예방센터에 따르면, 접종을 완료하고도 감염된 사람의 비강에서 검출된 바이러스의 양은 감염된 비접종자 못지않게 높다. 접종자도 비접종자 못지않게 다른 사람을 감염시킨다는 뜻이다.

인도네시아에서 나온 또 다른 연구도 이 결론을 뒷받침한다. 이 연구에서는 접종자가 보유한 델타를 비롯한 여러 변종바이러스 보유량이 접종 전보다 251배 높다고 나타났다. 간단히 말하면, 피터 매컬러 박사의 말처럼, "접종자들은 모두 코비드를 전파하는 수퍼악당이 되어 백신에 내성이 생긴 돌연변이 바이러스를 접종자와 비접종자에게 대량으로 살포하는 셈이다."[518] CDC는 백신 접종자의 비강에 있는 바이러스의 양은 적어도 비접종자의 비강에 있는 바이러스의 양에 맞먹는다고 시인한다.[519] 질병통제예방센터는 이러한 사실을 근거로 2021년 8월 마스크 의무 착용을 정당화했다.[520]

2021년 10월 이스라엘 의료담당 당국이 스바에 있는 마이어 의료원의 접종률이 대단히 높은 의료 종사자들 사이에 코비드-19 전염이 확산하자 조사에 나섰다. 96.2퍼센트가 백신을 접종했는데도 환자 23.3퍼센트, 직원 10.3퍼센트가 감염되었다.[521] 게다가 접종 완료자 두 사람은 주거니 받거니 여러 차례 서로 전염시킨 사실도 드러났는데, 둘 다 외과수술용 마스크를 썼고, 한 명은 N-95 마스크, 안면 보호막, 가운, 장갑까지 개인보호장비로 완전무장을 했다.[522]

2장

공중보건보다
제약사 수익이 우선

"온갖 폭정들 가운데 희생자를 진정으로 위한다면서 자행하는 폭정이
가장 억압적인 폭정일지 모른다. 자신이 전능하고 도덕적이라고 생각하면서
사사건건 간섭하는 자보다 차라리 불공정한 관행으로 막대한 부를 축적한
강도 남작들* 치하에서 사는 게 낫다. 강도 남작의 잔혹함은 이따금 잦아들고
탐욕은 어느 시점에 가서는 충족될지 모른다. 그러나 우리를 위한답시고
우리를 고문하는 자들은 자기 양심에 비추어 옳은 일을 한다고
생각하기에 끊임없이 우리를 괴롭힌다."

— **C.S.루이스**(C.S. Lewis)

　　50년 동안 앤서니 파우치 박사는 무소불위의 막강한 권력을 휘둘러 제약업계의 폭발적인 성장을 촉진하고 제약사들이 정부 규제기관들과 공중보건 정책을 좀먹고 영향력을 행사하도록 만들었다. 파우치 박사는 정부에서 50년 경력을 쌓는 동안 제약사들과 국립알레르기전염병연구소(NIAID)와 소속원들을 거미줄처럼 복잡하게 얽히고설킨 금전적 관계로 엮어서 NIAID를 제약업계와 구분하기 어려운 부속기관으로 변신시켰다. 파우치 박사는 얼굴색 하나 안 변하고 자신과 제약사들과의 친밀한 관계를 '민관 협력'이라고 자랑했다.[1]

　　파우치 박사는 NIAID 최고 상석에 앉아서 60억 달러에 달하는 연간 예산[2]을 이용해 질병통제예방센터(CDC), 식품의약국(FDA), 보건복지부 산하 기관들, 국립보건원, 국방부, 백악관, 세계보건기구(WHO), 유엔 산하 기구들을 비롯한 각종 정부 기관과 공공기

---

* "강도 남작(Robber Baron)"은 19세기 미국에서 무자비하고 비윤리적인 사업 관행으로 어마어마한 부를 축적한 사업가들을 경멸적으로 칭하는 용어다 - 옮긴이

구들, 그리고 자금력이 막강한 클린턴 재단, 게이츠가 설립한 각종 재단, 영국의 웰컴 트러스트(Wellcome Trust) 등에 대한 지배력을 장악하고 영향력을 행사했다.

파우치 박사는 어마어마한 예산을 주무르면서 대학연구소들을 재정적으로 흥하거나 망하게 하고, 학자들에게 명성을 부여하거나 평판을 무너뜨리고, 과학 학술지들을 뒤에서 조종하고, 연구 주제와 연구 절차뿐만 아니라 전 세계적으로 과학적 연구의 결과까지 좌지우지해 왔다. 2005년 이후로 국방부의 방위고등연구계획국(Defense Advanced Research Projects Agency, DARPA)은 추가로 17억 달러[3]를 파우치 박사가 집행하는 연간 예산에 보탰고 이렇게 세탁된 자금은 합법성이 의심되는 미심쩍은 생물학무기 연구에 흘러 들어갔다. 이와 같은 국방부의 자금 지원으로 파우치 박사가 주무르는 자금 총액은 연간 무려 77억 달러에 달한다. 이는 빌&멜린다 게이츠 재단(BMGF)의 연간 기부액의 거의 두 배에 달한다. 파우치 박사는 제약사들과, 세계에서 백신에 가장 많이 투자하는 빌 게이츠를 비롯한 큰손 기부자들과의 긴밀한 협력과, 자신의 막강한 권력을 이용해 제약사의 패러다임을 위협하는 연구를 하는 과학자들의 연구 자금을 끊고, 협박하고, 검열하고, 자격증을 박탈하고 파멸시키는 한편 자기를 지지하는 과학자들에게 보상했다. 파우치 박사는 자기가 추구하는 이익을 촉진하는 충성스러운 과학자들을 보건복지부 산하 각종 위원회의 핵심적이고 안락한 좋은 보직에 앉혔다. 이른바 '독립적인' 전문가 위원회가 신약을 허가하고 권고할 때면, 이러한 위원회를 완전히 장악하고 있는 파우치 박사가 자기가 아끼는 약과 백신이, 동물실험이나 기능적인 인체 안전성 연구 같은 핵심적인 절차들을 생략하고 규제 장애물을 신속하게 넘도록 권력을 행사한다.

파우치 박사가 재량껏 나누어주는 연구 자금은 특허를 출원한 의약품과 백신을 개발하고 촉진하는 데 편향적으로 집중되고 특허가 만료된 치료제, 영양제, 비타민, 자연 의학, 기능 의학, 통합의학 등은 방해하고 비방한다. 그가 NIAID 수장으로 군림하는 동안 제약사들은 마약성진통제 중독 위기를 일으켰고 미국 국민을 세계에서 가장 약을 과다 복용하는 인구로 만들었다.[4] 파우치 박사는 반세기 동안 미국의 공중보건 황제로 군림하면서 미국 국민이 다른 선진국과 비교해 볼 때 약을 가장 비싼 값에 사면서[5] 건강은 더 나빠지는 여건을 조성하는 데 중추적인 역할을 했다.[6] 미국에서 약물 부작용은 암과 심장마비에 뒤이어 4대 사망 원인의 하나다.[78] 파우치 박사가 NIAID에서 그토록 장수한 비결은 그가 열렬히 제약사 중심의 의제를 밀어붙였기 때문이다.

국립알레르기전염병연구소(NIAID) : 제약업계의 부속기구

파우치 박사의 치하에서 NIAID는 제약업계와 금전적 관계로 거미줄처럼 촘촘히 얽힌 타락한 규제기관들의 구심점이 되었다. 파우치 박사가 이끈 NIAID는 과학을 증진하는 기관이 아니라 제약회사를 훨씬 많이 닮았다.

"나는 오래전부터 미국에서 과학자들을 인터뷰해 왔는데, 이 얘기를 하고 싶다. 과학자는 두 부류다. 하나는 앤서니 파우치라는 영주를 받드는 농노들과 다른 하나는 진정한 과학자들이다. 농노들은 파우치와 NIAID가 내리는 비과학적인 정치적 결정을 과학으로 포장한다. 연구 자금을 계속 받기 위해서다."라고 실리아 파버(Celia Farber)는 말한다. 그녀는 2006년 〈하퍼스(Harper's)〉에 기고한 "통제 불능: 후천성면역결핍증(AIDS)과 의학의 파괴"라는 제목의 글에서 앙갚음에 찌든 AIDS 연구 담당 부서에 만연한 비열함, 부패, 폭력성을 적나라하게 폭로했다. 파버는 진정한 과학자 부류에 대해 다음과 같이 말을 이었다. "후자(진정한 과학자)는 소수다. 그들은 과학자처럼 보이고 과학자처럼 말하고 과학자처럼 행동한다. 그리고 정도의 차이가 있을지언정 하나같이 경제적으로도 평판상으로도 처벌을 받는 분위기에서 살고 있다. 피터 듀스버그(Peter Duesberg)가 가장 잘 알려진 사례이지만 다른 이들도 있다. 파우치의 조직적인 앙갚음은 의문을 제기하고 증거를 요구하는 당연한 과학적 본능을 여러모로 짓밟는다. 파우치가 군림하기 시작한 1984년 이후로 이러한 과학적 전통은 미국에서 사실상 소멸했다. '모두 그(파우치)를 두려워한다.'라는 소리를 내가 얼마나 많이 들었는지 아는가?"

앤서니 파우치는 NIAID가 이해관계를 충돌시키고, 조작과 뇌물, 후원의 문화가 만연해 제구실 못 하는 조직으로 만들었고, 이제 NIAID는 거대 제약사와 구분하기 불가능한 부속품이 되었다. NIAID와 제약사의 사이는 너무 밀접해서 비집고 들어갈 틈이 없을 정도다. 어디까지가 제약사이고 어디서부터 NIAID인지 분간하기가 불가능하다. 파버는

NIAID가 〈오자크(Ozark)*〉 같다고 말한다.

NIAID 소속 연구원들은 공무원 봉급 외에도 제약사들이 주최하는 세미나에 참석하고 NIAID가 진행하고 있는 신약 연구의 진척 상황에 대한 내부 정보를 제약사 직원들에게 전해주며 사례금을 받는다.[9] 파우치 박사의 부하직원들은 NIAID 연구실에서 제약회사들로부터 수주한 개인적인 프로젝트를 진행하고 제약사와 계약을 맺고 신약 임상실험을 한다. 언론인이자 저자인 브루스 너스바움(Bruce Nussbaum)은 파우치 박사 휘하의 직원들이 이런 종류의 거래와 업무를 통해서 NIAID에서 받는 봉급의 10~20퍼센트를 벌어들이는데 이는 표준 관행으로 자리 잡았다고 말한다. NIAID 관리들은 논란의 대상인 이러한 관행을 제약사에서 유입되는 자금이 NIAID의 연구 활동을 강화하고 재능있는 연구원을 확보하게 해준다는 주장으로 정당화한다. NIAID는 이러한 계약 금액의 40, 50, 60퍼센트를 '경비'로 공제하므로 이 기관과 제약업계의 협력관계는 더욱 공고해진다.[10] 2004년 공직자윤리조사국이 NIAID 직원들과 제약사들 간의 부패한 금전적 관계를 통제하지 못했다며 파우치 박사를 질책한 게 전혀 놀랍지 않다.[11][12] 조사국의 보고서에 따르면, NIAID는 민간부문에서 부업을 하는 NIAID 직원이 3분의 2에 달하는데 이들에게 영향을 미칠 가능성이 있는 윤리적인 이해충돌 문제를 검토하지도 해결하지도 못했다.

조사국은 또한 조사한 기간에 NIAID가 행한 '외부 활동' 가운데 족히 66퍼센트는 승인을 받지 않았다는 사실을 적발했다.[13] 국립보건원에 따르면,[14] 외부 활동은 "일반적으로 외부 조직을 위해 서비스나 기능을 제공하는 업무로서 금전적 보상이 수반되거나 되지 않을지도 모른다." 그렇다면 제약사의 약품 특허에서 비롯되는 소득, 제약업계 자문, 바이오테크 기업의 지분 확보, 또는 유료 강연과 세미나 등에서 창출되는 소득이 모두 외부 활동에 포함된다. 파우치 박사는 자기가 이끄는 조직을 위해 이러한 수많은 기회를 창출하고 직원들이 제약사와의 협업을 통해 짭짤한 소득을 올리도록 해주면서 조직을 관리한다.

---

* 〈오자크〉는 멕시코 마약 밀매 조직에 진 빚을 갚기 위해 미주리주 오자크에서 지역 범죄자들과 엮이게 된 투자자문가의 이야기를 그린 드라마 제목이다 - 옮긴이

파우치 박사의 신약 개발 사업은 또 다른 여러 가지 이해충돌로 조직을 타락시키는 온상이다. 예컨대, 제약사들이 파우치 박사와 그의 직원들과 NIAID에 일상적으로 거액의 특허 사용료를 지급한다는 사실을 알면 대부분 미국인은 아마 놀랄지 모른다. 특허 사용료 기제는 이렇게 작동한다. NIAID는 폭증하는 알레르기와 자가면역질환의 원인을 연구하는 기능을 맡고 있고 그런 기능을 하는 대가로 파우치에게 국민 세금으로 급여를 준다. 그런데 파우치 박사는 하라는 연구는 하지 않고 60억 달러 예산 대부분을 신약 연구개발에 쏟아붓는다. 파우치 박사의 신약 연구개발 절차는 이렇게 진행된다. 우선 그는 NIAID 자체 연구에 자금을 지원해 전도유망한 물질에 대한 일차적인 원리를 알아낸다. 그다음 파우치와 오래 친분을 다져온 학계의 '책임연구원(Principal Investigator, PI)' 1,300여 명에게 임상실험 하청을 주면 책임연구원은 해외 연구소, 미국 내 대학 소속 연구소, 그리고 수련의를 교육하는 병원에서 인간을 대상으로 실험한다. NIAID의 재정적 지원을 받는 연구자들이 잠재력이 있는 신약을 개발하면, NIAID는 보건복지부의 기술 이전 사무국을 통해서 특허권 지분 전체 또는 일부를 민간 제약사들에게 넘겨준다. 책임연구원들과 그들이 소속된 대학교도 특허권 지분과 특허 사용료 일부를 챙기게 되므로, 파우치에 대한 의학계의 충성심은 더욱 공고해진다.

상품이 출시되면 제약사들은 비공식적인 방법을 통해서 약품 매출에서 생긴 수익으로 그 상품 연구에 참여한 NIAID와 그 관리들에게 특허 사용료를 지급한다. 일종의 합법화된 상납금인 셈이다. 공식적으로 알려지지 않은 은밀한 보건복지부 정책에 따라 파우치 박사와 그의 NIAID 부하직원들은 국민 세금을 들여 개발을 지원한 약품에서 한 해에 15만 달러까지 호주머니에 쓸어 담는다.[15 16 17]

미국 보건복지부는 적어도 4,400건의 특허 소유자로 등재되어 있다. 2020년 10월 22일, 미국 회계감사원(Government Accountability Office, GAO)은 "생의학 연구: 국립보건원은 기관이 보유한 특허권 사용 허가에 대해 더 많은 정보를 공개해야 한다."라는 제목의 보고서를 발간했다. 이 자료에 따르면, 국립보건원은 "식품의약국이 처음으로 이러한 약품을 승인한 1991년 이후로 최대 20억 달러에 달하는 특허 사용료를 받았다. 국립보건원은 세 건의 특허 사용 허가를 내주고 한 건당 1억 달러 이상을 수령했다."[18]

그러나, 데이비드 마틴(David Martin) 박사는 국립보건원 기술이전국 특허 사용 허가 기록을 보면[19] 국립보건원은 회계감사원에 투명하게 밝히지 않고 있다고 주장한다. 회계감사원 보고서에서 두드러지게 누락된 사항은 활성 물질과 연관된 130건 이상의 국립보건원 특허가 수십억 달러에 상당하는 수익을 창출한다는 점이다.

NIAID가 지원하는 연구 자금으로 특허와 특허출원 2,655건이 창출되었는데, 이 가운데 겨우 95건만 보건복지부가 특허 지분을 보유한 소유자로 지정되어 있다.[20] 파우치 박사는 이러한 특허를 대부분 대학교에 배당해 궁극적인 금전적 수혜자가 누군지 모호하게 만드는 한편 미국 의과 대학원들과 미국에서 가장 영향력 있는 의사들이 파우치 자신과 자신이 추진하는 정책에 충성하게 만든다.

NIAID가 출원한 특허의 최대 보유자 중 하나가 시가 테크놀로지스(SIGA Technologies)(나스닥 종목명: SIGA)이다.[21] SIGA는 NIAID와 긴밀한 관계임을 공개적으로 시인하지만, 회계감사원은 감사 보고서에서 SIGA를 전혀 언급하지 않고 있다. SIGA의 최고경영자 필립 L. 고메스(Philip L. Gomez) 박사는 NIAID 파우치 박사 밑에서 9년간 일하면서 HIV, SARS, 에볼라, 웨스트나일바이러스, 인플루엔자 등, 파우치 박사의 대표적인 백신 프로그램을 개발한 후 민간부문으로 이전했다. 분명히 NIAID가 SIGA의 기술을 개발했지만, 이 회사는 NIAID로부터 얻은 이익만 보고하고 국립보건원이나 국립보건원의 그 어떤 프로그램에도 특허 사용료나 금전적 지급을 했다는 보고는 하지 않는다.

미국 특허 8건에 앤서니 파우치 박사가 발명자로 등재되어 있다. 그러나 NIAID, 국립보건원, 회계감사원은 이 가운데 단 한 건도 살아있는 특허 사용 허가 목록에 올려놓지 않았다. 파우치 박사가 자신의 인털루킨-2(interleukin-2) '발명'에 대한 특허 사용료를 수령하고 있다고 시인했는데도 말이다.[22]

더군다나, 회계감사원은 NIAID가 보유한 특허에 대해 전혀 보고하지 않았다. 제약사 길리어드와 얀센(존슨&존슨의 한 부서)이 NIAID 지원으로 개발한 기술에서 직접적으로 창출되는 매출로 연간 20억 달러 이상을 벌어들였는데도 말이다.[23] 회계감사원 보고서에서 빠진 두 건의 특허와 관련된 얀센의 벨케이드(Velcade)는 오랜 세월 동안 연간 218억 달러 이상의 매출을 창출했다. 회계감사원 보고서는 예스카타(Yescarta), 루목시티(Lumoxiti), 또는 캐피반스(Kepivance)와 관련된 특허도 전혀 언급하지 않고 있는데, 이는 연방 법 37조 § 410.10과 35조 USC §202(a) 위반이다. 회계감사원 보고서에 언급된 21건의 특허 가운데 파우치 박사의 모더나 백신을 비롯해 적어도 13건은 논란의 여지 없이 국립보건원 계보에 속하는 특허인데도 정부가 수익의 주체임을 밝히지 않음으로써 법을 위반하고 있다.

파우치 박사의 신약 개발 사업의 규모는 어느 정도인가? 파우치 박사가 국립보건원에 발을 들여놓은 이후로 이 기관은 대략 8,569억 달러를 지출했다.[24][25] 2010년부터 2016년까지 식품의약국이 승인한 210개 약품은 단 하나도 빼지 않고 모조리, 적어도 부분적으로나마, 국립보건원이 지원한 연구에서 비롯되었다.[26]

약품 승인이 나고 나서도 파우치 박사는 그의 제약사 동업자들과 협력해 신상품 판매를 촉진하고 가격을 책정하고 수익을 챙긴다. 파우치 박사가 NIAID 소장으로 취임한 이후 수십 년에 걸쳐 NIAID는 NIAID가 탄생시킨 약으로부터 제약사가 최대한 수익을 뽑아내도록 하는 정교한 협상 절차를 공식화함으로써 미국 납세자들에게 손해를 끼쳤다. NIAID의 도움을 받은 운 좋은 제약사의 신약은 식품의약국의 승인을 일사천리로 통과했다. 이후 질병통제예방센터는 이와 같은 밀실 협상에서 탄생한 상품에 어처구니없을 정도로 높은 가격을 책정한다. 이같이 납세자와 소비자에게 손해를 끼치는 담합과 신속한 승인 절차로 NIAID, 파우치 박사가 편애하는 직원들, 그리고 파우치 박사 본인까지도 금전적인 이득을 챙기게 된다.[27]

파우치 박사는 국립보건원이 단독으로 개발하고 파우치 박사가 직접 임상실험을 하고 승인한 항레트로바이러스 약품 아지도타이미딘(azidothymidine, AZT)을 생산하는 버로우스 웰컴(현재의 글락소스미스클라인(GlaxoSmithKline))이 연간 치료비용으로 1만 달러[28]를 청구하도록 허락하면서 규제당국 관료로서의 첫발을 내디뎠다. 파우치 박사는 버로우스 웰컴이 이 약을 제조하는 데 1회분당 겨우 5달러밖에 들지 않는다는 사실을 알고 있었다.[29] 제약업계의 '동업자들'의 수익률이 높으면 NIAID와 국립보건원 소속 관료들도 거액의 특허 사용료를 받게 된다.

파우치 박사가 관장하는 조직이 개발한 또 다른 항바이러스 약제 렘데시비어는 NIAID와 국립보건원이 써먹는, 위와 비슷하게 제약사 수익 창출을 촉진하는 책략의 가장 최근의 사례다. 렘데시비어는 코비드에 무용지물임이 입증되었지만, 파우치 박사는 연구 절차를 변경해 자신이 아끼는 이 약제가 효과가 있는 것처럼 속였다.[30][31] 식품의약국과 세계보건기구의 반대에도 불구하고 파우치 박사는 백악관 단상에 서서 렘데시비어가 코비드 '치료 표준'이라고 선언해, 렘데시비어를 제조하는 길리어드에 거대한 세계 시장을 확보해 주었다. 그리고 나서 파우치 박사는 길리어드의 폭리 취득을 눈감아 주었다. 팬데믹 동안 길리어드는 렘데시비어 1회분을 3,300~5,000달러에 팔았다. 렘데시비어를 제조하는 원료 비용은 10달러도 안 된다. 저소득층 의료보험은 법적으로 식품의약국이 승인한 모든 약물에 보험을 적용해야 하므로, 다시 한번 납세자가 비용을 부담해야 한다. 이러한 사기 수법들을 통해 앤서니 파우치는 제약업계의 선도적인 엔젤투자자가 되었다.

연방 공중보건 기관들이 코비드-19와 관련해 특허받은 약제와 특허가 만료된 약제를 차별 대우를 하는 행태를 보면 파우치 박사가 오래전부터 제약업계의 폭리 추구에 도움이 되는 고가의 특허 약제를 공중보건보다 우선시해 온 편향성을 분명히 드러낸다.[32]

2017년 〈에모리 기업지배구조와 책임 비평(Emory Corporate Governance and Accountability Review)〉에 실린 한 연구는 파우치 박사 같이 부패한 연방정부 공중보건 관료들이 어떻게 보건복지부 산하기관들인 NIAID, 국립보건원, 질병통제예방센터, 식품의약국 등을 제약사의 마케팅 조직으로 변질시켰는지 요약하고 있다.[33] 에모리 연구원들은 약품과 백신 제조사들이 보건복지부 관료들과 "아주 절친한 관계"이고 제약사들을 규제해야 하는 보건복지부 관료들이 오히려 "제약사들의 부적절한 행태를 부추기거나 심지어 사사로운 이익을 위해 그들의 미심쩍거나 윤리적으로 부적절한 활동에 동참한다."라고 표현한다. 보건복지부의 전직 관리이자 공공 시민(Public Citizen)이라는 시민단체 대표인 마이클 카롬(Michael Carome) 박사에 따르면, 공중보건 기관들과 제약사들은 "규제당국과 규제대상이 아니라 동업자 관계다. 이러한 관계로 인해 규제당국(보건복지부)은 공중보건의 관점에서 벗어나 제약 산업 친화적인 관점으로 기울었다."[34] 파우치 박사는 이러한 부패한 관계를 대표하는 얼굴마담이다.

파우치의 휘하에서 이러한 동업자 관계의 금전적 측면은 과학을 증진하는 기관의 사명을 무색하게 했다. NIAID에서는 이제 제약사라는 꼬리가 공중보건이라는 개의 몸통을 흔들게 되었다. 파우치 박사는 만성 알레르기와 자가면역질환이 폭발적으로 증가한 원인을 밝혀야 하는 NIAID의 핵심적인 의무를 이행하기 위해 한 일이 전혀 없다. 그가 1984년 NIAID 소장에 취임할 당시만 해도[35] 알레르기와 자가면역질환을 앓는 아동은 12.8퍼센트였는데 그의 재임 기간에 이 수치는 54퍼센트로 폭증했다.[36] 파우치 박사는 알레르기 증상의 폭증은 무시한 채 NIAID를 신약 개발에 앞장서는 조직으로 재편했고, 공교롭게도 이러한 신약들은 쇄도하는 만성질환 덕분에 짭짤한 수익을 창출한다.

국립보건원에서 일한 지난 50년에 걸쳐 파우치 박사는 거대제약업계가 미국인의 건강과 미국의 민주주의를 파괴하는 데 주도적인 역할을 해왔다. 그는 제약사들과 긴밀하게 협조해 그들이 연방 규제 장애물을 극복하도록 돕고 국립보건원과 NIAID를 백신과 백신 같은 상품들을 비롯해 특허 의약품을 개발하고 장려하고 판촉 활동을 하는 도구로 변질시켰다.

'미국의 의사'라고 불리는 사람이라면 최고의 과학적 수단을 이용해 우리의 질병을 제대로 진단하고 어떻게 하면 건강해질지 우리에게 알려주리라고 대부분 기대한다. 파우치 박사를 비롯해 국립보건원의 여러 산하기관 수장들이 예산을 몽땅 고수익 신약 개발에 쏟아붓지 않고, 식품에서 검출되는 제초제 글라이포세이트(glyphosate)와 글루텐 알레르기의 폭증 간의 관계, 살충제 잔여물과 신경질환/암 폭증의 관계, 알루미늄과 알츠하이머병 간의 인과관계, 석탄발전소에서 유출되는 수은과 점증하는 자폐증 간의 관계, 부유분진과 천식 폭증의 관계를 기관 연구원들에게 탐색하도록 했다면 어땠을까? 국립보건원이 아동 백신 접종과 아동 당뇨, 천식, 류머티스성 관절염 간의 관계, 백신 보조제인 알루미늄과 식품 알레르기/알레르기 비염의 폭증 간의 관계 연구에 재정적으로 지원했다면 어땠을까? 그들이 설탕과 탄산음료가 비만과 당뇨에 미치는 영향, 내분비계 교란 물질, 가공식품, 공장식 축산, 유전자변형생물체(GMO)와 국민 건강의 급격한 악화 간의 연관성을 연구했다면 어땠을까? 지난 50년 동안 거대 제약사 나팔수가 아니라 공중보건을 우선시하는 인물이 공중보건 기관의 수장을 맡았더라면 미국 국민은 지금 어떤 모습을 하고 있을까? 신약 개발이 아니라 진짜 과학에 수천억 달러를 썼다면 어떻게 됐을까? 파우치 박사는 공중보건이 아니라 오로지 거대제약업계에 이익이 되는 진단과 처방만 내리고 자신이 남긴 행적을 교묘한 술수로 은폐하려는 듯하다.

파우치 박사를 비판하는 이들은 그를 그와 마찬가지로 연방기관 관료로서 장수한 J. 에드가 후버(J. Edgar Hoover)에 비유한다. 후버는 50년 동안 연방수사국(FBI)에 군림하면서 이 기관을 조직범죄단을 비호하고 부패한 정치적 동지들의 입지를 강화하고, 흑인을 억압하고, 그의 정적들을 감시하고, 표현의 자유와 반론을 억압하는 도구로 변질시켰고, 자신의 부풀려진 자아를 중심으로 개인 숭배 정서를 구축하는 발판으로 삼았다. 최근 파우치 박사의 전기를 쓴 찰스 오틀립(Charles Ortleb)은 파우치 박사의 이력과 병적인 거짓말을 소시오패스 사기꾼 버니 메이도프(Bernie Madoff)와 찰스 폰지(Charles Ponzi)의 행태에 비유했다.[37] 파우치를 비판하는 또 다른 저자 J. B. 핸들리(J. B. Handley)는 파우치 박사를 "가짜 약장수"와 "(제정 러시아의 요승) 라스푸틴(Rasputin)보다 더 사기성이 짙은 의학계의 협잡꾼"이라고 일컬었다.[38] 경제학자이자 저자이며, 트럼프 정부에서 무역과 제조업 정책국장을 지낸 피터 나바로(Peter Navarro)는 2021년 4월 한 지상파 방송 인터뷰에서 "파우치는 소시오패스이고 거짓말쟁이다."라고 말했다.[39]

파우치 박사는 의사가 입는 흰 가운, 공식 직함, 의료 카르텔 동업자들로부터 받은 각종 상패가 빼곡하게 들어차 무너질 듯한 책꽂이로써 자신을 공중보건에 헌신해 온, 중립적이고 공평무사하고 이타적인 공복(公僕)으로 포장한다. 그러나 파우치 박사가 실제로 하는 일은 공중보건 증진이 아니다. 어느 모로 보나 그가 공중보건 고위 관료로 군림한 50년은 미국 국민의 건강을 훼손한 재앙이었다. 그러나 그가 사업가로서 이룬 성공은 헤아리기 힘들 정도로 대단하다.

2010년, 파우치 박사는 〈뉴요커(New Yorker)〉의 마이클 스펙터(Michael Specter)에게 자신이 즐겨 참고하는 정치적 서적은 마리오 푸조(Mario Puzo)의 소설 〈대부(The Godfather)〉라고 말했다.[40] 그는 푸조의 대하소설에서 자신이 가장 좋아하는 구절을 읊었다. "사사로운 감정은 없다. 철저한 거래다."

3장

제약업계 수익 창출의
기본 틀이 된
인간면역결핍바이러스(HIV)
팬데믹

"파우치 같은 자가 연단에 올라 입을 열기 시작하면 아는 게 하나도 없다는 게
금방 드러난다. 내가 그의 면전에 대고 그렇게 말했다.
쥐뿔도 모른다고. 그자는 혈액을 채취해 전자현미경에 끼워 넣고 바이러스가
보이면 그걸로 다라고 생각한다. 그는 전자현미경도 의학도 이해하지 못한다.
그리고 그는 지금 그가 있는 자리에 있어서는 안 된다.
고위층에 있는 자들 대부분이 그저 행정가일 뿐이고 그들은 현장이 어떻게
돌아가는지 전혀 모른다. 그자들은 꿍꿍이가 있다. 우리가 그들이 추구했으면
하는 그런 의제가 아니다. 어떤 식으로든 우리의 건강을 돌보라고
우리가 그들에게 급여를 주면서 바라는 그런 의제가 아니다.
그들은 사사로운 종류의 의제를 품고 있다. 그들은 상황에 따라서 규정을 만들고, 규정을 바
꾸고 싶으면 마음대로 바꾸고, 그들은 앤서니 파우치처럼
뻔뻔스럽게 TV에 나와서 자기에게 봉급을 주는 국민 앞에 서서
카메라를 똑바로 보고 거짓말을 한다. "

— **케리 멀리스(Kary Mullis) 박사,** 중합효소 연쇄반응(polymerase chain reaction, PCR)

기법을 발명한 공로로 1993년 노벨 화학상 수상, 1993년 게리 널(Gary Null)과의 인터뷰에서 한 발언.

"물론이죠! 나는 늘 진실을 말합니다. 뭐든 물어보세요. 나는 진실을 말할 겁니다.
적어도 어느 정도까지는 말입니다. (웃음)"

— **파우치 박사,** 〈슈피겔(Der Spiegel)〉, 2020년 9월

그(하비 바이알리(Harvey Bialy)는 "과학적으로 암은 여전히 흥미로운 문제다.
후천성면역결핍증후군(AIDS)은 15년 전부터 더는 흥미로운

문제가 아니다."라고 말한다.

"왜 그런 말을 하나?"

"15년 전에 이미 결론이 났기 때문이다. AIDS는 전염병이 아니라

각종 화학물질이 그 원인이다."

그의 목소리가 커졌다. "이 책을 보면 1994년부터 2003년 사이에 과학적으로

아무 일도 없었다는 게 분명해지지 않는가? 전혀 없었다.

역학적인 예측이 연속해서 틀렸고, 독성이 강한 약이 연달아 나왔지만

모두 효과가 없었다는 사실 말고는 아무 일도 없었다. 완치율이 0.000.000이다.

백신은 없다. 심지어 가짜 백신도 없다. 총체적인 실패다.

엉터리 가설을 뒷받침하려고 바이러스학을 억지로 뒤틀어 온 지 17년째다.

이제 그만해야 한다."

— **실리아 파버**(Celia Farber)의 〈심각한 부작용: 무삭제판 AIDS의 역사

(Serious Adverse Events: An Uncensored History of AIDS)〉에서 인용

1987년 이전만 해도, 피터 듀스버그(Peter Duesberg)는 연구비를 지원받기 위해

국립보건원에 제출한 연구 제안서가 탈락한 적이 단 한 번도 없었다.

1987년 이후로 그는 모두 30건의 연구 제안서를 제출했지만 모조리 탈락했다.

그는 가장 최근 들어서는 지난해에도, 염색체의 이수성(異數性)에 관한

제안서를 여러 건 제출했는데, 이 또한 모조리 탈락했다.

"국립보건원이 그를 제거했다. 일거에."라고 은퇴한 UC버클리 생물학자

리처드 스트로먼(Richard Strohman)은 말한다.

데이브 라스닉(Dave Rasnic)은 "기막히게 작동하는 체제다.

머리에 총격을 가하는 셈이다."

— **실리아 파버**의 〈심각한 부작용: 무삭제판 AIDS의 역사〉에서 인용

어린 시절

앤서니 스티븐 파우치(Anthony Stephen Fauci)는 1940년 12월 4일, 뉴욕시 브루클린의 다이커 하이츠에서 태어났다. 그의 조부모 네 분 가운데 세 분이 이탈리아인이었다. 그의 외조부는 스위스의 이탈리아어를 쓰는 지역에서 태어났다. 네 분 모두 19세기 말 미국으로 이주했다. 그의 부모는 둘 다 뉴욕시에서 태어났다. 그의 부친 스티븐 파우치는 컬럼비아 대학교 약학대학을 졸업했다. 그의 모친 유제니아는 브루클린 칼리지와 헌터 칼리지를 다녔다. 두 사람은 18세에 결혼했다. 파우치 박사가 현시대에 제약사 패러다임을 옹호하는 거물로 부상한 계기를 그의 부모가 약국을 운영했다는 사실과 연관 짓고 싶어진다. 약사인 그의 부친은 처방전대로 약을 조제 했고 모친은 금전등록기를 맡았다. 어린 앤서니는 자전거로 약을 배달하면서, 평생 약을 배포한 그의 기나긴 이력의 첫발을 내디뎠다.

앤서니는 브루클린에 있는 과달루페 성모 초등학교와 예수회 계열의 명문교 레지스 고등학교에 다녔는데, 교실과 농구코트에서 집요함으로 두각을 보였다. 레지스 고등학교의 교과과정은 고전 중심이었다. 파우치는 1989년 국립보건원의 구술 역사학자에게 "학교에서 그리스어를 4년, 라틴어를 4년, 프랑스어, 고대사, 신학 등등을 3년 동안 배웠다."라고 말했다. 그는 막대기와 고무공으로 하는 아이들 야구에서 실력을 발휘했다. 어려서부터 뉴욕 양키스팀의 팬인 그는 자기 고향인 브루클린 다저스팀보다 이길 승산이 큰 양키스팀을 선호했고, 그는 "모조리 다저스 팬인 친구들 사이에서 스포츠 이단자"였다고 자신을 소개했다.[1] 열세인 다저스는 월드시리즈에서 브롱스의 바머스와 열한 차례 맞붙어 여덟 차례 패했다. 앤서니의 우상은 조 디마지오, 미키 맨틀, 메츠/다저스/자이언츠에서 두루 활약한 듀크 스나이더였다. 압도적인 승부욕과 지배욕을 지닌 그는 무자비한 경쟁자였다. 5피트 7인치인 왜소한 체구에도 불구하고, 그는 농구와 미식축구를 하며 레지스 고등학교에서 1958년 농구부의 스타 포인트가드이자 주장을 맡았다. 그의 졸업앨범에 따르면, 앤서니는 한 게임당 10점이라는 놀라운 성적을 올렸으나, 우승하기에는 부족했다. 그의 팀 레이더스는 2-16이라는 처참한 성적으로 시즌을 마무리했다. 그와 같은 팀 선수였던 밥 번즈는 "그는 자기 앞을 가로막는 자가 누구든 뚫고 나갈 태세가 되어있었다."라고 회상한다. 또 다른 동기생인 존 지먼은 〈월스트리트저널〉의 기자 벤 코언에게 "그는 불덩어리 같았다. 실제로 드리블로 벽돌 벽도 돌파할 기세였다."[2]

파우치 박사는 1958년 홀리크로스 칼리지에 입학해 철학, 프랑스어, 그리스어, 라틴 어를 수학했고, 1962년 학사학위를 받고 졸업했다. 그는 1989년 국립보건원 역사국 국장 빅토리아 하든 박사와의 인터뷰에서 "나는 지금도 고전에 관심이 많다."라고 말했다.[3] 파우치 박사는 로마가톨릭 교도로 자랐다며 다음과 같이 말했다. "문제를 해결하고 설명하는 데 있어서 사고의 정확성과 표현의 간략함, 해결책을 매우 정확하고 간결하게 제시하는 능력 등은 모두 예수회 교육 덕분이다. 중언부언하지 않고 옆길로 새지도 않고 과학적인 원리나 기초적인 임상 연구 원리를 전달하고 소통하기를 나는 매우 즐기고 또 상당히 잘하기도 하는데 이는 예수회 교육방침이 긍정적인 영향을 미쳤기 때문이다."[4] 어쩌면 합리성은 그의 믿음의 적이 되었는지도 모르겠다. 아니면 예수회로부터 받은 훈련이 교리문답의 즐거움을 앗아가 버렸는지도 모르겠다. 파우치 박사는 그의 가톨릭 신앙에 관한 질문을 일축하고 자신은 인본주의자(humanist)라고 말한다.[5]

파우치 박사는 의사가 되겠다는 장래 희망에 대해 회의해 본 적이 없다고 말했다. "의사가 되고 싶다는 데는 의문의 여지가 없었다. 내가 태어날 때부터 모친은 내가 의사 가 됐으면 했는데 모친으로부터 무의식적으로 영향을 받았다고 생각한다."[6]

파우치 박사는 1966년 코넬 대학교 의과대학원을 동기 중 수석으로 졸업하고 학위를 받았다. 그의 부인은 면역학자이자 국립보건원의 생명윤리국 국장인 크리스틴 그레이디(Christine Grady) 박사로, 두 사람은 모두 평생 세균을 두려워하며 살았다. 그러나 그는 자신이 바이러스학과 면역학에 심취하게 된 까닭은 세균박멸보다는 베트남전쟁에 전투 군인으로 징집되지 않기 위해서였다고 다음과 같이 고백한다. "나는 1966년 코넬을 졸업하고 수련의 과정에 들어갔다. 베트남전쟁이 절정에 달했던 해이고, 의사란 의사는 모조리 군에 입대했다. 의과대학원 4년 차일 때 우리는 코넬대학교 대강당에 모였던 기억이 생생하다. 육군 모병 담당자가 와서 이렇게 말했다. '믿거나 말거나 연말에 의과 대학원을 졸업하면, 여학생 두 명을 제외하고 이 강당에 있는 사람은 빠짐없이 육군, 공군, 해군, 아니면 공중보건 서비스 부문에서 복무하게 된다. 따라서 여러분은 선택해야 한다. 지원서에 서명하고 선호하는 복무가 뭔지 선택하라.' 그래서 나는 1차로 공중보건을 선택했고 그다음 해군을 선택했다. 결국 나는 국립보건원에 오게 되었다. 달리 선택의 여지가 없었기 때문이다."[7]

미국 공중보건 서비스는 의무 총감을 비롯해 군복을 입은 장교단이 이끄는 매우 군사화된 공중보건 기관으로서, 해군 초창기에 운영되던 군인병원에서 비롯되었다. 국립보건원은 제2차 세계대전 중 군인들의 건강을 돌보기 위해서 창설된 연구 부서였다. 1950년대 중엽 미국에서 전염병 사망률이 급격히 감소하자, 국립보건원은 암과의 전쟁을 선포함으로써 그 명맥을 유지했다.[8][9]

"나는 운이 아주 좋았다. 과학을 할 엄청난 기회라는 사실을 알고 있었기 때문이다. 나는 기초적인 세포 면역학을 공부해서 궁극적으로는 지난 21년 동안 내가 천착해 온 주제인 '인간의 면역생물학과 인간 면역체계의 조절'을 추구하는 목표를 달성하고 싶었다.[10]

코넬 의료센터에서 수련의 과정을 마친 파우치 박사는 1968년 국립보건원 산하 20여 개 기관 가운데 하나인 NIAID의 임상연구원으로 국립보건원에 합류했다. 1977년 그는 NIAID 임상 부소장이 되었다. 묘하게도 그의 전문분야는 — 점점 더 국가적으로 우려가 커지는 — 면역을 매개로 하는 질병에 대한 응용연구였다. 그 후 50년 동안 그는 자가면역과 알레르기 질환들이 폭발적으로 증가하는 현상을 대체로 무시했다. 신약으로 수익이 창출될 가능성이 있는 경우만 빼고 말이다.[11] 파우치 박사는 AIDS가 통제 불가능한 위기로 치닫던 1984년 11월 2일 NIAID 소장이 되었다.

국립알레르기전염병연구소(NIAID) : 존재 이유가 사라진 무기력한 기관

파우치 박사가 NIAID 수장을 맡을 당시 이 기관은 침체의 늪에 빠져있었다. 알레르기와 자가면역질환은 미국인의 삶에서 전혀 중요한 요인이 아니었다. 땅콩 알레르기, 천식, 자가면역질환(예컨대, 1형 당뇨와 류머티스성 관절염)은 희귀해서 취학연령 아동에 발생

제약업계 수익 창출의 기본 틀이 된 인간면역결핍바이러스(HIV) 팬데믹

하는 경우는 매우 드물었다. 대부분 미국인은 자폐증을 앓는 아이는 본 적이 없었다. 아주 극소수만 자폐증이라는 용어를 알고 있었는데 1988년 〈레인맨(Rain Man)〉이라는 영화가 나오면서 자폐증이라는 용어가 일상어로 자리 잡게 되었다. 암이 미국 국민이 점점 두려워하는 질병이 되면서 국립보건원의 관심과 연방 공중보건 지원금은 거의 모두 국립암연구소(National Cancer Institute, NCI)로 쏠렸다.

무엇보다도, 파우치 박사가 NIAID의 야심만만한 관료로 부상할 무렵 전염병은 더는 미국의 중요한 사망 원인이 아니었다. 영양 섭취와 위생 상태가 급격히 개선되면서 이하선염, 디프테리아, 천연두, 콜레라, 풍진, 홍역, 백일해, 산욕열, 인플루엔자, 폐결핵, 성홍열로 인한 사망은 거의 사라졌다.[12] 과거 수세대 동안 수많은 목숨을 앗아가고 두려움에 떨게 했던 역병은 잦아들었다. 총사망의 3분의 1이 전염병(예컨대, 폐렴, 폐결핵, 설사, 장염)과 연관되었던 1900년부터 1950년대 전 기간을 통틀어 전염병 사망률은(스페인 독감이 유행한 1918년을 제외하고) 급격히 감소해 1950년대에 이미 총 사망의 5퍼센트를 차지하는 오늘날의 수준에서 안정되었다.[13]

1980년대에 전염병으로 인한 연간 사망률은 10만 명당 50명으로 1900년의 10만 명당 800명에 비하면 급격히 감소했다.[14] 20세기에 접어들 무렵, 전염병보다는 고령과 심장마비로 사망하는 사람이 더 많아졌다.[15]

NIAID와 그 자매기관인 질병통제예방센터에서 미생물 잡기에 몰두한 이들은 점점 설 자리를 잃고 있었다. NIAID의 전성기는 먼 과거의 기억이 되어 버렸다. NIAID는 과거에 치명적인 전염병과 최전선에서 싸웠다. 국립보건원은 과학자들을 동원해 콜레라, 록키산 홍반열, 전 세계적으로 수백만 명을 전염시키고 목숨을 앗아간 1918년 스페인 독감 같은 전염병을 추적했다.

오늘날 질병통제예방센터와 NIAID는 대중화된 정설을 주장한다. 용감무쌍한 공중보건 규제당국자들이 혁신적인 백신으로 무장하고 이러한 전염병이 일으키는 사망을 말소하는 데 핵심적인 역할을 했다는 정설 말이다. 이처럼 아전인수식으로 해석한 낭설은 근거가 없다고 과학과 역사가 증명해 준다. 알고 보면, 현대 의학이 낳은 알약, 물약, 가루약, 수술, 주사기는 전염병으로 인한 사망을 말소하는 역사적인 성과를 올리는 데 아주 지엽적인 역할만 했을 뿐이다.

2000년 질병통제예방센터와 존스 홉킨스 대학교 과학자들이 미국소아과협회 공식 학술지인 〈소아과학(Pediatrics)〉에 게재한 한 연구는 다음과 같이 결론을 내린다. "따라서 백신은 20세기 전반부에 나타난 전염병 사망의 급격한 감소에 기여한 바가 거의 없다…. 미국 아동의 전염병 사망률 감소의 거의 90퍼센트는 쓸 만한 항생제나 백신이 거의 없었던 1940년 이전에 일어났다."[16]

마찬가지로, 과거에 미국의 거의 모든 의과대학원에서 필수교재로 쓰였던, 존 매킨리(John McKinlay)와 소냐 매킨리(Sonja McKinley) 부부가 1977년에 발표한 포괄적인 연구에 따르면, 백신, 수술, 항생제를 비롯해 모든 의료 처치는 전염병 사망률 감소에 약 1퍼센트, 기껏해야 3.5퍼센트 기여했다.[17] 질병통제예방센터와 매킨리 연구 둘 다 전염병으로 인한 사망이 사실상 사라진 이유를 의사와 공중보건 관료들이 아니라 영양과 위생 상태의 개선으로 돌렸다. 후자의 경우 음식 조리, 전기냉장고, 하수처리시설, 염소 처리한 수돗물 등의 덕분이다. 매킨리 부부는 하버드대학교의 전설적인 전염병학 개척자 에드워드 카스(Edward Kass)와 함께 언젠가는 의료 카르텔이 아전인수 격으로 이처럼 공중보건이 향상된 게 자신들 덕분이라고 주장하면서 이를 빌미로 입증되지도 않은 의료 처치(예컨대, 백신)를 미국 국민에게 강요하는 날이 온다고 경고했다.

매킨리 부부와 카스[18]가 예언한 대로 백신 학자들은 놀라운 성공사례 — 20세기 전반부에 전염병 사망이 74퍼센트 급격히 감소한 현상 — 를 자신들이 이룬 업적, 특히 백신이 이룬 업적으로 포장하고, 이를 숭배해야 할 성역으로 만들고, 과학적으로 부여받을 자격이 없음에도 불구하고 비판, 의문 제기, 토론의 여지가 없는 높은 지위를 부여했다.

추구해야 할 사명이 없는 기관

1955년, 전염병 사망률이 감소하면서, 국립보건원 산하 기관으로 NIAID의 전신인 국립미생물연구소는 국가적으로 전염병의 중요성이 감소하고 알레르기와 면역체계 질병이 원인 모르게 증가하는 추세를 반영해 NIAID에 통합되었다.[19] 미국 의회는 NIAID

에게 "알레르기와 면역질환의 원인을 밝히고 이를 예방하고 치료할 방법을 개선하기 위해 혁신적인 과학적 접근방식을 채택"하라고 지시했다.

음식 알레르기와 천식은 아직 매우 드물었다. 습진은 사실상 전무했고, 당뇨, 류머티스성 관절염, 루푸스, 그레이브스병, 크론병, 척수염을 비롯한 대부분 자가면역질환도 마찬가지였다.[20][21]

일찍이 1949년, 의회는 전염병 사망률이 급감함에 따라 질병통제예방센터(CDC)를 해체하는 법안을 두 차례 상정했고 상당한 표 차이로 통과되었다.[22] 1970년대 중엽부터 CDC는 존재 이유를 정당화하기 위해 주 정부 공중보건 부서들을 도와 자잘한 광견병 전염을 추적하고 한타바이러스라고 일컫는 쥐의 질병을 추적하고 군의 생물학무기 프로젝트에도 손을 뻗치기 시작했다. 1994년 적십자 관료 폴 커밍스(Paul Cummings)는 〈샌프란시스코 크로니클〉과의 인터뷰에서 CDC는 기관의 존재 이유를 정당화하기 위해 "굵직한 전염병이 점점 더 절실히 필요해졌다."라고 과거를 회상한다.[23] 〈AIDS 바이러스 날조하기(Inventing AIDS Virus)〉의 저자 피터 듀스버그에 따르면, HIV가 AIDS의 유일한 원인이라는 가설은 미국 전염병 담당 기관들의 구세주였다.[24]

CDC의 성병 담당 부서장인 제임스 쿠란(James Curran)은 1980년대 초 공중보건 관료들이 처한 절박한 상황을 다음과 같이 묘사했다. "두 자릿수 물가상승률에, 아주 높은 실업률에, 군비 증강과 모든 국내 정책들에 대한 지원이 삭감될 위기에 처하면서 공중보건 부문, 특히 CDC의 인력 감축으로 이어졌다."[25] 노벨상 수상자 케리 멀리스(Kary Mullis)도 레이건 행정부 동안 CDC에 절박감이 팽배했다고 기억하면서 다음과 같이 말했다. "그들은 새로운 역병이 발생하기를 바라고 있었다. 소아마비는 퇴치되었다. CDC 내부에서 이런 내용의 메모가 돌아다녔다. '우리는 새로운 역병을 찾아내야 한다. 미국 국민이 두려워서 우리에게 더 많은 예산을 주게 할 뭔가를 찾아내야 한다.'"[26] 국립보건원 과학자 로버트 갈로(Robert Gallo) 박사 — 그는 훗날 파우치 박사의 동업자이자 공모자이자 막역한 친구가 된다 — 도 다음과 같이 비슷한 판단을 내렸다. "애틀랜타에 본부를 둔 CDC는 인력 감축의 위험에 처했고 이론적으로는 완전히 폐지될 가능성도 있다."[27]

이따금 팬데믹 공포를 조장해 NIAID와 CDC의 존재 이유를 국민에게 일깨워 주는 것이 소속 관료들이 살아남는 당연한 수법이었다. 파우치 박사의 직속상관이자 전임 NIAID 소장인 리처드 M. 크라우스(Richard M. Krause) 박사는 파우치 박사가 NIAID에 합류한 첫해인 1976년 이 새로운 전략을 개척하는 데 기여했다. 크라우스는 '미생물의 귀환'이라고 본인이 이름 붙인 전략의 주창자로서,[28] 치명적인 질병의 원인으로서 두려움의 대상이었던 미생물의 과거의 위상을 되찾아 주자는 전략이다. 그 해, 연방 규제당국자들은 가짜 돼지독감 유행을 날조해 잠시나마 CDC가 생명을 구하는 수퍼히어로로라는 과거의 명성을 되찾는다는 희망을 불러일으켰다.[29]

이상주의적이었던 그 시대에조차 규제당국자들은 거대 제약사가 밀실에서 공중보건 정책을 주무르도록 허락했다. 곧 파우치 박사에게 자리를 물려주게 된 크라우스 소장은 제약사 머크의 고위 간부들을 NIAID 내부 기획 회의에 협력자로 동석시켰다.[30] NIAID는 머크와 협력해[31] 국민 세금으로 백신 개발과 보급에 돈을 대고[32] 입증되지도 않은 상품을 서둘러 시장에 내놓았다.[33] 하지만 돼지독감 팬데믹은 실패했고 보건복지부의 대응은 전 세계적으로 웃음거리가 되었다. 포트 딕스(Fort Dix) 기지의 군인[34] 한 명이 '팬데믹'으로 사망했고, 머크의 실험단계인 백신은 미국 전역에서(소아마비와 유사한 심각한 마비증세를 보이는) 길랑 바레 증후군(Guillain-Barré Syndrome)을 일으켜 규제당국은 백신을 회수해야 했다.[35] 4개 백신 제조사들 — 머크, 메렐(Merrell), 와이어스(Wyeth), 파크-데이비스(Parke-Davis) — 는 수익과 면책권을 보장해 주지 않으면 백신을 판매하지 않겠다고 정부 당국에 통보했다. 4개 제약사는 백신이 보급되고 몇 달 안에 1,900만 달러에 달하는 소송을 당했다. 법무부가 이 소송을 맡았다.[36]

1997년 이전까지만 해도 식품의약국은 약품의 TV 광고를 금지했고, 제약사들은 아직 TV 방송기자를 제약사 대변인으로 변질시키지 않았다. 즉, 기자들은 아직은 기자로서 본분을 다 하도록 허락되었다. 〈60 미니츠(Sixty Minutes)〉의 진행자 마이크 월리스(Mike Wallace)는 가짜 돼지독감 팬데믹을 조장한 국립보건원의 부패와 무능과 은폐, 실험단계인 백신을 보급해 많은 이들에게 상해를 입힌 국립보건원을 무자비하게 폭로하고 비판했다.[37] 이 추문으로 가짜 팬데믹을 조장하고 위험한 백신 접종을 밀어붙인 책임을 지고 CDC 소장 데이비드 센서(David Sencer)가 사임했다.[38] NIAID 소장 리처드 크라우스는 1984년 조용히 물러나면서 자기 자리를 충성스럽고 믿음직한 부하직원 앤서니 파우치에게 물려주었다.[39]

파우치 박사의 휘하에서 제약사의 패러다임이 막강한 위력을 행사하게 된 현실을 적나라하게 보여주듯, 〈60 미니츠〉는 1976년 팬데믹 추문에 대한 보도를 인터넷에서 삭제해 지금은 찾기가 힘들다. 그러나 아동건강보호(Children's Heath Defense) 단체의 웹사이트에 가면 볼 수 있다.

인간면역결핍바이러스(HIV)/후천성면역결핍증후군(AIDS)

1976년 돼지독감 위기가 낳은 처참한 결과에도 불구하고 파우치 박사는 오히려 팬데믹이 NIAID의 영향력과 존재감을 확대하고 거대 제약사들과 누이 좋고 매부 좋은 동반자관계를 공고히 하고 자신이 출세할 기회라는 깨달음을 얻은 듯하다. 그로부터 4년 후에 등장한 AIDS 팬데믹을 계기로 NIAID는 구제받았고 이를 발판으로 파우치 박사는 경력에 날개를 달았다. 그가 AIDS 위기에 대한 규제당국의 대응을 총지휘하면서 터득한 교훈은 향후 발생한 일련의 팬데믹을 관리하는 데도 똑같이 적용하는 기본 틀이 된다.

앤서니 파우치는 그 후 반세기를 다음에 열거한 진짜 바이러스 유행과 날조한 바이러스 유행에 두루 대응하는 방식을 구축하는 데 바쳤다.[40][41] —1983년 HIV/AIDS[42]; 2003년 사스(SARS)[43]; 2014년 메르스(MERS)[44][45][46]; 2005년 조류독감[47][48]; 2009년 돼지독감("신종 H1N1")[49]; 2012년 뎅기열[50][51]; 2014-2016년 에볼라[52]; 2015-2016년 지카[53]; 2020년 코비드-19.[54] 진짜 전염병의 유행이 멈추고 시들해져도, 파우치 박사는 감염의 심각성을 과장해 국민이 두려워 떨게 했으며, 출세를 가속하는 수법에 도가 텄다.

오래전 이미 앤서니 파우치는 가능성이 아주 희박하고 억지스럽고 개연성 없는 가능성으로 사람들을 두렵게 만드는 그 나름의 독특한 공포 조장 광고 기법을 완벽하게 다듬었다. 파우치는 다음과 같은 발언으로 AIDS 감염될 위험이 있는 것처럼 수백만 명을 속여 공포에 몰아넣었다:

이 질병은 잠복기가 길다. 시간이 가면서 나타날지도 모르고, 실제로 나타나고 있다. 다른 집단에서 나타날 수도 있고, 아동들 사이에서 나타나는 걸 보면 심란하다. 만약에 아동이 집에서 접촉하면, 어쩌면 AIDS에 감염된 사람과 같이 살거나 접촉한 사람들이 어느 정도 있을 텐데, 아니면 성적 접촉이나 주삿바늘을 공유하지 않아도 정상적인 관계에서의 일상적인 접촉을 했어도 위험할 수 있다. 그저 통상적인 접촉을 한 사람들 가운데, AIDS 감염된 개인과 접촉했다고 해도, 예컨대 감염된 사례가 아직 없다는 점에서 억지스럽다고 할지도 모르겠다. 예컨대, AIDS 환자와 상당히 밀접하게 접촉하는 병원 인력 가운데 감염되었다고 보고된 사례는 아직은 없다. 그러나 단정하기는 어렵다. 상황이 끊임없이 바뀌고 잠복기가 너무 길어서 말이다. 잠복기는 평균 14개월로 짧게는 6개월에서 길게는 18개월까지 된다. 따라서 의학 연구자들과 공중보건 관료들은 우리가 생각하기에 전염을 제약하는 요인들이 느슨해지고 전염이 확대되면 밀접한 접촉이 아니라도 전염될 가능성이 있다고 우려한다.

파우치가 위와 같이 횡설수설 중언부언 에두르고 모호하고 장황하게 한 발언에서 사람들이 얻는 메시지는 한 마디로 "아주 친밀한 접촉이 아니어도 이 질병에 걸릴 수 있다."이다.

그러나 제대로 해석하면 다음과 같다. 일상적인 밀접한 접촉으로 AIDS가 전파된 사례는 지금까지 하나도 없다.

파우치 박사를 가장 큰 목소리로 공개적으로 비판해 온 이들은 파우치가 NIAID를 맡은 초창기부터 그는 유능한 관리자도 아니었고 특별히 뛰어난 과학자도 헌신적인 과학자도 아니었다고 토로한다. 그가 지닌 재능은 관료조직 내의 암투에 능하고, 성질이 불같고, 막강한 상관에게 아첨하고 알랑거리고, 반론을 제기하는 부하직원들과 경쟁자들에게는 위압적이고 뒤끝이 작렬임과 동시에, 관심의 대상이 되어야 직성이 풀리고, 언변이 뛰어나고 옷태가 난다는 점이었다. 그는 국립보건원의 막강한 부서 국립암연구소(NCI)로부터 AIDS 위기관리 관할권을 빼앗아 오면서 교두보를 확보했다.[55]

1981년, CDC는 로스앤젤레스, 샌프란시스코, 뉴욕에서 50명의 동성애자 남성 사이에 나타난 새로운 질병을 후천성면역결핍증(AIDS)이라 명명하고 질병의 존재를 처음으로 인정했다. 처음에는 AIDS 위기관리를 국립암연구소(NCI)가 맡았다. 이 질병의 가장 두드러진 징후가 당시에 면역억제와 연관된 치명적인 피부암으로 간주된 카포지육종(Kaposi's sarcoma)이었기 때문이다.

그로부터 10여 년 전 1971년 닉슨 대통령은 '암과의 전쟁'을 선포했다.[56] 의학계 기득권 세력은 1976년 무렵이면 암 치료가 가능하다고 장담했다.[57] 그러나 제약사들은 재빨리 NCI를 자기들의 돈 버는 기계로 변질시켰고 그들에게 포획당한 규제당국자들은 수천억 달러의 세금을 들여 제약사 동업자들과 함께 특허받은 암 치료제와 기적의 약품을 개발하는 데 쏟아부었다. 이 돈으로 제약사, 연구자, 의사, 대학의 주머니가 두둑해졌지만, 공중보건에 돌아간 이득은 거의 없었다. 50년 동안 1,500억 달러를 쏟아부었지만,[58][59] 연성조직과 비흡연 암 발생은 급격히 증가했다.[60] 거대 제약사, 거대 식품회사, 거대 농산물회사, 거대 화학물질 제조사 등의 심기를 거스르지 않으려고 안달하는 NCI가 의약품, 백신, 육류, 가공식품, 설탕, 화학물질 범벅인 농산물에서 비롯되는 발암물질에 미국 국민이 노출되는 문제를 해결하기 위해서 한 일은 거의 없다. 암 연구 분야의 주류 이론에 따르면, 모든 암의 3분의 1은 생활 습관을 바꾸면 없앨 수 있다. 그러나 암 전문가 새뮤얼 엡스틴(Samuel Epstein)에 따르면, NCI는 2005년도 예산 47억 달러의 0.02퍼센트인 겨우 100만 달러를 '암을 예방하기 위한 식습관 개선'에 대해 교육하고 보도자료를 배포하고 홍보하는 데 썼다.[61]

국립보건원의 규제 방침 아래서는 노출을 걱정해야 하는 물질이자 비판과 연구의 대상으로 허용되는 표적은 제약사 로비스트들에게 땡전 한 푼 주지 않는 거대 담배제조사들과 태양뿐이었다. 국립보건원이 자외선을 무자비하게 비판하면서 자외선차단제는 거대 제약사들에게 또 다른 황금알을 낳는 거위가 되었다.

제약사와 NCI 규제당국자들과 동조자들에게, AIDS 위기는 또 하나의 현금인출기로 보였다. 그러나 1984년, 국립보건원 과학자 로버트 갈로는 AIDS가 자기가 발견한 바이러스 HTLV-III와 관련이 있다고 했고, 이 바이러스는 훗날 '인간 면역결핍 바이러스

(human immunodeficiency virus, HIV)'로 이름이 바뀌게 된다. 그리고 나자 파우치 박사는 돈 줄기가 NIAID로 이어지도록 발 빠르게 움직였다. 그해 파우치 박사는 NCI 소장 샘 브 로더와 벌인 한판 대결에서 AIDS는 전염병이므로 NIAID가 담당해야 한다고 설득하는 데 성공했다. NCI를 상대로 승리한 파우치 박사는 잘 조직화 된 AIDS 공동체가 의회를 상대로 로비 실력을 발휘해 얻어내 국립보건원으로 흘러 들어간 '동성애자 역병'을 연 구하고 치료할 재원을 독차지할 입장에 놓이게 되었다.

1982년, 의회가 AIDS 연구에 배정한 예산은 겨우 297,000달러였다.[62] 1986년 무렵, 이 수치는 6,300만 달러로 껑충 뛰었다.[63] 그 이듬해에는 1억 4,600만 달러가 되었다.[64] 1990년 무렵 NIAID의 연간 AIDS 관련 예산은 30억 달러가 되었다. 갈로 박사의 HIV/ AIDS 가설은 파우치 박사에게도 홍보 횡재였다. 파우치 박사의 행적을 꼼꼼하게 추적 해 온, AIDS 팬데믹 초창기를 기록한 동성애자 신문 〈뉴욕 네이티브(New York Native)〉 전 편집인 찰스 오틀립(Charles Ortleb)은 다음과 같이 회상한다. "미국에서 가장 위험한 공간 은 앤서니와 방송용 마이크 사이이다." CDC의 제임스 쿠란은 다음과 같이 회상했다. "바 이러스가 AIDS를 일으킨다고 사람들이 믿게 되면서, AIDS에 무관심했던 언론은 AIDS 를 역사상 가장 많이 다루어진 기사로 만들었다. 사람들이 무시하던 질병이 가장 두려워 하는 질병으로 바뀌었다."[65]

현금이 쇄도하면서 파우치 박사는 절호의 기회를 포착했다. AIDS 연구 초창기에 〈선한 의도: 거대 기업과 의료계 주류 세력은 어떻게 AIDS와의 투쟁을 타락시키고 있나(Good Intentions: How Big Business and the Medical Establishment are Corrupting the Fight Against AIDS)〉의 저자로서 역사학자이자 언론인인 브루스 너스바움은 다음과 같이 기 록했다.[66] "AIDS는 파우치에게 하늘이 내린 기회였다. 그는 뛰어난 과학자로 알려지 지도 않았고 큰 관료조직을 이끈 경험도 일천했다. 그러나 파우치는 야심과 추진력이 있었다. 이 별 볼 일 없는 과학자는 자신의 진정한 소명을 발견하게 된다. 바로 제국 건설이다."[67]

"아무것도 들러붙지 않는 테플론(Teflon) 앤서니"

AIDS 위기 당시 가장 잘 알려진 사회운동가이자 국립보건원의 대응을 가장 신랄하게 비판한 극작가 래리 크레이머(Larry Kramer)는 인간적인 매력과 언변을 이용해 언론을 사로잡고, 진실을 호도하고 회피하는 발언으로 의구심을 잠재우고 본인의 무능을 간과하게 만드는 파우치 박사의 뛰어난 역량을 처음으로 간파한 사람일지 모른다. 크레이머는 1987년 다음과 같이 말했다. "파우치가 무슨 짓을 해도 교묘히 빠져나간 까닭은 그가 호감을 주고 인물이 훤하고 말쑥하고 언변이 뛰어나며 절대로 질문에 제대로 답하는 법이 없기 때문이다."[68] 〈바이러스 광풍(Virus Mania)〉 저자이자 역사학자 토르스텐 엥겔브레히트(Tornsten Engelbrecht)와 또 다른 역사학자 콘스탄틴 드미터(Konstantin Demeter)는 파우치를 "거짓말을 밥 먹듯 하는 귀족"이라고 일컫는다.[69]

AIDS '전쟁'을 심층 취재한 기자 실리아 파버에게 파우치에 대해 어떻게 생각하는지 묻자, 그녀는 다음과 같이 한발 물러서서 폭넓은 관점을 제시한다:

> 해나 아렌트가 말한 '악의 진부함'이라는 개념을 다들 알고 있겠지.
> 파우치를 해체하는 작업은 매우 버겁다. 그가 왜 "악"이지?(그는 악이 맞다)
> 그가 악인 이유는 '진부'해서도 '관료적'이어서도 '너무 따분'해서도 아니다. 그건 위장막에 불과하다.
> 사실 그는 혁명가다. 그것도 아주 위험한 혁명가다. 그는 그가 뭘 들여오는지 아무도 모를 때 슬쩍 문 안으로 뭔가를 밀어 넣는다.
> 그가 뭘 들여왔냐고? 철저히 훈련받은 예수회 추종자이자 철저한 글로벌리스트인 그는, 그가 섬기는 제약사와 권력자들이 추구하는 목표는 무엇이든 반드시 달성하게 해주는 새로운 약을 슬쩍 들여온다. 그 약은 당시에는 정치적 올바름(Political Correctness)으로 알려졌었다 — 지금은 '깨어있는 시민주의(Wokeism)'라고 불린다. 파우치는 미국 과학계의 언어체계를 고전적인 언어에서 깨시민주의 언어로 바꿔치기했다. 그는 자기주장을 반박하거나 비판하는 이들의 입을 틀어막고 경력을 단

절시켜 버리는 제거문화(Cancel Culture)를 들여왔다. 제거 문화가 뭔지 아무도 모를 때 말이다. 진정한 과학자라면 과학과 제거문화를 뒤섞는 짓은 상상도 못 했다. 믿기지도 이해되지도 않았다. 이 것은 마치 강간과 같은 수준이다. 너무 혼란스러웠으며, 이것이 내가 현장에서 기록한 내용이다. HIV 이론을 수용하기 위해 미국의 과학이 자기들 눈앞에서 너무 급격히 변하는 광경을 목격한 진짜 과학자들이 겪은 공포와 혼란 말이다.

파버는 다음과 같이 말을 이었다:

좀 더 구체적으로 말하겠다. 파우치가 군림하기 시작한 1984년은 모든 게 완전히 바뀌었다. 갑자기 모조리 바뀌었다. 마거릿 헤클러(Margaret Heckler)와 함께 로버트 갈로를 내세워서 "AIDS를 일으킬 가능성이 큰 원인"이 "발견"되었고 이는 큰 화면상으로는 "바이러스처럼" 보이지만 사실 바이러스라고 단정할 수도 없고 병원균도 아닌 혼합 형태의 일종이라고 미국 정부가 유권해석을 하도록 했다. 〈네이처 바이오테크놀로지〉 창간 편집자 하비 비알리의 말을 빌리자면 이러한 주장이 '먹힌' 까닭은 모든 게 이미 변한 뒤였기 때문이다. 누가 명령이라도 내린 듯이 모두 일사불란하게 모든 이를 공포에 몰아넣은 '동성애자 암'은 독성 물질이 원인인 복잡한 질병일 리가 없다고 생각했다. 미국 언론 전체가 할 말과 하지 말아야 할 말을 터득했고, 이는 그들이 단지 그림자 정부에 충성하기 때문만이 아니라 고전적인 과학의 시대가 막을 내렸기 때문이기도 했다. 그날로 끝났다. 그 후부터 동성애자 남성을 병들게 하는 원인이 '바이러스'가 아니라 다른 원인이라는 그 어떤 주장도 동성애자를 폄훼하는 범죄가 되었다.

그들의 주장은 형편없는 과학적 주장이 아니라 흠잡을 데 없이 완벽하게 실행한 정치적 올바름이었다. 그리고 그들은 성경적 의미의 선과 악에서 서로 대척점에 있었다.

파우치는 정치적 올바름을 그의 제국을 재정적으로 뒷받침하는 새로운 화폐로 삼았다. HIV와 AIDS에 대한 피터 듀스버그의 주장은 '틀린' 게 아니라 정치적으로 올바르지 않았고 그런 방법으로 파우치는 그를 과학계에서 퇴출했다. 연구비 지원을 끊고 평판을 무너뜨렸다. 마치 그가 HIV 이론에 대해 반론을 제기한 게 무척 나쁜 짓이라도 되는 듯 말이다. 이게 얼마나 미친 짓인지 잠깐 생각해 보라. 독일 〈막스 플랑크 연구소〉에서 영입한, 명망 있는 뛰어난 암 연구 바이러스학자가 문외한인 파우치가 내린 선고로 몰락한다는 것이 무슨 뜻인가? 파우치가 대체 어떤 권리로 미국 최고의 암 연구 바이러스학자에게 사망 선고를 내리나? 많은 의문이 일지만, 파우치는 그렇게 했다. 그는 1987년 이후로 듀스버그에게 가는 연방 연구 지원금을 모조리 차단했다. 듀스버그가 과학적인 논문 몇 단락에서 AIDS의 원인은 다른 데 있다고 주장함으로써 파우치가 건설한 HIV 제국의 깨시민주의 이념을 위반했기 때문이다. 그 후 듀스버그는 30년 동안 경제적으로 보복을 당하고 평판도 무너졌으나, 그들은 눈도 깜짝하지 않았다. 정말 믿기 어려운 사연이다. 미국 국민이 사연을 안다면 피가 끓어오를 일이다. 왜냐하면 거의 모든 집마다 암으로 세상을 떠난 가족이 한 명은 있기 때문이다.

듀스버그가 자신의 과학자로서의 운명을 결정한 논문을 〈암 연구(Cancer Research)〉에 게재한 1987년 무렵, 파우치는 대중매체, 심리전, 공중보건을 아우르는 공격 부대를 구축하고 있었다. 그의 문어발식 공격 부대는 서구 문명의 과학 전통의 숨통을 끊었다. 증거를 토대로 한 과학과 담론 문화도 함께 사망했다. 그게 파우치가 한 짓이다. 절대로 사소한 짓이 아니다. 그는 과학의 영혼, 열린 의문 제기와 증거와 표준이라는 미국 과학의 영혼을 말살했다.

그토록 수많은 뛰어난 과학자들이 자기 이름을 걸고 듀스버그에 앙갚음하는 파우치에 대해 비판한 까닭은 딱히 AIDS의 원인 때문이 아니었다. 과학의 영혼이 걸린 문제였기 때문이다. 1994년 케리 멀리스(PCR을 발명한 주인공)는 나와의 인터뷰에서 파우치가 듀스버그에게 한 짓과 그게 어떤 의미인지 얘기를 하다가 울음을 터뜨렸다.

진정한 과학자들은 경악했다. 과학계에 갑자기 목을 베는 기요틴이 등장했으니 말이다. 낯설고 야릇한 공포였다. 사람들은 'HIV 부정론자' 같은 사상 범죄로 '유죄' 선고를 받았다. 파우치는 정치적 올바름을 새로운 혁명적인 언어로 만들었다. 그리고 행실이 '나쁘면,' 파우치처럼 꿍꿍이속을 따르는 과학을 하지 않으면, 몽땅 빼앗기게 되었다. 게다가 대중매체는 이를 환호했다. 그리고 환호하지 않는 이는 누구든 파멸되고, 비방과 괴롭힘을 당하고 해고당했다. 한 마디로 제거(cancel)되었다.

왜곡되고 그릇된 방향으로 유도하고 사람의 판단력을 흐리게 하는 재능에다가 소년 같은 매력까지 겸비한 파우치 박사는 테플론 같은 특성이 있다. 로널드 레이건 대통령도 그런 특성이 있는데 그 정권에서 파우치가 권력자 지위에 올랐다. 파우치 박사에게는 꾸준히 연달아 미심쩍은 결정을 내리고, 과학적 증거로 뒷받침되지도 않는 주장을 자신있게 하고, 거짓말을 밥 먹듯 하고 예측이 모조리 틀리고, 미국 국민이 건강을 유지하게 하는 일에 처참하게 실패해 왔는데도 책임을 회피하도록(아니면 사소한 의문도 제기하지 못하도록 만들게) 해주는 뭔가가 있다.

새로이 미국의 AIDS 연구를 총괄하는 황제로 등극한 파우치 박사는 이제 거의 모든 AIDS 연구를 장악하게 되었다. 국립암연구소(NCI)는 이미 신약의 임상실험을 시행해 온 경험과 기반 시설을 갖추고 있었다. NIAID는 둘 다 없었다. 그런데도 파우치 박사는 NCI가 암을 치료하겠다던 맹세를 그대로 본떠 의회를 상대로 신속하게 치료제와 백신을 개발해 AIDS를 퇴치하겠다고 약속했다. 너스바움은 1990년에 발간된 저서에서 파우치가 NCI를 상대로 승리하면서 AIDS 위기 동안 수많은 미국인이 목숨을 잃었다고 결론 내린다.[70] 동시대에 파우치를 비판한 수많은 이들도 그의 결론에 동의했다.

책임연구원(Principal Investigator, PI) : 제약업계와 파우치의 용병(傭兵)

NIAID는 자체적으로 약을 개발하는 역량이 없었으므로 파우치 박사는 약품 연구 하청을 맡는, 사실상 제약사들이 좌지우지하는 이른바 '책임연구원(PI)' 연결망을 새로이 구축했다. 오늘날 사람들이 '의료카르텔'이라 하면 주로 제약사, 병원 체계, 민간의료보험기관(Heath Maintenance Organization, HMO), 보험사, 의학 학술지, 그리고 공중보건 규제

당국자들을 아우르는 의미로 쓴다. 그러나 이 모든 기관을 한 데 묶고 일사불란하게 움직이도록 하는 구심점 역할은 제약사의 로비스트이자 대변인이자 연락관이자 행동대장 역할을 하는 PI 군단이다. 앤서니 파우치는 이 무리의 위상을 공중보건 정책을 지배하는 지위로 격상시키는 데 핵심적인 역할을 했다.

PI는 학계에서 영향력이 막강한 의사와 연구학자들로서 연방정부로부터 받는 연구 지원금과 제약업계와의 계약을 통해 새로운 약품의 ─ 약품 허가 과정에서 중요한 단계인 ─ 임상실험을 주로 실행하는 대학들과 연구 병원들 안에 그들만의 제국을 구축한 이들이다. 국립보건원, 특히 NIAID의 막강한 자금력 덕분에 ─ 몇백 명 정도로 ─ 비교적 규모가 작은 PI 조직망은 미국에서 실시되는 거의 모든 생의학 연구의 내용과 방향을 결정한다.

1987년, 국립보건원의 예산 61억 달러 가운데 46억 달러가 이러한 연구학자들에게 돌아갔다.[71] 1992년 무렵, 국립보건원의 예산은 89억 달러로 증액되었고,[72] 그 가운데 50억 달러는 1,300개 대학, 연구소, 그 밖의 유수한 기관들 소속 과학자들에게 흘러 들어갔다.[73][74] 오늘날, 파우치가 이끄는 NIAID가 단독으로 지출할 재량권이 있는 연간 예산이 76억 달러인데 그는 이 예산을 주로 전 세계에 흩어져 있는 PI들에게 배분한다.[75]

PI는 제약업계를 대리하면서 제약사의 패러다임을 널리 알리고 제약사가 구축한 모든 정설을 전파하는 사제역할을 하는데, 이들은 실제로 포교 활동하는 선교사처럼 열정적으로 제약사를 위해 일한다. 그들은 의료 위원회와 대학 부서의 책임자 직책을 이용해 교리를 전파하고 이설을 발본색원한다. 그들은 발언을 엄격히 통제하고 비판을 입막음하고 반론을 검열하고 반론자는 처벌한다. 그들은 데이터와 안전 감시 위원회(Data and Safety Monitoring Boards)를 장악해 임상실험 절차 설계에 영향을 미치기 시작했다. 그들은 결과를 어떻게 해석하고 결론지을지 지침을 정하고, 외부 전문가들로 구성된 백신과 백신관련 생물학적 제품 자문 위원회(Vaccines and Related Biological Products Advisory Committee, VRBAC)에 참여했다. 그들은 새로운 백신이 '안전'하고 '효과'적인지, 허가(출시)할만 한지 판단하고, 예방접종 관행 자문 위원회(Advisory Committee on Immunization Practices, ACIP)에도 참여해 사실상 아동의 백신 의무접종을 결정한다. PI는 각종 자격증과 직책을 지닌 신뢰받는 의료 전문가로서 — 이제 구제 불능일 정도로 제약업계의 광고 수입에 의존하는 — TV 방송에 출연해 제약사가 원하는 내용을 밀어붙인다. 이러한 '전문가'들 — 폴 오핏(Paul Offit), 피터 호테스(Peter Hotez), 스탠리 플랏킨(Stanley Plotkin), 이언 립킨(Ian Lipkin), 윌리엄 샤프너(William Schaffner), 캐슬린 에드워즈(Kathleen Edwards), 아서 캐플란(Arthur Kaplan), 스탠리 캐츠(Stanley Katz), 그레그 폴란드(Greg Poland), 앤드루 폴라드(Andrew Pollard) — 은 지상파와 유선방송 광고와 광고 사이에 출연해 해마다 독감백신을 맞으라고 부추기고 홍역이 유행한다고 호들갑을 떨고 코비드에 대한 공포를 조장하고 '백신접종 반대자들'을 족친다. 그들은 지역과 전국 신문에 끊임없이 기고를 하고 제약사 패러다임을 토대로 한 닳고 닳도록 써먹은, "모든 백신은 안전하고 효과 있다."라는 정설을 재차 강조한다. 그들은 각 주의 의료 심사위원회 — 사실상 '종교재판정'이다 — 에 참여해 정설에 반론을 제기하는 의사를 검열하고 면허증을 박탈해 이단을 뿌리 뽑는다. 그들은 의학 학술지와 동료 학자의 심사를 거친 논문을 싣는 학술지들을 검열하고 제약사의 의제를 강화한다. 그들은 의과대학원 교수진으로 학생들을 가르치고 각종 학술지 편집위원회에서 활동하고 대학교 각종 부서들의 장을 맡는다. 그들은 병원을 관리 감독하고 병원 부서장을 맡는다. 그들은 민사 소송과 연방 백신 관련 소송을 담당하는 법원에서 제약사들의 전문가 증인으로 활약한다. 그들은 서로 각종 상을 주고받는다.

2006년에 열린 질병예방통제센터의 ACIP 회의는 앤서니 파우치와 그의 제약사 동업자들이 그들의 하수인인 PI를 이용해 어떻게 식품의약국과 질병통제예방센터의 핵심 위원회들을 장악하고 아동의 백신 의무접종 목록에 추가할 새로운 백신을 허가하고 '권고'하는지 잘 보여준다. 2006년 ACIP 패널은 머크의 두 가지 새로운 백신을 추천해 대박을 터뜨려주었다. 바로 9세부터 26세까지의 모든 여성에게 권고한 인간유두종바이러스(Human Papiloma Virus, HPV) 백신 가다실(Gardasil)[76]과 2세, 4세, 생후 6개월인 유아들에게 3회 접종하라고 권한 로타바이러스(rotavirus) 백신 로터테크(Rotateq)이다.[77] 빌 게이츠와[78] 앤서니 파우치 두 사람은 (NIAID를 통해서)[79] 가다실과 로터테크 백신 개발의 종잣돈과 임상실험 비용을 지원했다.[80][81] 제약사 머크는 승인받기 전에 실시한 임상실험에서 활성물질이 없는 위약 대조군을 상대로 한 실험을 둘 다 하지 않았다. 따라서 이 두 백신이 상해와 암을 일으킬 확률보다 막을 확률이 더 높은지 아무도 과학적으로 예측할 수 없었다. 그런데도 식품의약국의 위원회인 VRBPAC는 자궁암을 예방한다는 가다실을 승인했다. 이 백신이 그 어떤 암을 예방한다는 아무런 증거도 요구하지 않은 채, 게다가 머크의 임상실험에서 가다실이 일부 소녀들 사이에 암과 자가면역질환의 위험을 급격히 상승시킨다는 강력한 증거가 나왔는데도 말이다.[82] 그런데도 ACIP는 사실상 이 두 백신을 모두 의무접종 대상으로 정했다. 가다실은 역사상 가장 고가의 백신으로 3회 접종에 420달러가 들고 머크에 연간 10억 달러 이상의 수익을 창출해 준다.[83]

그 해 ACIP 패널 구성원 13명 중 9명과 그들이 소속된 기관들은 국립보건원과 NIAID로부터 합해서 16억 달러 이상의 연구 자금을 지원받았다.

체계적인 이해충돌

제약업계와 파우치 박사는 사실상 모든 중요한 신약승인 심사패널에 제약사와 NIAID와 금전적 관계로 엮인 PI들을 곳곳에 꽂아 넣는 전략으로써 PI들이 심사하는 거의 모든 신약의 승인을 받아낸다. 안전성 실험을 했듯 안 했듯 상관없이 말이다.

1999년부터 2000년까지 2년 동안 집중적인 조사와 청문회를 통해 정부 감사위원회 위원장인 공화당 소속 하원의원 댄 버튼(Dan Burton)은 이러한 심사위원회들의 체계적인 부패상을 파헤쳤다. 버튼에 따르면, "질병통제예방센터는 명백히 이해충돌이 있는 과학자들을 영향력 있는 자문 위원회에 배정해 새로운 백신을 추천하는 행태를 일삼아왔다. 이 과학자들은 그들이 불편부당하게 관리 감독해야 할 기업 및 제품들과 금전적 관계, 학계 연줄, 그 밖의 여러 이해관계를 지니고 있다."[84][85]

폴 오핏(Paul Offit) : 찬성표를 던져 부자가 된 자

'TV 의사'라고 불리는 악명높은 폴 오핏은 2006년 심사에서 ACIP가 승인한 로터바이러스 백신 공동개발자이다. 오핏은 파우치 박사가 거느리는 PI 가운데 가장 저명한 인물로서 PI가 행사하는 권력, 영향력, 그들이 누리는 금전적 이득을 잘 보여주는 사례이다. 그의 기업가적인 열정은 윤리관의 제약을 받지 않는다. 오핏은 주류 언론과 소셜미디어의 칭송을 한 몸에 받는 인물이다. 그는 CBS, NBC, ABC, CNN, 유선방송 토크쇼 〈데일리 쇼(The Daily Show)〉에 단골로 출연하고, 과거에 〈콜베어 쇼(The Colbert Show)〉에도 출연했다. 그는 〈뉴욕타임스〉 객원 전문가로서 이 신문 사설란에 정기적으로 기고한다.[86] 그의 발언은 저녁 뉴스 방송에 자주 인용되고 〈허핑턴 포스트(Huffington Post)〉, 〈폴리티코(Politico)〉, 〈데일리 비스트(The Daily Beast)〉 같은 온라인 매체들에도 정기적으로 기고한다. 매체들은 한목소리로 오핏을 펜실베이니아대학교 필라델피아 아동병원 소속 '백신 전문가'로 지칭한다. 오핏의 권유에 따라 매체들은 파우치 박사와 제약사들과 그의 금전적으로 얽히고설킨 관계를 밝히는 경우가 거의 없다. 예컨대 2011년 그는 위대한 스승 강연 시리즈의 일환으로 국립보건원에서 강연하는 도중 뻔뻔스럽게 다음과 같이 말했다. "미안하지만, 나는 금전적인 이해충돌 관계가 전혀 없다."[87] 실제로 이해충돌이 차고 넘친다는 사실로 미루어 볼 때 그런 주장을 얼굴색 하나 안 변하고 한다는 사실이 그가 얼마나 오만한지 보여준다. 오핏 박사는 백신 개발자로서 백신 제조사들과의 관계를 금전화해 수백만 달러를 벌었다. 그는 필라델피아 아동병원에서 '힐먼 체어(Hilleman Chair)' 직함을 지니고 있는데, 이는 머크가 기부한 150만 달러로 운영되고 머크의 중량급 백신 학자를 기리는 뜻에서 그의 이름을 따 힐먼이라는 명칭이 붙었다.[88]

오핏과 그가 소속된 대학교와 부속병원은 파우치 박사의 기관과 거의 모든 거대 백신 제조사들로부터 받는 수억 달러의 자금을 토대로 번성했다. 오핏이 재직하는 필라델피아 아동병원은 2006년 한 해에만 NIAID로부터 1,300만 달러, 국립보건원으로부터 8,000만 달러를 받았다. 오핏이 2년마다 출간하는 ─ 〈백신: 부모라면 누구나 알아야 하는 사실〉, 〈자폐증 낭설 유포자: 형편없는 과학〉, 〈위험한 약품〉, 〈치료법을 찾아서〉 등과 같은 ─ 저서들은 노골적으로 거대제약업계를 찬양하고 제약업계를 비판하는 이들과 자연치유를 비방하는 선전 선동물이다. 오핏은 뇌물을 받고 쓴 이 두툼한 저서들을 이용해 제약사가 제조한 '기적'의 약품들을 격찬하고, 백신접종을 주저하는 이들을 비방하고, 백신으로 상해를 입은 자녀를 둔 어머니들을 윽박지르고 마치 어머니들 책임인 듯이 생각하게 만든다. 제약사 머크는 이러한 선전 선동 책자들을 대량 구매하는 방법으로 수십만 달러를 세탁해 오핏의 주머니에 찔러주고, 구매한 오핏의 책들은 전국의 소아과 의사들에게 배포한다.[89]

오핏은 제약업계와 그들과 동맹인 산업계들과 화학물질 패러다임을 대변하는, 가장 존재감이 큰 인물이다. 그는 자신을 신뢰할 만한 정보를 지닌 권위 있는 정보원으로 포장하지만, 업계를 과대 선전하고 발뺌하고 대놓고 사기를 치는 자다. 그는 백신접종으로 인한 상해는 낭설이며 모든 백신은 안전하고 효과적이고, 어린이들은 한 번에 1만 가지 백신을 맞아도 안전하고,[90] 알루미늄은 '필수 영양소'이므로 유아용 백신에 사용해도 안전하다는[91] 등 모든 과학적 증거에 반하는 뻔뻔한 거짓 주장을 한다. (알루미늄이 안전하다거나 영양적 가치가 있다는 과학적 연구는 전혀 없다) 오핏은 백신에 함유된 수은은 무해하고 신속하게 체외로 배출된다고 말한다.[92] (수은은 대단히 해롭고 없애기 힘든 독성물질이고 에틸(ethyl)과 메틸수은(methylmercury)은 체내에 축적된다는 결정적인 과학적 증거를 제시하는 논문들이 있다). 오핏 박사는 GMO 식품 섭취와[93] 화학 살충제 사용을 적극적으로 옹호하며, 비타민, 영양, 통합의학의 숙적이다.[94] 그는 "GMO를 배제"하는 건 잘못이라고 경고하고, 살충제 DDT는 무해하다는 과격한 입장을 취한다. 그는 〈침묵의 봄(Silent Spring)〉의 저자 레이철 카슨(Rachel Carson)이 몬산토(Monsanto)의 DDT에 대한 음모를 꾸미며 수백만 명의 목숨을 앗아갔다면서 그녀를 악마화한다.[95]

오핏 박사는 동료 책임연구원(PI)들에게 거짓말은 그들의 업무의 일환이라고 충고한다. 그는 백신접종을 극대화할 수만 있다면 그 어떤 터무니없는 주장도 정당화한다. 2017년 오핏은 동료 PI들에게 다음과 같이 지시했다. "MMR 백신(홍역(measles)/이하선염(mumps)/풍진(rubella)을 예방하는 백신)이 자폐증을 일으키지 않는다고 단정할 수 없지만, 언론매체 앞에서는 그렇게 말해야 한다. 그렇지 않으면 사람들에게 백신을 접종하지 않을 빌미를 주기 때문이다. 절대로 빌미를 줘서는 안 된다."[96] 2008년에 출간된 저서 〈자폐증 낭설 유포자〉에서 오핏은 백신 안전성을 요구하는 활동가 J. B. 핸들리(J. B. Handley) — 오리건주 포틀랜드의 유명한 사업가이자 심한 자폐증을 앓는 아들을 둔 아버지이다 — 가 오핏의 조수 한 명을 협박했다는 완전히 날조한 주장을 했다. 핸들리는 명예훼손으로 오핏을 고소했고,[97] 오핏은 그 발언을 취소하고, 그런 날조를 한 데 대해 공개적으로 사과하고, 제니 매카시의 자폐증 자선재단에 5,000달러를 기부하는 치욕을 당했다.[98] 오핏이 그런 굴욕을 겪었는데도 주류 언론은 오핏이 한 가장 황당한 발언조차 복음(福音)으로 여긴다. 의사들은 환자를 어떻게 치료할지 판단을 내릴 때 오핏이 한 발언을 진실이라고 믿고 의존한다. 오핏 박사는 제약업계의 각종 전위부대와[99] 위장조직의[100] 위원회에 참여하고, 서로 연결된 블로거와 댓글부대들을 거느리는데, 이들은 하나같이 직간접으로 제약사들로부터 돈을 받으며, 토론을 방해하고 거짓말을 퍼뜨리고 지적장애아 자녀를 둔 어머니들을 윽박지르고 협박하고, 과학적 의학적 반론을 제기하는 이들의 입을 틀어막아 이설을 뿌리 뽑는다.

1998년, 오핏은 질병통제예방센터의 ACIP 위원회 심사위원으로서 로터바이러스 백신을 최초로 의무접종 백신 목록에 추가하는 논의에 참여했다. 토론도 표결도 없이 말이다. 게다가 당시에 그는 직접 로터바이러스 백신을 개발하고 있었으므로 이해충돌도 있었다. 그는 그 해에 제약사 와이어스 에어스트(Wyeth-Ayerst)의 로터바이러스 백신 로터쉴드(Rotashield)를 의무접종 목록에 추가하는 데 찬성했다. 기능적 안전성 실험도 하지 않았는데 말이다. 오핏은 ACIP가 와이어스의 로터바이러스 백신에 대해 긍정적인 표결을 하면 차기 ACIP 회의에서 자기가 개발하는 로터바이러스 백신이 승인을 받기는 따 놓은 당상이라는 사실을 알고 있었다.[101]

백신은 ACIP가 표결을 하기 전에 반드시 식품의약국의 '독립적인 패널'인 VRBPAC(이 조직도 파우치 박사와 거대 제약사들의 하수인인 PI들로 채워져 있다)의 심사를 먼저 거쳐야 하고 그러고 나면 식품의약국이 '안전하고 효과적'이라고 승인해야 한다. 2000년 의회가 조사한 바에 따르면,[102] 그해 와이어스의 로터바이러스 백신 허가에 찬성표를 던진 식품의약국 VRBPAC 위원회 구성원 다섯 명 중 네 명이 사노피, 머크, 와이어스, 글락소 등 같은 종류의 백신을 개발하고 있던 네 개 제약사들과 금전적으로 엮인 이해충돌이 있었다.

1998년 ACIP 회기 중 오핏 박사는 표결권이 있는 다섯 명 가운데 하나였다 (표결권이 없는 구성원이 추가로 다섯 명이 더 있다). 그와 로터테크를 함께 개발한 스탠리 플랏킨도 위원회 구성원이었다. ACIP 위원회는 만장일치로 와이어스의 로터쉴드 백신을 추천하기로 표결했다.

2000년 8월 의회 조사에 따르면, ACIP 위원 대다수가 이해충돌이 있었다.[103] 이 조사 보고서에 따르면, 1998년 6월 로터바이러스 백신 승인에 찬성한 ACIP 실무단 10명 가운데 7명이 로터바이러스 백신을 개발하고 있던 제약사들과 금전적으로 엮여있었다.

의회 보고서에 따르면:

- ACIP 위원장은 머크의 백신접종 자문 위원회에서 활동했다.
- 한 위원은 머크 백신 개발 부서와 계약을 맺은 관계였고, 파스퇴르(현재의 사노피)를 비롯해 여러 백신 제조사들로부터 자금을 받았으며, 스미스클라인(현재의 글락소스미스클라인)과 계약을 체결하고 책임연구원으로 활동하고 있었다.
- ACIP 패널의 또 다른 위원은 머크로부터 급여를 비롯해 각종 명목으로 돈을 받았다.
- 또 다른 위원은 머크, 와이어스(현재의 화이자), 그리고 스미스클라인(현재의 글락소스미스클라인)의 백신 연구에 참여하고 있었다.
- 또 다른 위원은 머크와 스미스클라인(현재의 글락소스미스클라인)으로부터 연구 자금을 받았다.
- 또 다른 위원은 머크로부터 35만 달러를 지원받아 개발한 로터바이러스 백신의 특허를 공유하고 있었고 머크의 유료 자문위원으로 일했다.

위의 목록에서 마지막 인물은 "나는 이해충돌이 전혀 없다."라고 한 폴 오핏이다. 파우치 박사와 제약업계가 이 두 중요한 위원회를 부정한 방법으로 장악해 안전성 검사를 하지도 않은 와이어스 백신을 식품의약국이 승인하고 질병통제예방센터가 '권고'하도록 했다. 안전성 검사를 했다면 끔찍한 위험이 드러났을 절차를 건너뛰었다. 그나마 간이로 실시된 임상실험에서조차 와이어스의 로터쉴드 백신 실험은 위약 대조군도 없었고, 유아들에게 심각한 부작용을 일으켰다. '발육 정지', 뇌를 손상할 정도로 높은 열, 아이의 창자가 서로 겹쳐 막히고 극심한 고통을 일으키며 때로는 사망에 이르기도 하는 창자겹침증 등이 부작용이다. 창자겹침증 수치만도, 백신을 접종한 2,000명 중 1명에게 나타나, 통계적으로 유의미했다.[104] 당시에 미국에는 이 백신접종 대상인 아동이 380만 명 정도였으니, 통계적으로 1,890명이 창자겹침증을 앓을 가능성이 있다는 뜻이다.[105]

그런데도 파우치와 제약업계에 꽉 잡힌 VRBPAC는 백신을 승인했고 ACIP는 이 백신을 의무접종 목록에 올렸다. ACIP 위원회를 구성한 오핏 박사와 그의 동지들이 제대로 된 안전성 검사도 하지 않은 로터쉴드를 의무접종 백신 목록에 올린 지 일 년이 채 지나지 않아 오핏은 또다시 ACIP 위원회 위원으로 참여해 앞서 표결했던 권고를 철회했다. ACIP는 1999년 10월 로터쉴드를 시장에서 회수했다. 예측한 대로 많은 아동이 창자겹침증을 앓았기 때문이다.[106] 백신부작용보고체계인 VAERS에는 1999년 백신과 연관된 창자겹침증 50건이 보고되었다.[107] 폴 오핏은 이러한 일련의 사건들을 능수능란하고 교묘하게 헤쳐나가 자신이 직접 개발한 로터바이러스 백신 로터테크가 아무 장애물 없이 승인을 받고 돈방석에 앉을 길을 텄다.

오핏 박사가 개발한 로터바이러스 백신이 승인을 받은 후 심각한 각종 부작용이 쇄도했고 아기들이 창자겹침증으로 창자가 막혀 고통받다가 숨졌다.[108]

로터바이러스 백신이 도입되기 전인 1985년부터 1991년까지 로터바이러스 감염으로 사망하는 이는 전국적으로 한 해에 20~60명에 그쳤다. 주로 설사와 연관된 탈수증 때문이었다.[109][110] 탈수증은 쉽게 치료되므로 때맞춰 적절한 의료 처치를 하면 로터바이러스로 인한 사망은 거의 모두 막을 수 있다.

오핏 박사의 로터테크 백신의 부작용은 한 해에 953건에서 1,689건이라고 보고되었다. 부작용은 고열, 설사, 구토, 과민, 창자겹침증, 유아돌연사증후군(SIDS), 심각한 복합적 면역결핍, 중이염, 비인두염, 기관지경련, 요도염, 혈변, 발작, 가와사키병, 세기관지염, 두드러기, 혈관부종, 급성위장염, 폐렴, 사망 등이었다.[111]

오핏 박사의 로터바이러스 백신은 공중보건에 순 마이너스(net negative) 효과를 미쳤다는 강력한 증거가 있다. 다시 말해서 오핏 박사의 백신이 도입되기 전에 미국에서 로터바이러스로 상해를 입거나 사망한 아동보다 오핏 박사의 백신으로 인해 상해를 입거나 사망한 아동의 수가 더 많을 게 거의 확실하다는 뜻이다.

마지막으로, 오핏의 백신 로터테크가 도입된 후 국립보건원은 돼지들에게서 '소모성 질병'이라고 불리는 HIV와 유사한 증상을 일으키는 돼지 레트로바이러스(retrovirus)가 이 백신에 함유되어 있다는 사실을 알게 되었다.[112] 파우치 박사도 그 어느 기관도 이 위험천만한 돼지 레트로바이러스를 아기들에게 주입해도 안전한지 검증하는 연구에 연구비를 지원하지 않았다. 오핏 때문에 미국 아동 수백만 명이 이 바이러스가 든 백신접종을 받았다.

2006년 ACIP는 오핏의 백신을 의무접종 목록에 추가했고, 오핏과 그의 동업자들은 이 백신의 화학 공식에 대한 특허권을 머크에 1억 8,600만 달러에 팔아넘겼다. 오핏은 이러한 일련의 거래를 통해 공식적으로만 2,000만 달러 이상을 벌어들였다. 2008년 〈뉴스위크〉에 실린, 오핏을 입에 침이 마르도록 칭찬한 기사에서 오핏은 로터바이러스 백신으로 벌어들인 수천만 달러는 "마치 로또에 당첨된" 셈이라고 말했다.[113] 오핏의 사기극을 폭로한 UPI 기자 댄 옴스테드와 공저자 마크 블랙실은 오핏이 약품 승인에 "찬성표를 던져 부자가 됐다."라고 비판했다.[114]

폴 오핏과 그의 로터바이러스 백신이 엮어낸 이 심란한 무용담은 앤서니 파우치의 PI들이 보건복지부에 숨어서 어떤 불결한 짓을 하는지 적나라하게 보여준다.

책임연구원(PI)은 어떻게 마케팅을 조종할까?

파우치 박사는 NIAID의 예산을 거의 다 신약 개발하는 PI들에게 지원하면서, 1989년부터 그의 휘하에서 폭발적으로 증가하기 시작한 알레르기와 자가면역질환의 원인을 찾아내고 질병을 퇴치해야 하는 NIAID의 의무를 저버렸다.[115][116] 동료 학자들의 심사를 거친 과학 논문들, 부작용 감시 데이터, 의약품 제조사들이 약품 포장에 삽입하는 설명서에 명시된 부작용 목록 등은 앤서니 파우치가 개발을 도운 바로 그 약품과 백신들이 이처럼 새로 유행하게 된 질병들을 일으키는 범인임을 보여준다. NIAID 예산은 사실상 바로 그 질병의 증상을 완화하는 신약 개발에 쓰이면서 제약업계를 돈방석에 앉혀 날로 번창하게 해주는 보조금이 되었다.

국립보건원은 여전히 PI의 중요한 연구 자금의 원천이지만, PI가 거대 제약사와 맺는

짤짤한 신약 개발 계약과 그러한 약에서 비롯되는 특허 사용료 수입에 비하면 정부의 연구 지원금은 조족지혈이다. 제약사의 돈은 PI의 주요 수입원으로서, PI들이 누구에게 충성하고 무엇을 우선시할지 결정한다. PI들과 그들이 속한 병원과 연구소들은 사실상 제약업계의 부속물이다. PI들이 구축한 제국이 성장하고 생존하려면 제약업계에 의존해야 한다.

게다가 PI는 보통 봉건영주제도에서 농노와 유사한 기능을 한다. 농노가 한 영주를 섬기듯이 PI도 한 제약사를 섬긴다. 제약사마다 — 글락소, 화이자, 머크, 사노피, 존슨&존슨, 길리어드 등 — 나름대로 자사가 신뢰할 만한 PI들을 모아 임상실험과 신약 연구를 할 자금을 지원한다. 머크의 PI는 통상적으로 머크의 경쟁사를 위해 연구를 하지 않는 게 불문율이다. 보통 제약사는 자사가 신뢰하는 PI가 소속된 의과대학원, 병원 또는 연구소와 계약을 맺고 임상실험을 맡긴다. 제약사는 (임상실험 단계와 제약사에 따라 다르지만) 약품 임상실험에 참여한 환자 한 사람당 몇백 달러에서 1만 달러까지 계약당사자 측에 지급한다.[117] PI가 소속된 대학은 이 금액의 절반에서 3분의 2를 '학교 운영 경비'로 처리해 대학이 가져간다.[118] 제약사는 자사가 지급하는 이러한 자금으로 대학과 대학 이사회의 장기적인 충성을 확보한다. 게다가 연구학자와 대학 모두 통상적으로 PI가 개발을 지원하는 제품에 대한 특허 이익을 공유하므로, 제품이 출시되면 두둑한 특허 사용료를 번다. 제약사는 추가로 PI의 조수들 급여와 연구소 경비도 지원한다. 제약사는 사례금, 전문가 증인 증언료, 강연료, 호화휴양지에서 열리는 학회에 참석하기 위한 1등석 비행기표 등을 통해 PI들에게 '합법적인 뇌물'을 준다. PI들이 제약사로부터 받는 이러한 각종 부수입은 모조리 식품의약국의 신약승인을 보장하는 데 필요한 긍정적인 연구 결과를 도출하는 유인책이 되고 제약사에 대한 그들의 충성심을 강화한다. 이러한 거래의 이해당사자들은 모두 연구 대상인 제품이 긍정적인 평가를 받아야 향후에 일감이 보장된다는 사실을 상호이해하고 있다.

너스바움에 따르면, "PI들은 그들 나름의 방식으로 과학을 하며, 그들이 하는 실험은 보건이나 국민과는 거의 무관하다. 그들은 사사로운 이익을 위해, 그들이 소속한 대학을 위해 돈을 벌려고, 그리고 권력을 휘두르려고, 민간기업인 제약사가 제조한 약의 임상실험을 맡는다."[119]

이러한 체제하에서 제약사들은 연방정부의 예산 — NIAID에서 비롯되는 연구 자금 — 을 자사의 사적인 이익을 창출하는 일에 우선 유용(流用)하게 된다. 그러니 당연히 이 체제는 특허가 만료된 약품이나 PI의 연구비용을 대지 않는 기업들이 개발하는 약품에 적대적이다. 이러한 편향성은 파우치 박사가 왜 제약사가 제조하지 않았고 특허출원이 불가능하거나 특허가 만료되어 일반 기업도 제조 가능한 치료제를 적대시하는지 그 이유를 설명한다.

저자이자 역사학자인 테리 마이클(Terry Michael)이 HIV 시대의 역사를 서술한, 출간되지 않은 책 〈토끼굴 속으로(Down the Rabbit Hole)〉도 파우치 박사가 과학자로서 자신이 해야 할 역할을 제약사 용병인 PI들에게 맡기는 무책임한 행태에 대해 다음과 같이 기록한다. "그러나 국립보건원은 다른 고객들이 있다. 제2차 세계대전 이후 미국 대학교들이 배출한, 연구 지원금을 사냥하는 수천 명의 의학박사도 그중 하나다. NIAID는 제약업계의 연구와 임상실험 비용을 대부분 댄다. 사실 거대 제약사들은 국립보건원의 고객, 특히 NIAID의 고객이 되었다."[120]

이 막강한 용병은 미국의 대규모 지역공동체에 있는 병원과 대학교에 빠짐없이 진지를 구축하고 제약사와 파우치 박사가 미국의 공중보건 논조를 마음대로 조종하게 해준다. 이러한 구조를 파악하기 전에 이미 나는 이러한 복합적인 권력이 만연함을 경험했다.

1990년부터 2020년까지 나는 미국 전역과 전 세계에 350개 지부를 둔, 영향력 있는 환경단체 워터키퍼스(Waterkeepers)의 회장을 맡았다. 워터키퍼스는 세계에서 규모가 가장 큰 수질보호단체다. 나는 〈뉴욕타임스〉를 비롯해 〈보스턴 글로브〉, 〈휴스턴 크로니클〉, 〈시카고선타임스〉, 〈로스앤젤레스타임스〉, 〈마이애미 헤럴드〉, 〈샌프란시스코 크로니클〉 신문과 〈에스콰이어〉, 〈롤링 스톤〉, 〈애틀랜틱〉 잡지 등 모든 주요 간행물에 정기적으로, 온라인 매체로는 〈허핑턴포스트〉에 가장 자주 기고했다. 나는 대학과 기업 행사에서 대규모 청중 앞에서 연설료를 받고 한 60회 연설을 비롯해 해마다 220차례 연설했다. 나는 이러한 연설에서 상당한 소득을 올렸다. 이 모두가 2005년에 완전히 변했다. 〈롤링 스톤〉과 〈살론(Salon)〉에 동시에 질병통제예방센터의 백신 담당 부서의 부패상에 대한 '치명적인 면책권(Deadly Immunity)'이라는 제목의 글을 기고한 직후였다.

그 이후로 신문은 백신 안전성에 대한 내 기고문을 싣지 않았고 결국 그 어떤 문제에 대해서도 내가 쓴 글은 싣지 않게 되었다. 2008년 나와 의논을 하지도 구체적인 이유를 대지도 않고 〈살론〉은 내 2005년 기고문을 철회하고 삭제했다. 〈살론〉의 창립자 데이비드 탤벗(David Talbot)은 〈살론〉이 제약업계에 무릎을 꿇었다고 꾸짖었다. 〈롤링 스톤〉도 결국 2021년 2월 아무런 해명 없이 내 기고문을 삭제했고, 〈허핑턴포스트〉도 백신에 대한 내 기고문 대여섯 건을 모두 삭제했다. 이러한 온라인 매체 편집인들은 내 기고문을 공개하기에 앞서 철저하게 사실확인을 했다. 그들은 내게 통지도 하지 않고, 왜 그런 결정을 했는지 해명하지도 않고 내 글을 삭제했다. 언론이 공식적인 논조에서 벗어난 그 어떤 백신 관련 정보도 대대적으로 검열하기 시작한 시초다. 그해, 연사를 초청해 포럼을 개최하는 대학, 기업, 시 당국들은 예정되어있던 내 연설을 갑자기 한꺼번에 취소했다. 내 한해 유료 연설 건수는 60건에서 한두 건으로 급락했다. 행사 주최 측과 연사를 연결해주는 조직의 관계자는 의료계의 막강한 인사들의 전화가 쇄도해 내 연설이 취소되었다고 전해주었다. 그 인사들은 나를 연사로 초청한 총장실과 대학, 기업, 지역공동체 단체의 이사회 이사들에게 무더기로 전화를 걸어 나를 초대한 데 대해 항의했다. 전화를 건 이들은 공중보건 관료와 지역 병원, 의과대학원 그리고 대학원의 영향력 있는 부설 연구소의 명망 있는 의사들을 망라했다. 그들은 내가 백신 반대자이고 과학 반대자이며 '유아 살해자'라는 논조로 엄중히 경고하면서 내가 나타나면 공중보건과 의과대학원에 꼭 필요한 재정적 지원이 위태롭게 된다고 주장했다.

대학 PI에게 흘러 들어가는 돈줄을 끊겠다는 위협을 모면하는 게 대학 행정당국이 — 이론상으로 — 그토록 소중히 여기는 표현의 자유 전통을 수호하는 일보다 우선이었다. 2019년을 시작으로, 뉴욕대학교의 PI들은 백신의 지배적인 정설에 감히 의문을 제기했다는 이유로 법학대학원 메리 홀란드(Mary Holland) 교수와 저명한 역사학자이자 선전 선동 분야 전문가인 마크 크리스핀 밀러(Mark Crispin Miller) 교수를 교수진에서 축출하려 했다.

테리 마이클스는 파우치 박사가 어떻게 HIV 팬데믹을 전략적 배경으로 삼아 출세의 발판을 다지고 상상하기 어려운 막강한 권력을 손에 넣고 공식적인 정설을 규정하고 언론을 조종하고 세계적 공중보건 정책을 수립하고 심지어 세계 경제까지 봉쇄하게 되었는지를 다음과 같이 요약했다. "앤서니 파우치 박사는 수십억 달러를 주무르는 관료조직을 구축할 기회를 포착해 연방정부의 연구 자금을 따내려고 혈안이 된 이들에게 수많은 연구 지원금을 나누어주었는데 (다른 질병 연구는 다 제쳐두고) HIV-AIDS 연구자들에게 이 연구 자금이 집중되었다."[121]

앤서니 파우치가 책임연구원(PI) 체제를 구축하지는 않았지만, 과학자로서 그리고 행정가로서 무경험자였던 그는 처음에는 그 체제에 의존했고 그 체제에 순종했다. 훗날 그는 PI 군단의 통솔권을 쥐었고, 그들은 언론인 존 로리첸(John Lauritsen)이 "의료-산업 복합체(Medical Industrial Complex)"라고 일컫는 막강한 거대 군단으로 조직화했다."[122]

4장

팬데믹의 기본 틀:
후천성면역결핍증(AIDS)과
아지도타이미딘(AZT)

"의사는 세 가지 자격요건을 갖추어야 한다.
거짓말하고도 적발되지 않는 능력, 정직한 척하는 능력,
그리고 죽음을 야기하고도 양심의 가책을 느끼지 않는 능력이다."

— 장 프루아사르(Jean Froissart, 1337-1405)

아지도타이미딘(azidothymidine, AZT) 승인 절차는 앤서니 파우치에게는 앞으로 그가 써먹을 수법을 시험해보는 시운전이었다. 파우치 박사는 AZT가 규제의 덫을 요리조리 피할 방법을 강구하면서 부패하고 기만적이고 남을 들볶고 억박지르는 온갖 관행과 전략을 개척하고 완성해 향후 30년 동안 되풀이해서 써먹으면서 NIAID를 막강한 약품 개발 조직으로 변질시켰다.

파우치 박사가 책임연구원(PI)이 약품 임상실험을 하는 체제에 발을 들여놓을 당시 AIDS 치료제로 곧 임상실험을 앞둔 약 ― 독성이 강한 약물로서 'AZT'로 널리 알려진 아지도타이미딘 ― 을 보유한 제약사는 (글락소스미스클라인의 전신인) 버로우스 웰컴(Burroughs Wellcome) 딱 하나뿐이었다.

AZT는 미국 정부의 지원을 받은 연구자들이 1964년에[1] 백혈병 화학요법 약물로 개발한 약이다. AZT는 복제하는 세포에서 DNA 합성을 무작위로 파괴하는 'DNA 사슬 터미네이터'이다. AZT를 개발한 제롬 호위츠(Jerome Horwitz)는 이 미분자가 세포에 침투해 종양 복제를 방해할지도 모른다는 가설을 세웠다. 식품의약국은 쥐 실험에서 이 약이 암에 효과가 없고 끔찍한 독성을 보이자 이 화학요법 물질을 포기했다.[2] 정부 연구자들은 이 약이 단기적인 암 화학요법으로 쓰기에도 너무 독성이 강하다는 판단

을 내렸다. 호위츠는 이 약이 "극도로 독성이 강해 '쓸모가 없었으므로 특허를 출원할 가치도 없다고 생각했다.'"라고 당시를 회고했다. 〈비즈니스위크〉에서 기자로 일했던 브루스 너스바움은 호위츠가 "이 약을 쓰레기더미 위에 던져버렸고 관련 자료조차 보관하지 않았다."라고 말했다.[3]

1983년, 국립보건원의 연구팀이 AIDS의 원인이 HIV일 가능성이 있다고 판단한 직후, 국립보건원의 또 다른 산하기관인 국립암센터(NCI) 소장 새뮤얼 브로더는 전 세계에서 치료제로서 잠재력이 있는 항바이러스 물질을 물색하는 프로젝트에 착수했다. 1985년, 그의 팀은 듀크대학교 동료 학자들과 함께 시험관 실험에서 AZT가 HIV를 죽인다는 사실을 발견했다.[4]

NCI의 연구에서 아이디어를 얻은 제약사 버로우스 웰컴은 호위츠의 쓰레기더미에서 AZT를 끄집어내 이를 AIDS 치료제로 특허를 출원했다. 피할 수 없는 죽음 앞에서 공포에 질린 젊은 AIDS 환자들에게서 일확천금의 기회를 포착한 버로우스 웰컴은 환자 한 명당 1년에 1만 달러로 가격을 책정하면서 AZT는 제약업 역사상 가장 비싼 약으로 손꼽히게 되었다.[5] 버로우스 웰컴이 AZT 1회분을 생산하는 데 푼돈밖에 들지 않았으므로 이 제약사는 노다지를 기대했다.

기존의 약품에 어마어마한 가격을 책정하고 이를 정당화하기 위해서 "이 제약사는 자사의 공적을 실제보다 훨씬 부풀렸다."라고 오랫동안 〈뉴잉글랜드의학학술지〉 편집장을 지낸 마샤 앤젤(Marcia Angell) 박사는 자신의 저서 〈제약사에 관한 진실(The Truth About Drug Companies)〉에 기록했다.[6] 버로우스 웰컴 최고경영자는 〈뉴욕타임스〉에 아전인수격 내용이 담긴 서한을 보내 큰 위험을 감수해야 하고 약품 개발 초기 단계에서 어마어마한 비용이 들어간다는 등 제약사의 천편일률적인 핑계로써 AZT의 어마어마한 가격표를 합리화하자, 브로더와 NCI와 듀크대학교 소속 그의 동료 학자들은 분기탱천해 다음과 같은 반응을 보이면서 버로우스 웰컴이 전혀 기여하지 않은 바를 열거했다:

이 제약사는 AZT같은 약이 인간의 세포에서 살아있는 AIDS 바이러스 복제를 억누르는지 판단할 기술을 개발하지도 그런 기술을 최초로 적용하지도 않았고, 어느 정도의 농도로 해야 그러한 효과가 인체에서 나타날지를 판단하는 기술도 개발하지 않았다. 게다가 이 회사는 AIDS 감염자에게 처음으로 AZT를 투여하지도 않았고 환자들을 상대로 최초로 임상실험을 하지도 않았다. 또한 이 약이 효과가 있을지 모르니 추가로 실험을 할 가치가 있는지 판단하는 데 필요한 면역 실험과 바이러스 실험도 수행하지 않았다. 이 모두는 NCI 연구원들이 듀크대학교의 연구원들과 함께 이룬 성과다.[7]

NCI 과학자들은 이 회사가 HIV 병원체를 다루기 꺼렸으므로 의미 있는 연구를 하기가 불가능했다며 다음과 같이 뼈 때리는 발언을 했다. "AZT 개발에서 가장 큰 걸림돌 하나가 버로우스 웰컴이 살아있는 AIDS 바이러스로 연구하지도 않았고 AIDS 환자로부터 표본을 채취하기도 꺼렸다는 점이다."[8]

파우치의 NIAID가 NCI로부터 HIV 프로그램 관할권을 넘겨받으면서 AZT도 넘겨받았는데, 당시 AZT는 그 어떤 약품보다도 임상실험이 훨씬 진전된 단계에 놓여 있었다.[9]

AZT는 파우치로서는 뿌리치지 못할 기회였다. 버로우스 웰컴은 AIDS 약품 개발에서 선두주자였을 뿐만 아니라 파우치가 아직 터득하지 못한 복잡한 규제 장애물을 극복한 경험이 정말 풍부한 '책임연구원(PI)' 용병을 거느리고 있었다. 파우치 박사는 자신의 프로그램에 시동을 걸고 자기가 새로 수장이 된 조직이 유능해 보이게 해줄 가시적인 성공이 절실했다. 너스바움은 영국 제약사 버로우스 웰컴이 이러한 파우치 박사의 처지를 지렛대 삼아 미국 정부의 HIV 대응을 어떻게 독점적으로 조종하게 되었는지 다음과 같이 말했다. "버로우스 웰컴의 PI들은 NIAID의 임상실험 체제를 지배하게 되었다. 그들은 버로우스 웰컴, AZT, 그리고 국립보건원을 연결하는 조직망을 구축했다. 그들은 국립보건원의 핵심적인 약품 선정 위원회에 참여했고, 시장에서 AZT와 경쟁할 가능성이 있는 약물들을 비롯해 어떤 항에이즈 약품 실험에 우선순위나 후 순위를 부여할지 표결했다. PI들은 그들 자체로서 막강한 권력을 행사했다. 그들을 통제할 수 있는 세력은 없었다."[10]

파우치 박사는 훗날 이러한 버로우스 웰컴의 성공을 본보기 삼아 식품의약국, 질병통제예방센터, 의학 연구소(Institute of Medicine)의 핵심적인 약품과 백신 승인 위원회들을 자신이 거느리는 제약사 PI들로 채움으로써 그와 그의 제약사 동업자들이 미분자 발견부터 시장 출시에 이르기까지 약품 승인 전 과정을 아우르는, 수직적으로 통합된 완전한 통제권을 손에 쥐게 되었다.

그러나 그 과정이 순탄치는 않았다. 버로우스 웰컴이 고삐를 쥐고 있을 때조차 NIAID에서의 진전은 매우 더뎠다. AZT의 끔찍한 독성 때문에 연구자들은 이 약이 안전하거나 효과적으로 보이도록 연구를 설계하는 데 애를 먹었다. 파우치의 관심은 온통 AZT에 쏠려서 이와 경쟁할 다른 약에 대한 임상실험에는 신경도 쓰지 못했다. 3년 동안 수억 달러를 퍼부었지만, NIAID는 단 하나의 개선된 새로운 치료법도 내놓지 못했다.

한편, 샌프란시스코, 로스앤젤레스, 뉴욕, 댈러스 등 지역공동체를 기반으로 AIDS 환자를 돌보던 의사들은 관계망을 구축해 활발하게 교류하면서 AIDS 증상을 치료하는 전문가가 되었다. 파우치 박사가 AIDS를 '완치'할 기적의 새로운 항바이러스제 개발과 같은 큰 한 방을 노리는 동안, 이 지역 기반 의사들은 (약품 승인받을 때 허가사항에 기재되지 않은 용도로 쓰는) 오프-레이블(off-label) 치료제로 AIDS로 사망하거나 고통받는 이들의 각종 증상을 완화하는 데 효과를 보면서 희망적인 결과를 얻고 있었다. 망막 포진(retinal herpes)을 치료하는 리바비린(ribavirin), 알파 인터페론(alpha inteferon), DHPG, 펩타이드 D(Peptide D), 포스카넷(Foscanet), AIDS 관련 폐렴을 치료하는 박트림(Bactrim), 셉트라(Septra), 에어로졸 펜타미딘(aerosol pentamidine) 등이 그러한 오프-레이블 약품들이다. HIV 관련 지역공동체들이 이러한 용도 확장 약품(repurposed drugs)에 관한 연구를 진행해달라고 수년 동안 간곡히 호소했지만, 파우치 박사는 거절했다. 이러한 약은 오래전에 특허를 받았거나, 특허가 만료되었거나, 임상실험을 후원하겠다고 나서는 제약사가 없었다.[11] 이러한 '길거리에서 거래되는 약' 가운데 가장 큰 희망을 준 약으로 손꼽히는 게 AZT보다 훨씬 독성이 약한 항바이러스제 AL721이었다. 파우치 박사와 친밀한 최고의 두 과학자로서 국립암연구소(NCI) 소속 로버트 갈로와 제프리 로렌스(Jeffrey Laurence)는 AL721이 HIV 바이러스의 양을 줄이는 데 효과가 있음을 알아냈다. 그러나 버로우스 웰컴의 PI 군단의 압력을 못 이긴 파우치 박사는 이에 관한 후속 연구를 거부했다.[12] 거대 제약사들과 그들이 거느린 PI들은 그들이 특허를 통제하지 못하는 약품에 대한 임상실험은 극히 꺼린다. 거대 제약사들 가운데 AZT같이 수익률이 높은 대박 상품의 경쟁자 발굴에 관심이 있는 제약사는 단 하나도 없었다.

파우치 박사가 이러한 용도 확장 치료제들을 NIAID 체제를 통해 검증하기를 거부하자, 이러한 약을 몰래 거래하는 암시장이 우후죽순 생겼고 AIDS 환자들과 지역공동체 의사들은 '구매자 클럽(buyers' clubs)'이라 불린 암시장에서 이러한 약을 구매했다.[13]

NCI 소속 최고의 바이러스학자로 손꼽히는 프랭크 러세티(Frank Ruscetti) 박사는, 로버트 갈로 박사 밑에서 일했는데, 그 당시를 다음과 같이 회고한다. "용도 확장 약품으로 수백만 명을 살릴 수도 있었다. 그러나 그 약들에서는 얻을 금전적 이득이 없었다. 새로 특허를 출원한 항바이러스제와 그들이 밀어붙이는 미심쩍은 백신이어야만 했다."[14]

거대 제약사의 PI들은 제약업계가 공들이는 AZT를 NIAID의 유일한 임상실험 대상 약품으로 만드는 데 만전을 기했다. 파우치 박사의 무경험에다 아마도 그의 의도적인 방해공작까지 더해져 파우치 박사와 그의 PI들은 AZT와 경쟁할 희망적인 약품들의 임상실험 참여자를 목표치의 5~10퍼센트 밖에 채우지 못했다. 너스바움에 따르면, "시간이 흐르면서 파우치가 구축한 임상실험 네트워크는 '90년대의 주택도시개발부(Department of Housing and Urban Development)'라고 불리게 된다. (과거에 주택도시개발부가 재앙을 초래했듯이) 돈은 돈대로 들고, 임상실험 참여율은 저조하고, 치료제는 등장할 기미도 보이지 않고, AIDS 환자들은 계속 병들고 죽어갔다."[15]

버로우스 웰컴에 휘둘리던 파우치 박사는 AZT 승인을 받아내려고 이 회사 PI들에게 온갖 호의를 베풀었다. 식품의약국과 국립보건원은 영장류를 대상으로 한 장기적인 실험을 면제해주었다. 독성이 강하다고 잘 알려진 물질을 승인해야 하는데 독성이 강하다는 결과가 나올 게 뻔한 실험을 하는 큰 위험을 감수할 수 없었기 때문이다(파우치 박사는 그로부터 36년 후에도 그가 아끼는 약품이자 모더나의 코로나바이러스 백신인 렘데시비어 승인을 빨리 받아내기 위해 이러한 지름길을 택했다). 파우치 박사는 NIAID의 임상실험에 사용한 AZT 알약에 최고가를 지불하기로 합의함으로써 버로우스 웰컴이 한 해에 환자 한 명당 1만 달러라는 고가를 책정하려는 책략을 용인해 주었다.[16]

너스바움에 따르면, "앤서니 파우치는 관리자로서 무능했으므로" 완전히 버로우스 웰컴과 그 회사의 AZT와 AZT의 시장독점이라는 꿍꿍이에 휘둘렸고 "어마어마한 대가를 치렀다. 1987년 무렵 50만 명 이상이 AIDS 바이러스에 감염되었다. 그러나 정부의 거대한 생의학 연구 체제로부터 단 하나의 치료제도 나오지 않았다."[17]

너스바움은 AIDS 사회운동가들이 의회를 설득해 NIAID에 어마어마한 예산을 확보해줬는데도 아무 성과가 없자 그들은 점점 불만이 높아졌다고 기록하고 있다. 너스바움은 다음과 같이 회고한다. "수억 달러의 국민 세금이 생의학계 기득권 세력의 주머니로 흘러 들어갔지만 단 하나의 신약도 생산되지 않았다." 앤서니 파우치의 무능함 때문에 팬데믹에 대한 국가적 대응은 차질을 빚었다. 너스바움은 "앤서니 파우치는 이번에는 존재감이 있었나? 전혀. 그는 '세부 사항'을 파고드는 인물이 아니다. 그는 날마다 언론 표제 기사에 등장하느라 동분서주했을 뿐이다."[18]

AIDS 사회운동가와 공중보건 관료들은 다음과 같은 의문을 제기한다. "연구 자금은 다 어디로 갔을까? NIAID가 착복했을까? 누가 이득을 봤지? 날이 갈수록 점점 분노하게 된 수십만 명의 AIDS 환자들은 분명히 아니다."[19] 사회운동가들은 파우치 박사가 임상실험의 현황과 참여자 실태에 대해 제대로 알려주지 않는다고 원성이 높았다. 그는 진행 상황에 대한 조사를 방해하고 임상실험 전 과정을 비밀에 부쳤다.

HIV 관련 지역공동체의 열정적인 로비 덕분에 조직이 어마어마한 횡재를 했음에도, 파우치 박사는 그가 미국의 'AIDS 황제'로 등극한 첫 3년 동안 AIDS 지역공동체 지도자들과 환자와 그들을 돌보는 의사와 사회운동가들을 만나기를 거부했다. 그들이 만나자고 간곡히 호소했는데도 말이다. AIDS 지역공동체를 위해 일해야 할 파우치 박사의 무대응으로 안 그래도 틀어진 지역공동체와의 관계가 더욱 악화되었다.

반사적으로 팬데믹에 대한 공중의 공포를 증폭하는 성향은 NIAID에 내재되어있고, 파우치 박사는 국가의 AIDS 황제로서 본능적으로 전염의 공포를 조장했다. 그는 1983년 〈미국의학협회 학술지〉에 기고한 글에서 AIDS는 일상적인 접촉을 통해서도 전염될 수 있다고 경고해 AIDS 사회운동가들 사이에 악당이 되었다.[20] 당시에 AIDS 감염자는 거의 다 정맥주사로 마약을 주입하는 중독자들과 남성 동성애자들이었지만, 파우치 박사는 "가족 내에서처럼 일상적인 접촉을 통해서도 AIDS가 전염될 가능성이 있다."라는 틀린 주장을 했다. 파우치는 이 글에서 "성적 접촉이 아니어도, 혈액을 통하지 않아도, 전염이 가능한 점으로 미루어 볼 때 AIDS가 전파 가능한 범위는 어마어마할지 모른다."라고 주장했다. AIDS 위기의 역사를 서술한 〈그래도 밴드는 연주를 계속했다(And the Band Played On)〉의 저자 랜디 쉴츠(Randy Shilts)에 따르면, 세계적인 AIDS 전문가 어라이 루빈스타인(Arye Rubinstein)은 파우치의 "멍청함"에 "경악했다." 파우치의 그러한 발언은 당대의 과학적 지식을 전혀 반영하지 않았기 때문이다.[21] 친밀한 접촉에서도 HIV 감염성은 너무 미미해서 유행하는 전염병이 될 수가 없음을 최고의 과학적 증거가 뒷받침하고 있었다.

그런데도 파우치 박사는 반사적으로 무서운 전염병이라는 주장으로 공포심을 증폭해 자신의 권력을 확대하고 자신의 위상을 드높이고 자신의 영향력을 확장하려 했다. NIAID는 그때 이미 전염병에 대한 공중의 공포심을 증폭하는 조건반사적 성향이 깊이 뿌리내리고 있었다.

1987년, 〈월스트리트저널〉은 보건복지부의 모의를 파헤친 공로로 퓰리처상을 탔는데, 수상자들은 관료들이 AIDS를 팬데믹이라고 속여 더 많은 세금과 재정적 지원을 확보하려 했다고 폭로했다.[22]

관료들의 속임수는 먹혔다. 전염병에 대한 공포는 막강한 충동적 본능이고, 파우치는 이를 무기로 삼는 데 도가 텄다. 그리고 그는 다른 '존경받는 권위자들'도 자기 뒤를 따르리라는 사실을 재빨리 간파했다. 파우치 박사의 공포를 조장하는 예언을 좇아 대통령실 AIDS 위원회 테레사 크렌쇼(Theresa Crenshaw)는 14년 안에 지구상에서 치명적인 감염으로 사망하는 사람 수가 두 배가 된다는 놀라운 예측을 했다. 크렌쇼는 "현재의 속도로 AIDS가 확산하면 1996년에는 감염자가 10억 명에 이를 가능성이 있다. 그로부터 5년 후에는 이론상으로는 100억 명이 될지 모른다."라면서 다음과 같은 질문을 던졌다. "우리 생애 동안 인류가 멸종될 위협에 직면하게 될까?"[23] 크렌쇼의 암울한 예언은 실현되지 않았다. 2007년 세계보건기구는 전 세계적으로 HIV 양성인 사람은 3,320만 명으로 추산된다고 밝혔다.[24] 질병통제예방센터의 자체적인 데이터를 토대로 한 HIV 확산 추세를 보아도, 적어도 미국에서는, HIV 검사가 최초로 실시된 이후로 감염이 확산하지 않고 인구 대비 똑같은 수준을 유지해 왔다.

토크쇼 〈오프라(Oprah)〉는 크렌쇼가 "1990년 무렵 이성애자 5명 가운데 1명이 AIDS로 사망할지 모른다."라고 한 주장을 인용했다.[25] 이러한 예측도 지나친 과장이었다. 질병통제예방센터 데이터에 따르면, 미국인 250명당 1명이 HIV 양성이고, 위험군을 벗어나면 이 수치는 5,000명당 1명으로 떨어진다. 크렌쇼가 제시한 암울한 전망의 1,000분의 1이다.[26] 파우치의 암울한 예측에 뒤이어 공포가 확산하자 독일의 〈슈피겔〉은 1992년 무렵 AIDS 감염으로 독일 인구가 전멸하게 된다고 경고했다.[27] 그 이듬해, 〈빌트 데르 비센샤프트〉 잡지도 튜턴인(Teutonic race)*의 멸종을 예측했다.[28]

호들갑의 정도는 덜하나 〈뉴스위크〉도 1991년 무렵 500만에서 1,000만 명의 미국인이 이 치명적인 전염병에 걸린다고 예측했다.[29] 〈뉴스위크〉가 예언한 흉조는 실제보다 10배가 빗나간 것으로 드러났다. 그 이후로 미국 관계 당국에 확인된 HIV 감염자는 100만 명이다.[30]

파우치 박사가 AIDS에 대한 진실을 윤색하고 꾸며내면서 HIV 양성자는 현대판 나병환자가 되었다. 성접촉이 아닌 일상적인 접촉으로도 AIDS에 걸릴지 모른다는 공포심은 수년 동안 지속되었다. 예컨대, 1985년 뉴욕에서 한 공립초등학교 학생 85퍼센트가 개학 후 일주일 동안 등교하지 않았다. 학부모 수백 명이 HIV 양성인 학생들의 수업 출석을 금지하라고 학교 측에 요구했기 때문이다.[31] 레이건 행정부는 AIDS 환자의 미국 입국을 불법화했다. 쿠바 정부는 AIDS 피해자들을 현대판 나병환자촌에 격리했다. AIDS 사회운동가들은 파우치 박사가 공포를 조장하는 발언을 해 사람들이 '비이성적이고 가혹한' 반응을 보였다며 그를 비판했다.[32]

파우치 박사의 발언에 대한 원성이 점점 높아지자 1년 후 그는 공중보건 관리들이 '일상적인 접촉'을 통해 이 질병이 전염된 사례를 발견한 적이 없다고 시인해야 했다.[33]

마지막으로, AIDS 사회운동가들은 파우치 박사가 이 질병으로 고통받는 이들에 대한 깊은 배려와 인간적인 동정심이 없다고 불만을 토로했다. 파우치 박사는 오로지 기적의 항바이러스 명약 하나에만 집중하고 AIDS로 고통받고 목숨을 잃게 되는 수많은 끔찍한 증상들을 치료할 약품 연구를 꺼렸다. (대체로 기존의 약품을 사용하는) 환자 돌보기

---

* 북유럽 민족, 특히 독일인을 뜻함 - 옮긴이

는 고가의 특허받은 항바이러스제에 대한 집착이 날로 커지는 NIAID의 금전적인 이해와 상충했다. 파우치 박사가 특허가 만료된 치료제를 제쳐놓고 AZT에만 집착하자, 가장 활발하게 활동한 AIDS 사회운동가 래리 크레이머는 파우치 박사를 "어설프기 그지없는 빌어먹을 자,"[34] "공공의 적 1호"라고 일컬었다.[35]

영화 〈댈러스 바이어스 클럽(Dallas Buyers Club)〉 각본으로 아카데미상을 받은 멜리사 월렉과 크레이그 보튼은 1986년 AIDS 위기 동안 환자 돌보기와 용도 확장 약품에 대해 NIAID가 조직 차원에서 보인 적개심을 심층적으로 조사했다. 파우치 박사가 기존 약품을 치료제로 쓰지 못하게 방해하면서 은밀한 의료 네트워크가 조직화 되었다. 이른바 '바이어스 클럽'은 지역공동체 의사들과 그들이 돌보는 환자들에게 치료제들을 판매해 파우치가 방치한 공백을 채웠고 효과도 있었지만, 식품의약국은 이러한 약품들의 승인을 거부했다. 영화 각본을 위해 파우치 박사를 심층적으로 조사한 월렉은 이렇게 말한다. "파우치 박사는 거짓말쟁이다. 그는 제약사들에게 완전히 코가 꿰었고 AZT와 경쟁할 만한 약에 대해 무조건 적대적이었다. 그는 이 시대의 진짜 악당이었다. 그 사람 때문에 수많은 이들이 목숨을 잃었다."[36]

1987년 무렵, AIDS 연구재단(The Foundation for AIDS Research, amfAR)과 액트업 (AIDS Coalition To Unleash Power, ACTUP) 같은 단체들 소속 수천 명의 AIDS 사회운동가들은 ─ 대부분 수의(壽衣)를 입고 ─ 메릴랜드주 베세스다에 있는 국립보건원의 연구단지에서 파우치 박사에 항의하는 시위를 열고 마침내 면담을 요구했다. "관료주의가 우리를 죽인다," "국립보건원(NIH) ─ 과실(Negligence), 무능(Incompetence), 참혹(Horror)"이라고 쓰인 푯말을 든 시위자들은 폭동진압용 장비를 갖춘 경찰과 대치했다.[37] 시위자들은 파우치 박사가 버로우스 웰컴이 특허 낸 항바이러스제 하나에만 집착하는 데 항의하면서 AIDS의 가장 고통스럽고 치명적인 증상들을 완화해 주는 기존의 치료제에 더 관심을 기울이라고 요구했다.

국립보건원의 방대한 단지 앞에서 시위하는 군중이 점점 늘자, 1987년 봄 헨리 왁스먼(Henry Waxman) 하원의원이 개입하게 되었고 마침내 할 수 없이 파우치 박사는 사회운동가들과 마주 앉게 되었다. 3년 앞서 그가 AIDS 황제로 등극한 후 처음으로 AIDS 사회운동가들과 만나는 자리였다. 너스바움은 다음과 같이 기록했다. "오만함은 국립보건원 조직 문화의 일부다. AIDS 환자와 그들을 돌보는 지역 의사들이 AIDS 치료와 관련해 건설적인 제안을 한다고 생각한 이는 아무도 없었다. 암 환자에 대해서도 마찬가지로 생각했다. 환자들은 모두 흰 가운을 입은 과학자 영웅들이 동정하고 도와야 할 '피해자'였다."[38]

래리 크레이머, 네이선 콜로드너, 배리 진젤 박사, 그리고 싱어송라이터이자 AIDS 사회운동가 마이클 컬런은 마침내 널찍한 탁자를 사이에 두고 파우치 박사를 비롯해 그가 엄선한 식품의약국과 국립보건원 과학자 15명과 마주 앉았다. 운동가들은 회의 내내 파우치 박사가 "교묘히 속임수를 쓰고" 그들이 표명한 우려를 "일축"한다고 생각했다. 너스바움에 따르면, 당국자들은 "NIAID가 AZT에 집착하고 있고 대부분 임상실험과 실험에 참여하는 AIDS 환자들도 AZT 단 한 가지 약 임상실험에만 투입된다고 여러 차례 말했다."[39] 사회운동가들은 파우치 박사가 가장 신뢰하는 과학자 로렌스 박사와 갈로 박사가 AL721이 바이러스양을 줄이는 효과가 있다는 사실을 발견했음을 파우치 박사에게 제시하면서 포문을 열었다.[40] 파우치 박사는 장황하게 사실을 호도하고 얼버무리면서 답변했다. 그는 AL721이 효과가 없다고 결론을 내린, 자기 입맛에 맞는 듣지도, 보지도 못한 연구소의 분석 자료 하나를 인용하고, 자기가 이끄는 기관에서 발표한, 이 약의 효과를 뒷받침하는 결과가 나온 두 건의 분석 자료에 대해서는 논의하지도 인정하지도 않으려 했다.

그다음으로 그들은 파우치 박사에게 에어로졸 펜타미딘 사용을 거절한 이유를 물었다. 너스바움에 따르면, "수많은 지역공동체 의사들과 수천 명의 AIDS 환자들은 이미 에어로졸 펜타미딘이 AIDS의 가장 치명적인 증상인 주폐포자충 폐렴(pneumocystis carinii pneumonia, PCP)을 예방한다는 사실을 알고 있었다."[41] 의사들은 또한 박트림과 셉트라로 조기에 처치하면 PCP를 예방하는 효과가 있다는 사실도 알아냈다. 사회운동가들은 파우치 박사에게 다음과 같이 조심스럽게 요청했다. 박트림을 예방 차원에서 AIDS 환자들에게 투여하기를 바라는 의사들을 위해 NIAID가 지침을 만들거나 그러한 처치를 지지하는 성명을 발표하겠다고 동의해달라고. 의사들이 이러한 치료제를 '치료 표준'으로 고려한다고 국립보건원이 공식적으로 발표하면 보험회사들은 이 약에 보험을 적용해야 하므로 형편이 어려운 수많은 AIDS 환자들에게 도움이 된다. 파우치 박사는 두 가지 요청을 모두 거절했다. 그는 '무작위배정 이중맹검 위약 대조군 실험' 결과를 보기 전까지는 약을 권고할 수 없다고 했다. 그게 임상실험의 '최적 표준'이고, 그게 아니면 아무 소용없다고 했다. 그들이 파우치에게 "왜 안 되죠?"라고 묻자, 그는 "데이터가 없잖습니까!"라고 호통을 쳤다.[42] 파우치는 그들에게 지역공동체에서 AIDS 환자를 치료한 경험이 있는 수십 명 의사가 보고한 수북한 사례연구 자료들은 진짜 과학이 아니라고 했다. 사회운동가들은 점점 더 끔찍한 모순을 절실히 인식했다. 이러한 특허가 만료된 약품들에 대한 무작위배정 임상실험을 지원하지 않기로 한 장본인이 NIAID였다. 파우치 박사 본인이 이러한 막다른 골목을 만든 장본인이다. 이처럼 생명을 구할 잠재력이 있는, 특허가 만료된 용도 확장 약품 사용을 방해하는 꾀바른 수법을 파우치 박사는 코비드 위기 동안에도 써먹어 원성을 사게 된다.

컬런에 따르면, "우리는 그에게 부탁, 아니 애원했다. 의사들에게 PCP 증상을 보일 위험이 큰 환자들을 (박트림이나 에어로졸 펜타미딘을 처방해) 도우라고 촉구하는 잠정적인 지침을 내려달라고 말이다. 그렇게 하는 데에 비용이 크게 들지 않는데도 불구하고 그는 그런 지침을 내리기를 완강히 거부했다. 데이터가 없다는 이유에서였다. 따라서 진퇴양난의 상황이 벌어졌고 죽지 않아도 되었을 수많은 사람이 목숨을 잃었다."[43]

사회운동가들이 파우치 박사에게 최소한 AL721, 펩타이드 D, DHPG, 그리고 에어로졸 펜타미딘을 임상실험에 추가해달라고 요청하자 파우치 박사는 언성을 높여 거절했다. "그렇게 못해요!" "난 합의를 끌어낼 회의를 열 수 없습니다."[44] 그는 어떤 물질을 NIAID 임상실험에 포함할지는 공중의 합의가 아니라 '독자적인 과학자들'로 구성된 위원회가 결정한다고 해명했다. 파우치 박사는 그가 구성하는 '독자적인 위원회' 구성원들은 거의 다 제약사의 PI들로서 NIAID와 버로우스 웰컴과 연관된 이들이라는 사실은 언급하지 않았다.

위의 회담에 뒤이어, 지역공동체 의사들은 답답한 심정에 그들이 돌보는 환자들로부터 기금을 조성해 박트림에 대한 무작위 임상실험 데이터를 모았다. 그 작업은 2년이 걸렸고 박트림이 폐렴을 막는 데 효과적임을 강력히 뒷받침하는 결과가 나왔다. AIDS 사회운동가들은 파우치가 에어로졸 펜타미딘과 박트림과 관련해 2년이라는 시간을 질질

끄는 바람에 17,000명이 목숨을 잃었다고 울분을 토했다.[45]

국립보건원과의 회담 후 파우치 박사에 대한 AIDS 사회운동가들의 분노가 치솟았다. 그들이 보기에 지역공동체 의사들은 훌륭한 과학적 결실을 맺고 있었다. 그들은 치료 경험을 종종 발표했고 그들의 경험은 과학자들이 일상적으로 의존하는 사례연구 못지않게 타당성이 있었다. 너스바움이 지적하듯이, "데이터는 차고 넘쳤다. 파우치와 국립보건원이 시험관만 주야장천 들여다보지 말고 실제 지역공동체에 속한 진짜 사람들을 살펴볼 의지만 있으면 말이다."[46]

마이클 컬런은 너스바움에게 파우치는 자신이 이끄는 기관 소속이 아닌 외부의 의사들이 성공을 거두었다는 사실을 시인하는 굴욕은 무슨 일이 있어도 피하려는 일념에 차 있는 듯하다며 다음과 같이 말했다. "파우치는 자신의 결정 때문에 수만 명이 AIDS로 목숨을 잃는다고 해도 굴욕만큼은 절대로 당하지 않을 작정이었다."[47]

마이클 컬런, 래리 크레이머를 비롯해 AIDS 사회운동가들은 분노에 가득 찬 채 국립보건원 회담장을 떠났다. 1987년 6월 (그 당시에 내가 종종 환경문제에 대해 연설하곤 했던) 뉴욕시의 액트업 본부 강당에서 크레이머는 파우치와의 회담을 돌이켜보면서 파우치의 제약사 편향성을 다음과 같이 질타했다:

> "정부가 약속한 약품은 어디 있나? 우리가 임상실험 하라고 수백만 달러를 모아줬는데, 우리가 얻은 건 뭔가? 1만 달러짜리 약이다! 시중에 판매되는 다른 약은 전부 어쩌고?"[48]

1988년 4월 28일 의회에서의 격돌

파우치 박사는 크레이머를 비롯해 사회운동가들을 푸대접했다. 그는 의회의 후원자들에게는 감히 그리하지 못했다. 오랜 세월 동안 상원 보건위원회 위원장을 지낸 테드 케네디 상원의원과 상원 예산위원회 위원장 로윌 위커 상원의원은 하원의 동맹 세력인 캘리포니아 하원의원 헨리 왁스먼과 맨해튼 하원의원 테드 와이스와 더불어 AIDS 연구 예산을 확보하려고 로널드 레이건의 자린고비 예산국장 데이비드 스톡먼과 백병전을 벌였다.

1980년, 테드 케네디는 대통령 후보로는 최초로 동성애자 인권을 내걸고 적극적으로 선거운동을 했다. 나는 샌프란시스코의 카스트로 구역에서 작은아버지 테디와 함께 동성애자 전용 술집을 돌며 악수를 하고 사진을 찍으며 선거유세를 도왔다. 그로부터 1년 후 AIDS가 유행하자, 그는 관례를 깨고 최초로 동성애자/HIV 감염자임을 공개한 상원 보좌관 테리 번(Terry Beirn)을 채용했다. 번은 파우치가 극도로 적대시한 박트림과 에어로졸 펜타미딘 같은 치료제의 공동체를 기반으로 한 임상실험을 적극적으로 옹호하는 전국적인 지도자가 되었다.[49] 번은 작은아버지의 절친인 AIDS 연구재단의 마틸드 크림, 프로젝트 인폼(Project Inform)의 마틴 들레이니와 함께 지역공동체 연구 구상 개념을 탄생시켰다. 그들은 지역공동체 AIDS 전문 의사들이 제약사도 NIAID도 임상실험을 하지 않으려는 기존의 약품들에 대한 임상실험을 하도록 해주는 '병행' 승인 체제를 구축하자고 제안했다. 본인은 AIDS 환자가 아니지만 바이어즈 클럽을 위해 멕시코에서 리바비린을 밀수하는 활동을 하며 사회운동가로서 잔뼈가 굵은 들레이니는 병행 승인 프로그램을 "의료 전문가의 감독하에서 실시하는 게릴라 임상실험"이라고 설명했다.[50] 테드 케네디 상원의원은 자기 친구이자 모르몬교도인 오린 해치 상원의원이 신도로서 병자에 대해 지닌 측은지심에 호소해 유타주 공화당 소속 상원의원인 그를 설득했고 AIDS 문제 해결에 함께 힘을 모으기로 했다. 무소속 코네티컷 상원의원 로월 위커도 또 하나 핵심 동맹군이었다. 정치적 관점이 서로 다른 이 세 명의 막강한 상원의원들은 하원의 왁스먼, 와이스와 긴밀히 협력했다. 그들은 AIDS를 동성애 생활방식에 대한 신의 정당한 응징으로 보는 막강한 기독교도 보수주의자들의 반대를 무릅쓰고 초당적인 노력을 기울여 백악관이 국고에서 수억 달러를 토해내게 했다.

2년 동안 케네디 상원의원과 번은 '병행' 승인 체제를 구축하라고 파우치 박사에게 촉구했지만, 소용이 없었다. 케네디는 HIV 공동체의 호소에 귀를 기울이지 않는 파우치 박사의 고집에 짜증이 났다. 그는 파우치 박사가 바이어스 클럽 약품 임상실험을 허락하지 않는 행태는 치졸하고 잔인하고 무책임하다고 여겼다.

2007년 9월 한 인터뷰에서 파우치 박사는 내 작은아버지 테디 케네디가 이 문제의 시급성을 강조했던 기억을 되살렸다. 그는 케네디 상원의원이 그에게 "지역공동체가 참여하는 임상실험 절차가 있어야 한다고 촉구했다. 케네디 상원의원은 AIDS 임상 연구의 지역공동체 중심 프로그램을 매우 강하게 밀어붙인 사람이다. 그게 그가 추구하는 주요 의제 가운데 하나였다. 그는 지역공동체 차원에서 공동체가 임상실험에 접근하게 되기를 바랐다. 제약사와 NIAID가 실시하는 임상실험으로만 제약하지 말고서 말이다."[51]라고 말했다.

1987년 무렵, 당적을 초월한 정치적 제휴 세력은 파우치 박사의 프로그램이 '파탄'이 났다는 사실을 깨달았다.[52] 의회가 수백만 달러의 예산을 배정했음에도 NIAID로부터 단 하나의 약도 배출되지 않았다. 케네디 상원의원은 파우치 박사가 무능하든가 제약사와 '한통속'이라고 의심하기 시작했다. 로널드 레이건은 AIDS 연구 활동 전체를 '훨씬 효율적인' 민간 제약사들에게 이전하려고 했다. 파우치 박사의 예측이 완전히 빗나가고, 조직 관리도 엉망이고, 늘 답변을 얼버무리자 파우치를 지지했던 의원들도 폭발했다.

1988년 봄, 파우치 박사의 의회 후원자들은 의회에서 벌어진 극적인 대결에서 그에게 등을 돌렸다. 4월 28일 청문회는 파우치 박사의 가장 충직한 후원자로 추정되는 와이스 하원의원이 파우치에게 왜 진전이 없는지 해명을 요구하면서 시작되었다. 파우치 박사는 연구실 공간, 컴퓨터, 책상, 사무용품을 구입하거나 새로운 직원을 채용할 예산이 없다고 징징거렸다.[53]

맨해튼 어퍼웨스트사이드 지역구를 대표하는 와이스 하원의원은 그런 파우치의 발언에 경악했고 파우치 박사에게 AIDS 연구에 쓰라고 의회가 3억 7,400만 달러를 책정한 사실을 일깨워 주었다. 그런 거액을 받고 사무용품과 가구 살 돈이 부족하다니 놀랄 지경이었다. 본인의 핑계가 얼마나 한심한지는 전혀 깨닫지 못한 채 파우치는 자기를 후원하는 의원들의 분노만 돋구었고, 그런 사무용품은 의회가 책정한 거액의 예산과는 별도의 예산으로 따로 책정되어야 한다고 투덜거렸다. 끓어오르는 분노를 가까스로 참으며 왁스먼 하원의원은 파우치 박사에게 왜 그런 문제가 있다고 의원들에게 알리지 않았는지 추궁했다. 이 질문에 대한 파우치의 대답은 애매모호 횡설수설 장광설 불평불만으로 가득한 푸념이었다. 파우치 박사는 — 그가 의회 민주당 소속 의원들과 돈독한 사이라는데 대해 눈살을 찌푸렸을지도 모르는 — 레이건 백악관의 심기를 건드릴까 두려웠다고 주장했다.

파우치 박사가 애매모호하게 말을 얼버무리자 왁스만 의원은 안색이 눈에 띄게 변했다. "그는 격노했다. 사실상 의자를 박차고 벌떡 일어섰다."라고 너스바움은 기억한다.[54]

캘리포니아주 하원의원 낸시 펠로시는 파우치 박사의 지지부진한 업무수행 성과에 불만을 토로하면서 "우리 관점에서 보면, 우리 뒤로 건물이 화염에 휩싸여 있고 물을 얻으려고 당신에게 가서 보니 수도꼭지를 틀 사람이 없는 격"이라고 말했다.[55]

그리고 나서 펠로시는 '일격'을 가했다며 뒤이어진 대(大) 설전을 너스바움이 기록했다. 펠로시 하원의원은 파우치 박사에게 파우치 본인이 AIDS에 걸렸고 폐렴으로 죽어가고 있다고 가정해보라며 다음과 같이 물었다. "당신은 에어로졸 펜타미딘이 폐렴을 예방한다는 이론은 매우 신빙성이 있다는 사실을 알고 있다. 샌프란시스코에서 실시된 많은 연구를 통해 이 약을 일상적으로 권하고 구입하기가 가능하다는 사실도 알고 있다. 당신은 에어로졸 펜타미딘을 복용할 텐가 아니면 임상실험 결과가 나올 때까지 기다릴 텐가?"[56]

3년 동안 파우치 박사는 있는 힘을 다해 에어로졸 펜타미딘과 이와 더불어 쓰이는 박트림을 AIDS 환자들이 쓰지 못하게 막았다. 그러나 1988년 의회 청문회에서 파우치는 의원들에게 이렇게 말했다. "내가 환자라면, 그리고 이미 PCP를 한 차례 겪었다면 아마 에어로졸 펜타미딘을 복용할 것이다. 아니, 그 이전에 예방 차원에서 박트림을 복용할지도 모른다."[57] 이 두 가지가 파우치가 임상실험을 하거나 권고하기를 거부한 치료제라는 사실을 패널 구성원과 청중 모두 알고 있었다. 바로 그 순간에도 파우치는 생명을 구하는 이 약을 수만 명의 AIDS 환자들이 구하지 못하게 막고 있었다.

너스바움은 뒤이어 벌어진 광경을 다음과 같이 묘사한다. "침묵이 흘렀다. 레이번 하원 의회 사무동 건물 2154호 청문회장은 정적에 휩싸였다. 국립보건원에서 AIDS 문제 해결을 책임진 수장이 개인적으로는 정부의 지침과 권고를 따르지 않겠다고 공개적으로 시인하고 있었다. 정부 최고위 관료인 과학자가 사실상 AIDS 환자 수백만 명은 정부의 시책을 따르지 말아야 한다고 시인하고 있었다. 앤서니 파우치는 임상실험에 단 한 가지 예방 약품도 포함하지 않고서는 PCP 예방을 공개적으로 요구하고 있었다. 건강부회도 이런 건강부회가 없다. 파우치 본인이 정부의 AIDS 연구 토대에 의문을 제기하고 있었다."[58]

그로부터 32년이 흘러 파우치 박사는 코비드 위기 초기에 이러한 정치적 연극을 다시 한번 펼쳤다. 2020년 3월 24일, 그는 한 기자의 질문에 답하면서 자기가 코비드에 걸리면 하이드록시클로로퀸(HCQ)을 복용하겠다고 시인했다.[59] 그 직후 파우치 박사는 HCQ—그리고 인류 전체가 모든 조기 치료제—를 사용하지 못하게 막는 공격적인 시도에 착수했다.

파우치 박사의 1988년 의회 청문회 증언을 계기로 그전까지만 해도 파우치에게 우호적이었던 이들은 파우치를 공격했다. "파우치는 심각한 곤경에 처했다. 이 사람들은 그를 지지했고 재정적으로 지원했고, 동성애자 공동체에 반감을 지니고 이념적으로 국립보건원의 존재 자체를 못마땅하게 여겨 제약업계에 모조리 넘겨주려고 하는 행정부로부터 그를 정치적으로 보호해 주었다. 그런데 이제 와이스와 왁스먼은 그에게 총부리를 겨누고 있었다. 파우치는 청문회 자체가 자신의 개인적인 약점을 드러내려는 장치였다는 사실을 깨달았다."[60]

래리 크레이머는 충격받았다. "국립보건원이 결정을 질질 끌고, 무능하고 도덕적으로 비겁한 행태를 보이자 크레이머는 자제력을 잃었다."[61]

1988년 5월 31일, 크레이머는 〈빌리지 보이스〉에 그 유명한 '앤서니 파우치에게 보내는 공개서한'을 기고했다. 크레이머는 NIAID를 코미디 영화 〈애니멀 하우스(Animal House)〉에 등장하는 사악하고, 비행을 일삼으며 머리가 둔한 바보들이 모인 남학생 동아리에 비유했다. 그는 파우치 박사를 "멍청이," "살인자"라고 일컬었다. 그는 파우치가 테드 와이스 하원의원의 추궁에 진땀을 흘리며 쩔쩔맸던 광경을 다음과 같이 묘사했다. "당신은 흠씬 두들겨 맞고 나서 당신이 3년 전 수장이 된 이후로 일부 사람들이 주장해 온 바를 공개적으로 시인했다. 당신은 당신이 무능한 멍청이임을 스스로 드러냈다."[62]

크레이머는 다음과 같이 (전 단락을 대문자로 강조하며) 썼다. "네가 한 이런 개소리에 우리가 속아 넘어가서 네가 참 안쓰럽다고 생각하리라 기대하냐? 이 빌어먹을 개자식 멍청한 바보 같으니라고. 너는 3억 7,400만 달러나 챙겼으면서 이런 쓰레기 같은 변명을 우리가 믿으리라고 기대하냐!"[63]

크레이머는 파우치가 레이건 백악관에 아부하느라 36개월 동안 주둥이를 닫치고 있었다고 비판했다. 그는 파우치에게 (대문자로) 다음과 같이 추궁했다. "왜 그렇게 오랫동안 입을 처닫고 있었냐?" 사람들이 팬데믹으로 죽어가는데 말이다. 파우치의 행태는 히틀러의 충신 아돌프 아이히만(Adolf Eichmann)을 연상케 했다고 크레이머는 말했다. 그는 파우치가 너무 비겁하고 자기 몸만 사리느라 입을 다물고 있다가 의회 위원회가 강요하자 마지못해 입을 열었다며 다음과 같이 비판했다. "우리는 병들어 자리에 누운 채 죽어가고 있고, 병원에서 집에서 호스피스 시설에서 거리에서 문간에서 우리의 시신이 차곡차곡 쌓여간다."[64]

크레이머는 에어로졸 펜타미딘을 언급하면서 다음과 같이 지적했다.

"어디선가 누군가에게 어떤 약이 효과가 있는지 우리는 들어서 알고 있다. 당신은 우리 말을 귓등으로도 듣지 않았다. 당신은 우리 전화도 받지 않고 편지에 답장도 하지 않고 질병이 강타한 우리 공동체의 누구 말에도 귀 기울이지 않으려 한다. 건방지기 짝이 없다!"[65]

"우리가 당신에게 에어로졸 판타미딘 얘기한 게 몇 년 전이지, 앤서니? 이 약이 생명을 구한다고 말이다. 심지어 그걸 발견한 주인공은 우리다. 우리가 이 희소식을 은쟁반에 담아 당신에게 갖다 바치면서 애걸했지. 이 약 공식적으로 임상실험할 수 있을까요? 이 약 승인받아서 보험회사와 저소득층 의료보험 당국이 (우리가 당신에게 제발 임상실험 해달라고 애원하는 다른 약들과 더불어) 일상적인 치료제로 이 약에 보험을 적용해서 이 약 사느라 파산하는 환자들이 더 저렴한 가격에 약을 쓰게 해줄 수 있나요? 라고 말이다. 당신은 괴물이야."[66]

"우리가 당신에게 좋은 약을 알려주는데, 당신은 임상실험을 안 해. 그리고 우리에게 길거리에서 약을 구하라고 하지. 당신은 높은 자리에 군림하고 앉아서 이 약이 마음에 안 드네, 저 약이 마음에 안 드네, 지시만 내려보내고 있어. 임상실험도 하지 않고 말이야!"[67]

"당신이 임상실험을 안 하는 바람에 더 많은 AIDS 환자들이 목숨을 잃었어."[68]

의회 청문회 이후 이 왜소한 인간 파우치는 '벌거벗은 임금'임을 모두가 깨달았다. 파우치 박사는 자신의 정치 생명이 경각에 달렸음을 인식했다. 그는 수억 달러를 들여 약 임상실험 네트워크를 구축했지만 제 역할을 하지 못했다. 파우치는 지금까지 늘 의회를 현혹하고 겉과 속이 다른 말을 하고 속여넘겼는데, 그 의회가 마침내 그가 사기를 친다고 질타하고 있었다. 파우치가 자신의 평판과 지위를 구제할 유일한 희망은 뜻밖의 극적인 변화였다.

"과거에 파우치를 지지했던 주요 인사들이 그가 '무능'하다고 낙인을 찍었다. 파우치는 전략을 완전히 바꿔야만 자신의 과거 위상을 되찾을 수 있었다. 파우치가 의회로부터 AIDS 연구에 대한 재정적 지원을 계속 받으려면, NIAID 소장직을 계속 맡으려면, 그는 자신을 재창조해야 했다."[69]

파우치 박사의 전략적 선회

앤서니 파우치는 일대 쇄신이 필요했고 관료조직에서의 생존력이라면 타의 추종을 불허하는 그는 자신의 실존적 위기를 갑작스러운 대전환으로 돌파했다. 뜬금없이 파우치 박사는 과거에 자신이 강하게 비난했던 AIDS 사회운동가들을 포용했다. 1989년 여름, 그는 세계 AIDS 회의 기간에 몬트리올의 한 거리에서 래리 크레이머에게 다가가 말을 걸고 함께 걸으면서 사실상 용서해달라고 빌고 협력하자고 손을 내밀었다.[70] 파우치는, 케네디 상원의원과 AIDS 연구재단이 오래전부터 요구해 온 대로, AIDS 공동체가 원하는 약에 대한 병행 임상실험을 시작했다.

파우치 박사는 지역공동체의 AIDS 전문 의사들 — 이들에 상응하는 의사들이 오늘날 최전선에서 코비드-19 환자들을 치료하는 피에르 코리 박사, 피터 매컬러 박사, 리처드

어소 박사, 라이언 콜 박사(외 다수)다 — 과 손잡고 그들에게 지역공동체 연구 구상 프로
그램에 착수할 권한과 수백만 달러의 지원금을 주고 AIDS 진료소들이 파우치의 제약사
용병인 책임연구원(PI)들이 지배하는 공식적인 임상실험 프로그램에서 벗어나 희망적인
약품들을 실험해 연방정부의 승인을 신속히 받을 수 있게 했다. "이제 파우치 본인이 임
상실험 체제에서 훨씬 이른 단계에 약품들에 더 쉽게 접근하도록 해주는 체제를 구축하
려고 하고 있었다."[71]라고 너스바움은 말했다. 파우치 박사는 자신을 가장 강하게 비판
해 온 이들과 화해하겠다는 의미에서 병행 임상실험 프로그램의 명칭을 케네디 상원의
원의 보좌관 테리 번의 이름을 따서 지었고, 래리 크레이머도 참여시켰다.

코비드 위기 동안 파우치가 조기 치료제인 하이드록시클로로퀸(HCQ)과 아이버맥틴
(IVM) 사용을 성공적으로 막은 행태에 비추어 볼 때, 모든 약은 승인에 앞서 무작위배정
위약 대조군 실험을 통과해야 한다고 조건반사적으로 반응했던 행태가 갑자기 돌변했
으니 더할 나위 없이 공교로웠다. 이처럼 경이로운 태세 전환을 한 그는 약이 팬데믹 동
안 치명적인 증상을 완화할 잠재력이 보인다면, 그 약이 무작위배정 이중맹검 위약 대조
군 임상실험을 거치지 않았다 하더라도, 환자는 그 약에 접근하도록 해야 한다고 강하게
주장했다. 후안무치하고 염치도 없으며 철면피에 위선적인 그는 적반하장으로 사람이
죽어가는 세계적 팬데믹 동안 효과 있는 약품의 위약 대조군 실험을 고집한 식품의약국
규제당국자들의 윤리관에 의문을 제기했다. 몇 주 전까지만 해도 바로 식품의약국의 입
장이 파우치의 입장이었다는 사실을 그는 망각한 듯했다. 파우치 박사는 식품의약국이
망막 포진에 대한 치료제로서 희망을 보인 DHPG에 대한 무작위배정 이중맹검 위약 대
조군 실험을 요구한다며 NIAID의 자매기관인 식품의약국이 잔인하고 경직되었다고 공
개적으로 공격했다. 앤서니 파우치는 심지어 AL721도 임상실험에 포함했다. 파우치 박
사는 바이어스 클럽에서 흔히 거래되는 약품들에 대한 '병행' 승인을 다음과 같이 열렬
히 주장했다. "효과가 있다고 나타난 약을 시도해 볼지 말지 선택권을 사람들로부터 박
탈하다니 말도 안 된다. 임상실험에 방해가 되지 않는 한 말이다. 나는 과학자로서 선택
권을 주는 게 맞는다고 생각한다."[72]

"파우치는 1989년 화려하게 변신했다. 그는 AIDS뿐 아니라 생명을 위협하는 질병은

모조리 임상실험과 약품 승인을 신속하게 추진해야 한다고 열렬히 주장하게 되었다."라고 너스바움은 말하면서 다음과 같이 덧붙였다. "파우치는 사실상 액트업(ACTUP) 프로그램을 전격적으로 통째로 채택했다. 개종(改宗)에 맞먹는 종류의 완전한 돌변이었다. 너무 갑작스럽고 놀라운 변신이라서 파우치가 광명을 얻었든가, 깨달음을 얻었든가, 뭔가 다른 존재로 변신한 듯했다."[73] 이러한 갑작스러운 돌변은 파우치 박사가 2021년, 1년 넘게 우한 연구소에 대한 조사를 기를 쓰고 방해하다가 어느 날 갑자기 조사를 요구하고 나선, 목이 꺾일 정도로 갑자기 180도 돌변한 사건의 전조였다.

1989년 말 무렵 파우치 박사는 본인이 고수해 온 정설을 뒤엎고 식품의약국을 포위해 무자비하게 공격하면서 HIV 공동체 일부 구성원들의 영웅이 되었다.

파우치를 구조한 제약업계

모두가 만족하지는 않았다. 파우치 박사의 돌변으로 그의 업계 책임연구원(PI)들은 격분했다. 거대제약사의 앞잡이로 최전선에서 싸우는 용병들은 파우치의 떠들썩한 개혁에 공개적으로 저항했다. 공동체 연구구상은 제약업계에는 재앙이었다. 공동체 연구구상에 참여한 AIDS 공동체의 200여 명의 의사 연결망은 '병행' 임상실험을 통해 항에이즈 약품을 실험했는데 비용도 적게 들고 실험에 참여할 인원도 금방 채웠다. 1990년 너스바움에 따르면, 공동체 의사들은 "실제 삶의 현실로부터 동떨어져 있고 공중보건 증진으로는 보상받지 못하는 경력 쌓기에 혈안인, 파우치 박사 휘하의 학계 PI들보다 AIDS 치료에 대해 훨씬 많이 알고 있었다."[74] 수많은 AIDS 환자가 자기가 잘 알고 신뢰하며 환자를 아끼는 의사들의 공동체 연구구상에 참여하겠다고 몰렸으므로 파우치 박사 휘하의 제약사 용병인 PI들은 임상실험 자원자 모집에 애를 먹었다. 공동체 연구구상은 대단히 성공적이었고 NIAID의 전통적인 상명하달식 대학교와 병원 기반 연구의 위상을 위협하기 시작했다. 임상실험을 독점하다시피 했던 PI 연결망은 동성애자 공동체의 신참 의사들이 NIAID의 수십억 달러 연구기금을 독점적으로 타먹은 자기들의 지위를 위협하자 멈칫했다.

거대제약사의 PI들과 파우치 박사의 관계는 로마 황제를 지키는 친위대와 황제의 관계였다. 파우치는 PI들의 사령관이자 그들의 인질이었다. 궁극적으로 PI들이 파우치에 대한 생살여탈권을 쥐고 있었다. 로마 황제들은 대부분 '충성스러운' 친위대의 도움이나 묵인하에, 황제의 부하 손에 죽었다는 사실을 상기해 볼 필요가 있다.

파우치 박사가 국립보건원에서 50년을 버텼다는 사실은 파우치 박사의 생존기술이 흠잡을 데 없다는 방증이다. 역사상 가장 오래 살아남은 동시에 가장 높은 연봉을 받은 공중보건 관료로서 그가 지닌 정치적 본능은 친위대를 적으로 돌리면 자기 목숨이 위태로워진다는 사실을 일깨워 주었다. 파우치는 PI들과 화해해야 했다.

파우치 박사의 일시적인 변화가 진심이었는지는 몰라도, 필연적으로 오래가지 못할 게 분명했다. 파우치가 조직을 관리하는 행태와 그가 제약사 PI들에게 깊이 의존하는 현실로 미루어볼 때 병행 임상실험은 처음부터 비운을 맞을 운명이었다. 너스바움은 늘 파우치 박사의 진정성을 의심했다. 그는 "파우치의 돌변은 기회주의 냄새가 물씬 풍겼다." 라고 결론 내렸다. 그 후, 오늘날 우리가 겪는 상황을 비롯해, 역사는 너스바움의 냉소적인 평가가 옳았음을 뒷받침해준다.[75]

훗날 AIDS 사회운동가들은 파우치 박사가 그들과 케네디 상원 의원실에 마침내 AL721의 임상실험에 착수했다고 알리는 동시에 제약사 PI들에게는 AL721 실험이 실패하도록 조작했다고 털어놓았다는 사실을 알게 되었다. "나는 실험에서 효과가 없다는 결론이 나기를 바랐다."라고 파우치는 PI들을 안심시켰다.[76] 그로부터 30년 후 코비드 위기 동안 HCQ 임상실험을 조작했듯이, 당시 그는 AL721 임상실험을 설계할 때 실험이 실패하고 따라서 특허출원이 불가능한 이 약품을 깎아내리는 결론이 나오게끔 설계했다. 파우치 박사는 그의 '독립적인' 위원회를 장악한 버로우스 웰컴 PI들에게 "이까짓 것 임상실험 해치우고 완전히 끝장냅시다."라고 말했다.[77]

너스바움의 결론은 이렇다. "AL721이 공정한 실험을 거치려면 앤서니 파우치가 구축한 임상실험 체제에서는 절대로 불가능했다."[78]

처음에 파우치가 부린 꼼수는 역풍을 맞았다. NIAID 연구는 AL721이 효과가 없다는 결론을 내리기는커녕 바이러스 복제를 막는다고 확인했다. 이러한 고무적인 결과가 나타나기 시작하자, 파우치 박사와 그의 PI들은 임상실험을 취소했고 AL721는 임상실험 2단계로 진행하지 못했다. 파우치 박사는 의구심을 품은 사회운동가들에게 임상실험에 참여할 자원자를 모집하지 못했다고 해명했다(2021년 그는 이와 똑같은 수법으로 NIAID의 IVM 임상실험을 중단했다).

거의 같은 시기에 사회운동가들은 — 파우치 박사 본인이 효과가 있다고 의회에서 시인한 — 에어로졸 펜타미딘 임상실험을 하겠다던 파우치 박사의 약속이 속임수였음을 깨달았다. 파우치 박사는 이번에도 에어로졸 펜타미딘 임상실험을 개시했지만, 참여자들을 구하지 못했다고 거짓말을 했다. 파우치 박사에게 뒤통수를 맞고 분개한 HIV 사회운동가들은 마침내 에어로졸 펜타미딘에 대한 자체적인 임상실험을 자비를 들여서 하기로 했다. 1990년에 마무리된 이 연구에서 이 약은 분명히 주폐자포충 폐렴(PCP)에 효과가 있다고 나타났다. "이 데이터는 앤서니 파우치가 주무르는 수백만 달러 비용을 들인 임상실험 체제에서 나오지 않았다. 파우치의 체제는 에어로졸 펜타미딘 임상실험에 단 한 명도 참여시키지 못했다. HIV 공동체와 공동체 의사들이 이 데이터를 생성했다. 민간기업인 라이포메드(LyphoMed)가 연구비를 후원했다."라고 마이클 컬런은 회고했다. 너스바움은 "공동체가 팔을 걷어붙이고 나서서 연방정부의 무능과 무관심을 제치고 결승점까지 완주했다."[79]

너스바움은 파우치 박사의 '개종'이 절정에 달했을 때조차 NIAID는 기회감염*에 효과적인 다른 수백 가지 약품들도 계속 무시했다면서 그 이유는 "PI들은 그들 나름대로 추구하는 과학적인 의제가 있는데, 이러한 의제는 딱히 국가가 추구하는 의제와 일치하지 않기 때문이다."라고 말했다.[80]

파우치 박사의 이러한 가면극은 식품의약국이 AZT를 승인하는 순간 막을 내렸다.

그 무렵 파우치 박사는 이미 약품 승인에 관여하는, 국립보건원과 식품의약국의 핵심 위원회들을 자신이 구축한 PI 체계에서 선정한 학계와 업계의 과학자와 의사들로 채워 넣었다. "AZT로 경력 전체를 쌓아 올린 과학자들이 잠재적으로 AZT와 경쟁할 가능성이 있는 약품들의 승인 여부를 결정하는 위원회에 포진했다. 버로우스 웰컴을 비롯해

---

* 건강인이 아니라 극도로 쇠약한 사람이나 면역기능이 저하된 사람이 감염되는 현상 - 옮긴이

제약사들과 금전적 거래를 해온 과학자들이 정부의 임상실험 네트워크를 통째로 장악하게 되었다."[81]

그들이 에어로졸 펜타미딘과 AL721에 대한 임상실험을 적극적으로 방해하는 동안, 파우치 박사의 내부 패거리는 버로우스 웰컴이 동물실험을 건너뛰고 곧장 인체 실험으로 직행하도록 하는 등 승인 절차가 순탄하고 신속히 굴러가게 했다. 동물실험 누락은 화학요법 약품 역사상 전례가 없는 조치였지만, 이 역시 화이자/바이오엔테크의 코비드-19 백신을 동물실험에서 안전성 검사도 마무리하지 않고 인체 실험으로 직행하게 한 결정의 전조였다.[82] 정부 소속 연구자들은 아주 미량에 단기간 노출된 쥐에게 치명적인 효과가 나타난 결과를 비롯해 AZT의 무서운 독성을 철저히 평가했다. NIAID도 버로우스 웰컴도 장기적인 동물실험은 마무리한 적이 없다. 버로우스 웰컴은 파우치 박사가 속전속결로 추진한 인체 실험에 비용을 댔고, 12개 도시에 흩어진 연구 대상 집단을 소규모 집단으로 잘게 쪼개 안전성 경고 신호를 감지하기 어렵게 만들었다.

1987년 파우치 박사의 팀은 AZT의 인체 임상실험이 성공적이라고 발표하고 본래 제안했던 6개월 연구를 4개월 만에 종결했다. 화학요법 승인에서 기록을 경신할 속도였다. 4개월 관찰 기간은 수년 동안 심지어 평생 AZT를 복용할 환자에게서 일어날 부작용을 감지하기에는 너무 짧은 기간이었다. 그러나 파우치 박사는 이 연구의 중단만이 윤리적인 선택지였다고 주장했다. 임상실험에서 16주 후, 활성 물질이 없는 위약을 투여한 대조군에서 19명, AZT 투여군에서는 겨우 1명이 숨졌다. 95퍼센트 효과가 있다고 호들갑을 떨 만한 결과였다. 파우치 박사는 AZT가 안전하고 효과적인 AIDS 치료제임이 입증됐다고 말했다. 무엇보다도 버로우스 웰컴 주주들에게 더욱 중요한 사실은, HIV 양성이지만 건강한 사람들, 즉 증상이 없는 사람들에게 AZT를 투여할 길을 파우치가 열어주었다는 점이다. 그처럼 짧은 임상실험에 뒤이어 식품의약국은 1987년 3월 AZT의 긴급 사용을 속전속결로 승인했다.

승리의 순간

파우치 박사에게 식품의약국의 AZT 허가는 환희의 순간이었다. 수년 동안 온갖 비판을 받으며 굴욕을 당하고 실패를 맛본 끝에 그는 마침내 자랑스럽게 내세울 거리가 생겼다. 3,200명을 대상으로 한 무작위배정 이중맹검 위약 대조군 실험에서 AZT를 투여한 AIDS 환자들이 AZT를 투여하지 않은 위약 대조군 환자들보다 몇 배는 높은 생존율을 보였으니 말이다. 파우치 박사는 이제 자신이 구축한 임상실험 체제의 정당성을 입증한 상품을 얻었다. AZT가 성공하자마자, AZT 임상실험 연구가 공개되기도 전에, 이 젊은 기술관료 파우치는 이를 자신의 가장 큰 장기를 발휘할 계기로 삼았다. 즉, 기자회견을 요청했다.

그로부터 2년 후 파우치 박사는 그 화려했던 시절을 다음과 같이 회상했다. "내가 AIDS 연구에 처음 관여하게 됐을 때 나는 언론을 상대하기 꺼렸다. 위신이 떨어진다고 생각했다."[83] 그러나 실제로 자신이 과묵했다는 그의 주장을 뒷받침하는 증거는 없다. 애초부터 앤서니 파우치는 위신이 깎인다는 언론 상대를 하지 못해서 안달이 난 듯했다.

파우치 박사는 언론에 무차별적 공세를 펼치는 전례 없는 행동을 취했다. 저녁 무렵 연구 결과를 받아 든 파우치는 다음 날 오전 10시 친히 주요 언론인들에게 전화를 걸어 자신의 승전보를 알렸다. "그렇게 친히 언론을 접촉한 국립보건원 소속 기관장은 지금까지 한 명도 없었다."라고 너스바움은 말한다.[84] 전통적으로 국립보건원 원장 본인이 굵직한 발표를 했지만, 파우치 박사는 자신의 명목상 상사인 국립보건원 원장 제임스 와인가든(James Wyngaarden)이나 보건복지부 장관 오티스 보원(Otis Bowen)과 영광을 나눌 의향이 없는 게 분명했다. 파우치 박사는 HIV를 AIDS와 연관 지은 로버트 갈로 박사의 연구 결과를 때 이르게 발표하면서 자신이 갈로 박사가 새길을 개척하는 모습을 지켜보았다는 꼼수를 썼다. 파우치의 그 발표도 또 다른 전통을 깨부쉈다. 역사적으로, 기관들은 임상실험 데이터가 동료 학자들의 심사를 거쳐 공개될 때까지 임상실험 결과를 발표하지 않았다. 언론인들이 ─ 그리고 과학계가 ─ 연구 내용을 검토하고 어떤 과학적 증거가 제시됐는지 나름대로 결론을 내리도록 하기 위해서다. 갈로는 그로부터 4년 앞서 보건복지부 기자회견을 열고 AIDS의 원인일 가능성이 있는 레트로바이러스를 발견했다고 발표함으로써 '보도자료를 통해 과학'을 하는 새로운 기법을 개척했다. 이 바이러스는 훗날 '인간 면역결핍 바이러스(Human Immunodeficiency Virus)' 또는 'HIV'로 명명되었다. 언론은 갈로의 발견을 과학적 사실이라고 보도했다. 갈로가 어마어마한 함의가 있는 이 주장을 뒷받침할, 동료 학자들의 심사를 거친 논문을 발표하지도 않은 상태에서 말이다. 규제당국자들이 공적인 논조를 애초부터 꾸며내고 통제하도록 해준 유용한 혁신적 기법이었다. 규제당국이 과학이라고 규정하면 그게 과학이 되었다. 언론인들이 알쏭달쏭한 데이터를 검토하고, 반론을 제기하는 전문가의 의견을 참고하거나 공식적인 발표에 의문을 제기할 기회를 주지 않았다.

파우치 박사는 이러한 기법의 대가가 되었고, 대통령 집무실 소파에 트럼프 대통령과 나란히 앉아서 NIAID가 조작하고 사기로 얼룩진 임상실험에서 렘데시비어가 기적적인 효과를 보였다고 발표한 2020년 4월 28일, 언론 활용 기법의 대가로서 그는 정점을 찍었다. 그는 동료 학자들의 심사를 거쳐 발표된 연구 자료는커녕 위약 대조군 임상실험도 하지 않았고, 자료도, 심지어 배포할 보도자료도 수중에 없었다. 이처럼 애매모호한 '카더라 통신'의 소식을 바탕으로 그는 그가 아끼는 약품에 대한 긴급사용승인 허가를 밀어붙였고 단 한 줄의 문서도 발표하지 않고 소파에 편안히 앉아서 길리어드의 렘데시비어 재고 전량을 대통령에게 팔아넘겼다.

파우치 박사의 휘하에서 이러한 관행은 코비드-19 시기에 백신 제조사들이 실제 연구 결과가 발표되기 몇 주 전에 미리 임상실험의 주요 부분만 취사선택해서 담아 실제보다 효과를 훨씬 부풀린 보도자료를 배포하면서 일상적으로 마구 남용하는 수법이 되었다. 이러한 수법은 기업 간부들이 오보를 퍼뜨려 주가를 올린 직후 그 주식을 매각해 차익을 챙기는 '조작주가 떡상 후 매각(pump and dump)' 기법과 같다는 비판을 받았다. 파우치 박사의 모더나 백신은 연방 증권거래 감시 당국의 조사까지 받았다.[85]

파우치 박사는 훗날 렘데시비어에 적용한 현란한 어휘를 당시에도 구사하면서 기자들에게 AZT가 "생명을 구하는" "명명백백한 증거"가 임상실험에서 나왔다고 허풍을 떨었다. 저녁 뉴스 프로그램에 보도할 기사를 취재하는 기자는 누구든 그의 말을 액면 그대로 믿어야 했다. 지금과 마찬가지로 그때도 앤서니 파우치가 거짓말을 하거나 과장

263
팬데믹의 기본 틀 : 후천성면역결핍증(AIDS)과 아지도타이미딘(AZT)

하리라고 꿈에도 생각지 못하는 이들이 있었다. 신바람이 난 파우치 박사는 자기가 이끄는 NIAID는 AIDS 중증 환자뿐 아니라 HIV 양성반응을 보였지만 AIDS 징후는 보이지 않은 무증상자들에게도 AZT를 권한다고 발표했다. 버로우스 웰컴이 이 약을 한 병에 500달러에 판다는 게 흠이라면 흠이었다. 그래도 식품의약국이 승인해 보험 적용이 되었으니, 납세자들이 AZT 비용을 지원해 주게 되었다.

버로우스 웰컴의 주가는 파우치 박사의 발표에 힘입어 45퍼센트 폭등해 단 하루 만에 영국에서 이 회사의 시가총액에 14억 파운드를 보탰다.[86] 이 회사의 최고경영자는 AZT 판매 수익은 한 해에 20억 달러가 넘으리라고 예측했다.[87]

PI들은 처음으로 성공적인 임상실험을 NIAID에 선물했다. 파우치 박사는 이제 안심해도 되었고 PI들이 자신을 위기에서 구했다는 사실을 알고 있었다. 그들은 그에게 AIDS 치료약이라는 대박을 터뜨려 줬을 뿐 아니라 앞으로 약품 승인을 보장해 줄 믿음직한 체제를 구축해 주었다. 파우치는 이제 공동체 연구구상에 참여하는 의사들의 비위를 맞출 필요가 없어졌다. 파우치 박사는 지체하지 않고 병행 임상실험이라는 연극을 끝장냈다.

파우치 박사가 공동체 연구 구상을 내동댕이치면서, NIAID도 환자를 보살피거나 AIDS 환자를 사망에 이르게 하는 기회감염에 효과가 있는 용도 확장 약품에 대한 실험에 잠시나마 보였던 관심이 말끔히 사라졌다. NIAID는 제약사의 대박 상품을 육성하는 안락한 위치로 돌아갔다. "똑같은 사연의 무한반복이다. 하나도 변한 게 없다."라고 너스바움은 말한다.[88]

그런데 한 가지 문제가 있었다. 파우치 박사의 AZT 임상실험은 치밀하게 조작된 사기였다.

진실의 순간, 사기가 드러나다.

1987년 7월, 드디어 〈뉴잉글랜드의학학술지〉는 식품의약국이 AZT를 승인하는 근거가 된, 버로우스 웰컴의 AZT 2단계 임상실험 공식 보고서인 '피슬 연구(Fischl Study)'를 발표했다.[89] 외부의 과학자들이 마침내 이 연구의 세부 사항을 처음으로 검토할 기회를 얻었다. 이미 앞서 파우치가 AZT 임상실험 기간을 단축해서 많은 과학자가 경악했지만, 이번에는 방법론적으로도 치명적인 결함이 있다는 증거가 드러나기 시작했다. 확증편향에 기인한 결함도 있지만, 분명히 부정부패와 의도적인 조작에 기인한 결함들도 발견되었다. 며칠 지나지 않아 기자, 연구자, 과학자들이 파우치 박사의 더할 나위 없이 낙관적이고 아전인수 격인 데이터 해석에 대해 비판을 쏟아내기 시작했다. 유럽 과학자들은 NIAID의 가공하지 않은 원본 데이터에서 증상 완화의 효과가 전혀 나타나지 않았다고 탄식했고 이는 제약사 글락소가 가장 큰 수익을 올리리라 기대를 걸었던 약을 위협했다. 스위스의 신문 〈벨트보헤〉는 AZT 임상실험을 "어마어마한 실패작"이라고 일컬었다.[90][91]

1985년부터 AIDS 위기를 파헤쳐 온, 탐사보도 기자이자 시장조사분석가인 존 로리첸은 최초로 AZT 임상실험의 구체적인 내용을 비판적으로 분석한 용감한 기자다. 그는 〈뉴잉글랜드의학학술지〉에 실린 임상실험 보고서를 보자마자 이 연구는 타당성이 없다고 깨달았다. 그는 AZT에 관해 쓴 첫 기사 "심판대에 선 AZT"(1987년 10월 19일 자)에서 다음과 같이 기록했다. "방법론 설명이 부실하고 일관성이 없다. 단 하나의 표도 통계적인 표준에 부합하지 않는다. 사실상 납득되는 표가 단 하나도 없다. 특히 첫 번째 보고서는, '효과'와 관련해, 모순과 비논리와 변명으로 얼룩져 있다."[92] 그는 이 보고서의 명목상의 저자인 마거릿 피슬(Margaret Fischl) 박사와 더글러스 리치먼(Douglas Richman) 박사에게 전화를 걸어 각각 30분씩 통화했다. "둘 중 아무도 그들이 직접 작성했다고 주장하는 보고서에 담긴 표를 설명하지 못했다." 그들은 질문이 있으면 버로우스 웰컴에 연락해서 답변을 얻으라고만 말했다.

〈뉴욕네이티브〉는 1987년부터 로리첸의 보도를 실었다. 그의 보도는 훗날 〈처방용 독약: AZT 이야기〉(출판사 포이즌, 1990)와 〈AIDS 전쟁: 의료-산업 복합체의 선전 선동, 부당 이득, 그리고 학살〉(출판사 TAW, 1993) 두 권의 책으로 출간되었다.[93]

AZT를 승인하고 18개월 후 식품의약국은 자체적으로 이 연구를 조사했다. 수개월 동안 승인하라고 윽박지르는 파우치 앞에 위축되었던 식품의약국은 연구의 처참한 실상을 발설하지 않았다. 파우치가 조직적으로 저지른 행태에 대한 가장 충격적인 사실은 로리첸이 정보의 자유법을 이용해 마침내 식품의약국 조사관들의 문서에서 500쪽 분량을 확보하면서 드러났다. 이 문서는 파우치/버로우스 웰컴 연구팀이 광범위하게 데이터를 조작했음을 분명히 보여주었는데, 그 조작 정도가 살인으로 형사처벌을 받아야 할 수준에 이른다고 보는 이들도 있었다.

이러한 문건들에서는 '이중맹검 위약 대조군' 실험을 시작하자마자 즉시 이중맹검을 해제했다고 드러났는데, 이 사실만으로도 이 연구는 타당성을 잃었다. 식품의약국과 연구팀이 주고받은 내부 문건에서는 데이터 조작이 만연했고 조작도 엉성하고 조잡했으며, 과학계에서 수용하는 표준 절차와는 거리가 멀었다.[94]

정보의 자유법에 따라 공개된 한 문건에서는 약리학 데이터를 검토한 식품의약국 분석가 하비 처노프가 AZT를 승인해서는 안 된다고 권고했다고 적혀있었다. 처노프는 AZT는 여러 가지 심각한 독성을 보이는데 특히 혈액에 심각한 영향을 미친다며 다음과 같이 지적했다. "투여하는 용량은 다르지만, (인간을 비롯해) 이 약을 실험한 모든 동물 종에게서 빈혈이 나타났다." 처노프는 AZT는 암을 유발할 가능성이 있다며 다음과 같이 덧붙였다. "AZT는 세포 형질전환 실험에서 양성 반응을 유도하고 따라서 발암 잠재성이 있다고 추정된다."[95]

임상실험 2단계는 24주 동안 지속하게 되어있었지만, 버로우스 웰컴과 파우치 박사는 절반쯤 되는 시점에서 실험을 중단했다. 연구자들은 AZT가 이 약을 복용하는 이들의 생명을 기적적으로 연장한다고 주장했다. 로리첸은 사망률 데이터를 분석하고 이는 확실히 틀린 주장이라는 결론을 내렸다. 24주 치료를 완료한 환자는 거의 없고, 20여 명은 이 약으로 4주를 채 버티지 못했지만, 이에 아랑곳하지 않고 연구자들은 이 빈약한 데이터를 주물러 임상실험이 계획대로 진행되었다면 환자가 다양한 기회감염을 겪었을 확률이 높다는 해괴한 통계적 예측을 했다. 로리첸은 다음과 같이 신랄하게 비판했다. "이는 나이가 70세인 사람이 몇 명밖에 포함되지 않았고 나이가 10대인 사람이 일부 포함된 실험 대상 표본을 이용해 70세 무렵 관절염이 걸릴 확률을 추산하는 셈이나 마찬가지다."

무엇보다도 식품의약국 조사관들이 인터뷰를 시작한 보스턴 임상실험 센터에서 부정행위 사례를 가장 많이 발견했다는 게 가장 심각한 문제였다. 파우치가 임상실험을 종결하기로 하면서 식품의약국 조사관들은 다른 11개 임상실험 센터를 조사하지 못하게 되었는데, 이 11개 센터는 보스턴 센터 못지않게 부정행위 사례가 많았을 것으로 추측된다. 식품의약국은 임상실험이 형편없었던 보스턴 센터에서 비롯된 데이터나 절차를 위반한 센터의 환자들을 제외할지 고민한 끝에 아무것도 제외하지 않기로 했다. "거짓 데이터도 그대로 썼다. 쓰레기와 쓸 만한 데이터가 뒤섞였다." 식품의약국은 거짓 데이터를 모조리 제외하면 남은 환자들의 수는 임상실험을 완성하기에 부족하므로 거짓 데이터를 포함했다고 주장했다. 로리첸은 식품의약국이 거짓 데이터인지 알고도 이를 사용했다면 사기라고 지적했다.[96]

4년 후인 1991년, 로리첸은 정보의 자유법에 의거해 임상실험 2단계와 관련된 각종 식품의약국 자료 공개 요구서를 제출했다 — 특히 식품의약국 조사관 페트리셔 스피치그(Patricia Spitzig)가 작성한, 보스턴 센터에 관한 '최종 실사 보고서'가 가장 중요한 문건이었다. 수개월 동안 식품의약국이 이 문건을 공개하지 않으려고 거짓말을 하고 요리조리 피하고 방해한 끝에, 식품의약국의 한 용감한 여성 내부고발자가 온갖 방해 공작을 뚫고 로리첸이 스피치그 보고서를 입수하도록 해주었다.[97] 그 보고서는 다음과 같이 폭발적인 내용을 담고 있었다:

알고 보니, 보스턴 임상실험 센터 책임연구원(PI)들은 거의 모든 환자를 대상으로 부정행위를 저질렀다. 버로우스 웰컴 PI들은 AZT가 너무나도 독성이 강하고 치명적이어서 실험 대상자들을 연구 기간인 6개월 동안 살려두기 어렵다는 사실을 곧 깨달았다. 보스턴 연구팀은 환자가 실험에 참여한 기간을 조작해 이러한 진퇴양난을 해결했다. 버로우스 웰컴은 AZT 임상실험 PI들이 환자들을 몇 개월이나 살려두었는지에 따라 보수를 지급함으로써 이러한 사기를 자행할 동기를 부여했다.

"간단히 말하면 환자가 장기간 실험에 참여하면 PI 의사들은 더 많은 돈을 벌었다." 라고 로리첸은 말했다. 제약사 PI들은 약품이 식품의약국의 승인을 받게 해줄 연구 결과를 꾸준히 생산하는 능력에 따라 자기 경력과 보수가 결정된다는 사실을 알고 있었다.

이러한 뒤틀린 유인책은 당연히 연구 편향성, 확증 편향성, 데이터 조작, 전략적 나태함, 의도적인 날조와 부정행위를 부추긴다. PI들은 일상적으로 부작용을 은폐하고 절차를 위반하고, AZT를 투여한 환자를 위약 투여 환자라고 속이고, 약품 실험에서 보여야 할 자제력을 상실했다.

식품의약국은 버로우스 웰컴의 PI들이 제출한 (계획서에 규정된 대로 각 피험자에 대한 정보를 기록해 임상실험 의뢰자에게 전달하는 문서인) 증례기록양식(Case Report Form, CRF)을 토대로 AZT를 승인했는데, 이 PI들은 금전적으로도 경력상으로도 실험이 성공하도록 하기 위해 피험자가 입은 상해를 축소보고할 동기가 유발되어 있다. 그런데 개업의, 병원의 진료 기록과 환자의 일기에는 증례기록양식에 적힌 내용과 모순된 충격적인 정보가 가득했다. 거의 빠짐없이 모든 환자의 진료 기록과 PI들이 환자의 증례기록양식에 입력한 내용이 심각하게 불일치한다는 사실을 식품의약국의 조사관 스피치그는 발견했다.

임상실험 규정에 따르면, PI들은 증례기록양식에 모든 부작용을 빠짐없이 기록하고 이를 즉시 식품의약국에 보고해야 한다. 그런데 보스턴 임상실험 센터 PI들은 기록도 보고도 하지 않았다.

식품의약국 자료를 통해 PI들은 어느 환자가 AZT 투여한 실험군이고 어느 환자가 위약을 투여한 대조군인지 잘 알고 있었고, 따라서 AZT 실험군에게 유리한 안전성 조사 결과가 나오도록 조작했음이 드러났다. 우선 연구자들은 가장 병세가 심각한 환자들을 위약 대조군에 배치했다. 그러고 나서 AZT를 투여한 실험군 환자들을 정성을 다해 애면글면 돌보면서 위약 대조군 환자들보다 훨씬 극진한 의료서비스를 제공했다. 예컨대, 4개월 임상실험 동안 AZT 실험군 환자는 위약 대조군 환자보다 여섯 차례 더 수혈했다.

AZT를 투여한 환자는 모조리 독성 때문에 이루 말할 수 없는 고통을 겪었다. PI들이 그들을 살려두기 위해 수혈을 하지 않았더라면 "그중 상당수가 빈혈로 사망했을 게 틀림없다."라고 로리첸은 말한다. AZT는 인간을 비롯해 실험 대상이었던 모든 동물에서 빈혈을 일으킨다. 저서 〈처방용 독약〉에서 로리첸은 어떻게 "AZT를 복용한 환자가 빈혈을 일으키게 되고 구토와 더불어 백혈구 수가 줄어들게 되는지" 설명한다. 식품의약국의 자료에서 AZT 실험군 환자는 모조리 심각한 독성과 빈혈을 겪었다고 기록되어 있지만, NIAID의 공식 보고서에는 AZT 실험군 환자들이 보인 그 어떤 부작용도 기록되지 않았다.

일부 AZT 실험군 환자는 부작용이 너무 심각해서 목숨을 부지하기 위해 여러 차례 수혈해야 했다. 그럼에도 파우치 박사의 사기꾼 연구자들은 이들에게 정상인의 혈액을 대량 주입하고 나서 건강상의 각종 문제는 기록하지 않았다. AZT 실험군에서는 전체의 절반 이상인 30명의 환자가 오로지 여러 차례 수혈을 받은 덕분에 임상실험이 종결될 때까지 근근이 목숨을 부지했다. 보스턴 센터는 이러한 환자는 모조리 증례기록양식에 '부작용 없음'으로 표시했다. AZT 실험군 환자들 가운데 20퍼센트 정도가 여러 차례 수혈을 받았다. 하지만 위약 대조군 환자의 경우 겨우 다섯 명이 수혈을 받았다.

"수혈하면 어떻게 될까?"라고 저명한 AIDS 연구자이자 저자인 로버트 E. 윌너(Robert E. Willner, MD, PhD.) 박사는 자문한 뒤 다음과 같이 답했다. "혈색이 좋아 보이고, 기분도 한결 나아지고, 조금 더 오래 산다. 그러나 여기서 총체적으로 우리가 해야 할 가장 중요한 질문과 얻어야 할 교훈은 바로 이 질문을 해야 한다는 사실이다. AZT를 투여한 환자들이 실험이 진행된 넉 달 동안 위약을 투여한 환자들보다 여섯 차례나 더 수혈받아야 했던 까닭이 뭘까? 바로 목숨을 앗아가는 약을 투여했기 때문이다…."[98]

로리첸은 "긴급 수혈이 아니었다면 많은 환자가 AZT의 독성에 목숨을 잃었을 게 틀림없다."라고 말하면서 다음과 같이 덧붙였다. "이는 심각한 부작용이다. 말 그대로 독살당했을 거라는 뜻이다. 그런데 증례기록양식에는 아무런 부작용도 보고되지 않았다. 이건 일종의 사기다. 더 무슨 말이 필요한가."

1995년에 사망한 윌너 박사는 임상 실험 당시에 파우치 박사가 AZT의 끔찍한 독성을 체계적으로 은폐하려고 수혈을 비롯해 온갖 속임수를 동원했다며 다음과 같이 비판했다. "독립적인 민간 연구소가 AZT의 실제 독성은 국립보건원의 연구소가 밝힌 정도보다 1,000배 강하다는 사실을 알아냈는데, 그렇다면 우리는 국립보건원을 어떻게 봐야 할까? 연구소에서 5퍼센트 오류가 나온다면 이해할 만하다. 10퍼센트까지도 봐줄 수 있다. 그러나 10,000퍼센트나 100,000퍼센트 오류라니 말도 되지 않는다. 그건 사기다."[99]

스피치그 보고서에서 가장 경악스러운 세부 목록은 환자 #1009이다. 이 사람은 실험에 참여하기 전에 이미 AZT를 복용하고 있었으므로 임상실험에 참여할 자격이 없었다. 그런데도 보스턴 임상실험 센터 PI들은 불법적으로 그를 임상실험에 참여시켰고 AZT 복용을 중단하지도 않은 그를 위약 대조군에 배치했다. 그는 심각한 두통과 빈혈 등 전형적인 AZT 독성 부작용 증상을 보여 채 한 달도 안 돼 임상실험 참여를 중단했고 두 달 후 사망했다. PI들은 그를 위약 대조군 환자의 사망으로 처리했다. 로리첸은 "더 언급할 가치도 없다. 이게 사기가 아니라면, 사기라는 단어는 무의미하다."[100][101]라고 기록했다.

지금보다 비교적 순수했던 그 시대에조차 미국 주류 언론은 AZT 임상실험과 관련해 파우치 박사와 부정부패를 비판하는 언론인들을 엄격하게 검열했다. 따라서 대부분 미국인은 AIDS 정설에 대해 어떤 반론이 있는지 알지 못했다. 유럽과 영국은 조금 달랐다. 1992년 2월 12일, 런던의 채널4 TV는 "AZT: 우려해야 할 이유"라는 다큐멘터리를 방송했다. 메디텔이 제작한 이 다큐멘터리는 정보의 자유법에 따라 공개된 문서들을 소개하면서 왜곡된 AZT 임상실험을 대대적인 사기극이라고 폭로하고 이 약의 끔찍한 독성을 나열했다. 방송이 나가고 그다음 날 자선단체 웰컴재단은 버로우스 웰컴의 모회사이자 AZT 제조사인 웰컴 제약사의 주식을 대부분 매각했다. 버로우스 웰컴의 주가는 폭락했고, 이 회사는 스미스클라인 비첨에 이어 글락소의 사냥감이 되는 등 일련의 적대적 인수 시도를 겪었다. 전 세계적으로 수백만 명이 영국의 이 다큐멘터리를 시청했지만, 이 다큐멘터리를 비롯해 의료계의 AIDS 정설을 비판하는 그 어떤 다큐멘터리도 미국에서는 방영된 적이 없다.[102]

AZT는 지금까지 장기적 용도로 승인을 받은 약품 가운데 가장 독성이 강한 약이다. 분자생물학 교수 피터 듀스버그는 AZT의 작동원리를 이렇게 설명했다. "이 약은 DNA 합성을 무작위로 파괴하므로 생명이 형성되는 과정 자체를 파괴한다." 조셉 소너벤드(Joseph Sonnabend) 박사는 "AZT는 생명과 양립 불가능하다."라고 한마디로 잘라 말했다.[103]

1988년 1월 27일, 미국의 NBC 뉴스는 검열 장벽을 뚫고 기자 페리 펠츠가 제작한 AZT 피슬 임상실험에 대한 3부작 중 1부를 방영했다.[104][105] 펠츠는 광범위한 규정 위반과 만연한 부정행위에 대한 추가 증거를 보도했는데, 이는 그녀가 다큐멘터리 제작에 착수한 첫날 찾아냈다. 펠츠는 임상실험이 이중맹검이라는 파우치의 주장은 새빨간 거짓말이고 임상실험에 자원해 참여한 환자들 대부분이 누가 AZT 투여군이고 누가 아닌지 알고 있었다고 보도했다. 실험 참가자는 하나같이 '기적의 약'을 투여하고픈 절박한 처지였으므로 AZT 실험군에 배치된 환자들은 자기들이 받은 약을 위약 대조군 환자들과 나누어 먹었다고 시인했다. 이 때문에 연구자들은 어느 집단으로부터도 순수한 실험 결과를 얻지 못했다. 더군다나, 펠츠는 위약 대조군과 AZT 실험군 모두 바이어스 클럽을 통해 구매한 다른 약들도 복용하고 있었다는 사실을 알아냈다. NIAID의 AZT 임상실험이 "심각한 결함"이 있다고 규정한 펠츠의 발언은 실제보다 심각성을 훨씬 축소해 표현한 셈이다.

파우치 박사는 언론매체의 각광을 받기 좋아한다. 단, 자신을 공격하는 투수가 약한 공을 던질 때만 말이다. 펠츠는 다음과 같이 폐부를 찌르는 발언으로 보도를 마무리했다. "이 보도를 준비하는 동안 우리는 국립보건원에서 앤서니 파우치 박사를 인터뷰하려고 무수히 시도했다. 그러나 파우치 박사도 식품의약국 프랭크 영도 우리의 인터뷰 요청을 거절했다."[106] 로리첸은 NBC 다큐멘터리 방송을 보고 이렇게 말했다. "우리 진영에 합류한 걸 환영해, 페리!" 파우치는 BBC, 캐나다 방송공사 라디오, 채널 4 텔레비전 (런던), 이탈리아 텔레비전, 〈뉴 사이언티스트〉, 잭 앤더슨의 인터뷰 요청도 모조리 거절했다. 이 매체들은 하나같이 피슬 보고서에 대한 의구심을 표명했다.[107]

물론 파우치 박사는 여전히 자신에게 훨씬 고분고분한 언론매체에는 자주 등장했다. 무능과 참사로 점철된 여러 해가 지났음에도 그는 자신에게 비판적인 질문을 던지지 않고 아전인수식의 선전 선동을 널리 전파할 자유를 그에게 부여하는 잘 속아 넘어가는 언론인들을 육성함으로써 살아남았다. 게다가, 그는 이미 그를 비판하는 인사들에게는 발언할 기회를 주지 말라고 언론매체들을 구워삶는 데 도가 터 있었고, 이 수법은 2020년과 2021년에 요긴하게 쓰였다.

2021년 9월 무렵, 파우치 박사가 자신을 비판하는 이들 입에 재갈을 물리는 수법은 인류 역사상 전례 없는 정도로 표현의 자유를 억압하는 지경에 이르렀다. 같은 달, 파우치 박사는 단 한 마디로 대중문화의 아이콘 니키 미나주(Nicki Minaj)의 입을 틀어막았다. 그녀가 코비드 백신이 고환이 붓는 부작용을 일으키는지 의문을 제기한 후다. CNN의 진행자 제이크 태퍼가 파우치에게 미나주의 주장에 대해 어떻게 생각하는지 묻자, 파우치 박사는 "그 질문에 대한 대답은 단호히 절대로 아니다."[108]라고 잘라 말했다. 늘 그래왔듯이 그는 자기주장을 뒷받침할 그 어떤 연구도 인용하지 않았다. 백신 제조사들은 백신이 생식(기)에 어떤 영향을 미치는지 검사하지 않았다고 시인했다.[109][110] 그런데도 파우치의 주장만을 근거로 트위터는 즉시 미나주를 트위터에서 퇴출하고 그녀의 2,200만 팔로어와의 소통을 검열했다. 제약사에 고분고분한 개들인 CNN, CBS, NBC도 개싸움에 합세해 래퍼 미나주의 명예를 훼손하고 깎아내리면서 미나주가 틀렸음을 공중에게 각인시키려 발버둥 쳤다. 파우치 박사께서 아니라고 말씀하셨으니 말이다!

1988년 2월 19일, 파우치 박사는 찰스 깁슨과 조안 런든이 진행하는 ABC의 간판 프로그램 〈굿모닝 아메리카〉에 출연했다. 로리첸과 펠츠 같은 독립적인 기자들과 과학자들의 총공격으로부터 파우치 자신과 AZT를 구조해 회생시키려고 파우치 자신에게 친화적인 언론매체들을 상대로 펼치는 선전 선동 전격전의 일환이었다.[111] 처음에 〈굿모닝 아메리카〉는 파우치 박사를 가장 강하게 비판하는 신뢰받는 숙적이자 세계적인 바이러스 학자인 버클리 대학교 교수 피터 듀스버그 박사를 초대했다. 그때까지만 해도 그 어떤 과학자보다도 국립보건원으로부터 연구지원금을 많이 받은 듀스버그는 AZT가 단순히 무용지물에 그치지 않고 AIDS보다 더 많은 사람의 목숨을 앗아간다고 주장함으로써 그에게 은혜를 베푼 기관의 분노를 샀다. 듀스버그 박사는 방송에 출연하기 위해서 서부에서 동부까지 미국을 가로질러 먼 길을 왔다. 그가 출연하기로 예정된 전날 저녁 〈굿모닝 아메리카〉 프로듀서가 맨해튼의 한 호텔에 투숙한 듀스버그 박사에게 전화를 걸어 그의 출연이 취소되었다고 통보했다. 그다음 날 아침 듀스버그는 〈굿모닝 아메리카〉에 출연한 파우치 박사가 아무런 반박도 받지 않고 자신의 임상실험 연구를 변호하면서 AZT를 선전하는 모습을 TV 화면으로 지켜보았다. 그 무렵 이미 이는 파우치 박사가 흔히 써먹는 수법으로 자리 잡았다. 비굴하고, 입에 침이 마르게 찬사를 퍼붓고, 잘 속아 넘어가는 기자들의 팔을 비틀어 자신을 비판하는 이들의 입을 틀어막고 토론으로부터 자신을 방어하는 그의 재능 말이다. 〈굿모닝 아메리카〉 진행자들은 아양을 떨면서 파우치 박사에게 오로지 AZT만 허용되었는지

물었고 파우치는 이렇게 답했다. "오직 한 가지 약(AZT)만 구입이 가능한 이유는 과학적으로 통제된 실험에서 안전하고 효과적이라고 검증된 약이 AZT뿐이기 때문이다."[112] 아첨꾼 〈굿모닝 아메리카〉 제작팀은 파우치 박사의 발언을 복음처럼 받아들였다. 파우치 박사가 그 프로그램에서 한 발언은 거의 다 거짓말이었다.[113]

로리첸은 다음과 같이 지적했다. "이 짤막한 발언에는 예닐곱 가지 뻔뻔스러운 거짓말이 들어있다. 우선 AZT는 '과학적으로 통제된 실험'을 한 적이 없다. 식품의약국이 실시한 AZT 실험을 '과학적으로 통제된' 실험이라 한다면 음식 쓰레기를 고급 요리라고 칭하는 셈이다. 둘째, AZT는 '안전'하지 않다. 독성이 매우 강한 약이다. AZT의 독물학 데이터를 검토한 식품의약국 분석관이 이 약은 승인하면 안 된다고 권고했다. 셋째, AZT는 척수를 파괴하는 효과를 제외하고 그 어떤 것에도 '효과'적이라고 객관적으로 입증되지 않았다."[114]

33년이 지난 후에야 파우치 박사는 마침내 그의 날조된 임상실험에서 AZT가 보인 — 위약 대조군 사망자 19명대 AZT 실험군 사망자 1의 비율로 — 생명을 구하는 효과는 실제로 그리 대단하지 않았다고 시인했다. 공교롭게도 뒤늦은 파우치 박사의 고백은 그가 코비드-19 팬데믹이라는 새로운 모의를 꾸미고 있던 시기에 나왔다. 2020년 5월, 길리어드의 항바이러스제 — 파우치의 임상실험 조작으로부터 혜택을 받은 또 다른 약 — 렘데시비어의 기적적인 효과를 발표한 백악관 회의에서 그는 "AZT의 첫 무작위배정 위약 대조군 실험에서 효과가 그리 크지 않다고 나타났다."[115]라고 말했다.

그러나 그는 과거에는 그렇게 말하지 않았다. 1987년 그는 AZT가 95퍼센트 효과가 있다고 주장했다. 위약 대조군에서는 19명이 사망했지만, AZT 실험군에서는 1명밖에 사망하지 않았다면서 말이다.[116] 2020년에도 보잘것없고 억지스러운 증거를 바탕으로 그는 치명적인 치료제 렘데시비어와 미심쩍은 모더나 백신에 대해서도 AZT에 대해 했던 주장과 비슷한 주장을 했다. 1980년대 말 언론매체가 AZT에 대해 보도할 때는 8,000달러에서 12,000달러에 달하는 AZT의 천문학적 치료비용이 잔인하다고 탄식했다. 이는 환자의 혈소판이 급격히 줄어 수혈해야 하는 데 드는 비용은 포함하지 않은 가격이다. 앤서니 파우치는 PCR 검사에서 HIV 양성반응이 나왔지만, AIDS 증상이 없는 건강한 사람들에게도 AZT를 '치료 표준'으로 만듦으로써 이 문제를 해결했다. 1989년, 파우치 박사가 전 국민 HIV 검사를 권하자, 〈로스앤젤레스타임스〉는 AZT가 150만 명으로 추산되는 미국의 HIV 양성자 가운데 "약 60만 명에게[117] 도움이 되리라"며 너스레를 떨었다. 파우치 박사는 AZT를 복용하는 건강한 미국인들은 필연적인 죽음을 지연하고 "AIDS나 HIV 감염환자들의 생명을 연장하면서, AZT는 근래에 본 적이 없는 획기적인 치료의 개가(凱歌)로서 폭넓은 영향을 미치게 된다."라고 장담했다.[118] 〈뉴욕타임스〉의 필립 J. 힐츠는 이제 누구나 검사를 받아야 한다고 다음과 같이 무비판적으로 보도했다. "NIAID 소장 파우치 박사가 이제 '아무런 증상도 없는' 사람이라고 해도 AIDS 감염 위험이 있는 사람은 검사받는 게 좋다고 말했다."[119] 그 결과 AZT를 구하려는 사람들이 추가로 쇄도하면서 AZT 시장은 상당히 확대되었고 버로우스 웰컴(현재의 글락소스미스클라인)은 AZT의 단위당 비용을 낮췄다.

그러나 비공개로 진행된 회의에서 식품의약국이 파우치 박사의 미심쩍은 새 구상을 승인한 내막에 대해 공중에게 보도한 주류 언론은 단 하나도 없었다. 이 회의 속기록을 보면 식품의약국 패널 구성원들의 심각한 불안감이 드러난다. 그들은 AZT가 실제로 건강한 사람들에게 도움이 될지 아니면 어쩌면 건강한 사람들을 죽게 만들지 전혀 알 수 없다고 걱정했다. AIDS 전담 취재기자들 가운데 오로지 실리아 파버(Celia Farber)만이 이 중대한 토론의 구체적인 내용에 대해 호기심을 보였다. 1989년 그녀는 〈스핀(SPIN)〉에 기고한 '부작위 범죄(Sins of Omission)'라는 제목의 글에서 다음과 같이 식품의약국의 속기록 일부를 인용했다:

> 하나같이 이에 대해 걱정했다. 식품의약국 국장 엘렌 쿠퍼는 AZT 승인은 "정상적인 독물학 충족기준에서 벗어나는 심각하고 위험의 소지가 있는 조치다."라고 말했다. 패널 구성원인 의사 캘빈 쿠닝은 그들이 처한 진퇴양난을 이렇게 요약했다. "한편으로는 인구의 사망을 줄이는 이 약을 거부하는 조치는 부적절하다. 다른 한편으로는 효과가 입증되지 않은 영역에서 잠재적으로 독성이 있는 약을 널리 사용하면 재앙이 될지 모른다."

심사위원회 위원장 이츠하크 브룩 박사는 이렇게 말했다. "앞으로 1년 후 어떤 일이 벌어질지 아무도 모른다. 데이터만으로 판단을 내리기에 너무 이르고 통계도 제대로 처리되지 않았다. 이 약은 실제로 해로울 수도 있다." 뒤이어 그는 "AZT가 사망을 막지 못한다는 사실에 놀랐다. AZT로 바꾼 사람들도 계속 죽어 나갔다."라고 말했다.

또 다른 위원회 구성원이 거들었다. "나도 동의한다. 알려지지 않은 게 너무 많다. 일단 승인이 나면 이 약이 어떻게 남용될지 알 도리가 없다. 돌이킬 수 없게 된다."[120]

"사람들이 죽어가고 있다."라는 주장으로 건강한 미국인에 대한 AZT 사용 허가를 속전속결로 처리함으로써 식품의약국의 약품 승인 절차는 파탄이 났다. 파버가 내게 말하기를, "규제 절차의 정상적인 안전장치를 준수하고 시간적 여유를 갖고 약의 안전성이나 효과를 신중하게 검토하는 행위가 교묘하게 살인 행위로 둔갑했다." 식품의약국의 규제기능은 AZT에서부터 시작해 코비드 팬데믹 동안 렘데시비어와 모더나 mRNA 백신의 사기성 '긴급 사용 승인'에 이르기까지 중단없이 퇴화에 퇴화를 거듭했다.

"식품의약국의 안전성 확보 기능에 일격을 가해 사망선고를 내린 장본인은 AZT이다. 그 후로 잠재적으로 치명적인 질병은 무엇이든 임상실험을 단축하는 핑계가 되었다. 약품에 의한 사망은 본질적으로 진보의 일환으로 정상적인 현상으로 취급되었다."라고 파버는 말한다. 독살당한 그 수많은 미국인은 그저 왜소한 나폴레옹 황제가 벌이는 세균과의 숭고한 전쟁에서 운 나쁘게 목숨을 잃은 전사자일 뿐이었다.[121]

파우치 박사의 속임수에 넘어간 수십만 명이 AZT를 복용했다. 그리고 많은 이들에게 이는 치명적인 선택이었다. 1987년 AZT는 AIDS '치료제'가 되었다. 권장량은 하루 1,500mg이었고 끔찍하게 치명적이었다.[122] 1980년대를 통틀어 AZT를 복용하는 환자의 평균 수명은 4년이었다. 1990년 식품의약국이 AZT 권장량을 하루 1,200mg에서 600mg으로 하향 조정하고 나서야 기대수명이 증가하기 시작했다.[123] AZT를 복용하는 이들의 삶의 질은 대체로 처참했다. 믿음직한 수많은 과학자가 AZT는 AIDS보다 더 많은 생명을 앗아간다고 주장했다. 로리첸은 AZT가 1987년부터 2019년까지 동성애자 남성 33만 명을 죽였다고 추산했다.[124] 사망자 가운데 많은 이가 AZT로 AIDS 치료를 시작하기 전까지만 해도 더할 나위 없이 건강했다. 로리첸은 AZT만 아니었다면 이들 대부분이 죽지 않았으리라고 말한다.

약품 승인 신속 처리의 기본 틀

　AZT가 승인을 받기까지 걸린 기록적인 속도는 얼마 가지 않아 깨졌다. 1991년 무렵 파우치 박사는 병행 승인 절차인 공동체 연구구상을 통해 수익률이 낮은 용도 확장 약품의 임상실험을 하는 조치를 사실상 포기했다. 그러나 그는 이 병행 절차를 이용해 식품의약국의 약품 승인 체제에 허점을 뚫었다. 제약사의 고수익 특허출원 항바이러스제 신제품을 가득 실은 트럭이 통과할 정도로 커다란 허점이었다. 파우치 박사와 그의 제약사 동업자들은 식품의약국으로부터 약품 승인받는 속도 기록을 연달아 경신했다. 파우치 박사로부터 공개적으로 무자비하게 들볶이면서 겪은 고통의 후유증에서 아직 벗어나지 못한 식품의약국 관리들은 파우치 박사에게 질질 끌려다니며 윽박지름을 당하다가 식품의약국이 정한 기준을 낮추고 명목상 안전성 검사밖에 하지 않은 치명적인 각종 약품을 승인했다. 같은 해, 허점이 뚫린 규제 전선을 이용해 파우치는 공동체 연구구상의 신속 처리 체계를 구축했다. 파우치 박사는 또 다른 DNA 사슬 항레트로바이러스 약품을 신속 처리 무사통과시켰다. 과거에 그가 반드시 해야 한다고 주장했던 무작위배정 이중맹검 위약 대조군 실험도 건너뛰고서 말이다. 국립보건원은 디다노신(didanosine, ddI)을 개발해 특허를 출원하고 브리스톨 마이어스 스큅(Bristol Myers Squibb)에 특허 사용을 허가해 주었다.[125] 디다노신은 위약 대조군 실험하는 시늉도 하지 않고 식품의약국의 승인을 받았다. 유감스럽게도 이 약은 고통스럽고 치명적인 온갖 부작용을 일으켰고 식품의약국은 NIAID의 꼬마 독재자를 상대로 시민 불복종 행위를 감행해 블랙박스 경고 (black box warning)*를 발행하는 전혀 식품의약국 답지 않은 행동을 했다. 그런데도 HIV에 감염된 절박한 미국인들은 절벽을 향해 달려가는 레밍 떼처럼 이 약을 사려고 몰려

---

* 심각한 위험을 초래할 가능성이 있는 의약 제품에 부착하는 경고문 - 옮긴이

들었다. 2010년 식품의약국은 디다노신이 비간경변성 문맥압항진증이라는 치명적인 간질환을 일으킬 가능성이 있다고 발표했다.[126] 이 약의 독성이 명백히 드러났는데도 파우치 박사는 공동체 연구구상 병행 절차를 이용해 통상적인 규제를 우회하고 HIV 양성인 임신부에게 디다노신을 사용해도 좋다는 승인을 받아냈다. 2019년에 발표된 한 연구(Hleyhel 외 다수, Environ Mol Mutagen (2019)[127]에 따르면, HIV 감염 임신부의 16퍼센트가 디디노신을 처방받았고 그들의 자녀 30퍼센트가 암에 걸렸다.

1996년 파우치 박사는 이 신속 처리 수법을 이용해 머크의 HIV 항바이러스제 크릭시반(Crixivan)의 식품의약국 승인을 받아냄으로써 또 한 차례 기록을 깼다. 이번에는 겨우 6주밖에 걸리지 않았다.[128] 파우치 박사는 3개 집단 97명의 자원자라는 아주 작은 표본을 대상으로 최대한 간소화한 공동체 연구구상 절차를 거쳐 역사상 가장 짧은 기간인 42일 만에 크릭시반의 승인을 받아내는 위업을 달성했다. 승인이 나자 AIDS 공동체는 공개적으로 저항했다. 그들은 머크가 약의 가격을 크게 올리자 배신감을 느꼈다. 트리트먼트 액션 그룹(Treatment Action Group)이 이끄는 사회운동가들은 머크가 공동체 연구구상 면제조항을 악용해 치명적이고 효과도 없는 약품의 승인을 받아냈다고 비난했다.

2016년, 파우치 박사는 자신의 노력 덕분에 HIV/AIDS를 치료하는 30여 가지 신약들이 승인을 받았다고 자랑스럽게 떠벌렸다.[129] 파우치 박사는 이 "놀라운" 성과는 "생명체를 다루는 자연 과학에 일대 전환을 가져올 가장 중요한 발견으로 손꼽힌다."라고 했다.

이러한 약품들은 제조사들에게 수십억 달러의 수익을 창출했다. 2000년 AIDS 치료제 판매에서 비롯된 세계 총수익은 40억 달러에 달했다. 2004년 무렵 이는 66억 달러로 껑충 뛰었다. 2010년 AIDS 약품은 거대제약사들에게 90억 달러 벽을 깨주었고[130] 2020년에 300억 달러로 최고점을 찍었다.[131]

〈심각한 부작용: 무삭제판 AIDS의 역사〉 저자 실리아 파버는 다음과 같이 말한다. "표면상으로 AIDS 치료제는 본래 서구진영의 동성애자 남성의 '목숨을 구하는' 호의적인 겉모습을 하고 있는데, 그 이후로 그들은 논조를 바꿔서 아프리카인들에게로 관심을 돌렸다. 전 세계적으로 AIDS 프로그램은 2조 달러 이상의 돈이 걸려 있고 그 어떤 국제 활동보다도 많은 비정부단체와 기구들이 관여하고 있으며, 모든 반론과 실제 언어와 역사와 진실은 모조리 말살되었다. 이는 괴물 같은 체제다. 파우치가 창조한 괴물이다. 이는 '자본주의'가 아니다. 자본주의와 달리 이 체제는 능력, 기준, 서구 문명이 소중히 여기는 모든 가치를 혐오한다. '깨시민주의'에 오염된 경제관으로 거짓말을 진실로 둔갑시키고 반론을 제기하는 모든 이들을 보란 듯이 깔아뭉개고 차단하는 폭력을 행사한다. 그러면서 늘 '생명을 구한다'라는 명분을 내세운다. 코비드 위기가 터지고 나서야 비로소 미국인들은 가면 뒤에 숨은 파우치의 냉혹하고 무자비한 민낯이 보이게 되었다. 미국인들은 1년 반 동안 이 사람이 말하는 대로 하려고 애썼다. 오래전부터 이 사람을 상대해 온 우리는 이제야 그의 실체를 깨달은 미국인들에게 이렇게 말하고 싶은 기분이 든다. 우리가 그동안 꿔온 악몽에 합류한 걸 환영한다. 그가 하는 말은 죄다 헛소리인데 아무도 나서서 그를 제어하지 않는다. 그는 허튼소리의 거탑이다. 미국인들은 그를 해롭지 않은 인물로 보려고 애쓰지만, 날이 갈수록 점점 더 가슴이 철렁하는 공포심이 엄습한다. 이 사람 미친 사람인가? 그가 하는 말, 무슨 뜻인지 왜 이해가 가지 않을까? 코비드 이후로 사람들은 두려워한다. 사람들이 지금처럼 두려워하면 매우 심란하다."

여파

AZT 전투가 남긴 핵심적인 유산은 파우치 박사가 보건복지부의 관료 서열상 우두머리로 부상했다는 사실이다. 그가 주무르는 어마어마한 예산, 의회, 백악관, 의료계를 망라하는 마당발 인맥 덕분에 그는 정치적으로 임명된 보건복지부 고위 간부들에게 영향력을 행사하거나 아예 무시해 버리고 보건복지부의 다른 자매기관들 특히 식품의약국을 윽박지르고 조종하고 지배하게 되었다.

파우치 박사의 전기를 쓴 저자 테리 마이클(Terry Michael)은 AZT 이후 NIAID가 구축한 약품 승인 체제를 이렇게 묘사했다. "HIV-AIDS가 거대한 산업으로 변질하는 데는 지식 독점이 한몫했고 앤서니 파우치 박사가 이끄는 연방정부 관료들도 가담했다. 파우치는 수십억 달러를 연구지원금으로 나누어주고, 국제 제약 카르텔의 자기 패거리 자본주의자들과 유착하고 공모하고, AIDS 비영리단체에 수십억을 풀고, 과학 문맹인 대중매체가 국민에게 파우치의 공식적인 주장을 그대로 주입했다. 극소수 예외적인 경우를 제외하면 대중매체는 과학을 이해하려 들지도 않는 기자들이 포진해 있다. 과학이라는 딱지가 붙은 내용을 해석하는 언론인들은 흰색 연구실 가운을 입은 관계 당국자들의 손아귀에 놀아나고 있다. HIV-AIDS의 최고 권위자라는 파우치 박사는 1984년 11월 NIAID 소장에 임명된 이후로 HIV-AIDS 연구 자금 돈 주머니를 꽉 움켜쥐고 전용해 왔다."[132]

마이클이 주장하는 바와 같이, 파우치 박사가 — 만성질환과 전염병을 예방하고 관리하는 이력은 처참한데도 — 고위 관료로서 장수를 누리고 끊임없이 국민의 신뢰를 받게 된 비결은 그가 지닌 독특한 재능 덕분이다. 언론관계를 무기화하고, 그의 아전인수 격 주장을 널리 알려주는 기자들을 적절히 활용하며, 무자비하게 반론자들의 입을 틀어막는 재능 말이다.

마이클은 이렇게 말한다. "반론자는 대중매체를 통한 공공 담론에 사실상 참여하지 못한다. 그리고 반론자는 동료 학자들이 심사하는 논문들이 실리는 과학과 의학 학술지에서도 퇴출당하였고, 이런 학술지들은 제약사의 항레트로바이러스제 광고를 실어주고 상당한 수익을 올린다. 학술지의 수익은 주로 미국 납세자들이 내는 HIV-AIDS 관련 연구지원금을 파우치로부터 받는 수만 명이 내는 비싼 정기 구독료에서도 비롯된다."[133]

기본 틀

AIDS 위기를 이용해 치명적이고 독성이 강하고 효과도 없는 AIDS 약을 시장에 판매하는 데 성공하면서 파우치 박사는 중요한 교훈을 얻었고 관료로 장수하는 기간 내내이 교훈을 충실히 반복해서 실천하게 된다.

파우치 박사는 식품의약국으로부터 AZT 승인을 받아내려고 싸우면서 자기 경력의 토대가 되고 코비드 팬데믹 동안 세계에 공개하게 될 전략을 개척했다. 그 전략들은 다음과 같다:

- 팬데믹에 대한 공포심을 한껏 조장해서 더 많은 예산을 따오고 더 많은 권력을 행사할 토대를 마련한다.
- 포착하기 힘든 병원체 탓을 한다.
- 질병의 전염성을 과장해서 흥분을 부채질한다.
- 공포심이 잦아들라치면 이따금 돌연변이 수퍼 변종에 대해 경고하고 앞으로 감염이 폭증한다고 예측해 공포 수위를 끌어올린다.
- 헷갈리고 모순되는 발표를 통해 국민과 정치인들이 계속 관심을 두도록 한다.
- 허술한 PCR과 항체 검사를 통해 역학 자료를 조작하고 확인 불가능한 감염사례와 사망자 수를 한껏 부풀리고 재앙이 곧 닥칠 듯한 인식을 극대화한다.
- 처방전 없이 구매 가능한 저가 치료제를 무시하거나 폄훼한다.
- 수익성이 높고 특허를 출원한 약과 백신에 열정과 돈을 몰아준다.
- 정부 연구소에서 탄생한 위험하고 효과 없는 약이 팬데믹을 종식할 유일한 해결책이라고 떠벌린다.
- 확증편향적 연구를 조작하고 연구비를 지원해 자기가 선택한 치료제의 승인을 받는다.
- 거대제약사들과 손잡고 자기 동업자들이 승인 경쟁에서 이기도록 유리한 여건을 조성한다.
- 자기가 편애하는 제약사들이 핵심적인 실험 규정을 건너뛰도록 한다.
- 임상실험 기간을 단축해 안전성과 효과와 관련해 심각한 문제들을 은폐한다.
- 그가 지원하는 특허 받은 새로운 항레트로바이러스제/백신과 경쟁할 가능성이 있는 훨씬 효과적인 치료제, 항레트로바이러스제, 처방전이 불필요한 약제, 특허출원이 불가능한 치료제들 사용을 방해하거나 깎아내리거나 시장에서 밀어낸다.
- 경쟁 약품들은 실패하도록 설계된, 효과와 안전성 임상실험을 거치게 한다.
- 기존의 치료제는 '무작위배정 위약 대조군' 실험을 거치지 않았다고 공개적으로 항변하고, 효과가 나타난 치료제에 환자들이 접근하지 못하도록 하고 수많은

병든 환자들이 고통받고 죽어가게 내버려 둔다.

- 신약을 승인하고 의무화하는 '독립적인' 위원회(DSMB, VRBPAC, ACIP)를 자기가 직접 선정한 책임연구원들로 채워 좌지우지한다.
- 위와 같은 위원회 구성원들을 '독립적이고' 신뢰할 만한 전문가들이라고 소개한다.
- 긴급사용승인(EUA)을 이용해 조작된 승인 절차를 약품이 신속하게 통과하도록 해 시장에 빨리 출시한다.
- 공식적인 정부 발표를 통해 자기가 미는 약을 선전한다.
- '보도자료를 통한 과학'을 함으로써 언론과 여론의 논조를 통제한다.
- 자기가 미는 상품의 효과를 실제보다 훨씬 과장한다.
- 시장 출시 후 부작용을 감시하는 부실하고 비효율적인 체제를 이용해 대대적인 상해와 사망 사례들을 국민으로부터 은폐한다.
- 약의 장점, 안전성, 효과에 대해 끊임없이 찬양하는 논조를 만들고 널리 퍼뜨려 임상실험의 결함들을 덮어버린다.
- 동료 학자들의 심사를 거친 논문이나 적절한 통제 실험을 통해 과학적으로 증명된 적이 없는 가설들을 '유수의 전문가'의 말을 인용해 퍼뜨린다.
- 제약사들이 고령층 의료보험, 정부 지원 프로그램, 보험회사에 생산 비용과 무관하게 한껏 부풀려진 가격으로 약을 팔도록 해준다.
- 연구지원금은 자신의 도그마를 뒷받침하는 프로젝트에만 주고 대체 가설 연구는 지원대상에서 제외한다.
- 대중매체, 소셜미디어, 과학 학술지와 간행물에서 반론을 제기하는 이들을 검열하고 토론을 막는다.
- 백신이 궁극적으로 인류를 구한다고 단언한다.

추가로 파우치 박사는 과학적 근거가 전혀 없는 모순된 주장을 할 때조차 권위자로서 발언하는 인상을 주고 정부가 하는 모든 발표를 도그마로 재빨리 바꿔 대중매체가 종교에 버금가는 방식으로 교리처럼 끊임없이 되뇌게 하는 기술을 연마했다.

이러한 공식을 50년 동안 되풀이해 써먹으면서 파우치는 자기가 이끄는 NIAID가 핵심적인 임무 ― 그가 NIAID 수장이 된 이후로 폭증한 전염병, 알레르기, 자가면역질환에 대한 기초 연구 ― 를 저버리고 NIAID와 거대제약업계를 위해 수익을 창출하는 부속물로 변질시켰다.

마크 트웨인이 이런 말을 한 적이 있다. "사람들을 속이기가 그들이 속았다는 사실을 깨닫게 하기보다 훨씬 쉽다." AIDS 사회운동가 트리스틴 마지오레는 앤서니 파우치가 1984년 AIDS 위기 동안 저지른 타락한 공중보건 연구 활동을 시작으로 50년 동안 일삼은 거짓의 작태를 평가하면서 잘 속아 넘어가는 인간의 속성에 대해 이렇게 한탄했다. "금전적 이익도 분명히 문제다. 그리고 우리가 집단으로 저항하지 못한 무능력함도 한몫했다. '이 긴 세월 동안, 내내, 이렇게 많은 생명이 희생되고 수백억 수천억 달러를 쏟아부었는데, 잠깐 멈추고 다시 원점으로 돌아가서 제대로 했는지 확인 좀 해보죠?'라고 항변하지 못했다. 나도 그렇게 하기가 쉽지 않다는 점을 알지만, 사람들은 그것이 거짓말이라는 사실조차 모른다. 정확히 이야기하면, 거짓말이라기보다 그냥 늘 하던 대로라고, 여느 때와 다르지 않다고 여긴다."[134]

5장

HIV 이설(異說)

"인간은 대부분 망상의 굴레에 갇혀있는데 그 굴레 바깥에 사는 인간은
자신이 사람을 만날 때마다 속으로 이런 질문을 한다.
'아주 잠깐만이라도 당신 자신의 바깥으로 나와 지금까지
들어본 적이 없는 뭔가를 들어보겠나?
귀 기울이기를 터득하는 이는 새로운 세계에 들어서게 된다."

— **칼릴 지브란**(Khalil Gibran)

나는 이번 장을 이 책에 넣을까 말까 망설였다. HIV가 AIDS의 유일한 원인이라는 정설에 의문을 제기하는 행위는 의료카르텔과 그들의 동맹인 언론매체 사이에서 용서받지 못할 — 심지어 위험하기까지 한 — 이설로 간주되기 때문이다. 그러나 앤서니 파우치가 자신의 "최고 업적"이자 "평생을 바친 일"이라고 규정하는 문제를 둘러싸고 지속되는 과학적 논란을 다루지 않고서는 앤서니 파우치에 대한 완성도 높은 책이 될 수 없다.

우선 나는 HIV와 AIDS의 관계에 대해 아무 입장도 취하지 않고 있음을 분명히 밝힌다. 내가 이와 관련한 역사를 이 책에 넣은 까닭은 경험주의, 비판적 사고, 또는 잘 구축된 과학적 방법의 절차가 아니라 정치와 권력이 — 갈릴레오가 등장한 지 400여 년이 지난 지금까지도 여전히 — 어떻게 '과학적 합의'를 결정하는지 보여주는 아주 중요한 사례이기 때문이다. 권위주의적 정부 발표에 대한 일종의 종교적 믿음이 절제된 관찰, 설득력 있는 증거, 재현 가능한 결과를 대신해 의료분야에서 '진실'의 원천이 되면 민주주의와 공중보건에 해악을 끼친다.

합의는 훌륭한 정치적 목표가 될지는 모르지만, 과학과 진실에는 적이다. '결론이 난 과학'이라는 표현은 형용모순이다. '전문가들을 믿어야 한다'는 훈계는 권위주의의 수

사다. 과학은 파괴적이고, 권위를 존중하지 않고, 역동적이고, 반항적이고, 민주적이다. 합의와 (질병통제예방센터, 세계보건기구, 빌 게이츠, 앤서니 파우치, 교황청이든 뭐든) 권위에 대한 호소는 종교의 특징이지 과학의 특징은 아니다. 과학은 소란스럽다. 경험적 진실은 대체로 토론이라는 토양을 갈고 쑤석거리고 뒤집어엎어야 드러난다. 의심, 회의론, 의문 제기, 반론은 그 토양을 비옥하게 하는 비료다. 진화론에서부터 태양중심설, 상대성이론에 이르기까지 역사적으로 과학적 발전, 일대 전환의 계기가 된 개념은 처음에는 '과학적 합의'를 부르짖는 권위자들의 비웃음과 조롱을 샀다. 소설가이자 의사인 마이클 크라이튼(Michael Crichton) 박사가 다음과 같이 말했듯이 말이다.

> 합의는 정치의 영역이다. 이와 반대로 과학은 옳은 사람 단 한 명만 있으면 된다. 실제 세계에서 검증 가능한 결과를 얻은 단 한 사람만 있어도 된다는 뜻이다. 과학에서 합의는 해당 사항 없다. 역사상 가장 위대한 과학자들이 위대한 까닭은 바로 그들이 합의를 깨부쉈기 때문이다. 합의된 과학이란 존재하지 않는다. 합의되었다면 그건 과학이 아니다. 과학이라면 합의될 수가 없다. 더 말할 필요가 없다.[1]

구체적으로 말하면, AIDS에 대한 원조 가설은 기득권 세력(이 경우 앤서니 파우치 박사)이 돈, 권력, 지위, 영향력을 이용해 어떻게 불완전한 이론에 대한 합의를 만들어 내고 나서 반론자들을 무자비하게 억압하는지 잘 보여준다.

파우치 박사의 핵심 주장을 신중하게 비판하는 수많은 이들이 HIV만이 AIDS를 일으킨다는 공식적인 정설과는 매우 다른 개연성 있는 다양한 대안들을 제시한다. 그들이 동의하는 이슈가 한 가지 있다. 파우치 박사와 그의 동료 로버트 갈로 박사가 최초로 HIV가 AIDS의 유일한 원인이라고 주장한 이후로 36년 동안 납득할 만한 과학적 증거를 이용해 그들의 가설을 검증한 연구를 제시한 이는 단 한 명도 없었다. 파우치 박사가 그의 주장을 뒷받침할 설득력 있는 과학적 증거를 제시하기를 거부하고 그의 가설을 비판할 자격이 있는 이들과의 토론을 완강히 거부한다는 사실 때문에 더욱더 반론자들의 주장을 널리 알리는 일이 중요하다.

오늘날에도, 비일관성, 지식의 간극, 모순, 불일치 등이 공식적인 AIDS 도그마에서 해소되지 않고 있다. 공식적인 도그마를 맹목적으로 받아들이라고 한목소리로 요구하면, 앞서 활발하게 이루어진 공개적 논쟁을 묵살하고 과학적 증거를 요구하는 외침을 무시하게 된다. 비굴한 미국 언론매체들은 파우치의 정설을 성역화하고 앤서니 파우치를 교황에게나 적용했던 무오류의 기름 부음을 받은 자로 승격시켰다. 1994년 2월 28일 〈뉴욕네이티브〉에 니나이어 오스트롬(Neenyah Ostrom)이 기고한 "앤서니 파우치, 성인의 반열에 오르다."라는 제목의 글에는 다음과 같이 쓰여있다. "앤서니 파우치, 미국의 AIDS 연구를 난도질하고 삼천포로 빠지게 만들어 팬데믹이 발생한 지 13년째 접어드는데도 병의 기원도 전혀 모르고 효과적인 치료 방법도 없는 현재를 초래한 앤서니 파우치를, 또다시 〈뉴욕타임스〉가, 최근 거의 성인의 반열에 올렸다."[23]

파우치 박사는 자기를 비판하는 이들이 제시하는 상식적인 질문에 답하기는커녕 자기가 주장하는 정설에 의문을 제기하는 행위가 무책임하고 무식하고 위험한 이단이라고 타도하는 신학을 창설했다. 미국의 민주주의는 정보의 자유로운 유통을 바탕으로 번성하고 검열을 혐오한다는 자명한 원칙이 있다. 따라서 저명한 반론자들을 무자비하게 입을 막고, 검열하고, 조롱하고, 연구비 지원을 끊고, 파멸시키는 파우치 박사의 뛰어난 역량은 스페인 종교재판이나 소비에트를 비롯한 전체주의 체제와 훨씬 어울린다. 오늘날 "(표현의 자유를 보호하는) 헌법 제1 수정안은 앤서니 파우치에게는 적용되지 않는다."라며 동성애자 잡지 〈뉴욕네이티브〉의 발행인 찰스 오틀립(Charles Ortleb)은 다음과 같이 덧붙인다. "그의 공식적인 우주관이나 HIV가 유일무이한 AIDS의 원인이라는 정설을 뒷받침하는 그 어떤 교리에도 반론을 제기하는 과학자는 누구든 죽은 목숨이다. 과학계에서 보상받거나 생계를 유지하기 불가능하다는 점에서 말이다."

마지막으로, 파우치 박사가 토론을 회피하기 위해서 개척한 많은 전술 — 언론을 현란한 언변으로 속여 합법적인 의문 제기를 묵살하고, 반론자들을 폄훼하고 그들의 잘못인 것으로 돌리고, 벌주고, 옥박지르고, 협박하고, 소외시키고, 비방하고, 재갈을 물리는 수법들 — 은 코비드를 비롯해, AIDS 이후 뒤이은 일련의 팬데믹을 관리하는 그의 능력에 대한 의구심을 무마하는 버팀목이 되었다. 따라서 그 저변에 깔린 HIV/AIDS 논쟁에 대한 결론을 내리지 않더라도 파우치가 "과학적" 신학을 구축하고 난공불락의 요새처럼 만들면서 갈고 닦은 무기들을 살펴볼 필요가 있다.

HIV가 AIDS의 유일한 원인이 아닐지도 모른다는 주장을 가장 강력하고 끈질기게 제기한 가장 영향력이 큰 인물은 피터 듀스버그 박사였다. 그는 1987년 당시 세계에서 가장 많은 업적을 쌓고 통찰력이 뛰어난 레트로바이러스학자로 명성이 자자했다. 듀스버그 박사는 파우치가 AZT로 대량 학살을 자행한다고 비판했다. 듀스버그에 따르면, AZT는 지금 우리가 'AIDS'라고 일컫는 온갖 면역억제를 치료하기는커녕 유발하는 치명적인 화학물질이었다. 그러나 듀스버그는 AZT에 대한 거부감 이상으로 AIDS 문제를 매우 깊이 파고들었다. 듀스버그는 HIV가 AIDS를 유발하는 게 아니라 환경적 노출로 인해 면역억제를 겪는 고위험군 인구에 공통으로 올라탄 "무임승차자"가 HIV라고 주장한다. HIV는 성접촉을 통해 전염될지 모르지만, AIDS는 그렇지 않다고 듀스버그는 주장한다. 듀스버그는 HIV 감염된 혈액을 자기 몸에 직접 주입하겠다는 제안까지 했었다. 단, "로버트 갈로 박사의 연구실에서 나온 혈액이 아니어야 한다."라는 조건을 달았다.[4] 그 이유로는 우선, 듀스버그는 HIV 감염된 수백만 명의 건강한 사람들이 AIDS에 걸리지는 않는다는 사실을 지적한다. 반대로 HIV 감염되지 않은 사람들 가운데 AIDS에 걸린 사람이 수천 명이다. 파우치 박사는 이러한 현상을 제대로 설명한 적이 없는데, 이러한 현상은 그 어떤 다른 전염병의 병인과도 모순된다.

저명하고 사고가 깊은 수많은 다른 과학자들도 논리적인 각종 가설을 제시하고 HIV 정설의 이해할 수 없는 허점들을 지적했다. 이런 가설들은 대부분 HIV가 AIDS 발병 초기에 하는 역할이 있지만 다른 공동 요인들이 틀림없이 있다고 주장하는데, 이를 파우치 박사와 그의 완고한 PI들은 완강히 부인한다.

듀스버그는 AIDS 원인에 대한 자기 나름의 이론을 제시하기에 앞서 1987년 〈암 연구 (Cancer Research)〉에 게재한 획기적인 논문에서 HIV가 AIDS의 유일한 원인이라는 파우치 박사의 가설이 지닌 논리적 오류들을 조목조목 짚었다.[5] 파우치 박사는 듀스버그의 상식적인 질문에 절대로 답하지 않았다.

뒤이어 출간한 저서 〈AIDS 바이러스 날조하기〉에서 듀스버그 박사는 724쪽에 걸쳐

파우치 가설의 오류들을 심층적으로 해부하고 AIDS의 원인에 대한 나름의 설명을 제시한다.[6]

HIV가 AIDS의 유일한 원인이라는 신학에 빠진 이들이 보기에 듀스버그 박사의 비판은 너무 황당해서 그들은 그의 비판에 관심이라도 보이는 사람이면 누구든 반사적으로 폄훼한다. 듀스버그의 주장이 노벨상 수상자들을 비롯해 세계에서 가장 뛰어나고 사고력이 출중한 과학자들 사이에서 공감을 얻고 있다는 사실은 그의 주장이 얼마나 타당한지 말해준다. 그중 한 사람이 최초로 HIV를 분리한 뤽 몽타니에(Luc Montagnier) 박사다. 지금까지 파우치 박사는 듀스버그의 입을 틀어막는 데 성공했을지는 몰라도 그의 주장에 답하거나 반박하지는 못했다.

다시 한번 강조하지만, 나는 이 논쟁에서 어느 편도 들지 않는다. 하지만 반론자들이 제기한 정당한 의문을 연구하고 토론하고 탐색해야 한다는 점은 부인할 수 없다. 나는 공중보건 관료들은 이런 종류의 의문에 답할 의무가 있다고 생각하고 활발한 토론을 통해 그러한 주장들을 듣고 싶다. 파우치 박사의 공격적인 검열과 토론을 거부하는 행태는 의구심과 분노만 증폭시킬 뿐이다. 공고한 권력이 사람들의 혀를 뽑는 까닭은 거짓말을 못하게 하려는 게 아니라 진실을 발설하지 못하게 하기 위함이라는 조지 R.R. 마틴(George R. R. Martin)의 명언이 떠오른다.

듀스버그 박사의 논리가 견고하다면, 그의 사연은 오늘날에도 중요한 타당성을 지니고 있다.

그의 혀가 뽑힌 사태는 제약 카르텔이 사익을 추구하는 기술관료들과 작당해 바이러스 팬데믹을 과장하고 이용해 독성이 강하고 위험한 치료제를 믿거니 하는 국민에게 속여 팔고 비굴하고 과학 문맹인 언론을 동원해 제 논에 물 대는 의제들을 — 그 의제들이 끔찍한 결과를 낳음에도 불구하고 — 밀어붙이는 역량이 어느 정도인지 잘 보여준다. 듀스버그를 비롯한 반론자들은 파우치 박사가 국민의 공포심을 조장해 제약사 동업자들이 수십억 달러 수익을 창출하도록 돕는 한편 자신의 권력과 권위주의적인 통제력을 확대했다고 비판한다. 따라서 결과적으로 그의 정책은 세계 경제와 공중보건에 재앙을 초래하고 인간이 겪는 고통을 어마어마하게 확대했다고 말한다.

캘리포니아주 북부 출신 의사 톰 코윈 박사가 내게 처음 HIV가 AIDS의 유일한 원인이 아니라고 주장했을 때 나는 말도 안 되는 소리라고 일축했다. 나는 1980년대와 1990년대에 HIV 양성인 수많은 내 친구들이 AIDS로 죽어가는 모습을 지켜보았다. 그 가운데는 개인적으로 친분이 있는 유명인사도 두 명 있었다. 아서 애쉬(Arthur Ashe)와 루돌프 누레예프(Rudolf Nureyev)다. 그들은 AIDS 팬데믹 초기에 'AIDS'로 사망해 세계를 충격에 빠뜨렸다. HIV가 범인임이 자명해 보였다. 나는 이 주장이 논쟁거리인지도 전혀 몰랐다. 그 이후로 나는 심란할 정도로 수많은 바이러스학자가 오늘날 HIV가 AIDS의 유일한 원인이라는 이론을 의심하고 있다는 사실을 알게 되었다.

세계적으로 수많은 유수의 과학자들이 품고 있는 의구심을 이해하려면 역사를 거슬러 올라가서 잠시 이 낯설고 복잡하고 난해한 문제를 깊이 파고들어야 한다. 이 여정을 통해서 충격적일 정도로 타락한 국립보건원의 조직 문화를 은폐하고 있는 가림막을 들춰봐야 한다. 미국 국민이 과학이 아니라 정치와 연관시키는 결함들, 바로 흉측한 야심, 등 뒤에 칼을 꽂는 이중성, 도덕적 파산이 국립보건원의 조직 문화다.

1981년 7월, 질병통제예방센터는 로스앤젤레스, 뉴욕, 샌프란시스코에 거주하는 성적으로 매우 문란한 동성애자 남성들 사이에서 면역결핍과 관련된 특이한 건강 문제가 발생했다고 보고했다. 1983년 5월 프랑스 파스퇴르 연구소의 바이러스학자 뤽 몽타니에는 〈사이언스〉에 기고한 글에서 최초로 레트로바이러스를 확인했다고 밝혔는데, 이 레트로바이러스는 훗날 HIV라는 이름을 얻게 된다.[7] 몽타니에는 자신이 표본을 채취한 AIDS 희생자 일부의 림프절에서 HIV 신호를 포착했다고 믿었다. 사납고 야심만만한 미국 국립암연구소 연구원이자, 사업가이자 동성애자 혐오자인 로버트 갈로 박사는 몽타니에 박사를 설득해 새로 발견된 레트로바이러스 표본을 보내달라고 요청하면서, 자신의 영향력을 이용해 〈사이언스〉에 몽타니에 박사의 논문을 신속히 게재하도록 하겠다고 약속했다. 그러나 갈로 박사는 학술지 게재를 질질 끌면서 몽타니에 박사의 바이러스를 배양하고 가로챌 시간을 벌었다. 다른 보건복지부 관료들의 도움을 받은 갈로는 몽타니에로부터 가로챈 바이러스를 자기가 발견했다고 우기고 온갖 구실과 교묘한 속임수를 동원하고 교활한 상상력을 발휘해 자신의 절도죄를 은폐했다. 퓰리처 수상자인 〈시카고 트리뷴〉 기자 존 크루드슨(John Crewdson)은 자신의 저서 〈공상과학: 과학적 미제, 대대적인 은폐와 로버트 갈로의 흑역사〉에서 갈로의 뻔뻔한 속임수, 아마도 과학 역사상 가장 뻔뻔하고 가장 터무니없고 가장 중대한 결과를 초래한 사기극을 치밀하게 기록하고 있다. 이 책은 갈로가 다른 과학자들의 발견을 가로채 자신의 업적이라고 주장하면서 경력을 쌓은 협잡꾼이라고 폭로한다.[8]

갈로 밑에서 일한 과학자들은, 50명의 과학자가 소속되어있고 1,300만 달러의 예산을 집행하는, 그가 관장하는 국립보건원 소속 연구실을 '도둑놈 소굴'이라고 했다.[9] 갈로 밑에서 일한 한 과학자는 크루드슨에게 "이 연구실에서 정직한 사람이 되기는 어렵다"며, 자기가 알기로 자살한 직원이 3명이라고 말했다.[10] 갈로는 자기 심복에게 자기는 외국인을 고용하는 게 좋은데 그 이유는 "내가 하라는 대로 하지 않으면 추방할 수 있기 때문"이라고 속내를 털어놓았다. 과거에 갈로의 정부(情婦)이자 연구실 직원이었던 플로시 웡-스탈에 따르면, 갈로는 노벨상을 타고 싶어서 안달했고 여러 차례 수상이 불발되자 노벨상을 '빛 좋은 개살구'라고 빈정댔다.[11]

당연히 갈로는 앤서니 파우치가 막강하고 믿음직한 동맹임을 눈치챘다. AIDS의 원인이 독성물질에의 노출이 아니라 바이러스라며 갈로가 제시한 '증거'는 파우치 박사의 경력을 쌓는 중요한 주춧돌이 되었다. 갈로의 주장 덕분에 파우치 박사는 AIDS 프로그램과 관련 예산을 국립암연구소로부터 넘겨받아 NIAID를 세계적인 약품 생산 제국으로 키우는 프로젝트에 착수했다.

1984년 4월 23일, 갈로는 자신의 상관인 보건복지부 장관 마거릿 헤클러를 이용해 자신의 대대적인 발표에 신뢰성과 무게를 실었다. 헤클러는 세계 각국 언론이 빽빽이 들어찬 자리에서 연단에 올라 전 세계를 향해 다음과 같이 발표했다. 그녀는 "안녕하세요. 신사 숙녀 여러분, AIDS의 원인을 밝혀냈습니다. 이미 알려진 인간 암 바이러스의 변종입니다."라고 말하고 "오늘 우리는 오랫동안 미국 의학과 과학계가 이루어 온 영광스러운 업적에 기적을 새로이 보탰습니다."라고 힘주어 덧붙였다.[12]

갈로의 기자회견에 헤클러의 등장은 중요한 연출이었다. 동료 과학자들의 심사도 거치지 않은 갈로의 이론이 국립보건원이라는 권위 있는 기관이 승인한 이론이라는 인식을 심어주기 때문이다.

나중에 가서야 비로소 국민은 갈로가 HIV를 검출한다고 주장하는 항체 검사 도구에 대한 특허를 출원할 때까지 발표를 늦추도록 국립보건원이 허락했다는 사실을 알게 되었다. 갈로는 그 검사 장비를 국민 세금으로 개발했다.

크루드슨에 따르면, 갈로는 질병통제예방센터 관료 제임스 커란과 공모해 갈로가 발명한 검사 도구가 몽타니에가 개발한 훨씬 성능이 좋은 검사 도구와 품질이 맞먹는다고 거짓 주장을 했다. 갈로는 이 발명으로 백만장자가 되었고 HIV가 치명적인 바이러스라고 주장하면서 공포를 부채질해 매출을 끌어올렸다. 결국 프랑스 정부가 갈로의 사취에 대해 소송을 제기해 갈로는 자기가 벌어들인 수익의 절반을 토해내야 했다.

갈로의 때 이른 발표는 '보도자료를 통한 과학'이라는 새로운 전략의 탄생을 알리는 신호탄이었고, 이 전략은 파우치 박사가 담론의 논조를 통제하는 든든한 비밀병기가 되었으며, 이 무기는 코비드-19 팬데믹에서 그 진가를 십분 발휘하게 된다. 학술지 〈사이언스〉는 갈로가 TV 기자회견을 열어 장관(壯觀)을 연출한 지 일주일이 지나서야 그의 논문을 공개했다. 갈로의 이러한 수법은 과학자로서 지켜야 할 관례를 심각하게 위반하는 행위였다. 이런 편법 때문에 아무도 갈로가 논문을 공개적으로 발표하기 전에 그의 논문을 검토할 기회가 없었다.

갈로 박사와 몽타니에 박사 모두 레트로바이러스 연구에 평생을 바친 암 연구자들이다. AIDS가 등장하기 전 두 사람은 레트로바이러스가 백혈병의 주범임을 밝히려 애썼지만, 성과가 없었다. 1975년 갈로는, 관련 주제에 대해 논문을 단 한 편도 발표하지 않은 상태에서, 자신이 발견한 인간레트로바이러스 HL-23이 백혈병 원인이라고 공개적으로 발표해 전국적으로 언론의 표제 기사를 장식했다.[13] 그는 동료 학자들에게 자신이 인간 백혈병 세포에서 발견한 HL-23으로 노벨상을 타기 기대한다고 말했지만,[14] 타지 못했다.

미국 전역의 주요 연구소들은 HL-23에 비상한 관심을 보였지만, 그들이 갈로에게 표본을 달라고 요청하자 갈로는 부하직원들에게 감염된 세포를 그들에게 보내기 전에 훼손하라고 지시해 다른 이들이 연구에 쓰지 못할 무용지물로 만들었다.[15] 당시에 백혈병 사례가 폭증하고 있었지만, 윤리의식이 편의에 따라 늘었다 줄었다 고무줄인 갈로는 세계적인 팬데믹 와중에 중요한 연구를 일부러 지연시키는 데 대한 양심의 가책도 느끼지 않았다. 과학자들은 갈로가 연구에서 얻은 성과를 재현할 수 없다고 불만을 토로했다. 결국 미국의 두 연구진은 갈로의 발견을 — 어쩌면 갈로까지도 — 조롱거리로 만들었다. 그들은 갈로가 발견했다는 HL-23 바이러스는 연구실에서 긴팔원숭이, 양털원숭이, 개코원숭이에서 나온 세 가지 바이러스가 뒤섞여 오염된 물질임을 입증했다.[16] 갈로는 노벨 수상자는커녕 웃음거리로 전락했다.

이러한 굴욕을 당했지만 굴하지 않고 갈로는 이른바 HTLV가 AIDS의 원인이라고 발표했는데, 자신이 발견했다고 주장한 이 바이러스 또한(크루드슨에 따르면) 일본 연구자들의 업적을 가로챈 것이다.[17] AIDS 환자들을 대상으로 연구하는 또 다른 AIDS 연구자는 갈로가 얻은 결과가 재현되지 않자 당혹스러웠고 이는 갈로가 다른 위험군을 연구했기 때문이 아닌지 갈로에게 문의했다. 이 과학자는 갈로에게 "당신 환자가 혹시 아이티 사람이었나요? 괴혈증 환자였나요?"라고 물었다. 갈로는 이렇게 답했다. "빌어먹을 호모 새끼였수다."[18]

HIV가 AIDS의 유일한 원인이라는 가설을 반박하는 듀스버그의 발표에 대해 어떻게 생각하냐는 질문을 받자, 종종 듀스버그의 반론을 일축해온 갈로는 듀스버그가 동성애자든가 정신적으로 문제가 있든가 둘 다라면서(듀스버그는 이성애자이고 정상이다) 이렇게 말했다. "듀스버그는 가죽 재킷을 걸치고 앞가르마를 탄 남자들하고 같이 회의에 온다. 내 말은, 좀 해괴하다는 얘기다. 뭔가 좀 이상하지 않나?"[19] 갈로는 자신의 주장에 대한 반론자의 주장을 논리적으로 반박하지 않고 반론자에 대한 이런 치졸한 중상과 비방만 넉넉히 베풀었다.

그러나 갈로는 AIDS 환자의 혈액에서 HTLV를 검출했음을 증명하지 못했고 그의 노골적인 노벨상 수상 야심을 관짝에 넣고 마지막 못을 박아 넣을 위기에 처했다. 갈로는 개인적으로 큰 위기에 처했을 때 마침 몽타니에가 이룬 성과를 알게 되었다. 프랑스 과학자에게 패배했다는 현실을 받아들이지 못한 그는 남을 쉽사리 믿는 프랑스 바이러스 학자 몽타니에를 꼬드겨 표본을 받아냈고, 크루드슨에 따르면, 이 표본을 또 다른 과학자로부터 훔친 배양기에 배양했다. 갈로는 자신이 배양한 바이러스에서 면역체계가 무너진 동성애자 남성의 혈액에서 몽타니에가 채취한 바이러스 기미가 보이자 이를 HTLV라고 포장을 바꾸고 자기가 최근에 "발견한" 바로 그 바이러스라고 주장했다.[20] 〈시카고 트리뷴〉이 입수한 갈로의 연구실 기록에 따르면, 갈로는 프랑스 과학자가 발견한 바이러스의 이름을 계속 바꿔 그 계보를 알아보기 힘들게 만들었다.

이듬해 봄, 〈사이언스〉는 갈로의 연구실에서 나온 논문 4편을 실었는데, 갈로가 "AIDS 연구의 수퍼맨"이라는 명성을 얻은 토대는 전적으로 이 4편의 논문이다. 첫 번째 논문은 갈로가 이른바 '새로운' 바이러스를 AIDS 환자로부터 분리했다고 주장했다(갈로의 연구실은 분명히 프랑스에서 온 바이러스를 배양하고 새 이름을 붙였다). 두 번째 논문은 이 새로운 바이러스가 "모두 48명의 실험 대상으로부터 분리되었다."라고 주장했는데, 그렇다면 이 바이러스가 AIDS의 원인임을 입증하는 데 훨씬 가까이 다가가게 된다.[21] 그러나 〈시카고 트리뷴〉이 입수한 갈로 연구실의 기록 어디에도 이 48명으로부터 바이러스를 분리한 흔적은 발견되지 않았다.[22]

미국과 프랑스 두 나라 정부는 어느 과학자가 HIV를 '발견'했는지를 두고 논쟁을 벌였고 양측은 1987년 이를 '공동 발견'으로 하기로 합의했다. 세계보건기구는 갈로가 온갖 속임수를 동원해 서로 다른 두 가지 바이러스가 있는 것처럼 꾸민 2년 동안 대응을 자제했다. 갈로가 프랑스 과학자가 먼저 한 발견의 발표를 지연시키는 바람에 AIDS 혈액검사의 광범위한 보급이 1년 정도 지연되었다. AIDS 혈액검사 보급이 지연된 1983~1984년 기간에 수많은 입원환자와 혈우병 환자들이 혈액은행으로부터 오염된 혈액을 수혈해 HIV에 감염되었고 이미 감염된 많은 이들이 자기도 모르게 HIV를 퍼뜨렸다.[23 24]

노벨상 심사위원회는 2008년 몽타니에에게 노벨상을 수여하면서 그 무렵까지 축적된 윤리 위반 행위가 낱낱이 입증돼 악명을 얻은 갈로를 보란 듯이 깔아뭉갰다. 갈로의 근거 없는 주장과 미심쩍은 행태에 대해 미국의 두 기관(국립보건원과 의회)이 그의 직업윤리에 대한 조사에 착수했다.[25 26] 퓰리처상 수상자 존 크루드슨은 〈시카고 트리뷴〉에 55,000단어로 갈로의 절도 행각을 폭로한 글에서 갈로를 자기 연구실에 절도 중범죄자들을 고용하고, 연방정부로부터 받은 돈을 도용하는 해적 행위를 하고, 다른 과학자들의 발견을 가로채는 소시오패스이자 병적인 거짓말쟁이로 그리고 있다.[27]

서로 맞서는 주장들을 둘러싸고 뜨거운 갑론을박이 일어나면서 갈로와 몽따니에 두 암 연구학자가 그들이 발견한 레트로바이러스가 AIDS의 원인일지도 모른다고 자기 논문에서 '암시'했을 뿐이라는 사실은 묻혀버렸다. 몽타니에는 HIV가 AIDS의 유일한 원인으로 증명되었다는 주장을 늘 자제했고 결국은 나중에 그 이론을 부정하게 된다.

노벨상 수상자 케리 멀리스는, 갈로가 백혈병을 HIV와 엮으려고 애쓰면서 온갖 현란한 속임수를 동원한 사실이 드러나면서 자기 경력을 거의 파탄 낼 뻔한 사실을 떠올리면서, 이렇게 말했다. "HIV는 열대우림이나 아이티에서 뜬금없이 튀어나온 게 아니라 갈로가 새로운 이력이 필요할 때 마침 그의 손에 들어왔다."[28] 케리 멀리스는 유감스럽게도 코비드-19 팬데믹 직전인 2019년 8월 세상을 떠났다. 훗날 듀스버그는 "갈로는 뤼몽타니에로부터 가짜 다이아몬드를 훔쳤다."라고 말했다.[29]

확증 편향성에 콘크리트 들이붓기

그러나, 파우치 박사의 경우와 마찬가지로, 책임연구원들과 언론은 갈로의 수중에 있었다. 국립보건원의 신비로운 위상은 갈로가 AIDS 원인을 규명했다는 헤클러 보건복지부 장관의 발표에 거의 종교적인 권위를 부여했다. 의료계 기득권 세력은 재빨리 갈로의 과학적 가설을 포용했다. 언론은 정부의 발표에 대해 의구심을 품는 전통을 무시하고 갈로의 이론을 논란의 여지가 없는 교리로 규정하고 갈로를 성인으로 시복했다.

갈로의 떠들썩한 기자회견에 대해 언론인이자 편집자인 마크 게이브리쉬 콘런은 이렇게 말한다. "그 기자회견은 로버트 갈로의 논문이 발표되기 전에 열렸다. 따라서 다른 과학자들이 그의 논문을 검토하고 증거를 분석하고 갈로가 틀렸는지 맞았는지 알아볼 기회도 얻기 전에 열렸다."[30]

갈로의 발표는 앤서니 파우치에게 횡재였다. AIDS를 퍼뜨리는 장본인이 바이러스라고 지목하면서 파우치는 폭포수처럼 쏟아지는 AIDS 연구비의 물길을 국립암연구소에서 NIAID의 차고 넘치는 금고로 돌리게 되었다.

파우치 박사는 NIAID의 돈 궤짝을 활짝 열어젖히고 HIV에 대한 새로운 항바이러스제

개발에 박차를 가했다. 그는 연구 자금에 굶주린 책임연구원들을 풀어 HIV를 죽일 새로운 약을 조합하고 실험했다. 놀랍게도 파우치 박사는 HIV가 실제로 AIDS의 원인인지 탐색하는 연구에는 단 한 차례도 연구비를 지원한 적이 없다.

연방 법에 따르면, 국립보건원의 연구비 지원 심사위원회는 해당 연구 제안서의 주제에 대해 지식을 갖춘 독립적인 외부 과학자들인 진짜 동료 학자들로 구성해 제안서의 과학적인 가치를 평가해야 한다. 그런데 파우치 박사는 그런 법을 무시하고 이러한 위원회들을 자기가 거느리는 책임연구원들로 채워넣기 시작했다. 파우치 박사를 떠받드는 연구자들의 연구 제안서는 순풍에 돛단 듯이 승인 절차를 순조롭게 통과했다. 그러나 파우치의 공식적인 교리에 어긋나는 내용을 연구하려는 과학자들은 뚫지 못할 장애물에 맞닥뜨렸다. 1988년, 국립보건원으로부터 연구비 지원을 여러 차례 받은 시모어 그러퍼만(Seymour Grufferman)은 새로운 지도부로부터 처음으로 쓴맛을 보았다. 국립보건원의 심사 위원장을 지낸 그는 만성피로증후군(Chronic Fatigue Syndrome, CFS) 현상을 연구하는 제안서를 제출했는데, 이 연구는 파우치의 지배적인 우주관을 위협할 잠재력이 있는 민감한 주제였다. 파우치 박사를 비판하는 많은 과학자가 CFS는 HIV가 일으키지 않는 AIDS라고 믿기 때문이다. 그러퍼만은 〈오슬러의 거미줄(Osler's Web)〉 저자 힐러리 존슨(Hillary Johnson)에게 "나는 지금까지 그런 점수를 받은 적이 없다. 내 제안서 평가 점수는 형편없었다."라고 말했다. 그가 파우치 박사에게 항의하자 파우치 박사가 "고약하게 굴었다."라고 그는 말했다.[31]

파우치 박사에게 쇄도하는 연구 자금은 갈로의 가설에 확증편향이라는 콘크리트를 들이부었다. NIAID의 책임연구원 군단은 이 새로운 의학적 신비를 둘러싼 새로운 바이러스 사냥을 환영했다. "정부 연구지원금을 타려는 수천 명의 공중보건 박사들이 이 바이러스 연구에 달려들었다."라고 역사학자 체리 마이클이 말한다.[32] 파우치 박사의 책임연구원들은 지배적인 HIV 정설을 불철주야 수호하는 경비견이 되었다.

노벨상 수상자 케리 멀리스는 국립보건원의 연구 자금이 공식적인 교리를 공고히 하는 효과가 있음을 알고 있었다. PCR 기법 발명으로 1993년 노벨상 화학상을 수여한 멀리스 박사는 다음과 같이 말했다. "국립암연구소에서 바이러스를 사냥하던 과학자들은 모조리 자기 연구실 문에 새로운 푯말을 붙이고 AIDS 연구자로 변신했다. 미국 대통령 로널드 레이건은 1차로 약 10억 달러를 풀었다. 그러더니 갑자기 본인은 의료 과학자라고 주장하지만 최근까지 한 일도 없었던 이들이 모조리 채용되었다."[33]

과학의 종말

마크 게이브리쉬 콘런에 따르면, "보건복지부는 이제부터 로버트 갈로의 바이러스가 AIDS 원인이라고 가정하는 AIDS 연구에만 연구비를 지원하기로 했다. 파우치 박사는 다른 가능성을 탐색하는 그 어떤 연구에도 연구비를 지원하지 않기로 했다. 따라서, 갈로의 논문을 비판하고 싶었을 과학자들은 그리하지 못하게 된다. 적어도 연방정부로부터 그 어떤 지원도 받지 못하게 된다. 그런데 그때부터 오늘날에 이르기까지 미국에서 연방정부의 돈이 아니면 사실상 과학을 못 한다. 연방정부가 과학의 전부다."[34]

파우치는 36년 동안 연방정부의 연구지원금을 몽땅 AIDS의 병원균 이론 하나에 쏟아부었다. '땅딸보 황제'는 NIAID를 AIDS 연구 자금 배포기관으로 만들었고 NIAID가 자금을 지원하는 유일한 가설인 AIDS의 바이러스 원인설이라는 공식 교리를 받드는 연구 자금 신청자들에게만 연구비를 아낌없이 지급했다. 그는 자신의 막강한 연구자금을 지렛대삼아 AIDS에는 다양한 요인이 있다는 가설에 대한 탐색을 탄압했다. 그가 연구비를 지원하는 책임연구원들은 그의 이념을 수호하는 인민 위원들이 되었다. 파우치는 점점 막강해지는 기관을 발판 삼아 미국 역사상 가장 성공한 의학 전문 관료가 되었다.

이처럼 연구가 '확증 편향적'으로 쏠리면 필연적으로 'AIDS'의 정의가 급속히 확대되는 결과가 나온다. 파우치 박사가 거느리는 과학자 군단은 오래전에 죽은 유전자 파편의 작은 가닥을 수십억 배 증폭할 수 있는 PCR 검사를 무차별적으로 이용해 광범위한 HIV 검사 프로그램을 실행했다. PCR 검사는 활성 HIV 감염을 규명하지 못한다. PCR 검사를 발명한 멀리스 박사는 PCR 검사는 HIV 감염된 적이 없고 체내에 살아있는 HIV가 없는 대규모 인구 집단에서도 HIV 신호를 찾아낸다고 지적했다. 당연히 연구자들은 온갖 다른 질병을 앓는 사람들에게서 무해한 HIV 유전자 파편을 찾아냈다. AIDS와 무관한 온갖 질병들이 AIDS라는 질병 아래 통합되었다. 칸디다증이나 카포지육종을 앓는 사람들이 PCR 검사에서 양성이 나오면 AIDS에 걸렸다는 판정이 내려졌다. 이러한 규정하에서 AIDS의 정의는 급속히 확대되어 카포지육종, 호지킨스병, 대상포진, 폐포자충 폐렴, 버킷림프종, 아이소포라이어시스, 살모넬라 폐혈증, 결핵을 비롯해 30여 가지의 잘 알려진 별개의 질병들을 AIDS가 아우르게 되었는데 이러한 질병들은 하나같이 HIV에 감염되지 않은 사람들도 걸린다.[35][36]

로버트 루트 번스타인(Robert Root-Bernstein)의 저서 〈AIDS 재고하기(Rethinking AIDS)〉를 편집한 폴 필포트(Paul Philport)는 "AIDS는 질병이 아니라 증후군이라고 지적하면 대부분 사람은 이를 불경하다고 생각한다.[37] AIDS는 여러 질병의 집합체이고, 환자가 이러한 질병들에 걸렸는데 의사가 어찌어찌해서 이 환자가 HIV 양성이라는 판정을 내리면 이러한 질병들이 AIDS라고 불린다."[38]고 말한다. 또한, "AIDS로 분류되는 이 모든 질병은 HIV 음성인 사람들도 걸린다. HIV 양성인 사람들만 걸리는 병이 아니다. 그리고 하나같이 원인과 치료 방법이 잘 알려진 병들이다. 이 병들은 HIV와 전혀 무관하다. 따라서 HIV 음성인 사람이 이런 질병에 걸리면 그 질병의 본래 이름으로 불린다. 그런데 HIV 양성인 사람이 이런 질병에 걸리면 AIDS로 불린다."[39]라고 덧붙인다.

파우치 박사의 기회주의적인 책임연구원들의 손을 거치면서 AIDS는 끊임없이 정의가 바뀌고 HIV 양성인 사람들이 걸리는 기존의 각종 질병을 아우르는 불특정 질병이 되었다.

2009년 한 다큐멘터리에서 AIDS에 대한 정의를 내려달라는 요청을 받은 파우치는 "CD4(Cluster of Differentiation 4(세포표면항원무리 4))* 수치가 특정한 임의의 수준 이하로 떨어지면, AIDS에 걸렸다고 정의한다."[40]라고 답했다. 그렇다면 CD4 수치가 낮지만, HIV에 감염되지 않은 수많은 사람은 어떻게 설명해야 할까?

예상대로 AIDS 팬데믹은 폭발적으로 성장했다. PCR 검사와 확대 진단을 통해 세계보건기구는 7,800만 명이 HIV 감염되었고 3,900만 명이 목숨을 잃었다고 추산한다. 오늘날 3,300만 명이 HIV 감염된 채 살고 있고 해마다 200만 명 이상이 새로 감염된다.[41][42]

---

* 각종 면역세포의 표면에 있는 당단백질 분자 - 옮긴이

이처럼 헐거운 진단 체제와 사방에서 AIDS를 찾아내게 부추기는 금전적 유인책에 힘입어 파우치 박사의 골드 러쉬에 합류한 기관과 개인들이 돈방석에 앉는 건 따 놓은 당상이었다. HIV를 죽이는 항바이러스제라고 광고해 약을 팔아 어마어마한 수익을 올린, 글락소스미스클라인 같은 다국적제약사들은 파우치 박사의 정설에 이의를 제기할 이유가 전혀 없었다.

아프리카는 AIDS 노다지

앤서니 파우치로부터 받은 연구비로 무장한 대담한 연구자들은 AIDS가 어찌어찌해서 아프리카에 도달해 2,500만 아프리카인들을 감염시켰다고 주장했다. 아무도 눈치채지 못한 사이에 말이다. 연구자들은 소규모 집단에게서 얻은 PCR 양성검사를 토대로 미심쩍은 통계 모델을 이용해 일부 국가들에서는 성인 인구의 거의 절반이 감염되었다고 주장하면서 아프리카 대륙 전체의 대대적인 인구 전멸을 예측했다. 그러나 그처럼 호들갑을 떨며 예측한 인구 전멸은 일어나지 않았고 HIV에 감염된 아프리카인 대부분은 아무런 증상도 보이지 않았다. 병든 이들의 증세도 과거에 의사들이 말라리아, 폐렴, 영양실조, 나병, 주혈흡충, 빈혈, 결핵, 이질이라고 진단 내렸던 증상, 아프리카에서 의사들이 흔히 보는 각종 병원균이나 기생충 감염 증상과 아주 유사했다.

HIV 항체 검사는 아프리카에서 광범위하게 사용하기에는 너무 비용이 많이 들기 때문에 WHO는 1985년 이후로 '방기 정의(Bangui definition)'를[43][44] 사용해 임상적인 증상을 토대로 AIDS 진단을 내렸다. 세계보건기구가 이처럼 느슨하고 매우 포괄적인 정의를 열렬히 수용한 이유는 AIDS 역병이 아프리카를 덮친 그 어떤 위기보다도 세계가 돈주머니 끈을 풀게 만든다는 사실을 일찍이 깨달았기 때문이다.

따라서 아프리카의 AIDS 통계 현황은 세계보건기구가 매우 의문스러운 데이터와 미심쩍은 가정과 끔찍한 과장을 토대로 컴퓨터로 산출한 대략적인 추정치를 바탕으로 한 어설픈 전망이다. 의사들이 실제로 아프리카인에게 HIV 검사를 하는 아주 드문 경우에도 AIDS인지 확신하기 어렵다. 말라리아, 결핵, 독감, 단순한 발열 같은 수많은 아프리카 풍토병이 HIV 검사에서 위양성*으로 나온다. 듀스버그를 비롯해 이를 비판하는 많은 과학자는 파우치 박사와 기회주의적 제약업계가 오래전부터 존재해온 이러한 수많은 질병을 AIDS로 재포장한다고 비판했다.

아프리카의 AIDS는 서구의 AIDS와 전혀 다른 질병이라는 사실은 부인할 수 없다. 서구진영의 AIDS는 주로 약물 중독자와 동성애자가 걸리는 질병이지만 —미국과 유럽에서 보고된 AIDS 감염사례 중 여성은 겨우 19퍼센트를 차지한다 — 아프리카에서는 AIDS 감염사례의 59퍼센트가 여성이고 85퍼센트가 이성애자이며, 나머지 15퍼센트는 아동이다. 서구에서는 대부분 남성 동성애자가 걸리는 질병이 어떻게 아프리카에서는 여성 이성애자가 주로 걸리는 질병으로 둔갑하는지 아무도 해명한 적이 없다.

듀스버그는 내게 다음과 같이 말했다. "아프리카의 AIDS는 북미나 유럽의 AIDS와는 전혀 딴판이다. 아프리카인은 비싼 PCR 검사를 하는 경우가 매우 드물다. 따라서 원인 불명의 사망은 'AIDS' 사망으로 처리한다."

아프리카 AIDS의 임상적 증상은 30일 동안 고열, 끊이지 않는 기침, 묽은 변을 보이며, 2달에 걸쳐 체중이 10퍼센트 줄어든다. 그렇게 따지면 아프리카를 여행하는 서구의 관광객 중 상당 비율이 아프리카에서 AIDS에 걸리는 셈이다. 그런 사람들은 비행기 타고 뉴욕에 오기만 하면 완치된다. 어떤 의사도 그런 증상만을 토대로 AIDS 진단을 내리지 않을 테니 말이다.

1993년 이후 세계보건기구는 결핵도 AIDS 정의에 추가했다. 듀스버그는 내게 이렇게 말했다. "아픈데 진단 결과가 불확실하게 나오는 사람이라면 누구에게나 적용하는 쓰레기통 정의가 되었다."

과학 전문 기자 실리아 파버는 내게 이렇게 말했다. "아프리카에서는 강력한 금전적 동기로 인해 진단 결과가 불확실한 경우 거의 AIDS라고 판정을 내린다. HIV 검사에서 '양성' 반응 판정을 내리지도 않고 말이다. 거대제약사, 연구자, 진료소, 세계보건기구를 비롯한 국제 보건 관련 기관들, 그리고 현지 정부들이 모의해서 아프리카에서는 이처럼 AIDS에 대해 광범위하고 일반적인 정의를 내린다. 처음부터 이는 돈 달라는 신호였다. 그들 모두

가 한패다. 그들 모두가 아프리카 AIDS 구호 기금이라는 명목으로 전례 없이 쏟아져 들어오는 돈을 뜯어먹고 있다."

2005년 〈슈피겔〉과의 인터뷰에서 제임스 시콰티(James Shikwati)는 "AIDS는 아프리카에서 대규모 사업이다. 아마 가장 규모가 큰 사업이지 싶다."라고 말했다. 케냐 나이로비에 있는 경제진흥협회인 지역 간 경제 네트워크 창립자인 시콰티는 "충격적인 AIDS 통계수치만큼 사람들이 지갑을 열게 만드는 게 없다. AIDS는 여기서 정치적 질병이다. 매우 경계해야 한다."[45]

세계보건기구의 역학 국장을 지낸 제임스 친(James Chin) 교수는 2006년에 출간된 저서 〈AIDS 팬데믹: 역학과 정치적 올바름의 충돌〉에서 개발도상국들의 AIDS 사례 수치는 수십억 달러가 계속 흘러들어오게 하려고 대대적으로 조작되었다고 명명백백히 시인한다.[46]

텍사스대학교 타일러 캠퍼스의 수학 생물학과 인구 역동성 교수이자 HIV 연구원을 지낸 레베카 컬쇼(Rebecca Culshaw) 박사는 "하나의 질병이 서구진영과 제 3 세계에서 각각 보이는 역학적 특성과 증상의 진행이 천양지차라는 역설"이[47] HIV/AIDS 정설에 대한 의심의 씨앗을 뿌린, 서로 모순된 문제들 가운데 하나였다며 다음과 같이 시인한다. "아프리카의 AIDS 유행은 미국이나 유럽과 완전히 딴판이고 자세히 들여다보면 아프리카의 AIDS는 순전히 날조한 현상일 가능성이 크다는 게 드러난다."[48]

이 알 수 없는 질병의 증상들이 천양지차라는 의문은 세계보건기구가 나라에 따라 달리 규정한 AIDS의 12가지 서로 다른 정의를 보면 한층 더 깊어진다. 2003년 AIDS 사회운동가 크리스틴 마지오레는 다큐멘터리 제작자들에게 다음과 같이 말했다:

1993년 미국에서 AIDS의 정의를 바꾸면서 하룻밤 새 AIDS 감염사례가 두 배로 뛰었다. 아프지도 않고 증상도 없는 이들을 처음으로 AIDS 감염자로 분류하기 시작했던 까닭도 여기 있다. 그들은 T-세포 수가 낮았는데 그게 다였다. T-세포는 하루 중에도 100퍼센트 오르내릴 수 있다. 따라서 그해에는 낮은 T-세포 수를 토대로 AIDS 사례가 하룻밤 새 두 배가 되었다. 그리고 AIDS를 그렇게 정의하면 AIDS 진단을 받았지만 아프지 않은 미국인이 182,000명인데, 그들이 캐나다로 이주하면 AIDS 감염자가 아니게 된다. 캐나다에서는 AIDS 진단을 내리는 기준으로 T-세포 수를 인정하지 않기 때문이다.[49]

AIDS에 걸린 수많은 미국인은 국경을 넘어 캐나다에 입국하면 AIDS가 '치유'된다. 다른 어떤 질병도 이런 종류의 국수주의의 볼모가 되지는 않는다.

상관관계는 인과관계가 아니다.

1984년 5월, 로버트 갈로가 AIDS의 원인을 규명했다는 중대한 기자회견을 하고 한 달이 지난 무렵, 그가 HIV를 자신이 '발견'했다고 주장한 내용이 담긴 논문이 〈사이언스〉에 실렸다.[50] 그는 이 논문에서 AIDS에 걸린 동성애자 남성들에서 HIV를 발견했다고 주장하면서 HIV와 AIDS 질병을 연관 짓는 자신의 논리도 자세히 설명했다. 갈로는 AIDS 감염자와 감염 위험이 높은 이들로부터 HIV를 "검출하고 분리한 사례가 빈번"했다고 기록했다.[51] 과학자들은 갈로가 피검사를 한 72명의 AIDS 환자들 가운데 겨우 26명에서 아주 희미한 HIV 흔적을 발견했다는 사실을 처음으로 접하고 아연실색했다. 이러한 부실한 결론이 HIV가 AIDS의 원인일지 모른다는 그의 주장을 뒷받침하는 유일한 토대였다. 상관관계는 인과관계를 입증하지 못한다는 게 원칙이다. 단순포진, 거대세포 바이러스, 그리고 각종 포식성 포진 바이러스를 비롯해 AIDS 환자에게서 HIV보다 훨씬 더 높은 빈도로 발견되는 수많은 바이러스가 있는데, 이러한 바이러스도 갈로가 HIV처럼 AIDS 원인이라고 할만한 후보군이다.

한 해 전 뤽 몽타니에 박사도 1983년 5월 〈사이언스〉에 실린 논문에서 그가 발견한 바이러스가 "AIDS를 비롯해 여러 가지 병리적 증후군에 연관되었을지도 모른다"고 조심스럽게 제시했을 뿐이다.[52]

정직하기로 정평이 난 뛰어난 과학자 몽타니에는 그가 검사한 44명의 AIDS 환자의 림프절에서 HIV 증거를 발견했다. 몽타니에는 항상 이러한 약한 상관관계를 증거라고 주장하기를 꺼렸다. 일찍이 1992년 몽타니에는 〈네이처〉에 "HIV는 AIDS의 필요조건이지만 충분조건은 아니다. 다른 공동 요인 없이는 AIDS를 일으키지 않는다."라고 말했다.[53] 앞으로 알게 되겠지만, 몽타니에가 훗날 한 발언들을 보면 AIDS의 병인에서 HIV가 하는 역할에 대해 지닌 의구심이 그 이후로 점점 커졌음이 드러난다.[54] 갈로와 몽타니에의 미약한 과학적 단서를 토대로 한 이러한 논문들이 단 하나의 독립적인 바이러스가 AIDS 팬데믹을 일으킨다는 이론을 탄생시켰다.

파우치 박사는 그 이후로 툭하면 "갈로가 국립보건원에서 일할 때 AIDS의 원인이 HIV라는 사실을 명명백백하게 입증했다."라고 주장했다.[55] 그러나 그의 주장을 비판하는 이들은 갈로의 논문에 수록된 증거는 너무 빈약해서 파우치 박사의 주장을 뒷받침하지 못한다고 주장한다. 갈로도 파우치 박사도 그 어떤 전통적인 과학적 증거를 이용해 HIV가 단독으로 AIDS를 일으킨다는 주장을 입증한 적이 없다. 파우치 박사는 자신의 HIV 가설이 토론의 장에서 갑론을박을 통해 정정당당하게 승리하도록 내버려 두지 않고 미국 언론에 이 이론에 관한 토론을 더는 용납하지 않는다는 분명한 신호를 보냈다.

1989년 9월, 파우치 박사는 방송을 통해 감히 피터 듀스버그에게 발언할 기회를 주는 언론인들을 가만두지 않겠다고 분노에 차 협박했다. 그는 다음과 같은 경고와 함께 발언을 마무리했다. "언론인들이 보도할 때 정확성을 기하는지 과학계가 지켜보고 있다는 사실을 깨달아야 한다. 실수가 너무 많거나 엉성한 보도를 하는 기자들은 그들이 접촉할 수 있는 과학자가 줄어들게 되는 처지가 될지 모른다."[56]

파우치 박사, 불확실한 검사를 지렛대 삼아
AIDS를 광범위한 바이러스 역병으로 규정하다.

증상을 토대로 질병을 진단하는 전통적인 방법은 제쳐두고 파우치 박사는 의사들에게 건강하든 건강하지 않든 가리지 않고 혈액검사로 AIDS를 진단하라고 부추겼다. 당시 사용 가능한 검사들 가운데 딱히 정확한 진단을 내리는 검사가 없었으므로 파우치 박사는 혈액검사에만 의존하면 HIV의 확산을 극적으로 부풀리는 매우 미심쩍은 결과를 얻을 가능성이 크다는 사실을 틀림없이 알고 있었다.[57]

AIDS 위기가 발생하기 전 10여 년은 PCR과 초강력 전자현미경을 비롯한 신기술의 물결이 일면서 이전까지는 알려지지 않았던 수백만 종의 바이러스가 꿈틀거리는 새로운 세계를 과학자들이 들여다볼 수 있게 되었다. 분자유전학은 생물학을 혁명적으로 변모시켰을 뿐만 아니라 과학을 고수익을 창출하는 분야로 탈바꿈시켰다. 명성과 부의 유혹에 이끌린 야심 찬 젊은 박사들이 앞다퉈 새로 발견한 미생물이 오래된 질병의 원인이라고 지목하면서 바이러스학 분야에 혁명의 불을 지폈다. 미생물과 질병을 연관 짓는 일은 사업 수완이 뛰어난 젊은 생물학자와 제약사들에게 쏠쏠한 수익을 안겨주는 목표가 되었다.

이러한 새로운 환경하에서 이론적 돌파구나 발견은 하나같이 새로운 약품을 개발할 토대가 되었다. 정보의 이전으로 돈을 벌 기회가 생기자, 연구자들은 사업가로 변신했고, 그들의 발견은 '발명'으로 뒤바뀌었다. 과학은 거대한 사업이 되었다.

이 새로운 과학 첨단장비들은 모두 과학을 비싼 학문으로 만들었다. 비용이 너무 많이 들어서 거대제약사와 거대 정부의 재정적 지원이 없으면 할 수 없는 학문이 되었다. 연구자들은 점점 앤서니 파우치와 제약사에 의존해 연구소를 차리고 유지했다. 어떤 새로운 연구를 하든 장기적인 재정 지원 확보가 첫 번째 요건이 되었다. 연구자는 재정적 지원을 받고, 파우치 박사와 제약사는 새로운 발견에 대한 소유권을 챙겼다. 연구자, 연구기관, 그리고 바이오테크 회사의 이해가 일치했다.

돈이 연구의 방향을 좌지우지했고 연구자들은 너무나 자주 결론을 왜곡했다. 대학원을 갓 졸업한 신참 과학자 군단도 황금광 채굴에 동참했다. 파우치 박사와 거대제약사들은 젊은 박사 군단에 연구비를 지원하고 그 대가로 그들이 병든 환자의 조직에서 새로운 바이러스를 발견해 얻는 이익을 나눠 가졌다.

환자의 조직에서 발견한 새로운 바이러스가 실제로 질병을 일으키는지 불분명한 경우가 허다했다. 작은 미생물이 그저 병든 조직을 점유했을 뿐인 무임승차자인지 아니면 완전히 결백한 방관자인지 알 수 없었다. 1962년 DNA의 분자구조를 발견해 노벨상을 받은 하버드대학교의 제임스 왓슨(James Watson)은 과학계에 만연한 '일확천금' 정서로 인해 "사리 분별을 할 줄 아는 사람들을 이 분야에서 쫓아내고 멍청한 사기꾼들이 그 자리를 차지하게 될 가능성이 크다"라며 안절부절못했다.[58] 2001년 과학 분야가 급격히 쇠락하자 이를 우려한 14명의 저명한 '기성세대' 바이러스학자들은 〈사이언스〉에 첨단기술에 집중하는 젊은 세대 과학자들에게 보내는 호소문을 실었다. 수염이 희끗한 노장 학자들은 젊은 과학자들에게 새로 발견한 바이러스가 실제로 어떻게 질병을 일으키는지 파악하기도 전에 상관관계만을 토대로 미생물을 질병의 원흉으로 지목하기를 삼가라며 다음과 같이 경고했다:

> PCR 같은 현대적 방법은 아주 작은 유전 염기서열을 증식하고 검출하는 놀라운 기능을 하지만, 바이러스가 어떻게 증식하는지, 어떤 동물이 이러한 바이러스 보균자인지, 그리고 이러한 바이러스가 어떻게 사람들을 병들게 하는지에 대해서는 아무런 정보도 제시하지 않는다. 마치 누군가의 지문을 살펴보고 입 냄새가 고약한지 판단하는 셈이다.[59]

더군다나 특정한 바이러스와 그 바이러스가 일으킬 만한 질병을 연관 짓는 증거는 주관적이고 재현 불가능한 경우가 허다하다. 연구자들이 HIV를 검출하는 데 사용한 검사들도 나름대로 추가적인 결함이 있었다.

의사들이 누군가의 HIV 감염 여부 따라서 AIDS 여부를 판단하는 데 가장 많이 사용하는 진단 도구들은 다음과 같다:

1. HIV 항체 검사
2. PCR 바이러스 양 검사
3. 조력 세포(helper cell) 수치 (T-세포 혹은 T-세포 하위집단인 CD4)

HIV 항체 검사

갈로는 자신이 발명한 '항체' 검사를 이용해 몇몇 동성애자 남성에서 HIV를 검출했다. 그런데 그의 검사는 실제로 무엇을 입증했을까?

갈로의 검사는 항원-항체 이론이 바탕인데, 이 이론은 면역체계가 외부에서 침입한 바이러스와 싸울 때 그 바이러스를 표적으로 삼는 특수한 항체를 생성한다고 가정한다. 검사가 그 특수한 항체를 인식하려면, 검사를 발명하는 사람은 표적 바이러스를 분리하고 그 바이러스를 배양접시에서 인간의 세포에 노출한 뒤 그 바이러스에 반응하는 특수한 항체를 생성해야 한다. 그러나, 갈로든 그 어떤 연구자든 HIV를 분리했는지 분명치 않다.[60] 갈로는 AIDS 환자의 혈액에서 다량 발견된 항체들의 표본을 채취해 그게 HIV 항체라고 넘겨짚었을 뿐이다. 유전학자들은 이러한 항체들은 결핵, 포진, 또는 무너지는 면역체계에서 증식하는 수많은 그 어떤 감염병과도 연관되었을지 모르는 항체들이라고 지적했다.[61] 실제로 갈로의 HIV 항체 검사는 고열, 임신부, 결핵에 걸렸다가 나은 사람들에게도 반응한다.[62] 따라서 그의 검사 방법이 찾아낸 항체가 실제로 HIV 항체인지 분명치 않다.[63] 갈로의 검사도 그 후에 개발된 그 어떤 항체 검사들도 그들이 HIV 항체라고 주장하는 이러한 단백질들이 HIV나 그 어떤 레트로바이러스와도 연관이 있다고 증명한 적이 없다.

항체 검사 제조사들은 이러한 결함을 시인하듯 설명서에 다음과 같은 단서 조항을 적어넣었다. "인간의 혈액에서 HIV-1이나 HIV-2에 대한 항체의 존재나 부재를 판단하는 공인된 기준은 없다."[64]

정량적 PCR 기반 HIV 진단검사도 마찬가지다. AIDS 감염을 진단하는 데 흔히 사용되는 유전자 증폭 기법 PCR을 발명한 케리 멀리스 박사는 다음과 같이 항의한다. "이 기법은 HIV 검사용이 아니다. 정량적 PCR은 형용모순이다. PCR은 어떤 물질을 정상적으로 규명하는 용도로 쓰이며, 따라서 정량적 수치를 추산하는 데는 부적합하다. 바이러스양 검사가 실제로 혈액 속의 바이러스 수를 측정한다고 잘못 알려졌는데 이러한 검사는 감염 능력이 있는 살아있는 바이러스를 전혀 검출하지 못한다. 오로지 HIV에 독특하다고 생각되는 단백질을 검출할 뿐이며 그나마도 틀리는 경우가 있다. 이 검사는 바이러스의 유전자 염기서열을 검출할 뿐 바이러스 자체를 검출하지는 못한다.[65]

1986년 식품의약국의 토머스 저크는 HIV 항체 검사가 HIV를 검출하도록 설계되지 않았다며 다음과 같이 경고했다. "결핵, 임신, 단순한 독감을 비롯해 다른 수많은 세균이나 오염물질들에 대해서도 위양성 진단이 나온다." 저크는 세계보건기구 회의에서 이렇게 시인했지만 이러한 HIV 항체 검사 사용을 중단하는 조치는 "현실적이지 않다."라고 시인했다. 그는 "의료계가 HIV는 성적으로 전염되는 바이러스라고 규명한 만큼 HIV 항체 검사를 원하는 국민의 압력이 너무 강해서 거스르기 어렵다."라고 해명했다.[66]

마지막으로 갈로의 HIV 항체 검사를 비판하는 이들이 지적하는 가장 중요한 점은 이 검사가 전통적인 면역학을 완전히 뒤엎는다는 사실이다. 의학 역사를 통틀어 어떤 사람의 항체 수위가 높으면 그 사람은 이미 감염 병원체와 싸워 이겼으므로 이제 그 질병으로부터 보호된다는 의미였다. 바이러스가 원인인 다른 모든 질병에서는 항체가 존재하면 그 질병으로부터 면역이 생겼다는 긍정적인 신호로 받아들인다. 그러나 갈로와 파우치 박사의 책임연구원들은 갑자기 항체 검사에서 항체 양성반응이 나오면 사망선고를 받은 셈이라고 주장하기 시작했다. 어떻게 그럴 수가 있을까? 파우치 박사는 이러한 불가해한 모순을 해명한 적이 없다.

파우치 박사의 150억 달러 HIV 백신 사업을 생각해 보면 한층 더 해괴해진다.[67] 보통 규제당국자들은 백신의 성공 여부를 활발한 항체를 꾸준히 생성하는 능력으로 가늠한다. 그런데 역사상 처음으로 파우치 박사와 갈로는 항체는 치명적인 질병이 왕성하게 설치고 있다는 징후라고 전 세계를 향해 주장하고 있었다. 여기서 한 가지 의문이 제기된다. 그럼 "HIV 백신은 무슨 역할을 한다는 거지?"

2004년 〈슈피겔〉과의 인터뷰에서 이러한 수수께끼를 곰곰이 생각해 보던, 로베르트 코흐 연구소 소장을 지낸 라인하르트 쿠스는 어리둥절한 듯 어깨를 으쓱하더니 이렇게 답했다. "솔직히 말하면, AIDS 백신이 어떻게 작동하는지 정확히 모른다." 어쩌면 그게 파우치 박사의 AIDS 백신 프로젝트를 36년 동안 괴롭혀 온 딜레마일지 모르겠다.

중합효소 연쇄반응(Polymerase Chain Reaction, PCR) 검사의 결함

PCR 기법은 체내에 실제로 살아있는 바이러스를 측정하지 않는다. HIV와 유사하다고 생각되는 유전자 파편을 증폭할 뿐이다.[68] 그러나 그러한 파편이 실제로 HIV 유전자에서 증폭됐다고 해도 오래전에 노출된, HIV와 유전적으로 비슷한 바이러스의 파편일지도 모른다. 어쩌면 수십 년 전에 항체가 성공적으로 퇴치한 감염에서 비롯된 잔여물일 수도 있다는 뜻이다.

케리 멀리스는 "HIV 검사는 유효하다고 입증된 적이 없다. 감염 여부를 진단하지도 못한다. 수백만 명에 존재할지 모르는 바이러스 입자를 보여줄 뿐이다."라고 말한다. 1980년대 말, 말투가 날카롭고 냉소적인 멀리스는 갈로와 파우치를 가장 신랄하게 비판하는, 아니, 조롱하는 인물이 되었다. 멀리스는 이렇게 덧붙였다. "PCR 검사로 검출하는 건 완전한 바이러스가 아니라 유전자(DNA, RNA)의 아주 희미한 자취일 뿐이다. 그나마도 그 자취가 특정한 바이러스에서 비롯됐는지 아니면 다른 어떤 오염에서 비롯됐는지는 여전히 불분명하다."[69]

분자생물학 교수이자 1978년 권위 있는 로베르트 코흐 상을 받은 하인츠 루트비히 생어(Heinz Ludwig Sänger)에 따르면, "HIV는 분리된 적이 없고, 따라서 HIV의 핵산*을 PCR 바이러스 양 검사에 사용해 HIV가 존재한다는 증거의 기준으로 삼을 수 없다."[70] (이는 〈내과 의학 연감〉에 수록된 1999년 논문 "HIV-1 바이러스 양 검사에 의한 HIV 감염 오진: 사례연구"에서 인용했다)[71]

위에 언급된 내용을 안다면 PCR 검사 제조사가 하나같이 다음과 같은 혹은 다음과 비슷한 경고문을 제품에 넣어놓았다는 게 놀랍지 않다. "이 검사만으로 HIV 감염 여부를 판단하지 마시오."

갈로가 상관관계를 인과관계로 둔갑시키자 멀리스는 처음부터 신경에 거슬렸다. "PCR은 특정한 사람들이 HIV에 감염됐는지 알기 쉽게 해주었고 그 가운데 일부는 AIDS 증상을 보이기도 했다. 그러나 다음과 같은 질문에 대한 답은 절대로 못 한다. HIV가 AIDS

---

* 세포의 핵이나 원형질 속에 함유된 고분자 화합물로서 염기, 당, 인산 등으로 구성된다 - 옮긴이

를 일으키나? 인체에는 온갖 레트로바이러스가 그득하다."[72]

CD4 검사

CD4+ '조력 T-세포' 수를 측정하는 검사도 비슷한 결함들이 있다. AIDS를 검사하는 의사들은 낮은 CD4 세포 수치를 AIDS 진단을 내리는 핵심적인 기준으로 간주한다. 그러나 HIV가 AIDS의 유일한 원인이라는 이론의 가장 중요한 원리, 바로 HIV가 감염을 통해 CD4 세포를 파괴한다는 원리를 입증하는 연구는 단 하나도 없다. 더군다나 AIDS 연구 논문을 통틀어 가장 중요한 논문인 1994 콩코드 연구(Concorde Study)조차[73] 조력 세포 수치를 AIDS 진단검사로 사용하는 데 의문을 제기한다. 문제는 대리변수(surrogate endpoint)를 사용한다는 점인데, 이는 부정확하기로 악명이 높다. 이러한 회의를 뒷받침하는 많은 논문이 있다. 그 가운데 하나가 1996년 논문 "임상실험에서의 대리변수: 우리가 잘못 알았을까?"[74]이다. 〈내과 의학 연감〉에 게재된 이 논문은 HIV 검사 환경에서 CD4 T-세포 수치는 '동전 던지기'만큼이나 유용한 정보를 주지 못한다. 다시 말해서 무용지물이라는 뜻이다.[75]

멀리스는 다음과 같이 덧붙였다. "자, 감염 여부를 명명백백하게 진단하는 검사가 있을까? 있다면 어떤 검사일까?"[76]

어떤 대가를 치르더라도 당 노선 사수, 대안은 없다.

HIV/AIDS 가설을 비판하는 이들은 갈로의 이론을 가장 근본적으로 곤경에 빠뜨리는 논리로 코흐의 공준(公準)*을 인용한다. 1884년 노벨상 수상자이자 세균학(bacteriology)의 아버지 로베르트 코흐(Robert Koch)는 최초로 병원체와 질병 간의 인과관계를 증명하는 정통적인 방법론을 제시했다. 줄리아 A. 세그레(Julia A. Segre)는 〈피부과학 조사 학술지〉에 코흐의 공준을 다음과 같이 요약한다:

---

* 원리로 인정되어 이론 전개의 기초가 되는 명제 - 옮긴이

본래 언급된 바와 같이, 코흐 공준의 4대 기준은 다음과 같다: (1)미생물은 병든 사람에게서만 발견되고 건강한 사람에게서는 발견되지 않아야 한다; (2)미생물은 병든 사람으로부터 배양되어야 한다; (3)건강한 사람에게 배양된 미생물을 주입하면 질병이 발생해야 한다; 마지막으로 (4)미생물은 미생물을 주입해 병든 사람으로부터 다시 분리할 수 있어야 하고 분리된 미생물은 본래 미생물과 일치해야 한다. 코흐의 공준은 과학계가 특정한 미생물이 특정한 질병을 유발한다고 동의하는 기준을 구축하는 데 매우 중요한 역할을 해왔다.[77]

바이러스학자 — 그리고 소송 전문 변호사와 판사도 모조리 — 코흐의 4대 공준을 특정한 미생물이 특정한 질병을 유발하는 증거를 판단하는 표준으로 삼는다.

HIV 없는 AIDS의 문제

코흐의 첫 번째 기준에 따르면, 정말로 병을 일으키는 바이러스는 그 병에 걸린 모든 환자에게서 다량 발견되어야 한다. HIV가 AIDS의 유일한 원인이라는 가설은 이 중요한 관문을 통과하지 못한다는 점이 여전히 파우치 박사가 직면한 가장 골치 아픈 딜레마다. 우선, 갈로가 혈액을 채취한 AIDS 환자들 가운데 HIV 바이러스를 발견했다고 주장하는 환자의 비율이 절반이 채 되지 않는다.[78][79] 게다가 현재 우리가 AIDS라고 일컫는 30가지 별개의 질병들은 하나같이 HIV에 감염되지 않은 사람도 걸린다. AIDS는 HIV 검사가 음성인 사람들도 흔히 걸린다는 뜻이다. HIV가 정말로 AIDS의 유일한 원인이라면, 이는 불가능하다.

로버트 갈로가 HIV가 AIDS의 유일한 원인이라는 역사적인 발표를 한 직후 미국 전역의 의사들과 질병통제예방센터 관리들은 CD4 수치가 낮은 사람, PCP 같은 대표적인 AIDS 질병들에 걸렸거나 면역체계 기능이 망가진 사람들을 모조리 AIDS 환자로 보았다. 그러나 HIV 검사에서 음성반응이 나온 사람들은 제외했다. 환자 대부분은 백인 이성애자 여성이었다. 파우치 박사와 질병통제예방센터는 그들에게 달갑지 않은 이러한 정보를 쉬쉬했다. 파우치에게 연구비를 지원받은 AIDS 연구자들 — 파우치 박사의 책임 연구원들 — 도 그런 환자들을 보았다는 사실을 함구했다.

1992년 무렵, 언론계 과학 전문 기자들도 HIV에 감염되지 않은 AIDS 환자 사례들에 대해 알게 되었지만, 충직하게 스스로 입을 봉하고 파우치 박사와 의료카르텔로부터 발설해도 좋다는 신호가 떨어지기를 기다렸다. 〈뉴욕타임스〉의 수석 의료전문 기자 로런스 알트먼(Lawrence Altman)은 언론이 질병통제예방센터의 승인 없이 그런 내용을 발표하는 게 적절하지 않다고 생각했으므로 기사를 쓰지 않았다고 〈사이언스〉에 털어놓았다.[80]

그러다가 1992년 암스테르담 AIDS 회의에서 순진하고 젊은 〈뉴스위크〉 기자 제프리 코울리(Jeffrey Cowley)가 멋모르고 HIV 비감염 AIDS 사례들에 대해 보도했다. 코울리 기자가 파우치 박사의 AIDS 연구자들과 비공식적인 대화를 하던 중 발견한 사실이었다. 몇몇 과학자들이 코울리에게 HIV에 감염되지 않은 AIDS 환자가 폭증해 당황스러웠다고 털어놓았다. 파우치 박사가 치밀하게 난공불락의 요새로 만든 'HIV만이 AIDS 원인'이라는 교리를 믿는 신학 전체가 코울리의 보도로 인해 거의 무너질 뻔했다.

"환자들이 아프거나 죽어가고 있고, 대부분이 위험 요인을 지니고 있다."라고 코울리는 〈뉴스위크〉에 보도했다.[81] 그는 HIV에 감염되지 않았지만, 뇌 병변 장애와 이에 따른 인지기능 결핍, 포진 바이러스의 만성적인 악화, C4 세포의 고갈, PCP 폐렴, 면역체계 붕괴 등을 비롯해 AIDS와 비슷한 증상을 보이는 사례 10여 건을 언급하면서, "그런데 그들은 HIV에는 감염되지 않았다."라고 지적했다.[82]

이 〈뉴스위크〉 기사는 금기를 깼다. 회의 참석자들은 이 사실이 언론에 공개되자 이를 과거에 금지되었던, HIV 비감염 AIDS 환자에 대한 논의를 이제 해도 된다는 신호로 받아들였다. 파우치 박사의 강압적인 손길에서 벗어나 바다 건너 멀리 암스테르담에 모인 파우치 박사의 연구자들은 갑자기 서로 미국과 유럽 전역에서 수집한 HIV 비감염 AIDS 사례들을 공유하기 시작했다.

〈뉴스위크〉가 터뜨린 봇물이 파우치 박사의 공식적인 정설을 쓸어버릴 위기에 처하자, 파우치 박사는 질병통제예방센터의 AIDS 담당 제임스 커런 국장과 함께 앤드루 공군기지로 달려가 에어포스 2에 올라타고 반란을 진압하러 네덜란드로 날아갔다(질병통제예방센터의 AIDS 담당 부서장인 커런은 갈로와 공모해 프랑스로부터 항체 특허를 빼앗아 온 것으로 유명하다).[83] 그러나 두 관료가 네덜란드에 도착했을 때는 이미 엎질러진 물이 었다. 파우치 박사와 커런은 사례들을 들이밀며 답변 불가능한 질문들을 퍼붓는 기자들, 반란을 일으킨 과학자들, 격분한 사회운동가들의 질문 공세와 항의가 쇄도하는 가운데 예정된 순서대로 행사에 참석해야 했다. 공중보건 규제당국자들, 의사들, 연구자들은 파우치 박사가 자기들에게 솔직히 털어놓지 않았다고 분개했다. AIDS 환자들을 돌보는 많은 의사는 정부 기관이 그들에게 HIV 비감염 AIDS 사례들에 대해 알려주지 않았다고 격분했다. 커런은 질병통제예방센터가 수년 전 이미 이러한 사례들에 대해 알고 있었다고 털어놓았다.

그는 비굴하게 항변했다. "이러한 사례들(HIV 비감염 사례들)은 AIDS 사례가 아니다." AIDS로 정의되려면 HIV가 있어야 하는데 HIV가 없으니까 AIDS가 아니라는 억지스러운 순환 논리다.[84] 파우치 박사는 풀이 죽은 채 회의 참석자들에게 곧 이 위기를 해소하겠다고 다짐했다. 〈뉴욕네이티브〉는 파우치 박사에 대해 다음과 같이 보도했다. "왜소한 체구에 대한 보상심리로 자존심이 하늘을 찌르는 그는 암스테르담에서 신경쇠약으로 쓰러질 듯이 보였다. 언제라도 방구석에 가서 태아처럼 몸을 웅크리고 미친 듯이 울음을 터뜨릴 듯이 보였다. 용서를 절실히 바라면서, 그가 HIV에 대해 중요한 의문을 제기하는 사람은 모조리 밀쳐냈다는 사실을 모두가 잊게 만들려는 연막전술이 통하기를 바라는 절박한 심정에서 말이다." 파우치 박사는 자신을 생각이 열린 과학자로 각인시키려고 애쓰고 있었다. 그는 사람들에게 "겁먹지 말라, 당황하지 말라."라고 했다.[85]

암스테르담 회의에 뒤이은 몇 주 동안 미국에서만도 확인된 HIV 비감염 AIDS 사례들이 계속 증가했다. 거의 매일. 몇 주 안에 사례들이 쇄도하자 CDC는 하는 수 없이 15개 주에서 82건의 사례가 확인되었다고 시인했다. 그러나 이는 실제보다 대폭 축소한 수치였다. 듀스버그는 〈사이언스〉에 보낸 서신에서 "미국과 유럽의 주요 위험군에서 발견된 800건 이상의 HIV 비감염 면역결핍과 AIDS로 규정되는 질병들에 대한 자료 목록"과 더불어 "HIV 비감염 아프리카 AIDS 사례 2,200건 이상"에 대한 자료 목록도 제공할 의향이 있다고 밝혔다.[86] 듀스버그는 후에 동료 학자들의 심사를 거친 과학적 문헌에서

HIV나 HIV 항체의 자취가 전혀 없는 4,000건 이상의 AIDS 사례들을 규명했다고 밝혔다.[87] 이러한 대단한 수치가 공개되지 않은 까닭은 파우치 박사가 그런 사례들을 언급하지 못하게 기관 차원에서 강력히 제지해 왔고, 공식적인 과학 논문도 그렇게 많은 AIDS 사례를 언급하지 않았기 때문이다.

〈로스앤젤레스타임스〉에 실린 사설에서 스티브 하이모프는 'HIV 없는 AIDS' 보도가 "적어도 부분적으로나마 잠정적으로 듀스버그가 옳다는 조짐으로 보인다."라고 했다.[88] 그는 듀스버그를 "(파우치의 AIDS 정설에 맞서는) 수정주의자들을 이끄는 비공식적인 지도자"라고 묘사하면서 듀스버그는 "AIDS라는 단어가 언급되기 훨씬 전에 이미 세계적인 바이러스학 스타"였고 듀스버그의 주장은 "상식적으로 공감"이 간다면서[89] 다음과 같이 덧붙였다. "듀스버그가 옳을 가능성이 조금이라도 있다면 — 그리고 최근의 자료들은 그 가능성을 높여준다 — 현재 권력자들은 즉시 행동에 돌입해야 한다."[90]

〈뉴욕네이티브〉 발행인 찰스 오틀립은 이렇게 말했다. "이로써 HIV가 AIDS의 유일한 원인이라는 이론은 폐기되고 질병통제예방센터는 AIDS의 정의를 잘못 내렸을 뿐만 아니라 원인 또한 잘못 짚었다는 확실한 증거로 받아들였어야 한다. HIV 검사가 음성인 AIDS 사례는 만성피로증후군 환자에게서도 나타난다는 사실은 AIDS와 만성피로증후군이 동일한 신경 면역성 유행 질환의 일종이라는 많은 바이러스 전문가들의 심증을 한층 굳힌다."[91]

HIV/AIDS 이론을 비판하는 많은 이들이 만성피로증후군과 AIDS는 하나의 단일한 질병으로서(피터 듀스버그는 그렇게 주장하지는 않는다) 둘 다 HIV가 일으키지 않는다고 주장해 왔다. 이러한 위협적인 이단을 처치하기 위해서 파우치 박사는 의료계에 지시를 내려 만성피로증후군을 '심신증(psychosomatic illness)'[*92]이라고 일축하는 괘씸한 짓을 저질렀다. 파우치 박사의 지휘 아래 의사들은 만성피로증후군을 '여피 독감(Yuppie flu)'[**]으로 규정하고, 이는 1980년대에 압박감이 심한 대기업 일자리의 문호가 갑자기 여성들에게 개방되면서 이러한 업무를 감당할 역량을 유전적으로 갖추지 못한 여성들 사이에서 나

---

* 정신적 요인이 일으키는 신체적 질병 - 옮긴이

** Yuppie는 도시에 거주하는 고학력의 젊은 전문직 종사자(Young Urban Professionals)를 뜻한다 - 옮긴이

타난 신경증으로서 AIDS와 만성피로증후군 팬데믹과 연장선상에 놓인 질환이라고 설명했다.[93]

1992년 9월 6일, 〈뉴스위크〉 기사에서[94] 제프리 코울리는 "AIDS 인가 아니면 만성피로인가?"라는 질문을 던졌다. 코울리는 이 기사로 비난을 받았지만, 그는 단지 파우치 박사가 거느리는 책임연구원 가운데 많은 이들이 마음속으로 품고 있는 의구심을 공개적으로 발설했을 뿐이다. 그들은 'HIV 비감염 AIDS'는 사실 만성피로증후군이고 만성피로증후군은 그저 HIV 검사가 음성인 이성애자들 사이에 나타나는 AIDS의 또 다른 이름에 불과하다고 생각하고 있었다. 코울리는 "더 많은 사례가 드러나면서, 새로 규정된 증후군은 AIDS 못지않게 만성피로증후군과도 공통점이 많다는 사실이 점점 분명해진다."라고 말했다.[95]

앤서니 파우치는 재빨리 이 실존적 위협에 재갈을 물리는 데 착수했다. 암스테르담 반란이 일어나고 3주 후 질병통제예방센터는 애틀랜타에 있는 본부에서 특별회의를 개최해 HIV 비감염 AIDS 사례들을 보고한 과학자들을 초대했다. 〈뉴스위크〉 기자 코울리도 참석했는데, 그 무렵 이미 목줄을 단단히 잡힌 그는 의기소침해 보였다.[96]

HIV 비감염 AIDS라는 이례적 현상을 뻔뻔한 변명으로 무마하기로 한 파우치 박사는 이러한 설명되지 않는 AIDS 사례들을 새로운 질병이라고 발표했다. 그가 말하는 '새로운 질병'이 만성피로증후군이라는 의심을 사지 않으려고 그는 새로 발견한 질병을 '특발성 CD4+ 림프구결핍(idiopathic CD4+ lymphocytopenia)'이라고 명명했다. 발음하기도 힘들어 혀가 꼬이는 이 명칭에서 '특발성'은 '원인불명'이라는 뜻이다. '특발성(idiopathic)'의 어원의 일부인 '멍청이(idiot)'을 이용한 파우치 박사의 말장난일지도 모른다. 그러나 그의 현란한 마술에 홀렸는지 모두가 아무 의문 없이 파우치의 주장을 홀라당 믿었다. 기자들은 무오류의 교황이 하신 말씀을 받아적는 광신도들처럼 파우치의 순환 논리에 고개를 주억거렸다.

(분명히 말해두는데, 나는 HIV가 AIDS를 일으키는 하나의 원인이라고 믿는다. 하지만 파우치 박사도 HIV 비감염 AIDS 사례를 시인한다는 사실로 미루어 볼 때 AIDS의 원인은 파우치가 설파하는 공식적인 신학보다 훨씬 복잡하다고 본다.)

파우치 박사는 HIV 감염을 동반하는 AIDS와 HIV 비감염 AIDS 사이에 자의적으로 장벽을 세워 사망이 확실시되던 그의 이론을 기사회생시켰다. 파우치 박사는 이 의문의 질병이 전염된다는 증거는 없으므로 혈액 공급은 아마도 안전하리라는 추측을 기자들에게 내놓았다. 그는 이런 다짐을 뒷받침하는 그 어떤 증거도 제시하지 않았고 파우치 앞에 머리를 조아리는 기자들은 증거를 요구하지도 않았다. 그 정도면 코올리가 생각을 바꾸기에 충분하고도 남았다. "〈뉴스위크〉 기자 코올리는 거의 기자 생명이 끝날 뻔했다."라고 찰스 오틀립은 내게 말했다. 〈뉴스위크〉는 회개하는 내용의 기사를 실었고 코올리는 HIV 비감염 AIDS에 대한 보도를 중단했다. 심지어 파우치 박사가 주장하는 새로운 질환인 특발성 CD4+ 림프구결핍에 대한 보도도 하지 않았다.

그런데 8월 18일, 〈뉴욕뉴스데이〉가 'HIV 비감염 AIDS'에 걸린 환자 두 명이 만성피로증후군을 앓는다고 보도하면서 위험한 논쟁에 다시 불이 붙었다.[97]

파우치 박사는 서둘러 CNN의 〈래리 킹 라이브(Larry King Live)〉에 얼굴을 들이밀고 이 새로운 질병은 AIDS '위험군'이 아닌 사람들에게 위협이 아니라고 미국 국민을 안심시켰다.[98]

〈뉴욕네이티브〉에 실린 글에서 니나이어 오스트롬은 파우치 박사와 CNN 진행자 래리 킹의 인터뷰를 다음과 같이 묘사했다:

> 래리 킹은 심각한 면역결핍과 'AIDS' 환자들이 겪는 감염 증상들을 보이지만 HIV에는 감염되지 않은 '의문의 AIDS'에 대해 어떻게 생각하는지 파우치에게 질문을 던지면서 말문을 열었다. 파우치는 계속해서 그런 사례가 20에서 25건 확인되었다면서(하지만 파우치 박사는 질병통제예방센터가 이미 15개 주에서 82건을 확인한 사실을 알고 있었고, 듀스버그 박사는 국립보건원이 공식적으로 인정하는 동료 학자들의 심사를 거친 논문들이 등록된 온라인 문서보관소 〈퍼브메드(PubMed)〉 **사이트에서 수천 건을 발견했다**) 그처럼 소수가 걸리는 병이므로 아무 걱정할 필요 없다고 말했다. 파우치는 이러한 사례들이 새로운 형태의 'AIDS'인지 분명하지 않다고 말했다. 그는 이러한 환자들의 면역결핍은 감염원이 아닌 다른 뭔가가 일으킬 수

도 있다고 강조했다. 파우치는 이런 사례들은 새로운 질병도 아닐지 모르지만, 사람들의 면역체계를 검사하는 방법이 점점 정교해지면서 '배경' 면역결핍(이게 도대체 뭔지 알 도리는 없지만)이 나타날 수도 있다고 추측했다.[99]

오스트롬은 이 프로그램을 시청하던 한 시청자가 전화를 걸어 이 새로운 원인불명의 질병이 "만성피로증후군과 관련 있는지" 묻자, 파우치 박사는 어색해하며 부인했다고 설명한다. 파우치는 그 질문에 그렇지 않다고 잘라 말했다.

오스트롬은 다음과 같이 기록했다. "파우치는 만성피로증후군에 대해 언급하기가 불편한 기색이 역력했고 시선을 어디에 둬야 할지 몰라 눈동자가 온 사방을 천방지축으로 왔다 갔다 했다. 이 토크쇼는 중서부 지역에서 AIDS 환자들을 치료하는 한 의사의 분노에 찬 전화를 끝으로 마무리되었다. 그 의사는 〈뉴스위크〉가 HIV 비감염 'AIDS' 사례들을 보도하기 전에 파우치를 비롯한 공중보건 관료들이 이러한 사례들이 있다고 의사들에게 통보해 주지 않은 이유를 추궁했다. 그는 의사들이 대중매체보다 먼저 알아야 하지 않느냐고 빈정거리듯이 물었다. 파우치는 지난 한두 주에 와서야 HIV 비감염 'AIDS' 사례들이 실제로 일어나는 현상임이 분명해졌고 따라서 그 이전에는 의사들에게 통보할 이유가 없었다는 구차한 변명을 했다. 파우치는 토크쇼가 끝날 무렵 표정이 전혀 만족스럽지 않아 보였다."[100]

오스트롬은 다음과 같이 덧붙였다. "파우치는 조지 부시 대통령으로부터 영웅이라고 칭송을 받거나 독성이 강한 약을 적절한 안전성 검사도 하지 않고 일사천리로 승인 절차를 통과시켜 칭찬받을 때는 TV에서 자신감이 넘쳐 보인다. 그러나 HIV 비감염 사례들이 드러난 이후처럼 기자들이 기자답게 추궁하기 시작하면, 발끈하기 잘하는 파우치는 곤경에 처한다. 그는 매우 방어적으로 변하고, 상대방을 깔보고, 빈정거린다."[101]

래리 킹은 당초 피터 듀스버그도 초대할 예정이었지만 파우치 박사가 우겨서 듀스버그 초대는 취소했다.[102]

AIDS에 안 걸리는 HIV 감염자라는 문제

코흐의 첫 번째 공준에 따르면, 특정 질병을 일으킨다고 의심되는 병원체는 병든 사람에게서만 발견되고 건강한 사람에게서는 발견되지 않아야 한다.

따라서 HIV가 유일한 AIDS 원인이라는 교리의 열렬한 신봉자들에게는 PCR 검사를 통해 HIV 양성으로 드러났지만, AIDS는 앓지 않는 수만 명 사례 또한 마찬가지로 골치 아픈 존재다. 파우치 박사는 당초 이들 모두가 2년 안에 사망한다고 예측했다가, 나중에는 그들의 기대수명을 4년으로 두 배 늘리더니 다시 8년으로 연장했다. 그러더니 그는 앞으로 닥친다고 자기가 예언한 이러한 비극에 대해 다시는 입도 뻥긋하지 않았다. 오늘날, 파우치 박사의 가장 충직한 사제들조차 HIV 보균자이지만 아무런 AIDS 증상도 보이지 않는 사람이 미국에 165,000명 이상, 전 세계적으로 수백만 명에 달한다는 사실을 시인한다.[103] 질병통제예방센터의 추산에 따르면, 미국에서 HIV 양성인 사람들 가운데 대략 3분의 1이 자신이 감염됐는지 모른다.[104] 그렇다면 갑자기 AIDS로 사망하는 사람이 많아야 한다고 생물학자 하비 비알리는 지적한다. 그런데 그런 일은 일어나지 않고 있다. 사실 HIV 양성인 사람들 대다수는 오랜 세월 동안 건강을 유지한다. 듀스버그를 비롯해 파우치 이론을 비판하는 이들은 HIV 양성이지만 AIDS에 걸리지 않은 사람들이 정상적인 수명을 채우지 못한다는 증거는 빈약하다고 주장했다.[105]

파우치 박사는 HIV 양성이지만 건강한 사람들이 얼마나 많은지에 대한 연구를 아무도 못 하게 신중에 신중을 기했다. 1996년 7월 〈뉴스데이〉는 파우치 박사가 1,600만 달러를 들여 5년에 걸쳐 이 현상을 살펴보려던 연구를 갑자기 취소했다고 보도했다. 7월 11일 〈뉴스데이〉에서 로리 개럿(Laurie Garrett)은 "핵심적인 HIV 연구 계약이 취소되었다. 국립보건원 소속의 한 관료의 보복이라고 보는 이들이 있다"고 보도했다.[106] 이 연구는 하버드대학교와 맨해튼의 애런 다이아몬드 AIDS 연구센터, 시카고의 노스웨스턴대학교, 노스캐롤라이나의 듀크 대학교, 앨라배마 대학교를 비롯해 유수한 기관들의 과학자들이 100명 넘게 참여하는 역대 최대 규모의 HIV/AIDS 연구였다. 이 연구의 핵심적인 목적에는 파우치 박사가 답을 얻고 싶지 않은 의문, 즉 HIV 감염자들 가운데 일부는 AIDS에 걸리지 않는 이유를 살펴보는 게 들어있었다. (과거에 HIV 면역 보호의 상관성 연구라고 명명되었던) 1994년에 시작된 이 5년짜리 협력 지원 계약은 미국의 'AIDS' 연구에서 유례가 없었다. 파우치 박사의 계약 폐기로 100여 명의 독립적인 과학자들이 1년 동안 한 작업이 사실상 폐기되었다. 애런 다이아몬드 AIDS 연구센터의 데이비드 호 박사는 개럿에게 "앤서니 파우치가 지금까지 체결한 계약 목록에서 이 연구의 생산성에 견줄만한 계약을 찾을 수 있는지 확인해 보고 싶다"고 말했다.[107]

〈뉴스데이〉는 이런 충격적인 계약 취소는 파우치 박사의 HIV/AIDS 정설을 뒷받침하는 연구에만 연구비를 지원하는 국립보건원의 정책을 비판한 보고서("르빈 보고서(Levine Report)")에 서명한 비교적 젊은 과학자들에 대한 보복이라고 보도했다. "이는 앤서니 파우치의 보복이었다."라고 AIDS 사회운동가 그레그 곤살베스가 말했다.[108] 그는 공개적으로 제약사의 재정적 지원을 받기 위해 결성된, 액트업(ACTUP)에서 갈라져 나온 트리트먼트 액션 그룹(Treatment Action Group) 소속이다. 그는 〈뉴스데이〉에 "이는 앤서니 파우치의 보복 행위다. 단순명료하다."[109] 1996년 7월 22일 자 〈뉴욕네이티브〉는 이 사건을 보도하면서 NIAID 내부자의 말을 인용해 "파우치 박사가 국립보건원 내에 보복 문화를 조장했다. 직원들은 자기들 상사가 가장 즐겨 쓰는 표현이 '인과응보'라고 말했다."라고 보도했다.[110] 곤살베스는 이 계약의 취소를 과학을 토대로 한 연구에 대한 연구비 지원을 감히 요구한 젊은 과학자들에 대한 '복수극'이라고 일컬었다. 파우치 박사가 이 계약을 취소한 까닭은 HIV만이 AIDS를 일으킨다는 정설 자체를 위협하는 연구를 중단시키기 위해서일 가능성도 보복 차원일 가능성만큼이나 크다.

바이러스를 분리하는 문제

코흐의 두 번째 공준에 따르면, 바이러스는 병든 사람으로부터 분리해 순수배양(pure culture)*이 가능해야 한다. 에티엔느 드 아흐벵(Ettienne de Harven)을 비롯한 매우 존경받는

---

* 다른 생명체가 섞이지 않은, 단일 종의 미생물이 있는 상태를 뜻함 - 옮긴이

과학자들은 HIV는 분리된 적도 순수배양 된 적도 없다고 주장했다. 몽타니에와 갈로도 이러한 결함을 때때로 시인했다.[111]

배양된 HIV로 질병을 일으키기

코흐의 세 번째 공준에 따르면, 배양된 미생물은 건강한 사람에게 주입하면 질병을 일으켜야 한다. 듀스버그를 비롯한 과학자들은, 지금도 여전히, HIV는 이를 보여주는 증거가 부실하다고 주장한다. 1984년 몽타니에 박사는 "HIV가 AIDS의 원인임을 입증하려면 이를 동물 모델에서 보여주는 방법 밖에 없다."라고 시인했다.[112]

아무도 HIV를 건강한 사람에게 주입하는 시도를 한 적이 없지만, 과학자들은 온갖 종류의 생쥐와 쥐와 원숭이와 침팬지들에게 HIV를 주입해 보았고, 인간의 AIDS와 비슷한 결과도 얻지 못했다. 지금까지 배양된 HIV 미생물을 건강한 실험 동물에게 주입해 AIDS가 걸리도록 유도해 성공한 이가 아무도 없다.

노벨 화학상 수상자 월터 길버트(Walter Gilbert)는 1989년[113] "AIDS의 동물 모델은 존재하지 않는다. 그리고 동물 모델이 없으면 코흐의 공준들이 충족되지 않는다."라고 동의했다. 길버트는 이 자체만도 갈로의 이론에 큰 허점을 뚫는다면서 "AIDS의 또 다른 원인이 있다고 해도, 심지어 HIV는 AIDS와 무관하다고 해도 놀랍지 않다."라고 덧붙였다.[114]

진화생물학자 제임스 라이언스-와일러(James Lyons-Weiler)는 감염된 사람의 유전자 염기서열은 HIV가 성접촉을 통해 전염된다는 점을 입증한다고 주장한다. 그는 또 플로리다주 치과의사 데이비드 에이서에 대한 1991년 사법부의 판결을 지목한다.[115] 에이서는 오염된 드릴로 환자 다섯 명을 감염시켰다는 혐의로 기소돼 유죄 선고를 받는데, 와일러는 이를 코흐의 세 번째 공준을 충족하는 결정적인 증거라고 주장한다.[116] 그러나 〈60미니츠〉의 조사를 비롯한 여러 후속 조사에서 에이서의 평결에 대한 새로운 의문이 제기되었다.[117]

병원균을 다시 분리하기

코흐의 네 번째이자 마지막 공준에 따르면, 병원균은 이 균을 주입해 질병에 걸린 숙주로부터 다시 분리되어야 한다.

듀스버그는 HIV/AIDS 가설 신봉자들이 이 공준을 충족시키려고 무던히도 애썼지만 모두 실패했다고 주장한다.[118] 자멜 타히(Djamel Tahi)의 1996년 다큐멘터리 〈AIDS-의심 (AIDS-The Doubt)〉에서 뤽 몽타니에 박사는 몇 년 동안 이를 시도해 보았지만 아무도 성공하지 못했다고 시인하면서 따라서 "HIV가 AIDS의 원인이라는 과학적 증거가 없다."라고 결론을 내린다.[119] 코흐의 공준들은 지금도 여전히 역학을 공부하는 학생이라면 누구나 배우고 있지만, AIDS 연구자들 사이에서 그의 이름은 존경과 애정의 대상이 아니라 치욕의 원천이다.

내가 맡았던 소송들에 비추어 볼 때, 사법부의 판결은 전적으로 변호사와 과학자들이 코흐의 공준들을 충족시킨다고 설득하는 역량에 달렸다. 병원균과 특정한 질병의 인과관계를 입증하는 게 표준 원칙이다. 따라서 HIV/AIDS 가설이 이 기준을 충족시키는 데 끊임없이 실패했다는 주장이 여전히 옳을 가능성이 있다는 사실은 내게 충격적이었다. 미국 사법 체계에서 코흐의 공준을 충족시키는 증거는 보통 사건을 종결할 만한 힘이 있다. 이는 과학에 대한 내 견해가 아니다.

바이러스의 양이 질병과 반드시 상관이 있는 것은 아니다.

갈로의 가설에 가해지는 또 다른 치명타는 바이러스의 양이다. 박테리아와 바이러스가 일으키는 질병은 대부분 박테리아/바이러스의 양이 질병의 진행과 환자의 상태 악화와 상관이 있다. HIV가 AIDS의 유일한 원인이라면, 환자의 증상이 점점 악화하고 병이 진행됨에 따라 박테리아/바이러스 양도 증가하는 상황을 추적할 수 있어야 한다. 포진, 인플루엔자, 천연두 등 기존의 바이러스들은 바이러스의 양이 매우 높은 상황 — 감염된 조직의 1입방밀리미터 당 수천 혹은 수백만 감염 입자(infectious unit)가 존재하는 상황 —

에서만 병을 일으킨다. 이와는 대조적으로, HIV는 AIDS 말기 환자들에게서조차 가까스로 발견된다. HIV가 검출되기는 하지만 검출하기가 매우 어렵다. 가장 병이 깊은 AIDS 환자들조차도 바이러스가 그리 많지 않기 때문이다. 이보다 한층 더 불가해한 점은 파우치 박사도 갈로도 예외 없이 감염 직후 며칠 동안 HIV의 양이 가장 많은 이유를 설득력 있게 해명하지 못했다는 사실이다. 논리적으로 따지면 바이러스 양이 가장 많은 이때 바이러스가 병을 일으킬 가능성이 가장 커야 한다. 그러나 AIDS 초기 증상은 거의 항상 수십 년 후(바이러스에 노출되고 평균 20년 후) 바이러스의 양이 최저일 때 나타난다.

2006년, 〈미국의학협회학술지〉에 실린 한 연구는 다시 한번 과거 10여 년 동안 구축된 AIDS 과학의 토대를 뿌리까지 뒤흔들면서 HIV/AIDS 가설 신봉자들 사이에 파란을 일으켰다.[120] 클리블랜드에 있는 케이스 웨스턴 리저브 대학교의 의사 베니뇨 로드리게스와 마이클 레더만의 주도로 미국 전역의 정통 주류 AIDS 연구자들은 — 1996년부터 환자의 건강 상태를 가늠하고 질병의 진행을 예측하고 새로운 AIDS 치료제 연구비 지원을 받는 데 쓰인 표준 방법인 — 바이러스 양 검사의 정당성 주장에 강력히 이의를 제기했다. 그들은 검사에서 양성이 나온 2,800명 가운데 90퍼센트가 넘는 사례들에서 바이러스의 양이 면역 상태를 예측하거나 설명하지 못했다고 밝혔다.[121]

오늘날 로드리게스 등은 바이러스의 양은 (이른바) HIV 양성자들의 4퍼센트에서 6퍼센트 정도에서만 질병으로 진행될지 예측 가능하다는 결론을 고수하면서 현재의 AIDS 과학과 치료 정책의 토대에 의문을 제기하고 있다.

〈랜싯〉은 이른바 '바이러스 양'의 감소가 독성이 높은 AIDS 복합제제를 복용하는 사람들의 '사망률 감소로 이어지지 않음'을 보여주는 연구논문을 실었다.[122] 역대 최대 규모이자 최장기간 여러 센터에서 실시된 이 연구는 유럽과 미국의 12개 지역에서 1995년부터 2003년 사이에 치료받은 HIV 양성자들에게 파우치 박사의 항바이러스제가 얼마나 효과가 있는지 추적했다. 이 연구는 HIV 약이 수명을 연장하고 건강을 개선한다는 널리 퍼진 주장을 정면으로 반박한다.[123]

HIV처럼 포착하기 어렵고 희귀한 레트로바이러스가
치명적인 질병을 일으킬 수 있을까?

이와 마찬가지로 불가해한 의문은 HIV처럼 포착하기 어렵고 희귀하고 검출하기도 어려운 바이러스가 그 같은 참혹한 살육을 일으킬 수 있는가이다. 피터 듀스버그는 내게 이렇게 말했다. HIV가 감염을 일으킨다면 "PCR 검사는 필요 없다. HIV 파편을 십억 배 증폭해야 '감염' 여부가 '보이는' 기계가 왜 필요한가. 왕성한 독감이나 소아마비처럼 뻔히 감염이 눈에 보일 텐데 말이다. 몸에 미생물이 들끓을 텐데 말이다."

로리첸은 "HIV 바이러스는 아주 극히 소수의 세포만, 기껏해야 10만 개당 한 개를 감염시킨다. 게다가 감염시키는 세포를 죽이지도 않는다."라고 주장한다.[124]

HIV는 보통 아주 소수의 세포만 감염시키므로[125] 파우치 박사의 AZT 같은 항바이러스제는 감염된 빈대 몇 마리 잡으려고 건강한 T-세포 초가삼간에 불을 지르는 게 틀림없다는 뜻이다. 파우치 박사가 AIDS 환자들이 살아서 버티는 한 한번에 몇 달씩 몇 년이고 AZT와 다른 화학요법 약물들 투여를 승인한다는 사실을 곱씹어 볼 필요가 있다.

더군다나, 나는 HIV가 실제로 T-세포를 죽인다는 그 어떤 증거도 찾지 못했다.[126][127] HIV는 T-세포와 아주 사이좋게 잘 지내는 듯하다. HIV/AIDS 가설을 비판하는 이들은 바로 이러한 이유를 들어 면역체계의 붕괴는 단순히 HIV의 존재만으로 설득력 있게 설명되지 않는다고 주장한다.

듀스버그는 이같이 증거에 결함이 있다는 데 놀라지 않는다. 인체에 처음 침입할 때는 그토록 파괴적인 바이러스가 갑자기 돌변해 10년, 20년, 30년 동안 죽은 척 잠복해있는 게 말이 되냐고 그는 말한다.[128] 그런데 이게 정설이다. 캘리포니아대학교 AIDS 연구자 제이 A. 레비(Jay A. Levy) 박사는 이렇게 가정한다. HIV는 일종의 시한폭탄 바이러스로서 체내에 잠복해있다가 — 왠지 모를 불가해한 이유로 인해 — 자기의 유전자 구조를 변형해 급속히 증식하면서 전염성이 강하고 치명적인 바이러스로 변신한다. 듀스버그 박사는 이런 추측에 헛웃음을 터뜨린다. "무슨 바이러스가 아무런 자극도 받지 않았는데 어느 날 갑자기 행동에 돌입해 사람의 면역체계를 파괴한단 말인가?"

갈로와 파우치 박사는 원래 HIV가 CD4 T-세포를 죽임으로써 면역결핍을 일으킨다고 주장했다. 그러나 그들을 가장 열렬히 믿는 추종자들조차 이제 HIV가 T-세포를 죽인다고 믿지 않는다. 그들은, 외부자가 보기에 절박한 심정에서, HIV가 시간이 흐른 어느 시점에 T-세포를 부추겨 집단으로 자살하게 만든다고 주장한다. 파우치 박사의 추종자들은 이러한 '짐 존스(Jim Jones)'* 가설을 내세워 HIV 소행으로 보이는 세포 살상을 입증할 증거가 없는 이유를 둘러댄다.

듀스버그는 위의 가설을 비웃는다. "지금까지 그런 식으로 행동하는 바이러스는 본 적이 없다." 뤽 몽타니에 박사는 "HIV가 온갖 AIDS 증상들을 일으킨다는 이론에는 너무 많은 결함이 있다."라고 시인한다.

HIV가 AIDS의 유일한 원인이라는 정설을 가장 강력히 공개적으로 비판하는 인물로 손꼽히는 이는 생물학자 엘레니 파파도풀로스(Eleni Papadopulos)와 오스트레일리아 퍼스 그룹(The Australian Perth Group)의 의사 발 터너(Val Turner)다.[129] 파파도풀로스와 터너는 갈로가 HIV라고 규명한 입자는 레트로바이러스가 아니라 인체 내에서 생성된 세포 파편의 일종이라고 주장한다. 뤽 몽타니에 박사조차 1997년 〈컨티뉴엄(Continuum)〉과의 인터뷰에서 HIV를 검출한 방법이라고 알려진 대로 전자현미경을 이용해 세포 배양을 살펴봤지만, 아무리 해도 '레트로바이러스의 전형적인 형태'로 보이는 입자는 보이지 않았다고 시인했다.[130]

2006년 영국-독일 연구팀은 의기양양하게 마침내 "세계에서 가장 치명적인 바이러스의 구조를 해독했다."라면서 "지금까지 아무도 성취하지 못한 3차원 고화질로" HIV의 사진을 찍는 데 성공했다고 발표했다. 그러나 독립적인 과학자들이 이들의 논문을 살펴본 결과 논문에 수록된 이미지들은 크기와 형태가 천차만별인 아무 특징 없는 파편 덩어리들로 보였다. 이 연구는 웰컴 트러스트(Wellcome Trust)가 후원했는데, 이 조직은 창설 시점부터 버로우스 웰컴을 비롯한 제약업계와 협력적 관계를 맺었고, 버로우스 웰컴은 콤비비어(Combivir), 트리지비어(Trizivir) 그리고 물론 AZT 같은 AIDS 약을 팔아 수십억 달러의 수익을 올리는 거대제약사다.[131] 웰컴 트러스트는 (파우치가 이끄는) 국립알레

---

* 신도들의 집단 자살을 유도한 사이비 교주 - 옮긴이

르기전염병연구소(NIAID)와 빌&멜린다 게이츠 재단(BMGF)을 혼합한 성격의 영국 단체다. 이 단체는 영국 제약사들의 수익을 촉진하는 연구들에 주로 연구비를 지원한다.

파우치의 가설은 파의 법칙(Farr's Law)를 위반하는가?

윌리엄 파(William Farr)는 영국 미생물학자로서 면역력이 없는 인구 전체에 새로운 바이러스가 어떻게 확산하는지 예측하는 방법을 설계했고 이 방법은 널리 수용되고 있다. 파는 '새로운' 바이러스 유행은 하나같이 똑같은 엄격한 법칙들을 따라, 첫 감염 후 기껏해야 몇 주 안에 기하급수적으로 퍼지다가 새로 감염시킬 사람이 동나면 기하급수적으로 감소한다고 주장했다. 그는 이처럼 사망률이 상승했다가 하락하는 엄격한 대칭 유형은 고정불변의 법칙이라며 "사망률은 사실이다. 그 외에는 무엇이든 추측이다."라고 말했다.

어떤 새로운 전염병 유행이든 거의 모두 1849년 런던에서 유행한 콜레라 전염병을 파 박사가 그래프로 그린, 아래와 같은 정규분포곡선(Bell Curve) 모양에서 벗어나지 않는다.

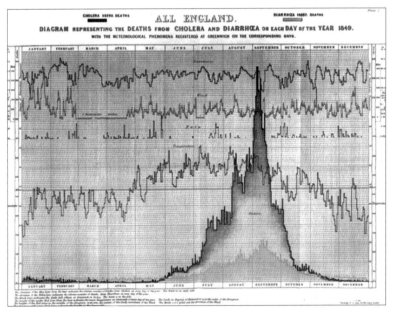

1848-1849 영국 콜레라 사망률
출처: WellcomeCollection.org(CC-BY 4.0 라이선스에 따라 무료 사용 가능)

파의 법칙에 따른 전염병의 예측 가능한 확산

HIV가 새로운 바이러스라는 파우치 박사의 가설을 수용하는 과학자들은 당초 면역력이 없는 인구 사이에 HIV가 급속도로 확산할지 정확히 예측할 수 있다고 확신했다. 그러나 그들의 예측은 모조리 틀렸다. 해마다 연말이 되면 HIV가 달성한 사망률은 실망스러울 정도로 저조해서 질병통제예방센터는 추정치를 급격히 하향 조정해야 했다. 감염이 급속히 증가하기는커녕 질병통제예방센터가 1986년부터 2019년 사이에 해마다 미국에서 HIV 감염자 수를 예측한 수치를 보면 대략 100만 명에서 머물렀다.[132] 아프리카를 비롯한 다른 지역에서 국가별 AIDS 그래프는 인구 증가에 따라 점진적으로 꾸준히 기울기가 상승하는 모습을 보였고 널리 예측된 인구감소는 일어나지 않았다.

1985년 이후 미국에서의 AIDS 확산

수학 생물학자이자 과거에 AIDS 연구자였던 레베카 컬쇼 박사는 HIV가 AIDS의 유일한 원인이라는 교리를 맹목적으로 믿는 신도에서 이단으로 변신했다. 공교롭게도 당초 그녀의 관심을 끌었던 것은 예방 곡선(preventive curve)의 모순이었다. 그녀는 다음과 같이 말한다. "AIDS도 HIV도 예측한 대로 퍼지지 않았음은 부인할 수 없다. 이성애자 사이에 AIDS가 폭발적으로 증가하리라는 예측은 완전히 빗나갔고 이제는 이런 예측을 언급하는 것조차 금기다. HIV는 전혀 확산하지 않고 처음 발견된 이후로 감염된 인구는 일정 수준에 머물러왔다는 사실은 AIDS 기득권 세력에게는 당혹스러운 사실이기 때문이다."[133]

서구진영에서 AIDS는 원래 핵심적인 감염 위험군이었던 동성애자와 약물 중독자들을 벗어나지 않았다. 이러한 한계는 역사를 통틀어 등장한 모든 전염병과 성병이 보인 특성을 거스른다. 위험군(질산아밀이 주성분인 액체 마약 파퍼(popper)를 복용한 동성애자들, 마약중독자, 마약을 자주 사용하는 이들)에서 벗어나 다른 인구까지 감염시키지 않는 질병은 바이러스가 퍼뜨리는 질병이라고 정의할 수 없다. 이는 특히 HIV에 적용된다. 파우치 박사의 추종자들 주장에 따르면, HIV는 "지금까지 존재한 바이러스 가운데 가장 전염성이 강한 바이러스"여야 한다. 이 주장이 사실이라고 가정하면, 이 바이러스가 성적 접촉을 통해 여성에게도 퍼지고 전 세계 모든 사람에게 골고루 퍼지고 모두 영향을 받아야 하는데 그렇지 않다는 사실은 이해가 가지 않는다.[134] 특히 정맥주사로 놓는 마약을 하는 매춘부들 외에는 매춘부들 사이에서 AIDS가 퍼지지 않는다는 점은 이해하기 어렵다.[135][136]

AIDS는 인류에게 알려진 다른 모든 역병에는 적용되어 온, 과학계가 수용하는 법칙을 따르지 않는다는 사실은 HIV가 "죄 없는 방관자든가 무임승차 바이러스"라는 또 하나의 증거라고 듀스버그 박사는 말한다.[137]

반론이 들끓어도 의견일치를 강요하는 기득권 세력

언론은 이미 오래전에 반론 보도를 포기했지만, 그런 반론의 목소리는 실제로 존재한다는 사실을 여러분도 이제는 알게 됐으리라 생각한다. 오틀립은 내게 "우주 공간에서 죽는 느낌이다. 아무에게도 내 비명이 들리지 않는다."라고 말했다. 그러나 정설에 의문을 제기하는 행위가 직업적 자살이 되기 전부터 세계에서 가장 권위 있는 과학자로 손꼽히는 이들은 그런 의구심을 표명했다. 여기서 그들의 주장을 다시 살펴볼 필요가 있다.

HIV 이름을 지은 국제위원회 회원인, 터프츠대학교의 존 커핀(John Coffin) 박사는 1990년 6월 제6회 국제 AIDS 회의 참석자들에게 "우리는 아직 HIV가 AIDS를 일으키는지 알지 못한다."라고 말했다.[138]

1986년부터 2008년까지 미국 육군 병리학연구소에서 AIDS 병리학 국장을 지낸 시징로 박사는 HIV가 AIDS의 유일한 원인일 수가 없다고 주장했다.[139]

2002년, 질병통제예방센터 혈액학 국장 브루스 이벳(Bruce Evatt)은 질병통제예방센터가 "거의 아무 증거도 없이" 공개적 발언을 했다고 탄식하면서, "우리는 HIV가 감염원이라는 증거가 없었다."라고 말했다.[140]

2004년 9월, (주류 AIDS 연구의 기둥으로 손꼽히는) 로베르트 코흐 연구소 소장을 지낸 라인하르트 쿠르트는 〈슈피겔〉에 "우리는 정확히 어떻게 HIV가 질병을 일으키는지 알지 못한다."라고 시인했다.[141]

1987년, 생리학자이자 맥아더 연구 기금 수상자 로버트 루트-번스타인은 ABC 기자 존 호켄베리에게 자신은 HIV가 틀림없이 'AIDS'의 원인이라고도, 유일한 원인이라고도 믿지 않는다고 말하면서 이렇게 덧붙였다. "내게 대놓고 다음과 같이 말하는 사람들이 한둘이 아니다. '아마 다른 여러 가지 원인도 있을 것이다, HIV 단독으로 AIDS를 일으키지는 못한다, HIV 없이도 AIDS에 걸릴 수 있다는 당신의 견해에 전적으로 동의한다. 하지만 공개적으로 그런 발언을 해서 100만 달러 연구비를 날릴 위험을 감수하고 싶지는 않다.'"[142]

노벨상 수상자인 하버드 분자생물학자 월터 길버트는 호켄베리에게 다음과 같이 말했다. "HIV가 AIDS 원인이라는 주장과 관련해 내가 가장 우려하는 점은 인과관계를 입증하는 증거가 없다는 사실이다. 그게 우리가 우려하는 가장 큰 이유다."[143] 길버트는 HIV 이론의 문제는 "모든 AIDS 사례가 HIV와 연관이 있고, HIV에 감염된 사람은 하나같이 결국 AIDS에 걸리게 된다는 주장이다. 이는 사실이 아니다."라고 덧붙였다.

남아프리카공화국의 앞서가는 AIDS 연구자이자 의사인 조셉 소너벤드 박사도 한마디 거들었다. "추측을 사실로 제시하면 위험하다. 만약 추측이 정말로 추측인 것으로 드러나면, 정말로 상황이 어떻게 돌아가는지 연구하지 않았다는 뜻이고, AIDS 같은 질병의 경우 이는 수만 명이 목숨을 잃는 상황으로 이어지기 때문이다."[144]

뉴욕의 저명한 AIDS 전문 의사이자 세인트루크병원의 전염병/역학 부소장 마이클 레인지(Michael Lange) 박사는 "우리는 AIDS 약품 개발하느라 10년을 허비했다. 갈로/에섹스/헤즐타인이 다른 견해들을 배척했기 때문이다."[145]

이번 장에서는 파우치 박사가 무슨 일이 있어도 지키려는 가설에 대한 가장 흔한 비판들 몇 가지를 뼈대만 추려서 설명했다. 이 문제에 관심 있는 독자들은 여러 저자들의 저서들을 통해 훨씬 설득력 있고 심층적인 분석을 접할 수 있다. 아마도 그중 최고는 수학자 레베카 컬쇼의 〈영혼을 팔아넘긴 과학(Science Sold Out)〉이지 싶다. 컬쇼는 HIV/AIDS 가설의 심각한 결함들과 그러한 정설을 고수하기 위해 정부가 저지른 부패 행위들에 서서히 눈을 뜨게 된 AIDS 연구자이다. 그녀의 저서는 언론과 과학계가 어떻게 이 이론을 수용하게 되었는지에 대한 사회학적인 설명을 제시한다. 듀스버그의

〈AIDS 바이러스 날조하기(Inventing AIDS Virus)〉, 로리첸의 저서 〈AIDS 전쟁(AIDS War)〉, 힐러리 존슨의 〈오슬러의 거미줄(Osler's Web)〉, 하비 비알리의 〈종양유전자, 이수체, AIDS(Oncogene, Aneuploidy, and AIDS)〉도 중요한 책들이다. 또한 예일대학교의 수학자 서지 랭(Serge Lang)의 글 'AIDS 해체하기(The Deconstruction of the AIDS)'와 케리 멀리스의 저서 〈지뢰밭에서 벌거벗고 춤추기(Dancing Naked in the Mine Field)〉에서 '공포와 로스앤젤레스의 변호사들'이라는 제목의 장을 읽어보도록 추천한다.

파우치 박사는 이러한 반론자, 저자, 그리고 상식적인 의문을 제기한 듀스버그를 비롯해 여러 과학자들과 격식을 갖춰 토론하지 않고 모두가 두려워하는 자신의 막강한 권력으로 그들의 입을 틀어막고 사지를 절단했다. 역사는 그를 제거문화의 창시자 — 심지어, 발명가 — 라고 기록할지도 모르겠다.

나는 여기서 어느 한쪽 편을 들려는 게 아니다. 수십 년 동안 해결할 수 없었던 논쟁을 해소하려는 목적 또한 더더욱 아니다. 다만, 그동안 거의 알려지지 않았던 사실을 공유할 뿐이다. AIDS 문제에는 논쟁이 존재하고 앤서니 파우치는 이 논쟁을 해소할 연구를 허락하지 않았다는 사실 말이다. 오늘날 수십억 달러 가치의 세계적인 사업을 뒷받침하는 교리를 수호하는 대사제로서 앤서니 파우치가 한 역할을 기록하자는 게 내가 바라는 바다. 오랜 세월에 걸쳐 파우치 박사는 과학적 토론을 회피하고, 이론을 종교와 유사한 도그마로 변질시켰을 뿐만 아니라 종교재판에서 이단을 처단하듯 반론자들을 처벌하고 입을 틀어막았다. 이른바 미국의 의사 파우치는 미국 납세자들 — 또는 53퍼센트가 유색인종인, AIDS로 고통받는 미국 국민 — 에게 AZT나 뒤이어 출시된 항바이러스제가 사망을 줄이는 효과가 있다는 증거를 제시한 적이 없다. 그 증거를 요구하는 건 정당하다.

6장

HIV 이단자들
화형에 처하기

"그들이 왜 그랬는지 도저히 모르겠다. 제정신이라면 그들처럼
그렇게 속단을 내리지 않는다. 보건복지부 장관이 전 세계를 향해,
짙은 선글라스를 쓴 이 로버트 갈로라는 인간이 AIDS의 원인을 찾아냈다고
발표하다니 말이다. 이는 제대로 된 과학과는 전혀 무관하다.
AIDS에 걸린 사람들 중 일부가 HIV 감염자다. 전부가 아니라 일부가 말이다.
그럼, 상관관계가 있다. 그래서 어쩌라고?"

— **케리 멀리스 박사**, 노벨상 수상자, PCR 발명자[1]

1991년, 로버트 갈로의 HIV 관련 논문이 1984년 5월 〈사이언스〉에 발표된 지 7년 후, 하버드대학교 미생물학자 찰스 토머스(Charles Thomas) 박사는 바이러스학과 면역학계의 인사들을 규합해 갈로의 HIV 가설을 공식적으로 반박하는 내용의 역사적인 서한을 〈네이처〉에 제출했다. 서한에 이름을 올린 이들은 세계적으로 명망 있는 과학자와 노벨상 수상자 등 내로라하는 명사들을 총망라했다. 하버드의 월터 길버트 박사, PCR을 발명한 케리 멀리스 박사, 예일 수학자 서지 랭(국립과학학술원 회원이자 감사), UC 버클리의 세포생물학 교수 해리 루빈 박사, 〈네이처 바이오테크놀로지〉 공동 창립자 하비 비알리 박사, 국립과학학술원 회보 편집인을 지낸 버나드 포셔(Bernard Forscher) 박사를 비롯한 많은 인사가 이 서한에 이름을 올렸다.

이 서한의 길이는 다음과 같이 겨우 네 문장이었다:

일반 국민은 HIV라고 불리는 레트로바이러스가 AIDS라고 불리는 여러 질병의 원

인이라고 널리 믿고 있다. 수많은 생의학 과학자들은 이제 이 가설에 의문을 제기한다. 우리는 이 가설을 뒷받침하거나 반박하는 기존의 증거를 적합한 독립적인 집단이 철저히 재검토하기를 제안한다. 더 나아가서 우리는 비판적 역학 연구를 설계하고 실행하기를 제안한다.[23]

합리적인 요구인 듯했다. 이 명망 있는 학자들은 단지 지금까지 극히 중요한 과학적인 주장에 대해서 한 적이 없었던 열린 토론과 조사를 하자는 것뿐이었다. 그러나 파우치 박사와 거대제약계가 함께 막강한 권력으로 의학 학술지들을 얼마나 강력하게 통제하는지 보여주듯, 〈네이처〉는 이 서한을 싣기를 거부했다. 〈뉴잉글랜드의학학술지〉, 〈미국의학협회학술지〉, 〈랜싯〉도 거부했다. 이 학술지들은 수익의 90퍼센트 이상이 제약업계에서 비롯되고 제약업계의 패러다임을 위협하는 연구들은 거의 싣지 않는다. "이 학술지들은 제약업계의 정보 세탁소로 전락했다."[4] 파우치 박사는 이러한 학술지에 실리는 내용에 직접 영향력을 행사한다. 동료 학자들의 심사를 거친 논문이 실리는 학술지 장악은 정설을 구축하는 데 꼭 필요한 요건이다.[5]

〈네이처〉가 이 서신 게재를 거부하자, 토머스와 비알리는 'HIV/AIDS 가설에 대한 과학적 재평가를 요구하는 단체'라는 콘소시엄을 조직했고, 1992년 토머스는 이 사안에 대해 과학자가 침묵한다면 '형사상 과실'에 준한다고 했다.[6] "1992년 6월 무렵까지 이 서한에 서명한 53명의 과학자 가운데 12명이 의사, 25명이 박사였다. 53명 중 20명이 생리학, 생화학, 의학, 약학, 독물학, 물리학 등 학계 소속 인사들이었다."[7] 월터 길버트, 케리 멀리스, 라이너스 폴딩(2회 수상) 등 노벨상 수상자 3명, 그리고 명망 있는 박사 188명을 비롯해 2,600명이 넘는 인사들이 이 서한에 서명했다. ('AIDS 재고하기' 웹사이트(www.rethinkingaids.com)에는 2천 명 이상의 저명한 인사들의 이름이 나열되어 있다.)[8][9]

그러나 NIAID에서 꾸준히 흘러나오는 돈 줄기는 이미 서서히 식어가던 갈로의 바이러스 가설을 철옹성 정설로 만들었고 반론을 제기하는 이들은 요새화한 기관의 한층 강력해진 저항에 부딪혔다. 앤서니 파우치가 돈을 풀자 연구자들은 HIV 연구에 앞다퉈 뛰어들었고 정부 소속 바이러스학자와 제약사 책임 연구원들은 갈로의 미심쩍은 가설을 에워싸고 결사적으로 옹호했다. 그들은 NIAID 연구 자금 배급소에서 배급을 타려고 앞다퉈 줄을 섰다.

"그들은 HIV에 매달렸다. 왜냐고? 연구비를 타려고." 찰스 토머스 박사는 침통한 어조로 말했다.[10]

머리를 긁적이던 케리 멀리스 박사는 "뭔가 단단히 잘못되었다. 금전적 문제인 게 틀림없다."[11] 라면서 "그 빌어먹을 바이러스의 신화는 그들이 한 해에 20억 달러를 퍼부어 만들어 냈다. 어떤 바이러스든 20억 달러 정도 쏟아부으면 아주 그럴듯한 신화를 만들어 낼 수 있다."[12]라고 덧붙였다.

피터 듀스버그(Peter Duesberg)

위에서 언급한 서한의 수정본에 이름을 올린 과학자들 가운데 소년의 동안에 눈빛이 총명하고 폐부를 찌르는 날카로운 언변을 지닌 독일 출신 천재 학자가 있다.

1970년대와 1980년대에 분자생물학자 피터 듀스버그 교수(1936년 12월 2일 출생)는 분자생물학계의 신적인 존재였고 세계에서 가장 유명하고 가장 존경받는 과학자로 손꼽혔다. 미국의 국립보건원은 그의 바이러스학과 암 연구를 후하게 지원했다. 1986년 국립보건원은 듀스버그에게 모든 학자의 선망 대상인 '뛰어난 연구원 지원금'과 함께 암 특별 연구원 지위를 부여했는데, 이는 국립보건원이 미국에서 최고의 과학자들에게만 주는 혜택이다. 국립보건원의 이 상은 재능있는 과학자들이 연구 제안서를 작성해야 하는 압박감에서 벗어나 그들의 전문 분야 연구를 극한까지 밀어붙일 수 있도록 7년 동안 재정적으로 지원하도록 설계되었다. 국립과학학술원이 듀스버그가 50세 되던 해에 그의 이름을 과학자 명예의 전당에 올리면서 그는 최연소 회원으로 손꼽히게 되었다.

UC 버클리에서 듀스버그는 최초로 HIV 같은 레트로바이러스의 유전 구조를 밝히면서 세계에서 가장 저명한 레트로바이러스학자로 손꼽히게 되었다. 레트로바이러스(retrovirus)는 원시적인 생명의 형태로서 다른 모든 바이러스와는 달리 자기 힘만으로 복제할 능력이 없다. 레트로바이러스가 자기 RNA를 기존의 세포에 주입하면 역전사효소

(reverse transcriptase)가 바이러스의 RNA를 DNA로 전환하고, 이는 숙주 세포의 DNA에 삽입된다(또는 접합된다). 바이러스학자들은 대체로 레트로바이러스가 무해하거나 심지어 유익하다고 믿는다. 레트로바이러스는 30억 년에 걸친 진화를 통해 인간과 공생관계를 맺고 인간의 지놈(genome)에서 이동성 유전인자(mobile DNA)를 제공한다. 실제로 인간의 많은 유전자는 처음에 레트로바이러스 형태로 지놈에 들어왔다.[13][14] "인간 DNA의 8~10퍼센트가 레트로바이러스인데 이는 어마어마하게 많은 양이다."라고 데이비드 래스닉(David Rasnick) 박사는 말한다.[15]

1970년 무렵, 당시 33세였던 듀스버그는 최초로 암을 유발하는 유전자를 발견해 명성을 얻었다. 듀스버그와 그의 동료 바이러스학자 피터 보트(Peter Vogt)는 임을 일으키는 듯이 보이는 레트로바이러스 안에서 이른바 '종양유전자(oncogene)'를 발견했다. 듀스버그의 발견으로 '돌연변이 유전자 이론'이 등장했고 암 연구라는 새로운 분야에 붐이 일었다. 동료 학자들은 듀스버그가 노벨상을 받으리라 기대했다.

그러나 듀스버그는 더할 나위 없는 철저한 과학자로서 연구자는 자신이 관찰한 바를 바탕으로 실험하고 추론해야 하며 본인이 구축한 정설을 비롯해 모든 정설에 대해 무자비하게 의문을 던져야 한다고 믿었다. 따라서 듀스버그는 자신이 구축한 종양유전자 이론을 비판한 그 어떤 이보다도 자신의 이론의 한계를 철저히 시험했다. 듀스버그는 스톡홀름으로부터 노벨상 수상자로 선정됐다는 연락을 받기도 전에, 자신의 기념비적인 발견이 임상적으로 무의미하고 실험실에서 우발적으로 얻은 결과였다고 확신하게 되었다. 그의 가설을 토대로 이미 새로운 분야가 탄생해 승승장구하고 있었지만, 그는 공개적으로 자신의 가설을 폐기했다. 듀스버그 스스로 자신의 이론을 부정함으로써 노벨상에 대한 기대는 물거품이 되었고 피터 보트와의 우정에도 금이 갔다. 듀스버그의 전기를 집필한 하비 비알리는 듀스버그가 "나는 설사 내 이익에 반한다고 해도 정직한 쪽을 택하겠다."라고 말했다고 전한다.[16]

전자현미경을 비롯한 각종 첨단기술로 새로운 바이러스를 찾아내기 쉬워지면서, 듀스버그는 생물학, 특히 바이러스학이 점점 혼탁해지는 시기에도 타협하지 않고 깔끔한 기능적 증거를 추구했다. 명성과 부가 바이러스 연구에 휘몰아치는 광풍의 원동력이었다. 민관이 합동으로 부추기면서 연구자들은 새로 발견된 바이러스에 고대부터 있었던 온갖 질병의 주범이라는 누명을 씌웠다. 국립알레르기전염병연구소와 제약사들은 흔쾌히 이러한 연구에 자금을 댔고, 이는 특허출원이 가능한 항바이러스제의 개발로 바로 이어졌다. '새로운' 바이러스를 그럴듯하게 기존의 암이나 질병과 연관 짓는 바이러스학자는 권위와 부와 명성을 얻었다. 제약사들은 바이러스를 분리해 이를 박멸할 물질들을 규명하고 특허 출원한 온갖 항바이러스제를 통해 수익을 올렸다. 노벨상 심사위원회가 제약사에게 수익을 올려줄 가능성이 큰 발견에 훨씬 호의적이라는 사실을 연구 과학자라면 누구나 잘 알고 있었다.

처음부터 듀스버그는 로버트 갈로의 발견에 대해 의구심이 가시지 않았다. 진화적 관점에서 보면 오래된 바이러스가 인간 숙주를 공격한다니 말이 되지 않았다. 레트로바이러스는 인간의 DNA에 삽입되는 불완전한 DNA 가닥의 형태로서, 대사기능도 없고 소화능력도 입증되지 않았으며 복제도 진화도 못 한다. 레트로바이러스는 과학계에서 수용하는 생명체의 정의에 부합하지 않으므로 생명체가 아니다. 모종의 알려지지 않은 어떤 원리를 통해 레트로바이러스가 암을 유발하거나 살해 세포(killer cell)로 바뀌는 진화가 일어났다면 이는 놀랄 일이다.

갈로는 노벨상에 대한 야심을 노골적으로 드러낸다고 악명이 높았다. "평생 레트로바이러스를 연구한 갈로 같은 사람에게서 달리 뭘 기대하겠나? 당연히 레트로바이러스가 AIDS를 일으킨다고 하지. 바로 그 때문에 그의 주장이 근거가 있는지 의심하게 되었다. 그러나 그가 그런 주장을 해도 놀랍지 않다. 그는 예전에도 레트로바이러스가 알츠하이머병이나 백혈병이나 신경질환을 일으킨다고 주장했지만 통하지 않았다. 따라서 이번에는 통했다고 해도 크게 놀랍지 않다."[17]

갈로의 발표에 뒤이어 듀스버그는 18개월에 걸쳐 HIV와 AIDS에 관한 과학적 문헌을 샅샅이 뒤졌다. 그는 마침내 〈발암인자와 병원체로서의 레트로바이러스: 이론과 실제〉라는, 제목은 밋밋하나 내용은 폭발적인 논문을 1987년 3월 권위 있는 학술지 〈암 연구(Cancer Research)〉에 실었다.[18]

듀스버그의 논문은 레트로바이러스 부문의 아버지라고 할 학자의 역작이었다. 그는 자신이 보기에 자제력을 잃은, 번성하는 이 분야의 학자들에게 냉정을 되찾으라고 요구했다. 이 논문에서 그는 전자현미경을 비롯한 새로운 도구들로 무장하고 부와 명성을 좇는 신세대 바이러스학자들이 기능적 경험적 증거도 빈약하고 질병을 일으키는 원리를 설명하는 증거를 기반으로 한 과학도 무시한 채 온갖 질병의 원흉으로 레트로바이러스를 지목하고 있다고 지적했다. 듀스버그는 백혈병, 각종 암, 그리고 마침내 AIDS(세포의 관점에서 보면 백혈병의 정 반대 현상)를 레트로바이러스가 일으킨다는 주장을 격파했다. 그는 HIV 가설에 대해 어떤 견해를 지니고 있든 상관없이 갈로의 이론은 1984년 4월 갈로가 기자회견을 하기 전에 존재했던 레트로바이러스에 대한 보편적 합의를 완전히 뒤엎는다고 지적했다. 듀스버그는 동료 학자들에게 — 30억 년이라는 기나긴 세월 동안 인간 지놈의 일부로 존재해 온 — 레트로바이러스는 '세포를 살상'하지 않는다는 사실을 일깨워 주었다. 듀스버그는 AIDS가 세포가 사망하는 질병이라면 백혈병은 세포가 증식하는 질병이라고 말했다. 갈로는 당초 HIV가 백혈병을 일으킨다고 했다가 나중에 AIDS를 일으킨다고 말을 바꿨는데, 그렇다면 갈로는 이 바이러스가 상반된 두 가지 반응을 보인다고 주장하는 셈이라고 듀스버그는 지적했다. 듀스버그는 "역사상 최초로 레트로바이러스가 인간이 앓는 질병, 또는 야생동물이 걸리는 질병의 원인이라고 지목하는 셈이 된다."라고 덧붙였다.[19]

듀스버그는 HIV는 암도 AIDS도 일으키지 못한다고 주장했다. 그는 HIV는 수천 세대에 걸쳐 아무런 질병도 일으키지 않고 인간과 공존해 온 게 거의 확실한 무해한 무임승차 바이러스라고 주장했다. 듀스버그는 갈로가 팬데믹의 병원체라고 주장하는 바이러스는 그저 수많은 무해한 무임승차 바이러스 중 하나일 뿐이며 적응력이 뛰어난 인간의 타고난 면역체계가 신속히 억제하는 바이러스라고 결론을 내렸다. 독설가인 듀스버그는 "아둔한 바이러스는 없다. 아둔한 과학자가 있을 뿐이다."라고 일갈했다.[20] 산업화한 서구진영에서든 또 다른 제3 세계에서든 HIV는 병을 일으키는 바이러스가 아니다.

〈암 연구〉에 실린 듀스버그의 논문은 길고 고도로 전문적인 내용으로서 갈로의 HIV/AIDS 가설의 근거를 조목조목 비판하면서 명쾌하고 설득력 있는 일련의 의문들을 제기하고 있다.

듀스버그의 이 논문은 역사상 그 시점에 지구상의 누구보다도 레트로바이러스를 잘 안다고 평가받는 인물이 쓴, 레트로바이러스에 대한 과장된 주장들에 일침을 가하고 현실을 환기하는 역작이었다. 듀스버그의 연구를 공부한 수많은 그의 동료 학자들도 똑같은 결론에 도달했다. AIDS와의 전쟁에서 뭔가 단단히 잘못되었다는 결론 말이다.

버클리 대학교의 뛰어난 세포생물학자 리처드 스트로먼(Richard Strohman)은 1997년 논리정연한 듀스버그의 주장이 암 연구 분야에 미친 영향에 대해 다음과 같이 회고했다. "그의 논문은 뛰어난 비평이었고 암과 면역억제를 일으키는 바이러스에 대한 근본적인 문제들을 제기했다. 그 논문이 발표된 이후로 거의 10년 동안, 그가 제기한 기본적인 질문에 대해 의미 있는 방식으로 답변이 제시되지 않았다."[21]

레트로바이러스가 질병을 일으킬까?

HIV/AIDS 가설에 대한 듀스버그의 의구심은 빠르게 연구계에 퍼졌다. 가장 강한 의구심을 표한 연구자들은 레트로바이러스에 대해 가장 잘 아는 이들이었다. 1990년대 말 뛰어난 과학자들로 구성된 여러 팀은 인간 지놈을 해독하는 작업에 착수했다. 세포를 죽이는 레트로바이러스라는 개념은 진화적 관점에서 말이 되지 않았다. 〈네이처 바이오테크놀로지〉 과학 편집자인 분자생물학자 하비 비알리는 국립암연구소의 로버트 갈로가 AIDS의 원인을 발견했는데 범인은 레트로바이러스라는 소식을 처음 들었을 때 어디 있었는지 기억한다. "나는 뉴욕으로 가던 중이었다. 1984년 1월이었다. 내 동료가 내게 전해주었다. 웃음을 터뜨렸던 기억이 난다. 나는 '세포를 병들게 하는 레트로바이러스라고? 갈로가 개소리를 또 한 건 하셨네. 절대로 먹혀들지 않을 거야.'라고 말했다."

비알리는 이렇게 지적한다. "우리 몸의 생식세포에는 수만 종류의 레트로바이러스가 살고 있는데, 단 하나도 병을 일으킨다고 증명된 적이 없다."

비알리는 언론인 실리아 파버에게 갈로, 파우치 박사, 그리고 파우치가 HIV를 죽일 방법을 개발하라고 돈을 준 수천 명의 연구자는 몽타니에 박사가 발견한 HIV가 어떻게 그 모든 상해와 질병을 일으키는지 해명한 적이 없다고 말하면서 다음과 같이 덧붙였다.

"갈로의 가설이 진지하게 받아들여지길 바란다면 단연코 했었어야 하는 가장 중요한 해명이다. 병을 일으키는 친척도 하나 없고 사실상 인간의 생식세포에 얌전히 서식하고 있는 친척을 98,000종이나 둔 이 얌전한 바이러스가 병을 일으킨다는 주장을 어떻게 설명하겠는가? 빌어먹을, 생식세포에 98,000종이 산다고? 체세포도 아니고 난소에 산다고? 그렇다면 인간이 이 빌어먹을 지구상에 존재한 세월만큼 오랫동안 세대에서 세대로 유전되었단 말이잖나. 그 많은 종류의 레트로바이러스는 모조리 전혀 병을 일으키지 않을 뿐 아니라 무해하다. 이게 피터 듀스버그가 20년 동안 해온 주장이 전적으로 옳다는 가장 강력한 증거다."

노벨상 수상자 케리 멀리스는 쉽사리 믿어버리는 과학계에 대해 놀라움을 금치 못했다. 수백 년 동안 이루어진 과학 연구에서 갑자기 단 한 명의 의학자 갈로가 미국과 유럽에서 인류가 오래전부터 앓아온 30가지 서로 다른 질병들과 아프리카에 만연한 적어도 30여 종 이상의 질병들을 일으키는 원인을 발견했는데, 그 어떤 질병도 일으키지 않는다고 알려진 수만 종의 친척을 지닌 단 하나의 피조물이 그 모든 질병의 원흉이라니 상식에 어긋났다. 케리 멀리스는 이렇게 말했다. "과학은 그렇게 빠른 속도로 변하지 않는다. 새로 발견된 유기체가 온갖 문제를 일으키는 현상이 어느 날 갑자기 눈에 띄는 법은 없다. 해괴한 일이 일어났다. 정말이다. 이전에 의학계에서 그 어떤 전례도 없었던 일이 일어났다. '악마에게 사로잡혔다'라고 한다면 모를까. 일단 악마에게 사로잡히면 어떤 일이든 일어난다고 하지 않나? 악마에 씌이면 결핵도 쉽게 걸리고 자궁암도 쉽게 걸리고 칸디다 알비칸스도 쉽게 걸린다고 하듯 말이다. 다만 이번에는 그게 AIDS일 뿐이다. 도대체 그런 짓을 왜 할까? 정신이 제대로 박힌 의사라면 누가 온갖 증상들을 하나로 뭉뚱그려 이게 다 HIV가 일으키는 병이라고 생각하겠나?"[22] 크리스틴 마지오레는 이렇게 덧붙인다. "검사 방법이 있다고는 하지만 AIDS 검사가 아니라 HIV 검사다. 그런데 이건 HIV 검사도 아니다. AIDS라고 불리는 여러 가지 증상들이 있지만 그렇다고 AIDS가 질병으로 승격되지는 않는다."[23]

30년이 지나서야 많은 바이러스학자가 마지못해 ─ 부분적으로나마 ─ HIV가 단독으로 AIDS를 일으킨다는 갈로/파우치의 주장에 대한 듀스버그의 의구심을 받아들이게 되었다. 이제 대부분 연구 과학자들은 — 비공개적으로 — AIDS의 원인은 여러 가지라고 생각한다. 로버트 갈로 박사와 뤽 몽타니에 박사도 그리 생각한다. 앤서니 파우치 박사가 극히 드문 예외다.

존경받는 다른 과학자들은 듀스버그의 의구심에서 한발 더 나아갔다. 엘레니 파파도풀로스 박사와 발 터너 박사가 이끄는 오스트레일리아 퍼스 그룹은 갈로의 주장은 완전히 허울뿐이고 갈로도 몽타니에도 HIV를 분리하는 데 성공한 적조차 없다고 주장한다.

터너/파파도풀로스와 직접 대화하고 그들의 논문을 읽은 나는 그들의 주장이 명료하고 설득력 있다는 생각이 들었다. 그러나 과학 문헌에는 AIDS에 관한 논문이 5만여 건이 있다. 나 같은 초심자가 이런 복잡하고 기이한 논쟁을 파헤칠 가능성은 희박하다. 활발한 토론이 없으면 국민과 언론은 권위에의 호소를 토대로 견해를 형성해야 하는데, 이는 민주주의나 과학이 아니라 종교의 특성이다. 권위가 바탕이 되면 어떤 토론이든 확성기와 언론을 장악하고 자기들 이익을 추구하는 정부와 산업계가 이기기 마련이다.

앤서니 파우치와 그가 거느리는 책임연구원들은, 그러한 비판을 알리고 공개적으로 반박하기는커녕, HIV/AIDS 가설이라는 새로운 국교의 공식적인 교리들에 의문을 제기하는 과학자나 언론인은 가리지 않고 적극적이고 효과적으로 입을 틀어막고 경력을 끝장냈다.

듀스버그 처벌하기

겉으로 보기에는 듀스버그가 제기한 의문들을 중심으로 파우치 박사의 HIV 단독범행 가설에 맞서는 전선이 형성되는 듯했다. 오늘날까지도 듀스버그의 논리는 너무나도 명료하고 논리정연하고 설득력이 강해서 그의 주장을 읽어보면 무자비하게 정연한 논리의 무게를 견디지 못한 HIV 단독범행 가설 전체가 무너지지 않기란 불가능하다. 과학계는 듀스버그가 제기한 정곡을 찌르는 의문들에 대해 갈로와 파우치가 어떻게 대응할지 지켜보았다.

그러나 HIV/AIDS 가설을 중심으로 구축된 카르텔은 대응하려는 시도도 하지 않았다. 파우치 박사는 듀스버그의 주장을 아예 묵살하든가 아니면 듀스버그를 두둔하는 이를 닥치는 대로 응징함으로써 실존적 위협에 맞섰다. 그는 듀스버그를 본보기 삼아 앞으로 그 누구도 감히 의문을 제기하지 못하게 만드는 작업에 착수했다. 파우치 박사는, 비알리의 말을 빌리자면, 듀스버그가 기고한 논문이 듀스버그에게 "직업상 처참한 결과"를 초래하고 "과학자로서의 그의 운명을 십수 년 동안 결정 짓게" 못을 박았다.[24] 파우치 박사는 괴멸적이고 악의에 찬 일제 공격을 가해 듀스버그의 과학자로서의 눈부신 경력을 사실상 끝장냈다.

파우치 박사는 그의 HIV/AIDS 교리를 따르는 최상층 사제들 — 그리고 미천한 숭배자와 복사들 — 을 동원해 버클리 바이러스학자 듀스버그와 그를 따르는 과학자들에게 모진 천벌을 내렸다. 이 논쟁은 과학 역사상 가장 선정적이고 악의적이고 사사로운 감정이 결부된 투쟁으로 손꼽히게 되었다. 파우치 박사는 이 논쟁에 자신의 사활이 걸려 있었다. 바이러스를 AIDS의 원흉으로 지목하면서 NIAID는 국립암연구소로부터 AIDS 연구 관할권과 연구 자금을 빼앗았다. 파우치 박사의 경력은 HIV가 단독으로 AIDS를 일으킨다는 보편적 믿음을 유지하는 데 달려있었다. 이 논쟁은 파우치에게 실존적 문제였다. 파우치를 따르는 추기경들의 지휘하에 의료카르텔 — 약품 개발과 제조사, 연구자, 검사 장비 제조사, 비영리 자선단체 등으로 이뤄진, 고수익 부문으로 부상하던 HIV/AIDS 사업계 — 는 듀스버그를 비롯한 반론자들을 '지구 평평론자'와[25] 유대인 학살을 부인하는 유형과 같은 '부정론자'[26] 또는, 파우치 박사의 소견을 좇아, 살인자[27]라고 공격했다. AIDS 기득권 세력은 서열상 가장 미천한 계급의 의사에 이르기까지 공개적으로 듀스버그를 중상 비방했다. 국립보건원은 듀스버그에 대한 연구비 지원을 끊고 학계는 이 뛰어난 버클리 대학교 교수를 배척하고 추방했다. 과학 출판계는 그의 논문을 싣지 않았다. 그는 누구나 멀리하는 방사성 물질이 되었다.

파우치 박사는 보건복지부 왕좌에 앉아서 온갖 권력을 행사하고 여론을 조종했다. 〈암 연구〉에 실린 듀스버그의 논문이 발표된 직후 보건복지부 장관실은 '긴급 보도자료'라는 제목의 메모를 배포했다. 보건복지부는 군이 그 뿌리인 조직답게 보도 지침을 시달했다. 보건복지부는 듀스버그의 논문이 애초에 공개되도록 방치한 국립보건원을 다음과 같이 질타했다. "이 논문은 분명히 사전의 정상적인 절차를 거쳤을 테고 국립보건원은 이를 미리 간파했었어야 한다." 이 메모는 "이 논문은 많은 논쟁을 불러일으킬 게 분명했다. 이미 국립보건원 홍보부에 이 문제에 대한 조사에 착수하라고 지시했다." 라고 덧붙였다.[28]

정부의 공식적인 신학 이론에 의문을 제기했다는 이유로, 특히 보건복지부에 군림하는 기술관료와 충돌했다는 이유로, 듀스버그는 곧 국립보건원의 연구지원금이 끊기게 된다. 듀스버그가 7년짜리 '뛰어난 연구자 지원금'을 연장 신청할 시기가 되었을 즈음 이미 연장 가능성은 물 건너갔다. 항상 그래왔듯이 파우치 박사는 심복들을 국립보건원 심사위원회에 심었다. 심사위원회는 듀스버그가 강한 독성 때문에 무자비하게 비판한 약 AZT를 제조하는 글락소와 깊숙이 금전적으로 엮인 AIDS 연구자를 후보에 올렸다. 또 다른 후보는 갈로의 연구실 소속 과학자로서 갈로의 아이를 출산한 갈로의 정부였다.[29] 심사위원 3명은 듀스버그의 연구 제안서를 읽어보지도 않았다. 국립보건원은 듀스버그에게 준 연구지원금을 거둬가고 다시는 단 한 푼도 지원하지 않았다.

1987년 이전까지만 해도 국립보건원은 피터 듀스버그의 연구 제안서를 단 한 번도 탈락시킨 적이 없다. 1987년 이후로 듀스버그는 30여 건의 연구 제안서를 제출했지만, 국립보건원은 이를 모조리 탈락시켰다.

실리아 파버는 이렇게 말한다. "미국의 군산복합체(Military industrial complex) — 보건복지부, 국립보건원, 국립암연구소, 국립보건원의 AIDS 연구부서 — 전체가 군의 명령체계를 따르도록 설계되었다. 그들은 '과학'을 하지도 않고 '능력 위주'도 아니다. 군대다. 파우치는 이를 잘 파악하고 있고 반론자들을 제거하고 반론을 제기하다 파멸된 이들에 대해 자비를 베푸는 정서도 없애는 데 도가 텄다. 이제 그가 공개적으로 말하고 나섰듯이 그의 말에 토를 다는 행위 — '과학'에 의문을 제기하는 행위 — 는 죄악이다. 그는 갈 데까지 간 나머지 이제는 대놓고 자신이 곧 과학이라고 말했다."

파버는 다음과 같이 말을 이었다. "나는 미국 국민이 피터 듀스버그가 어떤 사람인지 알기를 바란다. 그가 암 유전학에서, 이수성* 연구에서 어떤 성과를 거두었고 그에게 무

---

* 상동 염색체의 개수가 정상과 다른 현상 - 옮긴이

슨 일이 일어났는지 알려지기를 바란다. 나는 국민이 답변을 요구하기를 바란다. 앤서니 파우치는 왜 미국의 최고 암 바이러스학자의 연구비를 끊고 윽박지르고 검열하고 파멸하려 했는가? 어떤 생각이 드는가? 이제 우리는 AIDS 사회운동가들의 심정을 알게 되었지만, 우리 심정은 어떤가? 대부분 우리는 적어도 가족 친지 중 한 명은 암으로 잃었지만, AIDS로 가족을 잃은 사람은 흔치 않다. 미국의 과학, 바이러스학, 암 과학을 만신창이로 파괴한 앤서니 파우치는 법정에 서서 재판받아야 한다. 그가 피터 듀스버그, '그의 주장을 진지하게 받아들인' 사람, 심지어 그를 인터뷰한 사람까지도 무자비하게 짓밟는 과정을 통해 많은 게 파괴되었다. 진짜로 어떤 일이 있었는지는 이제 드러나고 있고 드러나게 된다. 파우치는 매우 음흉한 인물로 기록되리라. 조롱거리로 전락하게 된다. 그는 AIDS에 집착했다. 왜일까? 미국은 머리에 총 맞은 듯이 이러한 집착이 절실했다. 이 모두가 돈독이 올라서 벌어졌다. 식민지에 기생하는 세계적인 장치였다. 우리는 파우치와 한 줌 밖에 안되는 목청 큰 운동가들에게 짓눌려 무릎을 꿇었다. 정말 비극이다."

은퇴한 버클리 대학교의 생물학자 리처드 스트로먼도 "그들은 그(듀스버그)를 제거했다. 좌고우면하지 않고 바로."라며 동의한다.[30]

"이 체제는 잘 작동한다. 머리에 총구를 들이대는 방법만큼 효과적이다."라고 데이브 래스닉이 말했다.[31]

1988년 인터뷰에서 갈로는 자신의 HIV/AIDS 가설에 의문을 제기한 듀스버그에 대해 분노에 가득 차 표독한 욕설을 섞어가며 "HIV는 트럭처럼 사람을 깔아뭉갠다. HIV는 클라크 켄트(Clark Kent)*도 죽이려 든다!"라고 부르짖었다.[32]

당시에 듀스버그는 자기 몸에 HIV를 주입해도 상관없다면서 갈로의 연구실에서 비롯된 바이러스 표본만 아니면 된다고 되받아쳤다.[33]

과학 문맹인 대중매체는 증거를 토대로 한 듀스버그의 주장을 위험천만한 배교행위로 치부하고 대체로 무시했다. 파우치 박사는 고분고분한 언론매체 아첨꾼들을 조종하고 공중보건 카르텔을 동원하는 자신의 역량을 이용해 자신의 이론에 회의를 품고 반론을 제기하는 이들을 응징했다. 훗날 그가 단행하게 될 검열 조치를 미리 엿보게 해준 뒤

* 수퍼맨(Superman)의 본명 - 옮긴이

어난 역량의 과시였다. 이때는 식품의약국이 의약품의 TV 광고를 허용하는 중요한 결정을 내린 1997년보다 10년 전이었다. 따라서 파우치 박사가 언론매체가 대오를 이탈하지 못하게 복종시키는 신속한 조치를 취했다는 사실이 한층 더 놀랍다. 정설로 받아들여진 교리에 포섭된 비굴한 언론매체들은 NIAID의 종교재판을 통해 나오는 공식적인 포고를 앵무새처럼 되뇌었다. 듀스버그의 주장을 인정하는 행위조차 위험했다. '인명을 구하는' 일로부터 소중한 시간을 빼앗아 가고 위험천만한 이단에 믿음을 부여하기 때문이었다. 듀스버그의 이름을 입에 올리기만 해도 무책임한 보도였다.

AIDS 단체들은 그들 웹사이트에 듀스버그와 그를 따르는 '부정론자들'에 대한 경고문을 게시했다. 파우치에게 돈을 받으며 풍족하게 살고 있었던 프로젝트 인폼(Project Inform)의 마틴 들레이니는 편지쓰기와 전화 걸기 캠페인을 벌여 듀스버그를 인터뷰하는 언론인은 모조리 해고당하게 만들겠다고 공언했다(들레이니는 훗날 HIV가 AIDS의 유일한 원인이 아니라는 듀스버그의 주장을 받아들이게 된다). 그리 시간이 많이 들지 않는 프로젝트였다. 위험을 감수하려는 언론인이 거의 없었기 때문이다. 앤서니 파우치는 듀스버그가 절대로 전국 방송에 출연하지 못하게 직접 손을 썼다. 파우치 박사는 TV 방송국을 협박하는 데 도가 텄다. 아침 방송프로그램 〈굿모닝 아메리카〉가[34] 이미 듀스버그 출연을 요청해 그가 뉴욕까지 날아오도록 했는데, 출연하기로 한 전날 프로듀서가 듀스버그에게 전화해 그의 출연이 취소됐다고 통보한 사례도 있다. 아침에 듀스버그가 호텔 TV를 켜니 앤서니 파우치가 출연하고 있었다. 이와 비슷하게, 1992년 래리 킹이[35] 듀스버그에게 원격 인터뷰를 요청했다가 갑자기 인터뷰 전날 취소했다. 그리고 래리 킹이 듀스버그를 위해 마련한 자리를 파우치 박사가 가로챘다. 1987년 레이건 대통령이 듀스버그와 파우치를 백악관에 초대해 대통령 앞에서 정중하게 토론하자고 했지만, 파우치 박사의 강요로 레이건은 만남을 취소했다. 레이건 행정부의 한 인사는 듀스버그에게 "백악관으로부터 초청받은 앤서니 파우치가 예상과는 전혀 다르게 '발끈'하면서 백악관이 국립보건원과 과학기술 평가국 소관인 과학적인 문제에 개입하는 이유가 뭐냐고 항의했다고 한다."[36]

앤서니 파우치로부터 연구소와 의과 대학원들로 끊임없이 흘러 들어간 수천만 달러 덕분에 1960년대에 표현의 자유를 수호하는 성지였던 버클리는 1980년대 무렵 반동과

의학적 이단의 중심지로 변신했다. '제거문화'의 기본 틀을 개척한 버클리는 당시 해당 분야의 최고봉이었던 듀스버그에게서 정부 연구지원금, 대학원생, 적당한 연구실, 학회 초청 등 그동안 그가 누리던 걸 모조리 박탈했다. 그는 정교수 지위였기 때문에 버클리는 정설 타파 성향의 이 과학자를 해고하지는 못했다. 버클리 대학교 당국은 듀스버그가 국립보건원의 연구비 취소에 항의하는 서신도 지지하지 않았다. 그는 대학 당국의 지지 없이는 합법적으로 절차를 진행할 수 없었다. 듀스버그는 변호사를 고용해 해마다 기본적으로 인상되는 성과급을 받아내기 위해, 즉 그의 지위에 해당하는 교수들에게 자동으로 주어지는 권리를 행사하기 위해 소송을 해야 했다. 버클리는 듀스버그의 연구가 "중요성이 떨어진다."라는 핑계를 들어 10년에 걸쳐 그의 연봉 인상을 거부했다.[37]

듀스버그 밑에서 공부하던 대학원생들은 자기 경력을 망칠까 봐 듀스버그를 버렸다. 버클리 대학은 대학원생들에게 듀스버그와 함께 연구하면 학계에서 추방당하게 된다고 경고했다. 과학 학술회의도 모조리 듀스버그 초청을 중단했다. 명망 있는 동료 학자들은 듀스버그가 참석하는 그 어떤 회의도 참여하지 않고 초청도 거절하겠다고 공개 선언 함으로써 학자로서의 고결한 성품(?)을 과시했다.

듀스 버그의 한 버클리 동료 학자는 언론인 실리아 파버와의 비공개 인터뷰에서 듀스버그를 입에 침이 마르게 칭찬했다.[38] 이 동료 학자는 그의 고결함, 그의 천재성, 그의 인간미, 그의 지성을 찬양했다. 그 동료 학자는 대학 당국과 과학 기득권층이 듀스버그를 홀대했다고 분통을 터뜨렸지만, 후환이 두려워 파버의 기사에 자기 실명이 언급되지 않기를 고집했다.

도너 연구실(Donner Lab)에서 일하는 또 다른 버클리 동료 학자는 파버에게 교수진이 듀스버그를 멀리하는 정서가 만연하다면서 "HIV에 대한 피터 듀스버그의 주장이 맞을지 모르겠지만, 이제는 HIV를 둘러싸고 거대 산업이 구축되어서 어쩔 수 없다."라고 해명했다.[39]

과학 출판계도 듀스버그를 출판계에서 퇴출했다. 〈네이처〉 편집인 존 매덕스(John Maddox)는 친히 듀스버그는 이단 행위로 과학 출판계의 표준 관행인 "대응할 권리"를 박탈당했다는 내용의 과장되고 억지스러운 사설을 썼다.[40] 매덕스는 듀스버그의 동료 학자들에게 듀스버그의 반박을 두려워할 필요 없으니, 듀스버그를 비방하는 글을 쓰라고 부추겼다. 〈네이처〉가 새로 발간될 때마다 숨어서 듀스버그를 공격하는 글이 도배되었다. 비알리는 듀스버그의 전기에서 글로 남은 이 기록의 우스꽝스럽기까지 한 세부 사항을 생생하게 전한다.[41] 〈국립과학학술원 회보〉는 회원들에게 늘 기고를 요청하는데, HIV에 관한 듀스버그의 논문에 대해 듀스버그에게 수정해달라는 온갖 요청을 했고 듀스버그가 1년에 걸쳐 수정하고 다시 제출한 논문을 싣지 않았다.

듀스버그를 옹호할 정도로 무모한 동료 학자들은 기피 대상이 되었다. 국립과학학술원 회원인 바이러스학자 해리 루빈은 듀스버그의 논문이 〈국립과학학술원 회보〉에 실리도록 애쓰다가 실패한 뒤 악의에 찬 맹공을 당했고 경력에서도 불이익을 당했다. 1992년, 듀스버그의 논문은 〈국립과학학술원 회보〉의 128년 역사상 두 번째로 게재가 금지된 논문이 되었다(다른 하나는 라이너스 폴링(Linus Pauling)의 논문이다).[42]

"듀스버그의 문제는 과학을 초월한다. 그를 윽박지르고 깎아내리는 데 참여하면 경력이 보장되었다. 파우치의 노예 신분인 과학자들은 역겨울 정도의 어조로 듀스버그를 비방하지 않으면 본인들도 파우치의 응징을 받고 연구비를 박탈당하거나 그보다 더한 수모를 겪을지 모른다는 두려움에서 그런 짓을 했다."

의료카르텔은 듀스버그에게 잘못을 뉘우치고 바로잡겠다는 개전의 정을 보이겠다고 동의만 하면 구원을 받고 예전의 지위를 되찾게 된다며 그를 회유했다. 1994년 국립보건원 고위층 유전학자 스티븐 오브라이언(Stephen O'Brien) 박사는 듀스버그에게 연락해 업무 문제로 급히 만나고 싶다고 했다. 오브라이언은 다음 날 베데스다에서 샌프란시스코까지 날라와 듀스버그를 만났다. 과거 호시절에 대한 통상적인 인사를 나눈 후 오브라이언은 연미복 안주머니에서 원고 하나를 꺼냈다. "HIV가 AIDS를 일으킨다: 코흐의 공준이 충족되다."라는 제목이 쓰인 이 원고 아래쪽에는 서로 어울리지 않는 3명의 이름이 적혀있었다. 스티븐 오브라이언, 윌리엄 블래트너, 그리고 피터 듀스버그였다.[43]

〈네이처〉 편집인 존 매덕스가 이 사과문을 유인책으로 마련했다. 듀스버그가 내 탓이로소이다라고 고백하는 문서에 서명만 하면 잃었던 걸 모두 되찾게 된다고 오브라이언은 호소했다. 듀스버그는 다시 정상의 지위를 되찾고 파우치 박사가 이끄는 의료와 과학

기득권 세력의 안락한 품에 안기게 된다고 애원했다.

듀스버그는 그 뇌물을 거절했다.[44]

2009년 한 다큐멘터리에서 듀스버그는 자신을 중상 비방한 사람들에 대해 공감까지는 아니더라도 어느 정도 이해는 한다는 듯 이렇게 말했다. "그들은 매춘부다. 대부분이. 내 동료들과 그리고 어느 정도는 나도 마찬가지다. 연구지원금을 타려면 매춘부가 되어야 한다. 매춘부가 되는 훈련을 받는다." 그는 미소를 띠고 이렇게 덧붙였다. "그러나 갈 데까지 가는 이들이 간혹 있다."[45]

토론 거부

수년 동안 언론인 존 로리첸은 듀스버그가 논문에서 제기한 의문에 대한 답변을 아무라도 좋으니 국립보건원 과학자에게 들으려고 무던히 애썼다. 그러나 NIAID는 정부 소속 과학자들에게 일절 대응하지 말라는 지시를 내렸다. 국립보건원 관리들은 로리첸에게 "로버트 갈로 밑에서 일하는 과학자들 가운데 아무도 AIDS의 기원에 대한 토론에 관심을 보이지 않는다고 되풀이해서 말했다. 따라서 로리첸은 〈뉴욕타임스〉가 듀스버그의 논문에 대해 파우치가 짤막하게 한 공식적인 답변을 보도하자 호기심이 들었다. 파우치는 "HIV가 AIDS의 원인이라는 증거는 너무 많아서 더는 토론하고 자시고 할 가치가 없다."[46]라고 말했다. 로리첸은 내게 이렇게 말했다. "언론인으로서 나는 파우치 박사에게 HIV가 AIDS의 원인이라는 '압도적인 증거' 중 한두 가지를 공개하라고 요청할 권리가 있다고 생각했다. 그는 어떻게 이런 식으로 빠져나가나? 증거가 차고 넘치니 아무도 그의 주장에 의문을 제기하면 안 된다는 듯이 행동하는 게 그의 유일한 전략이다. 파우치는 자신도 자신의 동료들도 듀스버그나 그 어떤 반론자들의 주장에 대해서도 대응할 의무가 없다는 입장을 취했다. 이건 세속 판 교황 무오류 독트린이다. 공중보건계의 황제가 'AIDS 바이러스' 이론을 공표하셨으니, 모두가 그 이론을 사실로 받아들여야 한다는 뜻이다."[47]

〈네이처 바이오테크놀로지〉를 창간한 과학 편집인 하비 비알리는 이렇게 말했다.

"AIDS 정설 기득권층의 과학자들이 내게 자기들은 '인명을 구하느라' 너무 바빠서 차분히 앉아서 피터 듀스버그의 주장을 반박할 여유가 없다면서 '그래도 굳이 해야 한다면 1분 만에 해치울 수 있다.'라고 말하는 통에 진절머리가 난다."[48]

2006년 영국의 저명한 역학자 고든 스튜어트(Gordon Stewart)도 이와 비슷한 좌절감을 털어놓았다. "나는 보건당국자들, 학술지 편집장들, HIV/AIDS 관련 전문가들에게 그들의 이론을 뒷받침하는 증거를 제시해달라고 끊임없이 요청했다. 그리고 1984년 이후로 지금까지 아직도 답변을 기다리고 있다."[49]

파우치 박사가 본인의 이론에 관한 토론을 거부하는 행위는 빙산의 일각이다. 파우치 박사는 그의 책임연구원 군단을 거느리고 모든 토론을 차단할 능력이 있다. 국립공영라디오(NPR)가 듀스버그와 HIV 가설을 지지하는 인사와의 대화를 주선하려고 했지만, 듀스버그에 맞서겠다고 나서는 사람을 찾지 못했다. NIAID 소장 앤서니 파우치는 국립공영라디오 프로듀서에게 "미심쩍은 주장을 비판하는 데 시간을 허비하면 훨씬 생산적인 일을 하는 데 차질이 생긴다."라고 말했다.[50]

비알리가 코넬대학교의 존 무어(John Moore) 박사에게 AIDS에 관한 토론을 제안하자 무어는 다음과 같은 답장을 써 보냈다. "비알리 같은 이들과 공개 토론에 참여하면 그에게 신뢰감을 주게 되는데 그는 그런 신뢰를 받을 자격이 없다. 과학계는 AIDS 부정론자들과 '토론'하지 않는다. 과학계는 경멸당해 마땅한 그들을 철저히 경멸하고 그들이 협잡꾼임을 폭로한다. 이와 관련해 다시는 내게 연락하지 말기를 바란다."[51]

그처럼 단호한 거절은 노벨상 수상자 케리 멀리스를 분노케 했다. 2004년 그는 이렇게 말했다. "증거라고는 '여러분, 이게 AIDS의 원인입니다.'라고 한 갈로의 주장뿐이다. 그게 전부다. 그게 전부였다. 그것만으로는 충분치 않다. 그것만으로는 한 해에 수천만 혹은 수십억 달러를 쓰고 수많은 생명과 고통의 대가를 치르기는커녕 어디 허술한 과학 논문을 게재하기에도 충분치 않다. 여러 가지로 사기꾼이라는 게 알려진 한 인간이 주장한, 근거도 빈약한 말 한마디 때문에 수많은 사람의 삶이 완전히 파괴되었다. 그는 이것 말고도 수없이 많은 거짓말을 했다. 도대체 왜 그를 믿는가? 그가 법정에 증인으로 나선다면 그의 증언을 믿지 않을 텐데 말이다. 우리는 그가 수없이 거짓말을 했다는 사실을 적발했다. 더는 그를 믿지 않는다."[52]

갈로가 HIV/AIDS 이론을 발표하고 20여 년이 지나서야 파우치 박사는 마침내 어쩔 수 없이 그의 이론을 방어해야 하는 상황에 부닥쳤다. 2009년 다큐멘터리 제작자 브렌트 륭 (Brent Leung)이 파우치 박사를 설득해 AIDS 역사에 대한 그의 다큐멘터리 〈하우스 오브 넘 버스: 어떤 유행병 해부하기(House of Numbers: Anatomy of an Epidemic)〉를 위해 인터뷰하기로 했다. 륭은 파우치 박사에게 HIV와 AIDS의 연관성을 가장 잘 보여주는 증거를 제시해달 라고 요청했다. 파우치 박사는 심기가 불편하고 화가 난듯했다. 파우치 박사의 해명은 애 매모호하고 알아듣기 힘든 말로 논점을 흐리는 전형적인 파우치식 대답이었다. 오늘날 미 국 국민은 그가 NIAID 소장으로서 코비드-19에 관해 언론과 했던 인터뷰에서 애매하고 무의미한 다음과 비슷한 발언을 늘어놓았던 걸 기억하리라고 생각한다:

몽타니에가 이 바이러스를 분리해 독특한 레트로바이러스로 규정하고 그의 연구 와 갈로가 이 바이러스가 AIDS의 원인이라고 밝힌 연구를 종합해서, 그리고 그들 이 이러한 연구를 종합해서, AIDS의 원인, 즉 HIV가 AIDS의 원인이라는 확증을 얻었다.[53]

"이 말을 제대로 된 영어로 번역하면 세 단어면 충분하다: 갈로가 그렇게 말한다. 그 게 파우치가 말하는 '확증'이다."라고 찰스 오틀립은 웃으면서 내게 말했다.

파우치 박사의 HIV/AIDS 이론에 대해 의구심을 표한 인사들 가운데는 유전학자 바 버라 매클린톡과 화학자 월터 길버트를 비롯해 수많은 노벨상 수상자들이 있는데, 이들 은 HIV/AIDS 가설을 뒷받침하는 과학적 증거가 없고 공중보건 관료들은 근본적인 의 문에 대해 답변할 능력도 의지도 없다고 불만을 토로하는 이들의 주장에 목소리를 보탰 다. 1989년 〈오클랜드 트리뷴〉과의 인터뷰에서 길버트는 "HIV 가설에 대한 의문이 제 기된다니 바람직하다."라면서 "아무도 AIDS의 원인이 HIV임을 증명한 적이 없다는 게 전적으로 맞다. 그리고 연구실에서 배양한 바이러스가 AIDS의 원인이 아닐지도 모른다 는 듀스버그의 주장이 전적으로 옳다."라고 덧붙였다.[54]

20세기의 가장 중요한 노벨상 수상자로 손꼽히는 케리 멀리스는 2019년에 세상을 떠났다. 그는 1994년에 이렇게 말했다. "사람들이 내게 자꾸 묻는다. '당신은 HIV가 AIDS를 일으킨다고 믿지 않는다는 말인가?' 그러면 나는 이렇게 대답한다. '내가 믿고 안 믿고는 중요하지 않다. 그 주장을 뒷받침하는 과학적 증거가 없단 말이다!'[55] HIV가 AIDS의 원인이라는 증거가 있다면 이를 보여주는 과학 문건이 하나 또는 여럿 있어야 한다. 적어도 높은 확률로 말이다. 그런 문건은 없다."[56]

1994년 멀리스는 파우치 박사의 주장을 뒷받침하는 공식적인 증거를 제시하는 연구원이라면 누구든 부와 명예를 거머쥐게 된다는 유인책이 존재했으므로 아무도 이러한 증거를 제시하지 못했다는 사실 자체가 HIV이 단독으로 AIDS를 일으키지 않는다는 강력한 증거라고 지적하고 다음과 같이 말했다. "박사과정을 이수한 연구자가 의심의 여지 없이 HIV가 AIDS의 원인임을 보여주는 문헌을 검토한 논문을 쓴다면 그 사람은 유명해진다. 그럴 기회가 있었던 사람이 1만여 명은 된다. 10년이 흘렀다. 그런데 박사후 과정을 하는 친구 하나가 두각을 나타내고 평생 앤서니 파우치로부터 연구지원금을 보장받게 되길 기다렸지만, 아무도 나타나지 않았다. 아무도 결정적인 검토 논문을 쓰지 않았다. 그런 논문이 나왔다면 어떤 학술지라도 이를 게재할 것이다. 바로 이게 HIV가 AIDS를 일으키지 않는다는 증거다."[57]

듀스버그의 주장을 받아들인 가장 뜻밖의 인사는 최초로 HIV를 발견한 뤽 몽타니에다.

1990년 샌프란시스코에서 열린 국제 AIDS 회의에서 몽타니에 박사는 분명히 자신의 이익에 반하는 놀라운 고백을 했다. 그는 "HIV는 무해할지 모른다."라고 했다.[58] 몽타니에는 AIDS 이론의 창시자다. 그는 또한 정직한 과학자이기도 하다. 그래서 그는 백기 투항했다. 몽타니에가 HIV/AIDS 연관성을 깎아내리다니 이는 경천동지할 소식이었어야 한다. 그런데 회의 참석자들은 — 대부분이 두둑한 수입원이 되어 주는 HIV/AIDS 정설에 만족하고 있었으므로 — 몽타니에의 중대한 고백을 묵살하고 곧바로 새로 출시된 항바이러스제에 관한 토론으로 넘어갔다.

케리 멀리스는 파우치의 교리가 사람을 최면시키는 막강한 위력을 발휘해 추종자들이 애초에 그 교리를 창설한 천재가 공개적으로 교리의 파산을 선언해도 무시하는 광경에 놀랐다. 케리 멀리스는 "세월이 흘러 사람들이 이 시기를 돌아보게 되면 AIDS의 원인이 HIV라는 이론을 받아들인 우리는 단지 지구가 우주의 중심이 아니라고 주장했다는 이유로 갈릴레오를 파문한 종교지도자들 못지않게 어리석었다고 깨닫게 될 것이다."라고 예언하면서 다음과 같이 덧붙였다. "수많은 과학자가 HIV가 AIDS의 원인이라는 증거가 있는지 냉철하고 중립적으로 살펴보기를 완강히 거부해 왔다는 게 실망스럽다."[59]

다 돈 때문이다

오늘날, HIV가 AIDS의 유일한 원인이라는 추정이 수십억 달러 가치에 달하는 산업의 핵심적 토대다. 이 추정이 끈질기게 목숨이 유지되는 이유는 적어도 부분적으로는 파우치 박사가 끊임없이 돈을 쏟아붓기 때문이다. 찰스 오틀립은 내게 이렇게 말했다. "과학을 하려면 돈이 들고 돈을 나누어주는 자가 과학을 좌지우지한다."

"사회적으로 이해하기 어려울 것은 하나도 없다. 피터 듀스버그의 주장이 사람들의 지위와 소득을 위협하기 때문일 뿐이다. 그들의 개인적인 소득과 지위가 위협받기 때문에 그들은 그렇게 야비하게 군다. 1980년대에 많은 이들이 앤서니 파우치와 그와 가까운 이들에게 생계를 의존하게 되었다. 모두 정말로 성공해서 자기 밑에서 일하는 사람들을 많이 거느리고 권력을 누리고 싶었다."[60]

비알리도 이 말에 동의한다. "우선 어마어마한 금전적 이익과 사회적 이익이 걸려있다. 수십억 달러의 연구지원금, 주식옵션, 사회운동 예산 등의 토대가 HIV가 AIDS의 원인이라는 추정이다. 이 추정이 무너지면 의약품과 진단검사 산업, 사회운동의 명분 등이 모조리 존재 이유를 잃는다."

2004년 다큐멘터리 〈AIDS의 이면(The Other Side of AIDS)〉에는 놀라운 장면이 나온다. 캐나다 책임연구원이자 (세계 최대 규모의 AIDS 연구자와 임상학자들 조직인) 국제 AIDS 협회 회장인 의사 마크 웨인버그(Mark Wainberg)가 격분한 어조로 "HIV가 AIDS의 원인이라는 개념을 무너뜨리려는" 듀스버그를 비롯한 이들은 "재판에 넘겨져야 한다."라고 주장하는 장면이다. 그는 HIV/AIDS 회의론자들을 "죽음을 야기한 범죄자들"이라고 본다.[61]

그는 "피터 듀스버그는 이 지구상에서 과학계에서 사이코패스에 가장 근접한 자다." 라고 주장한다.[62]

그러더니 그는 인터뷰가 끝났다면서 옷깃에 부착한 마이크로폰을 거칠게 떼어내고 자리를 뜬다.

그다음 장면이 그 이유를 보여준다.

관중이 박장대소하더니 야유를 퍼붓는다. 스크린에 웨인버그의 특허출원 목록과 HIV 관련 산업과의 금전적 관계가 등장한다.

다른 여러 원인

HIV가 AIDS의 원인이 아니라면 뭐가 원인이란 말인가? 라는 질문이 나오게 된다. 유수의 과학자들은 AIDS의 기원을 설명할 여러 가지 신빙성 있는 이론들을 제시했다. 그 가운데 가장 설득력 있는 세 가지 이론을 살펴보겠다. 우선 듀스버그의 이론을 살펴보겠다. 그가 시기적으로 가장 먼저 다른 이론을 제시했고 그의 영향을 받아 영향력 있는 많은 이들이 그의 뒤를 따랐기 때문이다. 듀스버그의 이론에 뒤이어 나온 이론들도 — 공교롭게도 로버트 갈로와 뤽 몽타니에가 제시한 또 다른 가설을 포함해서 — 설득력이 있지만, 공중의 관심이나 지지를 받지 못했다. 듀스버그가 벌인 한판 승부를 통해 파우치 박사가 남의 경력을 파괴하는 막강한 힘이 있음이 드러났고 듀스버그 이후로 아무도 새로운 이론을 들고나와 '왜소한 체구의 NIAID 소장'에게 도전장을 내밀 용기와 의지를 보이지 못했다.

듀스버그의 이론

듀스버그와 멀리스를 비롯해 HIV/AIDS 가설을 비판하는 이들은 AIDS라고 알려진 모든 치명적인 증상들은 1980년대에 만연하게 된 다양한 환경적 물질에의 노출 때문이라고 주장한다. 이들은 HIV가 서로 중첩되는 여러 가지 생활 방식과 연관된 일종의 무임승차자라고 주장한다. 듀스버그를 비롯해 그를 따르는 많은 이들은 동성애자 남성과 마약중독자의 기분 전환용 약물 다량 사용이 AIDS 1세대 환자들 사이에 면역결핍을 일으킨 진짜 원인이라는 증거를 제시했다. 그들은 AIDS의 첫 증상인 카포지육종과 주폐포자충 폐렴 둘 다 성적으로 문란한 동성애자들 사이에서 인기 있는 약물인 질산아밀, 즉 '파퍼(popper)'와 밀접한 관련이 있다고 주장했다.[63] 그밖에 흔히 나타나는 '소모성' 증상도 모두 다량의 약물 사용과 생활방식에서 비롯되는 스트레스 요인과 관련이 있다. (이에 관한 토론에 관심이 있다면 듀스버그의 역작 〈AIDS 바이러스 날조하기〉의 제3장 '바이러스 사냥'을 읽어보라) 듀스버그는 설득력 있는 주장을 하고 있고 그의 주장은 널리 알리고 진지하게 토론해야 할 가치가 있다고만 말해두겠다.

듀스버그 박사는 1980년대에 나타난 심각한 AIDS 사례들은 스톤월 인(Stonewall Inn)* 사건 이후 약물 사용이 만연한 동성애자 파티에서 흔했던 행동을 한 남성들 사이에서 나타난다는 점을 주목했다. 위험 요인들은 여러 상대와의 문란한 성관계, 메세드린, 코케인, 헤로인, LSD를 비롯한 향정신성 약물과 만연한 성병을 치료하기 위해 처방받은 복합적인 항생제의 독성에의 노출이 축적된 상태 등이 있다. 초창기에 AIDS 환자들은 AIDS 진단을 받기 전 해에 적어도 평균 세 가지 항생제를 복용하고 있었다.[64]

초창기 AIDS 환자들의 약 35퍼센트가[65] 정맥주사로 마약을 주입하는 이들이었다. 듀스버그는 자신의 논문 "AIDS의 발생에서 약물이 하는 역할(The Role of Drug in the Origin of AIDS)"에서 1900년 이후 마약 중독자들 사이에서 나타난 AIDS와 유사한 증상들을 기록한 십수 건의 의학 자료들을 인용하고 있다.[66] 이러한 의학 문헌은 헤로인, 모르핀, 스피드, 코케인, 그리고 정맥으로 주입하는 약물들이 면역체계를 심각하게 훼손한다고 다음과 같이 입증한다. "일찍이 1909년부터 향정신성 약물이 AIDS와 유사한 면역억제(임상적 자가면역성)로 이어진다는 증거가 축적되어 왔다."[67] 오늘날 HIV 감염되지 않은 많은 미국 마약 중독자들은 AIDS 환자와 똑같이 CD4+ T-세포를 잃고 똑같은 질병에 걸리고 있다. 문란한 성관계에서 비롯되는 성병과 A, B, C형 간염과 같은 혈행성 질병들도 이 집단 사이에 면역억제를 유발한다.

---

* 동성애자들이 드나든 술집으로서 1969년 경찰의 수색으로 폭동이 일어났던 장소 - 옮긴이

듀스버그의 이론은 결코 새롭지도 낯설지도 않다. 파우치 박사 본인도 1984년에 약물이 주폐포자충 폐렴 등 AIDS의 전형적인 증상들을 일으키는 합당한 이유라며 다음과 같이 시인했다. "면역체계를 눈에 띄게 억제할 약물을 복용한다면 폐렴에 걸릴 가능성이 상당하다. AIDS 환자들에게 바로 그런 현상이 나타나고 있다."[68]

파퍼(Popper)와 약물들

갈로가 HIV를 '발견'하기 전 정부 소속 연구자와 유수의 과학자들은 당초 기분 전환용 약물이 가장 의심스럽다고 추측했다. 듀크 의과대학원의 저명한 전염병 전문가이자 국립보건원의 생명윤리 위원회 위원을 지낸 데이비드 듀랙(David Durack) 교수는 1981년 12월 〈뉴잉글랜드의학학술지〉에 실린 논문에서 (오늘날에도 여전히 타당한) 의문을 제기했다.[69] 바이러스와 동성애는 인간의 역사만큼이나 오래됐는데 어떻게 AIDS가 이제서야 나타났을까?[70] 듀랙 박사는 기분 전환용 약물을 원인으로 고려해야 한다면서 이렇게 주장한다. "기분 전환용 약물은 대부분의 AIDS 사례들이 발생하는 대도시에서 널리 사용된다. 아마 이러한 기분 전환용 약물들 가운데 하나 이상이 면역을 억제하는 듯하다." 듀랙은 약물을 사용하는 동성애자 외에 AIDS 증상을 보이는 환자는 '마약중독자'뿐이라고 말했다.[71] 듀스버그가 보기에 가장 위험이 큰 마약중독은 질산아밀 파퍼의 남용이었는데, 이 약물과 자가면역질환과의 연관성은 잘 알려져 있다.

최초의 AIDS 사례는 서로 모르는 사이인 동성애자 남성 5명이었다. 그들은 희귀한 주폐포자충 폐렴과 과거에 고령의 남성만 걸렸던 암의 한 유형인 카포지육종 진단을 받았다. 캘리포니아주의 병원에서 이례적인 증상을 보이는 새로운 질병을 연구하는 마이클 고틀립(Michael Gottlieb) 박사는 이 질병의 특징과 이 질병이 유행하는 맥락을 최초로 발견했다고 알려졌다. 1981년 로스앤젤레스에서 고틀립 박사는 동성애자의 생활 방식을 추구하면서 문란한 성생활을 즐기는 파티광들이 똑같은 증상을 보이는 사실을 포착했다. 그들은 동시에 여러 가지 서로 다른 기분 전환용 약물을 복용하고 있었고 이성애자인 약물 사용자들과는 다르게 과도하게 약물들을 섞어서 복용하고 있었다. 그들은 술집, 클럽, 공중목욕탕에도 자주 드나들었다. 그들은 날마다 낯선 사람 여럿과 성관계를 했고 ― 한 해에 1,000명까지 이른 경우도 있다 ― 매독, 임질, B형 간염 등 성행위를 통해 전염되는 흔한 질병들 대부분에 걸려 있었다. 따라서 그들은 온갖 항생제에도 기능적으로 중독되어 있었다. 마크 게이브리쉬 콘런은 이렇게 말한다. "이 모두가 몇몇 동성애자 남성이 쉴 틈 없이 몸에 무리를 가하는 여건을 조성했다. 얼마 지나지 않아 그들의 면역체계가 무너지기 시작하고 과거에는 나이가 들면서 면역체계가 약해지는 노인에게서만 나타났던 증상을 보이며 병들기 시작한 게 당연하다."[72]

동성애자 사회운동가인 존 로리첸은 아마도 가장 오랫동안 AIDS에 관한 기사를 쓴 언론인일 것이다. 그는 "내가 처음으로 중요한 AIDS 관련 기사를 쓴 때가 1985년이었다. 아주 초창기 AIDS 환자들은 증세가 상당히 심각했는데, 그럴만한 이유가 있었다."[73]

로리첸과 수많은 유수의 의학 연구자와 정부 공중보건 관리들은 AIDS 유행 초창기에 파퍼가 주요 원인이라고 결론 내렸다. 화학자들은 1850년대에 혈관확장제로 질산아밀을 개발했고 이를 작은 유리병인 앰풀(ampule)에 담아 팔았다. 의사가 이 앰풀을 따면 펑(Pop) 소리가 났고 이를 의식을 잃은 환자의 코밑에 대면 환자가 의식을 회복했다. 의식을 회복하는 바로 그 원리가 항문 근육을 이완시키고 강력한 희열을 느끼게 해주므로 파퍼는 동성애자의 성관계용 약물로 군림하게 되었다.

파퍼는 1970년대 말 동성애자 사교 활동에서 중요한 요소가 되었다. 1987년 이전에 AIDS 환자는 하나같이 파퍼를 다량 사용한다고 시인했다.[74] 외설물을 취급하는 상점, 술집, 공중목욕탕 탈의실에서도 하나같이 파퍼를 팔았다.[75] 파티광인 동성애자들은 무도장에서 격렬한 성관계를 하는 동안 끊임없이 파퍼를 흡입했다. 술집과 무도장은 파퍼가 풍기는 자극적인 화학 약물 냄새가 진동했다. 영업을 종료할 때가 되면 바텐더들은 일상적으로 "마지막 술 주문받습니다." "마지막 파퍼 주문받습니다."라고 외쳤다.[76] 연구자들은 파퍼가 코, 인후, 폐, 피부를 훼손하는 희귀한 피부암 유형인 카포지육종의 직접적인 원인이라고 생각한다.[77] 카포지육종은 AIDS에 걸리면 초기에 나타나는 징후지만, HIV에 감염되지 않은 동성애자 남성들에게서도 흔하다.

파퍼는 면역체계, 유전자, 폐, 간, 심장, 또는 뇌를 심각하게 훼손한다. 파퍼는 다발성 경화증과 비슷한 신경 손상을 일으키고, 암을 유발하고, '흡입 돌연사(sudden sniffing death)'로 이어지기도 한다.[78]

로리첸에 따르면, "나는 휘발성 아질산염에 관한 의학 문헌이 방대하다는 사실을 발견했다. 가장 단순한 종류는 매우 강력한 산화 물질인데, 이는 AIDS 원인 중 하나이기도 하다. 여러 유형의 빈혈을 일으킨다. 파퍼는 유전자를 변형시키고 암을 유발하는 강력한 효과가 있다. 세포 변화와 암을 유발한다는 뜻이다. 내게 정보를 제공한—AIDS 환자 연맹에서 매우 활발하게 활동하는—필슨은 자기가 AIDS에 걸린 동성애자 남성 수백 명을 인터뷰했는데 거의 모두가 약물을 다량으로 사용했다고 주장했다. 단 한 명의 예외도 없이 모두가 파퍼를 사용했다."[79] 토비 아이젠스타인(Toby Eisenstein)의 논문에 따르면, 파퍼에 든 아질산염은 쥐에게서 면역체계를 강력히 억제한다.[80]

정부 연구자들과 규제 당국자들도 이러한 연관성을 뒷받침했다. 갈로가 HIV/AIDS 가설을 발표하기 전까지만 해도 질병통제예방센터는 파퍼가 AIDS의 범인일 가능성이 크다고 보았다. 갈로가 HIV/AIDS 가설을 발표하기 1년 전 질병통제예방센터 소속 AIDS 전문가 해리 헤이버코스는 질병통제예방센터가 실시한 AIDS 환자 설문조사 세 건을 분석했고, 파퍼 같은 약물이 이 질병을 일으키는 데 핵심적인 역할을 한다는 결론을 내렸다. L. T. 시걸은 〈미국 정신과학 학술지〉에 게재된 논문에서 아질산염을 흡입하면 암을 유발하는 니트로사민을 생성한다고 했다. 식품의약국의 토머스 헤일리도 똑같은 경고를 발령했다.[81]

갈로의 1984년 기자회견에 뒤이어 파우치 박사는 파퍼 같은 AIDS의 공동 요인들에 관한 대화를 철저히 억누르는 작업에 착수했다. 질병통제예방센터는 재빨리 파우치 뒤에 줄을 섰다. 질병통제예방센터는 헤이버코스의 논문을 제끼고 파퍼와 AIDS의 연관성에 대해 적개심을 보인 파우치 박사를 좇기 시작했다. 질병통제예방센터는 못마땅한 데이터는 적극적으로 억누르고 파퍼가 안전하다고 '증명'하는 대표적인 쓰레기 과학으로 손꼽히는 논문 하나를 공개했다.[82] 질병통제예방센터 연구자들은 동성애자가 파퍼를 원기 회복용으로 한 차례 사용한다고 가정하고 동성애자 남성이 파티하는 하룻저녁에 사용할 분량의 1,000분의 1에 해당하는 양을 실험용 쥐에게 평생 주입했다. 이 연구는 "철저한 날조"라고 로리첸은 말한다.[83] 아질산염과 AIDS의 연관성을 실험한 연구들 가운데 일부의 목록은 〈오펜하이머, 논란의 중심에서(Oppenheimer, In the Eye of the Storm)〉 295쪽 주34를 참조하라.[84]

헤이버코스는 1984년 식품의약국으로 옮겨 AIDS 정책 조율을 책임지게 되었다. 그의 논문은 마침내 1985년 〈성병〉 학술지에 실렸고,[85] 이를 계기로 〈월스트리트저널〉은 파우치 박사가 AIDS의 원인이라고 주장하는 HIV가 아니라 AIDS 환자들 사이의 보편적인 약물 사용을 AIDS의 근본적인 원인으로 간주해야 한다는 기사를 실었다.[86]

랜디 쉴츠(Randy Shilts)는 AIDS 위기의 역사를 다룬 자신의 저서 〈그리고 악단은 연주를 계속했다(And the Band Played On)〉에서 파퍼는 AIDS에 대한 "설득력 있는" 출발점을 제시한다면서 "이 병에 걸린 사람은 하나같이 파퍼를 코로 흡입한 듯하다."라고 기록한다.[87]

이 책을 집필하는 동안, 아동건강보호(Children's Health Defense) 단체의 연구자 로빈 로스(Robyn Ross, 변호사)는 이 대 서사극에서 드러나지 않았던 뜻밖의 공교로운 사실을 내게 전해주었다. 알고 보니, 버로우스 웰컴은 1942년에 출원한 파퍼 용기의 특허를 보유하고 있고 1980년대와 90년대에 파퍼를 만든 최대 제조사로 손꼽혔다. 일찍이 1977년 〈뉴욕데일리뉴스〉는 버로우스 웰컴이 파퍼 매출이 증가하면서 건강을 해치는 사례가 만연하자 이에 따른 비판을 모면하려고 어떤 전략을 실행했는지 설명했다. 곧 알게 되겠지만, 버로우스 웰컴을 비롯한 파퍼 제조사들은 그 시대에 동성애자가 주로 보는 신문의 최대 광고 수입원이었고, 그들은 그러한 지위를 지렛대 삼아 질산아밀과 면역체계 붕괴를 연관 짓는 언론인은 누구든 검열하라고 언론사에 강요했다. 파퍼를 AIDS의 원흉으로 지목한 듀스버그를 비롯한 다수 인사의 주장이 옳다면 버로우스 웰컴은 AIDS를 유행시키는 파퍼도 팔고 동성애자 남성 한 세대를 독살한 AZT '치료제'도 팔아 수익을 올린다는 뜻이었다. 앤서니 파우치는 이런 순환고리에서 교통 정리하는 경찰 역할을 했다. 파우치는 규제 권한을 이용해 AZT 판매를 촉진하는 한편, AIDS 치료에 대한 버로우스 웰컴의 독점권을 효과적으로 획책했다. 이와 동시에 그는 파퍼의 독성에 관한 연구를 억누르고 AIDS의 원인을 바이러스로 돌려 버로우스 웰컴을 심각한 책임으로부터 보호해 주었다.

카포지육종(Kaposi's Sarcoma)

1990년, 질병통제예방센터의 유수한 과학자 4명이 〈랜싯〉에 게재된 논문에서 HIV에 감염되지 않은 젊은 동성애자 남성들 사이에 카포지육종이 흔하다고 주장했다. 그들은 AIDS의 정의에서 가장 핵심적인 질병인 카포지육종이 "아직 확인되지 않은 전염원에 의해 주로 성접촉을 통해서 전염될지도 모른다."라고 했다.[88]

이는 놀라운 진전이었다. 카포지육종은 AIDS의 초기에 나타나는 결정적인 증상이기 때문이다. 1981년 이전만 해도 카포지육종은 아주 나이가 많은 노인만 걸리는 질병이었다. 그런데 이 질병이 갑자기 젊은 남성들에게서 나타나는 현상은 AIDS 위기를 촉발하는 신호로 간주되었다. 카포지육종은 AIDS 팬데믹을 진단하는 신호라는 게 의료계가 받아들이는 근본적인 원칙이었다. AIDS 존재 자체가 카포지육종과 불가분의 관계였다. HIV가 카포지육종 발생에 책임이 없다면 다른 범인이 있어야 한다. 이러한 극복 불가능한 논리에 따라 파퍼가 AIDS의 다른 증상들 ─ 특히, 과학자들이 질산아밀과도 연관 지은, 면역억제라는 또 다른 주요 증상 ─ 도 일으킬지 모른다는 의문이 제기되었다.

로버트 갈로는 공개적으로는 HIV가 AIDS의 유일한 원인이라는 파우치의 공식적인 정설을 고수했지만, 비공식적으로는 HIV가 카포지육종이나 AIDS를 일으킨다는 자신의 이론에 대해 회의를 내비쳤다. 1994년 "아질산염은 카포지육종을 일으키는 공동 요인으로 작용할까?"라는 주제로 열린 공중보건 관련 고위당국자 회의에서 갈로는 자신이 믿는 동료에게 놀라운 고백을 했다. 그는 HIV가 카포지육종의 '촉매제 역할'을 할 뿐일지 모른다며 다음과 같이 시인했다. 로버트 갈로는 "다른 뭔가가 관여하는 게 틀림없다."라고 하더니 경천동지할 다음과 같은 고백을 덧붙였는데, 듀스버그의 논문에서 직접 인용했을 법한 말이었다. "내가 이점을 분명히 했는지 모르겠지만, 여기 참석한 누구나 알고 있다고 생각한다. 우리는 카포지육종의 종양 세포에서 HIV의 DNA를 발견한 적이 없다는 사실 말이다. 따라서 HIV가 직접 종양을 일으키지는 않는다. 사실 T-세포도 들여다봤지만, HIV의 DNA를 찾은 적이 없다. 따라서, 다시 말하면, 우리는 HIV가 어떤 식으로든 세포의 형질을 변환시키는 바이러스 역할을 하는 걸 본 적이 없다."[89]

그 회의에는 당시 국립 약물남용 연구소 AIDS 담당 부서 부서장이었던 해리 헤이버코스도 참석했다. 헤이버코스는 갈로에게 카포지육종을 앓는 사람의 혈액을 수혈한 사람들 가운데 단 한 명도 카포지육종에 걸렸다고 보고된 적이 없다고 말했다. 수혈로 카포지육종이 전염되지 않는다면 정액을 주고받는 행위가 원인일 개연성이 거의 없다고 헤이버코스는 말했다. 이에 대해 갈로는 "아질산염(파퍼)이 주요 요인일 가능성이 있다."라고 시인했다.[90]

갈로의 발언이 지닌 지각 변동적인 의미를 제대로 이해하려면 미국과 독일 같은 부유한 나라에서 카포지육종은 주폐포자충 폐렴과 더불어 'AIDS' 환자를 진단할 때 살펴보는 가장 대표적인 질병이라는 사실을 상기해야 한다. 예컨대, 1987년 〈슈피겔〉은 AIDS 환자를 "동성애 현장"에 출몰한 "육종으로 뒤덮인 해골"이라고 묘사했다.[91]

1990년 무렵, 정부 규제 당국자들은 이미 카포지육종을 AIDS 정의에서 빼려고 서두르고 있었다. 오스트레일리아 생물학자이자 AIDS 전문가인 엘레니 파파도풀로스는 2004년 이렇게 기록했다. "현재 (질병통제예방센터 과학자들조차) HIV는 직접적이든 간접적이든 카포지육종을 일으키는 데 아무런 역할도 하지 않는다는 사실을 받아들인다."[92] 그런데 카포지육종을 AIDS 정의에서 빼다니 HIV가 AIDS의 유일한 원인이라는 정설에 도움이 되지 않는 사실을 다른 걸로 바꿔치기하자는 속셈이었다. 카포지육종은 AIDS를 규정하는 질병이었다. 실리아 파버는 "처음에는 AIDS가 곧 카포지육종이었다."[93]라고 말한다. 카포지육종과 AIDS의 관계는 너무 잘 알려져 있었으므로 이 두 증상이 별개라는 주장은 HIV/AIDS 정설을 절대로 파고들지 못했다. 카포지육종은 선진국 진영에서 여전히 AIDS의 공식적인 정의에 포함되어 있고(카포지육종 검사에서 양성이 나온 사람은 AIDS 환자로 간주한다), 〈뉴요커〉 같은 주류 언론매체는, 사실과는 달리, 여전히 "카포지육종은 AIDS의 징후," 즉, HIV가 카포지육종의 원인이라고 보도하고 있다.[94]

범인으로서의 AZT

1987년 이후, 듀스버그 박사와 그를 따르는 과학자들은 'AIDS 사망'의 압도적 다수는 실제로 — 인간의 세포를 의도적으로 죽이는 게 목적인, 파우치 박사의 '항레트로바이러스' 화학요법인 — AZT가 원인이라고 주장했다. 듀스버그는 이를 "AZT가 일으키는 AIDS"라고 묘사한다. 공교롭게도 그는 파우치 박사가 AIDS 환자에게 처방하라고 권하는 독성이 강한 약품인 AZT가 파우치가 AIDS의 원인이라고 지목한 바이러스인 HIV가 못하는 일, 즉 AIDS를 일으키는 일을 한다고 주장했다.

비판적 사고를 하는 사람들로 채워진 합리적인 세상이라면 AZT가 면역체계를 파괴한다는 듀스버그의 의구심이 새로운 깨달음에서 비롯된 주장으로 보여서는 안 된다. 식품의약국은 이미 오래전에 AZT가 독성이 너무 강해서 단기간 암 치료제로도 사용하면 안 된다고 판단했었다. AZT는 유전자를 변형시키는 성향이 매우 강하다. 즉 유전자 자체를 파괴한다는 뜻이다. AZT는 쥐에게서 암을 일으킨다. 림프구라고 불리는 혈액세포가 생성되는 척수를 공격한다. 림프구는 AIDS 환자들의 면역력에 가장 필요한 세포다. AZT는 뼈, 신장, 간, 근육조직, 뇌, 중추신경계를 무차별적으로 파괴한다.

암 환자들은 보통 화학요법 약물을 2주 동안만 복용한다. 그런데 앤서니 파우치의 피슬 연구 덕분에 의사들은 이제 환자에게 평생 AZT를 처방하고 있었다! 듀스버그는 "화학요법은 몇 달로 제한되어 있다. 환자가 죽기 전에 암이 먼저 죽으리라는 희망을 걸고 말이다."[95]

듀스버그는 AZT가 AIDS를 일으킬 뿐 아니라 기분 전환용 약물로 인한 자가면역성으로 과거에 사망한 사람들보다 더 많은 사람을 죽였다고 믿는다. "AZT가 AIDS와 AIDS를 규정하는 질병들을 일으키고 있다. AZT는 카포지육종을 일으키지 않지만, 면역결핍은 일으킨다. 그렇게 하도록 설계된 약이다. 제조사들은 구체적으로 AZT가 'AIDS 같은 질병들'을 일으킬 수 있다고 말한다." 버로우스 웰컴의 AZT 사용 설명서는 "레트로비어(AZT의 상표명) 투여와 연관될 가능성이 있는 부작용과 HIV 질병이나 그 질병을 앓는 동안 발병하는 질병들의 증상을 구분하기가 어렵다."라고 경고하고 있다.[96] 다시 말해서, 제조사조차 AZT가 AIDS를 규정하는 질병들을 일으킨다고 인정한다.

케리 멀리스는 "어떤 화학요법 약제든지 여생 동안 복용하면 그 약제는 당신을 죽일 가능성이 크다."[97]라고 말하면서 이렇게 덧붙였다. "암 환자에게 화학요법 약제를 투여할 때는 14일 또는 며칠 동안 한다. 환자를 죽이지 않기를 바라면서 말이다. 암은 죽이고 환자는 살리기를 바란다. 그러나 환자가 죽을 때까지 화학요법을 쓰지는 않는다. 그러면 확실히 죽기 때문이다."[98] 뤽 몽타니에도 HIV에 대해 이와 똑같은 사항을 지적한다. "HIV 약은 무엇이든 독성이 있다. 100퍼센트 HIV 효소만 공략하는 게 아니기 때문이다."[99]

듀스버그가 옳다면, AIDS는 의원성(iatrogenic, 의사가 일으키는) 팬데믹이고 파우치 박사가 그 의사다. 그가 첫 사례는 아니다. 역사적으로 처방 약이 그 약으로 고치려는 병보다 훨씬 심각한 상해를 일으킨 사례들이 많이 있다. 내 작은아버지 테드 케네디 상원의원이 폭로해 1973년에 중단된, 악명높은 터스키기 실험(Tuskegee Experiment, 1932-1973)은 공중보건 규제 당국자들이 매독의 증상들 가운데 어떤 증상을 파상균이 일으키고 어떤 증상을 (그 당시를 기준으로) 의사들이 500년 이상 처방해 온 수은 '치료법'이 일으키는지 밝히려는 노력으로 시작되었다. 알고 보니, 매독의 가장 치명적이고 고통스러운 증상—2기에 나타나는 치명적인 신경장애—는 사실 급성 수은 중독이었다. 수은은 자연에서 발견되는 가장 독성이 강한 물질이므로 이는 당연하다.

동성애자 역사학자이자 출판인인 마크 게이브리쉬 콘런은 다음과 같이 말한다. "AIDS는 여러 가지 요인이 일으키며 장기간에 걸쳐 면역체계가 훼손되는 만성 질병으로서 일반적으로 하나 이상의 요인이 AIDS나 AIDS로 기술되는 질병에 걸린 환자의 신체 내에서 작동해 발생한다. 게다가, 서구진영에서는 기분 전환용 약물 사용, 실제로 성관계를 통해 전염되는 질병들을 비롯한 각종 질병과 이를 치료하기 위한 반복적인 항생제 복용을 비롯해 제약사의 약품 사용과 반복적인 감염, 잦은 파티를 즐기는 생활 방식, 영양부족 등 여러 요인이 있고, 제3 세계의 경우 AIDS는 주로 영양실조, 기아, 오랜 세월 동안 환경의 일부가 되어온 풍토성 감염 등으로 인한 질병이다."[100]

듀스버그 박사, 윌너 박사를 비롯한 여러 인사는 AZT가 독성이 덜한 화학요법 약물이 도입되기 전인 1986년부터 1996년 사이에 수만 명의 미국인을 죽였고, AIDS 1차 팬데믹 동안 기분 전환용 약물과 관련된 면역결핍보다 훨씬 많은 사망을 초래했다고 믿는다. 1987년 7월 말 〈뉴잉글랜드의학학술지〉에 실린 "AIDS 환자 치료에서 아지도타이미딘(AZT)의 독성과 AIDS 관련 합병증"이라는 제목의 과학 논문과[101] 1993년 5월 런던의 〈인디펜던트〉의 포괄적인 탐사보도 기사 "AZT의 흥망성쇠"[102] 모두 AZT는 불특정한 AIDS에 대한 효과가 의심되는, 치명적인 살인자라는 듀스버그의 이론을 뒷받침한다.

루돌프 누레예프(Rudolf Nereyev)와 아서 애쉬(Arthur Ashe)

역대 최고의 발레리노인 루돌프 누레예프는 내 부모님의 친구였다. 그는 1960년대와 1970년대에 우리 가족의 집을 방문하곤 했다. 그는 의사의 만류에도 불구하고 AZT를 복용하기 시작했다. 누레예프는 HIV 양성이라는 점만 빼고 매우 건강했다. 그의 주치의 미셸 카네시는 AZT의 치명적인 효과를 인식하고 누레예프에게 AZT를 복용하지 말라고 경고했다. 그러나 누레예프는 "난 그 약이 필요해요!"라고 우겼다.[103] 그는 치료를 시작한 후 곧 병들었고 1993년 파리에서 54세의 나이로 세상을 떠났다.

그 해, 과거에 윔블던 테니스에서 우승한 아서 애쉬도 49세의 나이에 세상을 떠났다, 애쉬 역시 우리 가족과 친구였고 히커리 힐과 하이아니스 포트에 있는 우리 가족 집에 수시로 드나들었다. 이성애자인 애쉬는 1988년 자신이 HIV 양성이라는 사실을 알게 되었다. 그의 주치의는 그에게 매우 고용량의 AZT를 처방했다.[104] 1992년 10월, 아서는 〈워싱턴포스트〉에 기고한 칼럼에서 AZT에 대해 크게 염려했다. 애쉬는 "나 같은 AIDS 환자들에게 혼란스러운 점은 HIV가 AIDS의 유일한 원인이 아닐지 모른다고 생각하는 사람들이 점점 많아지고 있고, AZT같은 표준 치료법이 오히려 상황을 악화시킨다는 사실이다."라고 시인하고 이렇게 덧붙였다. "알려지지 않은 다른 공동 요인들이 있을 가능성이 크지만, 의료계는 너무 경직되어서 기초 연구와 임상실험의 방향을 바꾸지 않으려 한다." 애쉬는 AZT 복용을 중단하고 싶었지만, 그럴 엄두를 내지 못했다. 그는 〈뉴욕데일리뉴스〉에 이렇게 물었다. "내 의사들에게 뭐라고 말하고 약을 중단한단 말인가?"[105]

아서 애쉬가 품은 의구심과 듀스버그의 추정이 옳다면, 파우치 박사는 AIDS 팬데믹을 일으킨 주범이고 수많은 죽음을 책임져야 한다. 따라서 파우치 입장에서는 그들의 의구심과 추정은 절대로 사실로 드러나서는 안 되었다.

AZT 처방은 대량 학살인가?

AZT가 널리 이용되면서 1990년대 초 AIDS의 성격이 급격히 변했다는 데는 의문의 여지가 거의 없다. 카포지육종은 AIDS로부터 분리되었고 AIDS 사례는 점점 AZT 중독처럼 보이기 시작했다. 존 로리첸은 "그러더니 어느 시점부터 카포지육종 같은 AIDS는 사라지고 새로운 유형의 AIDS가 등장했다."[106]라고 말하면서 이렇게 덧붙였다. "따라서 당국은 AIDS의 정의를 확대했고 아프지도 않은데 단지 HIV 양성이라는 이유로 사람들에게 항HIV 약품을 처방하기 시작했다. 그리고 그런 경우, 물론, 마침내 AIDS 약품 때문에 병이 들면 'AIDS 환자'로 불렸다. 내가 가장 우려하는 건 동성애자 남성이었는데, 그들은 살해당하고 있었다. 나는 '살해'라는 단어가 과장이라고 생각하지 않는다. AZT 같은 약과 그 뒤를 이어 날조된 연구를 바탕으로 승인된 온갖 뉴클레오시드 유사 화합물을 복용한 결과 일어나는 일을 생각한다면 말이다. 조셉 소너벤드 말마따나 "AZT는 생명과 양립 불가능하다." 생명과 양립 불가능하다면 그건 독극물이고 사람을 죽이는 독극물이라면, 그런 맥락에서 보면, 살해다.[107]

존 로리첸도 소너벤드의 평가에 동의하면서 파우치 박사가 동성애자 남성과 흑인을 상대로 학살을 자행하고 있다고 비판했다. AZT의 확산으로 'AIDS'로 인한 사망률이 급격히 증가했다는 게 증거로 뒷받침되는 듯하다.[108]

AZT 승인이 나기 전인 1983~1987년 팬데믹 초창기 동안 이른바 AIDS로 인한 연간 사망률은 당시 인구 2억 5천만 명인 미국에서 1만 명에서 1만 5천 명 정도로 비교적 낮았다.[109] 파우치 박사의 AZT가 등장한 1980년대 말에 가서야 AIDS가 원인인 것으로 보이는 사망자 수가 급증했다.

질병통제예방센터에 따르면, AIDS 팬데믹이 터지고 5년째 되던 1986년, 미국에서

AIDS에 '감염된 채' 사망한 사람은 12,205명이었다. 당시에 질병통제예방센터는 ― 이제는 팬데믹 공포를 조장하기 위해 써먹는 수법이라고 모두가 알게 된 ― 기만적인 조작술을 이용해 사망자 수를 부풀렸다. 질병통제예방센터가 집계한 AIDS 사망자에는 사망 당시 HIV 항체 양성 '상태'였던 사람까지 모조리 포함되었다. 사망자가 'AIDS를 규정하는 증상'이 전혀 없었고 자살, 약물 과다복용, 자동차 사고, 심장마비 등으로 사망했어도 말이다.

AZT가 출시된 후 사망률은 급격히 올랐다. 1987년 'AIDS' 사망률은 46퍼센트 폭증해 16,469명이 숨졌다. 1988년 AZT를 복용하는 이들이 점점 늘어나면서 사망자는 21,176명으로 증가하더니 1989년에는 27,879명에 달했다. 사망자 수는 1990년에 31,694명, 1991년에는 37,040명으로 증가했다.[110] 1980년대 말 보건복지부가 제시한 AZT 표준 처방 용량은 하루 1,500mg이었다. 1988년 AZT를 복용하는 환자의 평균 생존 기간은 넉 달이었다.[111] 주류 의료계조차 용량을 늘릴수록 사망률이 높아진다는 사실을 못 본 척할 수 없었다.[112] 1990년대 초 공중보건 관료들은 일일 복용량을 500mg으로 낮췄다. AZT를 복용하는 환자의 평균수명은 1997년에 24개월로 늘었다. AIDS가 원인으로 보이는 사망이 폭락했기 때문이다. 그 후로 질병통제예방센터는 통계 척도를 바꿔서 연간 AIDS 사망자를 집계하기 어렵게 만들었다.[113]

당시의 역사를 기록한 테리 마이클스는 이렇게 적었다. "질병통제예방센터(CDC)는 1986년부터 1996년 사이에 미국인 수만 명이, AZT와 다른 '단일요법' 뉴클레오시드 유사 화합물 때문이 아니라, AIDS나 HIV 때문에 사망했다는 환상을 만들어 냈다."[114]

독일 내과 의사이자 〈바이러스 광풍(Virus Mania)〉의 공동 저자인 클라우스 쾬라인 (Claus Köhnlein) 박사에 따르면, "1980년대 중반부터 1990년대 중반까지 AIDS 또는 나중에 HIV라고 불리게 된 질병이 그 원인이라는 사망은 대부분 의사가 처방한 독성이 강한 약, DNA 사슬을 끊는 화학요법, 특히 AZT가 때 이른 사망을 초래했기 때문이다. 이 때문에 수많은 'HIV 양성'인 동성애자 남성, 혈우병 환자, 정맥주사 약물 사용자, 사하라 사막 이남 아프리카인들, 그리고 테니스 스타였고 1993년에 사망한 아서 애쉬처럼 미심쩍은 HIV 검사를 한 운 나쁜 이성애자 몇몇이 때이른 죽음을 맞았다." 쾬라인은 이렇게 말한다. "이 치료는 AIDS 환자가 보이는 증상과 매우 유사한 증상을 유발한다. 바로 그 때문에 이 치료가 뭐가 잘못됐는지 아무도 눈치채지 못했다."[115]

HIV 가설에 반론을 제기하는 움직임을 AIDS 연구 기득권 세력과 언론이 HIV '부정론자' 운동이라는 선동적인 명칭으로써 낙인을 찍었는데, 이러한 공격은 미국보다는 유럽에서 조금 덜 했다.

HIV/AIDS 가설을 고수하는 기득권 세력은 국경을 초월해 전 세계적으로 한목소리로 반론자들을 공격했다. 그러나 파우치 박사에게 연구지원금을 훨씬 덜 의존하는 유럽 국가들에서는 반론을 제기하는 전문가들이 대체로 정부에 의존하지 않고 계속 연구를 진행할 수 있었다.

독일 키엘의 종양학자 클라우스 쾰라인 박사는 미국 정부 당국자들이 반론자들에게 가하는 금전적 불이익이나, 정치적 광풍에 덜 취약했다. 그런 그가 임상 경험을 바탕으로 자신의 주장을 제기했으므로, 어떤 면에서는 HIV/AIDS 가설을 선전하는 거대한 세력에게는 피터 듀스버그보다 더 위협적인 존재였다. 쾰라인은 1990년에 처음으로 AIDS 환자를 보았고 키엘에 있는 전통적인 의료원에서 수십 년에 걸쳐 수백 명을 치료했다. 그는 'HIV'는 무시하고 개별적인 증상을 치료해 거의 모든 환자를 살렸다. 나는 이 책을 집필하면서 그를 이메일로 접촉했는데 그는 "내가 잃은 환자는 손에 꼽을 정도다."라고 말했다.

AZT에 대한 그의 견해는 분명했다. 한 인터뷰에서 그는 이렇게 말했다. "AIDS 환자 한 세대 전체를 사실상 죽이고도 눈치채지 못했다. AZT 중독 증상이 AIDS 증상과 거의 구분하기가 불가능했기 때문이다."[116] 2010년 오스트리아 빈에서 열린 "재고(Rethink)" 회의 동안 RT 방송과의 인터뷰에서 그는 다음과 같이 세세하게 설명했다. "나는 키엘대학교에서 일할 때 AZT에 중독되는 환자들을 목격했다. AZT는 가장 먼저 권고되는 치료제였다. 이제는 당시에 처방한 용량이 너무 높았다는 사실을 알고 있지만, 그때는 하루에 1,500mg을 투여했고 그 처방대로 투여한 환자는 거의 모조리 죽었다. 바로 그 때문에 모두 다 HIV는 치명적인 바이러스라고 믿는데, 그러한 추정을 뒷받침하는 증거는 없다."[117]

그를 인터뷰하던 기자는 못 믿겠다는 반응을 보였고 따라서 퀸라인은 상세히 설명했다. "당시에는 환자들이 전부 과잉 치료를 받고 있었는데 의사들이 이를 눈치채지 못한 까닭은 AZT의 위약 대조군 실험이 넉 달 만에 중단되었기 때문이다. 위약 대조군에게 AZT 투여를 보류하는 건 비윤리적이라는 이유에서였다. 넉 달 후 사망률은 AZT 실험군과 위약 대조군 모두에서 급격히 치솟았다.[118]

"이처럼 환자들을 학대했기 때문에 모두가 HIV는 치명적인 바이러스이고 HIV 양성인 사람은 HIV 비감염자를 하나같이 위험에 빠뜨린다고 믿었는데, 이는 터무니없다. 오늘날 건강한 임신부가 HIV 양성 판정을 받으면 정맥주사로 약물을 주입하는 중독자와 마찬가지로 치명적인 바이러스를 보유하고 있다는 소리를 듣는다."[119]

나와 주고받은 이메일에서 퀸라인은 HIV/AIDS 가설과 AZT에 대한 반증으로서 세 가지 연구논문을 거론했다:

"약물로 인한 상해는 실제보다 덜 보고된다. 이를 증명하려면 세 가지 연구논문이 필요하다. AZT 허가의 근거가 된 피슬 논문,[120] 편집장 존 매덕스가 <네이처>에 실은, HIV 양성인 혈우병 환자들이 AZT가 도입된 바로 그해에 사망하기 시작했다는 내용의 혈우병 논문,[121] 마지막으로 AZT 사용이 늘어날수록 사망도 증가한다는 내용의 콩코드 <랜싯> 논문이다."[122]

<월스트리트저널> 칼럼니스트이자 편집위원회 위원 홀먼 W. 젠킨스 주니어(Holman W. Jenkins Jr.)는 2020년 10월 30일 "또 다른 언론 보도 금지(The Other Media Blackout)"라는 제목의 폭로기사에서 의료계가 "수만 명을 독살하는 데 가담했다는 사실을 인정하지 않았다."라면서 "1980년대와 1990년대에 고용량 AZT 투여로 사람들이 병들고 사망했다는 사실은 반박 불가능하다."라고 탄식했다.[123]

AIDS 연구자이자 화학자이자 프로티에이즈 억제제를 설계한 데이비드 래스닉 박사는 "해당 분야 사람들과 직접 접촉해 본 바에 따르면, 항HIV 약품이나 프로티에이즈 억제제나 이 두 약제를 각각 단독으로 투여하든 섞어서 투여하든 상관없이 이런 약제들을

투여한 HIV 양성자들이 투여하지 않은 HIV 양성자들보다 수명을 연장하고 삶의 질을 개선한다는 증거는 어디에도 없다. 이러한 약제들 덕분에 사람들이 더 오래 더 나은 삶을 산다는 〈뉴욕타임스〉나 CNN의 주장을 뒷받침하는 증거는 없다."[124]

듀스버그는 항바이러스제 치료를 받는 HIV 양성자의 연간 사망률은 7~9퍼센트로서, 전 세계적으로 모든 HIV 양성자의 연간 사망률 1~2퍼센트보다 훨씬 높다고 말한다.[125] 게다가 이런 약제로 치료하는 HIV 양성자는 AZT를 복용하지 않은 HIV 양성자와 AIDS 환자보다 훨씬 일찍 간부전이나 심부전으로 사망한다.[126]

동성애자들, 파우치 박사와 손잡다.

점점 더 많은 명망 있는 과학자와 의사들이 HIV/AIDS 가설에 대한 반론에 가담하면서 이에 맞설 제도권의 저항 세력을 결집하던 파우치 박사는 뜻밖의 우군을 얻었다. 바로 AIDS 공동체였다.

1987년 토론토에서 래리 크레이머와 화해한 후 파우치 박사는 재빨리 동성애자 공동체 지도부/말없이 저항하는 AIDS 사회운동가들과의 금전적 가교를 구축했다. 그해, 그는 액트업(ACT UP)과 미국 AIDS 연구재단(amfAR), 그리고 크레이머와 마틴 딜레이니 같은 AIDS 사회운동가들에게 재정적 지원을 시작했다. 파우치의 국립알레르기전염병연구소(NIAID)는 이러한 단체들에 공공교육 프로그램에 쓸 어마어마한 자금을 지원했다. 이러한 지원금은 파우치 박사에 대한 그들의 비판을 효과적으로 잠재웠다.

HIV/AIDS 가설을 신봉하는 기득권 세력 — 병원, 의료센터와 연구센터, 제약사 — 은 동성애자 단체들의 주요 회원들과 거액의 컨설팅 계약을 체결했다.[127] 이로써 동성애자 공동체는 AIDS 기득권 세력을 지켜주는 막강한 문지기가 되었다.[128]

정치적, 경제적, 이념적 명분도 파우치 박사가 동성애자 공동체 지도자들을 포섭하는 데 도움이 되었다. 그는 그들을 동원해 듀스버그를 응징하는 제거문화를 구축하고 주류 언론에서 그의 목소리를 퇴출했다. 막강한 기독교 보수주의 세력에 힘입어 로널드 레이건이 백악관을 차지한 시대에 '동성애자 질병'이 난교와 과도한 파티 문화 때문이라는 주장과 의료계 견해는 동성애자를 혐오하는 편협한 정서를 부추기는 경향이 있었다. 따라서 동성애자 공동체는 HIV가 AIDS의 원인이라는 파우치 박사의 이론을 기꺼이 받아들였다.

강력한 금전적인 동기도 있었다. 1970년대에 동성애자 출판물의 주 소득원은 한 해에 5,000만 달러 매출을 올리는 파퍼 산업계의 광고와[129] 파퍼 판매를 토대로 번성하는 술집 광고였다.

이언 영(Ian Young)이 〈스팀(Steam)〉에 기고한 '파퍼 이야기: 동성애자 약물의 흥망성쇠'라는 제목의 글에서 말했듯이, "70년대와 80년대 초 가장 영향력 있는 고급출판물을 비롯해 동성애자 출판물은 대부분 수익의 상당 부분을 파퍼 광고에 의존하고 있었고, 파퍼는 동성애자 성문화로 받아들여졌다. 제리 밀스가 그린, 파퍼스(Poppers)라는 만평도 있었다. 이러한 무언의 합의는 거의 깨진 적이 없다. 파퍼 광고는 오로지 동성애자 출판물에만 등장했다."[130]

동성애자가 주 독자층인 출판계는 파퍼의 위험에 대해 절박하게 경고하는 과학자들의 말을 흘려들었다. 동성애자들에게 인기 있는 미국의 잡지 〈애드버킷(The Advocate)〉은 듀스버그 같은 반론자들의 서한은 싣지 않았지만, 당대의 최대 섹스 약물 제조사인 그레이트 레이크스 프로덕츠(Great Lakes Products)의 파퍼 광고는 줄줄이 실었다. 이러한 광고는 AIDS와의 연관성으로부터 파퍼를 면제해 주었고 파퍼가 무해하다고 공개적으로 단언하는 효과를 낳았다.[131] 호프만 라로쉬(Hofmann-La Roche)를 비롯한 제약사들은 동성애자 출판물에 AIDS 약품 광고를 살포해 동성애자 공동체에 돈을 쏟아부었다. 버로우스 웰컴은 질산아밀(즉, 파퍼)이 '진품'이라는 광고를 실었다. 동성애자 출판계와 단체들은 파퍼를 선전하고 파퍼의 위험에 대한 글은 검열했다.[132]

동성애자 공동체 지도자들과의 우호적인 관계를 구축했다는 이유도 파우치 박사가 코비드 위기 초창기에 민주당 진영의 우상이 된 여러 가지 요인들 가운데 하나였다. 그 밖에 수많은 다른 역사적 개인적 요인들도 민주당 진영이 파우치 박사를 무조건 신뢰하게 된 이유다. 성인의 반열에 오른 앤서니 파우치에 대한 맹목적 믿음은 오늘날 자유주의의 치명적인 결함이자 미국의 민주주의와 헌정질서와 세계를 이끄는 국가로서의 위상을 뒤엎은 파괴적인 힘으로 역사에 기록될지 모른다.

치명적 바이러스와 마이코플라즈마(Mycoplasma)

HIV가 AIDS의 유일한 원인이라는 가설이 여러 가지 결함과 내적인 모순으로 공격을 받게 되면서 듀스버그 말고 다른 과학자들도 AIDS 팬데믹을 일으켰을 개연성이 더 큰 범인으로 지목될 만한 바이러스들을 발견했다.

이러한 가설들 가운데 두 가지는 로버트 갈로와 뤼크 몽타니에가 개별적으로 세운 가설이다. 외교력, 사사로운 이익, 단련된 생존본능 등 때문에 이 두 인물은 자기가 발견한 새로운 병원체를 HIV와 더불어 AIDS를 일으키는 '공동 요인'이라고 주장하게 되었는지도 모른다. 그러나 이러한 가설을 비판하는 이들은 이 과학자들이 발견한 새로운 병원체들은 명백히 그 자체로도 치명적이어서 굳이 HIV의 도움이 필요 없다고 지적했다. 진정으로 치명적인 바이러스들이 발견되면서 팬데믹을 설명하는 데 HIV는 불필요하게 되었다. 그러나 이 두 신사 양반은 HIV가 AIDS의 궁극적인 요인이라고 규정한, 거역해서는 안 되는 정설 앞에 무릎을 꿇을 의무가 있었다. 사실 그들은 자신의 새로운 발견이 HIV 가설을 구제할 계기라 보았을지도 모른다. HIV가 숙주 안에서 수십 년 동안 잠복해있다가 갑자기 악성으로 돌변해 '역사상 가장 치명적인 질병'을 일으킨다는 주장은 점점 설득력을 잃고 점점 더 강한 반론에 부딪혔다.

인간 포진 바이러스(Human Herpes Virus 6, HHV6)

1986년, 로버트 갈로는 인간 포진 바이러스(HHV6)를 발견했다고 발표했다. 이 새로운 병원체는 무해한 레트로바이러스가 아니었다. 무자비하게 세포를 죽이는 DNA 바이러스였다. 갈로의 연구실은 AIDS에 감염된 남성들과 만성피로증후군에 시달리는 환자들의 혈액에서 살인에 굶주린 '살인 세포' HHV6를 발견했다. 만성피로증후군은 AIDS와 아주 유사한 면역결핍 질병으로서 AIDS가 동성애자들 사이에서 등장한 시기와 똑같은 시기에 이성애자들 사이에서 나타났다. 많은 이들이 이미 이 두 질병은 별개가 아니라 하나라는 심증을 갖고 있었다. 갈로의 발견은 그러한 심증을 굳히는 듯했다.[133]

1995년 "AIDS에서의 인간 포진 바이러스 6(HHV6)"라는 제목의 논문에서[134] 갈로는 "HHV6는 HIV 감염을 촉진하는 요인"으로 작용할지도 모른다면서 그 이유는 "HHV6가" 면역체계의 모든 주요 구성요소인 "CD8+ T-세포, 자연 살인 세포, 단핵 식세포를 감염시키고 죽이기 때문"이라고 말했다. 공교롭게도, 그로부터 10여 년 전 갈로가 몽타니에로부터 HIV를 훔쳐서 섣불리 행동하지만 않았다면 갈로는 HHV6 발견으로 노벨상을 탔을지도 모른다. 도대체 해롭지 않아 보이는 HIV 레트로바이러스가 어떻게 치명적인 질병을 일으키는지를 둘러싼 당혹스러운 의문들이 갈로의 새로운 치명적 살인 바이러스 발견에도 의문의 그림자를 드리웠다.

HIV는 세포를 죽인다고 증명된 적이 없지만, HHV6는 CD4와 T-세포를 죽이는 성질이 있어서 '면역체계와 뇌에 영향을 미칠 가능성'이 있었다. 갈로는 HHV6가 AIDS를 악화시키는 주요 원인이라고 발표했다.[135][136]

1988년 5월 11일, 〈마이애미 헤럴드〉는 갈로의 발표에 대해 다음과 같이 보도했다. "새로 발견된 감염성이 높은 포진 바이러스가 여러 유형의 암을 일으키는 데 역할을 할지도 모르고 AIDS 환자의 면역체계를 파괴하는 공동 요인일 가능성이 있다고, 미국의 권위 있는 바이러스학자로 손꼽히는 로버트 갈로가 말했다."[137] 〈마이애미 헤럴드〉는 또 "AIDS를 일으키는 바이러스는 한 번에 소량의 T-4 세포만 죽이므로 새로운 포진 바이러스(HHV6)가 공동 요인으로 입증되면, AIDS 환자들의 T-4 세포가 전멸하는 이유를 설명하게 된다고 갈로는 말했다. 그는 '이 바이러스는 세포를 이용해 복제한 다음에 세포를 죽인다.'라고 말했다."라고 보도했다. 〈마이애미 헤럴드〉는 갈로의 말을 인용해, "반드시 그렇다고는 확신하지 않지만, AIDS 악화에 관여하는 공동 요인이 있다면, 이 바이러스를 공동 요인으로 염두에 둘 필요가 있다."라고 보도했다.[138]

찰스 오틀립은 내게 갈로의 논문이 "앞뒤가 바뀌었다는 생각이 들었다. 갈로의 새로운 DNA 바이러스가 T-4 세포를 전멸시킨다면 공동 요인이 왜 필요한가? 여기서 '공동 요인'은 HHV-6가 아니라 HIV이어야 한다."라고 말했다.

일부 과학자들도 마음에 걸리는 게 있었다. HHV6는 레트로바이러스의 도움이 필요하지 않아 보였다. 듀스버그는 갈로가 새로 발견한 HHV6가 HIV와 "동업자" 관계라고 한다면 이 협력관계에서는 HHV6가 서열이 더 높다고 말했다. 갈로는 4년 전 몽타니에의 발견을 가로채지만 않았다면 훨씬 더 개연성 있는 AIDS 바이러스 발견으로 자기가 오랫동안 갈구해 온 노벨상을 타게 됐을지도 모른다는 생각이 들지 않았는지 궁금하다. 하지만 애석하게도 그런 일은 일어나지 않았다. 파우치 박사는 HIV가 AIDS의 유일한 원인이라는 가설에 자기가 이끄는 국립알레르기전염병연구소(NIAID)의 명운을 걸었다. 그리고 갈로는 HIV/AIDS 가설을 밑천으로 명성을 쌓았다. HIV를 몽타니에로부터 가로채긴 했지만 말이다. 찰스 오틀립은 이렇게 말한다. "갈로가 HHV6를 발견하면서 파우치에게 맞서기 시작했을 때 파우치의 NIAID는 이미 HIV가 AIDS의 유일한 원인이라는 가설에 전부를 건 뒤였고 파우치는 그 이론에서 물러선다는 기미를 보일 만한 여유가 없었다." 내가 "갈로는 왜 파우치를 서열로 누르지 않았을까?"라고 묻자, 오틀립은 이렇게 답했다. "갈로는 전형적인 소시오패스다. 그는 자기가 살아남으려면 파우치를 묵묵히 따라야 한다는 사실을 잘 알고 있다."

갈로의 '자연 살인 세포' 논문에 뒤이어 다른 연구자들도 HHV6와 AIDS의 연관성을 확인했다. 1996년 콘스탄스 녹스(Konstance Knox) 박사와 도널드 R. 캐리건(Donald R. Carrigan) 박사는 연구 대상인 HIV 감염환자의 100퍼센트(10명 가운데 10명)가 질병 초기에 림프절이 활성 HHV6A에 감염됐다는 내용의 논문을 발표했다.[139] 이러한 결과를 바탕으로 녹스와 캐리건은 "활성 HHV-6 감염은 HIV 질병이 진행되는 과정에서 비교적 초기에 나타나고 시험관 연구에서는 HHV-6가 HIV의 잠복을 깨뜨려 HIV 감염이 AIDS로 진행되도록 촉진하는 잠재력이 있다고 보인다."라고 결론을 내렸다.

1986년 4월, 녹스 박사는 〈뉴욕네이티브〉와의 인터뷰에서 "바이러스가 활발한 감염 초기에 림프절에서 HHV-6가 발견된다. 이 바이러스는 복제한다. 다른 어떤 기회감염에서도, 심지어 결핵에서도, 본 적이 없는 현상이다."라고 말했다.[140] 녹스는 HIV가 HHV-6A의 '유모' 역할을 하는 것으로 보인다고 말했다.

녹스와 캐리건은 모든 AIDS 환자들이 진단에서부터 부검에 이르기까지 AIDS가 진행되는 모든 단계에서 HHV-6가 활발하게 복제되고, 대다수가 CD4+ 세포 수가 700이 넘는다는 사실을 발견했다. HHV-6A와 관련해서는 해로워 보이지 않는 레트로바이러스가 어떻게 그러한 살육을 일으키는지와 같은 불가해한 의문이 제기되지 않았다.

"HHV-6A는 훨씬 파괴적이고 살해 능력이 뛰어나며 조직을 파괴하는 능력도 뛰어나다. 이 바이러스는 뇌, 폐, 림프성 장기, 척수도 감염시킨다." 〈뉴욕네이티브〉 기자 니나이어 오스트롬이 녹스에게 "HHV-6A는 HIV가 하는 짓이라면 뭐든지 할 수 있나?"라고 묻자 녹스는 다음과 같이 소름 끼치는 대답을 했다. "면역체계 손상 말인가? HHV-6A가 HIV 보다 훨씬 더 효율적으로 조직을 파괴한다."[141] 녹스는 과학자들이 작성한 다양한 논문들의 데이터를 인용하면서 이렇게 덧붙였다. " HHV-6A가 발견되는 조직은 죽은 조직이었다. HHV-6A는 없고 HIV만 있으면 죽은 조직은 보이지 않는다. 파괴된 장기와 상처도 보이지 않는다. HHV-6A가 보일 때만 그런 처참한 광경이 보인다. 림프절의 정상적인 구조가 상처 난 조직으로 대체된다. HHV-6A는 세포를 죽인다. 이 바이러스는 림프절 조직을 죽인다."[142]

녹스는 HHV-6가 HIV와 "합심해" 활동한다면서 HIV가 AIDS의 원인이라는 가설을 정면으로 부인하지 않았다. HIV/AIDS 가설에 정면으로 맞서 평판을 잃고 연구 자금을 박탈당하는 자살행위를 모면하게 해줄만한 발언이었다. 녹스는 이렇게 말했다. "HHV-6와 HIV는 한 팀이라고 생각한다. 둘 다 있는 경우 서로를 더 많이 만들어 낸다. 상호증진의 관계다. HHV-6A 감염을 방해하거나 제한하거나 억제하면 HIV 수위는 급격히 낮아지고, HIV는 그저 만성적인 바이러스 감염이 된다. 조직을 보면 HIV가 조직을 파괴한다는 어떤 증거도 없다. 그리고, 생각해 보면, HIV는 AIDS로 진행되지 않고 수년 동안 (10년 이상) 환자를 감염시킨다. 그들의 조직을 들여다보면 그렇게 오랜 세월 동안 바이러스에 감염되고도 왜 전혀 조직이 손상되지 않았는지 의문이 든다."[143]

국립보건원은 재빨리 녹스의 연구비 지원을 중단했고, HHV-6를 연구하려는 그 어떤 과학자에 대해서도 연구비 지원을 끊었다. 니나이어 오스트롬이 "이 연구를 계속할 연구 자금을 더 타내지 못하는 이유가 뭔가?"라고 묻자 녹스는 이렇게 답했다. "〈사이언스〉를 비롯해 다수가 발표한 폭로성 기사들을 봤는지 모르겠지만, AIDS 연구 자금의 80퍼센트가 연방정부가 진행하는 AIDS 연구로 흘러 들어간다. 과학은 매우 근친상간적이다. HIV에 초점을 맞추지 않은 가설이나 방향으로 가는 AIDS 연구에 대해 상당한 저항이 있다고 생각하는데 그게 근본적인 문제다. 우리 연구는 지대한 관심을 받았지만, 이에 상응하는 연구 자금이 뒤따르지 않았다. 그리고 연구 자금은 국립보건원 같은 연방기관을 통해 받는다."[144]

그해 여름, 이탈리아의 연구자 다리오 딜루카(Dario Diluca)는 〈임상 미생물학 학술지 (Journal of Clinical Microbiology)〉에 게재된 논문에서 만성피로증후군 환자 22퍼센트, 건강한 사람 4퍼센트의 림프절에서 HHV-6가 발견되었다고 발표했다. 이 연구로 동성애자 남성이 감염되는 AIDS가 이성애자들 사이에 만연하게 된 만성피로증후군과 같은 질병일 가능성이 제기되었다. AIDS와 만성피로증후군은 1980년대 초 동시에 출현했다.[145]

미국 35개 주에서 만성피로증후군 환자 집단을 조사한 자료에 따르면 1970년대 이후로 해마다 환자 수가 급증했다. AIDS 팬데믹과 시기적으로 동시에 만성피로증후군도 폭증했다는 흥미로운 현상이 나타나자 많은 연구자는 만성피로증후군을 AIDS의 부수적인 현상이라고 규정했다. 갈로의 발견과 녹스의 연구는 새로운 HHV-6가 AIDS와 만성피로증후군 두 질병의 유발에 모두 관여하는 중요한 공동 요인일 가능성을 제시한다. 1989년 6월, 만성피로증후군 연구의 개척자 폴 체니(Paul Cheney) 박사이자 의사는 의회에 출석해 만성피로증후군이 AIDS 팬데믹과 관련이 있을지도 모른다고 증언했다.[146] 1993년 1월, 암스테르담 국제 AIDS 회의가 열리고 6개월 후, 하버드대학교의 앤서니 코마로프(Anthony Komaroff) 외 다수는 체내에 활성 HHV-6가 있는 만성피로증후군 환자의 뇌가 손상된 상태를 보여주었다.[147]

이러한 발견은 앤서니 파우치에게 위협이 되었다. 1992년 암스테르담 회의 이후 파우치 박사는 만성피로증후군은 심신증이라고 우겼다. 만성피로증후군이 AIDS와 관련이 있을지도 모른다는 주장은 파우치가 고수해 온 HIV 패러다임 전체를 위협했다.

1988년 '자연 살해 세포(Naural Killer Cell)'* 라는 제목의 논문에서 러소와 갈로는 HHV-6가 AIDS 환자와 만성피로증후군 환자 모두에게서 자연 살해 세포를 감염시키고 죽인다는 사실을 발견했다고 조용히 밝혔다. 녹스는 "그들은 두 집단 모두에게서 이러한 문제를 발견했다. 따라서 HHV-6A가 만성피로증후군에서도 문제를 일으킨다는 게 논리적으로 이해가 간다."라고 말했다.[148] 갈로와 러소가 임상실험에서 AIDS 환자 절

---

* 인체에 해로운 세포를 죽이는 선천적 림프구의 일종 - 옮긴이

반에게 에이사이클로비어(acyclovir, 포진 치료제)와 AZT를 투여하고 나머지 절반에게는 AZT만 투여했더니 AZT만 투여한 집단보다 에이사이클로비어를 함께 투여한 집단이 훨씬 더 생명이 연장되었다.[149]

녹스는 이렇게 말했다. "실험에서 HHV-6A는 에이사이클로비어에 민감하게 반응한다. 따라서 우리도 호기심이 생긴다. 멋지지 않은가. 에이사이클로비어는 AZT보다 독성이 훨씬 덜 하다. 임상실험에서 건강한 사람을 치료하려면 경구용 약제를 찾게 된다."[150]

이러한 종류의 연구 결과들은 HIV가 AIDS의 유일한 원인이라는 파우치의 가설을 뒤흔들고 신뢰를 떨어뜨린다. 에이사이클로비어처럼 독성이 약하고 특허가 만료된 치료제가 파우치 박사가 추천하는 비싸고 치명적인 화학요법 독극물보다 훨씬 효과적이고 안전하게 AIDS를 치료한다면 어떻게 될까? 파우치는 HHV6의 추가 연구에 대한 연구비 지원을 끊었다. AIDS 치료에 에이사이클로비어가 효과가 있다는 녹스의 발견으로 생명을 구할 길이 생겼는데 말이다.

마이코플라즈마(Mycoplasma)

미국 육군 병리학 연구소에서 AIDS 프로그램을 책임진 수석연구원 시징 로 박사는 — 지금까지 항체가 존재하면 면역반응이 활발하다는 신호로 여겨졌는데 — 오로지 HIV의 경우에는 항체가 죽음이 임박한 신호라고 우기는 파우치의 관례에서 벗어난 주장에 어리둥절한 수많은 연구자 가운데 한 사람이다. 로 박사가 받아들이기에는 너무 나간 주장이었다. 그는 HIV에 대한 항체가 존재한다면 죽음이 임박했다는 징후는커녕 신체가 바이러스를 성공적으로 이겨냈다는 증거라는 전통적인 입장을 지니고 있었다.

"왜, 어떻게 HIV 바이러스가 항체의 방어를 돌파하는지에 대한 그럴듯한 해명이 없다."라고 로 박사는 불만을 토로하면서 다음과 같이 덧붙였다.[151][152] "HIV가 AIDS에서 아무런 역할도 안 한다는 말이 아니다. 데이터를 보면 HIV는 분명히 AIDS와 상관관계가 있다." 그는 다음과 같이 의무적인 단서 조항을 달았다. "그러나 AIDS는 HIV보다 훨씬 복잡하다."

1986년 로 박사는 AIDS 환자로부터 채취한 세포에서 지금까지 알려진 적이 없는 유기체를 검출했다고 발표했다. 로 박사는 이 새로운 유기체는 마이코플라즈마라고 알려진 박테리아 같은 피조물로서 HIV와 협력해 AIDS를 일으키는 것으로 보인다고 말했다. 로 박사는 건강한 사람에게서는 이 유기체를 찾지 못했다. 그가 이 마이코플라즈마를 은색루뚱 원숭이 네 마리에게 주입하자 세 마리는 곧 미열이 났다. 네 마리 모두 체중이 줄었고 감염된 지 7개월에서 9개월 사이에 사망했다.[153] 로 박사는 부검에서 원숭이들의 뇌, 간, 비장에서 마이코플라즈마를 발견했다. 이는 HIV 감염에서는 일어나지 않는다.

로 박사는 마이코플라즈마 인코그니투스(Mycoplasma Incognitus)라고 명명된 이 마이코플라즈마를[154] HIV 음성인 사람들 — 아마 만성피로증후군 환자들 — 의 훼손된 조직에서 발견했다. 이들은 AIDS 같은 증상을 앓다가 면역체계가 억제되어 사망한 이들이었다.

거의 3년 동안 주류 의료계와 그들에게 포획당한 주류 언론과 과학 전문 언론은 충실하게 로 박사의 연구를 무시했다. 시징 로의 연구는 10여 개 학술지에 게재를 거부당한 끝에 가까스로 〈열대 의학 학술지(Journal of Tropical Medicine)〉에 실렸다.[155] 로 박사는 화려한 학력과 경력 그리고 군 소속 최고위 과학자라는 권위 있는 직책을 지니고 있음에도 불구하고 연구비를 확보하는 데 실패했다. 로 박사의 연구는 파우치 박사의 신경을 매우 거슬렀다. 로 박사는 최고위 군 소속 의사로서 자신의 연구실을 갖고 있었기 때문에 파우치가 쉽게 무시하거나 옥박지르거나 연구비를 박탈할 수 없었다.

그러던 중 1989년 12월, 파우치 박사는 군에서 비롯된 이 위협을 정면으로 직접 공격하기로 했다. NIAID는 로 박사의 연구에 대해 가장 회의적인, 파우치 휘하의 전문가 10여 명을 파견해 로 박사의 자료를 조사했다.[156][157] 파우치 박사는 AIDS를 비롯한 전염병 전문가들을 텍사스 샌앤토니오에 파견해 로 박사를 제거하고 그의 이론을 무너뜨리기로 했다. 파우치가 보낸 전문가들은 사흘 동안 무자비하게 로 박사를 심문한 끝에 로 박사의 중대한 발견에서 비롯된 결론 앞에 항복을 선언했다.

NIAID에서 마이코플라즈마 프로그램을 책임진 조셉 털리(Joseph Tully)는 "로 박사의 논문은 흠잡을 데 없이 탄탄했다."라고 말했다.[158][159] 로 박사에게 설득당한 NIAID 전문가들은 공식적으로 마이코플라즈마와 AIDS의 연관성에 관한 후속 연구와 이 새로운 미생물을 죽일 수 있는 약물 실험을 권고했다.

파우치 박사는 이 권고가 못마땅했다. "가시적인 진전이 전혀 없었다."라고 털리는 1990년 불만을 토로했다. 로 박사가 마이코플라즈마 가설을 처음 발표한 지 35년이 지난 지금까지 NIAID는 여전히 로 박사의 연구에 연구비를 지원하지 않고 있다.

1990년 6월 샌프란시스코에서 열린 AIDS 회의에서 뤽 몽타니에 박사는 "HIV 바이러스는 해를 끼치지 않고 수동적이며 무해한 바이러스"라고 폭탄 선언했다.[160][161] 그는 HIV는 제2의 유기체가 있어야만 위험해진다는 사실을 발견했다고 덧붙였다. 그는 그 제2의 유기체는 박테리아처럼 아주 작은 마이코플라즈마라고 설명했다. 그는 실험실에서 이 새로운 마이코플라즈마를 배양하고 HIV가 사나운 살해범으로 변하는 현상을 증명했다. 몽타니에 박사는 자신은 이제 HIV가 '얌전한 바이러스'라고 본다며 오로지 마이코플라즈마 인페르탄스(Mycoplasma ifertans)와 결합해야만 치명적으로 변한다고 밝혔다.

몽타니에 박사가 이런 발표할 때 청중석에 앉아 있던 시징 로 박사는 자신이 옳았음이 입증된 그 순간을 만끽했다. 로 박사의 중요한 새 우군인 몽타니에 박사는 AIDS 연구로 노벨상을 받은 학자로서 로 박사가 발견한 그 마이코플라즈마를 독자적으로 발견하고 로 박사와 마찬가지로 마이코플라즈마가 AIDS로 알려진 면역체계 붕괴의 주원인이라는 결론을 내렸다. 두 사람은 서로 데이터를 공유한 적이 없었다. 그들은 4개월 간격을 두고 각각 따로 똑같은 경천동지할 발견을 했다.

그해 4월, 몽타니에 박사는 자신이 발견한 내용을 〈바이러스학 연구〉에 싣고 HIV와 미세 병원체가 함께 반응해 체세포를 터뜨린다고 보고했다.[162] 더 나아가서 그는 실험관에서 테트라사이클린이 마이코플라즈마의 파괴행위를 완전히 중지시킨다는 고무적인 사실도 발견했다. 몽타니에의 발견은 AIDS 치료에 일대 전환을 일으킬만했다. AIDS는 비싼 화학요법 복합제제 대신 특허가 만료된 흔한 항생제로 효과적으로 치료하고 제거할 수 있다는 뜻이었기 때문이다.

샌프란시스코 회의 참석자들 가운데 로 박사는 거의 유일하게 몽타니에 박사의 발표에 흥분한 인물이었다. 회의에 참석한 12,000명 가운데 겨우 200명이 몽타니에 박사의 발표에 참석했고 그 가운데 절반이 몽타니에 박사가 발표를 끝내기도 전에 발표장을 빠져나갔다.[163][164] 아니나 다를까, 몇십억 달러를 주무르는 국제 연구개발 기득권 세력은 몽타니에의 발견을 무시하기로 했다.

피터 듀스버그는 "그들은 HIV 치료의 구세주라고 할 몽타니에를 신전 바깥에 내동댕이쳤다."라고 말했다.[165][166]

미국 레트로바이러스 학계의 거장인 해리 루빈은 "뤽 몽타니에보다 훨씬 현명하고 훨씬 똑똑하다고 자부하는 이들은 누구인가?"라면서 "몽타니에는 HIV가 AIDS의 유일한 원인이 아닐지도 모른다고 말하는 순간 범법자가 되었다."라고 덧붙였다.[167][168]

로 박사의 연구와 관련해 인터뷰 요청을 받은 NIAID 소장 앤서니 파우치는 대변인 마리 제인 워커를 통해 자신은 "마이코플라즈마든 그 어떤 다른 AIDS 공동 요인에 대해서도 발언하지 않겠다."라고 통보했다.[169][170]

2006년 브렌트 룡과의 녹화 인터뷰에서 앤서니 파우치는 이렇게 말했다. "공동 요인들은 필요하지 않다. 마이코플라즈마나 그 같은 그 어떤 감염 유형이 필수적인 공동 요인이라는 데이터를 토대로 한 이론들은 모두 사실이 아니라고 입증되었다."[171] 늘 그렇듯이 파우치 박사는 미국 육군의 최고 AIDS 연구자나 HIV를 발견한 노벨상 수상자의 연구가 틀렸음을 입증하는 그 어떤 연구도 제시하지 않았다.

34년 동안 5,000억 달러 이상을 AIDS 연구에 쏟아부은[172] 파우치 박사는 로 박사와 몽타니에 박사가 발견한 마이코플라즈마나 갈로와 녹스의 HHV-6가 AIDS 발병에서 하는 역할을 연구하는 데 단 한 푼의 예산도 배정하지 않았다. 1981년부터 2020년까지 AIDS 연구에 들어간 미국 납세자들의 세금만도 6,400억 원에 달하는데[173][174] 거의 전부 파우치 박사의 미심쩍은 HIV 가설을 바탕으로 약을 개발하는 데 집중되었다. 그러나 개발한 약의 종류는 점점 늘어났지만, 단 한 명의 환자의 생명도 연장한다고 입증되지 않았고 AIDS 치료제는 여전히 등장할 기미도 보이지 않는다.[175]

루빈은 "누군가 HIV가 AIDS의 유일한 원인이라는 정설이 틀릴지도 모른다고 주장하는 순간 기득권 세력은 그 사람을 미쳤거나 돌팔이라고 비방하기 시작한다."라면서 다음과 같이 말을 이었다. "어제까지만 해도 위대한 과학자였던 사람이 하루아침에 멍청이가 된다. 과학은 미국의 신흥 교회가 되었고 창의적이고 생산적인 반론을 제기할 여지를 모조리 없애버리고 있다."[176][177]

갈로는 2년 앞서 HIV가 AIDS를 일으키려면 공동 요인이 필요할지 모른다고 논문에서 주장한 후 입을 다물었다. 오늘날 갈로는 이 문제를 입에 올리지도 않으려 한다. 평상시에는 목소리 크고 전투적인 갈로가 유독 HHV6에 대해 얘기를 하자는 내 요청은 거절했다.

AIDS와 공포

합리적인 세상에서는, 또는 제대로 기능하는 민주주의 체제하에서라면, HIV/AIDS 논쟁과 관련해 기득권 세력 진영에서 최고의 과학자와 반론을 제기하는 진영에서 가장 명망 있는 과학자가 과학 문헌을 통해 공개적으로 토론해 문제를 해결한다. 그러나 앤서니 파우치의 권위주의적인 기술관료 체제에서는 상층부에 군림하는 의료 패거리가 이런 식의 대화를 허락하지 않는다. 종교재판을 관장하는 사제들처럼 HIV/AIDS 가설을 신봉하는 대사제들은 그들이 틀릴 가능성을 완강히 부인한다. 당초부터 HIV/AIDS 종교는 도덕적 절대주의, 노골적인 차별, 그리고 무자비한 반론의 탄압을 통해 생존해 왔다.

하비 비알리 박사는 의료계 기득권층의 가장 우선적인 관심사는 공중보건이 아니라 그들 자신의 평판과 부수입이라면서 다음과 같이 말한다. "과학계와 의료계는 반론을 인정하면 체면을 잃게 된다. HIV/AIDS 가설이 마침내 틀렸다고 인정되면 과학계 전체가 국민의 신뢰를 잃게 되고 과학 자체가 근본적으로 심오하고 장기적인 변화를 겪게 된다는 말이 과장이 아니다. '과학 공동체'는 오랫동안 HIV/AIDS 가설에 그들의 신뢰를 걸었다. 바로 이게 HIV/AIDS 가설을 의심하는 행위가 과학 자체를 의심하는 행위로 간주되고 반론자들이 파문에 직면하는 이유다."

케리 멀리스가 그의 저서 〈지뢰밭에서 벌거벗고 춤추기〉에서 말했듯이, "오늘날 사람들이 과학이라고 일컫는 것은 1634년에 과학이라고 불렸던 것과 아주 비슷하다. 갈릴레오는 그의 믿음을 철회하지 않으면 파문당한다는 얘기를 들었다. AIDS 기득권 세력의 계명을 받아들이지 않는 사람들도 사실상 갈릴레오와 똑같은 통보를 받는 셈이다."[178]

이 논쟁의 유사 종교적 속성은 익명의 한 버클리대학교 과학자가 듀스버그를 향해 보인 혐오감과 도덕적 훈계를 통해 잘 드러난다. 이 과학자는 실리아 파버의 2006년 저서 〈심각한 부작용: 무삭제판 AIDS 역사〉에서 이렇게 말한다. "그가 자초한 일이다. 그는 자기주장을 굽히지 않았다. 장도리를 들고 덤볐다. 그가 3,000퍼센트 옳을지 모르지만, 그는 많은 사람을 화나게 했다…. 아무도 그를 믿지 않았다. 그는 보편적으로 받아들여진 견해를 뒤엎는 행동을 저질렀다. 그들은 배신감을 느꼈다. 그냥 벌떡 일어나서 자기만 빼고 모두가 틀렸다고 말하면 안 된다."[179]

레베카 컬쇼는 자신의 저서 〈과학, 영혼을 팔아넘기다: HIV는 정말로 AIDS를 일으키는가?〉에 이렇게 기록한다. "지적으로 파산한 이 이론이 여전히 국민의 인식을 지배하는 이유는 전적으로 오로지 남의 행동을 통제하는 것이 목적인 막강한 집단이 공격적으로 공포를 조장하고 차별과 응징을 자행해왔기 때문이다. 물론, 제약산업계의 돈과 이해관계, 그리고 정부가 지원하는 과학자들도 중요한 역할을 했지만, HIV/AIDS 가설의 씨앗은 공포심 조장을 통해 파종되었다. 공포를 종식하려면 HIV/AIDS라는 신화를 깨뜨려야 한다."[180]

7장

지킬 파우치 박사와 하이드 씨: 아동을 대상으로 한 NIAID의 야만적 불법 실험

"나치의 생체 실험이 이러한 가학성의 한 사례다.
강제노동수용소의 수감자들과 전쟁포로들을 인간 기니피그로 이용했지만
아무런 과학적 성과도 거두지 못했다. 이는 독일 의료 전문가들이 결코
자랑스러워할 수 없는 참혹한 사례다. '실험'을 직접 한 살인마 돌팔이 의사들은
의료계에서 고위직을 맡고 있던 일부 인사를 포함해 200명이 채 되지 않지만,
그들의 범죄행위를 알고 있었던 제3 제국의 중진급 의사는 수천 명에 달한다.
그러나, 적어도 기록상으로는, 공개적으로 항의한 의사가 단 한 명도 없다."

— **윌리엄 L. 샤이러**(William L. Shirer), 〈제3 제국의 흥망성쇠〉

"과학은 진실을 부인한 자의 장례를 치를 때마다 조금씩 발전한다."

— **막스 플랑크**(Max Planck)

앤서니 파우치 박사가 국립알레르기전염병연구소(NIAID) 소장에 취임한 후 거의 40년 동안 NIAID는 점점 무너져 가는 공중보건을 수익성 있는 의약품으로 해결한다는 소장의 일념을 추구하기 위해 미국에서 가장 취약한 아동들을 부차적 피해로 취급했다. 1988년 AZT가 기만적이고 타락한 방법으로 규제당국의 승인을 받으면서 수십억 달러를 창출할 새로운 HIV 약품들이 탄생할 길이 열렸고, 파우치 박사는 그의 제약업계 동업자들과 그들의 책임연구원들에 폭넓은 재량권을 부여해 아동과 성인을 독성이 강한 물질에 노출하는 비윤리적인 생체 실험을 하도록 했다.

미국의 보건복지부와 그 전신인 공중보건 서비스는 이미 오래전부터 죄수, 지적장애로 시설에 위탁된 성인들, 스태튼 아일랜드에 있는 윌로우브룩과 매사추세츠주 월섬에 있는 퍼날드 학교 등과 같은 지옥의 소굴에 있는 취약한 계층들을 대상으로 비도덕적인 실험을 한 이력이 있다. 1973년 스탠리 플랏킨(Stanley Plotkin) 박사는 〈뉴잉글랜드의학학술지〉에 서한을 보내 지적장애 아동을 "모습은 인간이나 사회적 잠재력으로 따지면 인간이 아니다."라며[1] 그들을 상대로 실험을 한 자신의 행위를 정당화했다. 그가 지닌 그러한 편견도 그가 동료들 사이에서 누리는 높은 평판을 훼손하지 않았다. 백신 학자들은 해마다 수상자를 선정하는 스탠리 플랏킨 상을 백신 분야의 노벨상으로 여긴다. 2019년 〈영국의학학술지〉는 플랏킨을 '백신의 대부'라고 일컬었다.[2] 미국이 배출한 이 멩겔레(Mengeles)*는 주로 빈곤한 미국 인디언과 아프리카, 카리브해, 미국의 흑인을 실험용 쥐로 이용했다. 나는 내 작은아버지 에드워드 케네디 상원의원이 미국 정부가 1932년부터 40년 동안 진행한, 또 하나의 악명높은 생체 실험인 터스키기 매독 실험(Tuskegee Syphilis Experiment)을 폐쇄하는 데 핵심적인 역할을 했다는 사실이 자랑스럽다. 그는 1972년 질병통제예방센터의 한 내부고발자로부터 취약한 인구 집단을 상대로 의학 실험이 진행되고 있다는 제보를 받았다.[3]

정부 규제 당국자들과 그들의 제약업계 동업자들은 보건복지부의 약품과 백신 개발을 위해 아동학대를 겸한 인종차별을 밥 먹듯이 자행했다. 1950년대와 60년대에 정부와 제약업계가 합동으로 소아마비 백신 실험을 할 당시, 미국의 백신 학자 힐러리 코프로우스키(Hilary Koprowski)와 스탠리 플랏킨은 콩고에 있는 벨기에 식민 통치 당국자들과 협력해 수백만 명의 아프리카 흑인 아동 '자원자'를 모집해 백인 아동을 대상으로 실험하기에는 위험이 너무 크다고 여겨진 실험 단계 백신에 대한 대규모 임상실험을 수십 차례 단행했다. 1989년까지도 질병통제예방센터(CDC)는 캐머런, 아이티, 로스앤젤레스 중남부의 흑인 아동들을 상대로 해로운 홍역 백신 실험을 했고 수십 명의 어린 소녀들이 사망하고 나서야 이 실험을 중단했다.[4] CDC는 '자원자'들에게 그들이 실험에 참여한다고 알려주지 않았다. 2014년, 또 다른 CDC 내부고발자로서 CDC의 백

---

* 나치 치하에서 생체실험으로 악명을 떨친 독일 의사 - 옮긴이

신 안전성 선임 연구원인 윌리엄 톰슨(William Thompson) 박사가 CDC 최고위 관리들이 그를 비롯해 4명의 선임 연구원들에게—자폐증 위험이 340퍼센트 증가한다는 데이터를 비롯해—홍역 이하선염 풍진(MMR) 백신을 접종한 흑인 남아들에게서 유독 높이 나타난 백신 상해를 보여주는 데이터를 파기하고 공중에게 거짓말을 하라고 강요했다는 사실을 폭로했다.[5] 그러니 파우치 박사가 자신의 제약업계 동업자들과 함께 자신이 출세하는 발판이 된 2세대 항바이러스제와 괴물 같은 HIV 백신을 개발하기 위해 위탁 시설에 맡겨진 흑인과 히스패닉 아동을 상대로 야만적이고 잔인한 실험을 한 게 당연하다.

1989년 파우치 박사는 국립보건원 원장을 맡아달라는 조지 H.W. 부시 대통령의 제안을 고사하면서 그 이유를 이렇게 해명했다. "나는 AIDS가 유행하기도 전에 이미 AIDS를 연구하고 있었다. AIDS 문제는 내가 열정과 평생을 바쳐온 일이다."[6][7] 그러나 얼핏 이타적으로 보이는 파우치 박사의 이러한 해명은 본심이 아니었을지도 모른다. 그 무렵 국립알레르기전염병연구소(NIAID) 소장으로서 그가 휘두르는 권력은 그의 명목상의 상사인 국립보건원 원장의 권위를 무색하게 할 정도였다. 파우치가 AIDS 약 개발 붐이 일던 시기를 성공적으로 이용하면서 NIAID는 사실상 보건복지부 산하 NIAID의 자매기관들, 식품의약국(FDA), CDC를 장악했고, 과학연구와 국제 보건 정책 수립에 막강한 영향력을 행사하고 어마어마한 예산을 집행할 재량권을 확보했다. NIAID가 신약 개발과 판촉에서 제약업계의 가장 중요한 기초 연구 주체이자 협력자가 되면서 NIAID 독재자는 홍보 기회를 얻고 제약사와 제휴를 통해 수익을 올리게 되었다. 유해 물질의 연구소 유출을 예방하고 봉쇄하는 전문가 션 커프먼은 2000년대 중엽 NIAID의 의뢰를 받고 생물안전 등급(biosafety level, BSL) 실험실을 설계하고 모의 실험실을 구축했는데, 그는 오랫동안 파우치 박사를 존경해 왔고 NIAID의 의뢰를 받아 수백 명의 BSL 실험실 종사자들에게 안전 수칙을 가르쳤다. 커프먼은 내게 이렇게 말했다. "파우치 박사가 사실상 보건복지부의 최고 실세라는 사실은 누구나 다 알고 있다. 다른 모든 기관의 기관장들은 바지사장에 불과하다. 앤서니 파우치가 뒤에서 다 조종한다."

2003년부터 2005년까지 임상 연구 활동 정책실 AIDS 담당 부서(DAIDS)의 부서장을 지낸 의사 조너선 피쉬바인(Jonathan Fishbein)은 파우치의 영향력이 점점 확대되면서 그의 상사인 국립보건원 원장 일라이어스 제르후니(Elias Zerhouni)의 영향력을 능가한 듯하다면서 내게 이렇게 말했다. "제르후니는 내가 DAIDS 내에서 일어난 부정행위를 폭로했을 때 이를 바로잡고 올바른 선택을 할 수도 있었지만, 그는 관여하지 않았다. 파우치는 자기 홍보의 귀재이고 AIDS를 지렛대 삼아 의회로부터 어마어마한 예산을 국립보건원으로 따왔다. 그런데 누가 감히 그에게 맞서겠는가? 제르후니나 그 후임들은 절대로 그에게 맞서지 않는다. NIAID는 미국 전역의 주요 의료기관들에 돈을 뿌리기 때문에 파우치는 의료계에 막강한 영향력을 휘두른다."

1987년 NIAID가 추악한 술수로 AZT 승인을 받아내는 결과를 낳은, 파우치 박사와 제약사들의 부정한 협력관계로 그와 제약사 책임연구원들 간의 공생관계는 공고해졌고 의약품 승인 기준은 저하되었다. 그의 책임연구원들과 그들을 후원하는 제약사들과 그의 관계는 사적으로 이익이 되는 수많은 기회를 창출했고 파우치 박사는 곧 자제력을 잃은 제약사의 행태를 눈감아주게 되었다. 1980년 베이-돌 법안(Bayh-Dole Act)이[8] 통과되면서 NIAID는 — 그리고 파우치 박사 개인도 — NIAID가 연구비를 지원한 책임연구원들이 탄생시킨 물질에 대한 특허를 출원하고 제약사들에게 이러한 물질의 특허를 사용해 약품을 제조하도록 허가해 주고 이러한 약품 매출에 따른 특허 사용료를 챙기게 되었다. NIAID의 약품 개발 사업은 보건복지부의 규제 기능을 능가하게 되었다. 특허 사용료 수백만 달러가 국립보건원으로 그리고 파우치 박사를 비롯한 NIAID의 고위급 관료들 주머니로 쏟아져 들어오면서 공중보건과 제약사 수익의 경계는 한층 더 모호해졌다.

AP 통신의 폭로기사에 따르면, "전 현직 국립보건원 연구자 919명이 정부 관리로 일하는 동안 개발한 발명과 약품에 대한 특허 사용료를 받고 있다."[9] 이 기사는 국립보건원 과학자와 행정관리들이 제약사들과의 금전적 관계를 밝혀야 하는 윤리적 법적 의무를 대놓고 무시하고 있다고 결론을 내렸다.

제약사들과의 금전적 이해충돌은 파우치 박사의 조직 관리 유형을 규정하는 특징이 되었다. 일찍이 1992년 보건복지부 감사관은 NIAID가 백신 임상실험에서 책임연구원

들의 이해충돌 감시 감독에 실패했다는 결론을 내렸다.[10]

국립보건원과 NIAID에 새로이 돈이 쏟아져 들어오면서 임상실험은 날로 번창하는 사업이 되었다. 홀로코스트 생존자 베라 샤라브(Vera Sharav)는 NIAID를 비롯한 여러 기관의 가학적인 인체 실험을 파헤치는 데 평생을 바쳤다. 샤라브는 내게 이렇게 말했다. "1990년경부터 임상실험은 의료계의 핵심적인 수입원이 되었다. 보험업계와 민간의료보험기관(HMO)들이 의사들을 쥐어짜면서 환자를 돌보는 의사로는 큰돈을 벌기 어렵게 되었다. 가장 야심만만한 의사들은 환자 진료를 그만두고 임상실험으로 몰려갔다. 임상실험에 관여한 사람은 누구나 돈을 벌었다. 실험 대상인 사람들만 빼고. 이 모든 것의 중심에는 국립보건원과 NIAID가 있었다. 아무도 모르는 사이에 이러한 정부 기관은 제약업계의 동업자가 되었다."

제약업계의 윤리관이 NIAID의 조직 문화에 만연하면서 NIAID는 타락했다. NIAID는 위험하고 효과도 없는 약의 효용을 '입증'하기 위해 과학 데이터를 조작하는 행위를 밥 먹듯이 눈 감아 주거나, 허락하거나, 직접 관여했다. 임상실험 자원자들의 고통과 죽음을 아무렇지도 않게 무시하는 풍조가 NIAID의 운영 방식이 되었다.

AP 통신의 탐사보도에 따르면, 윤리적 법적 의무를 위반하고 비열한 수법으로 자원자를 모집하는 국립보건원 과학자들은 공공안전에 대한 현존하는 심각한 위협이다. "국립보건원 임상실험에 참여한 수천 수백 명의 환자는, 임상실험을 진행하는 연구자들과 제약업계의 금전적 이해관계를 제대로 알지 못한 채, 종종 위험을 감수해야 하는 임상실험에 참여하겠다고 결정했다."

2004년 탐사보도 기자 리엄 셰프(Liam Scheff)는 1988년부터 2002년까지 뉴욕시의 인카네이션(Incarnation) 아동센터와 뉴욕주에 있는 수많은 자매 시설과 6개 주에서 위탁가정에 맡겨진 HIV 양성 아동 수백 명을 상대로 파우치 박사가 은밀히 자행한 실험을 기록했다.[11] 이러한 실험들은 파우치 박사가 AZT를 재현할 수익성 높은 2세대 AIDS 약품을 개발해 출세를 다지는 데 핵심적인 역할을 했다.[12]

셰프는 파우치 박사의 NIAID와 그의 거대 제약사 동업자들이 위탁 시설에 맡겨진 흑인과 히스패닉 아동들을 아무도 관리 감독하지 않는 여건에서 약과 백신 연구의 실험 대상으로 삼아 고문하고 학대한 만행을 다음과 같이 생생히 묘사하고 있다. "과거에 수도원이었던 이 시설(인카네이션 아동센터)에는 아동 보호국이 부모로부터 떼어낸 아동들이 끊임없이 드나든다. 이러한 아동들은 주로 흑인, 히스패닉이고 빈곤층이다. 이런 아동의 어머니는 대부분 마약을 남용한 이력이 있거나 사망했다. 인카네이션 아동센터에 들어오는 아동은 국립보건원 산하기관인 앤서니 파우치 박사의 NIAID, 국립 아동 건강발달 연구소가 세계 최대 제약사들 — 글락소스미스클라인, 화이자, 제넨테크(Genentech), 키론/바이오신(Chiron Biocine) 외 다수 — 과 협력해 후원하는 약품 임상실험 대상이 된다."[13]

NIAID의 제약사 동업자들은 실험 대상으로 아동들을 제공하는 대가로 인카네이션 아동센터에 금전적 보상을 한다. 늘 그렇듯이 파우치 박사는 안전성 감시 위원회를 자신에게 충실한 책임연구원들로 채우는데, 그중 가장 대표적인 인물이 연구비를 후하게 지원받는, NIAID의 AIDS 약 연구원 스티븐 니콜라스(Stephen Nicholas) 박사다. 의료산업 감시기구인 연구 대상 보호 연맹(Alliance for Human Research Protection) 회장인 베라 샤라브는 그를 다음과 같이 비판한다. "스티븐 니콜라스는 2002년까지 인카네이션 아동센터 소장을 지냈을 뿐만 아니라 동시에 센터 아동들을 상대로 한 실험을 감독해야 하는 소아 의료자문 위원회의 위원이었다. 심각한 이해충돌이 있었다는 뜻이다."[14]

탐사보도 기자 리엄 셰프는 다음과 같이 말을 이었다. "아동들에게 투여한 약은 독성이 강하다. 유전자 돌연변이, 장기부전, 척수 괴사, 기형, 뇌 손상, 치명적인 피부질환을 일으킨다고 알려져 있다."[15]

"약을 거부하는 아동은 팔다리를 움직이지 못하게 누르고 억지로 약을 투여했다. 그래도 아동이 저항하면 컬럼비아 장로회 병원으로 옮겨 병원의 외과 의사가 복강 벽을 뚫고 뱃속으로 플라스틱 튜브를 삽입했다. 그리고 나서 약을 직접 소장에 투여했다."[16]

"2003년, 각각 6세와 12세인 두 아동이 약의 독성으로 인해 끔찍한 뇌졸중을 일으켰다. 6세 아동은 눈이 멀었다. 둘 다 곧 사망했다. 또 한 명의 14세 아동이 최근에 사망했다. 8세인 한 아동은 약으로 인해 목에 생긴 커다란 혹을 제거하기 위해 두 차례 성형수술을 했다."[17]

"이는 공상과학 소설이 아니다. AIDS 연구에서 실제로 벌어지는 일이다."[18]

파우치의 실험에서 살아남은 위탁 아동들도 피부 발진, 구역질, 구토에서부터 면역반응의 급격한 저하와 고열에 이르기까지 심각한 부작용을 겪었는데, 이는 모두 파우치가 개발하던 약들과 관련해 흔히 나타나는 부작용이었다.

파우치가 관여한, 답손(Dapsone)이라는 약의 임상실험들 가운데 하나에서는 적어도 아동 10명이 사망했다. 2005년 5월 AP 통신 탐사보도 기사는 "패혈증으로 사망한 4명을 비롯해 아동들이 여러 가지 원인으로 사망했다."라고 보도했다. 연구자들은 안전하고 효과 있는 용량을 알아내지 못했다고 투덜댔다. 그들이 추측에 근거한 용량을 투여하면서 아동들은 목숨을 잃는 대가를 치렀다.[19]

답손 임상실험 연구자들은 몰인정하게 이렇게 기록했다. "우리 연구에서는 뜻밖에도 매일 답손을 투여한 집단에서 전체적 사망률이 훨씬 높았다." NIAID 연구자들은 이러한 사망을 원인불명이라고 일축하고 "왜 이런 결과가 나왔는지는 여전히 해명되지 않았다."라고 기록했다.[20]

베라 샤라브는 아동을 상대로 한 잔인한 임상실험을 금지하겠다는 사명의 일환으로 파우치 박사의 만행을 조사하는 데 오랜 세월을 바쳤다. 샤라브는 내게 "파우치는 아동들이 목숨을 잃은 사실을 은폐했다. 그 아동들은 그의 출세 야욕을 실현하기 위한 부수적인 피해에 불과했다. 쓰고 버리는 대상이었다."라고 말했다. 샤라브는 맨해튼에 있는 파우치의 강제수용소 인카네이션 아동센터에서 적어도 80명의 아동이 사망했다면서 NIAID와 그 동업자들이 아동의 시신을 집단으로 매장했다고 비판했다.

BBC가 2004년에 방영한 가슴 아픈 다큐멘터리 〈기니피그 아이들(Guinea Pigs)〉은[21] 파우치의 과학 프로젝트의 잔인함과 야만성을 피해자인 아동 관점에서 기록하고 있다. 이 다큐멘터리는 거대제약사들이 앞다퉈 수익성 높은 AIDS 신약을 개발하는 과정의 어두운 이면을 폭로하고 있다. 그해, BBC는 탐사보도 기자 실리아 파버를 고용해 다큐멘터리를 위한 현장 조사를 했다. 파버는 내게 이렇게 말했다. "나는 뉴욕주 호손에 있는 게이트 오브 헤븐(Gate of Heaven) 묘지에서 집단매장지를 발견했다. 내 눈이 믿기지 않았다. 인조 잔디를 덮은 거대한 구덩이였다. 그냥 인조 잔디를 들춰보기만 하면 됐다. 그 아래

지킬 파우치 박사와 하이드 씨: 아동을 대상으로 한 NIAID의 야만적 불법 실험

에는 아무렇게나 쌓아 올린 나무관 수십 개가 있었다. 100개쯤 되었던 듯하다. 관 하나마다 시신이 한 구 이상 들어있다는 사실도 알게 되었다. 구덩이 주위에는 반원형으로 몇 개의 커다란 비석이 세워져 있는데, 그 비석들에는 1,000명 이상의 아이들 이름이 새겨져 있다. 나는 그 이름을 하나도 빼놓지 않고 모조리 기록했다. 이름이 기록되지 않은 나머지 아이들은 누구인지 여전히 모른다. 내가 알기론 그들이 누구인지 파우치 박사에게 물어본 사람이 지금까지 아무도 없었다."

"구덩이 주위에 봉제 곰 인형과 하트 모양이 수북이 쌓여있었고 그 주위를 파리들이 웽웽거리며 맴돌던 기억이 난다. 비석에 새겨진 아이들 이름을 적는 데 꼬박 하루가 걸렸다. NIAID, 뉴욕주, 그리고 병원의 책임연구원들이 모두 우리의 작업을 방해했다. NIAID의 실험에서 사망한 아동이 몇 명이고 그들이 누군지에 대한 정확한 정보도 얻을 수 없었다. 나는 비석에 새겨진 이름들을 뉴욕시 보건부에 있는 사망신고서와 내조해 보았다. 당시에는 아직 그렇게 할 수 있었다. BBC는 인카네이션 아동센터에 위탁되었다고 알려진 아이들의 이름과 나무관 속에 묻힌 아이들 이름을 대조하고 싶어 했다. 관련 기관의 강력한 저항에 부딪힌 매우 더디고 복잡한 프로젝트였다. 하지만 우리는 몇몇 이름의 신원을 알아냈다. 교도소에서 출소해 아들을 찾아 나선 한 아버지가 있었다. 그는 자기 아들이 인카네이션 아동센터에서 AIDS로 사망했다는 통보를 받았지만 진료 기록이 없었다. '화재로 소실'되었다고 했다. 그는 억장이 무너졌다. 믿거나 말거나 〈뉴욕포스트(New York Post)〉에 보도된 사연이다. 그러나 이 사연을 보도한 매체들은 하나씩 발을 뺐다. 그 당시에도 의료카르텔은 이런 종류의 기사를 삭제할 힘을 지니고 있었다. 파우치 박사는 그런 수법을 밑천 삼아 출세한 사람이다. 아무도 그에게 후속 질문을 하지 않는다. 당시에 NIAID는 이 아동들이 운 나쁘게도 'AIDS'에 걸렸으므로, 어차피 죽을 목숨이었다고 둘러댔다. 많은 사람이 임상실험에서 끔찍한 죽음을 맞으면 NIAID의 연구자들은 이를 '실패에서 얻은 교훈'이라고 일컬었다."

2년 후 파버는 파우치의 AIDS 담당부서 DAIDS가 우간다에 남긴 자취를 추적해, 그가 어떻게 아프리카의 어머니들과 아동들을 학대하고 희생시켰는지 폭로하게 된다.

BBC 다큐멘터리가 방영된 후, AP통신 기자 존 솔로몬(John Solomon)은 파우치 박사의 AIDS 약 임상실험에서 사망한 아이들이 몇 명인지 나름대로 추산했다. 2005년 5월 AP통신의 솔로몬이 보도한 바에 따르면, NIAID의 실험에 참여한 뉴욕시 위탁 아동이 적어도 465명이고, 이 가운데 파우치의 NIAID가 법정 후견인을 제공한 아동은 3분의 1(142명)이 채 되지 않는다. 법정 후견인 제공은 아동을 보호하기 위한 최소한의 법적 의무 조치이다.[22]

베라 샤라브는 2004년 3월 식품의약국(FDA)의 규정 준수 담당 국장 데이비드 호로위츠(David Horowitz)에게 보낸 서한에서 파우치 박사의 HIV 약 임상실험은 연방 법을 수없이 위반했다고 비판했다. 특히 인체가 감당할 수 있는 최대 용량을 투여해 독성의 효과를 판단하는 매우 위험한 1단계 실험을 하는 동안 위탁 아동의 권리와 안전을 소홀히 한 NIAID의 책임을 추궁했다.[23] 샤라브는 파우치 박사의 팀이 잔인하고 위험하고 끔찍하게 고통스러운 실험을 하는 동안 주 위탁 시설과 고아들의 권리를 보호하고 그들의 이익을 대변할 독립적인 후견인들을 제공하지 않는 불법을 자행했다고 비판했다.

2004년 FDA는 파우치 박사의 연구 부서를 조사하고 국립보건원 당국이 NIAID에게 관리 감독을 개선하라고 지시할 것을 촉구했다. FDA 조사보고서는 "이 부서의 총체적인 관리방식은 면밀한 검토가 필요하다."라고 밝혔다.[24] 2005년 5월 의회 청문회도 NIAID 실험이 연방 법규를 위반했다는 결론을 내렸다.[25]

의회에 출석한 NIAID와 지역 제휴 기관 — 뉴욕시의 아동보호국 — 은 최고급 첨단 치료를 통해 자비로 감당할 수 없는 비싼 약품으로 HIV 감염 아동들에게 최상급 첨단 치료를 해주었다고 주장하면서 자기들의 비윤리적인 실험 관행을 정당화했다.[26]

그러나 연구 대상 보호 연맹(AHRP)의 조사를 통해 NIAID가 파우치의 실험에 가담시킨 수많은 아동이 더할 나위 없이 건강했고 HIV 감염되지 않았을 가능성도 있다는 사실이 드러났다.[27] 이 조사는 36건의 임상실험을 집중적으로 파헤쳤다. 설명할 필요도 없는 뻔한 이유겠지만, 임상실험은 거의 항상 병원에서 의사와 간호사 등 의료진이 지켜보는 가운데 진행된다. 그러나 인카네이션 아동센터는 의료시설이 아니었다. 독성이 강한 약물을 고아원에서 실험하도록 허락한 행태 자체가 의료진의 중대한 과실 행위였다. 뒤이은 사건들을 보면 이러한 결정은 의도적이었고 제약사 책임연구원들과 의료 전문가들이 서로 이견을 보이면서 과학적 윤리적 문제를 두고 의견이 충돌할 상황을 피하려는 계산된 결정이었다. 공식적으로 NIAID는 제약사들이 AIDS 말기라서 시한부이고 따라서 어차피 사망할 가능성이 큰 아동에게만 위험한 최대 용량 측정 실험을 한 척했다. 그러나 AHRP는 NIAID가 은밀히 제약사 동업자들에게 연구실을 통해 HIV 감염자로 확인된 아동뿐만 아니라 감염되었다고 '추정'되는 아동들에게도 실험하도록 허락했다는 사실을 확인했다. 다시 말해서, NIAID는 실험 대상인 아동들이 실제로 HIV 감염됐다는 증거를 요구하지 않았다는 뜻이다. AHRP는 NIAID가 AIDS에 걸리지 않았을지도 모르는 아동들을 치명적인 위험에 노출하고 치료 목적이 아니라 순전히 실험 목적으로 강한 약물을 투입해 끔찍한 부작용을 겪게 했다고 비판했다.[28]

2004년 3월 8일, AHRP가 정보의 자유법에 따라 인카네이션 아동센터에서 실행된 NIAID 실험의 부작용 보고서를 공개하라고 요청하자 국립보건원은 정보의 자유법의 '영업 비밀'과 '사생활 보호' 예외 조항을 인용하면서 요청을 거부했다.[29] AHRP는 3월 10일 FDA와 연구 대상 보호국에 항의서를 제출해 NIAID가 위탁 아동이 연방 규정에 따라 임상실험의 위험으로부터 보호받을 권리를 박탈했다고 했다. 뒤이어 실시된 두 차례 조사를 통해 AHRP의 주장이 사실로 드러났다.[30][31]

AP통신의 존 솔로몬 기자의 조사로 마침내 파우치 박사의 실험은 전국적으로 알려지게 되었다. AP통신은 NIAID가 7개 주에서 위탁 아동들을 상대로 적어도 48건의 AIDS 실험을 한 사실을 확인했다고 보도했다. 그리고 대부분의 실험에서 NIAID는 이 아동들에게 법정 후견인을 제공하도록 한 연방 규정을 위반했다. 적어도 10명의 아동을 죽게 한 답손 실험 외에도, NIAID는 성인의 항레트로바이러스 약물 복합제제 실험을 후원했다. AP통신은 이 실험에 참여한 52명의 아동 가운데 중간 정도에서 심각한 부작용에 이르기까지 거부반응을 일으킨 어린이가 26명이라고 보도했는데, 거의 모두가 유아였다. 부작용은 피부 발진, 고열, 감염과 싸우는 백혈구가 위험한 수준까지 급격히 감소하는 현상을 망라했다.[32]

HIV 백신 사업의 희생자들

애초부터 파우치의 실험은 HIV 백신을 개발하겠다는 그의 허황한 집착을 충족하는 데 그쳤다(그는 40년 동안 수백억 달러를 쏟아부었지만, 인간에게 사용하기에 안전하거나 효과적인 HIV 백신 개발에 실패했다). NIAID가 결국 마지못해 공개한 의료 기록을 보면 파우치 박사의 책임연구원들이 그의 위험한 백신을 생후 1개월 유아에서부터 18세 청소년에 이르기까지 아동을 대상으로 실험했다는 사실이 드러난다. AP통신의 존 솔로몬 기자는 NIAID가 자체적인 공식적인 규정들을 어기고 HIV 감염자라는 증거가 있든 없든 상관없이 어린이들을 상대로 제약사들이 이러한 실험을 하는 줄 알면서도 내버려 두었다고 확인했다.[33][34]

예컨대, 공개된 보고서에 따르면, NIAID, 제넨테크, 마이크로제네시스(Microgenesys)는 ACTG#218이라는 암호명의 백신 실험을 공동으로 후원했다고 시인하고 있다. 이 ACTG#218 규정에 따르면 "환자는 무증상 HIV 감염을 입증하는 자료가 있어야 하고," "예상되는 총 참여자" 수는 72명이었다. 그러나 내부 문건에서는 NIAID가 제약사들이 대놓고 이러한 의무 사항들을 어겨도 내버려 두었다고 시인하고 있다. 이 문건에 따르면 "백신을 투여한 125명의 아동은 HIV 비감염자로 드러났다."[35] 또 다른 문건에 따르면, "총 126명의 아동이 HIV 비감염자였다."[36] NIAID의 최종 분석 자료는 ACTG#218은 "백신 투여자들에게 아무런 임상적인 이득도 없다는 결과가 나왔다."라고 시인했다.[37]

또 다른 HIV 백신 1단계 실험인 ACTG#230은 제넨테크와 카이론/바이오신이 개발하는 두 가지 실험 단계 백신을 시험했다. 이번에는 규정상으로도 대놓고 "건강한 자원자들을 받는다."라고 되어있었다.[38] 존 솔로몬이 조사에서 알아냈듯이, 이 비윤리적인 실험에 '자원'한 사람은 출생한 지 3일 이하인 신생아들이었다.[39] NIAID는 이 신생아들을 무작위로 세 집단으로 나누어 각각 실험 단계 백신 두 가지와 위약 가운데 하나를 투여했다. 이러한 문건들은 연구 대상 보호연맹(AHRP)의 우려가 사실이었음을 입증한다. 파우치 박사가 AIDS에 걸릴 위험이 전혀 없는 신생아와 아동들을 대상으로 실험했고 그들에게 아무런 이득도 없는 실험 단계인 약과 백신을 투여해 치명적인 위험과 끔찍한 고통에 노출시켰다는 우려 말이다.

파우치 박사는 분명히 그가 이 어린 '자원자들'을 위험에 노출시킨다는 사실을 인식하고 있었다. 그의 책임연구원들이 이 아동들에게 투여한 약물은 대부분 AIDS 감염된 성인용으로 승인받은 약물이었고, 치명적인 부작용을 일으킬 가능성이 있다는 경고가 설명서에 적혀있다. 알데슬류킨(Aldesleukin), 답손(Dapsone), 다이다노신(Didanosine), 라미부딘(Lamivudine), 네비라핀(Nevirapine), 리토나비어(Ritonavir), 스타부딘(Stavudine), 그리고 지도부딘(Zidovudine)이 그러한 약물들이다.[40][41]

마지막으로, 실제로 실험 대상이 매우 병이 깊은 아동인 경우라 하더라도 빈곤한 고아들에게 동정을 베푸는 게 실험의 취지라는 파우치 박사의 주장은 언제나 사기였다. 이러한 실험에의 참여만이 이러한 아동들이 "생명을 구하는" 약을 투여할 유일한 기회라는 NIAID의 주장은 애초부터 거짓이었다. 뉴욕주 법에 따르면, 의사는, 필요한 경우, "당국으로부터 승인받은 용도가 아닌 다른 용도로(Off-label) 기존의 약품을 써서 '생명을 구하는'" 치료를 해야 한다.

게다가, 제약사가 임상실험을 설계할 때 실험 대상에게 이득을 주는 게 주된 목적이 아니다. 그들이 추구하는 목적은 차후에 다른 환자들에게 도움이 되고 자사의 수익에도 도움이 될 안전성과 효과에 관한 정보를 얻기 위함이다. 끝으로 모든 실험 대상자가 임상실험에서 '가장 전망이 밝은' 약을 투여하지는 않는다. 일부는 위약을 투여한다.

기자 리엄 셰프가 2004년 1월에 기고한 'AIDS가 지은 집'이라는 제목의 기사는 인터넷에서 뜨거운 논쟁을 불러일으켰고, 〈뉴욕프레스〉는 셰프가 쓴 '인카네이션 아동센터를 들여다보다'라는 후속기사를 실었다.[42] 셰프의 치밀한 묘사가 담긴 이 기사는 읽을만한 가치가 있다. 파우치 박사가 '대의'를 위해서 모험심 강한 '자원자' 아기들에게 어떤 희생을 요구했는지 알기 위해서라도 말이다.

셰프의 기사에 따르면, 파우치 박사와 그의 책임연구원들은 인카네이션 아동센터가 의료시설이 아니라는 점을 의도적으로 이용했다. 책임연구원들은 실험 장소가 병원이었다면 경륜 있는 간호사와 의사들이 비윤리적이고 불법이라고 항의했을 행위를 마음 놓고 했다.

아동들이 독성 약물 투여를 거부하면, NIAID와 제약사 동업자들은 아동의 배에 튜브를 삽입해 억지로 복종하게 했다. 셰프는 이렇게 기록했다. "미미가 인카네이션 아동센터에서 일하기 시작할 당시, 튜브가 사용되는 경우는 드물었다. '그러나 아이들이 나이를 먹으면서 투약을 거부하기 시작했다.'라고 그녀는 회상했다. '그러더니 그들은 점점 더 튜브를 많이 갖고 오기 시작했다. 저항이 심한 아이들이나 너무 구토가 심한 아이들은 튜브를 삽입했다. 처음에는 코로 튜브를 삽입했다. 그러더니 점점 복부로 삽입하는 횟수가 늘었다. 여러 차례 계속해서 투약을 거부한 어떤 아이는 어느 날 병원에 가서 수술받고 돌아왔는데, 배에 튜브가 삽입되어 있었다. 어떻게 된 일인지 물어보면 의사들은 아이들이 처방대로 '따르도록' 하기 위해서라고 말했다. 처방대로 해야 한다고 말했다. 그게 규정이었다.'라고 미미가 말했다."[43]

미미는 아동들이 어떻게 고통받았고 일부는 어떻게 죽어갔는지 다음과 같이 묘사한다:

> 여섯 살짜리 여아 샤이앤은 처방대로 따라야 했다. 그 아이는 아주 연약한 작은 꽃 같았다. 예쁘고 예절 바르고 활기가 넘쳤다. 이 아이의 가족은 이 아이에게 약을 먹인 적이 없다. 따라서 아동 보호국은 이 아이를 인카네이션 아동센터에 데리고 왔다. 이 아이는 입소한 후 약을 투여하기 시작했다. 석 달, 아마 석 달째로 기억한다. 이 아이는 뇌졸중을 일으켰다. 눈을 뜰 수도 없게 됐다. 노래하고 뛰어다니고 놀기 좋아하는 평범한 소녀였다. 그런데 갑자기 뇌졸중을 일으키고 눈이 멀었다. 우리는 기겁했다. 그러더니 몇 달 만에 이 아이는 죽었다.[44]

1985년부터 2005년 사이에 NIAID와 제약사 동업자들은 실험 단계 AIDS 약과 백신의 임상실험에 참여할 실험 대상으로 뉴욕시의 위탁시설에서 적어도 532명의 신생아와 아동들을 징집했다.[45] 인카네이션 아동센터와 이러한 임상실험을 진행한 의료 연구센터들은 국립보건원과 제약사 양측으로부터 실험을 주관한 대가로 상당한 보상금을 받았

지킬 파우치 박사와 하이드 씨: 아동을 대상으로 한 NIAID의 야만적 불법 실험

다. 머크, 브리스톨 마이어스, 스큅, 마이크로제네시스, 바이오신, 글락소, 웰컴, 화이자가 그 제약사들이다.[46]

뒤이어 AP통신,[47] 연방정부의 실험 대상 보호국,[48] 그리고 베라 정의연구소가[49] 각각 독자적인 조사를 통해서 실험에 징집된 아동은 대부분 실험에 동의할지 독립적으로 판단해 줄 법정 후견인의 보호를 받지 못했고, 거의 모두 흑인(64퍼센트), 라티노(30퍼센트) 등 유색인종 아동이라는 사실을 확인함으로써 보건복지부가 의료 부문에서 인종차별을 해온 오랜 역사와 일맥상통하는 파멸적인 정책을 시행하고 있음을 시사했다.

베라 정의연구소는 주로 뉴욕시의 아동 보호국 문건에 의존해 80명이 사망했고 수많은 아동이 심각한 상해를 입었다는 사실을 확인했다. "아동복지 문건에는 일부 아동들이 실험용 약물로 인해 간 기능 저하나 심각한 빈혈 등과 같은 심각한 중독 증세나 부작용을 겪었다는 내용이 적혀있었다. 이러한 독성은 이러한 실험에 관한 논문들에서 묘사된 중독 증세와 일치했다."

"파우치는 이러한 죽음이 별일 아니라는 듯 손사래를 쳤다."라고 베라 샤라브는 회고한다. "파우치 박사에 대해서는 아무리 좋게 말해도 그의 관리 감독하에서 불거진 문제들을 해결하지 못했다고 밖에 말할 수 없다."

AP통신은 파우치 박사의 실험 범위는 훨씬 넓어서 뉴욕을 넘어 "적어도 7개 주"까지 확대된다고 보도했다. 일리노이, 루이지애나, 메릴랜드, 뉴욕, 노스캐롤라이나, 콜로라도, 텍사스가 그 7개 주이다. AP통신은 60건 이상의 서로 다른 연구가 진행되었다고 보도했다. 실험에 징집된 위탁 아동의 나이는 신생아에서부터 10대 후반까지 아울렀다.

연방정부의 연구 대상 보호국
(Office of Human Research Protections, OHRP)

2006년, 존 솔로몬의 AP통신 보도에 뒤이어 연구 대상 보호국(OHRP)은 NIAID의 문제에 대한 조사에 착수했다. 이 조사에서 제품 안전성의 과학적 평가 의무를 밥 먹듯 위반하는 정서가 NIAID 내에 만연해 있음이 드러났다. OHRP는 연구 대상보호연맹(AHRP)의 주장이 사실이라고 확인했다. 즉, 제약사, 그들의 책임연구원, 그리고 정부 관료들이 실험 대상인 아동의 독립적인 법정 후견인에게 동의를 구하지 않았고, 실험 대상을 '균등하게' 선정하지도 않았으며, '강요나 과도한 영향력에 취약할 가능성이 큰' 위탁 아동들을 보호할 안전장치도 마련하지 않았다.[50]

베라 정의 연구소(Vera Institute for Justice) 보고서

2005년 뉴욕 아동 보호국은 베라 정의 연구소에 의뢰해 300만 달러를 들여 4년 동안 조사를 했고[51] 베라 정의 연구소는 2009년 연례보고서를 발행했다. 이 보고서는 파우치 박사의 NIAID 실험에서 주로 위탁 시설에 맡겨진 미국 흑인과 라티노 아동들을―대부분 부모의 동의나 독립적인 법정 후견인의 보호조치 없이―독성이 강한 AIDS 약물의 1단계와 2단계 실험에 참여하게 만듦으로써 그들을 위험에 빠뜨린 20년을 조사했다.

베라 정의 연구소의 보고서가 조사 결과 밝혀낸 내용 일부는 다음과 같다:

- 임상실험이나 관찰 연구에 참여한 532명의 아동 가운데 80명이 위탁 시설에 있는 동안 사망했다.
- 약물 임상실험에 참여할 동안 아동 25명이 사망했다.
- 뉴욕시 정책은 특수 의료자문위원회의 검토를 의무화하고 있는데 이러한 검토를 거치지 않은 30건의 약물 임상실험에 64명의 아동이 참여했다.
- 자문 위원회가 검토했지만 권고하지 않은 임상실험에 21명의 아동이 참여했다. (두 경우 모두 13명은 위탁 시설에 맡겨지기 전에 실험에 참여했다.)

베라 정의 연구소 소장 티모시 로스(Timothy Ross)는 이 보고서에는 NIAID가 저지른 만행의 아주 일부만 담겨있다고 불만을 토로했다. NIAID가 병원들에 지시를 내려 베라 정의연구소가 아동의 진료 기록이나 임상실험 기록에 접근 못 하게 하라고 했기 때문이다. 만행의 범인들은 이러한 기록들을 기밀 유지라는 명분으로 비공개로 처리해 왔다.

이들은 파우치 박사의 책임연구원들이 감독하는, NIAID와 제약사의 임상실험을 진행하고 수익을 챙겼다. NIAID는 수천만 달러에서 수억 달러를 이러한 병원들에 쏟아붓고 파우치 박사에게 임상실험 정책들을 관장할 무소불위의 권한을 부여했다.[52]

NIAID의 방해로 인해 베라 정의 연구소는 2차적 아동복지 문건들과 소아 AIDS 부서의 기록에 의지해야 했는데, 이 두 기록은 불완전하기로 악명이 높다. 베라 정의 연구소는 임상실험을 실시한 의료센터의 연구 검토 위원회 의사록에도 접근하지 못했다.

2008년 국립보건원 보고서

이 추문이 폭로된 후에도 파우치 박사가 NIAID를 개혁하려고 노력했다는 아무런 증거도 없었다. 6년이 지나, 국립보건원 내의 생의학 윤리학자 두 명은 2008년 1월 〈소아학(Pediatrics)〉에 실린 논문에서 NIAID는 여전히 취약한 위탁 아동들을 적절히 보호하지 않고 있다는 결론을 내렸다. "주 정부에 위탁된 피보호자들을 연구에 참여시키는 행태는 두 가지 우려를 낳는다. 연구의 부담을 부당하게 피보호자들이 더 많이 지게 될 가능성과 개별적인 피보호자들의 이익을 보호할 필요성이다. 일부 부류만 특별히 보호하는 행태는 옳지 않다. 더 나아가서 기존의 보호조치 일부는 강화할 필요가 있다."[53]

파우치는 NIAID를 맡은 이후 수십 년 동안 제약사들이 적어도 14,000명 아동을 대상으로 실험하도록 허락했고, 그러한 아동은 대부분 위탁 시설에 맡겨진 흑인과 히스패닉 고아들이었다. 그는 제약사들이 관리 감독을 받지도 않고 무책임하게 실험하도록 허락했다. 파우치의 방임하에서 이러한 제약사들은 아동들을 조직적으로 학대하고 때로는 죽이기까지 했다.[54][55]

파우치 박사는 이러한 만행들을 총괄했다. 그는 제약사 연구자들과 공모해 실험 대상이 '실험과 관련된 정보를 받고 사전동의(Informed consent)'했다는 개념과 '자원자(volunteer)' 개념을 허술하게 정의해도 눈감아주었다. 파우치 박사는 아동들의 이익을 최대한 돌보기는커녕 부모의 허락도, 법으로 규정된 아동복지 당국의 감독도 없이 취약한 아동들을 밀실에서 고문할 재량권을 무법자 약물 제조사들에[56] 부여했다.

* * *

    1965년 내 부친 로버트 케네디는 스태튼 아일랜드에 있는 윌로우브룩(Willowbrook) 주립 학교의 문을 발로 걷어차 열어젖혔다. 제약사들이 이 학교에 수용된 아동들을 상대로 잔인하고 때로는 치명적인 백신 실험을 하고 있었다.[57] 로버트 케네디는 윌로우브룩을 '뱀 소굴'이라고 규정하고 이 기관을 폐쇄하고 아동 착취를 종식할 법안을 제출했다. 그로부터 55년이 지난 지금 언론매체와 민주당 지도부는 이와 유사한 만행을 주관한 자를 축복하고 그를 속세의 성인 반열에 올려놓고 있다.

    도대체 앤서니 파우치의 품성에는 어떤 하자가 있길래 인카네이션 아동센터에서 벌어진 만행을 지휘 감독하고 은폐했을까? 아무리 좋게 해석해도 파우치는 자신이 생각하기에 새로운 공중보건 혁신을 모색하는 숭고한 목표를 추구하는 과정에서 일어나는 아동의 고통과 죽음은 납득할 만한 부수적 피해라고 합리화하는 오만하고 독단적인 특성이 있는 게 틀림없다. 나쁘게 해석하면 그는 과학을 가학성의 영역으로 밀어 넣은 소시오패스다. 최근에 드러난 사실들은 후자 쪽의 해석을 뒷받침한다.

    2021년 1월 정보의 자유법에 따라 화이트 코트 웨이스트(White Coat Waste) 프로젝트가 입수한 문건들에 따르면, 파우치 박사는 2020년 개들이 파리에 물려 죽게 하는 실험에 NIAID 연구지원금 424,000달러를 승인했다.[58] 이 파리는 질병을 일으키는 기생충에 감염되어 있는데, 이는 사람에게도 영향을 미칠 수 있다. 연구자들은 감염된 파리들이 들어있는 캡슐을 28마리의 건강한 비글(beagle)의 맨살에 부착하고 196일 동안 끔찍한 고통으로 몸부림치게 만든 후 안락사시켰다. NIAID는 쥐, 설치류의 일종인 몽골리언 저빌(Mongolian gerbil), 붉은털원숭이 등을 대상으로 비슷한 실험을 했다고 시인했다.

    같은 해 파우치 박사의 NIAID는 피츠버그 대학교 과학자들에게 40만 달러를 지원했는데, 이 과학자들은 낙태한 태아의 두피를 살아있는 생쥐와 쥐에게 이식하는 실험을 했다.[59][60] NIAID는 "온전한 두께의 태아 피부"를 이용해 "인간 피부의 감염을 연구할 플랫폼을 제공할" 생쥐와 쥐 '모델'을 개발하려고 했다. 파우치 박사의 짝꿍이자 명목상의 상사이자, 스스로 독실한 가톨릭 신자라고 자부하는 프랜시스 콜린스(Francis Collins) 국립보건원장은 이 사악한 실험에 국립보건원 지원금 110만 달러를 보탰다.

앤서니 파우치와 그의 정부 공모자들은 미국에서 절실히 필요한 하고 많은 공중보건 조치들 가운데, 그리고 200만 달러로 완화할 수 있는 하고 많은 고통 가운데, 이 정신 나간 비인간적인 실험이 미국 납세자의 세금을 가장 가치 있게 쓸 실험이라고 여겼다.

이 같은 내용이 폭로되자 여러 가지 의문이 든다. 이런 실험을 고안하고 승인한 괴물들은 도대체 어떤 도덕적 황무지에서 비롯되어 우리의 이상적인 나라에 정착했을까? 그들은 어떻게 이 시대에 우리 국민을 통제할 전체주의적 권력을 행사하게 되었을까? 이들이 계속 이런 짓을 하도록 내버려 둔다면 이 나라는 어떤 나라인가? 인카네이션 아동센터 아동들에게 잔혹 행위를 하고 산업계의 수익을 위해 동물을 학대하도록 허락할 정도로 생각이 사악하고, 윤리 의식은 고무줄처럼 상황에 따라 늘었다 줄었다 제멋대로이고, 판단력이 형편없고, 오만하고 야만적인 자들이므로 생명을 구하는 치료제를 못 쓰게 하고 치명적인 팬데믹을 연장하는 도덕적 정당성을 날조해내고도 남으리라는 생각이 들지 않는가? 이 어둠의 연금술사들이야말로 공중보건과 인명보다 480억 달러 가치의 백신 프로젝트를 우선할 전략을 정당화할 만한 자들이 아닐까? 신의 흉내를 내려는 치명적인 충동과 유사한 오만함이 우한 연구소로 가는 죽음의 길을 닦았고, 중국인민해방군과 연관된 과학자들이 허름한 연구실에서 천지창조의 암호를 해독해 새로운 형태의 악마 같은 생명체 — 팬데믹 수퍼바이러스 — 를 제조하는 무모한 행태를 부추기지 않았을까?

1961년 내 생일 날, 내 큰아버지 존 F. 케네디가 미국 대통령으로 취임하기 사흘 전, 퇴임하는 대통령 드와이트 아이젠하워는 고별 연설에서 우리의 민주주의를 말살할 군산복합체(Military Industrial Complex)의 부상에 대해 국민에게 경고했다. 그 연설에서 아이젠하워는 — 비교적 덜 알려졌지만 — 연방 관료집단의 부상에 대해서도 마찬가지로 경고했다. 그는 군산복합체 못지않게 연방 관료집단도 미국의 헌법과 가치를 위협한다면서 다음과 같이 말했다:

이 혁명에서 연구는 핵심적인 역할이다. 이는 보다 형식적이고, 복잡하고, 비용이 많이 든다. 연방정부를 위해, 연방정부에 의해, 그리고 연방정부의 지시에 따라 실시되는 연구의 몫이 꾸준히 늘고 있다. 오늘날 자기 연구실에서 홀로 연구하는 독립적인 발명가는 연구실과 실험 현장에서 활약하는 과학자들로 꾸려진 세력들에 비해 보잘것없다. 마찬가지로, 역사적으로 자유로운 사고와 과학적 발견의 원천이었던 자유로운 대학도 연구 행위에서 혁명을 겪고 있다. 연구에 어마어마한 비용이 들므로 정부 연구 용역이 사실상 지적인 호기심을 대체하게 된다. 연방정부가 학자들을 고용하고 그들에게 연구 프로젝트를 할당하면서 그들을 지배하고 돈의 힘이 점점 커지는 추세를 엄중히 지켜봐야 한다. 우리는 공공정책 자체가 과학기술 엘리트 계층의 인질이 될 위험을 경계해야 한다.

아이젠하워는 기술관료의 권력과 산업계의 금권에 대한 경계를 늦추지 않을 책임감 있는 관리들에게 정부를 맡겨서 과거의 전체주의와는 달리 무미건조해 보이는 이런 종류의 전체주의를 경계해야 한다면서 그렇지 않으면 미국은 민주주의와 인류에게서 멀어져 극악무도하고 지옥 같은 야만 상태에 빠지게 된다며 다음과 같이 말했다:

> 우리의 민주 체제 원칙 안에서 새로운 세력과 기존의 세력을 형성하고 균형 잡고 통합해 자유로운 사회라는 지고한 목표를 향해 나아가도록 하는 게 정치가가 할 일이다.

파우치 박사는 정부 관료로 일한 반세기 동안 이 점에 있어서 처참하게 실패했다. 앞으로 알게 되겠지만, 그는 수십억 달러의 막강한 돈줄을 이용해 자신과 NIAID의 이익과 그의 제약사 동업자들의 사적인 이익을 추진하는 방향으로 과학연구를 장악하고 조종해 미국의 가치, 공중보건, 자유를 훼손했다. 가장 최근 들어 그는 전 세계적으로 공중보건을 훼손하고 민주주의와 헌정 질서를 전복하고 시민 통치 체제를 의료 전체주의로 변질시키는 데 핵심적인 역할을 했다. 아이젠하워 대통령이 경고한 바와 같이, 파우치의 코비드-19 대응은 우리의 민주주의를 서서히 해체하고 전체주의적 의료 기술관료주의의 권력을 격상했다.

8장

백인의 해코지:
파우치 박사가
아프리카에서 자행한 만행

"그들은 AIDS로 분류될 수 있는 질병을 2종류에서 30종류로 늘렸다.
그리고 나서 전 세계적으로 '취약한 인구'를 대상으로 검사를 하기 시작했는데,
우연히도 자기를 쉽게 방어할 처지가 못 되는 사람들이었다.
그들은 온 사방에서 AIDS 감염자를 찾아내기 시작했다.
아프리카뿐만 아니라 미국에서도. 미국에서는 특히 흑인 비율이 높은
지역사회도 그들이 말하는 취약한 지역사회 중 하나였다.
그리고 그들은 수많은 여성도 검사해서 HIV 양성자를 대거 찾아냈다.
그리고 그들은 그렇게 계속 밀어붙였다."

— 케리 멀리스(Kary Mullis), 1993년 노벨 화학상 수상자

베라 샤라브가 지적하듯이, 인종차별은 의료 권위주의와 인간을 대상으로 한 실험에서 꾸준히 나타나는 특징이다. 분자생물학자이자 〈네이처 바이오테크놀로지〉의 편집인인 하비 비알리는 AIDS 연구에서 두드러지게 나타나는 특징이 인종차별적 성차별적 편협함과 위협이 미묘하게 배경에 깔려 있다는 점이라고 지적한다. "공포에 사로잡혀 이 질병에 집착하는 행태는 이 질병이 원숭이를 데리고 이상한 짓을 한 아프리카인들에서 비롯되었고 주술 왕국인 아이티로 퍼졌으며, 동성애자들의 문란한 성행위를 통해 미국에 유입되었다는 공식적인 논조로 증폭된다." 〈뉴욕네이티브〉 편집인이자 NIAID 소장 파우치의 전기 저자로서 파우치 박사를 비판하는 찰스 오틀립은 모두가 멀리하는 소수자가 전염병을 퍼뜨린다는 주제는 전체주의의 전형적인 주장이고, 히틀러가 유대인을

향한 반감을 부추기기 위해 유대인이 결핵을 퍼뜨린다며 공포를 조장한 사례가 가장 악명높다며 다음과 같이 말한다. "AIDS 저변에는 늘 편협한 정서가 깔려 있었다. 그들이 독성이 강한 약물 실험 대상으로 동성애자, 흑인, 히스패닉, 아프리카인 등을 표적으로 삼았다는 사실을 우연의 일치로 일축하면 안 된다."

그리고 파우치 박사는 AIDS 약물의 비윤리적인 실험을 미국 아동들에게만 한 게 아니다. 2003년 6월 무렵, 국립보건원과 NIAID는 90개국에서 10,906건의 임상실험을 진행하고 있었고, 파우치 박사가 신설한 AIDS 담당부(Division of AIDS, DAIDS)는 독성이 강한 새로운 항바이러스제에 대한 임상실험 400여 건을 미국을 비롯해 전 세계에서 진행하고 있었다.[1] 파우치 박사의 책임연구원들은 막강한 다국적 제약사들의 부패한 관행으로부터 빈곤한 자국민을 보호할 제도적 장치가 부실한 개발도상국들을 겨냥했다. 베라 샤브에 따르면, 파우치 박사는 NIAID와 막강한 제약사 동업자들에게 가장 논쟁이 될 만하고 위험한 실험은 해외에서 하게 했다. "미국에서는 하고 나서 빠져나갈 수 없는 짓들을 해외에서는 걱정 없이 할 수 있기 때문이었다."

언론인 실리아 파버도 샤라브의 주장에 동의한다. "인종차별주의는 약에 '접근'할 기회를 준다는 등의 매우 치밀하게 설계한 자선사업이라는 위장막으로 가린다. 깨끗한 마실 물, 교육, 위생 시설, 영양개선에 대한 접근은 절대로 거론하지 않는다. 아프리카인들은 병들었는데 우리가 그들의 생명을 '구할' 약이 있다는 아전인수 격의 메시지로 아프리카인들에게 끊임없이 으름장을 놓는다. 그러다가 생명을 구하기는커녕 정 반대 사건이 일어나면, 언제 그랬냐는 듯 입을 싹 씻고 자선 행위라고 안면을 바꾸고 뒤에 숨는다. 나는 이런 행태를 제약-식민주의(Pharma-Colonialism)라고 일컫는다."[2]

아프리카는 한 세기 넘게 제약업계의 식민지 역할을 해오고 있다. 협조적인 정부 관리들, 고분고분한 국민, 환자 1인당 실험 참여 비용 최저, 언론과 규제 당국자들의 허술한 감시 등을 물색하는 기업들에 최적의 선택지이다. 제약사들 눈에는 아프리카인들이 힘없고, 대체로 까막눈이며, 쓰고 버려도 큰 문제가 되지 않을 자발적 참여자들로 '보이므로' 제약사의 책임연구원들은 처참한 부작용과 실수를 덮을 수 있다. 2005년, 식품의약국 관리들은 파우치 박사의 DAIDS 팀이 파우치가 추진한 또 다른 독성 강하고 비싼 화학요법 상품 네비라핀(Nevirapine) 임상실험을 아프리카에서 하다가 수십 명이 사망하고 수백 명이 상해를 입은 사건을 은폐했다는 사실을 알게 되었다.[345]

DAIDS이 아프리카에서 행한 이 어설픈 실험에는 온통 파우치 박사가 관여한 흔적이 역력했다. 1988년 10월, 그는 AZT 승인을 받아내면서 직업 기술관료로서는 10억 달러 상당의 로또에 당첨된 셈이나 마찬가지였다. 당시 부통령이자 차기 대선 후보였던 조지 H. W. 부시는 대통령 후보 토론에서 이렇게 말했다:

> 여러분은 아마 그의 이름을 들어본 적이 없을 것이다. 그는 아주 실력 있는 연구자이고 국립보건원에서 최고의 의사로서, AIDS라는 이 질병에 관한 연구에 매진하고 있다.

이러한 찬사는 그에게 더 큰 상을 안겨주었다. 신임 대통령에 대한 접근권과 그의 신임이었다. 두 차례 정권이 바뀐 후, 파우치 박사는 조지 W. 부시 대통령에게 HIV가 아프리카에 상륙해 들불처럼 번지고 있다고 경고했다. 그는 아프리카에서 AIDS를 퇴치하는 거사에 미국 해외 원조금을 쏟아부어서 '인정 많은 보수주의자'로서의 면모를 만방에 과시하라고 대통령을 설득했다. 2002년 1월 19일, 파우치의 말대로, 부시 대통령은 아프리카의 어머니들과 아동들에게 배포할 수백만 회분의 네비라핀을 구매하는 데 쓸 5억 달러를 포함해 AIDS와의 전쟁에 군자금 150억 달러를 쾌척한다고 발표했다.[6] 파우치 박사는 대통령에게 네비라핀은 임신부가 태아에게 HIV를 전염시키지 못하게 막으므로 수백만의 인명을 구하게 된다고 말했다. 나중에 부시 대통령은 이러한 파우치의 언약을 2003년 연두교서에서 되풀이한다.

파우치 박사가 1988년 교묘한 수법으로 AZT의 식품의약국 승인을 얻어내면서 AIDS 약품 황금광 시대가 개막되었다. 네비라핀은 독일 거대제약사 베링거잉겔하임(Boehringer Ingelheim)이 타 제약사들과의 경쟁에서 교두보를 확보하기 위해 내놓은 약이다. 베링거는 버로우스 웰컴이 AZT를 건져낸 바로 그 독성 쓰레기 더미에서 네비라핀을 건져냈다. 캐나다 규제 당국자들은 독성이 강하고 효과도 미심쩍다는 이유로 —

1996년과 1998년에 — 네비라핀 승인을 거부했간.[7] 2000년 12월, 〈미국의학협회학술지〉는 네비라핀이 환자의 생명을 위협할 정도로 간에 독성을 유발한다고 알려진 후, HIV에 노출된 보건 의료 종사자들에게 네비라핀 처방을 삼가라고 권고했다. 2001년 식품의약국 검토서에 따르면, 단기간 예방 차원에서 네비라핀에 노출된 사례들로부터 20여 가지 '심각한 부작용(사망, 입원, '생명을 위협'하거나 영구히 불구로 만들 정도의 부작용)'이 보고되었다.[8] 그런데도 독일 베링거잉겔하임은 NIAID에 네비라핀을 연착륙시켰다.

또 다른 대마불사(大馬不死) 약물

파우치 박사는 부시 대통령에게 네비라핀은 식품의약국으로부터 안전하고 효과적인 약으로 승인받은 적이 없다는 사실을 말하지 않은 게 분명하다. 이 사건을 심층 취재해 2006년 〈하퍼스 매거진(Harper's Magazine)〉에 기고한 실리아 파버에 따르면, "파우치 박사는 틀림 없이 알고 있었다. 그러나 그는 네비라핀을 배포하라고 부시를 설득하면서 그 사실을 빼먹었든가 아니면 일부러 숨긴 게 틀림없다." NIAID의 막강한 기관원들은 식품의약국이 이미 안전성에 문제가 있어서 네비라핀을 공식적으로 승인하지 않았다는 사실도 아랑곳하지 않았다. 파버는 내게 "파우치 박사는 결국 자신이 원한다면 무엇이든 식품의약국이 승인하게 만들 수 있다고 자신하는 듯했다."라고 말했다.

1990년대 초, 우간다 독재자 요웨리 무세베니는 제약사들을 극진히 대접했다. 우간다는 날로 번창하는 임상실험 사업에 자국민을 빌려주는 짭짤한 사업으로 한몫 챙기려는 아프리카 나라들 가운데 하나였다. 1997년, 우간다는 존스 홉킨스 대학교에 소속된, 파우치 박사의 책임연구원 브룩스 잭슨(Brooks Jackson)에게 수도 캄팔라에서 네비라핀의 임상실험을 하도록 허가했다.

NIAID의 AIDS 담당 부서 DAIDS는 HIV가 어머니에게서 신생아로 전염되지 않도록 하는 데 있어서 네비라핀과 AZT의 안전성과 효과에 대한 임상실험을 후원한 유일한 기관이다.[9] DAIDS는 우간다 임상실험을 HIVMET 012라고 명명했다. 1999년 잭슨과 그의 임상실험 팀은 의학 학술지 〈랜싯〉에 게재된 논문에서 "네비라핀은 모유를 수유하는 인구 집단이 생후 14주에서 16주 사이의 신생아에게 HIV-1을 전염시킬 위험을 거의 50퍼센트 줄였다. 이처럼 간단하고 저렴한 처방은 저개발 국가에서 모자간 HIV-1 전염을 줄일 수 있다."라고 주장했다.[10] 파우치 추종자들은 HIV와의 전쟁에서 NIAID가 역대 최고의 승리를 거두었다면서 환호했다. 의회는 국립보건원 예산을 두둑하게 인상했다.

그러나 이 연구의 낙관적인 결론은 너무나도 명백한 방법론적 결함을 은폐하고 있었다. 제약사 연구자들은 적발되지 않으리라고 판단되면 매우 비윤리적인 속임수를 아무렇지 않게 쓴다. 실험 약물 투여군에서 발생하는 상해를 은폐하기 위해서 위약 대조군을 제거하는 수법이다. 활성 물질이 없는 위약을 투여한 대조군이 없으면 박사 사기꾼들은 실험 약물 투여군에서 발생하는 모든 상해와 사망이 실험하는 약과 관계없는 안타까운 우연의 일치라고 일축할 수 있기 때문이다. DAIDS의 공식적인 네비라핀 임상실험 절차에 따르면 활성 물질이 없는 위약을 투여한 대조군을 임상실험에 포함하게 되어있지만, 일단 우간다에 발을 들여놓자 DAIDS의 모험심 넘치는 카우보이 연구팀은 위약 대조군을 없앴다. 잭슨과 그의 팀은, 위약을 사용하지 않고, 626명 임신부 가운데 절반은 파우치 박사의 끔찍할 정도로 위험한 화학요법 약물 AZT를 투여하고 나머지 절반은 네비라핀을 투여해 이 두 집단의 건강 상태 결과를 비교했다.

이 연구를 바탕으로 파우치 박사는 2000년, 세계보건기구를 설득해 모자간 HIV 전염을 예방하는 공식적인 권고 치료제로 네비라핀 1회분을 사용하라는 긴급사용승인(EUA)을 받아냈다. 세계보건기구는 이미 거대제약사의 꼭두각시가 되어 있었다. 파우치 박사는 세계보건기구로부터 임시로 얻어낸 승인으로 부시 대통령을 설득해 수백만 달러 상당의 네비라핀을 구매하도록 만들었다. 베링거잉겔하임은 이 치명적이고 효과도 없는 약을 선적한 화물을 53개 개발도상국의 클리닉과 임산부 병동에 운송하기 시작했다.[11]

베링거잉겔하임은 임상실험에 HIV 감염이 의심되는 우간다 임신부 626명을 참여시켰다. 아프리카에서 HIV 진단은 혈액검사로 확인하는 경우가 거의 없고 허술하기 짝이 없으며, NIAID의 임상실험 팀은 특히나 아주 상대방을 깔보는 오만한 태도로 HIV 감염을 판단하는 접근방식을 택했다. 따라서 NIAID가 "모집한" 사람들 가운데 몇 명이나 실제로 HIV 양성인지는 불분명하다. 첫날부터 연구자들은 "안전한 용량"을 파악하는 연구에서 가장 중요한 조건인 진정한 위약 대조군이 있어야 한다는 원칙을 비롯해 임상실험이 준수해야 할 안전성/효과 원칙들을 깡그리 무시했다.

사망률이 비슷하게 발생하는 AZT 투여군과 네비라핀 투여군을 비교하는 속임수를 쓴 NIAID 연구자들은 두 약물 모두에 대해 낙관적인 평가를 날조해 냈고, 이를 1999년 여름 학술지 〈랜싯〉에 공개했다.[12] NIAID가 임상실험에 관한 공식적인 보고서를 작성할 때 툭하면 써먹는 교묘한 용어를 이용해 연구자들은 "두 투약군 모두 잘 견뎌냈다."라고 했다. "두 집단에서 나타난 부작용이 유사했다."라는 게 이러한 거짓 주장의 근거이다. 〈랜싯〉에 실린 연구의 눈에 잘 띄지 않는 부분을 자세히 들여다보면, 네비라핀 투여군에서 16명, AZT 투여군에서 22명 등 모두 38명의 유아가 사망했다.

그러나 앞으로 다루겠지만, 이 기만적인 사기행각은 무자비한 만행의 시작에 불과했다. NIAID 프로젝트에 참여한 한 인사는 훗날 실리아 파버에게 우간다 임상실험은 "통제 불능"이었고 연구자들은 안전과 규제 기준들을 마음대로 짓밟고 있었다고 탄식했다.

2001년 7월 베링거잉겔하임은 오로지 NIAID의 우간다 임상실험을 근거로 네비라핀을 HIV의 모자간 전염을 예방하는 약으로 판매하기 위해 식품의약국에 추가 승인을 요청했다. 그러나 〈랜싯〉에 게재된 연구의 토대가 된 파우치 박사의 캄팔라 임상실험은 정확성과 윤리 규정을 위반하는 심각한 문제들로 점철된 엉터리 삼류 사기극이라는 이야기가 이미 워싱턴 정가에 퍼지고 있었다. 그때 식품의약국은 해외 임상실험 현장을 감사하는 표준 절차에 의거, 조사단을 우간다에 파견한다고 발표했다. 이러한 발표는 당연히 파우치 박사와 그의 NIAID 팀의 심기를 거슬렸고 베링거잉겔하임 동업자들을 겁에 질리게 했다. 2002년 1월, 베링거잉겔하임은 자체 조사팀을 캄팔라에 파견했다.[13] 베링거잉겔하임은 식품의약국이 조사단 파견을 연기하는 대가로 자체 감사 보고서를 식품의약국과 공유하기로 약속했다. 그러나 그 보고서는 식품의약국의 경각심을 무마하지 못했다. 베링거잉겔하임의 자체 조사단은 캄팔라에서 벌어진 끔찍한 만행을 상세히 기록했다. NIAID의 캄팔라 임상실험은 식품의약국 규정의 "심각한 위반"을 비롯해 완전히 엉망진창이었다. 위험하고 효과도 없는 약물에 대한 식품의약국의 승인을 받아내려고

NIAID의 DAIDS 부서는 임상실험 참여자들에게 이 실험에 참여하면 심각한 위험이 있는지에 대한 정보를 제공하고 합의를 얻는 표준화된 사전동의 절차를 어기는 불법 행위를 비롯해 임상실험에서 준수해야 할 바람직한 관행이란 관행은 거의 모조리 어겼다.

베링거잉겔하임의 조사보고서는 오히려 식품의약국의 우려를 한층 강화했다. 2002년 2월 NIAID는 식품의약국의 조사에 앞서 선수를 치려고 민간 컨설팅 단체 웨스탯(Westat)을 고용해 캄팔라 임상실험 현장에 대한 조사와 감사를 했다.

파우치 박사의 하수인들은 웨스탯이 실상을 은폐해주리라 기대했다. 그러나 웨스탯은 식품의약국을 대신해 조사한 경험을 비롯해 다양한 경험이 있는 감사관들을 보냈고,[14] 웨스탯의 조사를 통해 바람직한 임상실험 관행을 심각하게 위반한 사례가 한두 건이 아니라는 사실을 확인했다. 가장 심란한 규정 위반은 "임상 기록의 분실"이었다.[15] 이 임상실험에서 자행된 가장 끔찍한 만행을 기록한 것으로 보이는 중요한 업무일지도 분실된 기록물에 포함되었다. NIAID의 우간다 팀은 웨스탯 조사자들에게 모든 부작용과 사망을 기록한 중요한 일지를 분실했다고 말했다. 남아있는 문건에는 어느 어머니에게 어느 약을 투여했는지, 심지어 임상실험에서 살아남았는지도 기록되어 있지 않았다. 조사자들은 현장이 그야말로 혼돈 그 자체라며 다음과 같이 보고했다. "약물을 엉뚱한 유아에게 투여했고, 문건은 수정되었고, 후속 조치는 드물었다. 실험에 참여한 어머니의 3분의 1이 퇴원할 때 진료 기록에 '비정상'이라고 적혀있었는데도 말이다. 후속 조치로 보살핌을 받은 유아들은 대개 경우 몸집이 작고 심각한 저체중이었다. '이러한 유아들의 일부, 어쩌면 대다수가 건강에 심각한 문제가 있을 가능성이 크다고 생각된다.'"[16] 웨스탯이 이 유아들 가운데 무작위로 43명을 선정해 살펴보았더니 하나도 빼놓지 않고 모두 임상실험이 종결되고 12개월 후 '부작용'을 겪었다. 그리고 이 가운데 겨우 11명이 HIV 양성이었다.[17]

웨스탯이 임상실험을 이끈 브룩스 잭슨 박사의 책임연구원들에게 이러한 연구의 결함을 들이대자, 그들은 식품의약국이 미국에서 적용하는 안전 수칙보다 훨씬 느슨한 기준을 우간다 흑인들에게 적용했다고 실토했다.[18] 이 책임연구원들은 표준화된 심각한 부작용에 대한 표준적인 정의를 '지역 기준'에 걸맞게 하향 조정했다고 시인했다. 미국의 백인에게 발생한다면 '심각하다'라거나 '치명적'이라고 기록할 상해가 아프리카 흑인에게 발생하면 '경미'한 상해가 되었다. 이처럼 느슨한 규정하에서 임상실험 연구자들은 '생명을 위협하는' 상해를 '심각하지 않은' 상해라고 기록했다. 연구자들이 아프리카의 임상실험 자원자의 사망을 실제로 보고한다고 해도 NIAID는 이를 '사망'이 아니라 '심각한 부작용'으로 분류했다. NIAID의 우간다 임상실험 팀은 수천 건의 부작용과 적어도 14건의 사망을 보고하지 않았다.[19]

파우치 박사의 책임연구원인 브룩스 잭슨 박사는 '심각한'과 '위중한'의 정의를 희석해 적용함으로써 부작용과 심각한 부작용 '수천 건'을 보고하지 않았다고 시인했다.[20] 연구자들은 임상실험이 종결되고 몇 달 후에 발생한 사망 보고는 모조리 제외했다. 웨스탯이 계속 답변을 추궁하자 NIAID/존스 홉킨스가 파견한 우간다 임상실험 팀은 아무도 그들에게 바람직한 임상실험 관행에 대해 교육하지 않았고 "3단계 임상실험을 시도해 본 적이 없다."라고 항변했다.[21] 마지막으로 웨스탯 조사단은 독성이 강한 네비라핀이 HIV 전염을 예방한다는 타당한 데이터를 찾지 못했으므로 이 약이 안전하다는 결론을 내릴 수 없다고 못 박았다.[22]

웨스탯의 보고서를 받고 당황한 NIAID와 베링거잉겔하임 관계자들은 식품의약국이 예정대로 자체적으로 현장 조사를 할까봐 겁을 먹었다.[23] 그러나 파우치 박사는 이미 모욕을 받을 만큼 받고 포획당한 자매기관인 식품의약국이 더는 참기 어려운 지경까지 몰아붙였다. 식품의약국은 웨스탯 보고서를 검토하겠다고 나섰다.[24] 조너선 피쉬바인 박사는 내게 마침내 웨스탯 보고서를 검토하게 된 식품의약국 규제 당국자들은 이 보고서를 "NIAID와 베링거잉겔하임 관계자들에 대한 질책"으로 해석했다고 말했다. 식품의약국은 베링거잉겔하임에게 네비라핀 승인 요청서를 철회하지 않으면 식품의약국이 공개적으로 승인을 거부하는 모욕을 당하게 된다고 경고했다.

2002년 3월, 베링거잉겔하임은 식품의약국에 제출한 네비라핀 추가 승인 신청을 취소했고, 존스 홉킨스/NIAID 임상실험 팀은 추문으로 얼룩진 우간다 임상실험 현장을 폐쇄했다.[25] 우간다 실험 기간을 단축하고 폐쇄하는 결정이 내려진 회의에서는 식품의약국과 NIAID 간에 팽팽한 긴장감이 감돌았다. 식품의약국이 NIAID가 시키는 대로 고분고분 네비라핀을 승인하지 않겠다고 나섰다는 사실은 부시 행정부의 가장 가시적인 외교정책 프로그램이 붕괴했다는 뜻이었다. 파우치 박사는 부시 대통령을 설득해 아프리카 AIDS 퇴치를 자신의 최대 업적이자 유산으로 만들 작정이었고 네비라핀은 그 업적을 뒷받침하는 초석이었다.

대통령과 국립보건원의 체면이 심각하게 손상되면서 우간다의 마케레레 대학교, 베링거잉겔하임, 임상실험 연구자들과 그들의 고용주들(존스 홉킨스 대학교), 그리고 (우간다 임상실험을 감독할 책임을 진 기구인) 국제 가족 건강(Family Health International)도 타격을 받았다. 이 사건은 남아프리카공화국 정부의 반감도 사게 된다. 남아프리카공화국 정부의 약품 규제 기관인 의약품 통제 위원회는 오로지 1999년 〈랜싯〉에 실린 우간다 임상실험의 날조된 결과를 근거로 네비라핀 보급을 승인했기 때문이다.[26]

흥미롭게도, 파우치 박사는 그 회의에 참석하지 않았다. 이러한 참사를 낳는데 그의 기관이 주도적인 역할을 한 책임을 져야 하는데 말이다. 그는 자기 부하직원을 대신 회의에 참석시켜 뭇매를 맞게 했다. "이는 부시 행정부의 대표적인 정책이었는데 체면이 말이 아니게 되었다."라고 기자 실리아 파버는 말한다. 여느 때 같았으면 네비라핀은 식품의약국의 허가 절차에서 즉시 퇴짜를 맞았을 게 틀림없다. 그러나 네비라핀은 앤서니 파우치가 애지중지하는 약이었다. 이 약의 임상실험 성공에 자신에 대한 대통령의 신뢰가 걸려 있었다. 따라서 AZT와 마찬가지로 네비라핀도 절대로 실패해서는 안 되는 대마불사 약이었다. 그런 절박한 상황에 놓인 앤서니 파우치는 자신의 비밀병기인 마법을 부렸다. 죽은 자 되살리기다.

"앤서니 파우치는 네비라핀이 단순히 임상실험 기록 분실을 넘어서 안전과 효과에서 심각한 결함이 있다는 사실을 알고 있었다."라고 파버는 말한다. 그러한 문제들은 생사가 걸린 문제였다. 약은 아무런 효과가 없었고 어머니와 아이들을 모두 죽였다. 파버에 따르면, "베링거잉겔하임 자체 조사팀과 웨스탯 조사팀이 NIAID와 연계해 실시한 두 차례 조사를 통해서 우간다 임상실험 HIVMET 012는 완전히 엉망진창이라는 게 드러났다. 그러나 다양한 관계자들이 서로 얽혀있어 파우치 박사와 부시 대통령의 관계에 있어서 파우치 박사가 창피를 당하지 않고서는, 그리고 우간다 추문에 NIAID가 연루되었다는 사실을 밝히지 않고서는, 이 연구에 사망선고를 내릴 수가 없었다." 따라서 NIAID는 은폐에 착수했다. 이제 선출직 공직자들과 잘 속아 넘어가는 언론을 조종하는 데 이력이 난 파우치 박사는 자기 홍보팀을 시켜 우간다 임상실험 부활 프로젝트에 착수했고, 시체안치소로 변한 우간다 임상실험을 사소한 기록상의 오류에 근거한 단순한 오해로 뒤바꿨다.

안전성과 효과에 대한 식품의약국의 엄중한 경고와 베링거잉겔하임의 치욕적인 추가승인신청 철회를 완전히 무시하고, NIAID는 보도자료를 발표해 우간다에서 그들이 저지른 만행을 단순히 기록상의 오류라고 주장했다. NIAID는 보도자료에서, "일차적인 데이터 수집 과정에서 부분적으로 FDA의 규정을 준수하지 않았을지는 모르지만, HIVMET 012의 결론이 타당하지 않다거나 임상실험 참여자가 상해를 당할 위험에 놓였다는 그 어떤 증거도 발견되지 않았다."라고 주장했다.[27] 오히려 NIAID의 임상실험은 네비라핀이 안전하고 효과적임을 입증했다면서 국민을 안심시켰다. 파우치 박사는 엘리자베스 글레이저 소아 AIDS 재단, 존스홉킨스대학교, 베링거잉겔하임 등 자신에게 의존하는 충직한 하수인 인맥을 총동원해 NIAID의 공식적인 입장을 뒷받침하는 보도자료와 성명서를 발행하게 했다. NIAID는 베링거잉겔하임의 추가 승인 신청 철회를 일시적인 후퇴로 포장했고, 이를 파우치 박사는, 조지 오웰의 소설 〈1984〉에 등장하는, 대중을 통제하기 위해 만든 해괴한 새로운 언어(Newspeak)에서 영감을 받은 듯, 승인신청 철회가 기업의 책임 의식을 보여주는 훌륭한 조치라고 칭찬했다.

2002년 7월, NIAID의 DAIDS는 자체적인 '재검토 원칙' — 이라고 쓰고 '은폐'라고 읽는다 — 에 따라 파우치의 AIDS 문제 담당 심복인 DAIDS 국장 에드먼드 트러몬트(Edmund Trumont)의 주도로 우간다 네비라핀 연구를 재평가한다고 발표했다.[28] 그러나 트러몬트는 그답지 않게 실수를 저질렀다. 직접 뽑은 DAIDS 내부자들로 재검토 팀을 구성하면서 NIAID의 의무관 베치 스미스(Betsy Smith) 박사를 합류시켰다. 스미스 박사는 은폐에 동의하지 않았다. 스미스 박사는 서류를 검토하면서 안전 데이터의 질과 완성도가 형편없다는 사실을 적발했다. 실험 현장에서 작성된 허술한 기록을 통해 현장에서 바람직한 임상실험 관행 지침을 준수하지 않고 있음이 드러났다. 바람직한 임상실험 관행은 국립보건원의 지원을 받는 모든 임상실험과 연구 관계자들이 약의 안전성과 효과를 뒷받침하기 위해 실시하는 어떤 실험에서도 준수해야 한다.

스미스 박사의 안전성 보고서 초안은 온갖 시끄러운 경고음을 울렸다. 그녀는 연구 자료의 타당성을 입증하는 데 필요한 소스 문서(source document)*인 임상 기록(clinical note)** 같은 진료 기록이 분실되었거나 불완전하고 작성자의 서명과 작성 날짜도 없는 경우가 허다하다고 지적했다.[29] 이 때문에 부작용 발생을 입증하기가 어려웠다. 질이 형편없는 임상 기록은, 특히 이처럼 중요한 연구치고는, "임상실험 연구에서 기대되는 수준 이하"였다.

스미스 박사와 규제 부서장 메리 앤 루자(Mary Anne Luzar)는 뒤죽박죽인 우간다 임상실험 안전성 기록물에서 심각한 건강 훼손 사례들도 찾아냈다. AZT 투여군에 속한 아기들은 간 효소 수치가 계속 상승한 상태였다는 게 드러났다. 이는 오래전부터 치명적인 간부전을 일으킨다고 알려진 네비라핀의 특성과 일치하는 상해였다.

그녀는 우간다 임상실험 팀이 수많은 유아 사망을 보고하지 않았고 비정상적인 측정치, 임상적 징후, 증상을 보인 환자들을 추적해 이러한 문제들이 해소되었는지 확인하지도 않았다는 사실을 발견했다. 설상가상으로 임상실험 팀은 임상실험 원칙에 따라 요구되는 표준 독성 측정 척도를 사용해 측정 결과를 해석하지 않고 실험 팀이 자체적으로 만든 알고리듬으로 훨씬 느슨한 척도를 만들어 부작용과 심각한 부작용 발생 건수를 줄여서 보고했다."[30] 이는 관료들이 서로 손가락질하면서 상대방이 사기를 친다고 할 때 공통으로 써먹는 수법이다.

잭슨 박사는 자신이 이끄는 임상실험 연구자들에게 심각한 부작용을 보고하는 방법을 가르치지도 않았고, 그의 팀은 심각한 부작용을 비롯해 부작용을 추적하지도 보고하지도 않았다. 국제 가족 건강의 임상실험 감시단은 임상실험 현장을 수년 동안 방문했는데, 이러한 심각한 결함을 우려할 사항으로 다루기는커녕 별일 아닌 듯이 넘겼다.

"아프리카 현장에서 그들이 내놓은 네비라핀 독성 문제 해결책은 그냥 안전성 감시를 하지 않는 방법이었다."라고 파버는 말한다.

---

* 임상 실험에서 수집한 데이터를 최초로 기록하는 문서 - 옮긴이
** 실험 주체가 실험 대상자들의 상태를 직접 살펴보고 남긴 기록 - 옮긴이

스미스 박사는 자신이 내놓은 검토 결과가 어떤 파장을 일으킬지 잘 알고 있었다. 네비라핀을 모자간 HIV 전염을 예방하는 약으로 승인받는 중요한 프로젝트를 위험에 빠뜨리는 결과였다. 따라서 스미스 박사는 신중에 신중을 기했다. 그녀는 검토서에서 다음과 같이 결론을 내렸다. "안전성 보고는 HIVMET 012 임상실험이 진행되는 동안 DAIDS의 보고 지침을 따르지 않았다. 이 임상실험에서 나온 안전성에 관한 결론은 매우 엄격히 해석해야 한다."[31]

"파우치 박사는 자신의 네비라핀 사업을 미국의 위대함을 보여주는 웅장한 프로젝트로 포장했다. 파우치 박사는 자기가 아프리카의 임신한 여성과 아기들을 구원하겠다고 말했다. 그런데 알고 보니 단 한 명의 목숨도 구할 능력이 없는 매우 위험한 약물이라는 게 드러났다. 이는 삼척동자도 알만한 사실이다. 파우치 박사는 '안전성 문제'에 대해 다 알고 있었지만, 파우치의 성향과 HIV 약물을 숭배하는 그의 사이비종교 관점에서 볼 때 '안전하지 않은' 약은 없다."라고 실리아 파버는 말한다. 파버는 이 사건을 심층 취재했고 2006년 이를 "통제 불능: AIDS와 의료과학의 부패"라는 제목으로 〈하퍼스 매거진〉에 기고했다.

스미스 박사가 안전성 보고서에서 내린 결론은 — 그대로 수용된다면 — 네비라핀이 모자간 HIV 전염을 예방하는 약물로서 식품의약국의 승인을 받을 기회는 물 건너가게 만드는 셈이었다.

이 모든 차질에도 불구하고 NIAID의 막강한 기관원 파우치는 식품의약국이 네비라핀에 공식적으로 안전하다는 승인을 내줄 가능성이 희박하다고 초조해하는 기색이 없었다.

파우치 박사는 로버트 갈로가 마거릿 헤클러를 자신의 '쓸모있는 바보'로 이용해 국립보건원의 용맹한 과학자들이 AIDS를 일으키는 바이러스 범인을 규명했다고 전 세계가 믿게 만든 바로 그 수법을 이용했다. 그 무렵 파우치 박사는 훨씬 더 큰 무대에서 활약하고 있었다. 2003년 1월 29일, 신임 부시 대통령이 연두교서 연단에 서서 파우치 박사의 새로운 프로그램을 다음과 같이 세상에 널리 알렸다. 바로 대통령 AIDS 긴급 구호 계획이었다:

아프리카 대륙에는 거의 3천만 명에 달하는 사람들이 AIDS 바이러스에 감염되어 있다…. 그러나 그 대륙을 통틀어 겨우 5만 명의 AIDS 환자가, 겨우 5만 명이 그들에게 필요한 의약품을 받고 있다. 나는 아프리카와 카리브해를 가장 심하게 강타한 이 AIDS의 맹렬한 추세를 역전시키기 위해서 신규로 100억 달러를 포함해 향후 5년에 걸쳐 150억 달러를 책정해 달라고 의회에 요청한다.[32]

파우치 박사는 150억 달러짜리 보건 정책을 관철하고 현직 대통령으로부터 전례 없는 극찬을 받아내면서 미국 역사상 그 유래를 찾기 힘든 미국 보건 관료조직 전체에 대한 무소불위의 권력을 쟁취했다. 그는 이제 보건복지부와 모든 산하 기관들에 대한 장악력을 공고히 했다.

"부시의 연두교서 이후 보건복지부 전체가 역사를 다시 쓰는 파우치 박사의 프로젝트에 줄을 섰다. 정치적 사활이 걸린 도박이었다."라고 파버는 말한다. DAIDS 부서장 에드먼드 트러몬트는 자기 상사와 그를 신임하는 대통령, 그리고 그 연장선상에서 이 우간다 추문에 연루된 모든 이들을 구하기 위해서 팔을 걷어붙이고 나섰다.

트러몬트는 베치 스미스 박사와 국립보건원의 AIDS 담당 부서의 규제준수 담당관인 메리 앤 루자가 기록한 불편한 진실을 제거하고 우간다 임상실험 데이터를 '재정비'하는 작업에 착수했다. 2003년 3월 30일 트러몬트가 짜깁기한 재검토 보고서를 발표했는데, 스미스 박사의 안전성 검토 내용은 사라지고 없었다.[33] 대신 그 자리를 트러몬트가 날조한 안전성 보고서가 차지했는데, 그는 훗날 이를 자기가 직접 작성했다고 시인했다. 트러몬트는 안전성 검토 위원회의 결론을 '부정'에서 '긍정'으로 뒤바꿨다. 트러몬트가 대담하게 불리한 내용을 삭제한 초안은 "1회분 네비라핀 투여는 모자간 HIV 전염 예방에 안전하고 효과적이다. 이는 우간다에서 실시한 HIVMET 012 임상실험을 비롯해 여러 연구를 통해 입증되었다."라고 결론 내렸다. 트러몬트는 데이터를 조작해서 보고서 나머지 부분도 이처럼 수정한 결론과 일치하도록 만들었다. 트러몬트는 소아의 간 손상에 대해 루자가 제기한 우려를 일축하고 이 약은 안전하다는 자기 나름대로 날조한 결론을 집어넣었다. 피쉬바인 박사의 말마따나, 트러몬트는 "안전성 부분을 다시 쓰면서 안전성 전문가가 강조했던 독성, 사망, 기록보관 문제들에 대한 우려를 축소했다." 트러몬트의 뛰어난 편집실력으로 창작한 문건을 바탕으로 2002년 12월 식품의약국은 이 치명적인 약물이 전 세계 임신부가 복용해도 안전하다는 승인을 내렸다.

대통령의 공식적인 승인

그러자 파우치는 비장의 카드를 꺼내 들었다. 파우치 박사는 추문으로 얼룩진 네비라핀 임상실험 현장을 부시 대통령이 직접 방문하는 축복을 베풀 예정이라고 백악관에서 발표해 네비라핀 부정론자들에게 최후의 일격을 날렸다. 대통령의 현장 방문은 임상실험을 둘러싼 추문이라는 악귀를 쫓아버리고 네비라핀에 정당하다는 축복을 내리는 일종의 공개적 정화(淨化) 의식의 역할을 했다.

대통령을 설득해 머나먼 대륙까지 친히 행차하시게 하고 자신이 사사로이 추구하는 의제를 백악관의 핵심적인 외교정책으로 격상시킨 파우치 박사의 허세 앞에서 입이 떡 벌어진 공중보건 관료조직 전체는 직립 부동 차려 자세를 하고 경례를 붙일 수밖에 없었다. 이런 상황에서 어떤 정신 나간 식품의약국 관리가 용기 있게 나서서 보건복지부의 이 찬란한 승리의 순간에 재를 뿌리고 안전성과 효과와 같은, 분위기 왕창 깨는 뻘쭘한 질문을 던질 수 있겠나?

"파우치 박사는 부시 대통령이 방문하도록 HIVMET 임상실험 현장을 다시 열기 바랐다. 진실을 아는 우리 같은 사람들에게 대통령의 방문은 정말 창피한 일이었지만, 모두가 파우치 뒤에 줄을 섰다."라고 피쉬바인은 내게 말했다. 파우치의 AIDS 선동을 그대로 받아들인 미국 매체들은 갑자기 우간다의 무세베니를 '자비로운 독재자'라고 부르기 시작했다. 파버에 따르면, "대통령의 현장 방문은 속이 훤히 들여다보이는 사기극이었다. 식민주의적인 홍보와 거짓을 유포하는 뻔뻔스러운 행태였다."

2003년 7월 11일, 부시 대통령은 우간다 캄팔라를 방문해 임상실험 현장을 둘러보았는데,[34] 이에 앞서 NIAID의 DAIDS는 허겁지겁 폐쇄되었던 현장을 다시 개방하고 대통령 방문에 맞춰 임시로 고용한 공중보건 종사자들로 채웠다. 피쉬바인 박사는 내게 이렇게 설명했다. "NIAID 관리들은 임상실험 현장을 재가동할 준비가 되지 않았다는 우려에도 불구하고 서둘러 현장을 다시 열었다. 트러몬트가 그렇게 했다. 그는 현장에 내려진 제약을 가능한 빨리 해제하고 싶었다. 그의 말을 인용하자면, '그 현장은 이제 아프리카 흑인들이 직접 운영하는 아프리카 최고 시설이고, 부시 대통령이 나흘 뒤 그곳을 방문할 예정이기 때문'이었다." 파버는 "NIAID 관리들은 과거의 치욕을 은폐하고 대통령을 만족시키고 속이기 위해 시설을 서둘러 재가동했다."라면서 이렇게 덧붙였다. "말 그대로 포템킨 마을(Potemkin's Village)*이자 대대적인 홍보 캠페인이었다. 이 할리우드 사기극의 무대 뒤에는 죽음밖에 없었다. 죽은 아기와 죽은 엄마들. 우리는 그들의 이름조차 영원히 알지 못하게 되었다."

이제 보건복지부 거의 전체가 역사를 새로 쓰는 파우치 박사의 뒤에 줄을 섰다. 2002년 7월, NIAID의 DAIDS는 우간다 네비라핀 임상실험 연구를 재평가하겠다고 발표했다.

서로 상을 주거니 받거니 하는 수법은 백신 전문가들이 범죄와 만행을 은폐할 때 반사적으로 써먹는 전략이다. 따라서 트러몬트가 실상을 은폐하고 우간다 연구팀에게 면죄부를 주기 위해서 한 짓은 하나도 놀랍지 않다. 그는 파우치 박사에게 파우치의 명목상의 국립보건원 상사인 일라이어스 제르후니를 시켜 아프리카에서의 참상을 지휘 감독한 잭슨 박사와 그의 우간다 프로젝트 연구자들에게 상을 주게 하라고 권했다. 이 수법은 국립보건원 원장을 진실 은폐에 끌어들이고 전격적인 조사에 대한 기관 차원에서의 저항을 공고히 하는 게 목적이었다. 트러몬트는 이 임무를 자기 하수인이자 DAIDS 부국장 존 케이건(John Kagan)에게 맡겼다. 그러나 어찌 된 일인지 그는 평소와는 다르게 독자적으로 훌륭한 판단을 내렸다. 그는 그 많은 아프리카인을 죽인, 형사상으로는 과실치사에 해당하는 범죄를 저지른 어릿광대들에게 상을 주다니 해도 너무하다고 항의했다. 케이건은 이메일을 통해 트러몬트에게 다음과 같이 충고했다. "그들이 대단히 일을 그르쳤다는 사실을 잊으면 안 된다. 그리고 당신은 그들을 구해주었다. 나도 잘못을 용서해 주는 데 찬성한다. 그들을 처벌하자는 게 아니다. 하지만

---

* 러시아 제국의 예까쩨리나 2세를 기쁘게 해주려고 그녀의 정부(情夫)인 귀족 그레고리 포템킨이 만든 가짜 마을에서 유래한 표현. 상황이 실제보다 낫다고 믿게 만드는 구조물, 전시행정(展示行政)을 뜻한다 - 옮긴이

이건 '해도 너무한다.' 그들을 영웅 취급하다니 말이다. 상을 주자고 밀어붙이기 전에 잘 생각해 봤으면 한다."

음모를 꾸미던 자들에게는 한 가지 골치 아픈 문제가 있었다. 국립보건원 의료 담당관 베치 스미스와 메리 앤 루자는 은폐에 기꺼이 가담할 의향이 없었다. 마지막으로 해결되지 않은 이 문제를 매듭짓기 위해서 케이건은 NIAID의 윤리 담당관 조너선 피쉬바인 박사에게 명령 불복으로 루자를 징계하라고 지시했다. 루자가 아프리카 아이들의 간이 손상됐다고 동네방네 떠들고 다니게 될 경우에 대비해 윤리 담당 부서를 은폐에 가담시키고 안전장치를 마련해두려는 꼼수였다. '독립적'이라고 알려진 윤리 담당관이 루자를 공식적으로 징계하면 루자를 '불만을 품은 직원'으로 폄훼할 수도 있었다.

그러나 피쉬바인 박사는 루자에 대해 조사해본 결과 내부고발자 루자는 영웅이라는 사실을 깨닫게 되었다. 그는 트러몬트에게 루자를 징계할 정당한 이유를 찾지 못했다면서 공식적인 징계를 내리면 안 된다고 조언했다. 피쉬바인 박사는 "그들은 그녀를 잡아먹지 못해 안달이 나 있었다. 그녀가 자기 양심을 저버리고 타협하기를 거부했기 때문이다."라고 내게 말했다. 피쉬바인 박사의 저항을 이기지 못한 트러몬트는 뒤로 물러났다. 파우치 박사 패거리는 시키는 대로 하지 않고 "안돼"라고 할 정도로 순진하거나 양심적인 공중보건 관리 피쉬바인 박사를 만나는 바람에 벽에 부딪혔다. 한편 피쉬바인 박사는 루자를 조사하는 과정에서 케이건의 판단을 불신해야 할 추가적인 이유가 생겼다. 여성 직원들이 피쉬바인 박사에게 케이건이 그들을 성희롱했다고 보고했기 때문이다.

피쉬바인 박사가 루자를 징계하기는커녕 트러몬트의 하수인이자 해결사인 케이건에 대한 성희롱 진정서를 접수하자 트러몬트는 피쉬바인 박사가 의도적으로 자기를 괴롭힌다고 생각했을지도 모른다. AP통신 기자 존 솔로몬은 내게 "케이건은 파우치의 졸개다. 그는 포트 디트릭이나 월터 리드에서 잔뼈가 굵은 군인 출신이다."라고 말했다. 피쉬바인 박사도 솔로몬의 평가에 다음과 같이 동의했다. "그는 '시키는 대로 합죠' 부류의 인간이다. HIV 임상실험과 관련해 파우치를 기관 차원의 온갖 관리부실의 책임으로부터 보호하기 위해 한 겹 두른 차단제 같은 역할을 한다." 피쉬바인 박사는 AZT와 더불어 시작된 부패가 "임상실험 전체로 번졌다. 성희롱 문제는 차치하고라도 케이건은 형편없는 관리자였다."라고 덧붙였다.

　베링거잉겔하임은 모자간 HIV 전염 예방용으로 식품의약국으로부터 승인을 받기 위해 신청서를 다시 제출하지 않았다. 그런데도 세계보건기구는 — 앞으로 드러나겠지만, 이 무렵 이미 빌 게이츠와 앤서니 파우치가 장악한 기구였다 — 이 치명적인 약물을 임신부에게 사용하라고 전 세계 개발도상국에 실어 나르기 시작했다.[35] 언론인 실리아 파버는 이렇게 말한다. "네비라핀이 개발되고 출시되고 개발도상국에서 판매된 이유는 여전히 미궁에 빠져있다. 이 약은 서구진영의 모든 약품 안전 기관이 단 한 차례의 예외도 없이 하나같이 거부했는데도, 왜 갑자기 용도가 변경되어서 비서구권 사람들에게 보급되는가 말이다. 정말 노골적인 이중잣대다. 우리는 있는 그대로 밝혀야 한다." 피쉬바인 박사는 다음과 같이 말한다. "캄팔라에서 실시된 네비라핀 임상실험의 기준은 미국에서 약품 승인을 받기에는 한참 미달하는 수준이다. 그런데 파우치는 이 연구 결과를 극구 옹호하면서 네비라핀을 아프리카 흑인들에게 투여해도 된다고 정당화한다. 솔직히 나는 그가 인종차별주의자라는 생각이 든다." 제시 잭슨 목사도 피쉬바인과 생각이 같았다. "이는 사려 깊고 합리적인 판단이 아니다. 인류에 반하는 범죄다. 미국을 비롯한 서구에서는 용납되지 않을 연구 기준과 약의 품질은 아프리카에도 절대로 적용해서는 안 된다."[36]

죽어도 포기하지 못할 수익

　제약업계와 의료계 카르텔은 역사적으로 위험한 약품과 의료 수술 실험 대상으로 유색인종을 선호해 왔다. 그러나 1990년대 말 무렵 미국 흑인들은 의료 당국을 점점 의심하기 시작했다. 만시지탄(晩時之歎)이기는 하나 클린턴 대통령이 1996년 터스키기 매독 실험 희생자들에게 공식적으로 사과하면서[37] 흑인들은 다른 역사적인 만행들을 다시 떠올리게 되었다. 그 가운데 하나가 ("현대 산부인과학의 아버지"라고 불리는) J. 메리온 심즈(J. Marion Simms) 박사가 흑인 여성들을 대상으로 한 야만적인 산부인과 실험이다.[38] 1992년 〈로스앤젤레스 타임스〉에 실린 한 폭로기사는 질병통제예방센터가 1986년부터 아이티와 카메룬의 흑인 아동들과 로스앤젤레스 남중부 지역의 흑인 아동 1,500명을 대상으로 치명적인 독감백신 실험을 허가도 받지 않고 실시해 왔다고 보도했다.[39] 따라서 흑인들이 임상실험에 자원하기를 꺼리는 게 이해할 만했다. 제약사들과 규제 당국자들이 흑인들을 임상실험에 모집하려고 적극적인 노력을 기울였지만, 미국에서 임상실험에 참여하는 이들 가운데 흑인의 비율은 4퍼센트를 밑돌았다.[40] 그런데도 파우치 박사는 HIV 화학요법 약물 임상실험에 참여할 흑인을 미국과 아프리카 대륙 양쪽에서 귀신같이 찾아냈다.

2003년 테네시주 멤피스에 사는 한 HIV 양성 흑인 어머니가 파우치 박사의 네비라핀 임상실험 도중 사망했다.[41] 그해 4월, 조이스 앤 햇퍼드 — 13세 영재 아동의 어머니이자 임신 4개월째인 여성 — 는 그녀의 아이 주치의인 소아과의사의 권고로 늘 하던 HIV 검사에서 양성이 나왔다는 충격적인 소식을 들었다. 그녀는 그 진단 결과가 사망선고라고 생각했고, 곧 태어날 아들을 AIDS로부터 보호할 수 있다는 희망을 걸고 테네시 대학교에서 실시된 DAIDS의 임상실험에 참여했다. 파우치 박사의 이 지역 책임연구원인 에드윈 소프(Edwin Thorpe) 박사는 임신부를 상대로 4가지 HIV 약물의 '독성을 제한하는 치료' 용량을 판단하기 위해서 440명의 임신부를 모집할 계획을 세웠다.[42] 나와 내 가족, 특히 작고하신 내 고모이자 대모로서는 창피한 일이지만, 국립보건원의 유니스 케네디 슈라이버 국립 아동 건강발달 연구소가 이 사기극에 협력했다.

햇퍼드는 건강하고 증상도 없었다. 뒤이은 여러 가지 검사에서도 AIDS의 임상적인 징후는 보이지 않았고 소프 박사는 햇퍼드에게 HIV 검사는 오직 항체의 존재만 측정할 뿐이며 HIV 감염을 판단하는 신뢰할 만한 지표가 아니라는 얘기를 해준 적이 없다. 게다가, 임신하면 HIV 항체 검사에서 위양성 결과가 나오는 경우가 빈번했고, 소프 박사는 햇퍼드를 단 한 차례 검사했을 뿐이었다. 설상가상으로, 그녀의 가족은 나중에 가서야 조이스가 사전 동의서에 서명한 적이 없다는 사실을 알게 되었다. 소프 박사가 그녀에게 네비라핀의 위험에 대해 알려준 적이 없다는 뜻이다.

햇퍼드의 건강은 네비라핀을 처음 투여한 직후 곤두박질쳤다. 며칠 지나지 않아 햇퍼드는 간 기능이 약해지는 기미가 역력했다. 소프 박사는 이 약이 치명적이라는 사실을 잘 알면서도 그녀에게 약 투여를 중단하지 않았고 대신 피부발진을 완화할 코티손(cortisone) 연고를 처방했다. 몇 주 안에 햇퍼드는 심각한 간부전 증상을 보였다. 임상실험에 참여한 지 41일 만에 그녀는 간부전으로 사망했다 — 식품의약국과 〈미국의학협회학술지〉가 분명히 경고한 바로 그 상해였다. 7월 29일, 의사들은 그녀가 사망하기 사흘 전 제왕절개 수술로 그녀의 아기 스털링을 출산시켰다.

그녀의 시신 주위에 모인 침통한 그녀의 유가족에게 소프 박사와 그의 팀은 조이스가 급성 AIDS로 사망했다고 말해서 그들을 어리둥절하게 했다. 거짓말이었다. 그녀가 세상을 떠난 그해, AP 기자 존 솔로몬은 그가 정보의 자유법에 따라 공개를 요청해 받아낸 DAIDS 보고서들을 조이스의 유가족에게 건네주었다.[43] 그 내부 문건에서 DAIDS 관리들은 네비라핀이 조이 햇퍼드의 간부전을 일으켰다고 대놓고 서로 시인하고 있었다.

소프 박사와 그의 동료들은 햇퍼드의 아기 스털링에게 석 달 동안 AZT를 투여했다. 15개월 후, 스털링은 HIV 음성판정을 받았다. 햇퍼드 일가는 스털링의 진료 기록을 달라고 여러 차례 요구했지만, 소프 박사와 병원은 이를 거절했다. 스털링의 가족은 NIAID가 스털링의 진료 기록을 감추는 이유는 조이스도 스털링도 HIV에 감염된 적이 없기 때문이라고 생각한다. HIV 검사에서 양성판정을 받은 어머니에게서 태어난 아기는 모두, 그리고 거의 모든 아기가 생후 18개월 무렵이면 엄마에게서 받은 항체를 털어낸다.

〈하퍼스 매거진〉에 조이스의 죽음과 우간다 캄팔라 임상실험의 참상을 집중적으로 다룬 폭로기사를 기고한 실리아 파버는 지금도 분개하고 있다. 수개월 동안 네비라핀을 조사하면서 햇퍼드 일가와 가까워진 파버는 파우치 박사에 직접적인 책임이 있다고 본다. "멤피스의 조이스 앤 햇퍼드 사망은 파우치의 하수인이 치밀하게 계산해 저지른 흑인 여성 살인이다. 그들은 그녀가 황달이 생기고 간부전을 일으키는 모습을 지켜보면서 자신들이 그녀를 죽이고 있다는 사실을 틀림없이 알고 있었다. 그런데도 그들은 네비라핀 투약을 멈추지 않았다. 파우치 박사가 책임져야 할 명명백백한 의료 살인으로 보인다. 나는 아직도 이 사건에서 헤어나지 못하고 있다."

당시에 조너선 M. 피쉬바인 박사는 DAIDS의 임상 연구 활동 정책과 초대 과장이었다.[44] 그는 DAIDS가 후원하는 연구에서 연방 정부의 연구와 윤리 정책 준수를 감시하고 집행하는 업무를 담당했다. 2003년 여름, 그는 햇퍼드 사례에 개입했다. 피쉬바인 박사에 따르면, DAIDS의 의료진은 햇퍼드가 네비라핀 중독으로 사망했다는 사실을 처음부터 알고 있었다. 피쉬바인 박사는 내게 말했다. "네비라핀의 독성, 특히 간부전과의 연관성은 잘 알려져 있고 책임연구원들은 분명히 그 사실을 알고 있었다."

그해 8월, 피쉬바인 박사는 파우치의 부하직원인 DAIDS 부서장 에드 트러몬트에게 메모를 보내 네비라핀이 햇퍼드의 치명적인 간부전의 원인이라고 통지했다.[45] 트러몬트는 "이런, 이젠 어쩔 도리가 없소이다, 의사 양반!"이라고 답장을 보냈다.[46] 트러몬트의 빤질빤질한 대꾸는 피쉬바인 박사에게 NIAID의 전략적인 은폐에 동참하라는 은근한 압력으로 보였다. 피쉬바인 박사는 네비라핀이 햇퍼드의 사망에서 한 역할 때문에 식품의약국 승인이 위태로워졌을 가능성이 있다고 내게 인정했다. 트러몬트의 상스럽고 은근한 협박에도 불구하고 피쉬바인의 규제 팀은 식품의약국에 햇퍼드의 약물 관련 사망에 대해 통보했다.

그 임상실험에서 해를 입은 참여자는 햇퍼드뿐만이 아니다. 21명의 임신부를 대상으로 한 1단계 임상실험에서 22명의 유아 가운데 4명이 사망했고 12명이 '심각한 부작용'을 겪었다고 NIAID 조사단이 훗날 보고하게 된다. 게다가 연구 자료들은 네비라핀이 효과가 없다고 주장하고 있다. 바이러스의 양이 감소한 여성은 단 한 명도 없었다. 2004년 소프와 그의 동료들이 마침내 네비라핀 연구 결과를 발표하면서 "예상 밖으로 네비라핀이 독성이 높아서 이 연구는 중단되었다."라고 시인했다.[47]

조직에서 정직성/무결성을 뿌리뽑기

피쉬바인 박사는 DAIDS 내에서 임상실험과 윤리 정책 준수를 감시하고 집행하는 책임자로서 오래가지 못했다. NIAID의 한 임상실험에 영향을 미치는 불미스러운 단서들을 추적한다는 결정을 내린 게 그의 치명적인 실수였다. ESPRIT라고 일컫는 이 임상실험은 암 화학요법이자 AIDS 약물인 인털류킨-2(Interleukin-2, IL2), 상품명 프롤류킨(Proleukin)으로 알려진 약물의 실험이었다. ESPRIT 연구는 HIV 양성인 무증상자를 대상으로 임상실험을 하고 있었다.[48] 2003년 12월, ESPRIT 의료 담당자는 피쉬바인 박사에게 프롤류킨 임상실험에서 모세혈관 누수와 자살 충동 같은 이례적인 정신적 부작용 등 심각한 문제들이 나타나고 있다고 알려주었다. 의료 담당관 래리 폭스(Larry Fox)는 NIAID가 법에 따라 연구담당자 소책자에 이러한 위험에 대한 정보를 수록해야 하는데 그렇게 하지 않음으로써 실험 자원자들을 위험에 빠뜨리고 있다는 걱정이 들었다.[49] 이 소책자는 조사대상인 약물의 부작용과 위험성에 대한 구체적인 최신 정보를 담은 문건으로서 식품의약국이 발간을 의무화하고 있다. 이 소책자는 여러 임상실험 현장들에서 수집한 안전성 관련 정보로서 이를 바탕으로 임상실험 연구자들은 실험 참여자들에게 어떤 해로운 점이 있는지 계속 최신 정보를 제공해 준다. 게다가 최신 정보 없이는 (NIAID가 마지막으로 연구담당자 소책자를 발행한 게 2000년이다) NIAID가 임상실험 참여자들에게 이러한 심각한 위험에 대해 적절히 경고하지 못한다. 피쉬바인 박사는 이렇게 말한다. "그 약은 자살 충동과 모세혈관 누수라는 심각한 위험을 일으켰다. 이 연구를 이끄는 지도부는 연구 진행자와 참여자들에게 이러한 심각한 징후들에 대해 통보할 법적 의무가 있는데 이를 무시하고 있었다."

이 무렵 NIAID는 이미 ESPRIT에 600만 달러를 투자했고 거의 4년에 걸쳐 진행되는 이 실험에 세계적으로 200개 지역에서 수천 명의 참여자를 확보한 상태였다.[50] 이러한 무증상자 참여자들이 약물의 위험에 대해 알게 되면 참여를 취소할까 NIAID는 두려웠다. 그렇게 되면 새로운 자원자를 모집하기도 어려워진다. 이미 확보한 참여자들을 유지하지 못하거나 추가 자원자를 모집하지 못하면 이 연구는 무효화 되고 NIAID 역사상 가장 큰 금전적 손실을 보게 된다(공교롭게도, 8년이라는 기간 동안 4,150명의 참여자를 상대로 실험한 끝에 ESPRIT는 프롤류킨이 HIV 양성 환자들의 임상 결과에서 "아무런 이득"도 제공하지 못했다는 결론을 내렸다).

이제 NIAID 핵심 관료들이 보기에 피쉬바인 박사는 눈엣가시인 게 분명해졌다. 그는 전문가답고, 호기심 많고, 부패하지 않았으며, 매우 진지하게 자신이 맡은 임무를 실행했다. 파버는 이렇게 말한다. "그의 가장 큰 문제는 자신이 하는 일이 정당하다고 생각했다는 점이다. 피쉬바인 박사가 지닌 인간으로서의 미덕은 NIAID 조직 문화에서는 치명적인 품성의 결함이었다." 피쉬바인 박사는 대세를 따르기 거부했다는 이유로 NIAID에서 경력상 막다른 골목에 다다랐다.

피쉬바인 박사는 프롤류킨 임상실험에 대해 AP통신 기자 존 솔로몬에게 이렇게 말했다. "이는 원칙의 심각한 위반이고 연구자들은 안전성에 문제가 있다는 징후를 보고할 법적 의무를 저버리고 있었다. 그들은 이 모든 안전성 문제들을 누락하고 은폐했다. 효과에만 집중하고 안전성을 무시하면 안 된다. 이미 임상실험에 참여한 사람들, 참여할 생각이 있는 사람들, 어느 쪽도 제대로 된 정보를 받지 못했다. NIAID는 그들이 위험을 인지하면 실험 참여를 취소할까 두려웠다."

피쉬바인 박사는 NIAID에서 추진 중인 약품 승인을 방해하는 위험한 영역에 발을 들여놓고 있었다. 트러몬트는 긍정적인 평가로 신약의 승인 절차를 통과시키는, NIAID의 핵심적인 사명을 피쉬바인 박사가 환자의 안전에 대한 우려로 가로막고 있다고 분개했다. 트러몬트는 피쉬바인 박사에게 속도를 늦추라고 경고했다. "당신은 너무 서두르고 있다. 이 조직이 어떻게 돌아가는지 우선 파악해야 한다. 우리는 제약사처럼 행동해야 한다. 우리는 환자를 모집하고 임상실험을 마쳐야 한다."라고 트러몬트는 피쉬바인 박사에게 말했다.

피쉬바인 박사는 IL-2 임상실험을 조사하는 과정에서 또 다른 어처구니없는 사실을 우연히 발견했다. 앤서니 파우치가 개인적으로 IL-2 특허를 소유하고 있었고 이 약이 식품의약국의 승인을 받으면 특허 사용료로 수백만 달러를 챙기게 되어있었다. 피쉬바인 박사는 경악했다. "파우치 박사는 이 약이 실험을 통과하는데 사사로운 금전적 이익이 걸려 있었다. 그는 프롤류틴 특허 공동소유자로 등록되어 있었고 거기서 특허 사용료를 벌게 되어있었단 말이다!" 당시에는 잘 알려지지 않은 보건복지부 규정에 따르면, 국립보건원 직원들은 그들이 국립보건원에서 근무하는 동안 개발에 참여한 약물로부터 금액의 제한 없이 특허 사용료를 챙길 수 있었다.[51] 피쉬바인 박사는 보건복지부가 프롤류킨을 승인한다면 파우치가 개인적으로 상당한 수익을 올리게 되어있다는 사실에 놀라움을 금치 못했다.

AP통신이 입수한 당시 기록에 따르면, 국립보건원 소속 51명의 과학자가 그들이 은밀히 특허 사용료를 받게 되는 제품의 임상실험에 관여했다. 파우치 박사와 그의 오랜 신임을 받아온 하수인 H. 클리퍼드 레인(H. Clifford Lane) 박사는 "그들이 발명한 실험 단계의 AIDS 치료제(인털류킨-2)에 대한 특허 사용료로 수만 달러를 받았다. 그들은 자기 직책을 이용해 수백만 달러의 세금을 세계 전역의 환자들을 상대로 자기들이 특허사용료를 벌게 되어 있는 약물을 실험하는 데 썼다."[52]

AP통신의 기사는 정부가 제약사 카이론(Chiron Corp.)에 IL-2 판매권을 허가한 정황에 대해 이해할 만한 분노를 표했다. "파우치의 부서는 뒤이어 환자를 상대로 한 단 한 건의 임상실험에만도 세금 3,600만 달러를 썼다. ESPRIT라고 알려진 이 실험은 국립보건원 역사상 최대 규모의 AIDS 연구 프로젝트로 손꼽히는데, 지난 5년에 걸쳐 18개국 200개 이상의 현장에서 환자들을 대상으로 IL-2를 실험했다."

2004년 2월, 피쉬바인 박사는 연구집행위원회에 서한을 보내 오래전에 했었어야 하는데 하지 않은, 연구담당자 소책자를 최신 정보로 수정 보완하는 작업을 60일 안에 해달라고 요청하면서, 새로 드러난 위험에 대한 경고도 포함해야 한다고 했다. 피쉬바인 박사는 이렇게 말한다. "나는 집행위원회에 소책자를 최신 정보로 수정 보완해달라고 요청했다. 그 시점부터 내 목이 위태로워졌다."

피쉬바인 박사는 바람직한 연구 정책 집행이 그가 맡은 임무였지만, NIAID에서는 그렇게 하면 넘지 말아야 할 선을 넘은 셈이었다. 그는 약품 승인 절차만 방해하는 데 그치지 않고 파우치의 사사로운 이익이 걸려 있는 연구에 쓸데없이 참견하고 있었다.[53]

피쉬바인 박사가 파우치 박사의 특허에 대해 의문을 제기하면서 국립보건원은 1단계 전투태세에 돌입했다. 피쉬바인 박사는 이렇게 회상한다. "온갖 경보기가 울려댔다. 나는 정말 순진한 생각으로 정부에 들어왔다. 적어도 나는 연구가 제대로 이루어지고, 안전이 최우선이고, 실험 참여자들이 보호되는지 내가 감시하기를 파우치 박사가 바란다고 생각했다." 그는 웃으면서 "내 생각은 틀렸다."라고 말했다. 그는 파우치 박사를 딱한 번 만났다고 말한다. 파우치 박사가 그를 NIAID의 윤리와 규정 준수 수석감시관으로 채용하기 위해 면접을 볼 때다. 피쉬바인 박사는 파우치 박사가 진지하게 다음과 같이 말했다고 한다. "이는 매우 중요한 일이다. 우리 조직 내에서 문제를 발견하면 나도 직접

백인의 해코지: 파우치 박사가 아프리카에서 자행한 만행

듣고 싶다. 내게 직접 보고했으면 한다."[54] 파우치 박사는 피쉬바인 박사에게 "내 방문은 항상 열려있다."라고 말했다. 그러나 피쉬바인 박사가 IL-2 임상실험과 관련해 파우치에게 면담을 요청했지만, 파우치 박사는 묵묵부답이었고 피쉬바인 박사는 조직 전체가 자신에게 등을 돌린다는 느낌을 받았다. 피쉬바인 박사는 "그를 지키는 자들이 파우치가 내게 연락할 것이라고 말했다. 그는 연락하지 않았다. 그는 달아났다."라고 말한다.

피쉬바인 박사는 해고당한 후 이어진 부당해고 이의제기 절차와 소송 과정에서 막후에서 어떤 일이 벌어졌는지 보여주는 이메일과 문건들을 확보했다. 파우치 박사는 고위급 관리자들과 어떻게 하면 피쉬바인 박사를 해고하고 사태가 폭발하면 폭발 현장에서 NIAID 소장인 파우치를 어떻게 구할지 논의하고 있었다. 2004년 2월 24일, 파우치 박사는 케이건, 트러몬트와 만나 피쉬바인 박사를 제거할 전략을 세웠다. 케이건과 트러몬트가 피쉬바인 박사의 해고 시나리오를 짜고 파우치 박사가 연루된 자취를 들키지 않게하는 계획을 짰다.

달성하기 버거운 계획이었다. 음모 연루자들은 피쉬바인 박사를 해고할 법적 권한을 지닌 사람은 파우치 박사뿐이라는 사실을 알고 있었다. NIAID 인사부 직원들은 처음에는 피쉬바인 박사에게 파우치 박사가 그를 해고했다고 말했다. 파우치 박사는 훗날 국립보건원과 미국 의회의 여러 조사관에게 자신은 피쉬바인 박사의 해고를 지시하지 않았다고 항변했다. 피쉬바인 박사는 그의 이런 발언이 거짓말이라고 주장한다. "나는 42조에 따른 특수전문가로서 기관 예산이 아닌 다른 곳에서 급여가 나온다. 파우치 박사는 나를 해고할 권한을 지닌 유일한 NIAID 직원이다."

피쉬바인 박사의 평판, 그의 정직성, 그의 눈부신 경력은 그를 해고하는 데 추가로 걸림돌이 되었다. 2003년 11월, 피쉬바인 박사가 해고당하기 석 달 전, 파우치 박사는 피쉬바인 박사에게 NIAID에서 뛰어난 업무수행 성과를 보여줬다며 상을 주었다. 석 달 후인 2004년 2월 9일, 트러몬트 박사도 피쉬바인 박사의 뛰어난 업무수행을 인정해 2,500달러의 상금이 걸린 업무수행 공로상에 그를 추천했다. 닷새 후인 2004년 2월 13일 케이건은 피쉬바인의 수상 절차 진행을 막고 2,500달러 상금을 받는 공로상을 취소했다.

DAIDS 관리들도 이러한 조치를 따라 서로 미친 듯이 이메일을 주고받으며 피쉬바인 박사의 해고가 파우치의 소행이 아닌 것처럼 꾸밀 방법을 모색했다. 2004년 2월 23일 케이건에게 보낸 쪽지에서 트러몬트는 이렇게 말했다. "존, 이 일에 착수하자. 앤서니(파우치)는 우리가 연루됐다는 자취를 남기지 않기를 바란다. 따라서 우리는 빈틈없이 문서화해야 한다. 그를 괴롭혔다거나 해고가 부당하다거나 그밖에 인사상 불이익을 줬다는 느낌이 들게 해서는 안 된다. 그러려면 힘좀 써야 한다. 전쟁론의 대가 클라우제비츠식으로, '힘'으로 압도해야 한다. 일단 먼저 문건들을 마련하고 나서 어떻게 할지 논하자." 파우치 박사가 신뢰하는 또 다른 몇몇 부하직원들도 이메일 교환에 가담해 파우치 박사의 흔적을 남기지 않고 피쉬바인의 경력을 박살 낼 방법에 대해 의견을 제시했다.

실리아 파버는 이렇게 말했다. "조너선 피쉬바인은 국립보건원이 야심 차게 추진한 네비라핀 임상실험이 철저한 참사였다고 지적했다가 온갖 조리돌림을 당했다. 피쉬바인이 고분고분 대세를 따르지 않고 네비라핀은 대마불사 약이라는 사실을 이해하지 못했으므로 AIDS 정책 관료집단은 바이러스를 퇴치하는 항체를 활성화해 피쉬바인이라는 바이러스를 제거해야 했다."

2월 14일부터 18일 사이에, 트러몬트가 피쉬바인에게 이제부터 — 피쉬바인이 징계 대상으로 지목한 — 케이건에게 업무 보고를 하라고 통보한 후 피쉬바인은 트러몬트와 이메일을 주고받았다. 당시 태국을 여행 중이던 피쉬바인은 자신이 부정행위로 조사하고 있던, 자신보다 서열이 낮은 직원인 케이건에게 업무 보고를 하라는 트러몬트의 해괴한 강등 조치에 대한 해명을 요구했다. 트러몬트는 이리저리 말을 돌리면서 즉답을 피하고 파우치 박사 특유의 아무런 의미도 없고, 해독하기도 어렵고 모호한 장광설을 다음과 같이 늘어놓았다:

내가 이곳에 왔을 때 우리 조직원들에게 들은 케이건에 대한 불만은 대부분 피쉬바인 박사 당신이 이곳에 근무하게 된 이후로 당신 부서가 제기했다. 케이건에 대한 단 한 건의 불만도 내 귀에 들어온 적이 없다. 그리고 내가 어떤 불만이 있는지 물어보자 나온 대답은 당신이 제기한 주장이었다.

2004년 2월 25일, 케이건은 피쉬바인 박사를 해고했다. 케이건은 피쉬바인 박사에게 그가 여러모로 업무수행을 제대로 하지 못했고 그의 상사들이 그에게서 개전의 정이 보이지 않는다고 했다고 말했다. 케이건은 피쉬바인 박사에게 DAIDS를 즉시 그만두라고 충고했다. 그러나 피쉬바인 박사는 남아서 부당해고에 맞서 싸우기로 했다.

피쉬바인 박사는 우선 트러몬트와 파우치 박사에게 면담을 요청하는 글을 썼지만, 답장을 받지 못했다. 그다음 그는 파우치 박사의 명목상의 상사인 국립보건원 원장 일라이어스 제르후니에게 호소했지만, 그 또한 피쉬바인 박사와의 면담을 거절했다. 국립보건원은 전 직원에게 피쉬바인 박사에 대해 거론하지도 말고 피쉬바인 박사에게 말을 걸지도 말라고 지시를 내렸다. 피쉬바인 박사는 "모두가 파우치를 두려워했다. 그는 앙심을 품은 독재자처럼 조직을 운영했다. 모두가 파우치를 두려워하며 절대로 그의 심기를 거스르면 안 된다는 사실을 알고 있다."라고 말한다. 실리아 파버의 말마따나, "피쉬바인은 '유령' 같은 존재가 되었다. 복도에서, 엘리베이터에서, 구내식당에서 그와 마주쳐도 아무도 말을 걸지 않았다. 그는 '나에게 모욕을 주려는 적극적인 운동이 벌어지고 있었다. 그들은 마치 AIDS 팬데믹 초창기에 AIDS 환자를 대하듯 나를 대했다. 나는 영화 〈필라델피아〉의 에이즈 환자인 동성애자 주인공 톰 행크스 같았다. 아무도 내 곁에 오려고 하지 않는다.'라고 말했다."

2004년 2월 26일, 피쉬바인 박사는 국립보건원의 관리 평가국과 만나 자신에게 내려진 조치들에 대해 불만을 제기했지만, 관리 평가국은 조사를 거부했다. 2004년 3월 1일, 피쉬바인 박사는 보건복지부 감사관에게 조사를 요청했다. 그러나 감사관도 국립보건원의 치부를 들춰보기를 거절했다. 그달 말, 절박한 처지에 놓인 피쉬바인 박사는 내부 고발자 보호를 신청하고 NIAID에 만연한 부패에 대한 의회의 조사를 요청했다.

그는 의회에서 적어도 그의 이야기를 경청해 줄 의원을 몇 명 얻었다. 피쉬바인 박사는 미국 상원의원이자 상원 금융위원회 위원장인 찰스 E. 그래슬리(공화당, 아이오와주), 소수당 간사인 상원의원 맥스 보커스(민주당, 몬태나주) 의원실 조사관들에게 자신의 해고는 네비라핀과 프롤류킨 임상실험에서 벌어진 부정행위에 관한 보고서를 쓴 데 따른 보복이라고 말했다. 두 상원의원은 보건복지부에 NIAID 파우치 박사의 부패 혐의를 조사하고 피쉬바인 박사가 제기한, 테네시주와 우간다에서 자행된 살인적인 임상실험들, 그리고 NIAID 본청에서의 성희롱과 관리부실에 대한 의문에 답하라고 목소리를 높이기 시작했다.

알렌 스펙터 상원의원과 허브 콜 상원의원도 국립보건원 원장 제르후니와 그의 상사인 보건복지부 장관 마이클 레빗에게 일련의 서한을 보내 피쉬바인 박사가 제출한 진정서에 대해 아무런 조치도 취하지 않은 국립보건원을 엄중히 질책하면서 그래슬리와 보커스에게 힘을 보탰다. 메릴랜드주 하원의원들 벤 카딘, 바버라 미컬스키, 스테니 호이어도 비슷한 내용의 서한에 서명했다. 파우치 박사와 그의 상사들이 의회 의원들이 보낸 이러한 항의서를 철저히 무시했다는 사실은 파우치 박사의 권력이 얼마나 막강한지 잘 보여준다. 이 세 명의 하원의원은 국립보건원 본부가 위치한 메릴랜드주를 대표하는 최고위급 인사들인데 말이다.

2004년 5월, 의원들의 압력을 이기지 못한 국립보건원은 우간다 HVNET 012 임상실험에 대한 의학연구소(Institute of Medicine, IOM)의 조사를 지원하겠다고 합의했다. 의학연구소는 국립과학학술원의 산하기관으로서 과학 문제에 대해 의회에 자문하는 독립적이고 신뢰받는 기관이다. 의학연구소는 최고의 과학자들로 위원회를 구성해 기관의 과학 활동을 감독하고 검토한다. 규제대상인 산업들은 연방기관들을 쉽게 포섭하고 신용을 떨어뜨리지만, 의학연구소는 부패하지 않는다는 인식이 있다. 의학연구소 구성원들은 산업계를 위해서도 정부를 위해서도 일하지 않는다. 의회는 의학연구소로부터 정직한 답변을 얻는다고 생각한다.

그러나, 그 무렵, 파우치 박사는 이미 눈에 띄지 않게 의학연구소를 조종할 방법을 터득했다. 의회 의원들은 파우치의 부정행위를 조사하기 위해 구성한 의학연구소 조사위원회를 파우치 박사의 책임연구원들이 장악했다는 사실을 까맣게 몰랐다. 9명 중 6명이 당시에 파우치 박사의 임상실험을 진행하고 있는, 12만 달러에서 200만 달러에 달하는 NIAID 연구 자금 수혜자들이었다. 따라서 피쉬베인 박사의 진정에 대한 의학연구소의 조사 결과는 또 다른 은폐 시도일 게 뻔했다. 의학연구소 조사위원회는 전략적으로 조사의 범위를 아주 협소하게 잡았고 테네시주와 우간다에서 NIAID가 저지른 부당행위는 조사대상에 포함하지 않았다. 2004년 4월 7일, 의학연구소 조사위원회는 우간다 임살실험 HVNET 012 데이터는 타당하다는 결론을 내렸다.[55]

같은 날, 피쉬바인 박사는 트러몬트로부터 해고통지서를 받았다. 피쉬바인 박사는 고용기회 평등위원회에 내부고발자로서 진정서를 제출해둔 상태였으므로 자동으로 해고는 보류되었다. 의회의 조사가 진행되는 와중에 트러몬트가 피쉬바인을 해고함으로써 국립보건원을 감시하는 양 정당의 거물급 의원들조차 노골적으로 무시하는 태도를 보였다. 이는 보건복지부가 무슨 일이 있어도 파우치 박사를 보호하고 파우치를 비판하는 사람의 입에 재갈을 물리겠다는 결의를 보여준 조치다.

파우치는 의회에 출석해 공개적으로 질타를 당하고 잘못을 뉘우치고 자신의 불확실한 미래에 대해 걱정해야 했던 1987년의 파우치가 아니었다. 그는 그 이후로 거물이 되었다. 2004년 무렵 그는 막강한 공화당 대통령의 보호를 받았는데, 그 대통령도 — 파우치 덕분에 — 부패한 우간다 임상실험에 연루되었으며 민주당이 장악한 의회의 불만도 아랑곳하지 않았다. 파우치 박사의 반항에 격분한 그래슬리 의원과 보커스 의원은 6월 30일 국립보건원 원장 일라이어스 A. 제르후니에게 서한을 보내 피쉬바인 박사의 해고에 대한 해명을 요구하고 NIAID에 대한 부패 혐의를 제기한 피쉬바인 박사의 입을 틀어막으려고 NIAID가 보복하고 있다고 비판했다.[56] 이 서한은 부정행위를 고발한 직원에 대한 보복은 "용납할 수 없고, 불법이며, 내부고발자보호법을 위반하는" 행위라고 지적했다.

한편 국립보건원은 자체적으로 은밀히 네비라핀 임상실험에 대한 내사를 진행했고 파우치 박사와 우간다 임상실험 HIVMET에 대한 피쉬바인 박사의 주장이 사실임을 확인했다. 2004년 8월 9일, 국립보건원 원장 제르후니의 선임 자문인 루스 커쉬스타인(Ruth Kirschstein) 박사는 그녀가 조사한 내용을 제르후니에게 보냈다. 커쉬스타인은 피쉬바인 박사를 해고하려는 파우치 박사의 시도는 아무리 좋게 보아도 '보복이라는 인상'을 준다면서 "파우치 박사의 AIDS 담당 부서는 문제가 많은 조직"이고 피쉬바인 박사의 진정서는 "훨씬 심각한 문제의 단편에 불과"하다고 덧붙였다.[57] 제르후니는 내사를 통해 드러난 결정적 증거에 대해서도 함구했다. 그는 상원을 무시하고 2005년 7월 4일 피쉬바인 박사를 해고했다.

해고당한 피쉬바인 박사는 능력제 보호 위원회에 진정서를 제출해 연방 내부고발자

법에 따라 공적인 보복으로부터 보호해달라고 요청했다. 능력제 보호 위원회는 피쉬바인 박사의 해고가 '부당한 보복'이라는 결론을 내리고 그를 복직시켰다. 그러나 피쉬바인 박사는 국립보건원에서 미래가 없다는 게 분명해졌으므로 그는 해고를 협상으로 해결하기로 했다. 피쉬바인 박사와 NIAID의 합의 내용은 비밀이고 그는 구체적인 합의 내용을 발설하지 못하게 금지되어 있다.

피쉬바인 박사는 내게 자신이 명목상으로는 승리했지만, 파우치 박사는 NIAID를 벗어나 아주 멀리까지도 손을 뻗어 계속 그를 응징했다고 말했다. 그는 "나는 5년 동안 공중보건 분야에서 일을 얻지 못했다."라면서 파우치 박사의 보복에 대해 이렇게 말했다. "과학계 종사자는 모조리 그의 심기를 거스르기 두려워한다. 그는 마치 마피아 두목 같다. 그는 공중보건 분야에서 뭐든지 누구든지 통제한다." 피쉬베인 박사는 이렇게 덧붙였다. "그는 온 사방에 돈을 뿌리고 그가 복수심이 대단하다는 걸 누구나 알고 있다. 내 한 친구는 내게 이렇게 말했다. '난 자네를 채용할 수 없어. 파우치의 분노를 살 입장이 아냐.' 이는 내가 처음으로 직접 체험한 제거문화였다."

그는 다음과 같이 회고했다. "나는 공직으로 국민에게 봉사하고 싶어서 민간부문을 떠나 국립보건원에 들어갔다. 하지만 나는 너무 순진했다. 나는 정부가 해결책을 찾을 수 있고, 정의는 언제나 승리한다고 믿었다. 파우치가 이끄는 NIAID의 부서 DAIDS에서 일하면서 나는 체제가 어떻게 돌아가는지 제대로 알게 되었다. 연방 예산은 특수 이익 집단들에게 던져 주는 먹이다. 그런 사실을 알게 되거나, 발설하거나, 막강한 누군가의 반대편에 서게 되면 그들은 당신의 피를 보고야 만다. 정부는 변호사들을 고용하고 돈을 무한정 쏟아부어 당신을 파멸시킨다. 진실은 그들 편이 아닐지 모르지만, 그들은 온갖 장애물을 설치해 당신의 진정(陳情)이 공정한 대우를 받지 못하게 방해한다. 그리고 공정한 재판도 받지 못한다. 법정 투쟁을 하면 마지막 한 푼까지 탈탈 털리게 되기 때문이다. 이 체제는 부당한 대우를 당한 쪽을 돕도록 설계되지 않았다. 나는 파우치가 진술하게 강제할 수도 없었다. 그는 인터뷰하고 상을 받느라 정신없이 바빴다. 범법자들은 어떤 대가도 치르지 않았다. 그들은 여전히 경력을 쌓으며 승승장구했다. 나는 처음부터 다시 시작해야 했다. 그들이 내 인생을 망치려고 마음만 먹으면 그리할 수 있다."

실리아 파버도 미몽에서 깨어났다. "그들은 자기들 눈 밖에 난 사람은 존재 자체를 말살하려고 한다. 그런 일을 겪으면 다시는 예전으로 돌아가지 못한다. 그들은 당신이 죽은 것처럼 느끼게 만든다. 완전히 가치가 없는 사람으로. 그들은 내가 쓴 기사를 공격하려고 돈을 쏟아부었다. 핵전쟁 수준이었다. 그들이 내 인생을 폄훼하고 파괴하려고 저지른 짓들은 내게 오랫동안 영향을 미쳤다. 하지만 말이다, 나는 죽지는 않았다. 조이스 햇퍼드는 죽었다. 나는 늘 그녀를 생각한다."

"그리고 이 투쟁의 진정한 패자는 네비라핀을 강제로 복용한 수백만 명의 아프리카 여성과 아기들이다. AIDS를 예방하기는커녕 병들고 사망하게 만드는 약을 삼킨 이들 말이다." 결국 파우치 박사는 부정한 임상실험 결과를 조작하고, 처참한 결과를 낳은 속임수를 은폐하고, 정치력을 동원해 위험하고 효과도 없는 약 네비라핀을 시장에 내놓는 데 성공했다.

2005년 3월, 호주 퍼스에 있는 공중보건국의 외과 의사 발렌다 터너(Valendar Turner) 박사는 〈네이처〉에 보낸 서한에서 "네비라핀에 대한 증거 가운데 위약 대조군을 상대로 실험한 임상실험에서 나온 증거는 단 하나도 없다. 이 연구의 책임저자가 말한 대로, 위약 대조군은 약의 효과를 과학적으로 확실하게 평가하는 유일한 방법이다."라고 지적했다.[58]

터너 박사는 우간다 실험 HIVMET 012가 보고한 HIV 전염률인 13.1퍼센트는 환경 전염률보다 오히려 높다며 다음과 같이 지적했다. "HIVMET 012 임상실험 결과는 항바이러스제 치료를 받지 않은 561명의 아프리카 여성을 대상으로 한 연구에서 보고된 12퍼센트보다 높았다. 이들은 사실상 위약 대조군인 셈이다." 파우치 박사가 애지중지하는 이 약은 그가 구제하는 척하는 아프리카 아기들이 HIV 감염되지 않게 예방하기는커녕 감염을 더 악화시키고 있었다.

파버는 파우치 휘하에서 연구자들이 위약 대조군을 연구에 포함하지 않았다는 사실이 '아마 AIDS 연구에서 가장 두드러진 특징'일 거라고 주장한다. 활성 물질이 없는 위약 대조군을 없애는 통계적인 속임수는 파우치 박사가 AIDS에서부터 코비드에 이르기까지 수백 종의 신약과 백신의 승인을 받아내기 위해서 전가의 보도처럼 휘두르는 무기가 되었다.

파버에 따르면, "말한 대로 위약 대조군이 없었으므로 HIVMET의 결과는 통계적인 속임수이고 그림자놀이다. 약의 효과를 활성 물질이 없는 위약과 비교하는, 임상실험의 최고 기준을 적용하지 않고 또 다른 약과 비교해 측정했으니 말이다."

피쉬바인 박사가 겪은 시련에서 얻은 그나마 긍정적인 결과가 하나 있다면 IL-2의 승인에 파우치 박사의 사적인 금전적 이해가 걸려 있다는 사실에 대한 의회와 언론의 추궁으로 파우치 박사가 이 약에서 벌어들인 특허 사용료를 자선단체에 기부하겠다고 약속하게 만들었다는 점이다. 그 이후로 보건복지부는 특허 사용료 소득에 대한 정책을 바꿔 계약직 직원의 경우 특허 1건 당 직원 한 명이 1년에 받을 수 있는 특허 사용료를 15만 달러로 (조금) 제한했다. 그 이후로 30년 동안 파우치 박사에게 IL-2로 얼마를 벌었고, 그가 자선단체에 기부는 했는지, 했다면 어느 단체에 기부했는지 물어본 기자는 단 한 명도 없었다. 그리고 파우치는 NIAID가 개발한 수천 가지 다른 신약들을 통해 자신에게 충성하는 패거리들과 부하직원들에게 특허 사용료로 얼마를 보상해 주었고, 그 자신은 다른 NIAID 약품에 대한 특허를 통해 얼마나 금전적 이익을 보았으며 어느 정도나 사적인 이해관계가 걸려 있는지 밝힌 적도 없다.

마지막으로, 파우치 박사가 국립보건원에 재직한 긴 세월 동안 국립보건원 전체를 총괄하는 윤리감독 위원회인 생명윤리국 국장은 지키 에마누엘(Zeke Emmanuel) 박사가 맡았다. 에마누엘 박사의 직속 부하는 앤서니 파우치의 부인 크리스틴 그레이디(Christine Grady)였다. 2012년 그레이디는 생명윤리국 국장 자리를 이어받았다. 이 부서는 국립보건원의 모든 산하기관이 실시하는 임상실험이 생명윤리 규정을 준수하는지 감시한다. 네비라핀과 프롤류킨 등 그녀의 남편이 후원한 임상실험에서 윤리규정을 준수하는지 감독하는 임무를 포함해서 말이다.

그레이디는 〈보그(Vogue)〉와의 인터뷰에서 1983년 파우치를 처음으로 만났을 때부터 앤서니 파우치가 매우 무서운 사람이라는 평판이 있음을 잘 알고 있었다며 다음과 같이 시인했다.[59] "모두가 그를 두려워했다. 그를 처음 만났을 때 나는 이렇게 생각했다. '왜 무섭다는 거지?' 그는 젊고 인물이 훤했을 뿐, 무서워 보이지는 않았다."

피쉬바인 박사는 이렇게 말한다. "앤서니 파우치를 상대해보면 조직범죄단을 상대한다는 느낌이 든다. 그는 대부 같다. 그는 온 사방에 인맥이 있다. 그는 자기가 돈으로 매수한 사람들을 막강한 자리에 꽂아놓고 자기가 원하는 대로 조종한다. 자기가 원하는 결과가 나오도록 한다. 그는 이러한 인맥들을 이용해 모든 문제를 해결하고, 모든 논조를 조종하고, 모든 책임을 회피하고, 모든 부정부패를 은폐하고, 자기 심기를 거스르는 사람은 누구든 파멸시키는 궁극적인 권력을 행사한다."

9장

백인이 짊어진
무거운 짐

"백인이여, 무거운 짐을 짊어질지니,

야만스러운 전쟁을 끝내 평화를 되찾고

굶주린 이의 배를 채우고

병든 자를 낫게 하라."

— **러디어드 키플링**(Rudyard Kipling), "백인의 짐(The White Man's Burden)" 1897

1984년, 로버트 갈로 박사가 AIDS의 원인을 발견했다며 떠들썩한 기자회견을 한 후, 파우치 박사는 전 세계를 향해 AIDS 백신을 개발하겠다고 약속했다. HIV가 AIDS의 원인이라는 가설을 비판하는 듀스버그 같은 이들의 주장이 틀렸음을 입증할 가장 설득력 있는 방법이 효과적인 AIDS 백신 개발이었다. 파우치 박사는 전 세계 언론을 향해 다짐했다. "이제 바이러스를 손에 넣었으니, 마침내 AIDS 백신 개발이 가능해졌다, 아니, 불가피해졌다."[1] 보건복지부 장관 마거릿 헤클러는 빙 둘러선 기자들에게 이렇게 말했다. "2년 만에 백신의 임상실험을 할 준비가 되기를 바란다."[2] 헤클러의 예상은 33년 정도 빗나갔고 빗나간 햇수는 계속 늘고 있다. 그 사이에 연방정부는 족히 5천억 달러 이상 AIDS 연구에 쏟아부었다. 파우치 박사는 이 돈을 대부분 AIDS를 일으킨다는 HIV 백신 개발에 몰아주었다. 파우치 박사는 국민 세금을 거의 100가지 백신 후보에 퍼넣었지만, 결승선 근처에라도 간 백신은 단 하나도 없었다. 거듭된 이 모든 실패도 점점 멀어지는 지평선의 멱살을 곧 낚아채리라는 파우치 박사의 희망에 찬물을 끼얹지 못했다.

10여 년 동안 오클라호마주 상원의원 톰 코번 (의사)은 해마다 파우치 박사가 건들거리며 상원 공중보건위원회에 출석해 증언할 때 맨 앞자리에서 그를 지켜보았다. 2010년 무렵 코번은 툭하면 곧 백신이 나온다고 허언한 NIAID 소장에게 진절머리가 났다. 5월

18일 파우치 박사가 상원 청문회장에 다시 출석해 "HIV 백신 연구에서 상당한 진전"이 있었다고 발언하자, 평상시에는 과묵한 코번 박사는 마침내 폭발했다. 그는 파우치 박사가 의도적으로 의원들을 속이고 의회를 꼬드겨 예산을 받아냈지만, 파우치의 관료조직 배만 불렸다면서 파우치를 다음과 같이 강하게 질타했다. "AIDS 연구에 관여한 과학자는 대부분 HIV 백신 개발 가능성이 훨씬 더 멀어졌다고 생각한다."[3]

파우치 박사가 의례적으로 의회에 출석한 지 수 년이 지나고 나서야 비로소 코번 박사는 끊임없이 불발되는 HIV 백신 개발은 국립보건원의 현금인출기라는 사실을 분명히 깨달았다. 국립보건원이라는 기관의 관점에서 보면 파우치 박사가 실패한 그 어떤 실험도 실패가 아니었다. 실험에 실패할 때마다 어마어마한 공금이 파우치 박사의 제약 동업자들 금고로 쏟아져 들어갔고 NIAID 연구실과 책임연구원들을 재정적으로 지탱해 주었기 때문이다. NIAID가 유일하게 실패로 간주할 일은 아마 인력감축일지 모른다.

천진난만 순진무구한 언론은 이러한 사실을 전혀 깨닫지 못하고 파우치 박사가 사기를 칠 때마다 박수갈채를 보낸다. 2019년, 코번이 항의한 지 거의 10년이 지나, 코비드-19 팬데믹이 터지기 겨우 몇 달 전, 파우치 박사는 깜짝 발표를 했다. 마침내 효과적인 HIV 백신이 나왔다고 말이다. 태국에서 실시한 인체 임상실험에서 겨우 30퍼센트 예방 효과를 얻었지만, 남아프리카공화국에서 실시한 3단계 임상실험에서 나온 데이터는 전망이 밝아 보였고, NIAID는 이 백신을 미국 국민을 상대로 임상 실험할 준비를 하고 있다고 했다.[4] 파우치 박사는 김새는 단서 조항도 첨부했다. 새로운 백신은 AIDS 전염을 막지는 못하지만, 이 백신을 접종한 용감한 사람들은 만약 AIDS에 걸린다고 해도 증상이 훨씬 약할 거라고, 이 미꾸라지 같은 관료는 활기찬 표정으로 예측했다. 파우치 박사는 언론이 자기 말을 찰떡같이 믿으리라고 자신했기 때문에 자신의 호들갑스러운 발표가 제기할 수많은 질문에 답변하지 않아도 된다고 정확히 짚었다. 파우치의 해괴한 발표를 비판한 언론은 단 하나도 없었다. 당나귀 주둥이에 립스틱을 칠하고 이를 혈통이 순수한 말로 팔아먹는 사기에 전 세계가 넘어가자 한층 대담해진 그는 1년 후 코비드 백신에도 비슷한 색깔의 립스틱을 발라 팔아치운다. 코비드 백신도 감염을 예방하지도 전염을 막지도 못했다.

끔찍한 만행의 행진

30년 동안 언론은 파우치를 감시하는 의무를 저버렸으므로 파우치가 '불가피'하다고 했던 AIDS 백신 개발에서 파우치가 보여준 형편없는 실적을 제대로 기록한 일관성 있는 공적인 담론이 전혀 형성되어 있지 않다. 책임을 묻기는 고사하고 말이다. 오히려 산업계와 정부의 과학자들은 그동안 일어난 온갖 추문들을 은폐하고 속이고 발뺌하고 따로 책 한 권 분량은 됨직한 수많은 참사와 피눈물을 감추어왔다. 이 참사를 — 구글, 〈퍼브메드(PubMed)〉, 뉴스사이트, 공개된 임상실험 데이터 등으로 — 검색해 보면 끔찍한 만행들, 가슴 아픈 비극들, 정부 기관의 공고해진 오만함과 인종차별주의, 깨어진 약속, 국고를 낭비한 어마어마한 지출, 그리고 앤서니 파우치, 로버트 갈로, 빌 게이츠의 반복되는 사기극 등 충격적인 새로운 만행들이 줄줄이 뜬다. 영화 〈사랑의 블랙홀(Groundhog Day)〉에서 유머, 아이러니, 지혜, 구원을 모두 제거한 암울한 각색판이 된다. 이 끔찍한 만행들 가운데 다음과 같이 몇 가지만 골라 소개하는 게 이해하기 훨씬 쉬울지 모른다.

돌아온 갈로(Gallo)

1991년 수년 동안 진행된 소송을 마무리하는 합의 사항의 일환으로 로버트 갈로는 마침내 자신이 몽타니에 박사로부터 HIV를 훔쳤다는 사실을 시인했다. 그러나 그는 거의 처벌받지 않았다. 4월 14일 존 크루드슨이 〈시카고 트리뷴〉에 보도한 바에 따르면, 그 전 해에 파리에서 갈로가 한 HIV 백신 실험에서 AIDS 환자 세 명이 사망했다.[5] 국립보건원은 이 프로젝트에 착수한 후 이를 갈로와 그의 심복 다니엘 자귀리(Daniel Zagury)에게 넘겼고, 이들은 파리와 아프리카의 자이르 공화국에서 자원자들을 상대로 이 HIV 백신을 실험했다. 국립암연구소 소속 갈로의 패거리는 그의 실험에 관한 '신속 검토, 승인'을 허락했다. 얼마나 신속하게 했을까? 겨우 25일 걸렸다. 갈로의 팀이 임상실험 자원자들에게 우두(牛痘)에서 파생된 HIV 백신을 투여한 후 환자들은 사망했다. 국립보건원 과학자들은 — 소에게 우두를 일으키는 바이러스인 — 백시니아(vaccinia) 바이러스 제제를

HIV 파편에 삽입했다. 그런데 이 우두는 여전히 전염성이 있었고 19명의 자원자 가운데 3명이 접종 즉시 '백시니아' 증상을 보였다. 가장 흔한 증상은 치명적인 괴사로서 급성 병변을 일으키고 바이러스가 살을 먹어들어가면서 접종 부위 주변의 피부가 딱딱해지고 부풀어 오르고 검붉게 변한다.

AIDS 백신 연구에서 으레 그랬듯이, 국립보건원 과학자들은 이 만행을 은폐했다. 갈로도 자귀리도 환자의 사망을 보고하지 않았다. 오히려 갈로는 이 임상실험이 대단한 성공이었다고 1990년 7월 21일 〈랜싯〉에 게재된 논문에서 떠벌리면서, 뻔뻔하게도 제제를 투여한 실험 대상자들 가운데 "사망자도 없고," "합병증이나 통증도 없었다."라고 주장했다.[6]

갈로 박사의 희생자 가운데 한 사람은ㅡ뛰어난 이집트학자로 인정받는ㅡ42세의 고전문학 교수였는데, 그는 갈로의 논문이 공개되기 넉 달 전인 1990년 3월 5일 사망했다. 또 다른 사망자는 36세의 파리대학교 사서로서 갈로가 논문을 발표하기 6주 전인 7월 6일 사망했다. 이 두 사망자의 친구들은 이 두 사람이 죽기 직전 몇 주 동안 건강하고 활기가 넘쳤다고 말했다. 사망한 교수의 동료 한 사람은 "6주 후에 그가 죽게 될 줄은 상상도 못 했다."라고 말했다.[7]

1990년 10월 1일 사망한, 갈로의 세 번째 희생자의 오랜 친구는 자귀리의 수석보좌관인 오딜 피카흐(Odile Picard) 박사에게 이 실험용 백신이 부검의가 희생자의 뇌에서 발견한 파괴적인 병변을 일으켰을 가능성에 대해 문의하자, 피카흐는 백신이 일으킨 병이 아니라고 장담하면서 이렇게 덧붙였다. "우리는 이게 뭔지 모른다." 이 대화가 오가고 한 달 후 피카흐는 갈로와 자귀리 박사와 자신의 이름을 함께 올린 또 다른 논문을 파리 꼴로끄 데 상 갸흐드에서 열린 국제 AIDS 회의에서 발표했다. 여기서도 피카흐는 3명의 죽음은 입에도 올리지 않고, 동료 학자들에게 백시니아 제제는 "환자에게 안전"하다고 입증되었다고 말했다.[8] 어쩌면 그녀는 살아남은 환자들에게는 안전하다는 뜻으로 한 말인지도 모르겠다.

명망 있는 프랑스 유전학자이자 프랑스 의료윤리 국립위원회 위원장으로서 1987년 백신 임상실험을 승인한 앙드레 부에(Andre Boué)는 갈로가 위원회 위원들에게 실험 대상자가 사망했다는 사실을 알려주지 않았다고 불만을 토로했다. 파리의 시립 의료원인

공공지원국의 관리들은 갈로의 팀이 그들에게도 3명의 사망자에 대해 알려주지 않았다고 투덜댔다. 프랑스 관리들은 갈로가 병든 실험 대상자들을 병원으로 이송해 임종을 맞게 하고 나서 이들을 받아들인 병원의 의사들이 사인을 의심하게 되고 나서야 사망자에 대해 알게 되었다.[9]

국립보건원 관리자들은 갈로가 사망에 대해 깨끗하게 시인하지 않았다고 항의했다. 한 관리는 갈로가 사망자를 누락한 행태를 "매우 심란하다."라고 했다. 국립보건원 문건들을 보면 갈로도 그의 국립보건원 공범들 가운데 그 누구도 연구위험으로부터 실험 대상을 보호하는 업무를 담당한 부서에 사망자에 대해 통지하지 않았다. 연방 법에 따르면, 이 부서는 인체 실험을 승인하고 연구자들은 가장 심각한 부작용을 비롯해 모든 부작용을 이 부서에 보고해야 한다. 2월, 이 부서는 갈로와 그의 팀이 대서양 양쪽을 오가며 여러 가지 규정을 위반한 점을 들어 이 실험을 갑자기 중단시켰다.[10]

자귀리는 자신의 후안무치하기 이를 데 없는 정신적 스승 갈로를 빙의한 듯, 〈랜싯〉에 낙관적인 내용의 논문을 제출한 후 "AIDS 바이러스에 대한 면역 반응 유도 방법"이라고 불리는 이 치명적인 백신 기술에 대한 특허를 출원하고 자신의 이름을 '발명자'로 올렸다.[11]

또다시 은폐가 자행되었다. 조사도 없었고, 아무도 책임지지 않았고, 자이르의 실험 자원자들은 어떤 상해를 입었는지에 대해 일언반구 없었다. 갈로는 그답게 처참한 실험 결과에도 당황하지도 굴복하지도 않고 기가 꺾이지도 않았다. 매수당하고 협박당한 바이러스학계는 HIV가 AIDS의 유일한 원인이라는 정설과 국립보건원에 관한 달갑지 않은 조사를 촉발했을지 모르는 추문에 대해 굳게 입을 다물었다.

5년이 지나, 갈로는 국립암연구소를 그만두고, 오래전부터 한 패거리였던 윌리엄 블래트너(William Blattner), 로버트 레드필드(Robert Redfield) 두 사람과 함께 인간 바이러스학 연구소(Institute of Human Virology)를 설립했다. 전자는 국립암연구소 갈로 밑에서 22년 동안 바이러스 유행 국장을 지냈고, 후자는 갈로처럼 평생 HIV에 집착해왔고 윤리관이 텅 빈, 미군 소속 의사다.

로버트 레드필드 박사

대부분 미국인은 레드필드를 2020년 코비드 팬데믹 당시 도널드 트럼프 정권의 질병통제예방센터 소장으로 기억한다. 레드필드 박사와 그의 심복인 데보러 벅스(Deborah Birx) 박사는 파우치 박사와 함께 트럼프 정권의 코로나바이러스 대응팀에서 일했다.

레드필드와 벅스 둘 다 육군 의무관으로 일하면서 1980년대와 1990년대에 군의 AIDS 연구를 주도했다. 어찌 된 일인지 AIDS 연구 분야에는 잡상인과 돌팔이들이 파리 떼처럼 꼬인다.

미국 육군 문건에[12] 따르면, 1992년 레드필드와 당시 그의 보좌관이었던 벅스는—둘다 워싱턴에 있는 월터 리드 육군병원에서 근무했다—〈뉴잉글랜드의학학술지〉에 부정확한 데이터를 게재하고 그들이 개발에 참여하고 월터 리드 병원 환자들을 대상으로 실험한 HIV 백신이 효과가 있다고 주장했다.[13] 그러나 둘 다 이 백신이 무용지물이라는 사실을 틀림없이 알고 있었다.

1992년, 공군 의무실은 레드필드가 "데이터 조작, 부적절한 통계분석, 오해하기 쉬운 방식으로 데이터를 제시하는 행태를 일삼으면서 GP160 AIDS 백신이 유용하다고 선전"했다고 비판했다.[14] 과학 사기와 부정행위에 대한 공군 재판이 열렸고 레드필드의 "오해의 소지가 있는, 또는 의도적인 속임수일 가능성이 있는" 정보가 "연구자로서의 그의 신뢰성을 심각하게 위협하고 군 기관 전체의 AIDS 연구 지원에 부정적인 영향을 미칠 소지가 있다. 비윤리적으로 보이는 그의 행동은 헛된 희망을 조성하고 백신의 때 이른 보급으로 이어질 수 있다."라고 공군 법원은 결론을 내렸다.[15] 공군 법원은 "철저히 독립적인 외부 기관"의 조사를 권고했다.[16] 군법 회의에 회부되고, 의사 면허증을 박탈당하고 구속되어 갇힐 위협에 직면한 레드필드 박사는 분노한 법무부 조사관들과 공군 법원에 자신의 분석이 하자가 있고 기만적이라고 자백했다. 그는 잘못을 시정하고 1992년 7월 그가 참석해 발표할 예정인, 다가오는 AIDS 회의에서 자신의 백신이 무용지물이라는 사실을 공개적으로 시인하겠다고 합의했다. 어쩌면 웅장한 행사장과 성능 좋은 마이크와 대규모 청중 앞에서 발언한다는 유혹을 이기지 못하고 그의 결심이 무너졌는지도 모르겠다. 그는 거짓 논문을 철회하기는커녕 뻔뻔하게도 이 회의와 뒤이은 두 차례 국제 HIV 회의에서 거짓 주장을 되풀이했다.[17] 검사들이 벌어진 입을 다물지 못하고 지켜보는 가운데, 그는 의회에 출석해 자기가 개발한 백신이 HIV를 완치한다고 한 위증을 그대로 앵무새처럼 되풀이했다.[18]

레드필드의 대담한 도박은 먹혀들었다. 레드필드의 뻔뻔한 거짓말에 속아 넘어간 의회는 레드필드와 벅스의 연구 프로젝트를 지원하기 위해 즉시 육군에 2천만 달러 지출을 승인했다.[19] 격분한 군 검사들은 레드필드를 군법 회의에 회부하려고 했다. 그러나 〈퍼블릭 시티즌(Public Citizen)〉이 1994년 의회 위원회 위원장 헨리 왁스먼에게 보낸 진정서에서 항의했듯이, 의회가 예산 증액을 약속하자 육군은 조사를 철회하고 육군 자체 내의 검사들의 입을 틀어막고 레드필드의 부정행위를 '은폐'했다.[20]

과학자로서의 경력을 끝장낼 재앙의 아가리에서 승리를 낚아챈 레드필드는 완전범죄에 성공했다. 이러한 뻔뻔한 사기극으로 벅스와 레드필드는 공중보건 분야 최고위 관료로서 탄탄대로를 달렸다. 이 사건에서 레드필드가 다른 어떤 교훈을 얻었는지 몰라도 무모함과 거짓말은 그가 즐겨 써먹는 전략이 되었다. 갈로와 레드필드의 동반자관계는 두 사람 모두에게 황금광이 되었다. 갈로 박사는 2021년 5월 11일 내게 보낸 이메일에서 인간 바이러스학 연구소의 한 해 예산이 1억 달러가 넘는다면서 "이 연구 자금은 대부분 대통령의 AIDS 긴급구호계획(President's Emergency Plan for AIDS Relief, PEPFAR)에서 비롯된다."라고 말했다. 조지 W. 부시는 2003년 파우치 박사의 촉구를 받고 연방정부, 민간, 군에서 비롯되는 재원을 모두 통합해 AIDS 연구 지원을 조율하는 PEPFAR를 창설했다. 2014년 이후로 PEPFAR의 행정은 데보러 벅스가 맡아왔는데, 그녀는 동시에 빌 게이츠가 후원하는 글로벌 펀드(Global Fund)의 이사회 이사로도 일했다.

2017년, 인간 바이러스학 연구소는 연례보고서에서 두 돌팔이가 6억 달러의 연구비를 지원받았다고 떠벌렸다. 대부분 그들과 누이 좋고 매부 좋은 동업자 관계를 다진 국립보건원과 빌 게이츠에게서 나온 자금이었다.[21] 두 사람은 이 약탈 자금 대부분을 워싱턴과 볼티모어에 거주하는 2만 명과 아프리카와 카리브해 지역의 운 나쁜 130만 명 등을 비롯해 흑인들에게 실패한 HIV 약물과 백신을 투여하는 임상실험에 허비한 듯하다.

인간 바이러스학 연구소를 통해 맺어진 관계로써 갈로와 레드필드는 쏠쏠한 수익을 올렸다. 그들은 메릴랜드 대학교와 제휴를 맺고 있었고, 자기들 비영리단체를 이용해 국립보건원, NIAID, 국립암연구소에서 오랫동안 함께 일한 패거리의 연구지원금을 세탁해 주었고, 영리단체도 하나 만들어 납세자들의 세금을 들여 한 발견을 금전화했다. 국립보건원에서 함께 범죄를 저지른 이 공범들은 연간 2억 달러를 HIV 백신 사기극에 쏟아부었다.[22] 게다가 레드필드는 벅스와 군 내부 공범들을 통해서 국방부가 생물학무기와 전염병 연구에 할당하는 어마어마한 예산도 찝쩍거릴 수 있었다. 이러한 인맥을 통해 모두에게 골고루 나누어 줄 정도로 충분한 연방 자금이 확보되었다. 더군다나 1998년 HIV에 자금을 대는 새로운 큰손이 등장했다. 그는 주머니가 아주 두둑하고 그들 찜쩌먹을 정도로 백신에 집착하는 인물이었다.

그 해, 윌리엄 H. 게이츠 재단은 게이츠의 국제 AIDS 백신 구상(International AIDS Vaccine Initiative, IAVI)을 통해 9년에 걸쳐 5억 달러를 AIDS 백신 개발에 지원할 계획이라고 발표했다. IAVI는 세계백신면역연맹(Global Alliance for Vaccine and Immunization, GAVI)의 전신이다.[23] IAVI 회장 세스 버클리(Seth Berkley) — 게이츠가 신임하고 아주 후한 연봉을 지급하는[24] 똘마니 — 는 개발도상국에서 AIDS 백신 후보군의 효과를 알아보는 다양한 임상실험에 자금을 지원할 계획이라고 밝혔다. 사하라사막 이남 아프리카 지역 흑인들을 대상으로 실험해서 조금이라도 효과가 있는 백신이 나오면 이를 서구진영 국가에서 실험할 수도 있다고 했다.

레드필드는 돌팔이에 협잡꾼이며 전과가 화려하다고 잘 알려져 있음에도 불구하고, 도널드 트럼프 대통령은 하필 질병통제예방센터의 가장 우선적인 임무가 코비드 백신을 널리 보급하는 일인 시기에 질병통제예방센터를 레드필드에게 맡겼다. 트럼프는 또한 레드필드와 앤서니 파우치의 평생 부하이고 속마음을 털어놓을 정도로 빌 게이츠와 가까운 사이인 벅스를 승진시켰다. 레드필드, 벅스, 파우치로 이뤄진 이 백신 사기꾼 삼총사는 백악관 코로나바이러스 대응팀을 이끌면서 팬데믹 첫해에 미국의 코비드 대응 정책을 좌지우지했다.

단 한 명의 코비드 환자도 치료해 본 적 없는 삼총사는 논란이 뜨거운 정책들을 채택해 나라 전체를 가택연금하고 세계 경제를 마비시켰다. 하이드록시클로로퀸과 아이버맥틴같은 생명을 구하는 치료제와 조기 치료에 대한 국민의 접근을 방해하고, 사망과 감염 사례 수를 부풀려 동네방네 떠들어 대면서 끊임없이 공포심을 조장했다. 세계를 향해서 "정상적인 일상으로 복귀하는 유일한 방법은 기적적인 백신 접종뿐이다."라고 망가진 레코드판처럼 주절댔다. 그들은 과학적 근거도 없이 과도한 격리 정책과, 마스크 의무 착용과 사회적 거리 두기를 강제하면서 의도적으로든 우발적으로든 '스톡홀름 증후군'이라 일컫는 대중적 정신 이상 상태를 유도했다. 스톡홀름 증후군은 인질이 자신이 살아남을 유일한 길은 무조건 인질범에게 복종하는 방법뿐이라고 믿고 인질범에게 고마움을 느끼게 되는 상태를 말한다.

게이츠와 파우치의 남남상열지사(男男相悅之詞)

게이츠는 IAVI를 창설하고 2년 후 파우치 박사를 시애틀로 초청해 제휴를 제안했고, 20년 후 이 제휴는 인류에게 심대한 영향을 미치게 된다. 파우치 박사는 이 시애틀 여행에서 빌과 멜린다 게이츠 부부를 처음 만났다. 결핵과 싸우기 위해 대화를 나누자는 표면상의 명분으로 마이크로소프트 억만장자는 NIAID 소장을 워싱턴 호숫가 40에이커 숲속에 있는, 4만 평방피트 크기에 1억 2천 7백만 달러 저택에서 열리는 세계 공중보건 지도자들 모임에 초청했다. 저녁 식사 후 게이츠는 파우치를 참석자들로부터 떼어내 호수를 내려다보는 푸른 돔 지붕의 서재로 안내했다. 파우치는 그때를 이렇게 기억한다. "멜린다가 모두에게 집 구경을 시켜주고 있었다. 그가 말했다. '제 서재에서 잠깐 얘기 좀 할까요?' 놀라울 정도로 아름다운 서재에서 우리는 마주 앉았다. 여기서 그가 이렇게 말했다. '앤서니, 당신은 세계 최대의 전염병 연구소를 이끌고 있고, 나는 내가 쓰는 돈이 제대로 쓰이는지 확실히 하고 싶어요. 우리 서로 알고 지내는 게 어떨까요? 우리 둘이 손을 잡으면 어떨까요?'"[25]

그 후 20년에 걸쳐 두 사람의 제휴는 점점 확대되어 제약사, 군과 정보계, 세계 공중보건 기관들을 망라하게 되었고 모두가 합심해 무기화한 팬데믹과 백신과 생물안보(biosecurity) 이념에 뿌리를 둔 기업 제국주의라는 새로운 개념을 밀어붙였다. 이 프로젝트로 게이츠 씨와 파우치 박사는 유례없는 부와 권력의 횡재를 누리고 민주주의와 인류에게는 재앙을 초래하게 되었다.

마이크로소프트(Microsoft)의 독점

애초부터 영향력을 이용한 대가성 청탁이 빌 게이츠의 권력욕에 불을 붙였다. 게이츠는 부유한 집안 출신이다. 그의 증조부는 은행업에서 부를 쌓았고 빌 게이츠에게 오늘날의 가치로 수백만 달러의 신탁기금을 남겨주었다. 1975년 하버드대학교를 중퇴한 게이츠는 소프트웨어 공학에 대한 열정을 바탕으로, 대부분 미국인이 여전히 타자기를 쓰던 시대에, 마이크로소프트를 창립했다. 당시에 그의 모친 메리 게이츠는 시애틀에서 명망 있는 여성 사업가로서 당시 IBM 회장 존 오펠(John Opel)과 함께 유나이티드 웨이(United Way) 이사회 이사를 하고 있었었다. 1980년 IBM은 개인용 컴퓨터 운영체제를 개발할 소프트웨어 전문가를 물색하고 있었다. 메리 게이츠는 오펠을 설득해 자기 아들에게 기회를 달라고 했다. 모친의 개입으로 게이츠의 신흥 회사는 거물로 성장했고 20년만에 게이츠는 억만장자가 되었다.

게이츠와 가장 친했던 어릴 적 친구이자 마이크로소프트 공동 창립자인 폴 앨런(Paul Allen)은 2011년 그의 저서 〈아이디어 맨: 회고록(Idea Man: A Memoir)〉에서 게이츠가 1982년 그를 쫓아내고 그가 소유한 회사 지분을 빼앗을 모의를 한 냉소적이고 남을 괴롭히는 인물로 묘사했다. 암 투병으로 방사선과 화학요법 치료를 받으면서 심신이 지친 채 업무에 복귀한 앨런은 게이츠가 마이크로소프트의 새 관리자 스티브 바머(Steve Ballmer)와 함께 앨런의 지분을 희석할 방법을 모의하는 대화를 엿듣게 되었다. 앨런은 두 사람이 모의하고 있던 방의 문을 박차고 들어가 이렇게 외쳤다. "이런 법이 어딨어! 네가 이런 인간이구나."[26] 한 주당 5달러에 매입하겠다는 게이츠의 제안을 거절한 앨런은 자신의 지분 25퍼센트를 그대로 간직한 채 마이크로소프트를 그만두었고, 마이크로소프트가 1986년 상장되면서 억만장자가 되었다.[27]

1998년 5월, 연방정부 법무부와 20개 주 검찰총장들은 마이크로소프트를 반독점법 위반 혐의로 기소하면서, 게이츠의 회사가 자사와 경쟁하는 소프트웨어를 윈도우스 운영체제 기반 컴퓨터에 소비자들이 설치하지 못하게 방해하는 불법을 저질렀다고 했다. 법무부는 빌 게이츠에게 반독점법 위반으로 기록적인 하루 100만 달러의 벌금을 부과해 달라고 시애틀 주재 연방법원에 요청했다. 토머스 펜필드 잭슨 판사는 마이크로소프트가 독점과 카르텔을 금지한 1890년 셔먼 반독점법을 위반했다고 판결하면서 "마이크로소프트는 경쟁이라는 운명의 저울을 인위적으로 자사에 유리하게 기울여 사실상 시장의 지배를 영속화하려고 했다."라고 말했다.[28]

잭슨 판사는 마이크로소프트에 회사를 둘로 쪼개고 운영체제와 소프트웨어 제조 둘 중 하나를 매각하라고 명령했다. 항소 법정은 이 판결을 뒤집었다. 합의 약정에서 법무부는 마이크로소프트사의 분리를 포기했고, 마이크로소프트는 겨우 80만 달러의 벌금을 물고 인터페이스를 경쟁사와 공유하기로 했다.[29] [30] 금전적 비용은 차치하고, 이 소송은 게이츠의 평판에 먹칠했다. 잭슨 판사는 게이츠가 증언할 때 "얼버무리거나 기억이 나지 않는다"를 연발했고[31] "(그가) 자기 자신과 자기 회사에 대해 과대망상적인 생각을 지니고 있고 힘든 경험이나 실패를 맛보지 않았으므로 권력과 순전한 성공에서 비롯된 오만함이 있다."라고 지적했다.[32] 국민은 이 소송을 관심을 갖고 지켜보았으므로 잭슨 판사가 느낀 역겨움에 공감했다.[33] SPOGGE라는 온라인 단체가 널리 인기를 끌었는데, SPOGGE는 "게이츠가 몽땅 차지하지 못하게 막는 협회(Society for Preventing Gates from Getting Everything)"에서 각 단어의 첫 글자를 따 만들었다. 2000년에는 마이크로소프트를 상대로 집단소송이 제기되었는데, 원고 측은 이 회사가 자사의 소프트웨어에 인종차별적인 메시지를 넣는 등 흑인 직원들을 심각하게 차별했다고 주장했다. 이 소송으로 안 그래도 훼손된 빌 게이츠의 평판은 한층 더 나빠졌다. 원고 측을 대리한 전설적인 변호사 윌리 게리는 마이크로소프트가 (노예들을 부리는) "'농장주같은 태도'로 흑인 직원들을 대했고"[34] "마이크로소프트에서 흑인 직원들은 보이지 않는 성적 인종적 차별에 직면했다"라고 주장했다.[35] 게리는 9,700만 달러에 소송을 취하하기로 합의했다.[36] 그로부터 2년 후 유럽의 규제 당국자들은 유럽연합 역사상 최대 액수인 13억 6천만 달러의 벌금을 마이크로소프트에 부과했다.

게이츠는 대중의 불신이 눈덩이처럼 불어나자 (자신에게 소송을 건) 법무부 예산을 삭감하라고 의회를 상대로 로비하고 홍보 회사 군단을 고용해 얼굴은 앳되지만, 무자비한 폭군 같은 이중적인 악덕기업가라는 자신의 이미지를 불식시키려 애썼다. 게이츠와 그의 부인은 게이츠의 공적인 이미지를 쇄신하려는 적극적인 노력의 일환으로 1억 달러라는 거액을 들여 아동 백신 프로그램(Children's Vaccine Program)이라는 자선단체를 설립했다.[37]

라커펠러-게이츠 관계

한 세기 전 미국 최초의 억만장자 존 D. 라커펠러(John D. Rockefeller)는 국민의 혐오, 여론의 반감, 반독점 위반에서 탈피하게 해줄 출구를 개척해 대단한 성공을 거두었다. 그 출구는 의료 자선단체 설립이었다. 존 D. 라커펠러의 법률고문 프레더릭 테일러 게이츠는 존 D. 라커펠러의 수석 사업 자문이자 자선활동 자문으로 일했다. 프레더릭 게이츠는 라커펠러를 도와 그의 재단을 설립하면서, 그에게 "재산을 현명하게 쓰면 그 재산이 어디서 비롯되었는지에 대한 의문도 불식시킬 수 있다."라고 조언했다.[38]

빌 게이츠는 사실상 자기 재단이 출범할 때부터 기부활동을 라커펠러 재단과 조율하기 시작했다. 2018년 빌 게이츠는 "우리 재단이 가는 곳이면 어디든 라커펠러 재단이 먼저 다녀갔다는 사실을 깨달았다."라고 말했다.

20세기가 동틀 무렵, 라커펠러는 무자비한 온갖 수법 ─ 뇌물, 가격담합, 산업스파이 활동, 유령 회사를 설립해 불법적인 활동을 자행 ─ 을 동원해 자신의 스탠더드 오일 컴퍼니(Standard Oil Company)가 미국 석유 생산의 90퍼센트를 장악하게 되면서 오늘날의 달러 가치로 5,000억 달러가 넘는 자산을 보유한 세계 역사상 최고 부자가 되었다. 상원의원 로버트 라파예트는 라커펠러를 "당대 최악의 범죄자"라고 통렬히 비난했다.[39] 이 석유왕의 부친 윌리엄 '드빌' 라커펠러는 의사를 가장하고 가짜 약, 아편, 특허 약을 비롯한 각종 약물을 기적의 치료제라고 팔아 사람들을 등쳐먹고 가족을 부양한 사기꾼이었다.[40] 1900년대 초, 과학자들이 정유소에서 나온 부산물이 약품 제조에 쓸모가 있다는 사실을 발견하자, 존 D. 라커펠러는 의료계와 관련된 가문의 계보를 이어갈 기회를 포착했다. 당시에 미국에 있는 의사와 의과대학원 거의 절반은 통합 의학, 약초 의학을 실천하고 있었다. 라커펠러와 그의 친구이자 철강왕 악덕기업가 앤드루 카네기(Andrew Carnegie)는 교육자 에이브러햄 플렉스너(Abraham Flexner)를 시켜 미국 전역을 돌면서 155개 의과대학원과 병원의 실태를 분류했다.

라커펠러 재단이 1910년 발표한 플렉스너 보고서는[41] 미국의 의과대학원 교육을 중앙집권화하고, 마이애즈마 이론(miasma theory)을 폐기하고, '미생물 이론(germ theory)'에 따라 이러한 기관들의 방향을 재설정하라고 권고했다. 오로지 미생물만이 질병을 일으킨다는 미생물 이론은 건강한 생활, 깨끗한 물, 바람직한 영양공급 등을 통해서 면역체계를 강화하기보다 특정한 약물로 특정한 미생물을 겨냥해야 한다고 강조하는 제약업계의 패러다임과 일치한다. 이러한 기조를 바탕으로 라커펠러는 주류 의료계를 통합하고, 막 싹트기 시작한 제약 산업을 접수하고, 경쟁의 씨를 말리는 활동에 돈을 댔다. 라커펠러의 개혁 운동으로 미국 의과대학원 절반 이상이 문을 닫았고, 국민과 언론은 동종요법, 접골요법, 지압요법, 영양 의학, 전인 의학, 기능 의학, 통합 의학, 자연 의학을 멸시하게 되었으며, 환자를 돌보는 수많은 의사가 교도소에 수감되었다.

마이애즈마 이론 vs. 미생물 이론

'마이애즈마 이론(miasma theory)'은 영양을 개선하고 환경 독소와 스트레스에의 노출을 줄여 면역체계를 강화해 질병을 예방해야 한다고 강조한다. 마이애즈마 이론을 주장하는 이들은 약해진 면역체계를 세균이 이용하게 되면 질병이 발생한다고 본다. 그들은 인간의 면역체계를 사과의 껍질에 비유한다. 껍질이 단단하면 사과는 실온에서 일주일 놔둬도 아무렇지도 않다. 냉장 보관하면 한 달도 간다. 그러나 껍질에 작은 상처만 나도 이 기회를 포착한—모든 생물의 피부에 서식하는—수십억 마리의 미생물이 달려들어 몇 시간 안에 썩어들어가고 상처 난 부위를 장악하게 된다.

이와는 대조적으로, 미생물 이론(germ theory)을 주장하는 이들은 작은 병원체가 질병을 일으킨다고 주장한다. 그들은 문제를 일으키는 미생물을 규명하고 이를 박멸할 독극물을 만들어야 건강이 유지된다고 주장한다. 마이애즈마 이론가들은 특허받은 독극물 자체가 면역체계를 한층 약화하거나, 훼손된 부위를 다른 미생물에 취약하게 만들거나 만성질환을 유발한다고 말한다. 그들은 세상은 미생물이 가득한데 많은 미생물이 이로우며 건강하고 영양상태와 면역체계가 바람직한 상태인 이에게는 거의 모든 미생물이 해롭지 않다고 지적한다. 마이애즈마 이론가들은 영양상태가 나쁘고 깨끗한 물을 구하기 힘들어 면역체계가 스트레스를 받으면 전염병이 생명을 위협하게 된다고 주장한다. 굶주린 아프리카 아이가 홍역에 걸려 사망하면, 마이애즈마 이론가는 사망 원인이 영양실조라고 본다. 그러나 미생물 이론가(바이러스 학자)는 바이러스가 원인이라고 생각한다.

어찌 됐든, 미생물 이론의 주창자 루이 파스퇴르와 로베르트 코흐가 마이애즈마 이론가인 맞수 앙투안 베샹(Antoine Béchamp)과 수십 년 동안 격렬한 논쟁을 벌인 끝에 결국 승리했다. 퓰리처상 수상자인 역사학자 윌 듀랜트(Will Durant)는 미생물 이론이 악마에 사로잡혀 병에 걸린다는, 질병에 대한 전통적인 해석을 모방함으로써 마이애즈마 이론보다 유리한 고지를 점령했고 대중이 쉽게 받아들였다고 주장한다. 멸균처리와 예방접종은 미생물 이론이 오늘날 공중보건 정책의 초석이 되면서 지배적 이론으로 부상했음을 보여주는 수많은 지표 가운데 두 가지일 뿐이다. 특허를 받은 알약, 가루약, 주삿바늘, 물약, 독약 등을 판촉하는 1조 달러 규모의 제약 산업, '단신 나폴레옹 황제' 앤서니 파우치가 이끄는 바이러스학과 백신 학계의 막강한 전문가들이 1세기 전 공고해진 미생물 이론의 우위를 한층 더 강화한다. 이렇게 미생물 이론으로써, "미생물이 질병의 유일한 원인이라는 출발점과 이를 박멸할 마법의 탄환을 찾는 여정과 더불어, 하나의 질병에는 하나의 원인이 있고 하나의 치료 방법이 존재한다는 현대 생의학의 기본 공식의 토대가 마련되었다."라고 미국 사회학자 스티븐 엡스타인(Steven Epstein) 박사는 말한다.[42]

클라우스 퀸라인 박사와 토르스텐 엥겔브레히트가 〈바이러스 광풍〉에서 지적하듯이, "특정한 미생물―곰팡이, 박테리아, 바이러스―이 특정한 질병을 유발하는, 우리의 최대 적이고 이는 화학물질 폭탄으로 박멸해야 한다는 생각이 집단의식에 깊이 뿌리내렸다."[43]

제국주의 이념론자들은 미생물 이론에 자연스럽게 이끌렸다. '미생물과의 전쟁'은 공중보건에 대한 군사적 접근방식과 질병의 부담이 큰 빈곤한 나라에 대한 끊임없는 개입을 합리화한다. 군산복합체가 전쟁을 통해 번성하듯이, 제약 카르텔은 병들고 영양실조에 걸린 인구를 통해 대부분 수익을 올린다.

마이애즈마 이론과의 전쟁에서 승리한 파스퇴르는 임종을 맞아 자신의 주장을 철회하고 "베샹이 옳았다."라면서 "미생물은 아무것도 아니다. 환경이 전부다."라고 선언했다.[44] 마이애즈마 이론은 주변부로 밀려났지만, 통합 의학과 기능 의학 전문가들이 그 명맥을 이어가고 있다. 그리고 인간의 건강과 면역에서 미생물군 유전체(microbiome)가 하는 중요한 역할을 연구하는 과학 분야가 등장하면서 베샹이 옳았음을, 특히 미생물은 건강에 유익하다는 그의 가르침이 옳았음을 입증하는 듯하다. 퀸라인과 엥겔브레히트는 다음과 같이 말한다:

> 심지어 주류 의학계에조차도 장내 생물학적 환경 — 장내 미생물군, 정상적인 성인의 장내에 최대 1kg, 총 100조 세포에 달하는 미생물이 살고 있다 — 이 건강에 결정적인 역할을 하는데, 이는 장내 미생물군 유전체가 인체에서 가장 크고 가장 중요한 면역체계라는 사실이 점점 더 분명히 인식되고 있다는 뜻이다.[45]

미생물 이론은 20세기 동안 북미와 유럽에서 전염병 사망률이 급격히 하락한 현상을 백신 덕분이라고 주장한다. 예컨대, 앤서니 파우치는 툭하면 백신이 20세기 초 전염병으로 인한 사망을 말소하고 수백만 명의 목숨을 구했다고 주장한다. 2021년 7월 4일, 그는 NBC 방송의 진행자 척 토드에게 "국립알레르기전염병연구소 소장으로서 이미 수억, 수십억의 목숨을 구한 백신을 개발하는 과학 활동을 했고 그게 내 임무다."라고 말했다.[46] 대부분 미국인은 그의 이러한 주장을 아무 의문 없이 그대로 받아들인다. 따라서 그의 주장이 사실이 아니라고 하면 아마 놀랄지도 모르겠다. 그러나 전염병으로 인한 사망을 말소한 주인공은 영양과 위생 상태 개선이라는 게 과학적으로도 증명된다. 2000년 권위 있는 학술지 〈소아학(Pediatrics)〉에 실린 방대한 논문에서 질병통제예방센터와 존스 홉킨스 대학교 과학자들은, 한 세기 동안 축적된 의료 데이터를 검토한 결과 "백신은 20세기에 전염병으로 인한 사망률의 급격한 하락을 설명하지 못한다."라는 결론을 내렸다.[47] 앞서 언급했듯이, 널리 인용되는 또 다른 연구논문으로서 1970년대에 거의 모든 의과대학원에서 반드시 읽어야 했던 매킨리 부부의 논문에 따르면, 백신, 수술, 항생제를 비롯한 모든 의료 처치는 사망률의 급격한 하락에 약 1퍼센트 — 기껏해야 3.5퍼센트 — 영향도 미치지 못했다. 매킨리 부부는 의료계 기득권 세력이 정부의 백신 의무접종 정책을 정당화하기 위해서 사망률 감소는 백신 덕분이

라고 주장하면서 부당한 이득을 취하려 하리라고 경고하는 예지력을 보였다.[48]

그보다 7년 앞서, 세계 최고의 바이러스학자이자 미국 전염병학회 초대 회장이자 〈전염병 학술지〉 초대 편집인인 하버드 의과대학원의 에드워드 H. 카스(Edward H. Kass) 박사는 바이러스학계 동료 학자들이 사망률이 급격히 하락한 공을 가로채려 한다고 질책하고, "의학 연구로 과거에 가장 많은 인명을 앗아간 질병들―결핵, 디프테리아, 폐렴, 산욕열―을 퇴치했고 의학 연구와 우리의 월등한 의료체계가 기대수명을 늘린 주요 요인이라는 어설픈 진실이 퍼지게 방치하고 있다고 꾸짖었다."[49] 카스는 공중보건의 진짜 영웅은 의료 전문가가 아니라 하수처리시설, 철로, 도로, 고속도로를 건설해 식량, 전기냉장고, 소독한 물을 운송하게 해준 공학자들이라고 말했다.[50]

다음 쪽에 수록한 표는 미생물 이론의 중심 교리를 방어하기 불가능하게 만들고 마이애즈마 이론의 의학 접근방식이 옳음을 강력히 뒷받침한다. 이 그래프들은 전염병을 비롯해 수많은 인명을 앗아간 온갖 질병들로 인한 사망률은 거의 모두 영양과 위생 상태가 개선되면서 급격히 하락했음을 보여준다. 그리고 가장 급격한 하락은 백신이 도입되기 전에 일어났다. 백신이 있든 없든 상관없이 전염성 비전염성 질환 사망률 모두 감소했다. 르네 뒤보(Réne Dubos)의 말마따나, "썰물일 때 양동이로 물을 퍼내면 양동이로 바닷물을 다 퍼낼 수 있다고 착각하기가 쉽다."

엥겔브레히트 박사와 퀸라인 박사는 다음과 같이 지적했다:

> 전염병은 부유한 사회에서는 거의 일어나지 않는다. (충분한 영양공급, 깨끗한 마실 물 등으로) 사람들이 면역체계를 건강하게 유지해 미생물이 비정상적으로 번식할 여지를 주지 않을 여건을 조성하기 때문이다.[51]

마지막으로 한마디 더 하자면, 내가 보기에는 상충하는 이 두 원리를 모두 존중하고 과학과 증거를 토대로 이 두 원리의 장점들을 결합하면 공중보건과 인류의 복지 증진에 가장 크게 기여하리라 생각된다.

브라이언 후커(Brian Hooker) 박사가 제공한 자료

홍역 사망률

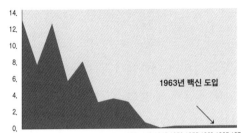

Source: Centers for Disease Control. Epidemiology and prevention of vaccine-preventable diseases. 13th ed. Hamborsky J, Kroger A, Wolfe S, ed. Washington D.C.; Public Health Foundation 2015. Appendix E3.

백일해(미국)

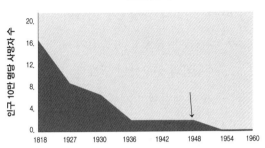

Source: Data derived from: Vital Statistics of the United States 1937-1960; and Historical Statistics of the United States: Colonial Times to 1970 Part 1 Ch. B Vital Statistics and Health and Medical Care, pp. 44-86H.

인플루엔자(미국)

Source: Doshi, P., Trends in Recorded Influenza Mortality: United States 1900-2004, American Journal of Public Health, May 2008, vol. 98, no. 5, p. 941.

결핵(미국)

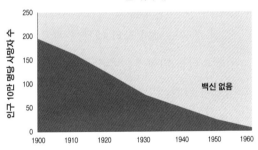

Source: John H. Dingle; Life and Death in Medicine; Scientific American; 1973 p. 56.

성홍열(미국)

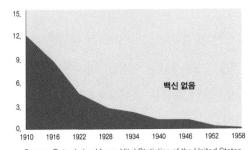

Source: Data derived from -Vital Statistics of the United States 1937-1960; and Historical Statistics of the United States: Colonial Times to 1970 Part 1 Ch. B Vital Statistics and Health and Medical Care, pp. 44-86H.

소아마비(미국)

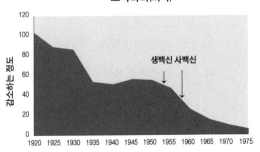

파우치와 게이츠 : 미생물 이론 vs. 외교 정책

미생물 이론과 마이애즈마 이론의 충돌은 개발도상 지역의 공중보건 정책에 지대한 영향을 미친다. 개발도상 지역의 수많은 정책 결정자들은 백신보다 식량과 깨끗한 물에 투자하는 게 공중보건 증진에 훨씬 효과적이라고 주장한다. 앞으로 드러날 텐데, 게이츠/파우치의 군사화된 의료 접근방식은 아프리카와 아시아 대륙에서 두 이론의 격렬한 충돌을 부채질했고 재원과 정당성을 차지하기 위해 영양과 위생 그리고 백신이 서로 죽느냐 사느냐 승부를 겨루는 제로섬 게임으로 만들었다. 역사적으로 격돌해 온 이 두 철학관은 빌 게이츠와 앤서니 파우치가 공중보건에 접근하는 방식을 이해할 유용한 틀을 제공한다. 대량 백신접종 정책의 효과를 제대로 평가하려면 백신을 접종한 인구의 건강과 백신을 접종하지 않은 인구의 건강을 비교하는 올바른 분석이 필요하다. 그런데 이 두 사람은 그런 분석을 절대로 제시하지 않는다. 신뢰할 만한 척도도 없고 과학을 토대로 한 분석도 하지 않기 때문에 게이츠와 파우치는 그들이 처방하는 백신이 효과적이고 안전하다는 미심쩍은 주장을 하고도 아무런 대가를 치르지 않는다. 아프리카에서 백신 접종이 어떤 역할을 했는지 공정하게 살펴본다면, 대량 백신접종 정책은 공중보건의 개선이 아니라 권력, 부, 통제력을 확보하는 게 우선적인 목표임을 인정하게 된다. 그리고, 여기서도 주범은 미생물 이론을 외교정책 도구로 써먹는 방법을 개척한 라커펠러 재단이다.

미생물 이론의 승리

1911년, 미국 대법원은 스탠더드 오일 컴퍼니가 '부당한 독점' 기업이라는 판결을 내리고 이 공룡을 34개 회사로 잘게 쪼갰고, 그 결과 엑손, 모빌, 셰브론, 아모코, 마라톤 등이 탄생했다. 공교롭게도 회사가 분리되면서 라커펠러의 개인 자산은 줄어들기는커녕 오히려 증가했다. 라커펠러는 이러한 횡재에서 비롯된 1억 달러를 추가로 자선활동을 명목상 내세운 자기 재단 일반교육위원회(General Education Board)에 기부했고 의과대학원과 병원들의 통합과 동질화를 다졌다. 동시에 그는 제약업계의 패러다임을 바탕으로 과학자들에게 거액의 연구 자금을 지원해 자신이 절멸한 전통 의학계 의사들이 사용하는, 질병 치유 효과가 있는 약초에 함유된 활성 화학물질을 규명했고, 라커펠러의 연구자금을 받은 과학자들은 이러한 활성물질들을 석유 화학물질로 합성해 특허를 출원했다. '질병 하나에 약 하나'라는 철학을 내세운 이 재단은 미국이 보건의료를 보는 관점을 결정했다.[52]

1913년, 라커펠러는 미국 암 협회를 설립하고 라커펠러 재단을 이 협회에 통합했다. 자선재단은 당시에 혁신적인 아이디어였고 일각에서는 이를 "탈세"라고 비판했다. 라커펠러는 스탠더드 오일 주식 72,569주를 재단에 기부하고 5,600만 달러의 감세 혜택을 받으면서 자신이 "기부한" 재산을 자신이 영구히 좌지우지할 기반을 마련했다. 의회는 재단에 대한 조사에 착수했고 이 재단을 "장래에 나라의 정치적 경제적 복지를 위협할" 아전인수식 술책이라고 묘사했다.[53] 의회는 라커펠러 재단에 대한 특별 면제 지위 부여를 여러 차례 거부했다. 법무부 장관 조지 위커셤은 그의 재단이 "막대한 부를 영속화하려는 술책"이고 "공익에 정면으로 배치"된다고 비난했다.[54]

라커펠러는 국민, 정치인, 언론을 안심시키려고 십이지장충, 말라리아, 황열을 퇴치하겠다는 계획을 밝혔다. 십이지장충 감염 퇴치를 위한 라커펠러 위생 위원회는 의사, 조사관, 실험실 연구원들을 남부 11개 주에 파견해 구충제를 배포했다.[55] 라커펠러가 파견한 전문가들은 약품의 효과를 과장하고 심심찮게 발생하는 사망을 은폐했으며—라커펠러 자신이 매수한 언론인 용병부대를 동원해—국민이 재단에 대해 호감을 지니게 만들고 식민지 지역으로 세를 확장하는 계획을 정당화했다.

라커펠러 재단은 제약사들과 함께 국제 보건위원회라고 불리는 '민관 제휴(public-private partnership)' 조직을 출범시켰는데, 이 위원회는 열대지방 식민지 주민들에게 미친 듯이 황열 백신을 투여하기 시작했다.[56] 이 백신은 접종자를 대거 사망에 이르게 했고 황달을 예방하지도 못했다. 라커펠러 재단은 황열 백신을 발명한, 재단의 보배 히데요 노구치가 아마도 실험실에서 부주의로 황열에 노출된 후 사망하자 이 무용지물인 백신접종을 슬그머니 중단했다.[57] 윤리의식이 고무줄처럼 유연한 노구치는 자기가 발명한 위험한 실험 약물을 식민지의 '자원자'들에게 투여하면서 윤리의 황무지인 바이러스 학계에 혜성처럼 떠올랐다. 그가 사망할 당시 뉴욕시 지방 검사는 노구치에 대한 조사를 진행하고 있었다. 법정 후견인의 동의 없이 뉴욕시의 고아들에게 매독 백신을 투여하는 불법적인 실험을 한 혐의다.[58]

그 같은 불미스러운 사건에도 불구하고 라커펠러 재단의 황열 프로젝트는 육군 기획관들의 관심을 끌었다. 미군이 열대지역으로 세를 확장하면서 열대병 치료 방법을 모색하고 있었기 때문이다. 1916년, 일반교육위원회 회장은 일찍이 생물안보가 제국주의 도구로 유용하다는 점을 간파하고 이렇게 말했다. "원시적이고 의심이 많은 사람을 달래는 목적을 달성하려면 기관총보다 의술이 유리하다."[59]

라커펠러 재단이 공중보건 부문에서 성과를 냈다는 치밀한 홍보에 힘입어 미국 국민이 스탠더드 오일 석유 제국 하면 떠올렸던 수많은 역겨운 만행이 가려지게 되었다. 제1차 세계대전 후, 국제연맹 보건기구는 라커펠러 재단이 전 세계에 손을 뻗도록 도왔고 세계 지도층과의 고위급 접촉이 이어졌다. 한 세기가 지나면서 라커펠러 재단은 멕시코시티, 파리, 뉴델리, 칼리에 지부를 둔 화려한 인맥을 자랑하는 세계적인 재단이 되었다. 1913년부터 1951년까지 라커펠러 재단의 보건 부서는 80개 이상의 국가에서 활동했다.[60] 라커펠러 재단은 세계적 질병 관리에 있어서 사실상 세계 최고의 권위를 지니게 되었고 이 부문에서 다른 모든 비영리단체나 정부 기관들을 앞서게 되었다.[61] 라커펠러 재단은 1922년 국제연맹보건기구가 설립된 후 이 기구 예산의 거의 절반을 지원했고 이 기구를 라커펠러 재단 밑에서 경륜을 쌓은 이들로 채웠다. 국제연맹 보건기구의 철학, 조직, 추구하는 가치, 원칙, 이념 등 곳곳에 라커펠러 재단의 철학이 스며들었고, 이 모두를 1948년에 출범한 이 기구의 후신 세계보건기구(WHO)가 이어받았다.

존 D. 라커펠러가 1951년 라커펠러 재단의 국제보건 부서를 해체할 무렵, 100여 개 나라와 식민지에서 열대병과의 싸움에 수십억 달러를 쏟아부었다. 그러나 이러한 프로젝트는 라커펠러 재단이 훨씬 더 골몰하고 있는 수익성 높은 프로젝트의 가림막에 불과했다. 2017년에 발표된 〈미국 자선 자본주의와 세계 보건 의제〉에 따르면[62] 라커펠러 재단은 재단과 라커펠러 가에서 투자한 부문인 미국의 석유, 광물, 제약, 통신, 금융 다국적 기업에 개발도상 지역 시장을 개방하는 데 집착하고 있다. 이 백서는 오늘날 사람들이 빌&멜린다 게이츠 재단(BMGF)에 대해 비판하는 이유와 똑같은 이유로 다음과 같이 라커펠러 재단을 비판하고 있다:

> 그러나 라커펠러 재단은 가장 중요한 사망 원인들은 거의 다루지 않았다. 특히 당시에 치료제가 없었고 주거환경개선, 깨끗한 물, 위생 시설 등 장기적인 사회적 투자가 요구되는 유아 설사와 결핵 같은 질병은 다루지 않았다. 라커펠러 재단은 (군과 상업을 위험에 빠뜨린 황열을 제외하고) 비용이 많이 들고 복잡하거나 시간이 많이 소요되는 질병 퇴치는 피했다. 재단이 추진하는 역점 사업들은 (예컨대, 살충제 살포, 의약품 보급 등과 같이) 협소하게 정의해서 정량적인 목표치를 설정해 달성하면 성공으로 평가하고, 기업처럼 분기별 보고서로 정리할 수 있는 내용이었다. 그 과정에서 라커펠러 재단의 공중보건 사업은 경제 생산성을 높이고 소비자 시장을 확대하고 해외투자자와 해외 기업들이 방대한 지역들을 세계 자본주의 체제에 통합하도록 했다.[63]

자선 자본주의(Philanthro-capitalism)

게이츠는 자기 재단의 운영 철학을 '자선 자본주의'라고 일컬었다. 자선 자본주의가 작동하는 방식은 간단히 말하면 이렇다. 1994년부터 2020년 사이에 빌과 멜린다는 360억 달러에 상당하는 마이크로소프트 주식을 빌&멜린다 게이츠 재단(BMGF)에 기부했다.[64] 초창기부터 게이츠는 별도의 조직 빌 게이츠 투자(Bill Gates Investments, BGI)를 설립해 자기 개인 자산과 재단의 자본금을 관리하고 있다. 2015년 부인 멜린다의 이름을 넣어[65] BMGI로 개명한 이 회사는 재단의 자본금을 다국적 식품, 농산물, 제약, 에너지, 통신, 기술기업에 주로 투자한다. 연방 세법에 따르면, BMGF는 해마다 재단 자산의 7퍼센트를 기부해야 면세혜택을 받을 자격이 된다. 게이츠는 BMGF의 기부금을 전략적으로 투자해서 국제보건과 농산물 기구들을 장악하고, 자신과 자기 재단이 투자한 다국적 기업들의 수익률을 높이는 방향으로 세계 보건과 식량 정책을 이끈다. 이러한 전술을 바탕으로 게이츠의 재단은 1994년 이후로 548억 달러를 기부했고, 그로 인해 자산이 고갈되기는커녕 그러한 전략적 기부로 자산이 늘어났다.[66] 전략적인 자선활동으로 게이츠 재단의 자본금은 2019년 무렵 498억 달러로 증가했다. 게다가 게이츠의 개인적인 순자산도 2000년 630억 달러에서 오늘날 1,336억 달러로 증가했다.[67] 게이츠와 파우치 박사가 핵심적인 역할을 한 2020년 봉쇄령 기간 동안에만도 게이츠의 자산은 230억 달러 증가했다.

2017년 〈허핑턴 포스트〉는 게이츠 재단이 "자선활동, 사업, 비영리활동의 경계를" 모호하게 하고 있다고 지적하면서 게이츠의 투자전략을 '자선'이라고 일컬으면 "자선이라는 통념이 급속히 해체된다."라고 경고했다.[68]

게이츠의 제약 산업 투자는 특히 이번 장에서 다루는 게 적합하다. 그의 재단은 창립 직후부터 여러 제약사의 지분을 소유해 왔다. 최근 〈네이션(The Nation)〉이 조사한 바에 따르면, 게이츠 재단은 현재 머크, 글락소스미스클라인, 일라이 릴리(Eli Lilly), 노바티스, 사노피 같은 제약사들의 주식과 증권을 보유하고 있다.[69] 게이츠는 길리어드, 바이오젠, 아스트라제네카, 모더나, 노바백스, 이노비어의 지분도 상당히 가지고 있다. 게이츠 재단은 웹사이트에서 "주요 백신 제조사들과의 효과적인 협력 모델을 모색하고 상호이익이 되는 기회를 규명하고 추구하는 방안"이 재단이 추구하는 사명이라고 솔직히 말한다.[70]

게이츠와 파우치: 검은 대륙을 식민지로 삼다.

서로 협력하자고 손을 잡은 게이츠와 파우치 박사는 재빨리 백신 사업 제휴에 시동을 걸었다. 2015년 무렵, 게이츠는 한 해에 4억 달러를 AIDS 약품에 쏟아붓고 있었다. 주로 아프리카인을 상대로 임상실험 하는 비용으로 말이다.[71][72] AIDS 치료제가 아프리카 임상실험에서 효과가 있다고 입증할 수만 있다면 미국과 유럽 고객들로부터 벌어들일 수익은 천문학적인 액수가 된다.

게이츠가 보기에 파우치 박사와 새로이 구축한 연대는 분명한 이점이 있었다. 미국 정부의 공중보건 총독과 손을 잡았으니 게이츠의 공중보건 실험에 신뢰성과 권위가 생겼다. 게다가 파우치 박사는 어마어마한 예산을 주무르고 아프리카 전역에서 막강한 정치력을 휘두르는 국제 파워 브로커였다. 대통령의 신임을 한 몸에 받는 파우치 박사는 아프리카 대륙으로 쏟아져 들어가는 HIV 관련 돈 줄기를 좌지우지하는, 없어서는 안 될 인물이 되었다. 그 무렵 파우치 박사는 연달아 여러 미국 대통령들을 설득해 미국의 해외원조를 영양, 위생, 경제개발에서 백신과 약품으로 아프리카의 HIV 위기를 극복하는 쪽으로 방향을 틀고 명실상부한 인도주의적 지도자로 각광받게 했다. 2003년 그는 조지 W. 부시 대통령을 설득해 아프리카에 AIDS 약품을 공급하기 위해 150억 달러를 지원하게 되면서 그의 AIDS 사업에 협력하는 아프리카 권력자라면 누구에게든 미국 달러를 확보해 줄 역량을 지닌 세계적인 파워 브로커로서의 위상을 굳혔다.[73] 그 후 10년에 걸쳐 질병과 싸우는 그의 역량은 형편없음이 입증되었지만, 1997년 5월 그는 클린턴 대통령을 설득해 아프리카 AIDS 퇴치를 존 F. 케네디의 달착륙에 해당하는 역점 사업으로 만들게 함으로써 국가가 과학 부문에서 추구해야 할 새로운 목표를 설정했다. 모건 주립대학에서 한 연설에서 클린턴은 "오늘 우리는 앞으로 10년 안에 AIDS 백신을 개발하는 데 혼신을 기울이겠다고 약속한다."라고 말했다.[74] 파우치의 영향에 힘입어 클린턴은 임기 동안 보람없는 이 사업에 세금 수십억 달러를 낭비하고 퇴임한 뒤에는 클린턴 재단을 통해서 기업과 재단의 기부금 수백만 달러를 추가로 허비했다.[75]

조지 W. 부시도 파우치 박사의 조언에 따라, 2004년부터 2008년 사이에 상대적으로 규모가 크지 않은, 미국 정부의 해외 원조금 180억 달러를 파우치 박사의 글로벌 AIDS 퇴치 사업에 전용했다.[76]

2008년, 〈유럽 분자생물학 기구 학술지〉는 동료 학자들의 심사를 거친 한 논문을 게재했다. "게이츠 재단의 막강한 영향력. 600억 달러, 그리고 한 유명인사가 공공기관들의 지출과 중점적 연구에 결정적인 영향을 미칠 수 있다."라는 제목의 이 논문은 게이츠/파우치의 제휴 관계를 통해 국립보건원(NIH)의 연구 자금이 게이츠가 우선시하는 사업에 편파적으로 지원되었다고 했다. 이 논문은 게이츠/파우치가 손을 잡은 이후 NIH가, "NIH 전체 예산은 거의 늘지 않은 시기에," 10억 달러를 게이츠의 글로벌 백신 프로그램으로 돌렸다고 밝혔다. 이 논문은 게이츠와 NIH의 제휴 관계의 기술적인 세부

사항도 자세히 다루고 있다. 게이츠 재단과 웰컴 트러스트는 NIH를 통해서 기부금을 배포했고, NIH가 자금을 관리하는 한편 게이츠는 자금의 용처를 결정했다.[77] 이렇게 하면 게이츠는 자신이 추진하는 프로젝트를 미국 정부가 신용하고 허가했다는 모양새를 갖추게 된다. 그는 사실상 정부 기관을 매수한 셈이었다.

이 어마어마한 자금이 미국 국민의 생명을 연장하거나 개선했다는 객관적인 증거는 거의 없지만, 아프리카에 흘러 들어가는 해외원조 금고지기로서의 파우치의 명성을 굳혔다. 아프리카에서 공중보건 정책에 관여한 파우치 박사는 아프리카 왕국으로 들어가는 열쇠를 쥐고 있었다. 게이츠는 그 왕국의 문을 따려면 파우치 박사의 열쇠가 필요했다.

사회학과 교수 린지 멕고이(Linsey McGoey)는, 자선은 '부정한 돈'이 될 수도 있다는 랄프 왈도 에머슨의 발언을 인용해, 수혜자들의 동등한 권리를 인정하고 그들의 독립성을 육성하고 그들이 자아를 실현하도록 돕기는커녕 그들을 지배하게 된다면 자선은 악이 될 수도 있다."라고 말한다.[78] 맥고이 교수는 2015년에 출간된 〈공짜 기부란 없다: 게이츠 재단과 자선활동의 수익(No Such Thing as Free Gift: The Gates Foundation and the Profits of Philanthropy)〉의 저자다.

제약업계도 아프리카에 대해 꿍꿍이가 있었다. 주인 나리 파우치와 주인 나리 게이츠는 사파리 헬멧을 쓰고, 날이 넓고 긴 칼을 쥐고, 백신과 독성이 강한 항바이러스제 무기를 어깨에 걸치고, 소설 속의 유럽 식민지 탐험가 버튼(Burton)과 스피크(Speke)의 21세기 실사판으로 빙의해 검은 대륙에 서구 문명의 축복을 내리고 그 대가로 오로지 복종만을 요구했다. 맥고이는 자선 자본주의자들에 대해 "그들은 세계가 그들의 이익에 부합하는 한 세계를 구할 작정이다."라고 말한다.[79] 파우치와 게이츠가 막강한 힘을 합하면서 제약업계는 아프리카의 가장 잔인하고 가장 치명적인 식민지 지배자로 부상하게 된다.

HIV 백신 정책은 게이츠와 파우치 박사가 새로이 구축한 의료 식민주의의 교두보를 아프리카에 확보하고 그들의 동업자들이 국가원수들, 공중보건 관료들, 세계 보건 규제 당국자들, 세계보건기구, 세계은행, 세계경제포럼(World Economic Forum, WEF), 금융산업계의 핵심 인사들, 신흥 생물안보 체제의 사령탑 역할을 하게 된 관계자들을 망라하는 막강한 세계적 네트워크를 구축하고 유지하는 수단이 되었다. 최전선에서 활동하는 보병은 그들의 자금에 의존하고 지역공동체를 기반으로 그들의 이념을 실천하는 인민 위원 역할을 한 바이러스학자, 백신 학자, 의사, 병원 행정가들이었다.

자선 자본주의의 세계 통치

1941년 8월, 프랭클린 시어도어 루스벨트 미국 대통령은 미국이 제2차 세계대전에서 연합군을 지원하는 대가로 윈스턴 처칠 영국 총리가 대서양 헌장에 서명하게 했다. 미국의 이상주의를 상징하는 이 헌장은 전쟁이 끝나면 식민지를 포기하라고 유럽 동맹국들에 요구했다. 2세기 동안 식민지의 풍부한 자원에 대한 무제한 접근은 유럽이 부를 축적하는 중요한 원천이 되었다. 대서양 헌장과 1950년대와 60년대 민족주의 해방운동은 아프리카에서의 전통적인 식민지 모델을 해체했다. 그러나 아프리카 대륙은 다국적 기업들과 그들을 후원하는 나라들의 '연성 식민 지배'에 문호를 다시 개방했다.

냉전 시대에 미국 군부와 정보기관들은 유럽의 식민지였던 지역들에서 유럽의 군대를 거의 대체했고 미국 다국적 기업들을 칙사대접하고 자신이 "반공주의자"임을 입증하는 독재자는 누구든 지원했다. 베를린 장벽이 무너질 무렵, 미국은 이미 개발도상 지역 전역에 655개의 군사기지(현재 800개)를 구축했고,[80] 미국 기업들은 자국 기지가 있는 나라들에서 농산물, 광물, 석유, 목재를 마음껏 채굴하고 약품을 비롯해 미국이 생산한 최종 상품들을 팔았다. 소련이 붕괴한 후에는 개발도상 지역 전역에서 미국의 군과 기업이 계속 존재해야 하는 명분이 공산주의에서 이슬람 테러와 생물안보로 대체되었다.

제약업계가 아프리카의 천연자원과 질병에 허덕이는 고분고분한 대규모 인구에 군침을 흘리면서 생물안보는 기업 제국주의의 첨병이 되었다. 빌 게이츠와 파우치 박사는 그들이 추진하는 의료 신식민주의 프로젝트의 명분으로 생물안보를 내세웠다. 게이츠와 파우치 박사는 냉전 시대 군의 도그마를 재해석해 아프리카에서 미생물을 박멸하지 않으면 뉴욕과 로스앤젤레스에서 미생물과 싸우게 된다고 경고했다. 그들은 우월한 지식과 첨단기술로써 아프리카 대륙을 기아, 질병, 무지로부터 구원한다는 고리타분한 식민주의자들의 논조도 되풀이했다.

게이츠와 파우치가 손잡고 해외원조 달러를 자본에 굶주린 아프리카 정부에 하사하면서 두 사람은 아프리카에서 현대판 제국 총독이 되었다. 세계보건기구는 두 사람의 식민지 가신이 되어 아프리카 시장의 개방을 촉진하고, 제약사들이 팔리지 않는 약품을 땡처리하고 전망이 밝은 새로운 치료제를 임상 실험할 발판을 제공했다.

아프리카에서의 AIDS 백신

2003년 1월, 게이츠와 파우치 박사가 아프리카 전역에 실험 단계인 AIDS 백신 임상실험 현장 수십 군데를 설치하자, 파우치 박사의 일대기를 기록해 온 마이클 스펙터는 〈뉴요커〉에 기고한 글에서 "서구 과학자들이 설계하고 서구 기부자들이 후원하는, 개발도상 지역에서의 장기적인 백신 임상실험과 연관된 윤리 문제"에 대해 강한 의문들을 제기했다. 스펙터는 "아프리카를 AIDS로부터 구하려는 경쟁으로 인해 서구의 과학이 서구의 윤리관과 상충되는가?"라고 묻는다. 이 글은 아프리카 지도자들의 말을 인용해 임상실험이 성공한다면 주로 서구 국가에서 사용될 약품들과 값비싼 백신의 임상실험 부담을 아프리카 대륙이 떠안아야 하는 이유가 뭔지 묻는다. 아프리카 지도자들은 제약사들이 아프리카 대륙에 발을 들여놓는 순간 자동으로 임상실험의 안전 기준을 하향 조정한다며 불만을 토로했다. 한 저명한 아프리카 언론인이 스펙터에게 물었다. "왜 하필 우리인가? 항상 우리가 실험 대상이다. 도대체 몇 년 동안 우간다가 임상 실험장이 되어야 하나?"[81] 비영리 소비자 보호단체인 퍼블릭 시티즌의 부소장 피터 루리는 "나는 이 임상실험들이 매우 걱정스럽다."라고 말했다. 루리와 그의 동료 시드니 울프는 스펙터에게 미국 연구자들이 제3 세계 실험 참여자들을 대하는 태도가 못마땅하다고 말했다. "과학자들은 자신들을 아프리카에서 보건의료 체제를 개선하는 활동가로 보지 않고 현지의 질 낮은 보건의료 체제를 이용해 자기들이 하고자 하는 일을 정당화한다. 그러나 데이터 수집에 쓸모있다고 실험 대상자들을 이용만 하려고 해서는 안 된다. 그렇게 하면 착취이고 학대다. 터스키기 실험이 바로 그런 사례다." 루리는 질병통제예방센터가 매독이 어떻게 진행되는지 파악하기 위해서 1932년부터 40년 동안 앨라배마의 흑인 농장일꾼 수백 명의 매독을 치료해 주지 않고 방치한 추악한 사례를 일컫고 있었다(내 작은아버지 에드워드 케네디 상원의원은 1973년 이 실험을 폭로하고 폐쇄하는 데 핵심적인 역할을 했다). 루리는 이렇게 덧붙였다. "조심하지 않으면 의료 역사상 최악의 불의를 저지르게 된다."[82]

그해 말, 파우치 박사의 국립알레르기전염병연구소(NIAID)는 가장 최근에 실시한 AIDS 백신 실험이 실패했다고 발표했다. 2003년 앤서니 파우치는 HIV와 AIDS가 그의 가설이 예측한 대로 행동하지 않는다는 사실을 넌지시 시인하면서 이렇게 말했다. "내가 비관적이라고 하지는 말라. 난 비관적이지 않다. HIV 백신은 최선이 아니다. 뭔가 새로운 방법이 필요하다."[83]

게이츠는 새로 돈을 더 쏟아부으면 AIDS 바이러스가 고분고분해지리라고 생각하는 듯했다. 2006년 7월, 빌&멜린다 게이츠 재단은 총 2억 8천 7백만 달러에 달하는 16건의 연구 자금을 19개국 165명 이상의 책임연구원들에게 지원해 백신 역대 최대규모의 임상실험을 진행하고 HIV 백신 개발 속도를 높이는 데 집중할 연구 협력 국제 콘소시엄 네트워크를 조성하겠다고 발표했다.[84]

2년 후인 2008년 7월 18일, 파우치 박사는 인간을 대상으로 한 역대 최대 규모의 임상실험을 취소한다고 발표했다. 이 실험 대상은 NIAID의 가장 전도유망한 HIV 백신이었다. 파우치 박사는 머크의 이 백신 개발에 국민 세금 1억 4천만 달러를 쏟아부었고 NIAID는 이미 8,500명의 자원자를 모집한 상태였다. 최초로 미국 국민을 상대로 한 HIV 백신 임상실험이었다. 파우치 박사는 이 새로운 임상실험을 통해 머크의 HIV 백신이 HIV 감염자의 혈액에서 HIV의 양을 상당히 줄이는지 알아볼 예정이라고 말했다. 물론 머크와 NIAID는 그때 이미 아프리카 9개국에서 3,000명의 참여자를 상대로 이 백신을 실험했다. 최신 데이터에 따르면 임상실험 결과는 기대 이하였다. 〈뉴욕타임스〉는 "머크 백신이 두 가지 중요한 목적, 즉 감염을 예방하고 감염된 사람의 혈액에서 HIV 바이러스의 양을 줄이는 목적을 달성하지 못했다는 결과가 나온 후 PAVE 임상실험은 연기됐다."라고 조심스럽게 보도했다.[85]

그런데 〈뉴욕타임스〉의 기사 끝, 눈에 잘 띄지 않는 구석에 핵심적인 사실 몇 가지가 묻혀있었다. 백신은 효과만 없는 게 아니라 심각한 안전 문제가 있어서 안전성 감시

위원회가 임상실험을 중단시켰다고 연구자들이 보고했다는 내용이었다. 게다가 머크/NIAID 연구자들은 이 백신이 감염을 예방하기는커녕 HIV 감염 위험을 높인다는 결과가 나왔다고 보고했다.[86]

파우치 박사는 과학자들과 만난 후 머크의 백신이 제대로 작동하지 않은 이유를 파악하기 위해서 예정된 임상실험을 취소하기로 했다. 파우치 박사의 동료는 백신이 왜 실패했는지 해명하지 못했다. 〈뉴욕타임스〉의 로렌스 K. 알트먼은 10여 년 노력한 끝에 파우치 박사가 "과학자들이 HIV 백신과 면역체계가 어떻게 상호작용하는지 잘 모른다는 사실을 깨달았다."라고 시인했다고 보도했다. 파우치 박사는 〈뉴욕타임스〉에게 HIV 백신을 시장에 내놓기 전에 근본적인 연구와 동물실험이 필요하다는 게 점점 분명해지고 있다고 말했다. 하자가 있는 HIV/AIDS 가설을 바탕으로 만든 백신은 실패가 불가피하다고 예측했던 듀스버그를 비롯한 여러 과학자의 비판이 옳았음을 입증하는 놀라운 발언이었다. 파우치 박사는 과학자들이 "어떤 면역반응이 감염을 예방하는 데 가장 중요한지 등과 같은 사실들을 아직 모르기 때문에" 차근차근 진행해야 한다는 결론을 내렸다고 말했다.[87] 코넬 대학교 과학자 켄들 A. 스미스는 다음과 같이 훨씬 포괄적인 오류를 시인했다. "1798년 에드워드 제너 경이 최초로 천연두 바이러스에 효과적인 백신을 설명한 이후로 2세기 이상 흘렀지만, 우리는 여전히 뭐가 성공적인 백신인지 잘 파악하지 못하고 있다. 따라서 현재 사용 중인 모든 백신은 면역체계가 어떻게 기능하는지 포괄적으로 파악하지도 못한 채 지난 50년 동안 경험을 바탕으로 개발되었다."[88]

제약 바이오테크 분야에서 30년 동안 일해온 생화학자 데이비드 래스닉 박사는 다음과 같이 말했다. "파우치의 HIV/AIDS 가설이 맞는다면, 백신을 개발할 수 있었어야 한다. 파우치의 근본적인 문제는 그가 HIV 항체의 존재 여부를 토대로 AIDS를 진단하라고 했다는 사실이다. 다른 모든 질병의 경우 항체의 존재는 환자가 질병을 퇴치했다는 증거다. 그런데 AIDS의 경우, 파우치와 갈로, 그리고 이제는 게이츠까지도, 항체는 사망이 가까워졌다는 징후라고 주장한다. 생각해 보라. AIDS 백신이 항체 생산을 촉진하는 게 목적이라면, 백신이 성공해서 항체가 만들어지면 백신을 접종한 모든 사람이 AIDS에 걸렸다는 뜻이 된다. 코미디도 이런 코미디가 없다. 누군가가 멍청이 삼총사에게 해마다

10억 달러 예산을 준 셈이란 말이다!"

2015년 10월 8일, 메릴랜드 대학교에 있는, 로버트 갈로의 인간 바이러스학 연구소는 갈로의 최신 HIV 백신 후보의 1단계 인체 임상실험에 착수한다고 발표했다. 빌&멜린다 게이츠 재단이 이끄는 콘소시엄은 갈로의 이 백신 연구에 2,340만 달러를 지원했다. 갈로의 동업자 로버트 레드필드와 가까운 미국 육군 HIV 연구 프로그램 담당자들로부터도 지원을 받았다.[89]

갈로는 프로펙터스 바이오사이언시스(Profectus BioSciences)와 협력해 임상실험에 착수했다. 이 바이오테크 기업은 갈로가 인간 바이러스학 연구소에서 분리해 설립한 기업으로서 게이츠의 기부금, 국립보건원과 군에서 지원하는 국민 세금에서 비롯된 연구 자금에 대한 세금 공제를 받는다.[90][91]

갈로는 이미 동물을 대상으로 새로운 HIV 백신 실험을 해왔고, "원숭이 실험 결과는 흥미롭지만 완벽하지 않았다." 짧은꼬리원숭이를 대상으로 한 백신 실험 결과가 실망스러웠지만 이에 굴하지 않고 갈로는 더 진화한 영장류를 상대로 백신 실험을 하고 싶어서 몸이 달았다. "계속 원숭이만 쓰면 진전에 없다. 인간이 어떻게 반응하는지 알아야 한다."[92] 2020년 5월, 나는 갈로에게 이 실험용 백신이 어떻게 됐는지 물었다. 갈로는 (6년이 지난 후에도) 여전히 면역반응을 일으키는지 실험하고 있다고 주장했는데, 내가 보기에 그냥 대충 얼버무린 대답 같았다.[93]

2015년 무렵, 빌&멜린다 게이츠 재단은 AIDS 약 연구에 해마다 4억 달러를 쏟아붓고 있었다. 갈로는 내게 자신의 연구소는 게이츠가 백신을 찾아내기 위해서 연구비를 지원하는 100여 개 단체 가운데 하나일 뿐이라고 말했다. 게이츠는 AFP통신과의 인터뷰에서 AIDS 백신 확보가 생각보다 오래 걸리며 그동안 많은 실망스러운 결과가 나왔다고 공개적으로 시인했다.[94] 게이츠와 파우치는 실패를 거듭했지만, 게이츠는 여전히 낙관적이었다. 그는 한 행사에서 청년들과 질의응답을 하면서 "백신은 우리 재단이 지원하는 중요한 부문이다. 그러나 최상의 경우라고 해도 5년은 더 걸린다. 어쩌면 10년이 걸릴지도 모른다."라고 의기양양하게 예측하면서 이렇게 덧붙였다. "최우선 순위는 아마 백신이다. 사람들을 보호할 백신이 있으면 AIDS 유행을 막을 수 있다."[95]

2020년 2월 3일, 로이터 통신의 줄리 스틴하이젠은 국립알레르기전염병연구소(NIAID)가 지금까지 나온 백신 가운데 가장 전망이 밝은 HIV백신의 임상실험을 갑자기 중단했다고 보도했다. NIAID는 남아프리카인 5,000명을 대상으로 3단계 임상실험을 진행하던 중 또다시 이 백신이 접종자의 AIDS 감염 위험을 높인다는 사실을 깨달았다. 파우치 박사는 또다시 다음과 같이 낙관적으로 예측했다. "안전하고 효과적인 HIV 백신에 대해 다른 접근방법으로 연구를 계속할 예정이고, 이는 달성 가능하다고 나는 생각한다."[96]

1984년 이후로 37년 동안 거듭해 임상실험에 실패하고 수십억 달러를 허비하고 수많은 인명을 살육하고, 약속을 깼지만, 이에 굴하지 않고 파우치 박사와 그의 오랜 친구 로버트 갈로는 AIDS 백신 개발 연구 자금을 계속해서 확보했다. 둘 중 아무도 치료제 개발에서 진전을 보지 못했지만, 막강한 조직을 구축했다. 그들의 가설이 과학적으로 타당한지에 대한 실존적인 의문은 여전히 서로 얽히고설킨 바이러스학과 백신학 두 분야를 곤란하게 만들고 있고, 파우치와 갈로가 이끄는 조직들은 이 두 분야에서 중추 역할을 하고 있다. 파우치 박사의 AIDS와의 투쟁은 경험주의나 탄탄한 과학적 증거가 아니라 권위에의 호소와 믿음에 뿌리를 둔 종교 운동이다. 과거에 아프리카를 식민지로 삼았던 선대의 자취를 따라, 세균전의 교리를 아프리카에 강요하면서 파우치 박사가 열광적으로 밀어붙이는 사명은 노골적인 지배력 행사이자 무자비한 수익 창출이다.

바이러스학: 신종 근위대

과거 이슬람국가의 군주 술탄, 몽골의 군주 칸, 왕조, 황제와 마찬가지로 파우치 박사의 권력도 대규모 상비군을 재정적으로 뒷받침하고, 무장시키고, 급여를 주고, 유지하고, 효과적으로 배치하는 그의 역량에서 비롯된다. 국립보건원만도 연간 예산이 420억 달러인데, 이는 주로 5만 건의 연구지원금 형태로 전 세계 의학 연구 분야의 30만 명에게 제공된다.[97] 파우치 박사, 게이츠 씨, 웰컴 트러스트(영국판 게이츠 재단)에서 흘러나오는 AIDS 연구 자금에 직책과 경력과 급여를 의존하는 수천 명의 의사, 병원 행정가, 공중보건 관료, 바이러스 연구학자들이 모든 백신과 파우치 박사의 HIV/AIDS 교리를 지키는 용병을 구성하는 장교와 군인들이다. 바이러스학 분야 전체가 파우치 박사의 근위대이다. 파우치는 이러한 엘리트 전사들을 신속히 새로운 전장에 배치해 새로운 정복 활동을 수행하고 반항, 반론, 저항을 무자비하게 억압한다.

2020년, 아프리카에서 게이츠와 파우치가 실시하던 HIV 백신 임상실험 대부분은 갑자기 코비드-19 백신 임상실험으로 바뀌었다. 코비드-19 백신 개발을 빌미로 한 전례 없는 규모의 약탈금이 파우치 박사를 통해 쓰나미처럼 쏟아져 나와 바이러스를 연구하는 용병부대에 흘러 들어갔다. 팬데믹 초창기에 파우치 박사는 자기가 신임하는 대리인 래리 코리(Larry Corey) 박사를 시켜 코비드-19 예방 네트워크를 출범시켰다. 파우치 박사가 가장 신임하는 책임연구원들을 그가 편애하는 백신의 승인을 전광석화로 받아낼 전격전에 재배치하기 위해서였다. 파우치는 기존의 HIV 임상실험을 사실상 하룻밤 새 3단계 코비드-19 임상실험으로 전환함으로써 이 버거운 임무를 완수했다. 그의 책임연구원 군단은 신속하게 방향을 전환해 새로운 바이러스 전쟁을 향해 일사불란하게 행군했다. 철저히 훈련된 그들은 허술한 임상실험을 거친 코비드 백신을 승인한 식품의약국과 질병통제예방센터의 여러 위원회에도 '독립적인 전문가'로서 배치되고, 정부가 강제한 마스크 착용, 봉쇄령, 사회적 거리 두기, 아동과 임신부의 백신접종을 주장하는 등 각종 코비드-19 방역 조치를 TV에 출연해 옹호하는 의사와 "의료 윤리 전문가" 역할을 했다. 합리적인 세상이라면, 제대로 실험하지도 않았고 효과도 낮은 백신을 아동과 임신부에게 투여하는 행위는, 이러한 집단에서는 코비드 감염 위험이 낮고 백신 부작용의 위험은 훨씬 크다는 사실로 미루어 보면, 의료과실이자 아동학대에 해당한다. 파우치의 책임연구원 군단은 또한 신문에 글을 기고하고 과학 학술지에 논문을 게재해 공식적인 정설을 정당화하고 반론자들을 한목소리로 정신병자, 괴짜, 돌팔이, '음모론자'로 폄훼했다. 파우치 박사와 빌 게이츠가 책임연구원 군단 가운데 차출한 협잡꾼과 과학자의 영혼을 팔아먹은 생명과학 매춘부들은 연구를 날조해 조기 치료에 효과가 있는 하이드록시클로로퀸과 아이버맥틴을 퇴출하고 파우치와 게이츠가 투자한 렘데시비어의 승인을 얻어냈다. 코비드-19 바이러스가 유전자 조작의 산물일 가능성이 크다는 사실이 드러나면서 파우치의 제국을 위협하자, 그는 친히 엄선한 바이러스학 엘리트 장교 군단을 시켜 〈네이처)[98]와 〈랜싯〉[99]에 실을 글을 작성하고 서명하게 했다. 2020년 2월과 3월에 이 두 학술지에 각각 실린 기고문에서 파우치의 장교 군단은 실험실에서 유전자 조작한 바이러스가 유출되었다는 가설은 '정신 나간' 음모론이라고 전 세계를 향해 장담했다. 일사불란한 바이러스학 군단이 유전자 조작 범죄를 적극적으로 은폐하면서 코비드-19의 기원에 관한 토론은 1년 동안 이루어지지 않았다.

국립알레르기전염병연구소(NIAID)에서 연속해 받은 연구비로 경력을 쌓은 책임연구원 크리스티안 안데르센(Kristian Andersen)의 사연을 들여다보면 파우치가 자기 말을 잘 듣는 사람에게 어떻게 보상하는지 잘 보여준다. 안데르센은 2020년 1월 31일 밤 10:32분에 파우치에게 이메일을 보내 코비드-19가 실험실에서 만들어졌고 이 바이러스를 만든 실험에서 NIAID의 흔적이 포착될지 모른다고 처음으로 경고음을 울렸다.[100][101] 자정이 넘어 파우치 박사는 자기의 수석보좌관에게 중요한 업무를 처리해야 하니 전화를 켜놓고 대기하라고 했다. 안데르센과 웰컴 트러스트의 핵심적인 연구자 5명을 비롯해 세계 최고의 바이러스학자 11명과 함께 긴급 비밀회의를 열어 수습 방안을 논의하기 위해서였다.[102] 파우치 박사는 이 전화 통화에 관여한 유일한 미국 정부 관리였다. 나흘 후, 안데르센은 바이러스가 야생이 아니라고 확신한 지 100시간이 채 지나지 않아 — 파우치가 편집한 — 서한을 제출했다. 명망 있는 바이러스학자 5명 — 모두 NIAID와 웰컴 트러스트의 책임연구원 — 이 서한에 서명했다. 이 서한은 유행하고 있는 코로나바이러스가 실험실에서 생성되었을 가능성이 있다는 주장을 조롱했다.[103] 한 달 후, 파우치 박사는 — 자신이 편집에 관여했다는 사실을 밝히지 않은 채 — 백악관 기자회견에서 이 서한을 코비드-19가 야생 바이러스라는 증거라고 들이댔다.[104][105] 그로부터 몇 달 후, 안데르센의 고용주 스크립스 연구소(Scripps Research Institute)는 당해 연도에 총 7,800만 달러에 달하는 거액의 연구 자금을 NIAID로부터 받았다.[106] 2020년 말 무렵, NIAID는 이 서한에 서명한 5명 중 4명의 고용주에게 모두 1억 5천 5백만 달러에 달하는 연구 자금을 지원했다.[107][108][109][110] 파우치의 보상체계는 이런 식으로 작동한다. 파우치 박사의 신봉자들과 용병들은 그들이 파우치 박사를 뒷받침하는 한 파우치가 쥐고 있는 공중보건 전리품 — 미생물과 회의론자들과의 전쟁에서 쟁취한 전리품 — 이 그들의 주머니로 끊임없이 흘러 들어간다는 사실을 잘 알고 있다.

HIV 백신: 새 생명을 얻다.

2020년 3월, 빌 게이츠는 마이크로소프트 이사회 이사직을 사임하면서 "이제 코비드-19 팬데믹에 대부분 시간을 쏟겠다."라고 해명했다.[111]

게이츠는 마이크로소프트 은퇴를 기념해 6개의 코비드 백신 제조 시설 건립에 자금을 투척하고 이노비오 파마수티컬스(Inovio Pharmaceuticals), 아스트라제네카, 모더나 — 모두 코비드-19 백신 개발의 선두주자들 — 같은 제약사들의 백신 임상실험을 지원하기로 했다. 게이츠 재단은 또 자신이 웰컴 트러스트 소장 제러미 파라(Jeremy Farrar)와 함께 창설한 전염병예방혁신연합(Coalition for Epidemic Preparedness Innovation, CEPI)을 통해 "백신 후보와 플랫폼 기술에 두루" 4억 8천만 달러를 투자하기로 했다.[112] 한편, 앤서니 파우치는 백악관 코로나바이러스 대응팀을 맡았다. 이 두 사람은 서로 주거니 받거니, 번갈아 가면서 저녁 뉴스와 일요일 토크쇼에 출연해 렘데시비어 판촉 활동을 하고 아첨꾼 진행자들과 미국 국민에게 세계가 인질로 잡힌 이 위기를 끝내려면 70억 인구가 자기들이 개발한 새로운 백신을 접종하는 방법밖에 없다고 주장했다. 게이츠가 그레고리안 성가처럼 되풀이한 다음과 같은 발언에 의문을 제기하는 이는 하나도 없었다. "정상적인 일상으로 돌아가려면 안전하고 효과적인 백신을 개발해야 한다. 수십억 회분을 제조해야 한다. 그리고 백신 물량을 세계 구석구석까지 전달해야 한다. 그리고 이 모두를 가능한 한 신속하게 해내야 한다."[113] 그는 이 비슷한 발언을 지겹도록 되풀이했다. 2020년 3월 22일 CNN에 출연해 이렇게 말했듯이 말이다. "전 세계에 백신을 보급하기 전까지는 정상적인 일상으로 돌아가지 못한다."

다시 HIV로

그러나 동업자인 그들은 새로 등장한 코비드에 몸이 바싹 달아오르기는 했지만, 아무도 첫사랑인 AIDS를 잊지 못했다. 2021년 2월 9일, 워프 스피드(Operation Warp Speed, 초고속 작전)라는 명칭이 붙은 백신 보급 실행을 코앞에 두고 앤서니 파우치 박사는 숨 고르기를 하며 놀라운 발표를 했다. 그는 게이츠 재단과 합동으로 NIAID의 새로운 mRNA 기술을 이용한 차세대 AIDS 백신을 개발하는 데 국립보건원이 2억 달러를 투척하기로 했다고 다음과 같이 그를 추종하는 언론매체에 말했다. "이 협력은 과감한 일보 전진이다. 첨단 과학기술과 국립보건원의 세계적인 HIV 연구 기반을 이용해 언젠가는 세계 HIV 팬데믹을 종식하고 치료제를 보급하게 된다."[114] 40년 동안 거듭한 처참한 실패는 무시한 채, 배트맨 파우치의 조수 로빈 역할을 하는 국립보건원 원장 프랜시스 S. 콜린스 (의사, 박사)는 "성공하지 못하면 짐 싸겠다."라고 덧붙였다.[115] 전율을 느끼게 하는 이 발표는 AIDS에 대한 첫 보고서가 발표된 지 거의 딱 40년 만에 나왔다.[116] 40년 동안 수십억 달러를 낭비하고, 수많은 생명을 희생시키고, 약속을 어기는 등 처참한 결과를 맛보았다. 그럼에도 언론은 40년 동안 앤서니 파우치가 백여 차례는 했던 발표와 구분하기 힘들 정도로 유사한 발표에 대해 혼이 나간 듯 열렬히 찬사를 보냈다. 언론인 실리아 파버는 놀라움을 감추지 못하고 이렇게 말했다. "파우치는 공중보건 분야의 P.T. 바넘(P.T. Barnum)*이다. 그가 채찍을 한 번 휘두르고 '수리수리 마수리'라고 하면 언론은 이와 똑같은 속임수를 이미 여러 차례 봤다는 사실을 까맣게 잊는다. 정말 놀랍다."[117]

그 무렵, 파우치와 게이츠의 코비드 백신 무기는 제약사 동업자들에게 역대 최고의 수익을 올려주었다. 화이자 단독으로도 코비드 백신 매출을 960억 달러로 전망했다.[118]

모더나는 파우치 박사의 발표에 뒤이어 지카, 에볼라, 독감, 암, HIV의 mRNA 백신도 새로 선보일 예정이라는 보도자료를 배포했다. 2021년 7월 25일, 파우치 박사는 이 놀라운 성명서의 내용을 한층 확대해 수십억 달러의 정부 세금을 이용해 미래에 팬데믹을 일으킬지 모르는 20여 종의 바이러스의 백신을 NIAID가 특허를 출원한 mRNA 기술을 이용해 만들겠다고 발표했다. 파우치 박사는 이 신바람 나는 제안에 대해 바이든의 백악관과 이미 논의하고 있으며, NIAID의 기존 예산 외에 "몇십억 달러"가 추가로 든다고 말했다. 그는 2022년에 이 프로젝트에 착수할 예정이라고 말했다. 콜린스 박사는 파우치 박사의 제안이 "설득력 있다."라고 말하면서 "코비드-19 팬데믹이 성공적으로 마무리되는 이 시점에 다시 해이해지지 않도록 마음을 다잡아야 한다."라고 질타했다.[119]

---

* 서커스단을 운영한, 연예 사업과 광고의 선구자 - 옮긴이

2021년 9월 2일, 조 바이든 대통령은 파우치 박사의 제안을 받아들여 650억 달러를 팬데 믹 대응조치에 쓰기로 했고 이는 파우치 박사가 총괄한다고 발표했다.

바이든의 이 발표에 몇몇 비보가 묻혀버렸다. 2021년 8월 31일, 파우치 박사는 또 한 건의 아프리카 HIV 백신 실험을 예정보다 일찍 종결했다고 시인했다. NIAID와 BMGF 이 공동으로 지원해 2,600명의 아프리카 소녀들을 대상으로 존슨&존슨 HIV 백신 대규 모 임상실험을 했지만, 아무런 효과도 보지 못했다.[120]

의료 식민주의가 남긴 가슴 아픈 유산

'백인이 짊어진 짐'은 1897년 러디어드 키플링이 자신이 지은 시에서 처음 사용한 표 현인데, 미국과 영국이 서구 문명과 기독교를 식민지 부족들에게 강요하고 그들을 도와 야 할 도덕적 의무가 있다는 뜻이다.

아프리카의 역사를 잘 아는 이라면 누구든 선한 의도를 지닌 백인이 아프리카인들에 게 재앙을 초래한 사례가 반복된다는 사실을 잘 안다. 나는 어릴 때부터 아프리카에 관 심이 있었다. 나는 60년 동안 아프리카 대륙을 여행하면서 톰 음보야, 조모 케냐타, 줄리 어스 니에레레, 넬슨 만델라를 비롯해 미래에 대한 혜안을 지닌 지도자들을 만났다. 반 식민주의 성향의 이 지도자들은 빈곤은 사회적 역사적 정치적 제도적 기술적 병리 현상 들이 복합적으로 만들어 낸다는 사실을 잘 알고 있었다. 빈곤은 소규모 지역 맞춤형으로 시행착오를 통해서 해결하는 게 최선이다. 최적의 해결책은 예외 없이 자생적이어야 하 고, 현지인의 의견을 반영해야 하며, 철저한 자기평가와 책임, 빈번한 경로 수정이 필요 하고, 행정가, 관료, 그리고 누구보다도 모든 외국인이 겸허한 태도로 임해야 한다.

게이츠의 HIV 백신과 항바이러스제 프로그램은 대륙 차원의 방대한 규모이기 때문 에 제국주의자, 탐욕스러운 탐험가, 범죄자, 사기꾼, 협잡꾼, 표리부동한 불량배들, 아프 리카의 고통을 종식하겠다고 툭하면 맹세하는 착한 멍청이들이 서구의 방식을 줄줄이 강요한 최악의 프로그램이다.

겸허한 자세, 호기심, 열린 귀, 지역이 주도하는 구상을 기꺼이 뒷받침하는 태도로 아프리카에 접근하기는커녕 게이츠는 펜필드 잭슨 판사가 1998년 판결에서 묘사한 그의 품성대로 거들먹거리며 오만하게 굴었다. 아무리 좋게 평가해도 파우치 박사와 게이츠는 그저 아프리카인들에게 무엇이 최선인지 자신이 잘 안다는 확신으로 무장한 채 아프리카 대륙에 나타난 개혁운동가, 사기꾼, 정복자의 오랜 계보를 이어 가장 최근에 등장한 자들일 뿐이다. 이들은 아전인수식으로 생각하고 똑같은 한 가지 해결책을 아무 데나 무차별적으로 적용해 재앙을 한층 복잡하게 만들고 고통을 증폭시켰다. 최악의 경우, 로프레도와 그린스타인의 말을 빌리자면, 게이츠와 그의 재단은 "서구의 기업들을 아프리카에 몰래 들여가는 트로이 목마 역할을 하는데, 물론 이러한 기업들이 추구하는 가장 중요한 목표는 수익 달성이다. 게이츠의 재단은 남반구를 선진국 진영에서 쓰기에 너무 위험한 약품을 땡처리하는 곳이자 선진국 진영에서 써도 될 만큼 안전하다는 판단이 아직 내려지지 않은 약품의 임상 실험장으로 보는 듯하다.[121]

마법의 백신은 게이츠가 보기에 빈곤, 기아, 가뭄, 질병을 모두 일괄적으로 처리할 으뜸가는 해결책이다. 30억 인구가 1인당 하루에 2달러가 채 못 되는 비용으로 연명한다는 사실을 생각해 보면 빈곤, 영양실조, 깨끗한 마실 물 부족 등을 비싼 백신접종으로 해결한다니 이 얼마나 어처구니없는 생각인지는 너무나도 명백해진다. 8억 4천만 명이 먹을 게 부족하다. 10억 명이 깨끗한 물이 없거나 위생시설에 접근하지 못한다. 10억 명이 문맹이다. 빈곤국 아동의 약 4분의 1이 초등학교를 마치지 못한다.[122] 빈곤은 만만한 표적이 넘치는 환경을 조성하지만, 게이츠의 백신은 표적을 완전히 빗나간다는 사실은 데이터가 말해준다. 사회학자 린지 멕고이는 가나 서부에 있는 케이프 코스트 대학교 소속의 한 젊은 보건 분야 연구자의 말을 빌려 이렇게 말한다. "내 관점에서 보면, 게이츠 재단은 문제 해결이 아니라 기술 판매에 관심이 있다. 그가 하는 일은 대부분 새로운 기술이나 백신을 개발하는 일과 관련이 있다."[123]

게이츠가 장악한 세계보건기구

가장 끔찍한 사실은, 게이츠가 자기 논에 물 대는 일에 국제 원조 기구들이 우선 집중하도록 그들을 자기 돈으로 전략적으로 오염시킨다는 점이다. 미국은 역사적으로 세계보건기구의 최대 기부자로서 (통계치 입수가 가능한 가장 최근 연도인) 2018년~2019년 6억 420만 달러를 기부했다. 같은 해 빌&멜린다 게이츠 재단은 4억 3,130만 달러, 그리고 역시 게이츠가 창립한 세계백신면역연합(GAVI)이 3억 1,650만 달러를 기부했다.[124] 게다가 게이츠는 유니세프와 국제 로터리 연맹을 통해서 간접적으로 세계보건기구에 기부한다. 이처럼 게이츠가 직간접으로 기부하는 액수를 모두 합하면 10억 달러가 넘어서 비공식적으로는 세계보건기구의 최고 후원자가 된다. 2020년 트럼프 행정부가 세계보건기구에 대한 미국 정부의 지원을 완전히 삭감하기 전인데도 말이다.

과세소득 공제 대상인 이 10억 달러로 게이츠는 세계보건기구의 56억 달러 예산의 쓰임새와 국제 공중보건 정책을 좌지우지하게 되었고. 그는 이러한 장악력을 대체로 그의 제약사 동업자들의 수익을 촉진하는 데 행사했다. 제약사들은 세계보건기구가 기관 차원에서 백신에 편향된 정책을 추진하게 만들었고 약 7천만 달러를 직접 기부했다. 게이츠는 2011년 세계보건기구에게 "우리의 우선순위가 당신들의 우선순위다."라고 말했다.[125]

2012년, 당시 세계보건기구 사무총장 마거릿 챈(Margaret Chan)은 세계보건기구 예산의 용도가 "(그녀가 보기에) 기부자의 이익에 부합하게 쓰도록 책정되었다."라며 불만을 토로했다.[126] 맥고이에 따르면, "세계보건기구 헌장에 따르면, 세계보건기구는 회원국 정부들을 위해 일하게 되어있다. 그런데 게이츠 재단은 오로지 3명의 수탁자, 즉 빌, 멜린다, 그리고 버크셔 해서웨이의 최고경영자 워런 버핏(Warren Buffet)을 위해 일한다. 많은 시민단체는 세계보건기구 예산의 상당 부분이 민간 자선단체에서 비롯되고 그 자선단체가 유엔 기관인 세계보건기구의 예산을 집행할 힘이 있다면 세계보건기구의 독립성이 훼손된다고 우려한다." 맥고이는 "세계보건기구가 내리는 모든 중요한 결정은 우선 게이츠 재단의 재가를 얻어야 한다."라고 말한다.[127] 영국에 본부를 둔 비정부단체 글로벌 저스티스 나우(Global Justice Now)는 〈그레이존(The Grayzone)〉과의 인터뷰에서 다음과 같이 말했다. "게이츠 재단의 영향력은 너무나도 널리 퍼져있어서 재단의 정책과 관행을 비판할 만한 국제개발 분야의 수많은 이들이 재단의 재정적 지원과 후원에 의존하므로 독자적인 목소리를 내지 못한다(2018년 〈메릴랜드 로 리뷰(Maryland Law Review)〉에 실린 에릭 프랭클린 아마란트(Eric Franklin Amarante)의 "자선 자본주의의 위험성"도 참조하라)."[128]

게이츠가 백신에 집착하면서 세계보건기구는 빈곤 경감, 영양개선, 깨끗한 물 공급에 쓰던 예산을 백신 보급으로 돌렸고 백신 접종률이 공중보건을 가늠하는 척도가 되었다. 게이츠는 자신의 영향력을 행사하는 데 거침이 없다. 2011년 게이츠는 세계보건기구 회의에 참석해 "193개 회원국 모두 백신접종을 자국 공중보건 정책의 핵심으로 삼아야 한다."라고 지시를 내렸다.[129] 이듬해, 세계보건기구의 의제를 설정하는 세계 보건 총회는 게이츠 재단과 공동으로 작성한 '세계 백신 계획(Global Vaccine Plan)'을 채택했다. 현재 세계보건기구 총예산의 절반 이상이 백신 보급에 쓰이고 있다. 이처럼 공중보건 지도부가 예방접종에 집착하면서 아프리카의 보건 위기가 더 심각해지고 있다고 세계 보건 전문가와 아프리카 관리들은 말한다.

게이츠와 파우치는 세계보건기구의 수십억 달러 예산을 장악하면서 세계보건기구만 장악하는 데 그치지 않고 게이츠가 — 파우치의 도움과 지원으로 — 창설했거나 재정적으로 지원하거나, 또는 창설하고 지원도 하는, 전염병예방혁신연합(CEPI), 세계백신면역연합(GAVI), 보건적정기술기구(PATH), 국제의약품구매기구(UNITAID), 유니세프, 예방접종 전문가 전략 자문단(SAGE), 국제개발 프로그램(Global Development Program), 글로벌펀드(Global Fund), 브라이튼 협력(Brighton Collaboration) 등 여러 막강한 유사 정부 기구들과 세계보건기구를 비롯해 세계 보건 협력체들에 크게 의존하는 수십 개 아프리카 국가의 보건부 장관들도 좌지우지한다. 게이츠 재단은 백신과 관련해 세계보건기구에 자문하는 예방접종 전문가 전략 자문단(SAGE)도 좌지우지한다. 최근에 열린 SAGE 회의에서 SAGE를 구성하는 15명의 이사 가운데 절반이 게이츠 재단과 관련된 인사들로서 이해충돌이 있다고 드러났다.

유사 정부 기구들 가운데 가장 막강한 단체가 세계백신면역연합(GAVI)으로서, 이 기구는 세계보건기구에 기부하는 비정부단체 가운데 최대 기부자이다. GAVI는 게이츠가 그의 제약사 동업자들이 빈곤국에 대한 백신 대량 판매를 원활히 할 '민관 협력'을 촉진하기 위해서 설립한 단체다.

GAVI를 기본 틀 삼아 게이츠는 요직을 맡은 관리들과 국가수반들을 자신의 명성,

신용, 부로 홀려 그들이 받은 해외 원조금의 용처까지 좌지우지하게 되었다. 게이츠는 1999년 7억 5천만 달러의 기부금으로 GAVI를 창립했다. 빌&멜린다 게이츠 재단은 GAVI 이사회 상임이사다.[130] 게이츠가 장악했거나 신뢰하는 세계보건기구, 유니세프, 세계은행 등과 같은 기구들과 제약업계가 GAVI 이사로 참여하면서 게이츠는 GAVI의 의사결정을 독단적으로 결정할 권한을 행사한다. 빌&멜리나 게이츠 재단은 지금까지 41억 달러를 GAVI에 기부했다.[131] 그러나 게이츠는 비교적 적은 액수인 이 기부금을 — 그리고 아마도 그에 대한 사람들의 호감도도 — 이용해 정부와 민간 기부자들로부터 160억 달러 이상 끌어모았다.[132] 미국 정부는 게이츠가 세계보건기구에 기부하는 액수의 다섯 배에 해당하는 11억 6천만 달러를 해마다 GAVI에 기부한다.[133]

2020년 트럼프 대통령이 미국을 세계보건기구에서 탈퇴시켰지만, GAVI에 대한 미국 정부의 지원금 11억 6천 달러는 그대로 유지했다.[134] 따라서 미국이 세계보건기구를 탈퇴하면서 세계보건기구와 세계 보건 정책에 대한 게이츠의 장악력을 한층 강화하는 효과를 낳았다. 최근 영국 총리 보리스 존슨이 GAVI에 대해 한 발언을 보면 서구 지도자들이 게이츠에게 비굴할 정도로 아첨하게 만들고 외교 정책과 어마어마한 국민 세금을 게이츠 재량에 맡기게 만드는 게이츠의 비범한 역량을 잘 보여준다. 2021년 8월 존슨 총리는 GAVI가 "새로운 북대서양조약기구(NATO)"라고 선언했다.[135] GAVI의 본부는 스위스 제네바에 있는데, 스위스는 게이츠의 GAVI에 외교면책특권을 부여했다. 이는 스위스가 수많은 나라와 외교관들에게도 부여하지 않는 특권이다.

게다가 게이츠의 재단이 세계보건기구에 기부하는 금액만으로도 빌 게이츠는 세계보건기구의 선출되지 않은 비공식적 지도자가 되었다.

2017년 무렵 게이츠의 세계보건기구 장악력은 너무나도 공고해졌으므로 세계보건기구의 신임 사무총장으로 자기 수하의 테드로스 아드하놈 게브레예수스를 친히 뽑았다. 역대 사무총장은 모두 의학 학위가 있었지만, 테드로스는 의학 학위도 없고 미심쩍은 이력도 있다는 항의에도 불구하고 말이다. 테드로스를 비판하는 이들은 그가 에티오피아에서 경쟁 관계인 부족 집단에 대한 학살 정책을 비롯해 극단적으로 인권을 유린한 테러 집단을 이끌었다는 신빙성 있는 주장을 한다.[136] 테드로스는 에티오피아의 외무장관으로 재직하면서 그가 속한 정당의 정책을 비판한 언론인들을 체포하고 구속하는 등 표현의 자유를 강하게 억압했다. 세계보건기구 사무총장으로서 그가 갖춘 유일한 자격 요건은 바로 게이츠에 대한 충성심이다. 테드로스는 과거에 게이츠가 창립하고 지원하고 장악한 두 기구, GAVI와 글로벌 펀드의 이사회 이사장으로 일했다.[137 138]

GAVI는 2000년 초 게이츠가 파우치와 맺은 제휴가 낳은 가장 가시적인 성과다. 이 제휴 조건에 따라, 파우치 박사는 NIAID 연구실에서 새로운 백신을 키우고 그를 추종하는 대학 책임연구원들과 게이츠가 지분을 보유한 다국적 제약사들에게 임상실험 하청을 준다. 그러면 게이츠는 백신 공급사슬을 구축하고 혁신적인 금융서비스를 마련해 이 제약사들이 백신을 제3 세계 국가들에 판매하도록 도와준다. 이 수법의 핵심적인 특징은 게이츠가 세계보건기구를 통해 개발도상국에 백신을 신속하게 승인하고 판매하라고 압력을 넣고 GAVI를 통해 선진국들이 개도국들의 부채에 대해 공동보증을 서게 만든다는 점이다. 서구 국가들은 한때 전통적인 비정부기구들을 통해서 해외원조를 빈곤국에 지원하고 식량 확보와 경제개발에 썼다. 게이츠는 이러한 '거래의 흐름'을 GAVI와 제약사 동업자들이 가로채도록 했고, 부유한 나라 정부의 해외 원조금이 제약사들에게 흘러 들어가게 했다.

2012년 5월 파우치는 GAVI 최고경영자 세스 버클리(Seth Berkeley) 박사와 두 차례 만난 후 GAVI와 국립보건원의 친밀한 관계를 다음과 같이 솔직히 털어놓았다. "우리, 국립보건원은 상류 단계인 기초연구개발에 집중한다. GAVI는 백신을 개발하고 이를 필요한 이들에게 접종한다." 파우치 박사는 "국립보건원은 맨 처음 상류에 있고 GAVI는 맨 끝 하류에 있다." 그런데 게이츠가 장악한 기구와 파우치가 장악한 국립보건원 사이에는 비집고 들어갈 틈새가 없을 정도로 밀착되어 있다. 파우치는 이렇게 말한다. "무엇이 필요하고 어떤 연구를 해야 할지 기준을 정하는 데 있어서 우리 두 기관 사이에 공동 상승효과를 내는 부문도 있고 직접 협력하는 부문도 있다. 연구 결과가 현실에 적용되지 않는다면 개발도상 지역에 재원을 투입하고 싶지 않다. 특히 저온 유통이 제대로 될지 우려된다. GAVI는 수많은 나라에 많은 재원을 동원해 가시적으로 정책들을 조율하는 역할을 한다." 신뢰도가 비교적 떨어지는 아프리카 정부들과는 달리 GAVI는 "우리가 직접 상대할 수 있는 기구다."[139]

인도의 인권운동가 반다나 시바(Vandana Shiva) 박사는 "서구 국가들은 세계보건기구와 유엔을 창설할 당시 한 국가 한 표라는 민주적인 구조를 통해 자유 이념을 구현하겠다고 했다. 게이츠는 단독으로 그 모든 걸 파괴했다. 그는 세계보건기구를 낚아채 제약사의 수익을 증진하는 냉소적인 목적을 달성하기 위해 자기가 사사로이 휘두르는 권력 도구로 변질시켰다. 그는 단독으로 세계 공중보건 기반을 무너뜨렸다. 그는 우리의 보건 체제, 식량 공급 체제를 사유화해 자기가 추구하는 목적을 달성하는 데 이용했다."[140]

두 언론인 제러미 로프레도와 미셸 그린스타인이 2020년 7월 한 기고문에서 인정했듯이, "게이츠 재단은 보건 정책을 수립하는 국제기구를 사실상 사유화했고 이 기구를 기업이 보건 정책을 지배하는 도구로 변질시켰다. 게이츠 재단은 남반구 사람들에게 독성이 강한 제품을 처분하는 행태를 부추겼고 세계의 가난한 이들을 약품 임상실험의 기니피그로 이용하기까지 했다…. 게이츠 재단이 공중보건 정책에 미치는 영향은 안전 규제를 비롯한 정부의 기능을 재단이 우회할 수 있을 정도로 정부 기능이 취약한지에 따라 좌우된다. 따라서 게이츠 재단은 주권국가의 독립을 훼손하고 서구 자본의 수단으로서 기능한다."[141]

특허라는 성역

지금까지 세계 언론이 대체로 눈치채지 못한, 게이츠가 백신에 집착하는 행태가 보이는 가장 큰 특징은 제약사의 특허권을 보호하기 위해 물불을 가리지 않는다는 점이다. 〈스카이 뉴스〉와의 인터뷰에서 진행자가 특허와 백신 제조법을 공유하면 백신을 대량 신속하게 보급하는 데 도움이 되는지 묻자, 게이츠는 한마디로 "아니오."라고 부정하면서 이렇게 덧붙였다. "의약품과 관련된 특허를 둘러싸고 온갖 문제들이 있지만, 얼마나 빨리 제조 물량을 늘릴 수 있는지는 특허와 관련 없다. 나는 제약사 최고경영자들과 계속 연락하면서 최대한 속도를 내는지 점검하고 있다."[142]

2021년 4월, 제약사의 특허와 기업 이익을 사수하는 그의 행태를 지지해 온 주류 언론과 공중보건 기득권 세력의 일사불란한 태도에 금이 가기 시작했다.

같은 달, 〈뉴 리퍼블릭〉의 알렉산더 자이칙(Alexander Zaichik)은 '백신 괴물(Vaccine Monster)'이라는 장문의 기사에서[143] 빌 게이츠가 제약사 동업자들의 수익성 있는 특허권을 보호하기 위해서 세계에서 가장 빈곤한 사람들의 코비드 백신 접근을 적극적으로 방해했다고 폭로했다.

2020년 3월 무렵, 인도와 아프리카 국가들은 자국민의 코비드 백신 물량이 심각하게 부족하리라고 예측하고 제약사들이 특허권을 포기해서 현지 제조사들이 신속하게 대량으로 백신을 제조하고 감당할 수 있는 가격으로 공급해 빈곤층이 백신에 접근하게 해달라고 아우성쳤다. 서구 국가들도 특허 면제 명분에 동참하면서 정부 혁신, 국민 세금으로 조성한 막대한 보조금, 규제조항 면제, 면책, 강제 접종, 허가 독점을 통해 코비드 백신을 탄생시켰고 여기서 제약사들의 역할은 상대적으로 보면 조연에 그쳤다.

2020년 8월, 코비드-19 백신의 특허를 포기하라는 운동이 세계적으로 확산하면서 질주하는 열차처럼 통제 불능의 상태로 치달았다. 세계의 연구 집단, 약품 개발과 접근에 오랜 경험을 쌓은 주요 비정부 기구들, 전직 현직 세계 지도자 수십 명과 공중보건 전문가들이 이에 동참했다. 140명의 정치 지도자와 사회지도자들은 2020년 5월 공개서한에서 정부와 제약사들에게 특허를 공유하라고 요구하면서 "지금은 이 엄중한 도덕적 임무를 시장의 힘에 맡길 때가 아니다."라고 말했다.[144] 2021년 3월 초 세계적인 공중보건 전문가들은 세계보건기구 내에 자발적인 특허 공유 체제를 출범시켜 코비드-19 약품과 백신을 어디서든 저렴한 가격으로 구할 수 있게 하기로 했다. 이름하여 세계보건기구 코비드-19 기술 접근 공유(WHO COVID-19 Technology Access Pool, C-TAP)이다.

2021년 5월, 바이든 대통령도 이 운동을 거들고 나섰고, 코비드-19 백신의 특허권 보호를 잠정적으로 보류하고 상대적으로 빈곤한 국가들이 백신에 접근하도록 하자고 요청하면서 이렇게 말했다.[145] "제한적으로나마 구체적인 대상을 선정해 특허를 면제하고 전 세계 여러 지역에서 생산량을 늘린다면 코비드-19 예방뿐 아니라 치료에도 큰 도움이 되리라고 생각한다." 바이든이 균등한 접근 구상을 제시하자 게이츠는 전면에 나설 수밖에 없었다. 게이츠의 자선 자본주의 사업 모델 자체가 지식 독점의 성역화를 토대로

하기 때문이다. 따라서 전 세계가 지켜보는 가운데 게이츠는 — 그의 제약사 동업자들이 제조하는 백신 수익의 원천인 — 특허의 완전무결한 보호가 자신이 생각하는 세계 보건 구상의 필수 불가결 조건임을 드러냈다. 상황이 아무리 악화해도 그가 내세우는 공중보건에 대한 지대한 관심보다 특허권 보호가 우선했다.

세계보건기구를 단단히 장악한 게이츠가 C-TAP에 반대하리라는 건 불 보듯 뻔했다. 걷잡을 수 없이 지지를 확보하며 내달던 특허 공유 기차는 화강암 암벽에 부딪혔다. 민주주의나 균등성이 세계 보건 정책의 결정요인인 척하는 위선의 가면이 벗겨지고 게이츠의 노골적인 권력욕과 막강한 영향력이 만천하에 드러났다. 〈뉴 리퍼블릭〉에 따르면, "그해 겨울 거칠 것이 없이 부상하는 듯 보이던, 과학 지식의 공유와 개방을 옹호하는 이들은 세계 공중보건 부문에서 가장 막강한 인물이 그들을 압도하고 이길 가능성에 직면했다."[146]

게이츠는 C-TAP 공유제를 자신이 직접 구축한 세계보건기구의 프로그램 '코비드-19 법안 촉진제(COVID-19 Act-Accelerator)'로 대체해, 제약업계의 특허권을 불가침 성역으로 만들고 개발도상 지역의 백신 보급을 제약사와 자국 몫의 백신을 확보하려고 혈안이 되어있는 서구 국가들의 자비심에 맡겼다. 이처럼 게이츠가 개입한 결과 예상대로 세계 190개국 25억 명의 인구가 2021년 2월 현재 백신에 전혀 접근하지 못했다. 자이칙이 지적했듯이, 공급 위기가 발생할 게 불 보듯 뻔했다. "이미 1년 전에 특허권이 백신 보급의 걸림돌이 되리라고 쉽게 예측할 수 있었을 뿐 아니라, 그런 장애물을 걷어 내야 한다고 목소리를 높였던 사람들이 없었던 것도 아니다." 게이츠는 또다시 자선사업가로서의 세계적인 평판과 금력을 이용해 기업의 탐욕에 "후광 효과"를 입혔다.[147 148] 예컨대, 세계 보건 관리들은 모든 정부가 아프리카에 대해 우려를 표명하는데도, "아프리카에서 투여된 백신의 양은 세계적으로 투여된 백신의 총 회분의 2퍼센트에도 못 미친다. 아프리카 대륙 인구 가운데 겨우 1.5퍼센트가 백신접종을 완료했다(공교롭게도, 아프리카 국가들은 코비드 사망률이 선진국의 몇십 분의 1에 불과했다)."라고 경고했다.

세계 보건 관련 기관인 국제의약품구매기구(UNITAID)의 이사 로히트 말파니(Rohit Malpani)에 따르면, "게이츠 재단은 그 어느 시점에도 — 팬데믹 전이든, 팬데믹 초창기든, 팬데믹이 최악의 상태에 다다른 지금이든 — 특허권을 포기하고 이를 우리가 소임을 다 하려면 다른 방식으로 관리해야 할 대상으로 볼 의향이 없었다."[149]

게이츠는 세계무역기구(World Trade Organization, WTO)의 무역관련지적재산권에 관한 협정(Trade-Related Intellectual Property Rights, TRIPS) 일부 조항을 면제하는 조치에도 반대했다. 면제 조치가 내려지면 팬데믹이 지속되는 동안 회원국들이 코비드-19 관련 특허권 집행을 중단하게 된다. 국제 지식생태계(Knowledge Ecology International) 사무총장 제임스 러브(James Love)는 "빌 게이츠가 TRIPS 면제를 막고 특허권을 독점한 몇몇 기업들을 믿으라고 모두에게 요청했다."[150]라고 말했다.

게이츠에게 특허권 사수는 양보할 수 없는 실존적인 문제였다. 게이츠는 마이크로소프트 초창기에 오픈 소스(open source)를 옹호하는 이들과 맞붙은 이후로 지식재산권 독점을 무자비하게 옹호해 왔다. 게이츠는 소프트웨어, 식품, 약품 등의 지식재산권 성역화를 토대로 부를 축적하고 자선 자본주의 자선사업 모델을 구축했다.

게이츠는 1990년대 아프리카의 AIDS 위기 동안 넬슨 만델라와 일 대 일로 맞붙어 승리함으로써 거대 제약업계의 존경과 신임을 얻었다. 남아프리카공화국은 당시에 세계 AIDS 유행의 진원지로서 성인 5명당 1명이 HIV 감염자였다. 만델라는 복제약 제조를 허용함으로써 빈곤한 이들이 비싼 AIDS 약품에 접근하도록 하는 제3 세계 운동을 이끌면서 영웅이 되었다. 만델라는 성인에 버금가는 평판을 누렸으므로 제약사들은—그들 스스로 추산한 바에 따르면—아프리카 아동과 성인 2,900만 명에게 사망선고를 내리는 타락한 사업 모델을 방어하기 망설였고 만델라는 큰 걸림돌이었다. 그런데 세계에서 가장 자비로운 자선사업가라는 도덕적 권위의 탈을 쓴 게이츠가 제약업계의 대변자로 나서서 지식재산권과 지식 독점이 공중보건보다 우선한다는 명분을 설파했다. 앳된 얼굴에 헌신적인 이타주의의 가면을 쓴 게이츠는 언론과 대중 — 특히 민주당 기득권 세력 — 이 20년 넘게 그의 속내가 뭔지 헷갈리게 만드는 데 성공했다.

1997년 12월, 만델라 정권은 대부분 아프리카인은 범접하기 힘든 비싼 AIDS 약의 복제약을 보건 관료들이 수입, 생산, 구매하도록 허용하는 법을 통과시켰다, 제약사들은 아프리카인을 상대로 AIDS 약 임상실험은 기꺼이 했지만, 최종 생산품의 가격은 그들이 범접하지 못할 정도로 높이 책정했다. 게이츠는 만델라와 그의 복제약 추진 정책에 대한 전쟁을 선포했고, 아프리카 국가들이 자국민을 위해 AIDS 복제약에 접근하려는 시도를 막으려고 남아프리카공화국을 상대로 39개 다국적제약사가 제기한 소송을 지원했다.[151] 또다시 게이츠는 기업의 탐욕에 자선사업가의 후광을 둘러주었다.

〈뉴 리퍼블릭〉은 이 법적 다툼을 추적해 기록으로 남겼다. "이 소송은 세계보건기구에서 진행 중인 투쟁에도 반영되었다. 세계보건기구에서는 부유한 북반구와 빈곤한 남반구를 가르는 전선이 구축되었다. 한편으로는 서구 제약업체들이 소속된 나라들이 힘을 모았고, 다른 한편으로는 만델라를 대신해 남반구와 국경없는의사회(Médecins Sans Frontiers)와 옥스팜(Oxfam)을 비롯한 세계적인 공중보건 단체들이 투쟁에 합류했다."[152]

결국 게이츠와 제약사들이 법적 소송에서 이겼고, 게이츠는 AIDS를 비롯한 각종 질병과 싸우기 위한, 허가받지 않은 복제약 사용을 불법화한 TRIPS 규정을 전폭적으로 지지함으로써 제약사 특허에 방탄복을 입혀주었다.

오늘날, 공중보건을 이끄는 관리들은 현재 코비드-19 백신 부족 사태는 게이츠가 제약사 동업자들의 수익을 보호하기 위해서 지식재산권을 방어하느라 인위적으로 만들어 낸 현상이라는 데 동의한다.

자이칙은 공중보건 일선에서 싸우는 데 도가 튼 전문가들이 팬데믹의 영향과 빈곤 국가들과 의약품 접근에서의 구조적인 불평등에 대한 우려를 공개적으로 표명하던 게이츠가 재산권 성립이 가능한 과학과 시장독점을 수호하기 위해서라면 쉽게 그런 우려를 내팽개치는 광경을 처음으로 분명히 목격했다며 다음과 같이 말한다. "코비드-19는 세계적으로 의약품에 대한 접근에 심각한 구조적 불균형이 존재함을 드러내 주었고, 그 근본적인 원인은 인명을 희생하더라도 산업계의 이익을 유지하고 지배하려는 지식재산권 결사옹호 세력이다."[153]

자이칙은 게이츠를 다음과 같이 통렬히 질타한다. "게이츠는 자신이 남들보다 잘났다고 확신한다. 그러나 공급 위기를 예상하지 못했고 이를 예상한 사람들과의 대화를 거부하면서 전지(全知)적 성인의 반열에 오른 거물급 자선사업가로서 치밀하게 만들고 유지해 온 그의 이미지가 손상되었다. 코비드 백신은 게이츠의 뿌리 깊은 이념적 헌신의 대상이 단순히 지식재산권 보호에 그치지 않고 — 정치적으로 구축되고 정치적으로 부과된 독점에서 비롯되는 힘을 지닌 회사들이 지배하는 산업인 — 제약업계의 이러한 권리를 상상 속의 자유 시장체제와 뒤섞는 데도 있음을 보여준다."[154]

게이츠가 어떻게 무자비하게 "현상 유지를 옹호하고 코비드-19 백신 공급을 장악해 수십억 달러 수익을 올리는 자들을 효과적으로 방어했는지" 설명한 후, 자이칙은 '백신 괴물'에 맞서 목숨을 걸고 싸우는, 가장 핍박받는 3분의 1의 세계인들에게 다음과 같이 일말의 희망을 제시한다. "게이츠가 공중보건과 배타적인 지식재산권을 평생 옹호하면서 어떤 역할을 해왔는지 진즉 이루어졌어야 할 면밀한 감시가 그나마 이제 이루어지고 있다는 징후가 보인다."[155]

흑인은 줄의 맨 앞으로

2021년 2월 기자회견에서 프랜시스 콜린스 국립보건원 원장은 국립보건원의 차세대 HIV 백신은 아프리카인과 미국 흑인들을 겨냥해 제조하게 된다며 이렇게 말했다. "고소득 국가 국민뿐 아니라, 어디 사는 누구든 완치할 기회를 누리게 하기 위해서다."[156] 게이츠/국립보건원 연대 노선을 따르는 이들이 끊임없이 내세우는 측은지심이다. 2020년 4월 10일 CNN과의 인터뷰에서 멜린다 게이츠는 아프리카의 취약한 사람들을 걱정하느라 "밤잠을 설친다."라고 말했다.[157][158] 2020년 6월, 그녀는 〈타임 매거진〉과의 인터뷰에서, 미국에서는 흑인들이 코비드-19 백신을 가장 먼저 접종해야 한다고 말했다.[159] 흑인이 백신을 가장 먼저 접종해야 한다는 생각 — 그리고 많은 흑인이 공개적으로 의구심을 표하면서 이러한 특권을 사양하는 정서 — 은 팬데믹 동안 유수의 보건 관련 기관들이 한 발표에서 끊임없이 등장했다. 이 책의 12장에서 살펴보겠지만, 게이츠, 파우치, 그리고 정보기관과 제약사 동업자들은 수십 차례 팬데믹 시뮬레이션을 하면서 흑인의 저항을 예상하고 이를 극복할 전략을 예행연습했다. 팬데믹이 실제로 시작되자, 보건복지부는 흑인 목사, 1964년 민권법 제정 이전에 흑인들을 위해 설립된 대학 총장들, 시민권 운동 지도자들, 행크 애런 같은 유명한 흑인 운동선수들을 차출해 흑인 지역사회에서 만연한 백신에 대한 불신을 무마하려 했다. 그들은 기자회견을 열고 유명

인사가 백신을 접종하는 장면을 널리 퍼뜨렸고 미국과 아프리카 양쪽에서 흑인을 겨냥한 정부 홍보 캠페인에 어마어마한 돈을 쏟아부었다. 2020년 12월, 파우치 박사는 흑인 지역사회에서 일어나는 백신 저항 정서를 꾸짖으며 "지금은 의심을 보류해야 할 때다."라고 말했다. 그는 백신이 안전하다는 어떤 연구 결과도 인용하지 않고 이렇게 말했다. "우리 흑인 형제자매들에게 가장 먼저 해주고 싶은 말은 여러분이 맞는 그 백신은 미국 흑인 여성이 개발했다는 사실이다. 이건 엄연한 사실이다."[160]

배우 시슬리 타이슨, 프로 권투선수 마빈 헤글러, 래퍼 얼 시먼스 — DMX라고도 불린다 — 가 모두 코비드 백신을 접종한 후 곧 사망하자, 의료계와 질병통제예방센터는 허겁지겁 그들의 사망은 백신과 무관하다며 미국 흑인 지역사회를 안심시켰다. 소셜미디어와 주류 언론들은 이들의 죽음이 백신과 관련이 있다는 주장을 검열하고 삭제했다. 게이츠가 지원하는 '사실 확인' 기구들은 그들의 사망과 백신은 관계가 없음을 "입증했다." "신뢰받는" 매체들은 사망과 백신의 관계를 부정하려는 절박한 심정에서 거짓말까지 했다. 나와 개인적으로도 친분이 있는 홈런왕 행크 애런이 애틀랜타에 있는 모어하우스 칼리지에서 열린 기자회견에서 백신을 접종한 후 17일 만에 사망하자, 나는 그의 사망이 백신접종 후 사망하는 고령층의 한 사례라는 글을 썼다(나는 백신이 애런의 사망 원인이라고 말한 적이 없다). 〈뉴욕타임스〉, CNN, ABC, NBC, 〈인사이드 에디션〉, 그리고 전 세계 수백 개 보도 매체들이 달려들어서 내 글이 "백신에 관한 잘못된 정보"라며 풀턴 카운티 검시관이 애런의 사망을 "백신과 무관"하다고 밝혔다고 주장했다. 나는 사실 확인을 위해 풀턴 카운티 검시관에게 전화했고 검시관 측은 내게 그들은 행크 애런의 시신을 본 적도 없고 애런의 유가족은 부검하지 않고 그를 묻었다고 통보해 왔다.[161] 내가 이 사실을 공개해 주류 언론들에 창피를 톡톡히 줬지만, 오보를 정정한 매체는 단 하나도 없었다.

연방 법에 따르면, 임상실험을 하는 동안 백신접종 후 발생한 상해나 사망은 달리 입증되지 않는 한 모조리 — 그리고 그 논리적 연장선상에서, 긴급사용승인을 받은 제품을 접종한 후 발생한 상해나 사망도 마찬가지로 — 백신에 의한 상해나 사망으로 간주해야 한다. 그런데 천진난만하고 낙관적인 질병통제예방센터는 2021년 8월 20일 현재, 백신부작용보고체계(VAERS)에 보고된 13,000건 이상의 사망 가운데[162] 단 한 건도 백신과 관련된 사망이 아니라고 밝혔다.[163] 단 한 건도. 행크 애런이 사망했을 때도 그랬듯이, 질병통제예방센터는 이러한 사망에 대해 그 어떤 조사도 하지 않고 단지 기관의 권위를 이용해 백신의 혐의를 벗겨주었다.

미국에서는 이례적인 수의 흑인 유명인사들이 백신접종 후 사망하는 한편, 동시에 아프리카에서는 빌 게이츠/코비드 백신 정책에 반대하는 흑인 국가원수와 정부 요직을 맡은 관리와 의사들 사이에서 때아닌 죽음이 유행해 이들의 입을 막기 위해 누군가 이들을 살해했다는 음모론이 퍼졌다. 팬데믹 첫해에 일어난 이 현상은 너무 놀라워서 로이터통신과 〈영국의학학술지〉는 이 심란한 추세를 분석하는 글까지 실었다. 미국 정보기관과 연관된 콜롬비아 엘리트 용병들이 아이티 대통령 조베넬 모이즈를 살해하는 이상한 일이 벌어지자 아프리카 인사들이 암살당했다는 추측이 인터넷에 들끓었다. 모이즈는 세계보건기구의 백신 정책을 강하게 비판했다. 세계보건기구의 백신 정책을 비판한 후 갑자기 사망한 아프리카 지도자들 가운데는 탄자니아 대통령 존 마구풀리 (2021년 3월 17일), 아이보리코스트의 총리 하메드 바카요코(2021년 3월 10일), 부룬디 대통령 피에르 은쿠룬지자 (2020년 1월 8일), 그리고 마다가스카르의 인기 있고 영향력 있는 백신 반대론자 대통령 디디에 이그나스 라치라카(2021년 3월 28일) 등이 있다. 케냐 국민의 사랑을 받은 의사이자 케냐 가톨릭 의사협회 회장 스티븐 카란자도 사망했는데 사인은 코비드라고 알려졌다(2021년 4월 29일). 그는 2014년 세계보건기구의 불임시술 정책을 폭로했고 2020년 세계보건기구의 코비드 백신 보급 정책도 비판했다. 〈영국의학학술지〉에 실린 "수많은 아프리카 지도자들이 코비드로 사망한 까닭은 무엇일까."라는 제목의 동료 학자들의 심사를 거친 이 논문에 따르면, 이들의 죽음으로 인해 그들이 속한 나라마다 국가 공중보건 정책이 백신에 대한 의구심에서 백신에 대한 강력한 지지로 급격히 변하는 결과를 낳았다. 이 논문에 따르면, 아프리카의 선출된 지도자들의 코비드 사망률(33명당 1명)은 그들이 사망한 시기에 일반 인구에서 그들의 성별과 연령대에 해당하는 집단의 코비드 사망률의 일곱 배이다.[164]

나는 이 사람들이 살해되었다는 주장에 동의하지도 않지만 그렇다고 그런 추측을 무턱대고 일축하지도 않는다. 서구의 군사, 정보기관들과 연계된 1조 달러 가치의 산업계를 위협하는 발언을 한 막강한 인사들이 아무런 위험을 감수하지 않는다고 생각한다면 너무 순진하다. 나는 이 책의 12장 '미생물 전쟁'에서 서구 정보기관과 군사기관들이 아프리카에서의 백신 사업에 지대한 관심이 있다는 사실을 자세히 다루었다. 서구 정보기관들이 자국의 기업 고객들을 위해서 아프리카 지도자들을 암살하고 쿠데타에 개입한 역사적 사실들은 잘 알려져 있다. 개인적으로 기억나는 사건이 있다. 내 생일인 1961년 1월 17일, 내 큰아버지 존 F. 케네디가 대통령에 취임하기 일주일 전, 내 부친과 큰아버지가 콩고의 해방을 이끈 지도자 파트리스 루뭄바의 암살 소식에 충격을 받고 보인 반응을 기억한다. 존 F. 케네디는 루뭄바를 '콩고의 조지 워싱턴'이라고 평가했다. 미국과 유럽 광물 회사들은 콩고의 어마어마한 금속 자원에 눈독을 들이고 있었고, 루뭄바 — 벨기에로부터 콩고의 해방운동을 이끈 사랑받는 민족주의자였다 — 는 국가 자원을 콩고 국민을 이롭게 하는 데 쓰겠다고 약속했다. 훗날 우리는 미국 중앙정보국과 벨기에 정보기관들이 손잡고 루뭄바의 암살에 관여했다는 사실을 알게 되었다(2002년 벨기에는 루뭄바 암살에서 자국이 한 역할에 대해 공식적으로 사과했다).[165] 미국 중앙정보국장 앨런 덜레스(Allen Dulles)는, 독을 탄 치약으로 루뭄바를 살해할 계획을 세웠는데, 내 큰아버지가 루뭄바를 대단히 존경하고 각별하게 생각한다는 사실을 알고 있었다. 덜레스는 존 F. 케네디가 이 카리스마 넘치는 지도자를 제거하려는 중앙정보국의 계획을 방해할까 두려워했다. 중앙정보국은 1966년에 가나 정부를, 1982년 차드 정부를 전복했다.

1970년대에 의회 조사를 통해 중앙정보국이 수년 동안 자취가 남지 않는 독극물과 비밀 암살 도구들을 개발하는 실험을 했다는 사실이 드러났다. 국립보건원의 뇌 전문 외과 의사 매틀런드 볼드윈(Maitland Baldwin)을 비롯해 중앙정보국 과학자들은 미 육군 의료 연구개발 사령부가 있는 포트 디트릭에서 엠케이울트라(MKUltra)*를 이끌던 시드니 고틀립(Sidney Gottlieb) 박사 밑에서 무선주파수 방사선, 병을 일으키는 미생물, 흔적을 남기지 않고 사라지는 화학물질 등 모두 자연사로 위장하는 각종 암살 무기를 제조했다. 이러한 독극물들로 무장한 중앙정보국은 비협조적인 외국 지도자들을 의심을 사지 않고 암살할 역량을 갖추게 되었다. 이러한 간계를 통해 우리는 국민으로서 민주주의체제

---

* 중앙정보국이 비밀리에 불법으로 민간인을 대상으로 실행한 약물/심리실험 - 옮긴이

가 불량한 정보기관을 통제하지 못하게 될 사태에 대비해 늘 경각심을 늦추지 않을 의무가 있다는 사실을 깨닫는다.

게이츠 씨, 의사 선생님 맞죠?

제약사 광고비와 게이츠 재단의 기부금 수혜자인 언론매체들은 게이츠를 "공중보건 전문가"라고 지칭한다.[166] 그러나 게이츠가 파우치 박사를 자신의 저택으로 초대한 지 6년이 지난 후 〈로스앤젤레스 타임스〉의 탐사보도 기자 찰스 필러와 더그 스미스는 '백인이 짊어진 짐'이라는 제목의 기사에서 게이츠가 아프리카 의료 정책에 개입해 낳은 참사를 폭로했다.[167] 이 제목은 피부색이 검은 인종을 질병과 기아로부터 구하겠다는 게이츠의 노력은 낯익은 제국주의적 충동의 특징들을 가리는 가면이라는 뜻이다. 두 기자의 포괄적인 심층 취재는 게이츠의 타고난 오만함이 아프리카 아동들에게 치명적인 영향을 미쳤다는 증거를 설득력 있게 제시한다.

필러와 스미스는 게이츠가 어떻게 아프리카의 국제 의료 원조금을 제대로 실험을 거치지 않은 고가의 첨단 백신 보급으로 돌려 아프리카 전역에서 아동들을 죽이고 있는지 자세히 설명하고 있다. 게이츠가 백신접종을 가장 우선시하면서 한때 기본적인 영양공급과 수많은 사망을 막을 수 있는 저렴한 기능적 의료 기구 확보에 쓰였던 해외 원조금이 씨가 말랐다. 〈로스앤젤레스 타임스〉 탐사보도 팀은 레소토에 있는 한 병원에서만 35달러짜리 산소 밸브가 없어서 날마다 질식으로 아기 한두 명이 사망했다는 사실을 폭로하고 있다. "생명을 구하는 산소 밸브는 연간 백신 보급에 4억 달러 — 대부분 HIV, 소아마비, 결핵, 말라리아 백신 구매에 쓰인다 — 를 쓰는 게이츠의 안중에 없다." 게이츠의 이러한 정책으로 인해 1회분에 12센트로 말라리아 사망을 절반으로 줄일 수 있는 특허가 만료된 하이드록시클로로퀸(HCQ)이나 아이가 말라리아에 걸리지 않게 해주는 4달러짜리 모기장 같은 해결책들은 뒷전으로 밀려났다. 막 출산한 산모에게 3달러어치 음식과 기존의 약품을 제공하기만 해도 연간 500만 명의 아동 사망을 막을 수 있다고 추산된다.[168]

〈로스앤젤레스 타임스〉의 탐사보도에 따르면, 글로벌 펀드와 세계백신면역연합(GAVI)이 추진하는 정책들을 비롯해 게이츠가 밀어붙이는 정책들은 공중보건에 부정적인 영향을 미친다. 사실 게이츠의 자선기금과 아동의 건강 사이에는 역 상관관계가 성립한다. 게이츠의 돈을 가장 많이 받는 국가가 국민 건강이 최악이라는 뜻이다.[169]

게이츠는 몇몇 잘 알려진 질병을 약으로 해결하는 정책에 국제 구호 원조금을 집중적으로 투입함으로써 기본적인 의료 장비와 생명을 구하는 식량과 깨끗한 물 보급에 투입되는 공공 지출을 줄였을 뿐 아니라 능력이 출중한 보건의료 인력을 생명을 구하는 기본적인 의료서비스로부터 멀어지게 만들었다.

〈로스앤젤레스 타임스〉는 사하라사막 이남 아프리카 지역의 6개국 지도자들의 말을 인용해, HIV/AIDS 환자들에게 항레트로바이러스 요법(Antiretroviral drug therapy, ART)을 제공하는 의료진에게 게이츠의 글로벌 펀드가 주는 어마어마한 급여로 의사와 간호사를 다 유인하는 바람에 기본적인 의료서비스를 제공할 인력이 모자라 어려움을 겪고 있다고 보도한다. "이처럼 인력난을 겪게 되면서 AIDS 생존자인 많은 아이가 신생아 패혈증, 설사, 질식 등 훨씬 흔한 질병에 목숨을 빼앗긴다."[170]

〈로스앤젤레스 타임스〉에 따르면, 르완다에서 현지 클리닉 간호사는 한 달에 50달러에서 100달러 버는 반면 게이츠가 지원하는 간호사는 한 달에 175달러에서 200달러를 번다. "전국적으로 국민이 항바이러스제 요법으로 인력을 빼가는 유인책에 분개하고 있다."라고 국경없는의사회 레소토 봉사단장 레이철 M. 코언은 말한다. 그녀의 조직에서 일하는 인력은 정부가 운영하는 보건소에서 일한다.[171]

〈로스앤젤레스 타임스〉는 게이츠가 백신으로 예방할 수 있는 질병에 집착하는 바람에 영양, 운송, 위생, 경제개발에 유입되던 원조금이 급격히 줄면서 공중보건에 부정적인 영향을 미쳤다며 다음과 같이 결론을 내린다. "수많은 AIDS 환자가 너무 굶주린 나머지 공짜로 받은 AIDS 약을 토해낸다. 버스 차비가 없어서 생명을 구할 치료를 받으러 보건소에 가지 못하는 사람들도 있다."[172]

게이츠 재단은 게이츠가 밀어붙이는 정책으로 인해 공중보건에 포괄적으로 일어나는 재앙을 백신으로 해결하지 못할 경우에는 문제 자체를 거론하지 못하게 아프리카인

백인이 젊어진 무거운 짐

의 입을 막음으로써 해결한다. 이 기사에 따르면, "게이츠가 지원하는 백신 정책은 의료진에게 백신으로 예방하지 못하는 질병을 무시하라고 — 심지어 환자가 그런 질병을 언급하지 못하게 막으라고 — 지시한다. 보건의료 전문가와 접촉할 기회라고는 몇 년에 한 번 주사를 맞으러 보건소 갈 때뿐인 지역 주민들에게 이는 특히 해롭다."[173]

세계보건기구, GAVI, 그리고 글로벌 펀드는 사실상 게이츠의 허영심을 충족시키는 정책을 집행하는 인민 위원으로 기능한다. 〈로스앤젤레스 타임스〉에 따르면, 그들이 다른 공중보건 문제들을 간과하면서 "사회의 건강을 가늠하는 핵심적인 지표들이 제자리걸음을 하거나 더욱 나빠지는 끔찍한 일이 벌어지고 있다."[174]

게이츠는 자기가 보급하는 백신이 "수백만 명의 생명을 구했다."라고 주장하지만, 이를 뒷받침할 그 어떤 증거도 제시하지 못하고 그 어떤 책임도 지지 않는다. 게이츠 재단의 명망 있는 의사결정자와 자문들은 과거에 제약업계 최고경영자나 정부 규제 당국자로 일했던 이들로서 그들의 세계관도 게이츠의 제약 중심적 세계관과 놀라울 정도로 일치한다.

예컨대, 2005년부터 2011년까지 게이츠 재단의 글로벌 헬스 프로그램 회장을 역임한 고약한 품성의 타다타카 야마다 박사는 글락소스미스클라인에서 연구책임자로 일했다.[175] 그는 상원 금융위원회에 소환되기 직전에 글락소스미스클라인을 그만두었다. 글락소스미스클라인이 대박을 터뜨린 당뇨 약 아반디아(Avandia)가 심각한 부작용이 있다는 사실을 알고도 판매해 83,000명의 미국인을 죽인 사건을 파고들던 저명한 의사들을 야마다 박사가 협박하고 입을 틀어막으려 했다는 다수의 주장이 제기되어 상원이 그를 청문회에 소환하려 했다. 게이츠는 야마다의 비행을 알고 있었다. 상원 금융위원회 보좌관들이 야마다 박사가 상원의 소환에 응하도록 요청하는 서한을 게이츠의 재단에 보냈기 때문이다. 알리샤 먼디라는 한 보좌관은 2007년에 기고한 글에서 야마다가 자기를 심문하는 사람들에게 끊임없이 거짓말을 했다고 했다.[176][177][178] 빌&멜린다 게이츠 재단(BMGF)에 야마다의 후임으로 온 트레버 먼델(Trevor Mundel)은 노바티스와 화이자에서 고위 간부로 일했다. BMGF의 수석홍보관 케이트 제임스(Kate James)는 거의 10년 동안 글락소스미스클라인에서 일했다. 백신 개발국장 페니 히튼(Penny Heaton)은 BMGF에 합류하기 전 머크에서 일했다. 따라서 게이츠의 공중보건 정책의 성공을 가늠하는 척도들은 건강의 개선 여부는 거의 측정하지 않고 오로지 투여한 백신의 회수와 배포되고 소비된 약의 양만 측정한다.

〈랜싯 전염병〉에 2007년 실린 글로벌 펀드에 대한 사설에 따르면, "많은 이가 사용처를 엄격히 제약하는 글로벌 펀드의 기부금이 수혜자를 점점 속박하고 있다고 불만을 표한다."[179] 존 D. 맥아더와 캐서린 T. 맥아더 재단 연구지원을 받았고 게이츠 재단으로부터 연구와 수련 부문 기부금을 받은 파트너 인 헬스(Partner In Health) 창립자인 폴 파머(Paul Farmer)는 이렇게 말한다. "신기술 개발로 부를 쌓은 빌 게이츠 같은 사람이 백신과 의약품을 마법의 탄환으로 보는 게 나로서는 놀랍지 않다. 그러나 약물의 부작용을 최소화하고 효과를 극대화해 환자에게 효율적으로 전달하는 체계가 없으면 소용없다. 이는 거대한 재단이 풀기에는 어려운 문제다. 그들은 결핵은 치료하지만, 빈곤은 치료하지 못한다."[180]

아프리카 공중보건 부문 지도자들은 게이츠가 아프리카의 클리닉에서 환자의 생사를 가를 수 있는 전통적인 의약품 확보를 지원하지 않는다고 항변한다.

레소토의 보건부 장관 음푸 라마틀렝(현재 클린턴 재단 부사장)은 〈로스앤젤레스 타임스〉와의 인터뷰에서 연간 700만 달러의 기부금이면 정부 보건 전문가의 급여를 현재의 3분의 2 만큼 인상해 주고 그들을 계속 고용할만큼 넉넉하다고 말한다. 그러나 이러한 평범하고 진부한 일에 게이츠 씨는 관심이 없다. 그의 글로벌 펀드는 레소토에서 그의 제약사 동업자들을 한층 더 부자로 만들어 주는 고수익 백신과 약품 보급 등 그가 우선시하는 일들을 추진하는 데 5,900만 달러를 쏟아부었다. 파우치 박사와 게이츠가 AIDS에 집착하면 두 사람과 제휴관계인 머크와 글락소 같은 제약사들은 좋겠지만, 아프리카인들에게는 도움이 안 된다.[181]

파우치 박사처럼 게이츠도 기대를 한껏 부풀려 놓고 책임도 지지 않고, 자기가 추진하는 일이 사망률을 낮추고, 공중보건을 개선하고, 삶의 질을 높인다고 주장하면서 설득력 있는 증거도 제시하지 않는다. 그들이 하는 일이 빈곤층에게 가시적인 이익을 준다는 증거도 미약하다.

게이츠의 정책이 낳은 결과를 측정하는 족족 수혜자들에게 처참한 영향을 미쳤다고 나타난다. 2017년 덴마크 정부는 세계보건기구의 대표적인 디프테리아/백일해/파상풍(diphtheria/ pertussis/tetanus, DTP) 백신 — 세계에서 가장 널리 쓰이는 백신 — 을 투여한 아프리카 아동들의 건강을 측정하는 연구를 의뢰했다. 그 결과 백신을 접종한 소녀들이 접종하지 않은 소녀들에 비해 사망률이 10배 높았다.[182]

〈로스앤젤레스 타임스〉가 조사한 바에 따르면, 게이츠와 그의 기업 친구들이 선호하는 먹잇감인 보츠와나가 그들의 관심을 받고 얻은 가시적인 이득이 거의 없었다. 보츠와나는 안정적이고 잘 통치되는 민주주의 국가로서 비교적 생활 수준이 높고 인구 규모가 작지만, 세계에서 가장 HIV 감염률이 높은 국가로 손꼽힌다. 2000년 게이츠 재단은 머크와 손잡고 보츠와나에서 백신, 특허받은 항바이러스제로 AIDS를 대량으로 치료하고 예방해 아프리카에서 AIDS를 퇴치할 수 있다고 증명하는 1억 달러짜리 파일럿 프로그램에 착수했다. 그런데 이 프로그램이 처참하게 실패하면서 비싼 약품에 대한 게이츠의 집착이 어떻게 아프리카인들을 죽이는지 보여주는 사례가 되었다. 이 프로젝트는 HIV 감염률을 전혀 낮추지 못했다. 2005년 무렵 성인 인구의 4분의 1이 HIV 감염되었다.[183]

앤서니 파우치가 만들어 낸 항레트로바이러스제와 백신은 모조리 보츠와나의 어머니와 아기들에게 끔찍한 해를 입혔다. 임신 관련 임신부 사망률은 거의 4배로 폭등했고 아동 사망률도 급격히 증가했다.

공중보건 경제학자이자 게이츠 재단이 지원한 참고 서적 〈개발도상 국가에서의 질병 통제 우선순위〉를 편집한 딘 제이미슨(Dean Jamison)은 게이츠 재단이 AIDS 약품에 집착하면서 보츠와나의 최고 의료 전문가들을 일차 진료와 아동 건강으로부터 빼돌려 사망과 질병 증가 속도를 높였다고 시인한다. "그들(의료 전문가들)은 AIDS 분야에서 일하면 급여를 두 배, 세 배 받게 된다. 보건부는 그들이 떠나면 다른 사람들로 대체할 수 있을지 장담하지 못한다."[184]

게이츠 재단은 글로벌 펀드를 통해서 사하라사막 이남 아프리카지역에 수십억 달러를 쏟아부어 390만 명에게 AIDS 항바이러스제와 백신과 결핵 치료를 지원했다. 그러나 몰레코라는 이름의 한 AIDS 환자가 〈로스앤젤레스 타임스〉에 "보건소에는 우리에게 필

요한 게 없다. 식량 말이다."라고 말했다.[185]

몰레코에게 약을 처방한 엘리자베스 2세 병원 간호사 마주빌리 마티벨리는 좌절감에 눈물을 흘리면서 〈로스앤젤레스 타임스〉 기자에게 그녀가 돌본 환자 5명 중 4명이 하루에 세 끼를 다 먹지는 못한다고 말했다.

그녀는 "대부분 굶어 죽는다."라면서 레소토와 르완다에서는 수십 명의 환자가 "너무 허기가 져서 구역질이 나는 바람에 삼킨 항 AIDS 약을 다시 토해낸다."라고 말했다.[186]

마티벨리는 게이츠의 글로벌 펀드가 세상 물정을 모른다고 했다. 그녀는 너무 직설적으로 말하는 게 아닌지 불안해하며, "그들은 안락한 사무실 컴퓨터 앞에 편안하게 앉아서 일한다, 그들은 우리 눈높이에서 보지 않는다. 우리가 진실을 말해야 뭔가가 이루어진다."라고 말했다.[187]

보스턴에 본부를 둔 비정부단체 파트너즈 인 헬스의 레소토 지부장인 제니퍼 퓨린 박사도 다음과 같이 비슷한 불만을 털어놓는다. "아프리카의 환자들에게 굶주린 상태에서 약을 주면 가난하다는 이유로 죽음으로 안내하는 셈이다."[188]

현지 관할 보건의료 체제에 대한 반감

세계보건기구에서 인력 관련 특별자문을 하는 프랜시스 오마스와 박사는 게이츠가 빈곤을 타개하고 기존의 보건 체제를 뒷받침하는 데 기부금을 쓴다면 그의 자선이 "다섯 배는 더 이득이 있으리라고" 추산한다.[189] 이는 공중보건 전문가들 사이에서 가장 흔한 비판이다. 영국의 비영리단체 글로벌 저스티스 나우에 따르면, BMGF가 "새로운 백신 개발에 과도하게 집중하면서 견고한 보건 체계 구축과 같이 그보다 훨씬 중요한 보건 우선순위들이 뒤로 밀려난다."[190] 유감스럽게도 민주주의와 공익을 뒷받침하는 제도를 현지에 구축하는 일은 기술이 기반인 게이츠의 공중보건 접근방식과는 맞지 않는다.

데이비드 레게 박사가 인터넷 언론 〈그레이 존〉에 설명했듯이, 게이츠는 "세계 보건에 대해 기계론적인 시각을 지니고 있다. 마법의 해법을 찾는다. 그는 자기가 지원하는 대상은 모조리 대체로 마법의 해법으로 간주한다. 그렇게 되면 세계보건총회에서 규명된 주요 문제들, 특히 건강의 사회적 결정요인과 보건 체계의 개발 같은 문제는 다루어지지 않게 된다."[191]

토론토 대학교의 공중보건 교수인 앤 에마누엘 번은 2005년 게이츠 재단이 "건강을 경제적 사회적 정치적 맥락과 유리된 기술적인 정책의 산물로 보는 아주 협소한 시각을 지니고 있다."라고 말했다.[192]

번 교수는 〈그레이 존〉과의 인터뷰에서 "게이츠 재단은 민간부문이 세계 보건에 관여하고 수익을 창출해야 한다고 오래전부터 주장했다."라고 말했다. 세계백신면역연합(GAVI)의 한 선임 대리인은 빌 게이츠가 그와의 사적인 대화에서 보건 체계 구축은 '철저한 돈 낭비'라며 강력하게 '반대'했다고 말했다.[193]

오슬로에 있는 개발과 환경 센터 연구원 카테리니 스토렝은 GAVI 직원이 그녀에게 GAVI는 "보건 체계를 강화하는 일은 소용없다고 강력하게 목소리를 낸다."라고 말했다고 전한다. "GAVI의 전 직원으로서 보건 체계 강화를 옹호한 한 사람은 빌 게이츠가 제네바 본부를 방문할 때마다 자신과 동료들이 '보건 체계 강화 포스터'를 뜯어내 둘둘 말아 치웠다고 말한다. 게이츠가 GAVI의 업무 가운데 '이 부분을 아주 싫어한다.'라고 알려져 있기 때문이다. 공중보건 체계에 대한 게이츠의 반감은 아프리카의 제도와 과학 수준에 대해 그가 지닌 병적으로 편협한 경멸감을 반영한다." 스토렝은 또 게이츠의 기부 유형은 서구 백인의 제도에 편향되어 있고 아프리카 현지 지역사회를 토대로 한 해결책에 대한 반감이 드러난다.[194][195]

린지 맥고이는 "진정으로 균등한 보건을 달성하려면 남반구 현지에 기반을 둔 유능한 보건 인력에 직접 기부하고, 현지 대학교에서 인력을 채용해야 한다. 또한 과학 연구에 대한 접근을 쉽게 하고, 권위 있는 학술지들을 출간할 역량을 길러주어야 한다."라고 주장한다.[196]

게이츠는 지역에서 지도자를 양성하고 제도를 구축하고 인재를 발굴하는 게 중요하다고 생각하지 않는 듯하다. 그의 기부 유형을 보면 아프리카 외부에서 온 권위자가 '모든 결정을 내리는' 식민지 설계 구조를 한층 더 강화한다. 2009년 게이츠 재단의 세계 보건 관련 기부 현황을 조사한 영국 공중보건정책 전문가 데이비드 매코이에 따르면, 빌&

멜린다 게이츠 재단이 비정부단체 또는 영리단체에 기부한 659건 가운데 560건이 고소득 국가들, 주로 미국에 있는 단체들에 돌아갔다. 저소득이나 중간 소득 수준의 국가들에 기반을 둔 비정부단체들에 돌아간 기부금 건수는 37건에 불과했다. 마찬가지로, 빌&멜린다 게이츠 재단이 대학교에 기부한 231건 가운데 겨우 12건이 개발도상 지역의 대학교에 돌아갔다. 린지 맥고이는 개발도상 지역 국가들에 대한 직접적 지원이 매우 제한적이기 때문에 현지의 문제가 뭔지 가장 잘 아는 과학자와 프로그램 관리자들이 창의적인 해결책을 찾아내는 작업에서 소외된다."라고 지적한다.[197]

뉴욕대학교 개발연구소 공동 소장인 경제학자 윌리엄 이스털리(William Easterly)는 저서 〈백인이 짊어진 짐(White Man's Burden)〉에서 이런 질문을 던진다. "다른 인권보다 AIDS 치료를 받을 권리가 우선한다고 결정한 사람은 누구인가."[198] 물론 이 질문의 답은 빌 게이츠이다.

빌 게이츠가 아프리카 대륙 전역에서 아프리카인들을 대상으로 실행하는 실험은 오랜 세월에 걸쳐 비극을 양산해 낸 헛수고다. 〈로스앤젤레스 타임스〉 기자들은 다음과 같은 한 단락으로 일격을 가한다. "가장 최근 자료인 2006년 데이터를 보면, 아프리카에서 GAVI의 지원과 아동 사망률 사이에는 모순된 관계가 나타난다. GAVI로부터 받은 1인당 기부금 액수가 평균보다 적은 나라에서 아동 사망률이 하락하는 경우가 더 빈번했다. 평균 이상의 지원을 받은 7개국에서는 아동 사망률이 증가했다."[199]

언론 무력화하기

재앙을 초래한 게이츠의 아프리카 모험담에 대한 필러와 스미스의 〈로스앤젤레스 타임스〉 폭로기사는 이제 흘러간 시대의 유물이 되었다. 이처럼 질 높은 탐사보도는 편집자와 프로듀서들이 기자들과 특파원들에게 게이츠에 대한 의구심을 표명하도록 허락했던 구시대의 케케묵은 유산이다. 대놓고 검열이 이루어진 코비드 시대 전에도 게이츠의 자선 행위에 대한 미국 언론매체의 보도는 비굴한 아첨과 과찬이라는 협소한 범위를 벗어나지 않았다. 이는 우연이 아니다. 2006년 무렵, 제약사들로부터 연간 48억 달러에 달하는 광고 수익이 쓰나미처럼 주류 언론매체에 쏟아져 들어가면서 백신에 대해 반론을 제기하는 이들의 목소리는 거의 묻혀버렸다.[200] 2020년 무렵 제약사의 광고비 지출은 953억 달러로 증가했다.[201]

〈로스앤젤레스 타임스〉에 폭로기사가 실린 후 게이츠는 재정적으로 고군분투하는 보도 매체들이 뿌리치기 힘든 기부금을 살포해, 한때 독립적이었던 언론매체들을 무력화하는 데 착수했다. 2020년 8월 〈컬럼비아 저널리즘 리뷰〉에 팀 슈와브(Tim Schwab)가 기고한 폭로기사는 게이츠가 제 역할을 하려는 언론의 의지를 꺾기 위해서 적어도 2억 5천만 달러를 언론매체들에 살포했음을 보여준다. 수혜자는 미국의 국립 공영 라디오(NPR)와 공영 TV 방송국 PBS, 〈가디언〉, 〈인디펜던트〉, BBC, 알자지라, 〈프로퍼블리카〉, 〈데일리 텔레그래프〉, 〈애틀랜틱〉, 〈텍사스 트리뷴〉, 〈가네트〉, 〈워싱턴 먼슬리〉, 〈르 몽드〉, 〈파이낸셜 타임스〉, 〈내셔널 저널〉, 유니비전, 미디엄, 〈뉴욕타임스〉를 망라한다.[202][203] 실제로 빌&멜린다 게이츠 재단(BMGF)은 〈가디언〉의 '세계 개발' 분야 보도 전체를 지원한다. 이 같은 투자 덕분에 게이츠 부부에 대해서 2017년 2월 14일 〈가디언〉에 다음과 같은 표제 기사가 실리게 된다. "빌과 멜린다 게이츠는 어떻게 1억 2천 2백만 명의 생명을 구했나 ─ 그리고 다음으로 어떤 문제를 해결하려고 하나." 가디언은 게이츠와 그의 동업자 워런 버핏을 '수퍼맨과 배트맨'이라고 일컫는다.[204]

BMGF는 언론인 양성과 매체의 논조를 구축하는 효과적인 방안 연구에 수백만 달러를 투자해 세계에 대해 게이츠가 품은 야망을 뒷받침한다. 예컨대, 게이츠는 2015년부터 2019년까지 거의 150만 달러를 탐사보도센터에 기부했다[205] ─ 탐사보도를 저해하려는 의도가 분명하다. 〈시애틀 타임스〉에 따르면, "게이츠가 지원한 프로그램에서 훈련받은 전문가들이 〈뉴욕타임스〉에서 〈허핑턴포스트〉에 이르기까지 각종 언론매체에 게재되는 칼럼을 쓰는 한편, 디지털 매체에서는 언론 보도와 홍보의 경계가 모호해진다."[206]

BMFG는 시애틀에 있는 본부에서 빈번하게 '전략적 매체 동반자' 행사를 개최한다. 〈뉴욕타임스〉, 〈가디언〉, NBC, 국립 공영 라디오, 〈시애틀 타임스〉 대표들이 모두 2013년 행사에 참석했다. 시애틀을 근거지로 활동하는 기자 톰 폴슨에 따르면, 이 행사의 목적은 세계 원조와 개발에 대한 매체의 보도에서 재원 낭비나 부패에 관한 내용을 지양하고 긍정적인 내용의 보도를 강조하는 등 "논조를 개선"하는 일이다.[207] 같은 해 BMGF는 마케팅 부문의 거대 홍보 전문 기업 오길비 앤드 매더(Ogilvy and Mather)에 10만 달러를 주고 "원조는 효과가 있다: 전 세계에 알리라."라는 프로젝트를 맡겼다.[208]

뒤이어 〈네이션〉은 게이츠가 코비드 위기에서 횡재할 여러 기업에 투자했고, 자선사업 부문의 핵심 인사들과 주요 자선단체들이 게이츠와 기업들의 자기 논에 물 대기식의 행태를 비판하기 꺼린다고 보도했다. 게이츠의 위력과 복수심이 두려워 유수한 자선단체들은 이타주의에 수익 창출을 가미하는 게이츠의 행태에 대해 입을 다문다. 그들은 이처럼 게이츠가 비리를 은폐하는 행태를 "빌의 냉각 효과"라고 일컫는다.[209]

게이츠는 플로리다 주에 있는 비영리 저널리즘 학교이자 연구소인 포인터(Poynter) 연구소와 사실 확인 기구들로 구성된 국제 네트워크에도 전략적으로 거액을 투자하고 이들은 게이츠를 공개적으로 비판하는 발언이, 사실이든 아니든 상관없이, '거짓임을 입증'하는 일을 충실히 수행한다.[210]

2008년 PBS 프로그램 〈뉴스 아워(News Hour)〉의 수석 홍보담당관 로브 플린은 "요즘 세계 보건과 관련해서 게이츠의 촉수가 뻗지 않은 부분을 찾기가 힘들다"라고 말했다. 당시에 BMGF가 〈뉴스 아워〉에 350만 달러를 주고 중요한 세계 보건 문제들을 중점적으로 보도할 제작팀을 만들었다.[211]

이러한 투자로 게이츠는 언론의 호의를 산다. 제프 베조스가 소유한 〈워싱턴 포스트〉는 게이츠를 "과학에 기반한 해결책의 챔피언"이라고 일컬었다.[212] 〈뉴욕타임스〉는 그가 "세계에서 가장 흥미로운 인물"이라고 칭송한다.[213] 〈타임 매거진〉은 그를 "우주를 관장할 정도로 막강한 인물"이라고 불렀다.[214] 〈포브스〉는 게이츠를 "억만장자가 어떻게 하면 훌륭한 시민이 되는지 그 기준"을 제시하는 "세계의 구세주"라고 칭한다.[215] 패션 잡지 〈보그〉 편집자들은 존경의 눈길로 게이츠를 바라보면서 "왜 빌 게이츠가 코로나바이러스 대응팀을 이끌지 않는가?"라고 묻는다.[216]

게이츠가 의과내학원은커녕 대학 학부도 졸업한 적이 없다는 사실은 무시한 채, 주류 언론매체들은 게이츠를 '공중보건 전문가'라고 일컫는 BBC를 앵무새처럼 한목소리로 따라 하고, 자기 논에 물 대는 게이츠의 봉쇄령, 마스크 착용, 백신에 대한 조언을 왜

전 세계가 따라야 하는지 의문을 제기하는 이들을 조롱한다. 2020년 4월, 바이러스와 봉쇄령이 미국을 강타하던 때, 게이츠와 파우치는 번갈아 가며 CNN, CNBC, 폭스, PBS, BBC, CBS, MSNBC, 〈데일리 쇼〉, 〈엘렌 드제너러스 쇼〉 등에 출연해 봉쇄령과 백신에 대한 아전인수식 주장들을 늘어놓았다. 두 사람을 인터뷰한 기자들 가운데 아무도 격리 정책을 부추기고 찬양하던 게이츠의 자산이 12개월에 걸쳐 220억 달러 증가한 사실을 그들 방송에 출연한 게이츠에게 들이대지 않았다.

그리고 게이츠가 자기 행동과는 정반대되는 주장을 하면서 그의 주장은 한층 더 한계에 부딪힌다. 게이츠는 조건부 융자, 기업과의 제휴, 상명하달식의 통제, 첨단기술을 이용한 일괄적인 해결책, 특허권 보호를 강조하는데 이는 부유한 나라들과 다국적 기업에 유리한 경향이 있다. "이는 현재 개발 정책이 남반구에서 실패하고 있는 여러 가지 이유 가운데 몇 가지에 불과하다."[217]

맥고이는 이런 질문을 던진다. "진짜로 원조가 적재적소에 흘러들어간다면, 원조의 흐름이 원활하다는 메시지를 효과적으로 전달하기 위한 대대적인 홍보 캠페인을 벌일 필요가 있을까? 좌우 진영을 막론하고 그를 지켜보는 많은 이들은 마케팅 실패가 아니라 '제품' 자체가 문제라고 말한다. 그들은 게이츠의 원조는 효과가 없다고 주장한다."[218]

10장

이롭기는커녕
해로운
자선활동

> "아침에 눈을 떴는데 방에 연기가 자욱하니까,
> 창문을 열어서 환기하고 도로 잠자리에 드는 격이다."
>
> — 이름 모를 의료 전문가

지난 9장에서는 세계 공중보건 전문가들이 빌 게이츠와 파우치 박사가 세계보건기구의 공중보건 의제를 가로채, 전염병을 완화한다고 증명된 정책들(깨끗한 물, 위생, 영양, 경제개발)에 투입되던 해외 원조를 그들의 다국적 기업 동업자에게 신흥 시장을 억지로 개방하고 백신에 대한 그들의 맹목적인 열정을 충족시키는 데 전용했다고 비판하는 목소리를 들어보았다. 이번 장에서는 게이츠가 아프리카와 아시아에 보급하는 백신이 공중보건의 증진에 기여하고 있다는 게이츠의 주장을 살펴보겠다.

위약 대조군 실험 얘기만 꺼내면 경기를 일으키다.

의약품은 대부분 우선 무작위배정 위약 대조군 실험에서 약품을 투여한 실험군과 위약을 투여한 대조군 사이에 — 사망률을 비롯해 — 건강에 미치는 결과를 비교하지 않고서는 허가가 나지 않는다. 2017년 3월, 나는 파우치 박사, 프랜시스 콜린스 박사, 백악관 심판관 한 사람(그리고 별도로 식품의약국 생물학 약제 평가연구센터(Center for Biologics Evaluation and Research, CBER) 소속 피터 막스)과 만나 당시에 보건복지부가 미국 아동들에게 16가지 백신 69회분을 의무접종하게 하는 정책에 대해 항의했다.[1] 이 16가지 백신 가운데 허가가 나기 전에 위약 대조군을 상대로 안전성을 검증하는 실험을 한 백신

이롭기는커녕 해로운 자선활동

은 단 하나도 없다. 파우치 박사와 콜린스 박사는 사실이 아니라면서 그 백신들의 안전성을 검증했다고 우겼다. 그러나 몇 주가 지나도록 그들은 활성 물질이 없는 위약을 투여한 대조군과 백신 투여군을 대조한 단 하나의 임상실험 연구 문헌도 제시하지 못했다.[2] 2017년 10월, 델 빅트리(Del Bigtree)[*]와 애런 시리(Aaron Siri)[**] ― 두 사람 모두 위에서 언급한 모임에 참석했다 ― 는 나와 함께 정보의 자유법에 따라 보건복지부를 상대로 오래전에 약속한 안전성 임상실험 자료를 제시하라고 소송을 걸었다.[2] 우리가 파우치, 콜린스와 만난 지 10개월이 지나, 보건복지부는 법원 앞 중앙 계단에 서서 우리 주장이 사실상 옳다고 시인했다. 의무접종 대상인 아동 백신 가운데 허가받기 전에 위약 대조군 실험을 통해 안전성을 검증한 백신은 단 하나도 없었다.[3] 빌 게이츠가 아프리카에 보급하는 백신들 가운데 가장 널리 보급되는 백신들은 모두 그 의무접종 백신 목록에 있었다. 그러나 빌 게이츠는 아프리카에서는 그보다 훨씬 위험하고 효과가 없는―그리고 서구 국가들이 심각한 안전성 문제로 사실상 거부한― 백신도 사용하고 있었다.

그렇다면 이러한 백신들이 어떤 위험이 있는지 아무도 모르고 있고, 빌 게이츠가 보급하는 백신들이 상해와 사망을 예방하기는커녕 더 일으키는지 확실히 구체적으로 말할 수 있는 사람도 아무도 없다는 뜻이다. 게다가 게이츠가 아프리카에 보급하는 백신은 모조리 실험 단계의 제품들이다. 게이츠와 그의 패거리에게 아프리카 대륙은 그저 대규모 인체 실험장이다. 위약 대조군도 없고 기능적인 데이터 수집 체계도 없이 위험한 의료 처치의 실험을 날조한다. 게이츠 자신이 내린 처방이 사망률을 낮추고 건강을 개선하는 효과가 있는지 측정하거나 증명하기를 완강히 거부하는 게이츠의 행태를 보면 그는 백신이 자신이 주장하는 것처럼 인간의 건강을 개선하는 기적의 약물이 아니라는 사실을 본인도 알고 있는 듯하다.

---

* 비영리단체 <사전동의 행동 네트워크(Informed Consent Action Network, ICAN)> 창립자로서 <The Highwire>라는 팟캐스트 채널을 운영한다. 이 책의 저자 로버트 케네디 Jr.의 오랜 동지다 - 옮긴이

** 식품의약국과 제약사 화이자가 무려 75년 동안 비공개하기로 합의한 코비드-19 백신 임상실험 데이터를 공개하라고 법정소송을 걸어 승소한 변호사로서 백신 상해 분야에 해박하다. 저자 로버트 케네디 Jr.의 오랜 동지다. 법원의 명령으로 지금까지 공개된 화이자의 임상 데이터를 분석한 결과는 <화이자 문서: 화이자가 저지른 반인륜 범죄(The Pfizer Papers: Pfizer's Crimes Against Humanity)>라는 책으로 출간되었다 - 옮긴이

게이츠와 파우치 박사는 그들이 권하는 백신이 건강을 개선하고 사망률을 낮추는 효과가 있는지 살펴보는 실험을 할테니 연구비를 지원해달라면 알레르기 반응을 보이고, 그들의 백신이 '수백만 명의 생명'을 구했다는 주장을 뒷받침하는 경험적 증거도 제시한 적이 없다. 빈약하나마 이 의문을 살펴본 과학적 자료들은 게이츠가 아프리카와 아시아에서 대박을 터뜨린 백신들 — 소아마비, DTP, B형 간염, 말라리아, 뇌막염, 인유두종 바이러스(HPV), b형 헤모플루스 인플루엔자(Hib) — 은 상해와 사망을 예방하는 경우보다 일으키는 경우가 더 많다는 결과가 나온다.

이번 장에서는 빌 게이츠가 아프리카와 아시아에 보급한 대표적인 백신들에 대한 대략적인 비용편익 분석을 해보겠다.

빌과 앤서니의 아프리카 사파리

식민지 시대에 아프리카는 새로운 백신을 실험하는 임상 실험장이었다. 1950년대에 백인 식민지 통치자들은 제약사들을 칙사대접하면서 수백만 명의 고분고분한 아프리카인들을 상대로 백신 임상실험을 했다. 제약회사들은 신약 개발 비용의 90퍼센트를 3단계 인체 실험에 지출한다.[4] 특정 제품의 임상실험이 지연될 때마다 해당 제품이 특허 보호를 누릴 기간이 잠식된다. 따라서 1980년대에 제약사들은 임상실험을 대부분 빈곤한 국가로 이전했다. 기니피그로 쓸 사람을 모집하는 데 비용이 덜 들고 가장 정도가 심각한 상해가 발생해도 실험이 지연되는 경우가 거의 없기 때문이다. 정부가 눈감아주고 기업의 책임을 묻는 법도 허술하므로 백신 제조사들은 상해를 부수적 피해로 일축해 버리고도 아무런 책임을 지거나 대가도 치르지 않는다.

오늘날, 제약사들은 여전히 아프리카를 백신 임상실험을 하고 유효기간이 만료되었거나 하자가 있는 재고를 땡처리하기에 안성맞춤인 지역으로 여긴다.[5] 빌 게이츠는 이러한 관행을 정당화하는 한편 그에게 포섭당했거나 부패한 세계보건기구 관리들과 공모해 서구 국가들을 속여 비용을 대도록 만들고, 자신이 상당한 지분을 소유한 제약사들에게 높은 수익률을 보장해 주는 데 핵심적인 역할을 했다. 게이츠—세계에서 백신에 가장 많은 재정적 지원을 하는 인물[6]—는 세계의 거의 모든 대규모 백신 제조사들과 짭짤한 제휴를 맺고 이들 회사에 집중적으로 투자하고 있다.[7] 빌과 멜린다 게이츠는 아프리카에서 인체 실험하는 전통을 계승했고 세계보건기구는 식민지를 관리하는 가신 역할을 맡았다.

식민지 시대가 막을 내리고 아프리카에 새로 들어선 민족주의 성향의 정부들은 대부분 보건의료를 국가의 최우선 과제로 삼았고, 대부분 자국의 국민에 걸맞은 보건 정책을 개발했다. 1970년대에 국제통화기금(IMF)이 긴축정책을 추진하면서 이 가운데 가장 바람직한 보건 정책들이 파산했고 아프리카 국가들은 거의 전적으로 세계보건기구에 의존해 보건 부서와 중요한 HIV 정책들을 유지했다.[8] 세계보건기구는 국제 원조의 장악력을 이용해 엄격하게 규정을 집행하면서 규정을 준수하는 국가에 보상하는 한편 제약사가 아프리카에서 품은 야심에 저항하는 국가는 처벌했다. 세계보건기구는 기구로 흘러 들어오는 국제 원조 기금을 운용하는 권력을 이용해 백신 접종률이 부진한 아프리카 정부들을 협박했다. 게이츠가 세계보건기구를 장악하면서 아프리카는 게이츠의 영지가 되었고[9] 아프리카 대륙의 인구는 기니피그가 되었다. 빌 게이츠에게 백신 보급은 그의 수많은 백신 관련 사업을 촉진하고 수백만 명의 삶에 영향을 미치는 세계 보건 정책을 좌지우지할 장악력을 안겨준 전략적 자선활동이다.

디프테리아, 파상풍, 백일해(DTP) 백신: 아프리카 흑인 대학살

1970년대, 미국과 유럽에 DTP 백신이 도입된 후 심각한 뇌 손상과 사망의 물결이 일었다.

일찍이 1977년, 영국의 의사들과 연구원들이 〈랜싯〉에 실린 한 연구에서 (DTP 백신에 사용된) 전세포* 백일해 백신의 위험이 야생 백일해와 연관된 위험을 초과한다는 사실을 입증했다.[10]

---

* 전세포 백신(whole-cell vaccine)은 실험실에서 전체세포로부터 만들어 낸 백신으로서 면역체계를 활성화하는 여러 가지 항원이 들어있으며, 특정 항원에 적합한 T-세포 반응을 유도한다 - 옮긴이

6년 후 1983년 국립보건원(NIH)가 지원한 UCLA 대학교 연구에 따르면, 제약사 와이어스(Wyeth)의 DTP 백신을 접종한 아동 300명당 1명이 발작을 비롯해 심각한 뇌 손상을 일으키거나 사망한다고 나타났다.[11] 그 결과 소송이 이어졌고 백신에 보험을 적용한 보험시장이 붕괴하고 산업 전체가 파산할 위기에 처했다. 와이어스 ─ 현재의 화이자 ─ 는 백신 매출에서 벌어들인 1달러당 20달러를 소송에서 잃고 있다고 주장했고, 의회는 1986년 아동 백신 상해 법안을 통과시켜 백신 제조사들을 책임에서 면제하게 되었다.[12]

1985년, 국립과학학술원 산하 의학연구소는 높은 비율의 뇌장애와 사망을 일으키는 전세포파상풍 백신을 파기하라고 권고했다.[13] 1991년, 미국, 유럽연합, 일본은 훨씬 안전하고 (그러나 효과는 덜 한) 죽은 세포(약화 된) 백신 ─ DTaP ─ 으로 전환하고 DTP 백신 사용을 중단했다.[14] 서구 국가들은 DTP 사용을 중단했지만, 세계보건기구는 제약사들에게 재량권과 현금을 주고 아프리카, 아시아, 중앙아메리카에 ─ 치명적인 부작용이 있다는 강력한 증거가 있는데도 ─ 독성이 강한 DTP 재고를 처분하도록 내버려 두었다.[15]

기존의 DTP는 위험하지만, 제조 비용이 더 적게 들고 따라서 수익성도 더 높았다. 2002년 이후 게이츠와 그를 대리하는 세계백신면역연합(GAVI), 세계보건기구, 글로벌 펀드는 DTP를 아프리카 백신 정책을 대표하는 백신으로 지정하고 신경독성이 강하고 치명적인 이 백신을 해마다 1억 5천 6백만 아프리카 아동들에게 계속 접종했다.[16][17] 세계보건기구가 DTP를 ─ 세계보건기구의 백신접종 정책을 국가가 준수하는지 가늠하는 ─ 대표적 백신으로 사용하면서 DTP 백신은 지구상에서 가장 널리 보급된 백신이 되었다.[18] 전 세계 각국 보건 담당 부서들은 DTP 접종 권고에 따라 구체적인 접종률을 달성해야 세계보건기구로부터 HIV를 비롯한 다른 지원을 받을 자격이 주어졌다.

2017년 이전에는 미국 보건복지부도 세계보건기구도 DTP 백신이 실제로 게이츠가 툭하면 주장하는 것처럼 건강에 유익한지 확인하는 연구를 하지 않았다. 그해 덴마크 정부와 스칸디나비아 지역의 백신 전문 조직인 덴마크 국립 혈청 연구소(Statens Serum Institut)와[19] 덴마크 다국적제약사 노보 노디스크(Novo Nordisk)는 저명한 스칸디나비아 과학자 쇠렌 모겐센(Søren Mogensen)과 피터 아비(Peter Aaby) ─ 두 사람 다 아프리카 백신 정책의 강력한 지지자이다 — 에게 의뢰해 세계적인 연구원들과 함께 DTP 접종 후 모든 원인 사망률(all cause mortality)을 살펴보도록 했다.

이 대규모 연구를 통해 DTP 백신이 수백만 명의 생명을 구했다는 말을 주문처럼 외우는 게이츠의 주장은 거짓임이 드러났다. 2017년 6월, DTP 연구팀은 동료 학자들의 심사를 거친 연구 결과를 엘스비어 출판사 계열의 권위 있는 학술지 〈이바이오메디신(EBioMedicine)〉에 실었다. 이 논문은 특정 연령 집단의 절반은 백신을 접종하고 절반은 접종하지 않은 서아프리카의 기니비사우 공화국(Guinea Bissau)의 이른바 '자연적 실험'에서 수집한 데이터를 분석했다. 접종 군과 비접종 군은 무작위로 배정되었다.

이 2017년 DTP 연구(Mogensen 외 다수, 2017)[20]에 따르면, 생후 3개월에 DTP를 접종한 아동들을 추적한 결과 백신접종 여아의 사망률이 비접종 여아의 사망률보다 10배가 높았다. 접종 여아들은 각종 질병 — 폐렴, 빈혈, 말라리아, 이질 — 으로 죽어가고 있었고, 20년 동안 죽어가는 이 아동들 압도적 다수가 백신을 접종했다는 사실을 아무도 눈치채지 못했다. DTP 백신은 — 디프테리아, 파상풍, 백일해로부터 아동을 보호할지는 모르지만 — 아동들의 면역체계를 무너뜨려 백신의 표적이 아닌 치명적인 각종 감염 질환에 취약하게 만들었다. 모겐센의 연구팀은 40년 전인 1977년 〈랜싯〉에 게재된 논문의 연구팀이 내린 결론과 똑같은 다음과 같은 결론을 내렸다. "DTP 백신은 디프테리아, 파상풍, 백일해로부터 구하는 아동의 수보다 더 많은 수의 아동을 다른 원인으로 죽게 만든다."[21]

다시 말해서, 게이츠의 DTP 백신은 — 그가 주장하는 것처럼 1,000만 명의 목숨을 구하기는커녕[22] — 수백만 명의 아프리카 소녀들을 불필요하게 죽음으로 내몰았을 가능성이 있다. 적어도 7건의 다른 연구논문들도 DTP를 접종한 여아들의 — 비접종 여아들보다 — 높은 사망률과 백신접종의 연관성을 확인했다.[23] 게이츠의 아프리카 백신 프로젝트에 기부한 이상주의적인 미국인들은 — 자신들이 아프리카의 아기들을 구한다고 믿었겠지만 — 실제로는 대륙 차원의 여성 학살에 자금을 지원하고 있었던 셈이다.[24]

연구를 종결하고 충격적인 결과를 확인한 후 피터 아비 — 아프리카 백신 연구자들에게 사실상 신과 같은 존재 — 는 잘못을 뉘우치고 세계보건기구에 DTP 백신 보급을 재고하라고 강력히 호소했다. 그는 "여러분은 대부분 우리가 백신이 어떤 일을 하는지 안다고 생각하겠지만, 그렇지 않다."[25]

게이츠, 세계보건기구, 세계백신면역연합은 아비의 호소를 무시하고 한술 더 떠 DTP 백신접종을 확대하고 이 여아 살해 백신에 대한 지지를 규합하는 노력을 배가했다. 〈랜싯〉은 아프리카 DTP 백신 프로그램을 공중보건의 개가라고 찬양하는 논평을 실었는데, 이 논평은 게이츠 재단의 전권을 위임받은 크리스토퍼 일라이어스(Christopher Elias), 앤서니 파우치 박사, 게이츠가 지원하는 각종 콘소시엄 소속 세 명의 하수인, 세계보건기구 사무총장 마거릿 챈, 유니세프 사무총장 앤서니 레이크, 세계백신면역연합의 세스 버클리 등이 공동으로 작성했다. 이 협잡꾼들은 DTP가 세계의 복지를 증진하는 빛과 같은 존재라고 주장하면서 (DTP 백신 3회 접종률로 측정했을 때) "역사상 유례없는 높은 수준으로 전 세계적으로 점점 더 많은 아동이 백신을 접종하고 있다."라고 허풍을 떨었다.[26] 이 랜싯 프로젝트는 아비의 평판을 깎아내리고 명예를 실추시키려는 의도도 있었다.

보건의료 정책의 효과를 분석하는 독립적인 비영리단체 코크란 공동연구소(Cochrane Collaboration) 창립자인 피터 괴체(Peter Gøtzsche)는 위의 논평을 전문가입장에서 검토한 후 세계보건기구가 DTP 백신의 위험성을 축소한다고 비판했다. 그는 세계보건기구가 DTP 백신의 치명적인 불특정 효과를 드러낸 연구논문들은 일축하고 홍역 백신의 긍정적인 불특정 효과를 드러낸 논문들은 받아들였다면서, 세계보건기구는 "백신의 긍정적인 효과만 수용하는 일관성 없고 편파적인 태도를 보인다. 세계보건기구는 연구 결과가 마음에 들면 받아들이고 못마땅하면 받아들이지 않는다."라고 말했다.[27] 괴체 박사는 모겐센과 아비의 논문이 "게이츠가 날조한 〈랜싯〉 연구보다 모든 면에서 월등하다."라고 말했다.

게이츠와 그의 세계보건기구 하수인들은 DTP 접종률이 목표치(90퍼센트)에 도달하지 못하면 보건 부서와 HIV 프로그램에 대한 재정적 원조를 중단하겠다고 아프리카 국가들을 윽박질러 치명적인 DTP 백신을 여전히 접종하게 만들고 있다.

가열되는 수은(Mercury) 논쟁

저개발 국가에 보급되는 많은 백신은—B형 간염, b형 헤모필루스 인플루엔자, DTP 백신을 포함해서—수은이 기반인 방부제이자 보조제(adjuvent)* 타이메로살(thimerosal)이 함유되어 있다.[28]

1986년 백신 법안의 면책조항 덕분에 미국 제약사들은 날조한 임상실험을 통과한 백신을 판매하고도 대가를 치르거나 결과에 책임을 지지 않게 되었다. 제약사들은 이 황금 같은 기회를 이용해 수익성 높은 새로운 백신을 의무접종 목록에 추가했고, 1991년 무렵 백신 방부제 타이메로살을 통해 미국 아동들이 노출되는 수은의 양이 두 배로 증가했다.[29] 부모, 의사, 연구자들은 신경질환과 자가면역질환의 폭발적 증가의 원인으로 타이메로살을 지목했다.

1986년을 기점으로 아동들 사이에서 신경발달 장애, 알레르기, 자가면역질환들이 폭발적으로 증가하자 질병통제예방센터는 백신 안전성 데이터링크에 저장된 10대 의료보험기관들의 방대한 건강과 백신접종 데이터를 이용해 자체적인 조사에 착수했다. 벨기에 역학자 토머스 페어스트라튼(Thomas Verstraeten)을 필두로 특별히 꾸려진 질병통제예방센터 연구팀은 접종 아동과 비접종 아동 수십만 명의 건강 상태를 비교했다. 페어스트라튼의 1999년 질병통제예방센터 연구에서 비롯된 가공하지 않은 데이터를 보면 생후 30일에 타이메로살이 함유된 B형간염 백신을 접종한 아동이 비접종 아동보다 자폐증을 앓는 비율이 무려 1,135퍼센트 높았다.[30] 페어스트라튼은 그 밖에도 타이메로살에 노출된 아동들에게서 ADD/ADHD, 언어 발달장애, 안면경련, 수면장애를 비롯해 온갖 심각한 신경적 상해를 발견했다. 페어스트라튼은 이러한 충격적인 안전성 문제를 발견하고 공개된 의료 문헌들을 검토했고, 이를 통해 수은(타이메로살)의 심각한 독성이 이러한 상해를 일으킨다는 생물학적으로 개연성이 있는 결과를 얻었다.

그 당시 이미 450편이 넘는 과학 논문이 타이메로살의 심각한 독성을 입증해 주고 있었다.[31] 테스토스테론이 수은 분자의 신경독성을 증폭시키므로 압도적으로 높은 비

---

* 면역반응을 촉진하는 물질 - 옮긴이

율의 소년이 타이메로살에 함유된 에틸수은에 노출된 후 지능지수 저하와 함께 ADD, ADHD, 안면경련, 투렛증후군, 기면발작, ASD, 자폐증 등의 각종 발달장애를 일으켰다. 수많은 연구가 타이메로살을 유산, 영아돌연사와 연관 지었다. 타이메로살의 안전성을 입증했다고 알려진 연구는 단 한 편도 없다.

2017년, 영화배우 로버트 드 니로와 나는 워싱턴 D.C.에 있는 내셔널프레스클럽이 발 디딜 틈도 없이 청중이 들어찬 가운데 기자회견을 열었다. 우리는 타이메로살이 안전하다는 연구 논문을 찾아내는 사람에게 10만 달러의 상금을 주겠다고 제안했다. UCLA 공중보건대학원 역학/통계학 명예 교수 샌더 그린랜드 박사, 독물학자이자 국립환경건강과학연구소 환경 독물학 프로그램 소장을 지낸 조지 루시어 박사, 그리고 사이먼 프레이저 대학교와 브리티시컬럼비아 아동병원의 브루스 랜피어 박사를 비롯해 명망 있는 과학자들이 그러한 연구를 평가하기로 했다. 그러나 상금을 타간 사람은 없었다.

2001년, 의학연구소는 아동에게 접종하는 모든 백신에서 타이메로살을 제거하라고 권고했다. 의학연구소의 권고에 따라 백신 제조사들은 2001년을 시작으로 미국에서 여러 회 접종하는 독감백신을 제외하고 아동 백신 ― b형 헤모필루스 인플루엔자, B형 간염, DTP ― 에서 타이메로살을 제거했다. 일본과 유럽 정부들은 일찍이 1993년에 이미 자국의 백신에서 수은 함량을 급격히 줄였다.

유럽과 미국의 수은 제한으로 제약사들은 재고를 처리하고 발이 묶인 자산 ― 수은 기반 백신 제조에 특화된 수억 달러에 달하는 생산시설 ― 을 금전화할 새로운 방안을 모색하느라 골머리를 앓게 되었다. 빌 게이츠가 제약사를 구하러 나섰다. 게이츠는 제약사들이 타이메로살 재고를 개발도상 국가들에다가 처분하도록 도왔다. 머크는 빌 게이츠와 세계백신면역연합의 도움을 받아 타이메로살이 함유된 자사의 리콤비백스 HB(Ricombivax HB) B형간염 백신 100만 회분을 아프리카 국가들을 대상으로 한 밀레니엄 백신 구상에 기부(땡처리)했다. 2000년 3월 3일 클린턴 백악관은 기업의 배를 불려주는 게이츠의 이러한 기업복지구상을 '전례 없는 수준의 기업 지원'이라고 칭송했다.[32]

수은이 함유된 아동용 백신들 사용이 서구 국가에서는 중단됐는데도, 빌 게이츠와 세계보건기구는 그들의 막강한 힘을 이용해 아프리카 아동들이 강제로 이 위험한 백신들을 접종하게 했다. 테스토스테론 수위가 높고 만성적인 비타민 D 결핍인 아프리카 소년들이 백인보다 훨씬 더 백신과 타이메로살로 인한 상해에 취약하다는 강력한 증거가 있다.[33][34] 제약사가 수익을 올리는 한, 사망하거나 뇌가 손상된 아프리카의 아기들은 그저 부수적인 피해에 불과하다.

2012년 파우치 박사는 한 기자가 게이츠와 협력하면 좋을 만한 사례를 하나 들어보라고 하자 달관한 듯한 답변을 했다. 그는 게이츠와 세계백신면역연합(GAVI)이 협력해 아프리카에 보급되는 백신에서 타이메로살을 제거하는 프로젝트를 하면 어떨까 한다며 다음과 같이 대답했다. "지금 사용되는 타이메로살은 수은에 대한 우려 때문에 눈총을 사고 있다. 따라서 세스(게이츠의 GAVI 사무총장 세스 버클리)와 나는 이러한 여러 회분이 담긴 백신에서 타이메로살을 대신할 방부제를 모색하는 방안을 논의했다. 더는 타이메로살과 연관된 짐을 떠안지 않게 말이다."[35] 그가 말한 '짐'은 신경 상해를 입은 수백만 명의 아프리카 아동들을 뜻하는 게 분명했다.[36] 그가 말한 이 협력은 태어나기도 전에 사망한 가상의 백일몽에 그쳤다. 8년이 지나 아프리카인들은 여전히 독성이 강한 짐을 짊어지고 있다. 온몸을 짓이길 정도로 — 종종 사망에 이르는 — 무거운 짐이다.[37]

치명적인 말라리아 백신 실험

말라리아는 한 해에 655,000명의 생명을 앗아가는데, 대부분이 5세 이하의 아프리카 아동들이다.[38] 2010년, 게이츠 재단은 글락소스미스클라인이 "아직 면역체계가 발달하고 있는 어린 아동들을 겨냥해" 아프리카 7개국에서 자사의 실험단계 말라리아 백신 모스키릭스(Mosquirix)의[39] 3단계 임상실험을 하는데 3억 달러를 지원했다.[40] 글락소스미스클라인은 5억 달러를 댔고, 파우치의 국립알레르기전염병연구소(NIAID)는 각종 연구지원금 형태로 수천만 달러를 보냈다. 그보다 액수는 적지만 미국의 국제개발처(USAID), 질병통제예방센터, 영국의 웰컴 트러스트도 돈을 보냈다. 게이츠는 글락소스미스클라인에 상당한 지분을 보유하고 있다.[41] 게이츠가 지원하는 이 연구팀은 백신이 치명적일 가능성이 크다고 예상한 듯 위약 대조군을 상대로 실험하지 않기로 했다. 대신 그들은 강한 면역반응을 유발하는 뇌막염과 공수병 백신과 비교 실험하기로 했다. 뇌막염 백신은 수많은 상해와 사망을 일으키는 백신으로 악명이 높았다. 면역반응을 유발하는 위약(placebo) — 이른바 가짜 위약(fauxcebo) — 을 이용하는 수법은 위약 대조군에서 일부러 상해를 유발하는 사기 행위다. 활성 물질이 함유되지 않은 진짜 위약을 빠뜨리는 임상실험은 과학으로 위장한 마케팅 술수다. 아프리카 영아 151명이 이 임상실험에서 사망했고, 5,049명 가운데 — (가짜)위약을 투여한 대조군과 백신을 투여한 실험군 둘 다 합해서 — 1,048명의 영아가 마비, 발작, 열성경련 등 심각한 부작용을 겪었다.[42]

글락소스미스클라인 백신을 세계적으로 유통하는 데 필요한 세계보건기구의 승인을 확보하기 위해 안달이 난 빌&멜린다 게이츠 재단은 이러한 실험들에서 나온 치명적인 결과를 제쳐둔 채 이 실험이 약간 실망스럽지만, 희생자가 나오든 말든 계속 이 프로젝트를 추진하겠다고 선언했다. "우리가 바랐던 정도 보다 효과가 저조한 결과가 나왔지만, 균과 싸우는 백신을 개발하는 일은 매우 어렵다. 임상실험은 계속되고 있고 우리는 더 많은 데이터를 수집해 이 백신을 보급할지 그리고 어떻게 보급할지 결정할 예정이다." 게이츠는 결함투성이인 글락소스미스클라인의 연구에 2억 달러를 추가로 지원함으로써 그의 결의를 과시했다.[43]

게이츠가 인심을 후하게 썼는데도 글락소스미스클라인의 임상실험 사기꾼 연구자들은 이 영아살해 백신에서 겨우 30퍼센트 효과밖에 끌어내지 못했다.[44] 그러나 게이츠는 이에 아랑곳하지 않고 2019년 사하라사막 이남 아프리카 지역에서 모스키릭스를 최초의 말라리아 백신으로 보급했다. 아니나 다를까, 이는 또 하나의 '소녀 학살' 프로젝트였다. 〈사이언스〉에 따르면, "모스키릭스의 효과와 지속성은 시원찮았다. 4회분 접종의 심각한 말라리아 예방 효과가 겨우 30퍼센트이고 효과는 4년이 채 지속되지 못했다. 그러나 가장 큰 우려는 백신의 안전성이다."〈영국의학학술지〉 부편집인 피터 도시(Peter Doshi) 박사가 지적했듯이, "모스키릭스를 투여한 이들은 투여하지 않은 이들에 비해 10배나 더 뇌막염을 일으키고, (어떤 이유에서든) 사망할 위험이 두 배로 증가한다." 도시 박사는 세계보건기구의 말라리아 백신 연구는 "국제 윤리 기준을 심각하게 위반"했다고 말한다.[45] 명백히 위험이 드러나자 이를 우려한 세계보건기구는 빌&멜린다 게이츠 재단의 기대와는 달리 아프리카 전역의 1억 명에게 이 백신을 보급하려던 계획에서 후퇴해 말라위, 가나, 케냐에서 수십만 명의 아동에게 접종하는 소규모 파일럿 프로그램을 실시하기로 했다.[46]

전 세계 바이러스 전문가와 학자들은 게이츠가 지원한 모스키릭스와 관련된 사망에 대해 입을 다물고 있었다. 게이츠의 두둑한 돈주머니, 그의 화려한 인맥, 그가 바이러스학 카르텔에 휘두르는 권력, 그리고 아프리카 정부들의 나약함과 절실한 원조로 인해 다시 한번 게이츠는 수많은 아동의 죽음에 대한 책임을 면했다. 도시 박사는 목소리를 냈지만 말이다.

치명적인 뇌막염 백신 실험

2010년, 게이츠는 사하라사막 이남 아프리카지역에서 멘아프리백(MenAfriVac) 캠페인을 지원했다. 게이츠 하수인들은 아프리카 아동 수천 명에게 강제로 뇌막염 백신을 접종했고 접종한 500명당 50명이 몸이 마비되었다.[47] 남아프리카 언론들은, 추가로 다른 학대 사례들도 언급하면서, "우리는 제약사들의 기니피그다."라고 말했다.[48] 남아프리카공화국의 넬슨 만델라 정부에서 일한 정치경제학자 패트릭 본드(Patrick Bond) 교수는 게이츠의 꼴사나운 사업—게이츠 재단이 행하는 자선활동 관행과 추구하는 의제—을 "무자비하고 부도덕하다."라고 말한다.[49]

인구와 불임 백신

20세기 초 미국에서는 우생학이 점점 큰 호응을 얻고 있었다. 우생학은 전형적인 북유럽 백인을 선호하고 '부적격한' 인간들을 제거하려는 인종차별주의적 사이비 과학이다. 미국 27개 주 주 정부는 이 우생학의 요소를 공공정책에 반영해 불임시술을 강제하고 인종 분리법을 시행하고 서로 다른 인종 간의 결혼을 제약했다. 우생학을 실천한 당국자들은 6만 명의 미국인에게 강제로 불임시술을 했다.[50]

존 D. 라커펠러 주니어의 우생학에 대한 지대한 관심은 인구 조절에 대한 그의 열정에도 묻어났다. 이 석유왕 후손은 미국 우생학 협회에 가입했고 사회 위생국(Bureau of Social Hygiene) 수탁자 역할을 했다. 라커펠러 재단은 1920년대와 1930년대 초 수백 명의 독일 연구자들에게 거액을 기부했는데, 이 가운데는 히틀러의 악명높은 '쌍둥이 연구'를 실행한, 베를린에 있는 〈인류학, 인간의 유전과 우생학 카이저 빌헬름 연구소〉의 연구자들도 있었다.[51] 라커펠러 재단은 진주만 공격 직전에 나치 독일의 의료기관에 대한 기부를 삭감했지만, 라커펠러는 우생학 운동 추진에 성공하면서 이미 아돌프 히틀러를 사로잡았다. 히틀러는 나치 동지들에게 다음과 같이 말했다. "이제 유전의 법칙들을 알게 되었으니, 건강하지 못하고 심각한 장애가 있는 이들이 이 세상에 태어나는 불상사를 막을 수 있다. 나는 미국의 여러 주에서 인종 전체에게 아무런 가치도 없거나 해로운 후손을 볼 가능성이 있는 사람들의 자손생산을 예방하는 법을 집행하는 현황을 유심히 지켜보았다."[52]

1950년대 초, 라커펠러 재단은 인도에서 생식에 관한 연구를 했는데, 역사학자 매튜 코널리(Matthew Connolly)는 이를 "미국 사회과학이 오만함의 극치를 보여준" 사례라고 평가한다. 라커펠러 재단은 하버드 공중보건 대학원, 인도 보건부와 협력해 펀잡 지방의 카나에 있는 7개 마을 부족 8,000명을 대상으로 피임약이 임신율을 급격히 낮추는지 실험했다.[53] 린지 맥고이에 따르면, "이 마을 사람들은 실험실 동물 같은 취급을 당했고, 한 달에 한 번씩 취조를 당했을 뿐 다른 관심은 전혀 받지 못했다."[54]

라커펠러의 연구자들은 펀잡 주민들에게 그들이 복용하는 알약이 여성의 임신을 막는다고 알려주지 않았다. 맥고이는 마을 사람들이 그들이 믿고 복용한 약이 불임을 일으킨다는 사실을 알고 "충격"을 받고 "낙담"하고 "분개"했다면서, "일부는 그들이 장래에 후손을 볼 능력을 제한하려는 시도에 격분했다."라고 말한다.[55]

그 후 20년에 걸쳐 라커펠러 재단은 인도를 비롯해 여러 지역에서 빈번하게 임신 방지 프로그램을 실행해 의사, 인권운동가, 빈곤 퇴치 전문가들의 원성을 샀고, 그들은 인도와 아프리카 마을 사람들이 대가족이 꼭 필요하게 만드는 고질적인 빈곤의 현실을 무시한 채 인구 증가에만 집중한다며 라커펠러 재단을 비판했다.[56]

맥고이는 이렇게 덧붙였다. "오늘날, 게이츠 재단은 라커펠러 재단의 카나 연구에 쏟아졌던 비판과 비슷한 비판에 직면하는 의료 실험에 돈을 쏟아붓고 있다. 과거의 자선재단들과 마찬가지로 게이츠 재단도 금전적 정치적 영향력을 이용해 외국의 정책에 개입하고도 아무런 처벌도 받지 않고 그가 지원하는 실험이 잘못돼도 끄떡없다."[57]

인구 감소에 대한 게이츠의 병적인 집착은 집안 내력이다. 그의 부친 빌 게이츠 시니어는 시애틀에서 저명한 기업 전문 변호사이자 평생 '인구 조절'에 집착해 온 시민운동 지도자이다. 게이츠 시니어는 1916년 인종차별주의 우생학자 마거릿 생어(Margaret Sanger)가 피임과 불임 시술을 촉진하고 "인간쓰레기"를 청소하고[58] "순혈 인종을 창조"하기 위해[59] 설립한 신진보주의 단체 가족계획연맹(Planned Parenthood)의 전국 이사회 이사로 참여했다. 생어는 불임 수술 등 여러 수단을 동원해 장애가 있는 이들의 생식 활동을 막음으로써 "부적격한 이들을 제거해 유전자군을 정화하게 되기를 바란다."라고 말했다.[60]

1939년, 생어는 인종차별주의적인 니그로 프로젝트(Negro Project)를 창설하고 지휘했는데, 이를 통해 전략적으로 흑인 목사들을 포섭해 신도들에게 피임을 설파하는 데 그들이 주도적인 역할을 하게 했다. 생어는 자신의 우생학 동지인 클레런스 갬블(프록터&갬블(Procter& Gamble)의 상속인이자 의사)에게 보낸 편지에서 이렇게 말했다. "우리가 니그로(negro) 인구를 멸절시키려 한다는 소리가 바깥으로 퍼지면 안 된다. 만약 그런 일이 생기면 흑인 목사가 강하게 저항하는 흑인들에게 알아듣게 타이르는 역할을 할 수 있다."[61]

게이츠는 2003년 언론인 빌 모이어스와의 인터뷰에서 이렇게 말했다. "내가 어렸을 때 부모님은 항상 여러 가지 자원봉사 활동에 관여했다. 아버지는 가족계획연맹 책임자도 맡았다. 이에 대해 상당히 논란이 많았다."[62]

게이츠의 부친은 2015년 〈살롱〉과의 인터뷰에서 자신은 "어려서부터 인구과잉 문제에 관심이 있었다."라고 말했다.[63] 1994년, 게이츠 부친은 윌리엄 H. 게이츠 재단을 설립했고(게이츠 집안이 설립한 최초의 재단이다) 개발 도상 지역의 생식과 아동 건강에 초점을 두었다. 인구 조절은 그의 아들 빌 게이츠가 자선사업을 시작할 때부터 지금까지 지대한 관심을 기울이는 분야다.

게이츠는 인구과잉에 대한 자신의 깊은 우려를 드러내는 공개적인 발언과 투자를 이어왔다. 그는 인구 폭발의 암울한 미래를 예언한 〈인구 폭탄(The Population Bomb)〉 저자 파울 에를리히(Paul Erlich)를 존경하고 지지한다고 말한다. 게이츠는 에를리히를 "세계에서 가장 저명한 환경재앙 카산드라"라고 묘사하는데, 불행이나 재앙을 정확하게 예측하는 선지자라는 뜻이다.

그런데, 나는 자원은 산술급수적으로 성장하는데 동시에 인구는 기하급수적으로 폭발하면 우리는 모두 악몽 같은 맬서스주의적인(Malthusian) 디스토피아에 도달한다는 게이츠의 우려에 공감한다. 그러나 빈곤한 사람들을 속여 그들이 원치 않는 위험한 피임 프로그램에 참여하게 만드는 강제적이고 기만적인 술수를 쓰고도 가책을 느끼지 않는 그를 보면 마음이 심란하다. 인구성장을 멈추는 데 효과적이라고 입증된 방법은 빈곤을 완화하고 여성의 권리를 신장하는 길이다. 일할 대안이 있는 여성들은 연달아 출산하는 위험한 길을 선택하는 경우가 드물다. 안정적인 중산층이 있는 나라는 거의 예외 없이 출산율이 인구 대체율을 밑돈다. 빌 게이츠가 부주의하게 공개적으로 내뱉는 발언과 그가 습관적으로 지원하는 프로그램들의 성격을 보면 게이츠는 피부색이 짙고 사회 주변부로 밀려난 여성들에게 제대로 된 정보도 제공하지 않고 사전동의도 얻지 않은 채—위험한 불임 백신을 몰래 투여하는 방법 등으로—그들을 불임으로 만드는 사기성 비밀 캠페인에 깊이 관여해 왔음을 시사한다.

2010년 2월 20일, 게이츠가 세계보건기구에 100억 달러를 쾌척한다고 동네방네 떠든 후, 한 달이 채 지나지 않아, 캘리포니아 롱비치에서 '혁신으로 인구성장 제로 달성'이라는 제목으로 열린 TED 강연에서 그는 세계 인구성장을 줄이는 목표 달성에 '새로운 백신'이 이바지할 수 있다고 주장하면서 다음과 같이 말했다:[64]

> 오늘날 세계 인구는 68억 명이다. 이 추세로 가면 90억 명에 다다를 것으로 보인다 (여기서 그는 Bryant 외 다수의 논문을 거의 그대로 인용한다). 새로운 백신 개발, 보건 의료, 생식 건강 서비스에서 성과를 올린다면 이 예측치를 아마 10 또는 15퍼센트 정도 줄일 수 있다.[65][66]

게이츠가 재정적으로 뒷받침하는 '사실 확인' 단체들을 포함해 게이츠를 옹호하는 이들은 게이츠의 2010년 발언을 그가 백신으로 인구를 줄이려 한다고 곧이곧대로 해석해 비판하는 이들을 비웃는다. 그들은 게이츠가 이런 어설픈 발언을 통해서 생명을 구하는 백신으로 더 많은 영아가 생존해 성인으로 성장하게 되므로 가난한 부모들이 그렇게 많은 자녀를 두지 않아도 된다고 안심시키려는 것이라고 주장한다. 그러나 그들의 이러한 가정은 그의 백신이 아동 사망률을 줄인다는 거짓 주장을 토대로 한다. 그의 독특한 어휘 선택은 당연히 그가 백신으로 여성을 불임으로 만드는 사전 모의 캠페인에 가담하고 있다는 추측에 불을 지폈다. 불임을 유발하는 약품을 사용하는 그의 미심쩍은 기행과 세계보건기구가 은밀히 불임 백신을 널리 사용한 사실 미루어볼 때 그런 의심을 충분히 살 만하다.

디포-프로베라(Depo-Provera) : 잔인한 역설

인구 조절은 게이츠가 재단을 설립 이후로 계속 가장 몰입해 온 과제다. 1999년 게이츠가 유엔인구기금에 기부한 22억 달러는 게이츠 재단에 기부한 금액의 두 배였다.[67] 같은 해, 그는 2,000만 달러를 존스 홉킨스 인구 센터 설립에 지원했다.[68]

2017년 게이츠 재단은 빈곤 국가의 2억 1천 4백만 여성에게 피임약을 투여한다는 목표를 채택했다.[69] 1967년 디포-프로베라가 발명된 이후 인구 계획 담당자들은 이 약물을 주로 미국의 빈곤층과 흑인 여성에게 투여해 왔다. 미국에서 디포-프로베라 사용자의 84퍼센트는 흑인 여성이고 74퍼센트는 저소득층이다.[70] 디포-프로베라를 가장 많이 보급하는 가족계획연맹은 마케팅 캠페인에서 특히 흑인[71]과 라틴계 여성들[72]을 겨냥한다. 유엔의 데이터에 따르면, 디포-프로베라는 백인이나 부유층 여성, 또는 미국이나 유럽의 소녀들에게는 거의 투여되지 않는다.

디포-프로베라는 강력한 독성 물질로서 여러 가지 끔찍한 부작용을 일으킨다. 연방법에 따라, 디포-프로베라는 식품의약국의 가장 엄격한 블랙박스 경고문을 레이블에 부착해야 한다. 치명적인 골 손실을 유발할 가능성이 있기 때문이다. 게다가 이 약을 투여한 여성들은 생리를 건너뛰고 생리혈 과다를 겪는다. 팔, 다리, 폐, 눈에 혈전, 체중 증가,

자궁외임신, 우울증, 탈모, 성욕 감퇴, 영구불임 등도 겪는다.[73] 디포-프로베라가 유방암 위험의 급격한 상승(200퍼센트)과 연관이 있음을 보여주는 연구 결과들도 있다.[74] 식품의 약국은 여성들에게 디포-프로베라를 2년 이상 투여하지 말라고 경고하지만, 게이츠의 프로그램은 이를 적어도 4년 동안 — 또는 무한정 — 아프리카 여성들에게 처방하고 이 약물의 수많은 부작용에 대해서는 알려주지 않으려고 온갖 술수를 쓴다.[75]

1994년부터 2006년 사이, 빌과 멜린다 게이츠는 라커펠러 재단, 앤드루 W. 멜론 재단, 인구위원회, 국제개발처(USAID)와 의기투합해 나브롱고 마을을 비롯해 가나 여러 지역에 거주하는 약 9,000명의 빈곤층 여성에게 디포-프로베라를 투여하는 거창한 가족 계획 실험을 지원했다(USAID가 가족 계획을 뒷받침하는 원칙은 "자발적 참여와 피험자가 실험에 대한 정보를 전달받고 동의하는 사전 동의"라고 했지만, 이 원칙이 늘 지켜지지는 않았다).[76]

2011년 레베카 정의 프로젝트(Rebecca Project for Justice)가 이들의 협력에 대해 폭로한 "터스키기 하청 사업: 아프리카에서 행한 사전 동의 없는 실험"에 따르면, 게이츠의 연구자들은 나브롱고 여성들에게 "일상적인 보건의료 검진" 그리고—또는 "사회적 관찰"을 받는다고 거짓말로 속였다 — 그들에게 인구 조절 실험에 참여한다고 알려주지 않았다.[77] 게이츠의 연구자들은 디포-프로베라를 투여한 여성들에게 사전 동의서를 받지 않음으로써 미국의 연구 관련 법을 위반했다. 그들은 무려 6년 동안 계속된 인체 실험을 기관평가위원회의 승인도 받지 않고 진행했다. 게이츠의 책임연구원 제임스 필립스(James Phillips) 박사의 지시에 따라 화이자와 게이츠 휘하의 동료 연구자들은 연구 데이터를 조작하고 날조해 디포-프로베라의 안전성을 '입증'하는 사기를 쳤다.[78] 그런 '증거'를 토대로, 2011년 게이츠는 이 프로젝트를 확대해 사하라사막 이남 아프리카 전역에 걸쳐 1,200만 여성에게 디포-프로베라를 보급하기로 했다.[79] [80]

같은 해인 2011년, 빌&멜린다 게이츠 재단과 국립보건원이 지원하고 게이츠가 장악한 워싱턴 공중보건 대학원 연구팀의 연구논문(Heffron 외 다수)이 2012년 〈랜싯 전염병〉에 실렸는데, 디포-프로베라를 주입한 아프리카 여성들이 주입하지 않은 여성들보다 HIV/AIDS 감염 확률이 훨씬 높다고 밝혔다. 디포-프로베라 주사를 맞는 여성은 HIV 감염되고 HIV를 전염시킬 위험이 두 배로 증가했다.[81] 이는 그리 놀라운 결과가 아니다.

24년 동안 여러 연구를 통해서 디포-프로베라가 질 벽의 두께를 얇게 해서 HIV 전염이 쉬워진다는 사실이 입증되었다. 게다가 위의 연구자들은 디포-프로베라를 투여한 여성이 자신과 성관계를 하는 사람에게 HIV/AIDS를 전염시킬 확률도 높아진다는 결과도 얻었다. 게이츠가 지원한 연구인데도, 이 연구의 책임저자 르네 헤프런(Renee Heffron) 박사와 동료 연구자들은 HIV에 감염된 여성들에게 디포-프로베라의 심각한 위험을 알리고 프로제스테론 기반이 아닌 다른 피임 방법을 권해야 한다며 다음과 같이 권고했다. "여성들에게 HIV-1 감염과 전염 위험이 증가한다는 사실을 알려야 한다."[82] 게이츠 자신이 연구비를 지원한 과학자들이 디포-프로베라의 위험성을 확인하자 게이츠는 곤란한 처지에 놓였다. 인구 조절에 대한 자신의 열정과 아프리카에서 HIV의 확산을 막겠다는 자신의 약속이 충돌했으니 말이다. 알고 보니, 게이츠의 교리에서는 인구 조절이 HIV 예방보다 우선순위가 높았다.

게이츠의 하수인들, 극단적인 인구 조절을 옹호하는 게이츠의 패거리들은 자신들의 주장을 뒷받침하는 그 어떤 과학적인 연구 결과도 제시하지 않은 채 화이자와 손잡고 헤프런 박사의 연구 결과를 무자비하게 공격했다. 빌&멜린다 게이츠 재단, 가족계획연맹, 유엔, 게이츠가 지원하는 존스 홉킨스 대학교의 로널드 그레이, 미국 국제개발처의 인구 담당 부서의 제임스 셸턴 등이 공격에 가담했다.

의료 카르텔의 게이츠 똘마니들의 무자비한 공격을 받은 헤프런 박사와 그녀의 연구팀은 물러서지 않고 전문가의 소신을 지켜냈다. 〈랜싯〉은 헤프런 박사가 공격자들에게 일침을 가하는 기고문을 실었다. 헤프런 박사는 자신을 공격한 이들이 아무 설득력 있는 과학적 증거도 인용하지 않았지만, 헤프런 박사와 워싱턴 공중보건 대학원 연구팀이 작성한 최근의 연구논문 두 편은 디포-프로베라를 투여한 여성들 사이에 HIV 감염 위험이 증가한다는 결과를 얻은 25년 치 연구논문들을 분석했다고 지적했다.[83]

이 위기를 극복하기 위해—그 무렵 이미 빌 게이츠에게 목줄이 잡힌—세계보건기구는 손수 엄선한 전문가들을 제네바로 소환해 2021년 1월 31일 비밀 유지 서약을 받아내고 비공개회의를 열어 헤프런의 연구와 그녀의 주장을 뒷받침하는 산더미처럼 쌓인 HIV 관련 연구를 어떻게 수습할지 머리를 맞댔다. 2013년 2월 16일, 세계보건기구와 미심쩍은 전문가 패거리는—당연히—이미 예정된 결과를 발표했다. HIV/AIDS 감염된 여성이나 감염될 위험이 큰 여성이 디포-프로베라를 사용해도 안전하다는 내용이었다.[84]

오랫동안 생식 권리(reproductive right) 운동을 해온 베치 하트먼은 세계보건기구가 내놓은 새로운 지침을 비웃으며 다음과 같이 말했다. "이 지침은 디포-프로베라를 사용하는 여성 사이에서 HIV 감염 위험이 증가한다는 25년 치 연구를 완전히 뒤집는데, 세계보건기구가 특수 이익집단들의 '외부 압력'에 못 이겨 신중함을 포기했는지 묻고 싶다."[85] 여기서 하트먼이 말한 '외부 압력'은 분명히 빌&멜린다 게이츠 재단을 지칭하고 있다.

세계보건기구의 아전인수식 발표에 뒤이어, 멜린다 게이츠는 2012년 7월, 미국 국제개발처, 국제보건적정기술기구(Program for Appropriate Technology in Health, PATH), 그리고 화이자와 함께 40억 달러를 들여 화이자의 디포-프로베라를 사하라사막 이남 아프리카 전역에 보급하는 목표를 추진하기로 했고 빌&멜린다 게이츠 재단의 몫으로 10억 달러를 기부한다고 발표했다.[86] 화이자와 미국 국제개발처는 이 아프리카 피임 프로젝트에 나머지 40억 달러를 쾌척하기로 했다.

멜린다 게이츠의 발표에 수십 개 세계 여권 운동가와 생식 건강 단체들의 항의와 비난이 쏟아졌다.

제이콥 레비치는 '게이츠 재단이 추진하는 진짜 의제'라는 제목의 상세한 기사에서, "게이츠 여사는 게이츠 재단에 굽실거리는 세계보건기구 관계자들이 작성한 8쪽짜리 억지스러운 '기술적 성명서'로 공중의 관심을 돌림으로써 디포-프로베라가 HIV/AIDS 감염 위험을 증가시킨다는 입증된 사실을 축소하고, 공중에게 디포-프로베라는 안전하고 디포-프로베라와 HIV를 연관 지은 과학적 연구는 모두 '확실히 결론이 나지 않았다.'라고 주장한다."[87]

점점 높아지는 원성을 잠재우기 위해 게이츠는 디포-프로베라와 HIV 감염의 연관성 주장이 거짓임을 이참에 확실히 폭로하겠다고 마음먹고 세계보건기구의 연구를 지원했다. 이번에는 헤프런을 제치고 훨씬 '신뢰할 만한' 연구자 집단(환경 전문 변호사들은 이런 이들을 '생물학 매춘부(biostitute)'라고 일컫는다)에 의뢰했다. 2015년 10월 21일 세계보건기구는 조사 결과를 발표했고, 당연히 "(디포-프로베라 라는 상표명으로 판매되는 약물인) 디포

메드록시프로제스테론 아세테이트(depot medroxyprogesterone acetate DMPA) 사용과 여성의 HIV 감염 위험 간의 인과관계를 입증하는 증거는 없다."라고 결론내렸다.[88] 그러고 나서 세계보건기구는 디포-프로베라 제조사인 화이자가 권고한 내용과 똑같은 새로운 지침을 발표했다.

40여 개 생식 건강 단체들은 세계보건기구 사무총장 마거릿 챈에게 게이츠가 지원한 연구가 철저한 재검증 절차를 통과할 때까지 지침을 보류하라고 요구했다. 그러나 세계보건기구는 그들의 요구를 무시했다.[89]

게이츠가 주도해 40억 달러를 쏟아부은 사기극의 핵심은 디포-프로베라를 투여하는 데 사용하는 플라스틱 공기주머니가 부착된 '자가 투여' 주사기이다. 화이자가 이 장치를 만들지만, 시애틀에 본부를 둔 게이츠의 전위부대 국제보건적정기술기구(PATH)가 새로운 상표명 "사이아나 프레스(Syana Press)"로 판매한다. PATH의 전 사무총장 크리스 일라이어스는 당시 빌&멜린다 게이츠 재단 회장이었다. 게이츠는 PATH를 통해서 석 달 분에 1달러 하는 이 장치를 세계에서 가장 빈곤한 69개국 1억 2천만 여성에게 배포한다.[90] 게이츠는 해당 국가 정부로부터 기부금을 쥐어 짜내 비용을 충당하므로 운좋게도 이 여성들은 비용을 거의 치르지 않게 된다.

물론 화이자는 돈방석 위에 앉게 된다. 〈월스트리트저널〉의 마켓 워치(Market Watch)에 따르면 "화이자는 디포-프로베라를 유색인종 여성과 저소득층 여성에게 최적의 피임약으로 선전하는 빌&멜린다 게이츠 재단의 전례 없는 투자—게이츠 재단이 5억 6천만 달러를 대고, 정부의 기부를 합하면 총 43억 달러에 달한다—를 통해 360억 달러의 매출을 올릴 가능성이 있다."[91]

레비치는 이러한 꼼수는 "식품의약국", "블랙박스", "경고", "골다공증", 같은 단어가 포함된 블랙박스 경고문을 화이자의 디포-프로베라 레이블에 부착하고 이 약을 투여하는 의료 전문가는 이 약을 투여받는 사람에게 이 약이 생명을 위협하는 부작용이 있음을 알리도록 의무화한 미국 규제를 피하려는 교활한 술책이라고 설명한다. 미국에서는 약사들이 디포-프로베라를 절대로 환자가 스스로 투여하게 내버려 두지 않는다. 법에 따라 의료 전문가가 각 환자에게 이 약의 위험성을 알려주어야 하기 때문이다. 아프리카에서 이러한 안전 규정을 무시하면 화이자는 형사처벌과 수천 건의 소송을 당할 수 있다. 외국인 불법 행위 배상법(Alien Tort Claims Act)에 따라 아프리카 여성들은 부작용에 대한 경고를 받지 못한 결과 상해를 입으면 미국 법원에 과실을 범한 미국 제약사를 상대로 소송을 제기할 수 있다.[92] 화이자는 PATH와 빌&멜린다 게이츠 재단을 대리인으로 내세워 자사의 피임약을 판매하게 함으로써 책임을 면하려는 전략을 쓰는 게 분명하다.

게다가 PATH가 흑인들에게 디포-프로베라 사용을 권장하면서 화이자는 법적으로 자사의 제품에 대해서 할 수 없는, 설명서에는 적히지 않은 불법적인 주장들을 PATH가 대신 한다. PATH는 디포-프로베라가―주로 흑인들이 걸리는 질병들인―자궁내막 암, 자궁근종을 막고 겸상 적혈구 빈혈, 철분 결핍 빈혈의 위험을 줄인다고 주장한다. 식품의약국은 디포-프로베라를 암 예방을 포함한 그 어떤 질병 예방 용도로도 사용하도록 승인한 적이 없다. 따라서 화이자가 이처럼 승인받은 용도 외의 주장을 하면 불법이다. 게이츠와 PATH를 중개인으로 내세워 승인받은 용도 외의 주장을 금지한 미국 법을 피하려는 화이자의 전략이다. 레비치는 다음과 같이 덧붙인다. "이러한 발언들을 총체적으로 들여다보면 맥락상 거짓이고 식품의약국의 블랙박스 경고문 부착 의무를 회피하도록 설계되었다. 디포-프로베라가 정말로 안전하고 효과적인 피임약이고 부작용은 미미하다면, 게이츠, 존스 홉킨스 대학교, 미국국제개발처, 가족계획연맹, 그리고 그밖에 화이자의 다른 중개인들은 왜 식품의약국의 블랙박스 경고문 부착을 은폐하고 디포-프로베라의 생명을 위협하는 부작용을 축소하고 감추려 할까?"[93]

단도직입적으로 말하면, 게이츠와 그의 공모자들은 아프리카 여성들에게 약이 안전하다고 속이고 흑인들이 주로 걸리는 질병에 효과가 있다고 거짓말해서 이 피임약을 투여하게 만들려는 속셈이다. 화이자가 이런 짓을 하면 회사의 고위 간부들이 교도소에 가게 된다. 게이츠의 이런 사기극 공범은 미국국제개발처(USAID)이다.

USAID 처장 라지브 샤(Rajiv Shah) 박사는 게이츠의 수많은 인종차별적 사기극들에 연달아 공모해 왔다. USAID 처장을 맡기 전 10여 년(2001-2010) 동안 샤 박사는 빌 게이츠의 재단에서 세계백신면역연합(GAVI)의 세계 백신접종 프로그램의 기금조성 책임자로 일했다. 샤는 빌&멜린다 게이츠 재단(BMGF)과 국제보건적정기술기구(PATH)가 디포-프로베라를 승인해 화이자를 식품의약국 규정 위반에 따른 민사 형사 소송으로부터 보호해 주는 영리한 전략이라고 솔직히 시인했다.[94] 게이츠의 사기 수법은 PATH를 식품의약국의 대리인으로 내세워 규제 권한을 세계보건기구로 전환하고 식품의약국의 관할권을 교묘하게 제거하는 게 목적이다.

레베카 정의 프로젝트는 게이츠의 아프리카 프로젝트를 "유색인종 여성을 겨냥해 미국 법과 규정에 따라 의무적으로 알려야 하는 디포-프로베라의 치명적인 위험을 알려주지 않고, 안전한 생식 건강을 선택하고 접근하는 양도할 수 없는 권리를 박탈함으로써 아름다운 흑인 아동의 출생을 막으려는 비윤리적인 가족 계획 전략"이라고 규정한다.[95]

디포-프로베라는 명실상부한 인종차별주의적인 우생학의 도구가 되면서 악명을 떨쳤다. 이스라엘은 2013년 정부 보건의료 관계자들이 흑인 출생자 수를 급격히 줄이려고 아프리카 유대인들을 겨냥해 디포-프로베라를 처방했다는 추문이 터진 후 디포-프로베라를 금지했다. 이스라엘 시민권 협회의 변호사 셔로나 엘리아후 차이는 이스라엘 흑인들의 생식 권리를 침해한 정부 정책을 비판하며 다음과 같이 말했다. "디포-프로베라 사용의 조사결과는 심각하다. 의료윤리를 위반한 인종차별적인 해로운 보건 정책이라는 우려가 제기된다."[96]

2002년, 인도는 위와 비슷하게 정부 관리들이 신분이 낮은 인도인들을 겨냥해 디포-프로베라를 사용했다는 추문이 터진 후 이 위험한 약물을 모든 가족 복지 정책에서 금지했다.[97] 바레인, 이스라엘, 요르단, 쿠웨이트, 카타르, 사우디아라비아를 비롯해 많은 나라가 자국민에 대한 디포-프로베라 사용을 금지하고 있다. 유럽 국가들은 대체로 디포-프로베라 사용을 제한하고 있으며, 이 약물의 위험성을 여성에게 빠짐없이 알려주고 사용 전에 사전 동의를 받도록 의무화하고 있다. 게이츠와 미국국제개발처는 파키스탄의 정치적 무질서를 이용해 '자가 투여' 디포-프로베라를 무슬림 여성들에게 투여했다. 미국국제개발처와는 달리, 스웨덴의 국제개발처는 개발도상국에서 스웨덴이 지원하는 프로젝트에 디포-프로베라를 구매하지도 제공하지도 지원하지도 않는다.[98]

불임 백신/화학적 거세

게이츠를 옹호하는 이들은 게이츠나 공중보건계의 명망 있는 권위자가 '생명을 구하는 백신'을 은밀한 도구로 이용해 여성들을 불임으로 만든다는 주장을 '음모론'이라고 조롱한다. 그러나 게이츠가 자선활동 초창기에 했던 일 가운데 하나가 2002년 57개국의 빈곤한 여성들에게 파상풍 백신을 투여하는 프로젝트였다.[99] 라커펠러 재단이 여성들을 그들의 의지에 반해 불임으로 만들기 위해 개발한 약물을 이러한 백신에 몰래 탔을지도 모른다는 신빙성 있는 주장이 제기되었는데 그 이유를 살펴보겠다.

2014년 11월 6일, 게이츠가 TED 강연에서 백신으로 출산율을 낮춘다는 발언을 한 지 4년이 지나, 케냐 가톨릭 주교회의와 케냐 가톨릭 보건 위원회와 관련된 의료 연구자와 의사들은 세계보건기구, 유니세프, 세계백신면역연합이 파상풍을 퇴치한다는 미명하에 은밀히 케냐 여성들을 상대로 대량 불임 프로그램을 진행했다고 비판했다.[100][101] 〈워싱턴 포스트〉도 케냐 가톨릭 의사협회가 제기한 비슷한 주장을 보도했다.[102]

케냐 가톨릭 의사들은 세계보건기구(WHO)가 정상적인 파상풍 백신접종 절차에서 눈에 띄게 벗어나는 행태를 보이자 의구심을 품게 되었다. 보통 파상풍 백신은 1회 접종하면 면역 효과가 10년 동안 지속된다. 남성과 여성 똑같이 이 질병에 취약하므로 남녀 모두 일상적으로 이 백신을 접종한다. 그런데 WHO는 케냐의 의사들에게 파상풍 백신을 6달 간격을 두고 다섯 차례 오로지 가임연령의 소녀들에게만 접종하라고 지시했다.

이 논란을 조사한, 동료 학자들의 심사를 거친 2011년 논문에 따르면, "WHO가 '모자 파상풍'만 겨냥하는 행태는 이상했다. 동물이 있는 토양 어디에서든 발견되는 박테리아에 노출될 가능성은 남녀가 똑같은데 말이다."[103] 가톨릭 의사들은 세계보건기구(WHO)의 파상풍 백신접종 캠페인에서 또 다른 이례적인 특징들을 포착했다. 우선, WHO는 백신접종 캠페인을 병원이나 의료센터나 약 60개로 추정되는 지역 백신접종 시설에서 실시하지 않고 나이로비에 있는—대부분 의사나 공중보건 관리들이 접근하기 힘든 휴양 시설인—초호화 뉴스탠리 호텔에서 실시했다.[104] WHO는 상당한 비용을 들여서 경찰을 동원해 백신을 백신접종 장소까지 호송하게 했고, 백신접종 장소에서는 경찰관이 백신을 다루는 간호사들을 엄격하게 감시하고 의료인들에게 빈 백신 유리병을 무장한 경찰관들이 경호를 서는 나이로비의 유일한 5성급 호텔에 투숙 중인 WHO 관리들에게 반납하라고 했다.

4년이 지난 2019년 10월, 케냐 가톨릭 의사협회는 유니세프, 세계백신면역연합, WHO가 수백만 명의 여성과 소녀들을 불임으로 만들었다고 비난했다.[105] 그 무렵 의사들은 그들의 주장이 사실인지 확인하기 위해서 백신의 화학성분 분석을 마친 상태였다. 나이로비에 있는 신용 있는 독립적인 생화학 연구소 3곳에서 WHO의 파상풍 백신 표본을 분석했는데, 백신에 들어있지 말아야 할 인간 융모성 생식선 자극 호르몬(Human Chorionic Gonadotropin, hCG)이 검출되었다. 가톨릭 의사들은 추가로 백신 약병 6개를 확보해 6개 신용 있는 연구소에서 분석했고 이 표본들 가운데 절반에서 hCG를 검출했다.

2019년 브리티시컬럼비아 대학교 크리스토퍼 쇼(Christopher Shaw) 박사가 이끄는 케냐와 영국의 독립적인 연구팀이 의사들의 주장을 검증하고 "케냐의 '파상풍 퇴치' 캠페인은 인구성장을 줄이기 위한 위장막이라는 케냐 가톨릭 의사협회의 주장이 일리가 있다."라고 결론을 내렸다. 이 연구팀은 WHO 파상풍 퇴치 프로그램을 "케냐의 소녀와 여성들로부터 사전동의를 받아야 하는 의무를 저버린 WHO 측의 비윤리적인 행동"이라고 규정했다.[106]

탄자니아, 니카라과, 멕시코, 필리핀에서도 가톨릭 의료진이 WHO의 파상풍 백신 프로젝트에 대해 비슷한 주장을 했다. WHO는 이러한 주장을 강력히 부인하고 이런 주장을 한 이들을 비난한 끝에 마지못해 수십 년 동안 불임 백신을 개발했다는 사실을 시인했다. 그런데도 WHO는 이 백신에 불순물이 섞였다고 폭로한 케냐 의사들과 지역공동체 관리들과의 향후 업무 계약을 취소함으로써 그들을 처벌했다.[107]

불임 백신의 얼룩진 역사

세계보건기구(WHO)가 아프리카 여성들을 몰래 불임으로 만들려고 했다고 가톨릭 의료진의 비난을 받은 게 이번이 처음이 아니다. 일찍이 1993년 11월, 가톨릭 출판물들은 WHO가 파상풍 백신에 임신중절 물질을 몰래 섞어서 피부색이 검은 여성들을 불임으로 만들려 했다고 비난했다.[108] WHO는 이러한 폭발적인 혐의를 부인했다.

쇼의 연구팀은 WHO와 라커펠러 재단 과학자들이 일찍이 1972년 '피임' 효과가 있는 '항 임신' 백신 연구에 착수했다고 입증했다. 그들은 파상풍 독소에 hCG를 섞어 독소가 이 호르몬을 운반하도록 했다. 같은 해 WHO 연구자들은 미국 국립과학학술원 회의에서[109][110] 성공적인 임신에 필요한 βhCG를 감소시키고 적어도 일시적으로 '불임'을 유발하는 '피임' 백신 개발에 성공했다고 발표했다. 뒤이은 여러 실험을 통해 이를 반복해서 투여하면 영구적으로 불임을 연장할 수 있음이 증명되었다.[111]

1976년 무렵, WHO 과학자들은 제대로 기능하는 '피임' 백신 제조에 성공했다. WHO 연구자들은 그들이 제조한 약물이 "이미 임신한 여성 그리고/또는 아직 임신하지 않은 여성에게서 유산"을 유도할 수 있다고 의기양양하게 보고했다. 그들은 "반복 접종이 불임을 연장한다."라고 밝혔다.[112] 비교적 최근인 2017년 WHO 연구자들은 재조합형 DNA를 이용해 훨씬 강력한 항임신 백신을 개발하고 있었다. WHO 출판물은 WHO가 추구하는 장기적인 목적은 불안정한 '저개발 국가'에서 인구성장을 줄이는 일이라고 설명한다.[113]

케냐의 파상풍 백신 캠페인은 게이츠가 '새로운 백신'으로 인구를 줄이는 방법을 언급하면서 WHO에 100억 달러를 쾌척하겠다고 발표한 직후에 시행되었다. 어쩌면 게이츠는 인구 조절에 대한 자신의 확고한 의지를 강조하기 위해서 그 이듬해 게이츠 재단의 세계 개발 부문 책임자로 그의 가장 영향력 있는 고위 인사 크리스토퍼 일라이어스를 고용했는지도 모르겠다. 일라이어스 박사는 게이츠의 비영리단체 국제보건적정기술기구(PATH)의 회장이자 최고경영자를 지냈다. PATH는 제약사들과 손잡고 부유한 나라, 가난한 나라 가리지 않고 해당 국가 정부를 설득해 자기가 투자한 다국적 제약사들의 백신 구매 비용으로 거액을 토해내게 하고 그 돈으로 구매한 백신을 빈곤 국가에 배포한다. 일라이어스는 미국의 안전성 관련 규정을 우회하고 아프리카 흑인 여성들의 임신을 줄이도록 설계된 PATH의 혁신적인 '사이아나 프레스(Sayana Press)' 주사용 디포-프로베라 프로젝트를 총괄했다. 그 공로로 일라이어스는 2005년 (세계경제포럼(WEF) 회장인) 클라우스 슈바프(Klaus Schwab) 재단으로부터 올해의 사회적 기업가상을 받았다. 게이츠 재단은 (일라이어스가 빌&멜린다 게이츠 재단으로 옮긴 후인) 2020년 11월 "중국 제조사들의 코비드-19 백신 임상 개발을 지원하는" 연구 자금을 비롯해 PATH에 여러 차례 연구기금을 제공했다.[114]

일라이어스는 PATH에 합류하기 전에 인구위원회(Population Council) 국제 프로그램 부서 소속으로 동남아시아 전역에서 출산율을 낮추는 책임을 맡은 선임 연구원이었다. 인구위원회는 1952년, 당시에 막 창립된 미국 가족계획연맹의 사무총장과 몇몇 유명한 우생학자들을 비롯해 인구 조절의 권위자들이 모인 회의에서 존 D. 라커펠러 3세가 창설했다. 이 회의 참석자들은 현대 문명이 '나약한' 생명을 살리고 그들이 생식활동을 하도록 하면서 자연선택이 제대로 작동하지 않아 "유전자의 질이 하향 추세를 보이게 되었다."라고 탄식하면서 '출산 감소'에 매진하는 조직을 창설하기로 합의했다. 라커펠러가 10만 달러로 인구위원회를 공식 출범시키고 초대 회장을 맡았고, 후임인 프레더릭 오스본(Frederick Osborn)과 프랭크 노테스타인(Frank Notestein)은 둘 다 미국 우생학 협회 회원이었다. 국립보건원과 미국국제개발처가 초창기에 인구위원회를 재정적으로 지원했고, 곧 미국 정부와 외국 정부들이 인구위원회의 최대 재정적 지원자가 되었다.[115]

인구위원회는 인공피임과 낙태를 촉진하는 연구와 새로운 피임약과 기술을 발견하고 개발하는 생리의학 연구를 한다. 인구위원회는 포드 재단, 국제 가족계획 재단과 협력해 해외에서 대규모 자궁 내 피임 기구(IUD) 프로그램을 개발했다. 자체적인 연구에서 의사들이 심각한 부작용이 있다고 경고했음에도 불구하고 말이다. 훗날 인구위원회는 대단히 위험한 호르몬 피임 임플란트 노플랜트(Norplant) 개발에 핵심적인 역할을 했다.[116]

역사학자 도널드 T. 크리칠로우(Donald T. Critchlow)는 인구위원회가 "중립적 과학 기구를 표방함으로써 엘리트 인맥을 구축하고 여론의 논란을 회피했다."라고 기록했다.[117]

미국국제개발처(USAID)는 수십 년 동안 인구위원회와 손잡고, 오랜 세월 동안 라커펠러 재단과 세계보건기구와 연대해 세계 인구, 특히 사하라사막 이남 아프리카지역의 인구를 줄이기 위해 피임 사용 방법을 연구했다.[118][119] 2014년 무렵, 게이츠와 일라이어스는 연방정부에 믿을만한 협력자가 생겼다. 바로 USAID 처장 라지브 샤였다. 그는 처장으로 임명되기 전에 10여 년 동안 게이츠 재단에서 일하면서 세계백신면역연합 (GAVI)의 아프리카 아동 백신접종 프로그램을 총괄했다.

샤 박사는 2001년 게이츠 재단에 합류했고, 라커펠러 재단과 연대해 아프리카에서 녹색혁명연맹을 출범시키는 작업을 총괄했다. 그는 국제 백신접종 지원 기구 (International Finance Facility for Immunization IFFI)를 이끌었다. IFFI는 게이츠의 아전인수식 백신을 지원하기 위해 빈곤 국가들이 어마어마한 부채를 지게 만드는 사악하고 혁신적인 주식발행 사기를 통해 개발도상국에서 빌 게이츠가 추진하는 세계 백신 사업에 돈을 대는 수상한 단체다. IFFI는 속임수를 써서 서구 정부와 기업들이 발행한 주식으로 게이츠의 제약사 동업자들의 배를 채우고, 그 비용은 빈곤 국가의 미래세대에게 전가한다. 샤는 이러한 사기 수법으로 GAVI를 위해 30억 달러를 조성했다. USAID에서 그의 가장 중요한 책무는 2009년 오바마가 발령한 행정명령에 따라 생물안보 정책의 방향을 설정하기 위해 USAID를 재조직화하는 일이었다. 샤는 2017년 USAID를 그만두고 라커펠러 재단 회장에 취임했다. 샤는 정보기관들, 석유와 화학제품 카르텔과 깊은 관련이 있다. 샤는 라커펠러/키신저 동맹 세력을 아우르는 2개 글로벌리스트 조직인 삼극 위원회(Trilateral Commission)*와 미국외교협회(Council of Foreign Relations)** 회원이다. 샤는 중앙정보국과 오랫동안 연관되어 온 비영리단체 국제구호위원회(International Rescue Committee, IRC) 이사직도 맡고 있다. 매사추세츠 대학교 경제학 교수 에릭 토머스 체스터(Eric Thomas Chester)는 1991년에 출간된 저서 〈비밀 네트워크: 진보 진영, IRC, 그리고 중앙정보국〉에서 IRC가 중앙정보국의 위장 기구라고 폭로한다. 평생 첩보원 활동을 했고, 로널드 레이건 대통령의 중앙정보국 국장으로서 1980년대에 이란-콘트라 사건을 관리한 윌리엄 케이시(William Casey)는 1970년부터 1971년까지 IRC 회장을 지냈다. 국제구호위원회는 40개국에서 "인도주의적 지원"활동을 한다. IRC의 현 최고경영자는 영국 외무장관을 지낸 데이비드 밀리밴드인데 그에 따르면, 고위급 위원회에서 샤가 하는 역할은 "세계적 차원의 전염병을 예방하고 준비태세를 갖추는 활동과 관련된 정치적 이슈,

---

* 북미, 유럽, 아시아의 엘리트들이 국제 정세를 논하는 회의로 1973년 데이비드 라커펠러와 즈비그뉴 브레진스키가 함께 창설했다 - 옮긴이

** 데이비드 라커펠러, 허버트 후버(Herbert Hoover), 앨런 덜레스(Allen Dulles)가 창설했다 - 옮긴이

그리고 보건과 무관한 이슈들을 감시"하는 일이다.[120]

1974년, USAID와 세계보건기구는 극비 문서 '키신저 보고서(Kissinger Report)'를 공동 작성했다. 헨리 키신저(Henry Kissinger) — 넬슨 라커펠러의 후원을 받았고 라커펠러 재단 과 깊이 연관된 이력을 자랑하는 인물 — 는 기밀로 분류된 이 백서의 초안을 작성했는 데,[121] 이 문서는 1975년 제럴드 포드 정권의 공식적인 미국 정책이 되었다. 미국 국가안 보 연구 비망록 200[122][123]으로 알려진 이 보고서는 저개발 국가의 "임신율을 줄여" 인구 성장을 막아서 미국을 비롯한 산업화 국가들의 광물 자원 수입을 안정적으로 유지하고 경제적 국익을 보호하는 지정학적 유인책을 열거했다.[124][125]

키신저는 산업화한 서구진영이 이미 구리, 철, 납, 니켈, 주석, 우라늄, 아연, 크로뮴, 바나듐, 마그네슘, 인, 포타슘, 코발트, 망간, 몰리브덴, 텅스텐, 타이타늄, 황, 질소, 원유, 천연가스 상당량을 고가에 수입해야 한다고 지적했다.[126][127] 키신저 보고서는 아프리카 국가들이 인구성장으로 이러한 원자재 수출이 불안정해지면 이러한 원자재의 가격이 오르리라고 예측했다.[128]

미국 정부 고위층은 세계보건기구(WHO)의 기념비적인 불임 백신 사업을 적극적으 로 뒷받침해왔다. 쇼 박사 외 다수의 연구자는 1976년부터 2016년 사이에 WHO가 실시 한 다양한 불임 연구에서 비롯된 150건의 연구논문과 수천 건의 인용 사례를 발견했다.

WHO는 1993년과 1994년 니카라과, 멕시코, 필리핀에서,[129] 1995년 케냐에서,[130][131] 항임신 백신접종 캠페인을 벌였다. WHO와 각 나라 현지 정부 소속 의사들은 가임연령 의 여성들에게 WHO가 보급한 백신을 접종하면서 WHO 백신접종의 목적은 "모자의 파상풍을 퇴치"하기 위해서라고 말했다.[132]

뒤이어 WHO는 피임 정책 연구(Bryant 외 다수)라는 문건에서 WHO의 가족 계획 "봉사 활동"은 "봉사 대상"인[133] 사람들을 속여 "환자의 사전 동의 없이 불임 시술을 진행하는 활 동이었다."라고 시인했다.[134] 마찬가지로, 1992년 유엔과 WHO의 인간 생식기능 연구 프 로그램이 발표한 '임신 조절 백신'이라는 제목의 연구논문은 1970년대부터 자행된 '가족 계획 프로그램에서의 만행 사례'에 다음과 같은 내용도 포함되어 있다고 보고했다:

여성들을 본인 모르게 불임 상태로 만들고, 사전 동의 없이 경구용 피임약이나 주사용 피임약 임상 실험에 참여시키고, 자궁 내 피임 장치의 부작용에 대해 알려주지 않았다.[135]

이 WHO 보고서를 작성한 저자들은 그들이 하는 일을 "인구 조절을 위한 항임신 조치"라고 규정하고 "가족 계획"이나 "부모 역할 미리 계획하기" 등과 같은 온건한 표현들은 공중이 받아들이기 쉽게 하려는 술수라고 지적했다. WHO를 대신해 이 보고서를 작성한 브라이언트 외 다수는 다음과 같이 시인했다. "세계 인구과잉에 대한 국제적인 우려보다는 사람들의 복지 필요의 차원에서 가족 계획 프로그램을 시행하는, 권리 기반의 접근방식이 훨씬 더 바람직하다고 본다."라고 시인했다.[136]

WHO의 파상풍 캠페인이 겨냥한 지역들은 키신저 보고서가 겨냥한 개발도상국들과 거의 일치했다. 예컨대, AP통신은 2015년 "2015년 말 무렵 차드, 케냐, 남수단에서 파상풍 백신접종 캠페인이 실시되고 2016년에는 파키스탄과 수단에서 이 백신접종이 모자 파상풍을 퇴치에 이바지해 수많은 어머니와 신생아들의 생명을 구하게 된다."라고 보도했다.[137]

케냐에서의 백신접종 일정은 WHO가 βhCG와 연계한 파상풍 독소를 이용한 피임 접종 일정과 똑같았다. 즉, 6개월 간격을 두고 5회 '파상풍 독소'를 접종하는 일정인데, 이는 물론 진짜 파상풍 백신접종 일정과 극명하게 대조된다.[138]

라자 빌(Rajah Bill)과 그의 인도 백신

2000년 파우치 박사와 역사적인 만남을 한 후 게이츠는 세계 소아마비 백신접종 캠페인에 착수했고 총 12억 달러 중 4억 5천만 달러를 빌&멜린다 게이츠 재단을 통해 기부하고 2000년대 말까지 소아마비를 퇴치하겠다고 약속했다. 영양개선, 질병 관리, 그리고 유니세프의 백신 프로그램은 2011년 인도에서 소아마비를 '퇴치'했다. 한해에 이 질병에 걸리는 사람이 300명 미만이면 퇴치로 본다. 의사들이 2012년 소아마비 진단을 내린 환자 수는 200명을 약간 웃돌았다.[139] 세계보건기구는 2011년 이후 5년 동안 소아마비가 거의 발병하지 않자 2016년 소아마비가 퇴치되었다고 선언했다. 그해 무렵 소아마비는 전 세계적으로 2,000명 정도 환자가 발생했다. 풍토병의 경우 마지막 남은 몇백 명 사례들이 예방하기 가장 어렵고 비용이 가장 많이 든다. 그러나 질병의 완전한 퇴치를 선언하는 영광스러운 승리는 빌 게이츠가 뿌리치기 힘든 유혹이었다. 그는 현명한 조언을 무시하고 소아마비를 퇴치하겠다고 선언하고 부유한 나라 가난한 나라 할 것 없이 자신이 추구하는 명분을 지원하라고 설득하는 데 성공했다.

서구 국가들에서 사용된 고급 소아마비 백신조차도 역사적으로 소아마비 자체가 일으킨 상해가 무색할 정도로 심각한 상해와 질병들과 연관이 있다. 몇 가지 예를 들어보자. 감염성이 높은 SV-40 원숭이 바이러스[140]는 베이비 붐 세대 사이에서 치명적인 연성 조직 암을 폭발적으로 증가시켰다고 과학자들은 생각한다. 1955년 월터 리드 육군병원 연구소가 소아마비 백신에 주입한 침팬지 코리자 에이전트(coryza agent)는 처참한 호흡기 세포융합 바이러스(respiratory syncytial virus, RSV) 팬데믹을 일으켰고 세계보건기구는 이에 따라 오늘날 해마다 5세 이하 아동 가운데 300만 명이 입원하고 6만 명이 사망하고, 65세 이상인 성인 가운데 14,000명이 사망한다고 추산한다.[141] 미국 보건복지부는 신성불가침의 역점 사업에 흉측한 결함이 있다는 사실이 언급되지 않게 하려고 앤서니 파우치가 국제알레르기전염병연구소(NIAID)의 소장이 된 1984년 놀랄만한 연방 규정을 은밀히 밀어붙였다. 미국의 민주적 가치와 헌법이 아니라 보건복지부 부서의 조직 문화인 편집증, 은밀함, 오만함이 반영된 이 규정은 다음과 같다:

> 백신은 국가의 '공중보건 목표'에 부합하게 최대한 계속 사용되어야 하므로, 합당한
> 근거가 있든 없든, 백신의 안전성에 대한 그 어떤 의심도 허용되어서는 안 된다.
> — 연방관보 제49권 제107호

오늘날 대부분 미국인이 이 사실을 접하고 충격을 받는데, 이 극악무도한 규정이 미국의 법이다.

설상가상으로 게이츠가 아프리카와 아시아에서 사용하는 저가 소아마비 백신은 서구 국가에서 사용되는 백신과는 천양지차다. 빌&멜린다 게이츠 재단(BMGF)은 남반구 전역에 걸쳐 살아있는 소아마비 바이러스를 함유한 경구용 소아마비 백신을 보급하는데 10억 달러를 썼다. 이 생바이러스는 아동의 장 내에서 복제하고 위생과 하수처리시설이 수준 이하인 지역에서 퍼진다. 즉, 사람들이 백신을 통해 바이러스에 감염될 가능성이 있다는 뜻이다. 게이츠의 이 프로그램 덕분에 거대 제약사들은 서구 국가에서 팔 수 없는 이런 위험한 제품을 저개발 지역에 팔아 치워 횡재했다.

전문가들은 소아마비를 퇴치하겠다는 게이츠의 시도는 역효과를 낸다고 주장했다. 이미 사양길에 접어들어 막바지에 다다른 바이러스를 완전히 박멸하려면 백신을 대대적으로 살포해 전 지역을 융단폭격해야 하므로 역설적으로 백신 변종 소아마비 팬데믹이 발생할 위험이 있다.

피츠버그 대학교 생물안보 의료센터의 저명한 학자인 도널드 핸더슨(Donald Henderson) 교수는 "백신에서 파생된 변종들을 만족스럽게 제거할 방법이 없다. 나는 불가능하다고 생각한다."라고 말했다.[142] 핸더슨은 1960년대에 천연두 예방 캠페인을 성공적으로 이끈 저명한 세계보건기구 전염병학자이다.

그와 같은 조언을 무시한 채 게이츠는 인도에서 소아마비와의 전쟁을 선포하고 마지막 남은 감염 사례들을 박멸하기 위해 충격과 공포 전략을 감행했다. 게이츠는 인도의 백신 감시 위원회인 국립자문위원회를 자신의 충신과 자신에게 친화적인 책임연구원들로 채워 장악했다. 그가 장악한 국립자문위원회는 몇몇 핵심적인 인도 지역에서 5세 미만 아동 한 명당 (기존의 5회 접종의 10배인) 50회 소아마비 백신접종을 의무화했다.

핸더슨이 예언한 대로, 백신에서 파생된 소아마비 바이러스—경구용 백신에 함유된 바이러스의 변이—는 게이츠와 그의 처방을 따른 나라의 운 나쁜 국민에 대해 일대 반격을 가했다. 인도의 의사들은 게이츠의 백신 캠페인을 비난했다. 백신 변종인 급성 이완성 척수염(Acute Flaccid Myelitis) — 과거에 '소아마비'로 분류된 질병 — 이 창궐해 2000년부터 2017년 사이에 게이츠가 백신 캠페인을 벌인 지역에서 491,000의 아동이 몸이 마비되었기 때문이다. 이 수치는 각 지역에서 박사인 양 행세하는 게이츠의 똘마니들이 투여한 소아마비 백신의 회수와 정확히 비례한다.[143]

스탠퍼드 의과대학원 아동 신경과 의사 키스 밴 해런(Keith Van Haren)에 따르면, 비소아마비성 급성 이완성 마비는 "임상적으로 소아마비와 구분하기 불가능하지만, 치명성은 두 배에 달한다."[144] 밴 해런은 급성 이완성 척수염은 소아마비를 에둘러 표현한 용어라면서 "이 질병은 소아마비와 거의 똑같지만, 소아마비라고 하면 공중보건 관계자들이 질겁한다."[145]

2012년, 〈영국의학학술지〉는 인도에서의 소아마비 박멸은 "소아마비의 명칭을 바꿈으로써 달성되었다."라고 비꼬았다.[146]

같은 해, 현실을 깨달은 인도 정부는 게이츠의 백신 정책을 대폭 축소하고 국립자문위원회에서 게이츠의 패거리와 책임연구원들을 축출했다. 그러자 소아마비 발생률은 급격히 하락했다.[147] 세계보건기구는—게이츠의 지시에 따라—총예산의 절반을 소아마비 백신 보급에 낭비하고 나서 마지못해 세계 소아마비의 폭발적 증가는 주로 백신으로 인한 변이라고 시인했다. 즉, 게이츠의 백신 프로그램이 소아마비 폭발적 증가의 원인이라는 뜻이다. 콩고, 필리핀, 아프가니스탄 등 가장 심각하게 소아마비가 유행한 국가들은 모두 게이츠가 추진한 백신과 관련이 있었다. 이 나라들에서 소아마비가 사라졌었는데 게이츠가 백신으로 이 무서운 질병을 다시 끌어들인 셈이다.

2016년 시리아에서 게이츠가 지원하는 세계백신면역연합(GAVI)이 소아마비 백신접종에 2,500만 달러를 썼다.[148] 이듬해 세계보건기구는 백신에서 파생된 소아마비 바이러스로 58명의 시리아 아동이 몸이 마비되었다고 보고했다.[149]

중국, 이집트, 아이티, 말레이시아에서도 백신 변종 소아마비가 발생했다. 옥스퍼드 대학교의 임상 전염병 정기간행물에 실린 한 연구에 따르면, 게이츠의 경구용 소아마비 백신은 아이들에게 소아마비를 일으킬 뿐만 아니라 "소아마비 전염을 막는 효과도 없는 듯하다." 2018년 무렵, 세계보건기구는 전 세계 소아마비 사례의 70퍼센트가 게이츠의 백신에서 비롯되었다고 시인했다.[150]

〈영국의학학술지〉가 2012년 보고한 바와 같이, "빌&멜린다 게이츠 재단이 최근에

(인도에서) 밀어붙인 대대적인 소아마비 백신접종 프로그램으로 인해 (소아마비) 감염사례가 증가하는 결과를 낳았다."[151]

미국의 국립 공영라디오와의 인터뷰에서 미생물학 교수 라울 안디노는 "참으로 어려운 문제다. 소아마비를 퇴치하는 데 사용하는 바로 그 도구가 소아마비를 일으키니 말이다."[152] 라고 말했다.

헨더슨 박사에 따르면 게이츠의 헛된 백신접종 캠페인이 지원이 절실한 다른 분야에 쓸 돈을 빼앗아 가는 바람에 국가들은 다른 공중보건 정책을 포기하고 소아마비 백신접종을 우선 실행해야 했다. 생명윤리 학자이자 본인이 어렸을 때 소아마비를 앓았기 때문에 소아마비 백신을 열렬히 옹호하는 아서 캐플란(Arthur Caplan)도 소아마비 퇴치에 집착하는 게이츠를 비판하면서 "빈곤한 나라에서 정부의 예산과 재원이 훨씬 절실한 현지 문제들을 해결하는 데 쓰이지 않고 마지막으로 얼마 남지 않은 질병 사례들을 포착하는 데 전용된다."라고 지적했다.[153]

도널드 헨더슨은 오로지 서구 국가들(그리고 게이츠 같은 억만장자들)만이 소아마비 퇴치를 우선순위로 삼는다. 개발도상 지역에서 소아마비로 인한 사망자는 말라리아, 결핵, 영양실조, 그리고 가장 많은 인명을 앗아가는, 더러운 식수에서 비롯되는 이질 같은 질병들로 인한 사망자보다 훨씬 적다. 게이츠가 처음 소아마비 박멸이 자신의 꿈이라고 운을 띄웠을 때 개발도상 국가들은 소중한 재원이 가장 불필요한 부문으로 전용될까 두려워했다.[154]

헨더슨은 이렇게 말한다. "소아마비에 재원을 쓰면 다른 일은 못 하게 된다. 적어도 2011년까지 몇몇 나라들—나이지리아, 인도, 파키스탄—에서 그들은 소아마비 백신을 보급하고 있었다."[155] "2012년 전 세계적으로 보고된 소아마비 사례는 겨우 223건이었다. 아무리 생각해도 소아마비는 세계에서 가장 많은 인명을 앗아가는 무서운 질병이 아니다. 예컨대, 해마다 교통사고로 125만 명이 목숨을 잃는다. 홍역은 해마다 약 15만 명 아동의 목숨을 앗아간다."[156] "개발도상 지역의 주민들은 말한다. '소아마비가 뭐지? 우리는 소아마비를 본 적도 없다. 왜 우리가 그 병에 걸릴까 걱정해야 하지?'"[157]

헨더슨이 우려를 표명하자 게이츠는 자신이 하는 일을 재평가하기는커녕 분노한 듯하다. 2011년 게이츠가 전 세계를 돌아다니며 부자 나라 가난한 나라 가리지 않고 자신의 소아마비 박멸 사업에 돈을 더 대라고 요구할 당시 〈뉴욕타임스〉 편집위원회가 게이츠를 인터뷰한 후, 게이츠가 자신의 보좌관 한 명에게 "도널드 헨더슨의 주장에 대한 반박을 더 다듬어야겠다."라고 중얼거렸다.[158] 한 기자가 게이츠가 자기 보좌관에게 속삭인 이 발언을 어쩌다 듣고 보도했다. 게이츠의 이러한 반응은 질병 퇴치에 대해 누구보다도 잘 아는 헨더슨의 비판을 의식하고 있다는 뜻이다. 그러나 헨더슨의 비판을 자신의 전략에 반영하거나 경로를 수정하기는커녕 게이츠는 헨더슨의 경고를 마케팅에서 극복해야 할 난관으로 여기고 자신의 전략을 계속 밀어붙인다. 자신의 잘못을 돌아보고 평가할 줄 모르는 성정을 지닌 게이츠는 자신이 추진한 정책으로 인해 희생된 수십만 명을 자기가 아전인수식으로 해석한 인류를 구원하는 사업에서 받아들여야 할 부수적 피해로 여긴다.

게이츠는 언론매체와 과학계에 전략적으로 투자해 그들이 자신을 비판하지 못하게 만들었고, 따라서 그가 이 같은 만행을 저질렀음에도 불구하고 게이츠의 재단은 세계보건기구를 조종해 전속력으로 내달으며 닥치는 대로 부수었다. 그는 세계보건기구가 폭력을 행사하는 구축함 행세를 하게 하고 그 구축함이 휩쓸고 지나간 자리에는 학살당한 시신들과 몸이 마비된 아이들이 둥둥 떠다니는 광경을 연출한다. 2020년 빌&멜린다 게이츠 재단은 세계보건기구가 나이지리아, 파키스탄, 아프가니스탄에서 소아마비 백신 접종 캠페인에 "전례 없는 수준의 기술적 지원"을 하고 있다고 자랑스럽게 떠벌렸다.[159]

인유두종바이러스(Human Papilloma Virus, HPV) 백신

2009년과 2012년, 게이츠의 재단은 게이츠의 동업자 제약사 글락소스미스클라인과 머크가 개발한 실험단계의 인유두종바이러스(HPV) 백신을 인도 오지에 사는 11~14세 소녀 23,000명을 대상으로 임상 실험을 하는 데 자금을 지원했다. 이러한 실험은 소녀들이 나이 들어서 걸릴지도 모르는 자궁경부암을 HPV 백신이 예방해 준다는 이 제약사들의 미심쩍은 주장을 뒷받침해 주기 위해 게이츠가 지원한 실험이었다.[160] 게이츠와 그의 재단은 이 두 제약사에 거액을 투자하고 있다.[161][162] 자궁경부암으로 인한 사망은 미국에서는 평균 58세에 나타나고 겨우 4만 명당 1명이 걸리며, 자궁경부 세포진 검사(Pap smear test)로 사실상 거의 모든 사망을 예방할 수 있다. 따라서 50년 후에 일어날지도 모르는, 예방이 가능하고 위험성이 낮은 사망으로부터 어린 소녀들을 보호하기 위해 투여하는 백신이라면 100퍼센트 안전해야 한다. 그리고 이 백신은 그러한 안전성 근처에도 가지 못한다.

머크와 글락소스미스클라인 둘 다 자사의 주주총회 보고서에서 HPV 백신의 매출이 주가를 가늠하는 가장 중요한 지표라고 밝혔다. 가다실(Gardasil)은 머크에게 최고 매출을 안겨준 약품으로서 2011년 세계적으로 12억 달러의 매출을 기록했다.[163] 머크는 대박을 터뜨린 자사의 진통제 바이옥스(Vioxx)의 안전성에 심각한 문제가 있음을 알고도 소비자를 속여 10만 명에서 50만 명의 미국인들을 죽음으로 몰아넣어 형사 기소됐고 원고가 소송을 취하하는 대가로 머크가 70억 달러를 물기로 합의해 재정적으로 휘청거리고 있었다. 따라서 가다실은 머크를 재정적으로 기사회생시킨 구세주였다.[164] 머크의 고위 간부들은 HPV 백신을 "바이옥스 벌금을 충당해 주는 약(Help Pay Vioxx)"이라고 불렀고 머크 주식의 "매입" 권고를 하향 조정하려고 몸이 근질거리고 있었던 월스트리트 증권분석가들의 압력을 이기지 못하고 엉터리로 안전성 실험을 한 후 서둘러 출시했다.

게이츠가 지원한 가다실 임상 실험에서 적어도 1,200명의 소녀 — 20명당 1명 — 가 자가면역질환과 임신 장애를 비롯해 심각한 부작용을 겪었다.[165] 사망한 소녀는 7명이다. 이는 미국의 자궁경부암 사망률의 무려 10배에 해당하는 수치이고, 자궁경부암으로 사망하는 소녀는 거의 없다. 인도의 연방정부 보건부는 이 임상 실험을 중단시키고 전문가들로 의회 위원회를 구성해 이 추문을 조사했다. 인도 정부 조사관들은 게이츠가 지원한 국제보건적정기술기구(PATH) 소속 연구자들이 취약한 마을 소녀들에게 압력을 행사해 임상 실험에 참여하게 만들고, 문맹인 부모들을 협박하고, 사전 동의서를 날조하는 등 전반적으로 생명윤리 규정을 위반했다는 사실을 밝혀냈다. 게이츠는 PATH 직원들에게는 의료보험을 제공하면서 임상 실험 참여자들에게는 제공하지 않았고, 실험에서 상해를 입은 소녀 수백 명을 치료해 주지도 않았다.[166]

PATH 연구자들은 아이들에게 백신접종을 하려면 부모의 동의를 얻어야 하는 규정을 피하려고 기숙학교에 다니는 소녀들을 겨냥했다.[167] 그들은 영어를 모르는 소녀들에게 영어로 쓰인 'HPV 백신접종 증명서'를 발급해 주었다. 그들은 소녀들에게 임상 실험에 참여한다고 알려주지 않고 "평생 암이 안 걸리게 보호"해 주는 '건강 증진 주사'라고 속였다. 이는 사실이 아니었다. PATH는 대규모 임상 실험에서 부작용을 추적하고 백신에 대한 중요한 부작용을 기록할 체제를 갖추도록 한 법적 의무를 위반하고 이러한 체제가 갖추어지지 않은 빈곤한 시골 지역에서 임상 실험을 진행했다.[168]

2010년, 인도 의료윤리 위원회는 게이츠의 단체 PATH가 인도의 윤리규정을 위반했다고 밝혔다. 2013년 8월, 인도 의회 특별위원회는 PATH가 추구하는 "유일한 목표는 HPV 백신 제조사들의 상업적 이익 촉진이고 PATH가 인도의 보편적 백신접종 프로그램에 HPV 백신을 포함하는 데 성공했다면 HPV 백신 제조사들은 어마어마하게 횡재했으리라고 말하면서 PATH를 통렬히 비판했다.[169] 인도 대법원 상임 법률가인 콜린 곤살베스 박사에 따르면,

인도 의회는 위원회를 구성했는데, 이는 다소 놀라운 조치였다. 빈곤층에게 영향을 미치는 사안들에 대해 그처럼 고위급에서 조사에 착수하는 일은 흔치 않기 때문이다. 그리고 보고서 내용은 놀라웠다. 인도 의회가 이처럼 신랄한 비판을 담은 보고서를 낸 적이 있나 싶을 정도였다. 그리고 정부 관리들은 대놓고 이렇게 말했다. "이 실험을 허락하지 말았어야 했다. 사죄드린다. 그들이 다시는 이런 짓을 못하게 하겠다. 그런데 그들이 다시 와서 똑같은 속임수를 또 쓰고 있다."[170]

2013년, 보건 운동 단체와 인권 단체가 공익소송 탄원서를 인도 대법원에 제출했다. HPV 임상 실험을 조사하고 임상 실험을 책임진 PATH와 그 밖의 이해 당사자들이 사망한 소녀 7명의 유족에게 금전적인 피해보상을 해야 하는지 판단을 내려달라는 내용이었다.[171]

탄원인들을 이끈 이는 뭄바이에서 윤리와 권리 연구센터를 운영하는 의사 아마르 제

사니(Amar Jesani)로서, 그는 맥고이 교수에게 게이츠 재단을 피고로 추가하지 않은 걸 후회한다면서 다음과 같이 말했다. "인도 의료 연구 위원회의 윤리 지침은 책임의 총체를 논한다. 후원자를 포함해서 이 일에 관여한 모든 이들이 책임을 져야 한다는 규정이다. 이 원칙하에서는 모두가 책임을 져야 한다. 현재로서는 PATH가 인도에서 실행한 이 연구에 대해 게이츠의 재단이 PATH를 문책하는 그 어떤 조치도 취했다는 증거가 없다. 내 생각으로는, 어느 정도까지는, 게이츠의 재단은 PATH가 아무 잘못도 하지 않았다고 생각하는 듯하다. 이게 우려스럽다. 게이츠의 재단을 조사할 필요가 있다."[172] 이 사건은 현재 인도의 대법원에 계류 중이다.

미국 질병통제예방센터는 인도에서 시행한 처참한 임상 실험을 낙관적으로 평가한 머크와 게이츠의 주장을 반영해 가다실 백신접종 권고를 확대하는 정책을 정당화했다. 코비드-19 이전까지만 해도 가다실은 미국의 백신 부작용 보고 체계(VAERS)에 지금까지 보고되어 축적된 모든 백신 관련 부작용의 22퍼센트를 차지하는, 지금까지 허가가 난 백신들 가운데 가장 위험한 백신이었다. 머크는 임상 실험 중에 가다실이 자궁경부암을 예방하는 효과가 있음을 입증하지 못했다.[173] 오히려 HPV에 노출된 적이 있는 여성들 — 전체 여성의 3분의 1 — 이 이 백신을 접종하면 자궁경부암이 걸릴 확률이 46.3퍼센트 증가하는 결과가 나온 연구들이 있다.[174] 머크의 임상 실험 보고서에 따르면, 가다실을 접종한 여성 39명당 1명꼴로 자가면역질환을 일으킨다.[175] 2006년 가다실 백신이 출시된 이후 수천 명의 소녀가 심각한 자가면역질환에 걸렸다고 보고했고, 젊은 여성들 사이에서 암 발생률이 치솟았다.[176]

인유두종바이러스(HPV) 백신과 임신율

게이츠가 두 가지 HPV 백신(가다실과 서바릭스(Cervarix))을 강력하게 후원하면서 그가 백신을 이용해 불임을 일으키려 한다는 의구심을 한층 더 강화했다. 머크의 임상 실험에서 가다실이 생식 기능을 훼손한다는 강력한 징후가 포착되었다.[177 178] 임상 실험 참여자들이 조기폐경(premature ovarian failure)을 비롯해 생식 기능에 문제를 일으킨 비율은 일반 인구보다 10배 높았다. 미국에서는 가다실 백신접종이 시작된 2006년을 시작으로 여성

임신율이 급격히 하락했다.[179][180] 가다실 접종률이 높은 나라는 하나같이 역대 최악의 임신율 하락을 겪었다.[181]

B형 간염

세계백신면역연합(GAVI), 세계보건기구(WHO), 유니세프가 공모해 인도에 B형 간염 백신접종을 의무화하도록 강제한 사례는 빌 게이츠가 군림하는 공중보건 체제하에서 백신 산업의 수익이 공중보건에 우선함을 보여주는 또 다른 사례다. 당초에 WHO는 백신으로 퇴치된다고 주장하는 간암의 일종인 간세포성암종(hepatocellular carcinoma, HCC) 발생률이 높은 나라에서만 B형 간염 백신접종을 권고할 생각이었다. 간세포성암종은 인도에서는 드물었으므로 간세포성암종 발생률이 높은 나라에만 이 백신을 권고한 WHO의 당초 기준에 따라 인도는 접종할 국가에 해당하지 않았다. WHO의 이 정책으로 백신 제조사들은 13억 인구라는 거대한 인도 시장을 잃게 될 처지에 놓였다.

비용은 많이 들고 이익은 미미하다는 우려에도 불구하고 게이츠는 2007~2008년 GAVI, 국제보건적정기술기구(PATH), WHO에서 자신을 대리하는 자들을 동원해 인도 정부의 팔을 비틀어 B형 간염 백신을 도입하게 했다.

GAVI는 WHO를 압박해 공식적인 정책을 포괄적 권고로 바꾸게 했다. 즉 질병 발생률이 낮은 나라도 백신접종을 의무화했다는 뜻이다. GAVI는 이러한 정책 변화로 인도의 시장이 다시 개방되리라고 기대했다. WHO는 GAVI의 뜻을 충실히 따라 간세포성암종이 문제가 되지 않는 나라까지 포함해 모든 나라를 B형 간염 백신 접종대상국에 포함했다. 인도 정부도 고분고분 WHO의 권고를 따랐다.

인도 학계와 공중보건 관리들은 인도의 간세포성암종 발생률이 극히 낮은 사실을 근거로 들면서 B형 간염 백신을 의무화한 인도 정부를 비판했다. 인도의 암 등록부에 따르면, B형 간염으로 인한 간세포성암종 발생률은 한 해에 5,000건이다. 독립적인 과학자와 인도 의사들은 간세포성암종 5,000건을 예방하려고 해마다 2,500만 명의 영아들에게 B형 간염 백신을 접종하는 정책에 반대했다. 항암 백신은 효과가 형편없고, 이 백신이 그 어떤 암도 예방한다는 증거도 미약했다. 인도 델리에 있는 세인트 스티븐 병원 소아과 과장인 제이콥 M. 풀리엘(Jacob M. Puliyel) 박사는 내게 이렇게 말했다. B형 간염 백신이 100퍼센트 효과가 있다고 해도, 수십 년 후에 발생할지도 모르는 간세포성암종으로 인한 사망 한 건을 예방하기 위해 아기에게 백신을 투여한다는 정책은 "직관적으로 생각해도 희소한 공중보건 재원을 낭비하는 비생산적인 정책이다."

1999년 7월 17일 〈영국의학학술지〉에 실린 논평에서 풀리엘 박사는 인도에서 가장 저렴한 B형 간염 백신은 3회분에 360 루피(미화 5달러)라면서, "인도 인구의 3분의 1의 1인당 한 달 소득이 57루피(83센트)에 못 미친다. 인도에서 주요 사망 원인은 설사, 호흡기 감염, 영양실조이다. B형 간염 백신접종이 깨끗한 마실 물 공급에 우선해야 할까?"라고 지적했다.[182]

게이츠가 인도에 강제로 도입한 B형 간염 백신의 효과를 연구한 자료에 따르면 백신은 B형 간염을 줄이지 못했다. 만성 보균자(B형 간염 표면 항원 양성반응자) 발생빈도는 백신 접종자 군과 비접종자 군 사이에 차이가 없었다. 이 연구에 따르면, 산모의 자연 면역체계는 신생아가 만성 보균자가 되고 간세포종암종에 감염되기 가장 쉬운 취약한 시기에 신생아를 감염으로부터 보호해 주는데, 백신은 이러한 자연면역을 훼손한다. 따라서 역설적으로 게이츠의 백신이 인도에서 간세포성암종 발생률을 높일 가능성이 상당히 크다. 풀리엘 박사는 "그래도 소용없었다. 게이츠의 견해만 중요했다."라고 말한다. WHO는 물러서지 않고, 백신이 불필요하더라도, 모든 나라가 B형 간염 백신을 의무접종 목록에 포함하라는 입장을 고수했다.

b형 헤모필루스 인플루엔자(Haemophilus Influenzae B, Hib)

B형 간염 백신 참사에 뒤이어 WHO는 b형 헤모필루스 인플루엔자(Hib) 백신접종에 대해서는 훨씬 약한 권고안을 발표했다. WHO는 이 질병이 심각한 문제인 나라에서만 Hib 백신접종을 권고했다. 인도 의사들은 WHO의 공보에 실린 논평에서 Hib 질병 발생률이 극히 낮은 아시아(Lau 1999)에서 Hib 백신이 필요한지 의문을 제기했다.[183] 2002년, 현재 WHO의 백신접종 확대 프로그램의 정책 조율을 담당하고 있는 토머스 체리언(Thomas Cherian) 박사는 입수 가능한 데이터를 근거로 판단할 때 Hib 백신은 인도에서

일상적으로 사용하라고 권고하면 안 된다고 주장했다.

　게이츠는 자기 말을 안 듣는 인도 의료계의 간섭을 타개하기 위해서 2005년 세계백신면역연합(GAVI)을 통해 방글라데시에서 4년 동안 3,700만 달러를 들여 대량 백신접종 실험을 하고 이 백신의 효과를 보여주기로 했다.[184][185] 그러나 GAVI의 방글라데시 실험은 Hib 백신접종이 아무런 이득도 없다는 결과가 나오면서 오히려 역효과가 났다. 그러자 내로라하는 국제 공중보건 전문가들은 기만적인 내용의 성명서를 내고 방글라데시 실험에서 Hib 백신이 "생명을 위협하는 폐렴과 뇌막염의 막중한 부담으로부터" 아동들을 보호해준다는 거짓 주장을 했다. 우연히도, 이 전문가들 모두가 게이츠가 지원하는 WHO, GAVI, 유니세프, 미국국제개발처(USAID), 존스 홉킨스 대학교 블룸버그 공중보건대학원, 런던 위생과 열대 의학 대학원, 질병통제예방센터 소속이었다.[186] 이에 격분한 명망 있는 인도 의사들은 〈영국의학학술지〉와 〈인도 의료 연구 학술지〉에 논평을 싣고 게이츠가 지원한 이 연구는 교활한 속임수라고 맞받아쳤다.[187][188]

　게이츠가 총지휘해 꾸며낸 거짓을 토대로 WHO는 2006년 "Hib 백신은 모든 백신접종 프로그램에 포함되어야 한다."라는 공식 입장을 발표했다.[189] 또다시 인도 정부는 게이츠 앞에 무릎을 꿇고 Hib가 거의 발생하지 않는 인도에서 Hib 백신접종을 의무화했다.

　방글라데시 실험을 통해 Hib 백신이 쓸데없는 돈 낭비임이 입증되었지만, GAVI는 인도에서 Hib 백신 프로젝트를 살려내는 역할을 자임했다고 의기양양하게 허풍을 떨면서 자화자찬했다(GAVI 2007; 르빈(Levine)외 다수 l. 2010).[190][191] GAVI는 인도는 Hib 발생률이 극히 낮으므로 WHO의 권고안에 대한 지지를 끌어내는 게 큰 난관이었다고 말했다. GAVI는 ─ 기술적인 은어를 써서 ─ WHO의 팔을 비틀어 WHO의 Hib 백신접종 정책을 약한 권고에서[192] 예외 없이 모든 나라가 일괄적으로 접종하라는 강력한 권고로[193] 수정하게 했다며 의기양양했다. WHO의 태도 돌변으로 기가 죽은 인도 보건 관리들은 쓸모없는 Hib 백신접종을 권고하기로 했다. 풀리엘 박사는 이 사건이 "GAVI를 비롯해 'Hib 구상' 같이 백신 제조사들이 지원하는 단체들이 WHO에 막강한 영향력을 행사하고 세계적으로 백신 접종률에 영향을 미치는 현실을 극명하게 보여준다."라고 불만을 토로한다.[194]

풀리엘 박사는 게이츠 재단이 국제 공중보건 정책을 사유화, 금전화하고 WHO의 정책을 권고에서 의무로 변질시키고 빈곤한 나라들이 해마다 외국의 제약사 영주들에게 조공을 바치게 강요하고 있다고 항변한다. 풀리엘 박사는 내게 인도를 비롯해 아시아 국가들이 이제 사실상 Hib 백신을 투여하고 접종률을 높여야 하는 지경에 이르렀다며 이는 "개별적 국가의 질병 부담도 무시하고, 해당 국가에서 이 질병에 대한 자연면역에 도달했음에도 불구하고, 주권국가가 자국의 제한된 재원을 어떻게 쓸지 결정할 권리도 무시한" 행태라면서 이렇게 덧붙였다. "팬데믹이 될 가능성이 거의 없는 질병에 대해 그런 지시를 내리는 게 현명한지 의문을 제기해야 한다."

풀리엘 박사는 〈영국의학학술지J〉에 실린 논평에서 개발도상 지역에서 Hib 백신접종을 밀어붙이고 보도자료에서 임상 실험 데이터를 제멋대로 해석한 게이츠와 GAVI를 다음과 같이 비판했다. "아시아에서 이 백신이 필요하다고 과학계를 설득하려고 여러 차례 시도했지만 실패한 끝에 의무접종이라는 지시가 떨어졌다." 풀리엘 박사는 Hib 막장극을 "정부에 값비싼 새 백신을 도입하라는 가시적인 압력과 눈에 보이지 않는 압력이 어느 정도인지 보여주는 사례"라고 규정했다.[195]

5가(Pentavalent) 백신

게이츠가 아시아에서 Hib와 B형 간염 백신접종 권고안을 둘러싼 투쟁에서 승리를 거두었지만, 실제 접종률은 제약사 황제들의 기대에 못 미치는 실망스러운 수준에 그쳤다. 인도 현지 의사들은 WHO와 인도 보건부의 백신접종 권고안을 순순히 따르지 않았다. 대부분 인도 국민은 이 질병에 대해 들어본 적도 없다. 풀리엘 박사는 내게 이렇게 말했다. "인도 의사들은 Hib 백신이든 B형 간염 백신이든 접종할 필요를 느끼지 못했고 따라서 환자들에게 거의 접종을 권하지 않았다." 의사들의 저항으로 인도 보건당국 관리들은 WHO가 새로이 권고한 백신 접종률 목표치 달성에 애를 먹었다. 그러자 제약업계는 돌 1개로 새 3마리를 안락사시키는 사악하고 교활한 전략을 도입했다. 제약사들은 판매가 저조한 Hib 백신과 B형 간염 백신을 회수하고 이 두 백신을 DTP 백신과 결합한 새로운 약제를 출시했고, 이 약제는 널리 쓰였지만, 거대 제약업계의 야심 찬 수익 목표에는 한참 못 미쳤다.

　화이자의 DTP 특허가 이미 오래전에 만료되면서 2008년 무렵 42개국에서 63개 제약사가 이 백신을 제조하고 있었고 이에 따라 공급은 과잉되고 수익률은 매우 낮아졌다. 게이츠 패거리는 주사기 한 개에 DTP, Hib, B형 간염 백신을 섞어 넣은 새로운 (다섯 가지 질병을 잡는) 백신을 만들어 수익 창출 문제를 해결했다. 이 새로운 복합제제는 '새로운 백신'이 되었다. 세계백신면역연합(GAVI)과 WHO는 실험도 거치지 않았고 허가도 나지 않은 이 새로운 복합제제에 '5가 백신(Pentavalent Vaccine)'이라는 명칭을 하사하고 개발도상 국가들에 DTP 백신 대신 이 백신을 쓰라고 권고했다. 그러자 고분고분한 인도 보건 관리들은 의사들 사이에 인기가 있었던 DTP 사용을 단계적으로 줄여 없애기로 했다. 이제 DTP를 접종하려는 개인이나 의사는 5가 백신을 접종할 수밖에 없게 되었다.

　GAVI는 조직 웹사이트에서 이런 짓을 한 저의는 널리 쓰이는 DTP 백신에 B형 간염과 Hib 백신을 올려 태워 인도 같은 나라들에서 Hib와 B형 간염 백신 접종률을 높이기 위해서라고 시인했다. DTP 백신은 여러 제조사가 제조해 경쟁이 치열해지면서 비용이 15.50루피(미국 달러화로 14센트)로 하락했다. B형 간염 백신과 Hib 백신의 소매가는 각각 45루피와 25루피였다. 따라서 이 세 가지 백신을 각각 따로 구매하면 모두 185루피가 든다. 그러나 새로운 5가 백신 — 인도 혈청 연구소 소유자로서 게이츠 친구인 사이러스 푸나왈라(Cyrus Poonawalla)가 제조한다 — 은 550루피로 이 새로운 백신 덕분에 수익률이 무려 1,440퍼센트 증가한다.[196]

　미국의 식품의약국은 안정성이나 효과 때문에 이 복합 백신을 허가하지 않았고 개발도상 국가들은 이 백신을 사용하지 않는다. 코크란 공동연구소의 메타분석에 따르면, 복합 백신은 백신들을 각각 따로 접종했을 때보다 효과가 떨어진다. 게다가, 5가 백신은 영아들이 접종하면 생명을 위협할 정도로 위험하다.

　5가 백신은 인도에서 첫선을 보이기 전에 부탄, 스리랑카, 파키스탄, 베트남에서 먼저 썼다. 이 나라들 모두 접종 후 원인 모를 사망이 뒤따랐다. 부탄은 이 백신을 접종한 후 뇌장애/뇌염 5건이 발생하자 2009년 10월에 이 백신접종 프로그램을 중단했다. 그러나 WHO는 수막뇌염 바이러스가 사망 원인이라고 주장하면서 부탄 보건 관리들을 설득해 접종 프로그램을 재개했다. 부탄도 고분고분하게 따랐고 영아들이 사망했다. 부탄은 이제 5가 백신을 사용하지 않는다. 공중보건 책임자 우겐 도푸 박사는 5가 백신접종을 철회한 후 영아들 사이에 수막뇌염 사례가 발생하지 않았다고 말한다.[197]

스리랑카는 2008년 1월 5가 백신을 배포했다가 영아 5명이 사망하자 넉 달 후 백신 프로그램을 중단했다. 2010년부터 2012년 사이에 백신접종 후 14명이 추가로 사망하면서 스리랑카에서 사망자 총수는 19명이 되었다.[198]

베트남은 2010년 6월 5가 백신을 도입했고 27명의 영아가 사망하자 2013년 5월 이 백신접종을 중단했다.[199]

파키스탄도 비슷한 현상을 겪었고, 적어도 3명이 사망했다고 보고되었다.[200]

인도는 2011년 12월 5가 백신을 도입했다. 2013년 일사분기에만도 백신접종 후 83건의 심각한 부작용이 보고되었다. 인도에서는 5가 백신접종에 뒤이어 21명의 영아가 사망했다.[201]

게이츠와 WHO는 이를 그저 유감스러운 우연의 일치나 부수적 피해로 치부했다. 5가 백신은 인도에서 Hib 질병 발생을 효과적으로 줄였다. 그러나 비항원형 변종을 비롯해 Hib 변종들이 그만큼 증가했다. 늘 그랬듯이 아무도 책임지지 않았다.

이는 게이츠 재단이 사실상 빌 게이츠가 좌지우지하는 국가 백신접종 프로그램에서 고가의 백신접종을 의무화하면서 발생한 수많은 불미스러운 사례 가운데 하나에 불과하다. 이러한 위험한 백신의 비용편익 분석의 문제는 차치하고, 맥고이는 위생과 영양개선에 쓸 재원을 고가의 백신 구매에 전용하면서 치명적인 결과를 낳는다는 풀리엘 박사의 주장에 동의한다며 이렇게 말했다. "고가의 백신을 우선 보급하느라 공중보건 개선 효과가 있다고 증명된 다른 조치를 등한시하게 된다."[202]

게이츠는 제약, 석유, 화학, 유전자변형유기체(GMO), 가공식품과 합성식품 등에도 투자하는데, 실제 세계에서 드러나는 이러한 증거들은 백신에 대한 게이츠의 집착은 진정으로 사람들이 건강하기를 바라는 마음에서 우러나온 게 아님을 시사한다. 언론인 에이미 굿먼에 따르면, 게이츠는 세계에서 가장 오염물질을 많이 배출하는 69개 기업에 지분을 보유하고 있다.[203] 일편단심 백신에 대한 그의 집착은 자선활동을 통해 금전적 이득을 취하고 세계 공중보건 정책을 독점적으로 장악하고픈 그의 충동을 충족시켜 주는 듯하다. 게이츠가 실행하는 전략과 식품, 공중보건, 교육계 기업들과의 연대도 복잡다단한 인간의 문제들을 기술로써 상명하달식으로 일괄적으로 해결해 세계를 구원하라는 임무를 부여받은 구세주가 자신이라는 확신과 미천한 인간들의 생명을 대상으로 기꺼이 실험하겠다며 신 흉내를 내는 그의 성정을 반영한다.

그리고 게이츠의 백신 카르텔은 손대는 것 족족 황금으로 변하게 만드는 마이다스(Midas)처럼 엄청난 부를 축적했다. 2021년 초, 언론인 베키 퀵은 한 TV 인터뷰에서 게이츠가 지난 20년에 걸쳐 100억 달러를 백신에 쏟아부은 사실을 언급하면서 게이츠에게 이렇게 물었다. "당신은 투자에 대한 이익을 환수하는 비법을 터득한 듯해서 나는 좀 놀랐다. 자세히 설명해 주겠나?" 게이츠는 이렇게 답했다. "굉장한 실적을 올렸다. 투자 대비 20배 이상의 수익을 올렸다. 경제적인 이익만 봐도 상당한 실적이다." 베키 퀵은 더 파고들었다. "그 정도 금액을 S&P 500에 투자하고 배당금을 재투자한다면 170억 달러 정도 되겠지만, 당신은 200억 달러를 벌었다는 얘긴가." 게이츠가 "그렇다."라고 답하고 서둘러 다음과 같이 덧붙였다. "어린아이들을 살리고, 제대로 먹이고, 그들의 나라 발전에 보탬이 되는 일은 그 어떤 금전적 이익도 능가하는 보람 있는 일이다."[204]

그는 이렇게 덧붙였다. 비결은 "포트폴리오 규모가 커야 한다."

그리고 그러한 포트폴리오 투자의 비결은 앤서니 파우치가 게이츠 편이라는 사실이다.

11장

가짜 팬데믹 부추기기:
"늑대가 나타났다!"

"정부는 정말로 팬데믹을 좋아한다. 전쟁을 좋아하듯이 말이다.
정부의 의지를 우리에게 강요하고 우리를 겁에 질리게 해서
몸을 웅크리고 시키는 대로 하게 만들 수 있으니까."

— 영국 생태 의학 협회, 데이미언 다우닝(Damien Downing) 박사

(알자지라(Al Jazeera) 방송에서 한 발언, 2009)

"공포는 시장을 형성한다. 사람들에게 공포심을 불어넣으면 이점이 있다.
약을 사용하게 된다는 점에서도 그렇지만, 불안감에 사로잡힌
사람들은 통치하기가 훨씬 쉽다."

— 막스 플랑크 연구소 교육 연구 명예 소장, 게르트 기거렌처(Gerd Gigerenzer)

(토르스텐 엥겔브레히트(Torsten Engelbrecht)의 〈바이러스 광풍(Virus Mania)〉, 2021)

1906년 미국에서 전염병으로 인한 사망은 연간 총 사망의 3분의 1을 차지했고 미국인 10만 명당 800-1,000명이 전염병으로 사망했다. 1976년 무렵 전염병으로 사망하는 사람은 10만 명당 50명이 채 되지 않았고, 질병통제예방센터(CDC)와 국제알레르기전염병연구소(NIAID)는 조직의 예산을 정당화해야 할 심각한 압박을 받게 되었고 팬데믹을 부추기는 게 두 기관의 예산확보 전략이 되었다. 제약사들과 공중보건 관련 국제기관들, 금융과 군사 하청 업체들은 곧 이 생태계에 합류했고, 억지스러운 팬데믹이 계속 존재해야 할 이유가 생겼다. 파우치 박사를 비판하는 이들은 그가 툭하면 세계적으로 질병이

퍼진다고 과장하고, 심지어 날조하며 팬데믹의 공포를 조장하고 생물안보 의제의 위상을 높였다고 말한다. 그들은 파우치가 정부 기관에 대한 재정적 지원을 증액하고, 자신의 제약사 동업자들을 대신해 수익성 높은 백신을 팔았으며, 본인이 휘두르는 권력을 증폭시킨다고 질책한다. 역사는 그들의 이러한 비판을 뒷받침한다.

1976년 돼지독감(Swine Flu)

1976년 파우치 박사는 NIAID 임상 조사 실험실의 임상 생리학 책임자로서 국립보건원의 가짜 돼지독감 팬데믹을 맨 앞자리에서 지켜보았다. 그 해, 포트 딕스(Fort Dix) 기지에서 한 군인이 강제로 행군을 한 후 폐병으로 사망했다. 육군 의무관들은 사망한 군인의 조직 표본을 CDC에 보냈고, CDC는 사망한 군인의 질병이 돼지독감이라고 규명했다. 파우치 박사의 상사인 NIAID 소장 리처드 크라우스(Richard Krause, 파우치는 얼마 후 그의 후임이 된다)는 CDC 소장 데이비드 센서(David Sencer)와 공모해 끔찍한 팬데믹 공포를 조장하고 백신이 필요하다고 주장했다. NIAID 소장은 제약사 머크의 저명한 백신 개발자 모리스 힐먼(Maurice Hilleman)을 비롯해 백신 업계의 내로라하는 명사들과 함께 전략 회의를 열고 중지를 모았다.[1] 뒤이은 의회 조사를 통해 이 회의에서 어떤 대화가 오갔는지 밝혀졌다. 힐먼 박사는 돼지독감 백신을 개발하게 된다면 그 백신은 "과학과 무관한 전적으로 정치적인 행위"라고 솔직하게 시인했다. 2020년 8월 〈롤링 스톤〉에 실린 글에서 〈제약업계: 탐욕, 거짓, 그리고 미국을 독살하기〉의 저자 제럴드 포즈너(Gerald Posner)는[2] 머크를 비롯해 제약사들이 규제 당국자들과의 비밀회의를 이용해 어떻게 제약사들의 면책과 수익을 보장하는 술수를 획책했는지 설명했다.[3] 이제 거대 제약사의 사업 모델의 특징으로 자리 잡은 이 술책으로 제약사는 과실과 형사상 범죄에 해당하는 행동까지도 책임을 면하게 되었다.

제약사와 NIAID는 의회, 백악관, 국민에게 포트 딕스에서 발생한 돼지독감은 1918년 스페인 독감 팬데믹을 일으킨 바로 그 바이러스 변종이라고 주장하면서, 스페인 독감으로 전 세계에서 50만 명이 사망했다고 경고했다.[4] 하지만 그들은 거짓말을 하고 있었다. 포트 딕스, CDC, 보건복지부의 과학자들은 H1N1이 인간에게 전혀 위험하지 않은 평범한 돼지 바이러스임을 알고 있었다.[5] 그런데도 NIAID는 미국에서 100만 명이 사망할 가능성이 있다고 경고하면서 강하게 밀어붙였다. 제약업계와 일치단결해, NIAID, CDC, 머크는 미국 국민 1억 4천만 명에게 돼지독감 백신을 접종하기 위해 백신 제조사들에 1억 3천 5백만 달러를 지원하는 법안에 서명하도록 신임 대통령 제럴드 포드를 설득했다.[6]

연방 규제 당국자들을 대신해 TV에 등장한 포드 대통령은 모든 미국 국민에게 백신을 접종하라고 촉구했다. 포드 대통령은 충실하게 1918년 스페인 독감으로 대량 사망자가 발생했음을 언급했고, 5천만 명의 미국 국민은 앞다퉈 가까운 보건소로 달려가 보건복지부와 머크가 공모해 서둘러 출시한, 허겁지겁 제조되고 엉터리 임상 실험을 거치고 제조사는 전혀 책임지지 않는 백신을 접종했다. CDC 소장 데이비드 센서는 열광하는 언론매체 사무실과 스튜디오 한복판에 돼지독감 '상황실'을 설치해 공포심을 한층 더 부추겼다.[7] 정부는 대대적인 홍보 캠페인을 벌였다. 그중에는 백신접종을 하지 않은 환자들이 심각한 병에 걸려서 후회하는 모습을 담은 끔찍한 TV 광고도 있었다. CDC는 보도자료에서 인기 있는 TV 스타 메리 타일러 무어가 백신을 접종했다고 주장했다. 무어는 〈60 미니츠〉에 출연해 자신은 부작용이 우려돼 백신을 맞지 않았다고 말했다. 그녀는 자신과 자신의 주치의는 백신을 맞지 않아서 다행으로 여겼다고 말했다.[8]

1976년 돼지독감 팬데믹 희생자는 100만 명이 아니라 달랑 1명이었다. 1978년 NIAID의 가짜 팬데믹 대응을 사후 분석해 정부 보고서를 작성한 하비 파인버그(Harvey Fineberg) 박사는 WHO 공보에서 이렇게 말했다. "1976년에 이 바이러스는 뉴저지주에 있는 단 한 개 군사기지 포트 딕스에서 포착되었다. 뒤이은 몇 주, 몇 달 동안 돼지독감과 연관된 단 하나의 사례도 뉴저지주, 미국, 세계 어디에서도 보고되지 않았다. 그런데 정치적 정책 결정자들은 과학자들이 대량 백신접종 말고는 선택의 여지를 주지 않았다고 생각했다."[9]

국립보건원의 독감과 독감백신 전문가인 선임 박테리아학자이자 바이러스학자인 존 앤서니 모리스(Johbn Anthony Morris) 박사는 자신의 보건복지부 상사들에게 돼지독감 공포는 사기극이었고 NIAID의 접종 캠페인은 탐욕스러운 제약업계를 위해 위험하고 효과도 없는 독감백신을 판촉하려는 헛짓거리였다고 보고했다. 모리스 박사는 1940년부터 연방 공중보건 기관에서 일했다. 1976년 돼지독감이 '창궐'할 당시 그의 사무실은 앤서니 파우치의 사무실에서 엎어지면 코 닿을 위치에 있었다. 모리스는 국립보건원과 식품의약국에서 정부의 백신 수석 담당관을 맡았고 생물학적 약제 기준 부서의 독감과 독감백신 연구를 이끌었다. 모리스는 바이러스 호흡기 질환 연구에서 뛰어난 업적을 쌓았다. 모리스 박사가 돼지독감이 사기라고 항의하자 그의 직속상관은 그에게 물러서라고 명령하면서 그에게 "이 문제는 거론하지 말라."라고 충고했다.[10] 그의 국립보건원 상사들은 그에게 입 닥치지 않으면 해고되고 파멸된다고 협박했다. 백신 접종자들이 길랑 바레 증후군(Guillain-Barré Syndrome)을 비롯해 부작용을 보고하기 시작하자, 모리스 박사는 명령에 불복했다. 모리스 박사는 포트 딕스 돼지독감이 인간에게 전염된다는 증거는 전혀 없다고 공개적으로 선언하고 백신은 신경에 부작용을 일으킬 수 있다고 재차 강조했다.[11] 보건복지부는 모리스 박사의 연구 자료를 몰수하고 실험실 잠금쇠를 바꾸고, 전화기도 없는 코딱지만 한 사무실로 그의 집무실을 옮겼으며, 그의 연구실 직원들을 다른 부서로 발령냈다. 또한 보건복지부의 허가 없이 방문객을 못 만나게 하고, 그가 연구 결과를 공개하려는 시도를 막았다.[12] 보건복지부는 수개월 동안 그에게 온갖 협박을 하고 치사하게 괴롭힌 끝에, 대출한 도서를 제때 반납하지 않았다는 등, 날조한 온갖 핑계를 들면서 불복종을 이유로 모리스를 해고했다.[13]

CDC의 마이클 해트윅(Michael Hatwick) 박사도 보건복지부 고위층에게 돼지독감 백신이 뇌 손상을 일으킬 수 있다고 경고하고 있었다.

1976년 돼지독감 백신은 너무 문제가 많아서 보건복지부는 4,900만 명의 미국인이 접종한 후 이 백신 사용을 중단했다. 보도된 바에 따르면, 독감 발생률은 접종자가 비접종자보다 7배 높았다. 게다가 이 백신으로 500여 명이 퇴행성 신경질환인 길랑 바레 증후군에 걸렸고, 32명이 사망했으며,[14] 400명 이상이 몸이 마비되고, 4,000명이 다른 여러 상해를 입었다.[15]

공중보건 관리들은 이 백신을 회수했다. 포드 대통령은 데이비드 센서를 해고했다.

미국 납세자들은 백신을 도입할 때는 머크의 수익을 보장해 주느라, 백신을 퇴출할 때는 백신 상해 피해자들이 제기한 줄소송의 비용을 대느라 양쪽으로 돈을 뜯겼다.*

정부는 돼지독감 백신 프로그램에 1억 3천 4백만 달러를 썼다. 상해를 입은 원고들은 1,604건의 소송을 제기했다. 1985년 4월 무렵, 정부는 원고들에게 83,233,714달러를 보상했고, 그 소송을 진행하느라 수천만 달러를 지출했다.[16] 1987년 모리스 박사는 의회에 출석해 증언하는 자리에서 "이러한 수치들을 보면 헤아리기 어려울 정도로 수많은 접종자의 건강을 심각하게 훼손한다고 알려진 제품에 대한 책임을 연방정부가 지게 되면 어떤 결과가 나오는지 감이 잡힌다. 1976년 내가 식품의약국을 그만둘 당시에는 DTP 백신을 비롯해 당시 사용되고 있던 대부분 백신의 신경독성이나 효력을 측정할 믿을만하고 일관성 있는 기법이 존재하지 않았다. 그로부터 11년이 지난 오늘날(1987년), 사실상 달라진 게 없다."[17] 모리스 박사의 연구에 따르면, 독감백신은 아동과 임신부에게서 고열을 유발하고 태아에게 심각한 상해를 입힌다. 그는 백신이 "말 그대로 외부의 박테리아가 들어있기 때문에" 모두에게 숨은 위험이 존재한다고 우려를 표했다.[18] 모리스 박사에 따르면, "아동에게 백신을 접종하면 이롭기는커녕 오히려 해롭다는 증거가 많이 있다."[19] 모리스 박사는 본인이 십자가를 짊어지게 된 경위를 다음과 같이 일목요연하게 말했다. "정부 소속 과학자들과 제조사 과학자들 사이에 친밀한 관계가 형성되어 있다. 내 연구 결과는 독감백신 시장에 피해를 주고 있었다."[20]

1977년, 모리스 박사는 부당해고 소송을 제기했다. 법원은 국립보건원이 제기한 모든 혐의를 기각했으며, 고충 처리 위원회는 모리스 박사의 상관들이 그를 괴롭히고 부당하게 해고했다고 만장일치로 판단을 내렸다.[21] 과거에 식품의약국과 국립보건원에서 일한 과학자들 일부도 이 정부 기관들에 대한 모리스 박사의 비판을 지지한다고 발표했다. 〈뉴욕타임스〉는 모리스 박사의 동료 과학자 B. G. 영(B. G. Young)의 말을 인용해 정직한 과학자들에 대한 국립보건원의 보복 조치를 "개별적인 조사관들을 억압하고 괴롭히고 검열한 행위"로 규정했다. 그는 이렇게 말했다. "나는 마침내 깨달았다. 타협하든지 그

---

* 제약사는 면책권이 있으므로 백신 부작용 피해자는 연방정부를 상대로 소송을 제기하고 연방 검사가 제약사를 법적으로 변호한다. 따라서 소송비용과 원고가 승소하는 경우의 피해보상금을 모두 납세자가 내는 셈이다 - 옮긴이

만두든지 양자택일해야 한다고. 모리스와 (버니스) 에디는 그 바닥에서 진정한 영웅이다. 자기 자리를 지키면서 싸웠기 때문이다. 다른 이들은 사임으로써 의사표시를 했다."[22]

2014년 7월 세상을 떠나기 직전까지도 모리스 박사는 질병통제예방센터(CDC)의 연례 독감백신 접종 프로그램을 강하게 비판했다. 1979년 모리스 박사는 〈워싱턴 포스트〉에 이렇게 말했다. "의료계가 국민에게 바가지를 씌우고 있다. 국민에게 진실한 정보를 주고 백신을 접종할지 말지 스스로 결정하게 해야 한다고 생각한다. 온전한 정보를 접한다면 국민은 백신을 접종하지 않으리라고 나는 생각한다." 2014년 〈뉴욕타임스〉에 실린 모리스 박사의 부고에는 다음과 같은 그의 발언이 실렸다. "이 (독감) 백신 제조사들은 백신이 무용지물이라는 사실을 잘 알고 있지만 그래도 아랑곳하지 않고 계속 백신을 팔아먹는다."[23]

B. G. 영 박사는 〈뉴욕타임스〉에 국립보건원의 백신 부서에 만연한 제약업계 지배적인 문화가 제약업계에 맞설 의지가 있는 정직한 규제 당국자들을 모두 몰아냈다고 말했다. 이와는 대조적으로 파우치 박사는 보건복지부에서는 아주 드물게 50년 동안 살아남은 과학자다. 그 비결은 그가 국립보건원의 제약사 영주들에게 영합하고 제약업계를 위해 궂은 일을 마다하지 않기 때문이다.

국립보건원이 모리스 박사의 입을 틀어막는 데 쓴 무기들—고립시키고, 명예를 실추시키고, 그 어디에도 연구논문을 싣거나, 학회에서 발표하거나, 언론과 인터뷰하지 못하게 막고, 실험실 잠금쇠를 바꿔 더는 연구를 못 하게 막는 등의 수법—은 이미 국립보건원에서 반론을 제기하는 과학자들의 입을 틀어막는 소비에트 식 기본 틀로 자리를 잡았다. 국립보건원은 1950년대에 처음으로 이 무기를 빼내 들었다. 회백척수염 바이러스를 발견했고 수상 경력도 있는 바이러스학자 버니스 에디(Bernice Eddy) 박사의 경력을 파괴하기 위해서다—그는 훗날 각각 솔크와 세이빈 두 가지 소아마비 백신에서 암을 일으키는 원숭이 바이러스를 발견했다.* 에디 박사의 연구를 통해 백신 안전성 문제가 드러

---

* 소아마비 백신에는 조나스 솔크(Jonas Salk)가 발명한, 죽은 바이러스로 만든 백신과 앨버트 세이빈(Albert Sabin)이 발명한, 살아있지만 약화한 바이러스로 만든 백신 두 종류가 있다. 70여년 전 버니스 에디 박사가 소아마비 백신에서 발견한 이 원숭이 바이러스 sv40은 2023년 화이자와 모더나가 제조한 코로나 백신에서도 검출되었다. 인간지놈프로젝트(Human Genome Project)에 참여한 분자생물학자 케빈 매커넌(Kevin McKernan) 박사와 사우스캐롤라이나 대학교의 분자생물학자 필립 버콜츠(Phillip Buckhaults) 박사가 각각 독립적으로 화이자와 모더나의 코로나 백신에서 sv40을 검출했다 – 옮긴이

나자, 국립보건원 관리들은 에디 박사의 실험실 출입을 금지하고 사무실 잠금쇠를 바꾸고 인터뷰와 연설을 못하게 막았다. 국립보건원은 에디 박사의 입을 틀어막은 후 오염된 백신을 베이비붐 세대 9,900만 명에게 접종했고, 그 세대 사이에 연성조직 암이 10배 폭증하면서 소아마비 백신의 피해를 무색하게 할 공중보건 재앙을 초래했다.[24][25] 파우치 박사와 정부 공중보건 규제 당국자들은 이와 똑같은 수법을 이용해 주디 미코비츠(Judy Mikovits) 박사, 국립보건원 계약직 연구자 바트 클래슨(Bart Classen) 박사, 질병통제예방센터의 수두 백신 연구자 게리 골드먼(Gary Goldman) 박사를 비롯해, 백신의 안전성과 효과에 대해 감히 엄연한 진실을 발설한 관내 과학자들의 입에 줄줄이 재갈을 물렸다.

1976년 돼지독감 사건은 연방정부가 처음으로 제약업계의 보험사 역할을 하기로 합의한 사례다. 이 사건은 국민에게 중요한 교훈을 주었다. 제약사의 불법 행위를 면책해주면 위험하고 효과 없는 백신을 만들라고 부추기게 된다는 사실 말이다. 그러나 산업계와 관리자 계층은 이 비극적인 사건에서 전혀 다른 교훈을 얻었다. 1986년 그들은 돼지독감 백신을 보급한 정책을 기본 틀 삼아 국립 아동 백신 상해 법안을 관철해 의무접종 백신을 제조하는 제약사들을 모조리 면책권으로 보호해주게 되었다.

파우치 박사는 공중보건 관리로 첫발을 내디딜 때부터 진짜 팬데믹과 가짜 팬데믹 모두 관료집단의 권력을 확대하고 동업자 제약사들의 부를 몇 배로 불릴 기회라는 사실을 터득했다.

2005년 조류독감(Bird Flu)

2005년, 파우치 박사는 NIAID가 1976년의 참담한 실책에서 써먹은 각본을 재탕했다. 이번에 무찌를 악당은 조류독감 H5H1이었다. 파우치 박사는 2001년부터 계속, 안절부절 못하는 만화 주인공 치킨리틀(Chicken Little)처럼 호들갑을 떨며, 조류독감 팬데믹이 임박했다고 세계에 경고해왔다. 그해, "전염병: 21세기의 고찰"이라는 제목의 논문에서, 파우치 박사는 조류에서 인간으로 전염되는 독감이 홍콩에서 시작돼 전 세계 인구를 강타하게 된다고 암울한 예측을 했다.[26] 그는 "인플루엔자 A 바이러스의 새 변종이 이 바이러스가 비교적 생소한 인구에 침투해 전례 없는 대규모 사망자가 발생한다."라고 예언했다.

2004년 베트남에 있는 옥스퍼드 대학교 임상연구실 책임자 제러미 파라(Jeremy Farrar) ─ 훗날 영국 여왕으로부터 작위를 받고 막강한 웰컴 트러스트(Wellcome Trust)를 지휘하게 된다 ─ 와 그의 베트남인 동료 트란 틴 히엔은 인간에게서 치명적인 조류독감 H5N1이 다시 등장했음을 확인했다. 제러미 파라는 〈파이낸셜 타임스〉에 "감염자는 어린 소녀였다. 죽어서 땅에 묻힌 애완용 오리를 파냈다가 다시 묻는 과정에서 감염되었다."라고 말했다.[27]

웰컴 트러스트가 옥스퍼드 대학교의 베트남 프로젝트에 막강한 재원을 퍼부었다. 웰컴 트러스트는 약품 개발자 헨리 웰컴(Henry Wellcome) 경이 자신이 보유한, 영국 거대 제약사 버로우스 웰컴 주식을 기부해 건립했다. 1995년 웰컴 트러스트는 보유한 주식을 버로우스 웰컴의 맞수 글락소스미스클라인에 매각하면서,[28] 영국의 두 거대 제약사의 합병을 촉진했다. 300억 달러의 기부금을 보유한 웰컴 트러스트는[29] 세계에서 4번째로 규모가 크고 세계에서 생의학 연구에 가장 많은 지원을 하는 재단이다. 게이츠 재단과 마찬가지로 웰컴 트러스트도 기부금을 주로 제약업계의 이익을 도모하는 데 쓴다.

2007년, 영국의 의학 전문 기자 존 스톤(John Stone)은 돼지독감 사후분석의 일환으로 온라인판 〈영국의학학술지〉에 보낸 서신에서 가짜 팬데믹 문제를 제기했다. "공포를 조성하는 이유가 위험을 엄중히 평가했기 때문인지 아니면 제약업계에 또 다른 횡재를 안겨주기 위해서인지가 항상 문제다. 이 차이를 구분할 훨씬 개선된 제도적 수단이 필요하다. 늑대가 나타났다고 외친 어린 소년 이야기가 주는 교훈을 기억하는가? 제약업계가 늘 하는 짓이다."[30]

2020년, 파라는 빌 게이츠와 손잡고 전염병 확산 모델을 구축하는 닐 퍼거슨(Neil Ferguson)에게 연구비를 지원했다. 퍼거슨은 어처구니없을 정도로 과장된 코비드-19 치사율 예상치를 발표해 코비드-19 공포 캠페인을 한층 더 부추기고 무지막지한 봉쇄령을 합리화하는 데 도움을 준 역학 학자이다.[31] 슈와브가 언급하듯이, 파라는 조류독감과 관련된 과거의 참사에 관여한 핵심 인물로서, 조류독감이 서로 다른 동물 종의 장벽을 가로질러 감염시킨다는 망상에 기초한 공포를 조장한 장본인이다.[32]

퍼거슨은 전염병 예측 모델을 구축해 가짜 팬데믹을 날조해 내는 달인이다. 그의 이력은 다음과 같다.

2005년, 퍼거슨은 조류독감으로 최고 1억 5천만 명이 사망한다고 예측했다.[33] 그러나 2003년부터 2009년 사이에 세계적으로 겨우 282명이 사망했다.[34]

2001년, 퍼거슨은 임페리얼 칼리지를 통해 구제역이 창궐한다고 발표해 양과 소 1,100만 마리의 대량 살처분 논란에 불을 붙였다. 2002년 그는 광우병으로 영국에서 136,000명이 사망한다고 추정했고 영국 정부는 수백만 마리의 소를 도살했지만, 실제 사망자 수는 177명이었다.[35]

2009년, 퍼거슨은 돼지독감으로 영국인 65,000명이 사망한다고 예측했다. 그러나 돼지독감으로 영국에서 사망한 사람은 237명이었다.[36]

2020년, 퍼거슨은 2020년 한 해에만 미국에서 코비드-19로 최고 220만 명이 사망한다고 예측해서 유명해졌다.[37][38] 파우치 박사는 퍼거슨의 예측치를 이용해 많은 서구 국가들에서 봉쇄령을 비롯해 강압적인 방역의무 조치를 정당화했다.[39]

파라는 파우치 박사를 도와 연구소에서 코비드-19를 생성하는 데 정부가 관여했다는 증거를 은폐하는 핵심적인 역할을 했다.[40][41]

2005년, 파우치 박사는 그가 오래전부터 기다려 온 조류독감이 마침내 나타났다고 의기양양하며 환호했다. 그는 퍼거슨의 데이터를 이용해, 자기와 자기 제약사 동업자들이 백신을 보급해 앞으로 닥칠 대학살을 막지 않으면 전 세계적으로 '수백만 명'이 사망하게 된다고 으름장을 놓았다.[42] 정치계와 의료계 기득권 세력 응원단이 이제는 우리에게 익숙해진 동원령을 내리고 팬데믹 공포를 한껏 조장했다.

미국, 캐나다, 프랑스 같은 나라의 정부 기관들과 세계보건기구는 파우치 박사의 조류독감에 대한 불안감을 앵무새처럼 따라 하면서 H5H1은 "전염성이 매우 높고" 치명적이라고 울부짖었다. 세계보건기구와 세계은행은 이 역병으로 세계가 2조 달러의 비용을 치르게 된다며 비명을 질러댔다.[43] 앤서니 파우치는 H5N1이 "언제 터질지 모르는 시한폭탄"이라고 예언했다. 당시에 세계보건기구의 인플루엔자 프로그램 정책 조율을 담당한 클라우스 스토르는 파우치 박사의 암울한 예언을 한층 더 증폭해 2~7백만 명이 사망하게 되고 수십억 명이 전염된다고 허풍을 떨었다.[44] 2005년 9월, 〈슈피겔〉은 유엔의 수석 정책 조율관 데이비드 나바로의 말을 인용해 신종 플루 팬데믹으로 "최고 1억 5천만 명까지 사망할 수 있다."라고 보도했다.[45] 〈뉴요커〉는 "미국이 직면한 가장 큰 위험으로 손꼽히는 이 전염병으로" 수백만 명이 사망할지 모른다며 호들갑을 떨었다.[46] 팬데믹 전문가 로버트 웹스터는 9/11 테러 이후 생물안보를 내세워 국민이 지갑을 열게 만드는 데 단골로 써먹었던 군사용어를 다음과 같이 들먹였다. "우리는 참전하듯이 대비태세를 갖추어야 한다. 그리고 국민은 이 점을 분명히 인식할 필요가 있다. 이 바이러스는 자연 발생적 생물테러리스트 역할을 한다."[47]

파우치 박사의 부풀린 예측에 대한 대응으로 백악관은 미국 국민을 조류독감으로부터 보호하는 데 필요한 71억 달러를 비롯해, 부시 일가가 가장 좋아하는 의사 파우치에게 줄 크리스마스 선물 목록을 공개했다.[48][49] 조지 W. 부시 대통령은 "어떤 나라도 조류독감의 위협을 무시해서는 안 된다."라고 경고했다.[50] 파우치 박사는 새로운 조류독감이 5천만에서 1억 명의 목숨을 앗아간 1918년 스페인 독감 못지않게 치명적이라면서 믿을만한 든든한 비장의 무기를 또 꺼내 들었다.[51]

파우치 박사는 하도 써먹어서 닳고 닳은 이 스페인 독감이라는 악귀가 거짓임을 알고 있었다는 근거가 있다. 2008년, 그는 〈전염병 학술지〉에 공동 작성한 논문을 발표하고 1918년에 사망한 '인플루엔자' 희생자들은 독감이 아니라 박테리아성 폐렴과 기관지성 뇌막염으로 사망했고 오늘날 이 질병들은 1918년에는 없었던 항생제로 쉽게 치료할 수 있다고 자백했다.[52] 미국 국민을 공포에 몰아넣어 순순히 백신을 접종하게 만들려고 정부 바이러스학자들이 툭하면 들춰내는 스페인 독감은 결국 종이호랑이였다.

부시는 의회에 미국 국민 2천만 명의 조류독감 백신접종에 필요한 12억 달러를 승인해달라고 요청했다. 그는 추가로 파우치의 새로운 계절독감 백신 비용으로 30억 달러를 더했고 항바이러스제 비축분을 위해 10억 달러를 요청했다.[53] 부시는 또한 의회에 "2005년 생물방어와 팬데믹 백신 및 약물 개발 법안"을 통과시켜 백신 제조사들에 면책권을 부여해달라고 요구했다. 제약사들은 백악관 측에 부정행위 책임으로부터 보호해주지 않으면 백신 제조를 거부하겠다고 말했다.[54] 이 법안은 백신 강제 투여를 비롯해 가장 무모하고 끔찍한 과실에 대해서조차도 제약사를 상대로 소송을 제기하지 못하도록 했다. 이러한 면책조항은 거대 제약사의 탐욕과 형사처벌 대상인 부당한 행위를 통한 수익 창출에 면죄부를 부여했다. 국립 백신 정보 센터는 이 술책을 "제약사 주주의 길몽이자 소비자의 가장 끔찍한 악몽"이라고 일컬었다.[55] 파우치 박사는 제약사 사노피, 카이론과 주머니를 두둑하게 채워줄 백신 제조 계약을 체결해 취약한 '백신 사업'을 든든히 뒷받침했다.[56]

다시 한번 파우치 박사의 팬데믹 예언은 빗나갔다. 파우치가 예언한 팬데믹이 끝나갈 무렵, 세계보건기구는 2006년 5월 16일 현재 파우치 박사의 조류독감은 세계적으로 겨우 100명의 목숨을 앗아갔다고 추산했다.[57] 파우치 박사의 조류독감 사기극을 사후 분석한 탐사보도 기자이자 변호사 마이클 푸멘토(Michael Fumento)는 〈포브스〉에 기고한 글에서 "파우치 박사가 되풀이하는 '악몽 같은' 질병은 실현되지 않는 경우가 다반사다.[58] 전 세계적으로 국가들은 그의 경고를 받아들여 백신을 개발하고 그 밖의 다른 대비태세를 갖추는 데 어마어마한 비용을 지출했다."[59]

2009년 홍콩 돼지독감

2009년, 파우치 박사는 또다시 가짜 팬데믹을 부추겼다. 이번에는 홍콩 돼지독감이었다. 그해, 그 무렵 이미 제약업계와 그들의 막강한 지원자로 부상하던 빌 게이츠가 장악한 세계보건기구는 파우치 박사와 웰컴 트러스트가 갈고닦은 전형적인 '미끼 상술'을 써서 돼지독감 팬데믹을 선언했다. 그보다 3년 앞서 게이츠는 글락소스미스클라인의 타치 야마다에게 자기 재단의 글로벌 헬스 프로그램을 맡겼다. 야마다는 닐 퍼거슨의 본거지인 임페리얼 칼리지 런던의 이사직도 맡고 있었는데, 이 기관은 2009년 돼지독감 때부터[60] (그리고 가장 최근 들어 코비드-19에 이르기까지) 사망자 추측 모델을 돌려 예상되는 사망자 수를 한껏 부풀렸다.[61] 게이츠는 임페리얼 칼리지 런던의 모델링 센터의 가장 큰 기부자로 손꼽힌다.[62] 날조한 예측치를 산출한 역학자 닐 퍼거슨은 제러미 파라와 함께 웰컴 트러스트에도 관여하고 있다. 팬데믹 징후는 없었다. 그해 5월, 세계보건기구

(WHO)는 계절독감 사례가 유독 많이 포착되었지만, 증상이 가볍고 사망률은 아주 낮았다고 밝혔다─최초로 사례가 나타난 후 11주에 걸쳐 세계적으로 사망자가 145명에 못미쳤다.[63] 그런데도, WHO는 비밀회의를 열어 세계 팬데믹을 선언하기로 했다.

WHO의 팬데믹 선언으로 WHO를 비롯한 게이츠의 여러 단체가 아프리카와 유럽 여러 나라를 압박해 글락소스미스클라인을 비롯해 여러 제약사와 억지로 맺게 한 180억 달러에 상당하는 계약이[64] 잠에서 깨어나 활성화되었다.[65] 이 비밀 계약에 따르면, 독일, 영국, 이탈리아, 프랑스를 비롯한 계약 당사국들은 WHO가 6급 팬데믹을 선언할 경우, 글락소의 제품 팬뎀릭스(Pandemrix)를 비롯해 실험단계이고 제대로 임상 실험을 거치지도 않았고 서둘러 승인받았으며 면책이 적용되는 각종 H1N1 독감백신을 180억 달러어치 구매해야 한다. 그리고 잠자고 있던 이 계약이 활성화될 시점에 맞춰 WHO는 기존의 6급 '팬데믹'의 정의에서 "세계적인 대량 사망"이라는 표현을 삭제해 정의를 바꿔버렸다. 마이클 푸멘토는 〈포브스〉에 기고한 글에서 "이제 사망자가 하나도 없어도 팬데믹이라고 부를 수 있게 되었다."라고 했다.[66]

이 사기극에 대한 비판이 빗발치자, WHO는 처음에는 6급 팬데믹 정의를 하향 조정한 사실을 부인하다가 정부와 산업계 과학자들로부터 자문받고 나서 변경했다고 겸연쩍게 시인했다. WHO는 자문을 한 사람들의 이름은 극비라서 밝힐 수 없다면서 극비로 하는 이유도 해명하지 않았다. WHO는 지금까지도 WHO가 자문을 구할 정도로 신임하는 인물들의 정체를 밝히지 않고 있다. 이들은 대부분 글락소를 비롯해 백신 제조사들과 금전적 관계가 있는 책임연구원들이라는 의심이 널리 퍼져있다. 〈영국의학학술지〉에 따르면, WHO가 돼지독감을 다룬 방식은 "은밀히 진행되었고 제약사들과의 이해충돌로 심각하게 얼룩졌다."[67] 〈영국의학학술지〉에 따르면, 항바이러스제 사용에 관한 WHO의 지침을 작성한 전문가들은 이러한 약품의 2대 제조사인 로쉬와 글락소스미스클라인으로부터 자문료를 받았다. 팬데믹 선언을 추진한 이는 로이 앤더슨(Roy Anderson) 경인데,[68] 그는 글락소스미스클라인 이사회 이사이고 2009년 돼지독감과 2020년 코비드-19 위기 날조에서 두드러진 역할을 하게 된 임페리얼 칼리지 런던의 총장이었다. WHO의 팬데믹 선언으로 유럽 5개국과[69] 아프리카 여러 나라는[70] 글락소의 위험한 팬데믹 백신 수백만 회분을 구매해 글락소가 단번에 130억 달러를 벌게 해주었다. 사노피는 돼지독감 매출로 19억 5천만 유로의 수익을 올렸다고 보고했다. 런던에 있는 탐사보도 국(Bureau of Investigative Journalism)의 보도에 따르면, WHO는 팬데믹 지침을 작성할 때 자문을 한 핵심 인사들의 이해충돌을 공개하지 않음으로써 자체 규정을 위반했다.[71][72]

당시 보도에 따르면, 그해에 수십억 달러를 들여 신속하게 사용 허가를 받은 H1N1 독감백신을 수백만 미국 국민에게 접종하는 데 앞장선 인물은 파우치 박사다. 미국 국립 공영라디오의 리처드 녹스가 보도한 바에 따르면, 파우치 박사는 "이 신종 독감백신 개발을 일사천리로 진행한 장본인으로서 그 누구보다도 큰 책임이 있다."[73][74]

항상 그랬듯이, 파우치 앞에서 굽실거리는 미국 언론매체들은 파우치 박사의 H1N1 백신접종을 부추기려고 공포를 조장하고 거짓말을 퍼뜨렸다. NBC는 "백신접종 캠페인을 비롯해 여러 조치가 성공하지 못하면, 돼지독감이 앞으로 2년에 걸쳐 미국 국민 40퍼센트까지 감염시킬 수 있고 많게는 수십만 명이 사망할지도 모른다."라는 어두운 전망을 내렸다.[75]

역사학자 러셀 블레일록(Russell Blaylock)은 이렇게 기록한다. "공포조장부(질병통제예방센터)는 절망적이고 암울한 미래를 팔아먹느라 밤낮으로 일했다. 겁에 질린 사람들은 합리적인 판단을 하지 못한다는 사실을 알고 있었기 때문이다. 극심한 공포만큼 백신을 팔아먹기에 좋은 방법이 없다."[76]

2019년 1월 런던 채텀 하우스(Chatham House)의 세계 보건 안보센터—게이츠 재단이 후원하는 조직이다—가 주최한 회의에서 벨기에 바이러스학자이자 글락소스미스클라인, 사노피-파스퇴르, 존슨&존슨, 애벗 등에 금전적으로 이념적으로 코가 꿰인 제약업계 내부자 마크 밴 란스트(Marc Van Ranst)는 10여 년 앞서 돼지독감 사기극이 벌어지는 동안 자신이 한 역할을 설명했다. 채텀 하우스는 글로벌리스트와 기업 엘리트 계층만의 싱크 탱크다. 그들이 무엇을 논하는지는 극비에 부쳐지기 때문에 채텀 하우스 하면 비밀과 동의어로 취급된다.

2009년, 밴 란스트는 벨기에의 독감 최고책임자로서 위기 소통을 관리했다. 밴 란스트가 엘리트 청중에게 어떻게 팬데믹을 연출하는지 다음과 같이 설명하자 청중은 감탄하며 큰 소리로 웃음을 터뜨렸다. "제대로 연출할 기회는 단 한 번뿐이다. 한목소리, 하나의 메시지를 내야 한다. 첫날, 아니면 처음 며칠 동안, 여기저기 신출귀몰하듯 온 사방에 등장해 언론매체의 관심을 끌어야 한다. 그래야 그들이 다른 의견을 구하지 않는다." 그는 "치사율 얘기가 중요한 이유는 사람들이 이게 무슨 소리야, 사람들이 인플루엔자로 죽는다고? 하고 놀라기 때문이다. 이는 꼭 필요한 조치다. 그러고 나서 며칠 후 최초로 H1N1로 인한 사망자가 발생하면서 연출은 마무리된다."라면서 이렇게 말을 이었다. "나는 벨기에 최고의 축구팀이 모든 합의를 깨고 자기 팀 축구선수들부터 백신을 맞히려고 부당한 짓을 했다는 사실을 역이용했다. 이 백신이 너무나도 탐이 나서 축구선수들까지 거짓말을 해서라도 백신을 확보한다고 사람들이 믿게 되면, 나라고 못 할 게 뭐지? 라고 생각하게 된다. 그래서 나는 축구팀에 대해 온갖 호들갑을 떨었다. 제대로 먹혀들었다."[77]

2020년, 이런 식의 사고를 하는 밴 란스트는 벨기에의 '위험 평가단'과 보건당국에 바이러스 대책에 관해 자문하는 '코로나바이러스 과학위원회'에 임명되었다. 그는 벨기에의 코비드-19 대응을 공적으로 대표하는 얼굴이 되었다.

2009년 10월 무렵, 많은 사람이 돼지독감 백신접종 후 심각한 질병을 호소하고 있었다. 파우치 박사를 비롯해 공중보건 관리들은 그들이 날조한 팬데믹 초창기부터 임신한 여성들이 계절독감과 비교해볼 때 돼지독감에 특히 취약하다고 강조했다.[78] 이는 거짓말이었지만, 겁에 질린 미래의 어머니들은 백신을 접종하려고 앞다퉈 줄을 섰다.

그리고 많은 이들이 백신접종을 후회하게 된다. 2013년 골드먼의 연구에 따르면, 임신한 여성들이 임신 기간 중 두 차례 계절독감 백신을 접종하고 H1N1 백신도 접종한 2009~2010년 팬데믹 독감 시즌에 뒤이어 유산 사례가 10배 증가했다.[79]

2017년 질병통제예방센터 연구는 유산을, 특히 임신 첫 3개월에 발생한 유산을 독감백신과 연관 지었다. 2010/2011년 그리고 2011/2012년 독감 시즌에 백신을 접종한 임신 여성은 백신을 접종하고 28일 안에 유산할 가능성이 두 배였다. 그 이전인 2009/2010년 독감 시즌에 H1N1 백신을 접종한 임신 여성이 28일 안에 유산할 가능성은 이 백신을 접종하지 않은 임신 여성보다 7.7배 높았다.[80]

파우치 박사는 원성을 잠재우기 위해서 유튜브에 나와 전 세계 사람들을 향해 독감 백신은 엄격한 실험을 거쳤고 매우 안전하며 독감백신으로 인해 심각한 부작용을 겪을 위험은 "아주 아주 아주 작다."라고 주장했다.[81] 그러나 그의 주장은 과학적 근거가 전혀 없었다. 심각한 이해충돌이 독감백신의 임상실험을 오염시켰고, 독감백신은 무작위배정* 이중맹검** 위약*** 대조군 실험도 하지 않은 채 신속 처리 승인을 받았다.[82] 파우치 박사는 이렇게 설명했다. "H1N1 팬데믹 독감백신은 아주 안전하다고 증명된 계절 독감 백신과 똑같은 절차를 통해, 똑같은 재료로, 똑같은 방식으로, 똑같은 제조사들이 만들었다."

파우치 박사가 국민을 안심시키려고 이러한 발언을 하고 두 달 후, 유산, 기면발작, 열성경련 등 심각한 부작용이 폭증하면서 여러 나라에서 상해를 입은 이들이 속출했다.[83] 유럽 의약품 기구(European Medicines Agency)에 따르면,[84] 글락소스미스클라인의 H1N1 독감백신 팬뎀릭스(Pandemrix)는 심각한 신경 손상 980건 이상, 길랑 바레 증후군, 심각한 기면발작, 탈력발작(아동 500명 포함)을 일으켰다. 글락소의 이 백신은 수많은 아동과 보건의료 종사자들에게 각종 뇌 손상으로 상해를 입히고 목숨을 앗아가 글락소는 이 백신을 회수해야 했다.[85 86]

2009년 H1N1 돼지독감 팬데믹은 전문가들이 전 세계적으로 퍼진다고 호들갑을 떨었지만 실제로는 일어나지 않은 또 하나의 사기극이었다.

유럽평의회 보건위원회 의장이자 역학자 볼프강 보다르크(Wolfgang Wodarg) 박사는 2009년 '가짜 팬데믹'은 "21세기 최악의 의료계 추문으로 손꼽힌다."라고 밝혔다.[87] 독일 뮌스터에 있는 세계보건기구 역학 협력센터 소장 울리히 키엘(Ulrich Kiel) 박사는 이 팬데믹을 치밀하게 계획한 사기라고 규정하면서 이렇게 말했다. "우리는 공중보건에서 (지금까지 180억에 달하는) 어마어마한 재원을 엉뚱한 데 낭비하는 광경을 목격하고 있다."[88] 의학 전문 기자 마이클 푸멘토는 〈포브스〉에 기고한 글에서 이런 결론을 내렸다.

---

* 피실험자(표본)의 수를 충분히 확보하고 이들을 무작위로 실험군과 대조군에 배정해 관찰대상인 변수를 제외한 모든 교란 변수들이 두 집단에 골고루 분포되게 함으로써 교란변수들의 효과를 상쇄시켜 교란변수들이 실험 결과에 영향을 미치지 않게 하는 방법이다 - 옮긴이

** 이중맹검(二重盲檢, double-blind)은 개인의 편향성을 제거하기 위한 장치다. 실험자와 피실험자 모두 누가 실험군이고 누가 대조군인지 모르게 해 개인의 편견이나 선호도가 실험 결과에 영향을 미치지 못하도록 하는 방법이다 - 옮긴이

*** 위약(placebo)은 인체에 영향을 미치는 활성 성분이 들어있지 않은 물질이다 - 옮긴이

"이는 단순히 우려가 지나쳤다거나 오판한 게 아니다. 팬데믹 선언과 뒤이은 온갖 호들 갑은 의학적인 우려가 아니라 정치적 동기에서 비롯된 순전한 거짓이었다."[89]

독일 의료 전문직 약품 위원회 회장이자 의과대학원 교수인 볼프 디터 루드비히(Wolf Dieter Ludwig)는 "보건위원회가 그저 위협을 가장해 돈을 벌려는 제약사들의 선동에 넘어갔다."라고 밝혔다.[90]

늘 그렇듯이 수십억 달러짜리 사기극을 꾸민 파우치 박사나 다른 보건 관리들에 대한 조사는 이뤄지지 않았다. 제약사들은 수십억 달러를 챙겼고, 정부와 납세자들은 제약사 대신 독감 상해에 대해 배상하느라 등골이 휠 지경이 되었다.

2011년 〈닥터 메드 마부제(Dr. Med. Mabuse)〉에 실린 "돈의 힘: 세계보건기구의 근본적인 개혁이 진즉에 이뤄졌어야 한다."라는 제목의 글에서 심리학자 토머스 게바우어(Thomas Gebauer)는 "민간 자금이나 개별적인 국가가 사용처를 지정해 조건부로 내는 기부금이 세계보건기구가 추구하는 목표와 전략의 결정에 점점 더 큰 영향을 미치고 있다."라고 말했다. 그들의 영향력이 어느 정도인지는 세계보건기구가 '돼지독감'을 다룬 방식에서 여실히 드러났다. 이 글은 빌 게이츠의 사진으로 포문을 연다.

언론인 토르스텐 엥겔브레히트는 자신의 저서 〈바이러스 광풍〉에서 팬데믹 조작과 제약업계의 부패에 관한 전문가 앙겔라 스펠스베르크(Angela Spelsberg)의 말을 인용해 "제약업계가 마케팅 목적으로 돼지독감 팬데믹을 의도적으로 이용했다."라고 말했다.[91]

2016년 지카(Zika)

2016년 3월, 파우치 박사는 다시 국민을 오도했다. 이번에는 브라질에서 지카 바이러스가 신생아 사이에 소두(小頭)를 일으킨다고 믿게 했다. 한 가지 분명한 점은 지카는 소두를 일으키지 않는다는 사실이다. 파우치 박사는 이 사실을 틀림없이 알고 있었다. 지카는 중앙아메리카와 남아시아 대부분 지역에 고유한 바이러스로서 수세대 동안 소두와 연관되었다고 보고된 적이 없다. 파우치 박사를 비판하는 이들은 브라질 북동부 빈민가에서 2015~2016년 임신 여성에게 투여한 실험용 DPT 백신이 소두를 일으킨 원인일 가능성이 크다고 주장했다. 이 지역에서 널리 사용하는 독성이 강한 살충제도 일정부분 책임이 있을지 모른다. 파우치를 비판하는 이들은 파우치 박사가 지카를 범인으로 지목하는 바람에 범인일 가능성이 훨씬 큰 진짜 범인들로부터 관심을 돌리고 또 다른 해괴한 백신을 개발할 돈을 의회로부터 뜯어내려고 한다고 비판했다. 제약업계의 광고비로 배를 불리는 고분고분한 언론매체들은 아이들의 머리를 작게 만드는 무서운 팬데믹에 대한 보도 덕분에 시청률이 폭등하자 희열을 느꼈고, 파우치 박사가 불을 붙인 지카 공포 불길에 기름을 끼얹었다. 공포가 조장되면 시청률이 올라간다. CNN 기술감독 찰리 체스터는 코비드-19 위기 당시 산업분석가들에게 이렇게 말했다. "코비드? 시청률 폭등에는 이만한 게 없다. 그래서 화면 귀퉁이에 사망자 수를 보여준다."[92]

파우치 박사는 말라리아, 인플루엔자, 결핵 연구 프로그램에서 재원을 빼내 지카로부터 미국을 보호할 네다섯 가지 백신 개발에 쏟아붓겠다고 발표했다. 파우치 박사는 팬데믹 공포에 불을 붙이고 동업자 빌 게이츠의 지원사격을 받으면서,[93] 지카 백신 개발을 위해 NIAID의 예산을 거의 20억 달러 증액해달라고 의회에 요구했다.[94][95] 그가 이끄는 NIAID는 약 20억 달러로 불어난 지카 예산으로 제약사 동업자들의 주머니를 두둑하게 채워주었다.[96] 파우치 박사는 1억 2천 5백만 달러를 매사추세츠주 케임브리지에 있는 신생 회사 모더나 테라퓨딕스(Moderna Therapeutics)에 쏟아부어 지카 mRNA 백신을 개발했다. 게이츠는 CNBC에 출연해 모더나를 치켜세우면서 이 회사가 지카 백신 개발에 애쓴다고 찬양했다.[97] 게이츠는 웰컴 트러스트와 함께 영국 옥스퍼드 대학교 근처에 본부를 둔 미국 소유 회사 옥시텍(Oxitec)에 1,800만 달러를 지원해[98] 지카 바이러스를 퍼뜨리는 원흉이라고 지목받은 모기 종을 박멸한다는 명목으로 브라질과 지역사회[99]에 유전자 변형 모기 수백만 마리를 방출하기로 했다.[100][101] 게이츠는 2008년에 일본 지치 의대 교수 히로유키 마츠오카에게 연구비를 지원해 말라리아 백신을 — 원하든 말든 상관없이 모두에게 — 투여할[102] '날아다니는 주사기' 역할을 할 모기를 유전적으로 조작하는 좀 더 사악한 짓을 했는데, 옥시텍 지원은 그 후속타였다. 2021년, 게이츠는 이 섬뜩한 프로젝트를 더 확대해 백신접종을 주저하는 이들에게 코로나바이러스 백신을 몰래 투여할 유전자 변형 모기를 개발하는 데 2,500만 달러를 지원했다.[103][104] 농담이 아니다.

소두 재앙이 브라질을 강타한다던 호들갑스러운 예언은 곧 사그라들었다. 세계보건 기구 대변인 크리스토퍼 다이는 미국의 국립 공영라디오에 "2016년에 지카 바이러스 감염사례가 많이 나왔지만 소두 사례는 없었다."라고 말했다.[105] 지카 바이러스 감염사례는 2016년 5,200건 정도에서 정점을 찍었고,[106] 미국에서는 그 이후로 모두 550건의 지카 감염사례가 보고되었는데, 이중 대략 80퍼센트가 2017년에 발생했고,[107] 소두 사례는 한 건도 보고되지 않았다. 지카 바이러스는 플로리다주와 텍사스주를 벗어나지 않았고, 지카와 관련된 소두 사례는 현실화하지 않았다.

그래도 굴하지 않고 파우치 박사는 이 질병이 미국에 "다시 찾아온다."라면서 미국은 이에 "철저히 대비해야 한다."라고 경고했다.[108]

2019년, 공중보건 관리들은 미국에서 지카 감염사례가 겨우 15건 보고되었고 이 가운데 소두 사례는 단 한 건도 없다고 밝혔다. 한편 메이요 클리닉(Mayo Clinic)은 그해 12월,[109] 파우치 박사가 지카 백신 개발에 20억 달러를 쏟아부었지만, 이 질병을 예방할 백신은 개발되지 않았다고 밝혔다. 2020년 무렵, 파우치 박사는 소두를 일으키는 범인으로 지카를 탓하지 못하게 되었고 개발한다던 백신에 대해 입을 다물었다. 2020년 6월, 파우치 박사는 의회에서 백신 개발이 어떻게 됐냐는 질문을 받고 겸연쩍어하며 "지카가 사라졌기 때문에 결실을 보지 못했다."라고 해명했다.[110]

2016년 뎅기 (Dengue)

게이츠/파우치는 지카 사기극으로 세금 수십억 달러를 낭비했다. 그러나 게이츠/파우치가 손잡고 추진한 뎅기 백신은 훨씬 더 참담한 결과를 낳았다. 이번에 그들이 주장하는 '생명을 구하는 백신'은 주사기에 담긴 죽음의 덫이었다. 20여 년에 걸쳐 국립알레르기전염병연구소(NIAID)는 게이츠 재단과 손잡고 말라리아 다음으로 널리 퍼져있는 열대 질병으로서 모기가 퍼뜨리는 뎅기 바이러스 감염을 막을 백신을 개발했다. 파우치의 NIAID가 2003년 11월 305건의 특허출원 가운데 "약화 뎅기 바이러스와 키메릭 뎅기 바이러스에* 쓸모있는 변종 개발"에 관한 첫 번째 특허를 출원한 지 겨우 한 달 만에, 게이츠 재단은 소아 뎅기 백신 구상(Pediatric Dengue Vaccine Initiative)에 5,500만 달러를 지원한다고 발표했다.[111] 2006년 9월 제약사 사노피 파스퇴르가 이 구상에 합류했다.[112]

2007년 7월 무렵, 임상실험 전 단계에서 NIAID의 뎅기 백신 원형이 나왔고 파우치 박사는 "전망이 밝다."라고 말했다. NIAID는 "유럽과 브라질의 몇몇 산업계 후원사에" 이 물질을 비독점으로 사용하도록 허가하기로 했다. 이듬해 초 파우치 박사는 〈미국의학협회학술지〉에 실린 논평에서 또다시 호들갑스럽게 다음과 같이 팬데믹을 경고했다. "독감 비슷하지만, 치명적인 질병으로 돌변할 수 있는 뎅기가 온대 기후 지역으로 계속 확대되고 증상이 심해진다면, 대부분 미국인이 들어본 적도 없는 질병이 곧 미국에도 만연하게 된다." 그는 이 병을 옮기는 모기를 제어하는 노력은 기대에 못 미쳤고 "북미 대륙에 뎅기가 널리 퍼질 가능성이 농후하다."라면서 이 질병과 싸우려면 "뎅기가 발생하는 원인을 파악하고 효과적인 치료법과 백신을 개발하는 버거운 난관들을 극복해야 한다."라고 말했다.[113]

2010년 8월 파우치는 게이츠가 지원하는, 볼티모어에 있는 존스 홉킨스 블룸버그 공중보건대학원과 버몬트 대학교에서 NIAID가 뎅기 바이러스 백신의 임상실험을 한다고 발표하면서 이렇게 말했다. "전 세계적으로 감염률이 증가하고 증상도 심각해지고 있으며, 플로리다 일부 지역에서도 뎅기가 발견되므로, 뎅기 감염을 예방할 방법을 찾는 게 시급한 문제다."[114]

게이츠가 장악한 세계보건기구도 파우치 박사가 불붙인 뎅기 호들갑에 다음과 같이 기름을 부었다. "2012년 뎅기는 모기가 옮기는 가장 중요한 바이러스 질병으로서 전 세계적으로 유행할 가능성이 있다. 지난 50년 동안 전 세계적으로 뎅기 바이러스 감염사례는 30배 증가했고 이로 인한 인명피해와 경제적 손실도 어마어마하다." 세계보건기구는 게이츠/파우치가 추진하는 프로젝트를 언급하면서 '장기간 효과가 지속되는 면역'을 유도할 백신 개발에 진전이 있으리라고 예측했다.[115]

---

* 키메릭(chimeric)이란 하나의 개체나 조직이 2종 이상의 다른 유전형질로 구성되는 현상 또는 이를 가능하게 하는 기술을 뜻한다 - 옮긴이

기능획득(gain of function) 연구의 대가인 랄프 배릭(Ralph Baric) 박사는 NIAID와 방위고등연구계획국(Defense Advanced Research Project Agency, DARPA)의 총아였다. 노스캐롤라이나대학교-채플 힐 캠퍼스에 있는 그의 연구소는 게이츠 재단으로부터 726,498달러를 지원받아 재조합형 뎅기 바이러스를 이용해 뎅기 백신 개발을 추진했다. 2015년 2월에 시작된 지원은 3년에 걸쳐 제공되고 2018년 초에 마무리될 예정이었다.[116]

2014년 7월, 빌&멜린다 게이츠 재단의 글로벌 헬스 프로그램에서 아직 백신 개발이 이루어지지 않고 방치된 전염병을 책임진 랜스 고든(Lance Gordon)은 게이츠와 파우치 박사가 지원한 사노피 파스퇴르의 뎅기 백신 임상실험에서 긍정적인 결과가 나타나고 있다는 보도자료를 배포했다. 그러나 고든은 낙관적인 전망을 하는 중에도 불길한 암시를 했다. 그 암시의 의미를 해독하는 사람에게는 데프콘(Defense Readiness Condition, DEFCON, 방위 대비태세)에서 가장 강도 높은 1단계 발령으로 들릴만한 말이었다. 그는 NIAID가 브라질에서 행한 임상 실험에서 '병원체 활성화(pathogenic priming)' 징후가 나타났다고 시인했다. 이 불길한 용어는 백신을 접종한 후 야생 바이러스에 노출되면 전신에 염증이 일어나고 죽음에 이를 수도 있는 증강된 면역반응을 뜻한다.

전염병 전문가와 공중보건 규제 당국자들은 1980년대 이후로 병원체 활성화의 치명성을 인정해 왔다. 한 연구에서 "뎅기 최초 감염보다 두 번째 감염에서 훨씬 심각한 반응이 나올 가능성이 15~80배 높다는 결과가 나왔기 때문이다."[117] 2004년, 국립보건원이 실시한 중동호흡기증후군(MERS) 실험단계 백신 임상실험에서 백신을 접종한 아동들의 항체 반응이 활발하게 나타났지만, 연구자들이 이 아동들을 야생 바이러스에 노출시키자 심각한 증상과 사망이 발생했다.[118] 마찬가지로 2012년과 2014년에도, 중국과 미국 연구자들이 합동으로 흰 족제비와 고양이가 항체를 생산하게 만드는 코로나바이러스 백신을 개발했지만, 이 동물들이 실제 야생 코로나바이러스에 노출되자 사망했다.

그러나 고든이 이처럼 시인했는데도 경고음이 발동하지 않았다. 게이츠가 완전히 장악한 세계보건기구는 게이츠/파우치의 뎅기 프로젝트를 서둘러 진행하느라 혈안이 되어있었다. 파우치 박사도 굴하지 않았다. 파우치 박사는 2016년 1월 백신이 보이는 위험 신호는 전혀 언급하지 않고 "NIAID의 전염병 연구소 연구자들은 뎅기 바이러스의 4가지 혈청형 모두에 대해 항체를 생성하도록 설계된 뎅기 백신을 개발하고 실험하느라 몇 년을 투자했다."라면서 이 프로젝트가 예정대로 진행된다고 발표했다.[119]

2015년 4월 〈미국 민족학〉에 "키메릭 글로벌리즘: 뎅기 백신에 가려진 세계 보건"이라는 제목의 글이 실렸다.[120] 이 글은 NIAID의 "연구실에서 조작한 '키메릭' 뎅기열 백신이 2000년대 말 임상실험 마지막 단계에 돌입했다."라면서 독자들에게 백신 개발이 전적으로 공중보건 증진을 위해 추진되지 않고 "제약업계의 자본과 인도주의와 생물안보 등 다양한 논리에 따라 추진되는" 경우 어떤 의미가 있는지 잘 생각해 보라고 호소했다.

사노피 파스퇴르의 뎅기 사업은 순탄하게 진행되지 않았다. 이 프랑스 제약사는 게이츠 재단의 지원을 받으면서[121] 뎅백시아(Dengvaxia)를 개발하는 데 20년 동안 20억 달러를 쏟아부었고 전 세계적으로 몇 차례 대규모 임상실험에서 3만 명의 아동을 상대로 실험도 했다.[122] 미국 육군에서 50년 넘게 뎅기를 연구한 스캇 할스테드(Scott Halstead) 박사는 〈뉴잉글랜드의학학술지〉에 실린 임상실험 안전성 데이터를 읽고 나서[123] 즉시 뭔가 대단히 잘못되었다는 사실을 알았다. 백신을 접종한 후 뎅기에 걸린 아동들 일부가 증상이 급격히 악화했다. 뎅기에 노출된 적이 없는 아동들에게도 뎅백시아는 평생 혈장누출증후군이라는 치명적인 합병증을 일으킬 가능성이 증가하는 것으로 보였다. 혈장누출증후군에 걸리면 극심한 쇼크 상태에 빠지고 결국 사망한다. 할스테드 박사는 너무나도 걱정돼서 여러 과학 학술지에 따로 여섯 차례 논평을 실어 경고음을 울렸다.[124] 그는 동영상까지 만들어서 대대적인 백신접종 캠페인을 앞둔 필리핀 정부에 경고했다.[125] 게이츠, 파우치 박사, 사노피는 할스테드의 절박한 경고를 완전히 무시했다.

사노피는 할스테드 박사의 글에 대한 반박문을 발표하고 추가로 연구하겠다고 약속했다. 그러나 연구 결과를 기다리지 않고 2016년 4월 빌 게이츠의 세계보건기구 똘마니들은 6세부터 16세까지의 모든 아동에게 뎅백시아 백신접종을 권장하기로 했다.[126] 이미 그 전 해에 — 게이츠 재단이 지원한 — 뎅기 백신 구상은 멕시코에 이어 필리핀 정부가 뎅백시아 백신을 승인하는 두 번째 국가가 된다고 발표했었다.

그리고 1년 반 후 사노피는 백신 안전성에 대한 새로운 정보를 얻었다고 발표했다. 할스테드 박사가 우려한 대로, 사노피는 뎅백시아가 정말로 입원과 혈장누출증후군의 위험을 높인다고 시인했다.[127] 이 무렵 공중보건 관리들은 이미 80만 명의 필리핀 아동들에게 백신을 접종한 뒤였다. 적어도 600명이 사망했다.[128]

세계보건기구는 결국 권고 사항을 변경해, 뎅백시아는 뎅기에 감염된 적이 있는 아동들에게만 안전하다고 말하고 10만 명은 백신을 접종하지 말았어야 한다고 시인했다. 필리핀 검찰은 사망한 600명 아동에 대한 부검을 한 후 필리핀 정부 관리 14명과 사노피 고위 간부 6명을 형사상 살인죄로 기소했다.[129]

바이러스와의 전쟁에서 발생하는 이런 종류의 부수적 피해에 익숙해진 파우치 박사는 2018년 1월 〈월스트리트저널〉과의 인터뷰에서 아동들의 사망을 다음과 같이 긍정적으로 해석했다. "이런 일이 발생했다고 해서 어떤 식으로도 이 일이 중단되어서는 안 된다고 생각한다. 순탄하지 않으리라고 예상했었다." 최고의 방어는 훌륭한 공격이라는 전략을 늘 구사하는 파우치 박사는 브라질에서 뎅백시아 임상실험을 그대로 밀어붙이겠다고 발표했다 — 마치 병원체 활성화는 내가 알게 뭐람! 이라는 태도였다. 그는 "NIAID의 뎅기 백신 후보에 대한 막바지 단계 임상실험이 브라질에서 17,000명을 대상으로 실시되고 있고" "4가지 유형의 뎅기 모두에 대해 면역반응을 유도했다."라면서 NIAID 백신은 "머크를 비롯해 몇몇 제약사들에게 사용 허가를 내줬고, 머크는 올해 자체 임상실험에 착수할 계획이라고 밝혔다."라고 말했다.[130]

2018년 12월, 머크와 — 브라질의 주요 백신 제조사 — 인스티투토 부탄탄(Instituto Butantan)은 "NIAID로부터 사용 권리를 확보한 후" 약화 생바이러스가 함유된 4가 뎅기 백신 개발에 협력하기로 합의했다고 발표했다. 비영리단체인 인스티투토 부탄탄은 "머크로부터 선급금으로 2,600만 달러를 받을 예정이고 머크의 실험단계인 백신의 개발과 상용화와 관련해 특정한 이정표에 도달하면 매출을 토대로 한 특허 사용료와 더불어 최고 7,500만 달러까지 받을 자격을 갖추게 된다. 기관 차원의 목표를 달성하기 위해서 빌&멜린다 게이츠 재단 같은 조직들과 여러 대학과 제휴하기로 했다."[131]

2019년 5월, 식품의약국은 미국, 푸에르토리코, 괌, 영국령 버진 군도에서 사노피의 뎅백시아 백신 사용을 승인하면서, 의사는 우선 아동이 과거에 뎅기에 감염된 적이 있음을 증명해 백신이 아동에게 해가 되지 않도록 해야 한다는 단서 조항을 달았다.[132]

600명의 필리핀 아동이 '병원체 활성화' 또는 '항체 의존 증강(antibody dependent enhancement)'으로 사망했다. 파드론 레갈라도 외 다수의 연구자는 개발 중인 중증급성호흡기증후군(Severe and Acute Respiratory Syndrome, SARS)과 중동호흡기증후군(MERS) 백신이 동물을 대상으로 한 임상실험에서 동물들이 백신접종 후 바이러스에 노출되자 항체 의존 증강으로 이어졌다고 보고한 수십 건의 논문들이 있다고 밝혔다.[133] 비활성화한 SARS 바이러스 백신 플랫폼은 쥐가 바이러스에 노출되자 항체 의존 증강과 일치하는 면역질환으로 이어졌다.[134] SARS N-단백질을 토대로 한 백신 후보는 접종한 쥐가 SARS-CoV에 노출되자 호산구성폐침윤이라는 면역질환을 일으켰다.[135] SARS S-단백질을 발현하는 우두 바이러스는 백신을 접종한 흰족제비가 SARS-CoV에 노출되자 간염을 유발하는 강력한 염증반응을 일으켰다.[136] 용해성 S-단백질 기반 백신은 인간 B-세포 관련 시험관 실험에서 항체 의존 증강을 단독으로 일으키면서 인간 백신 개발에 대한 우려를 낳는다.[137] 아그라왈 외 다수의 연구자들에 따르면, 화학적으로 바이러스를 불활성화한 MERS 백신은 접종한 쥐가 바이러스에 노출되자 폐질환(호산구성폐침윤)으로 이어졌다.[138] MERS의 형질전환 스파이크 단백질 기반 백신을 쥐에게 투여했더니 쥐가 MERS-CoV 바이러스에 노출된 후 폐출혈로 이어졌다.[139] 결론은 이렇다. "효과가 높고 안전한 코비드-19 백신을 개발하려면 SARS와 MERS 백신 개발 당시 관찰된 항체 의존 증강을 비롯한 여러 부작용의 가능성 등을 고려해야 한다. 이러한 부작용들은 동물 실험과 백신접종 처방 일부에서만 나타났지만, 여전히 코비드-19에서도 나타날 가능성을 고려해야 한다."

2020년 4월, 코비드-19 팬데믹 시작된 직후, 백신 계의 거물이자 제조사 머크의 대변인이며 필라델피아 아동병원의 백신 교육센터 소장인 폴 오핏(Paul Offit) 박사는 SARS-CoV 백신에서도 비슷한 효과가 나왔다고 경고했다. 오핏은 인터뷰에서 "뎅기 백신에서도 관찰되었다. 뎅기에 감염된 적이 없는 아동이 백신을 접종한 후 천연 바이러스에 노출되면 증상이 악화한다. 설상가상으로 뎅기 출혈 쇼크 증후군이라는 증상도 나타난다. 백신을 접종한 9살 미만 아동들이 사망했다."[140]

코로나바이러스 백신이 병원체 활성화(항체 의존 증강)를 유도하는 경향이 있다는 경고는 2014년 1월 국립보건원의 웹사이트에 게재된, 2009년 〈백신 전문가 평론〉에 실린 논문에도 나타났다. "백신 학자들이 가장 두려워하는 점은 효과도 없을 뿐 아니라 질병을 악화하기까지 하는 백신을 제조하는 일이다. 유감스럽게도, 코로나 바이러스 백신들은 질병을 한층 악화하는 이력을 지니고 있다. 특히 고양이 코로나바이러스의 경우 두드러진다."[141]

팬데믹 선수권대회

자기 아내와 정을 통한 사자 조련사에게 살의에 찬 앙심을 품었지만, 사람을 죽일 배짱은 없는 남편에 관한 닳고 닳은 이야기가 있다. 수년 동안 이 남편은 곡마단을 따라다니며 비위가 상한 사자가 조련사에게 대드는 광경을 목격하는 날이 오기를 간절히 바랐다. 수십 년을 그렇게 조련사에게 신의 심판이 내리길 기다리다가 인내심이 바닥이 난 그는 사자 조련사의 분장실에 몰래 들어가 그의 가발에 뿌리는 파우더에 후춧가루를 섞었다. 그날 저녁 사자는 재채기를 하고 남의 부인과 정을 통한 조련사의 머리를 물어뜯었다.

코비드-19가 중국 우한에 있는, 파우치가 돈을 대는 공포의 작업장에서 비롯되었음을 시사하는 설득력 있는 증거가 제시되면서, 미국의 두 대통령이 코비드-19 팬데믹의 세계 방역을 이끌 책임을 맡긴 남성이 공교롭게도 코비드-19 바이러스를 탄생시킨 장본인과 동일 인물일 가능성이 제기되었다. 이 야릇한 모순으로 인해, 2014년 기능획득 연구를 유예하라는 오바마 대통령의 명령을 어기고 국립보건원 자체 내의 안전성 검토 위원회를 우회해, 생물무기를 찾아다니는 사기꾼 떠돌이를 통해 세탁한 돈이 인민 해방군과 관련된 중국 과학자들에게 흘러 들어가고 보안 지침이 허술하기 짝이 없는 허름한 중국 연구소에서 병원균을 유전적으로 조작하는 무모하고 범죄에 해당하는 실험을 파우치가 재정적으로 지원했다는 사실이 드러났다. 드디어 인내심의 한계에 다다른 정의가 도와준 결과였을까?

파우치 박사가 우한 연구소에 관여한 점과 수십 년 동안 거짓으로 역병을 날조해 온 사실은 차치하고, 우리는 2020년 그가 마침내 코비드-19로 장땡을 잡았다고 인정해야 한다. 2021년 6월 공개된 대량의 이메일 더미에서 발견된, 파우치 박사가 "앤서니 F"라고 서명한 대략적인 대진표는 많은 사실을 드러낸다.[142] 이 대진표는 3월의 광란(March Madness)이라고 불리는 미국대학체육협회 주최 남자농구 토너먼트식 대진표에 파우치가 20년 동안 날조해 낸 가짜 전염병들을 대진시켜 점수를 매기고 있다. 이 대진표에서는 코비드-19가 마침내 선수권 우승자로 등장한다. 이 대진표에는 손글씨로 "파우치 박사의 3월의 광란 대진표"라고 적혀있고 2020년 3월 11일이라고 날짜가 쓰여있다. 파우치의 가짜 팬데믹들을 대진시킨 이 섬뜩한 대진표에서 왼쪽 맨 위에 동부지역 출전자로 적힌 코로나바이러스는 천연두, 수두, 조류독감, 지카, B형 간염, MERS, 홍역을 비롯해 지금까지 그가 지어낸 팬데믹들을 모조리 무찔렀다. 이 대진표는 파우치 박사가 오랜 세월 동안 세계 팬데믹을 — 종종 성공적으로 — 날조한 끝에 마침내 만족스러운 우승을 쟁취한 데 자부심을 느낀다는 의미로 읽힌다.

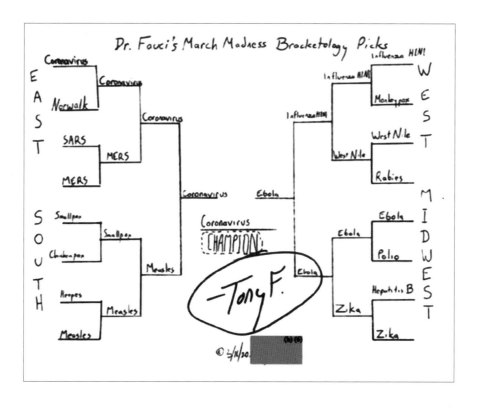

12장

미생물전
연습

전쟁 연습: 생물안보(Biosecurity) 국가의 기원

"일시적으로 사소한 안전을 누리려고 필수적인 자유를 포기하는
이들은 자유도 안전도 누릴 자격이 없다."

— 벤저민 프랭클린(Benjamin Franklin)

"많은 이들이 언제 정상으로 돌아갈지 궁금해한다. 간단히 대답한다면
절대로 그렇게 되지 않는다. 아무것도 이 위기 이전에 누렸던 '산산조각이 난'
정상 감각으로 돌아가지 못한다. 코로나바이러스 팬데믹이
세계가 그리는 궤적에 근본적인 변곡점을 찍었기 때문이다."

— 클라우스 슈바프(Klaus Schwab), 〈그레이트 리셋(The Great Reset)〉(2020년 7월)

"솔직히 말하겠다. 가까운 장래에 예전의 정상적인 상태로 돌아갈 일은 없다."

— 테드로스 아드하놈 게브레예수스(Tedros Adhanom Ghebreyesus), WHO 사무총장

생물무기의 역사

미국은 1943년 프랭클린 루스벨트 대통령의 명령에 따라 처음으로 군과 제약사들 간의 협력을 통해 대규모 공격용 생물무기를 개발하기 시작했다. 제약업계의 거물 조지 W. 머크(George W. Merck)는 국방부의 공격용 생물무기 프로그램을 운영하는 한편 이와 동시에 자신의 거대한 제약회사도 경영하고 있었다. 머크는 자신의 팀이 막대한 지출을 하거나 대규모 시설을 구축하지 않고 생물학전 무기들을 만들 수 있다고 자랑했다. 그는 생물무기의 또 다른 장점은 합법적인 의학 연구로 위장하고 무기 개발을 진행할 수 있다는 점이라고 말했다.

정보기관들도 애초부터 극비리에 무기를 개발하는 프로그램에 관여했다. 프랭크 올슨(Frank Olson)은 미국의 박테리아학자이자, 생물학전 과학자이자 중앙정보국 정보요원이었다.[1] 그는 포트 디트릭에 있는 미국 육군 생물학전 연구소(US Army Biological Warfare Laboratories, USBWL)에서 머크와 미국 육군과 함께 생물학전 무기와 심리전 무기를 개발했다. 프로젝트 아티초크(Project Artichoke)는 '증강된' 심문 방법을 알아내기 위해 환각제인 LSD 같은 향정신성 약물을 이용한 중앙정보국의 실험 프로그램이었다. 올슨은 1952년 5월을 기점으로 프로젝트 아티초크에 관여하는 데 대해 도덕적인 갈등을 느꼈다. 종교개혁 지도자 마틴 루터에 대한 다큐멘터리를 시청한 후 양심의 가책을 느낀 올슨은 자신의 상사에게 생물학전 프로그램 참여를 그만두겠다고 통보했다.[2]

올슨이 사임을 통보할 무렵 그의 중앙정보국 동료이자 중앙정보국의 엠케이울트라(MKUltra) 프로그램을 책임지고 있던 시드니 고틀립(Sidney Gottlieb)은 은밀히 그에게 LSD를 투여했다. 일주일 후인 1953년 11월 28일, 올슨은 뉴욕 스태틀러 호텔 창밖으로 투신해 사망했다. 미국 정부는 처음에는 그의 사망을 자살이라고 했다가, 우발적 사고라고 말을 바꾸었다. 1975년, 미국 정부는 올슨이 살해당한 데 대해 정부에 책임이 있다고 시인했고 올슨의 유가족이 소송을 취하하는 조건으로 125만 달러를 배상하기로 합의했지만 나중에 배상금을 75만 달러로 줄였다. 유가족은 제럴드 포드 대통령과 당시 중앙정보국장 윌리엄 콜비로부터 공식적인 사과와 함께 깎인 배상금을 받아들였다.[3]

23년 동안 미국 육군 전염병 연구소(US Army Medical Research Institute of Infectious Diseases, USAMRIID) 사령관을 지낸 데이비드 프랜츠(David Franz)에 따르면, 1969년 무렵, 미국은 생물무기 프로그램을 통해 '핵무기에 상응하는' 무기를 개발했다.[4] 가장 큰 제약은 생물무기가 우발적으로 유출되지 않게 관리하기가 어렵다는 점이라고 프랜츠는 시인했다. 공교롭게도 프랜츠는 훗날 코비드-19 팬데믹으로 이어진 국방부/파우치의 기능획득 연구에서 핵심적인 역할을 하게 된다.

1969년 말 닉슨 대통령이 포트 디트릭을 방문해 도덕적 전략적 이유로 인해 미국의 생물무기 개발 프로그램을 폐기한다고 발표하자 이 모두가 끝나는 듯했다. 미국은 1972년 생물무기의 개발, 사용, 비축을 금지하는 생물무기 금지협약(Biological Weapons Convention)에 서명했고 생물무기 연구소들을 대부분 폐쇄했다.[5] 그러나 — 제네바 협정에 추가된 — 이 협약으로 갈 곳이 없어진 수천 명의 과학자, 군 하청 업체들, 국방부의 고위급 인사들은 이 프로그램이 부활하기를 학수고대했다.

그런데 생물무기 금지협약은 큰 허점이 있었다. 백신을 생산하는 용도라면 탄저균을 비롯해 생물학전 물질들의 생산을 허용했다. 국방부와 중앙정보국 정보요원들은 생물무기로 쓸 종자비축분 배양을 계속해 왔다. 1983년부터 1988년 사이에 설 파마수티컬스(Searle Pharmaceuticals)의 최고경영자 도널드 럼스펠드(Donald Rumsfeld)는 로널드 레이건의 특사로 이라크에 파견되어 탄저균과 흑사병을 비롯해 생화학무기 수천 톤을 극비리에 이라크 대통령 사담 후세인에게 전달했다. 이란의 100만 군사력에 맞서느라 패색이 짙은 전세를 뒤집기 위해서였다. 당시에 이란 아야톨라 호메이니의 이란 군사력이 페르시아만에서 벌어진 전쟁에서 승승장구하면서 이라크의 사담 후세인은 패주하고 있었다. 부시 행정부는 이란이 이 전쟁에서 이기면 세계 석유 공급에 차질이 생길까 두려워하고 있었다.[6]

575
미생물전 연습

생물안보 의제의 탄생

1988~1991년 소련이 붕괴하자 군산복합체는 국내총생산(GDP)에서 상당 부분을 차지하는 국방비 예산을 영구히 정당화하는 데 도움을 줄 든든한 적을 찾아 헤매기 시작했다. 대부분 미국인이 정부 당국자들이 요란하게 떠들어댄 '평화 배당금'을 누릴 날을 학수고대하는 사이, 국방부 고위 관리들과 군 하청업자들은 자기들의 정당한 몫의 돈을 엉뚱한 자가 쓰게 될까 노심초사했을 것이다. 평화 배당금은 실현되지 않았다. 1993년 뉴욕에 있는 세계무역센터에서 첫 폭탄테러가 발생하고 2001년 9/11 테러가 발생하면서 이슬람 테러리즘은 미국 외교정책에서 소련을 대신해 미국의 숙적이 되었다. 군부와 군 하청업자들은 '테러리즘'이 소련보다 훨씬 오랫동안 적으로 삼을만한 상대라는 데서 위안을 얻었을지도 모르겠다. 테러리즘은 전술이지 국가가 아니므로 '테러리즘'이라는 불특정 대상은 절대로 멸절시킬 수 없는 적이라는 인상을 주었다. 딕 체니(Dick Cheney) 부통령이 "50여 개국에 전장이 흩어져있고[7] 수세대 동안 계속된다고 장담한 '장기전(long war)'을 선언하자 방위산업체들은 안도의 한숨을 내쉬었으리라고 상상하기는 어렵지 않다.[8]

군으로부터 하청받는 방위산업체들은 대테러 기술이라는 값비싼 신형무기들을 개발하게 되면서 계속 이득을 챙기게 되었다. 그러나 테러리즘도 나름대로 결함이 있었다. 한 해에 번개보다도 미국인을 적게 죽이는 테러리즘이라는 위협에 맞서기 위해 GDP의 상당 비율을 지출하는 정책을 정당화하려면 국민의 공포심을 꾸준히 유지해야 한다는 난관을 극복해야 한다. 1999년 무렵, 선견지명이 있는 국방부 기획관들은 이미 세균과의 전쟁이 안겨줄 지속적이고 풍요로운 번영을 내다보고 있었다.

대부분 역사학자는 현대의 '생물안보 의제'가 탄생한 시점을 2001년 10월 탄저균 공격으로 잡는다. 그러나 그보다 몇 년 앞서 군-산-의료 복합체는 이미 잠재적 팬데믹이나 테러리즘을 지렛대 삼아 어마어마한 재정적 지원을 얻어낼 전략으로서, 그리고 세계의 본보기가 되는 민주주의 국가인 미국을 세계를 지배하는 안보 국가로 변모시키는 수단으로서 생물안보를 개념화하고 있었다.

로버트 캐들렉(Robert Kadlec) : "전쟁 연습을 시작하라."

생물무기 전문가 로버트 P. 캐들렉은[9] 의사이자 퇴역한 대령으로서 2017년 8월부터 2021년 1월까지 보건복지부 대비태세와 대응 담당 차관보를 지냈고, 트럼프 행정부에서 코비드-19 위기를 관리했다. 자신의 오랜 친구이자 전우인 앤서니 파우치에 버금가는 로버트 캐들렉은 전염병은 군사적 대응이 필요한 국가안보 위협이라는 논리를 개발하는 데 주도적인 역할을 했다. 1993년 세계무역센터 폭탄테러 이후로 캐들렉은 미국의 삶의 방식을 파괴할 탄저균 공격이 임박했다고 열변을 토해왔다. 1990년대 중반, 캐들렉은 1차 페르시아만 전쟁 후 사담 후세인이 탄저균과 보툴리누스균을 숨겨놓았다며 이라크 사막을 샅샅이 뒤졌지만, 아무것도 찾아내지 못한 UN 무기 사찰단의 엘리트 공군작전부대에서도 활동했다.

* * *

2020년 2월 1일 새벽 2시 47분, 파우치 박사로부터 연구 자금을 받은 파우치의 충신이자 바이러스학자인 크리스티안 안데르센이 파우치 박사에게 이메일을 보내 자신을 비롯해 저명한 생물학자들이 코로나-19 바이러스의 '스파이크 단백질(Spike protein)' — 유기체가 ACE-2 수용체에 달라붙어 세포를 감염시키게 하는 독특한 구조의 물질 — 내의 '퓨린 분절(furin cleavage)'을 일으키는 유전자 서열은 자연선택의 산물일 가능성이 매우 희박하다고 생각한다고 알려준 지 4시간 후, 앤서니 파우치 박사는 캐들렉에게 엄선한 어휘로 작성한 이메일을 보냈다. 파우치 박사가 그날 저녁 주고받은 다른 이메일들을 보면 신종 코로나바이러스 사태를 일으켰을 가능성이 있는 중국에서의 실험에 자신의 자취가 남아있을까 전전긍긍하고 있다. 파우치 박사의 기능획득 연구가 실제로 코비드-19를 일으켰다면, 캐들렉도 연루된다. 캐들렉은 국립보건원의 기능획득 연구 승인을 책임진 이른바 P3CO 위원회에서 일했다. 파우치 박사의 이메일에서는 캐들렉도 파우치 박사처럼 우려한 게 분명히 드러난다. 파우치 박사는 캐들렉에게 보내는 이메일에 기사 하나를 첨부했다.[10] 그 글은 '박쥐 여사'로 알려진 중국인 과학자 시징리가 코로나바이러스의 연구소 유출 가설을 무마하려고 속임수를 쓰는 내용이었다. 파우치는 오랜 기능획득 연구 공범인 캐들렉에게 이렇게 말했다. "밥(로버트의 애칭), 오늘 나온 기사라네. 균형 잡힌 시각으로 검토해 주게."[11] 뒤이어 일어난 사건들을 통해 이 기사를 작성한 인물이 코비드-19를 일으킨 미생물과 거의 같은 코로나바이러스 병원균을 우한 연구소에서 조작했다는 사실을 은폐하려고 의도적으로 거짓말을 했다는 사실이 입증되었다. 캐들렉과 파우치 둘 다 10년 넘게 국립알레르기전염병연구소(NIAID)와 생의학첨단연구개발국(Biomedical Advanced Research and Development Authority, BARDA)을 통해서 이러한 위험한 실험을 촉진하고 지원해왔다. 캐들렉이 창설에 힘을 보탠 BARDA는 생물안보 관련 연구를 지원하는 기관으로서 우한 연구소의 혐의를 벗겨주려고 애쓴 흔적이 역력한 글을 쓴 지(Zhi)라는 인물에게도 미국 돈 수백만 달러가 흘러 들어갔다. 파우치의 이메일을 보면, 파우치와 캐들렉, 그리고 다른 여러 인사가 세계에 내놓을 미심쩍은 공식적인 해명을 날조하려고 증거를 짜깁기하는 정황이 드러난다. 그 후 몇 주에 걸쳐 파우치 박사는 거짓을 공식적인 정설로 뒤바꾸기 위해 수십 년 동안 써먹은 든든한 무기들을 모두 꺼내 휘두른다. 그렇게 해서 그가 꾸며낸 정설은 족히 1년을 버티다가 마침내 무너지기 시작했다.

* * *

캐들렉은 영화 〈닥터 스트레인지러브(Dr. Strangelove)〉 주인공의 짝퉁 판 같은 인물로서 생물무기의 위협이라는 공포를 확산해 이익을 챙기는 첩보 기관들, 거대제약사들, 국방부, 군 하청 방위산업체들과 깊은 연관이 있다. 정보기관의 역사에 관해 해박한 언론인 휘트니 웹(Whitney Webb)은 캐들렉을 "정보계, 군사정보계, 부패한 기업들이 어울리는 세계에 깊이 엮여있고 고위층 친구들이 꿈꾸는 미래상을 막후에서 충실히 실현하는" 인물로 묘사한다.[12] 1998년 캐들렉은 국방부 내부 전략 문건을 작성해, 국방부가 자취를 남기지 않고 적들을 상대로 사용할 수 있는 스텔스 무기로 쓸 팬데믹 병원체를 개발하자며 다음과 같이 촉구했다:

> 자연발생적인 질병으로 가장한 생물무기는 우리가 사용했다는 사실을 그럴듯하게 부인할 수 있는 잠재력을 지닌 공격용 무기다. 생물학전은 심각한 경제적 손실과 이에 따른 정치적 불안을 조장하는 데다가 개연성 있는 부인도 가능하다는 점에서 인간이 만든 그 어떤 무기보다도 뛰어나다.[13]

* * *

1999년 캐들렉은 자신의 편집증을 몇 가지 "예시적인 시나리오"로 작성해 미국이 생물무기 공격에 얼마나 취약한지 보여주었다. 캐들렉이 상상하는 최후의 날 가상 시나리오 가운데 하나인 '옥수수 테러리즘'에서는 중국이 여객기로 미국 중서부 지역에 마름병 균을 은밀히 살포한다. 그러면 "중국은 옥수수 시장의 점유율을 상당히 높이고 추가로 수백억 달러의 수익을 올리게 되는 한편 미국 옥수수 주산지는 폐허가 된다."라고 캐들렉은 경고한다. 또 다른 캐들렉의 가상 시나리오는 '이투성이 포도주'인데 "불만을 품은 유럽 포도주 제조자들"이 파테(pâté) 통조림에 포도 해충인 이를 넣어서 몰래 들여와 캘리포니아 포도주 생산자들의 농사를 망친다는 내용이다.[14]

2001년 4월 미국 국방참모대학교의 분교인 국방대학교 의뢰를 받은 연구에서, 캐들렉은 백신과 항생제를 비롯해 생물학전 대응책들을 저장해 둘 전략적 국가 비축 물량(Strategic National Stockpile)을 구축하라고 권고하고 팬데믹이 발생해 의무적 백신접종과 강제 격리를 가능케 하려면 규제를 바꿔야 한다고 주장했다. 이러한 주장 덕분에 그는 같은 해 말 9/11에 이어 탄저균 공격이 발생한 후 조지 W. 부시 대통령의 생물방어 기획 특별보좌관에 임명되었다.[15] 그는 보수는 두둑하지만 별로 하는 일 없는 안락한 이 직책을 이용해 의회를 상대로 맹렬하게 로비를 벌여 전략적 국가 비축 물량을 구축하도록 설득하는 데 성공했고, 현재 비축분은 70억 달러어치에 이른다. 캐들렉은 이 비축분 구매를 책임지게 되고, 자신의 동지인 빌 게이츠와 앤서니 파우치의 뒤를 이어 자신의 권력을 이용해 백신 산업계 친구들의 배를 불리고 공중보건을 뒷전으로 물리게 된다. 언론인 알렉시스 베이든-마이어가 지적했듯이, "캐들렉은 현재의 생물방어 산업 복합체를 창설했다. 그리고 그는 이 복합체에 황제로 군림한다."[16]

빌 게이츠/앤서니 파우치가 지원하는 생물안보: "전쟁 예행 연습을 시작하라."

1999년, 캐들렉 박사는 신설된 존스 홉킨스 민간 생물방위 전략 센터와 보건복지부의 합동훈련을 위해 미국 영토가 천연두 테러 공격을 받는 시뮬레이션을 기획했다. 이 전략 센터 창립자는 D. A. 헨더슨(D. A. Henderson)으로 그는 1977년 천연두 박멸 프로그램을 이끈 인물로 유명하다. 이 센터의 공동창립자이자 선임 연구원은 중앙정보국 요원이자 제약산업계 로비스트인 타라 오툴(Tara O'Toole)이다. 그녀는 헨더슨 후임으로 이 센터 소장을 맡았다. 이 센터의 3대 소장은 현재 소장직을 맡은 톰 잉글스비(Tom Inglesby)이다. 1999년 빌&멜린다 게이츠 재단은 존스 홉킨스 대학교에 2,000만 달러를 기부해 빌&멜린다 게이츠 인구와 생식 건강 연구소를 창설했다.[17] 그 후 20년 동안 게이츠는 어마어마한 돈을 계속 쏟아부어 생물안보 사업을 국가 우선 과제로 격상시킨다. 그의 가장 눈에 띄는 투자가 바로 잉글스비가 이끄는 존스 홉킨스 센터가 주관한 일련의 시뮬레이션이다. 이러한 시뮬레이션으로 잉글스비는 생물안보 편집증을 앓는 세력을 대표하는 얼굴마담이 되었고, 막 탄생한 생물방위 산업을 무럭무럭 키우고 현대 안보 국가의 토대를 마련했다.

국립보건원과 국립알레르기전염병연구소가 존스 홉킨스 대학교에 투입하는 재원 — 2001년 이후 무려 130억 달러 — 은 게이츠가 이 학교에 기부하는 액수를 무색하게 한다.[18] 그러나 무성의하거나 아마 의도적으로 모호하게 작성한 보고서 때문에 이 가운데 얼마나 잉글스비와 그가 이끄는 센터에 흘러 들어가는지 판단하기가 거의 불가능하다.

캐들렉이 조직한 시뮬레이션과 그 후 20여 년에 걸쳐 — 대부분 빌 게이츠의 지시로

— 실행된 십수 건의 시뮬레이션은 공통된 특징이 있다. 미국 국민에게 면역체계를 강화하고 잘 먹고 체중을 줄이고 운동하고 적정 수준의 비타민 D를 유지하고 화학물질에 노출되지 않도록 하는 방법을 제시함으로써 공중보건을 증진해야 한다고 강조하는 시뮬레이션은 단 하나도 없었다. 팬데믹 동안 최전선에서 환자를 돌보는 의사들을 서로 연결해 최적의 치료 방법을 개발하고 다듬기 위한 소통 기반을 마련하는 데 집중한 시뮬레이션도 하나도 없었다. 사망자를 줄이고 팬데믹 지속 기간을 단축하기 위해서 용도 확장(Repurposed) 약품을 규명할 필요성을 진지하게 다룬 시뮬레이션도 단 하나도 없었다. 환자를 격리하고 취약한 집단을 보호할 방법—또는 요양원을 비롯해 집단 시설들에 거주하는 이들을 감염으로부터 보호할 방법—을 모색한 시뮬레이션도 없었다. 마스크, 봉쇄령, 사회적 거리 두기가 희생자를 줄이는 데 효과가 있는지 의문을 제기하는 시뮬레이션도 단 하나도 없었다. 세계 팬데믹 동안 헌법이 보장한 권리를 보호할 방법에 대해 고심한 시뮬레이션도 단 하나도 없었다.

이러한 시뮬레이션들은 경찰력을 동원해 시민을 억류, 격리하고, 계엄령을 선포하고, 선전 선동으로 메시지를 장악하고, 반론자들의 입을 막기 위해 검열하고, 마스크, 봉쇄령, 백신 강제 접종을 실행하고 이러한 조치에 순응하지 않을 인구를 추적하고 감시하는 방법을 연습했다.

의사이자 생물학전 전문가인 메릴 내스(Meryl Nass)는 이렇게 말한다. "팬데믹 동안 강제력은 절대로 사용하면 안 될 전략이다. 효과 있는 치료법이 있으면 사람들이 치료받으려고 자발적으로 모여든다. 가장 먼저 취할 유일한 선택지가 경찰국가 조성이라니 정말 심란하다."

여전히 풀리지 않은 9/11 이후의 탄저균 공격의 수수께끼

국방부는 존스 홉킨스 대학의 천연두 공격 시뮬레이션과 동시에 네바다 사막에 있는 예전에 핵무기 저장고였던 지역에서 극비 프로젝트에 착수했다. 철물점과 과학 실험 용품 주문 책자를 통해 쉽게 구할 수 있는 장비를 이용해 소규모 탄저균 생산시설을 구축할 수 있는지 시험해 보는 프로젝트였다.[19] 암호명 프로젝트 바쿠스(Project Bacchus)에서 가상의 소규모 테러 집단 — 군사 무기 전문가들 — 은 몇 파운드 분량의 탄저균 생산에 성공했다. 국방부가 네바다 사막에서 탄저균 프로젝트를 진행한 지 2년 후, 미국 육군과 연관된 누군가가 탄저균을 의회 의원들과 언론계 주요 인사들에게 보내면서 공식적으로 '생물안보 시대'가 개막되었다.

뒤이어 일어난 사건들에 비추어 볼 때 정부 내의 누군가가 더 큰 의제를 밀어붙이기 위해서 미국인들을 상대로 공격을 감행하는 위장 술책을 실행했다는 가능성을 배제하기 어렵다. 이는 황당한 음모론이 아니다. 내 큰아버지인 케네디 대통령 집권 당시, 합동참모본부 의장은 노스우즈 작전(Operation Northwoods)이라는 기획안을 제출했다. 그는 쿠바 침공을 정당화하기 위해서 미국 시민들을 무작위로 대량으로 살상하고 이를 쿠바의 소행으로 위장하는 술책 등을 제안했다. 내 큰아버지는 합동참모본부 의장 라이먼 렘니처(Lyman Lemnitzer)의 노스우즈 작전 브리핑을 듣다가 경악해 도중에 자리를 박차고 나갔다. 그는 당시 국무부 장관 딘 러스크(Dean Rusk)에게 "저러고도 우리가 인간이라고 할 수 있나."라고 말했다.[20]

미국 정보기관들과 군산복합체 내부 관계자들은 처음에는 2001년 봉투에 담겨 우편으로 의원과 언론인들에게 배달된 탄저균 공격을 사담 후세인이나 알카에다의 소행이라고 주장했고(이는 결국 사실이 아닌 것으로 드러났다) 나중에 이와 비슷하게 엉뚱한 핑계를 대고 이라크에 대한 전쟁을 정당화했다. 탄저균 우편 배달로 미국 국민은 평범한 테러리즘보다 훨씬 두려운 새로운 적에 직면하게 되었다. 테러리스트는 중요한 건물과 여객기를 파괴한다면, 눈에 보이지 않는 병원균은 미국의 어떤 가정도 침투해 거주자들을 살해할 수 있다고 생물안보 관계자들은 부추긴다. 따라서 테러가 샘솟는 원천으로 치자면 세균이 알카에다를 쉽게 제친다. 이는 캐들렉이 5년 동안 동네방네 떠들고 다닌 교훈이었다. 탄저균 우편 배달로 캐들렉의 곡소리가 국민의 가슴에 와닿게 되었다. 2020년 무렵 생물안보는 이슬람 테러리즘을 제치고 미국 군사 외교 정책의 선두에 서게 된다. '전염병'이라는 주제가 갑자기 정부의 지갑을 열게 만드는 가장 효과적인 수단이 되었다.[21]

엘-히브리(El-Hibri) 일가를 소개한다.

1998년 레바논 출신 금융가 이브라힘 엘-히브리(Ibrahim El-Hibri)와 그의 아들 푸아드(Fuad)는 합동참모본부 의장을 지낸 윌리엄 크로 주니어(William Crowe, Jr.) 장군과 함께 바이오포트(Bioport)라는 기업을 설립하고 미시건 주로부터 낡은 백신 제조 단지를 2,500만 달러에 매입했다. 엘 히브리 가는 이 공장을 이용해 미군에게 판매할 탄저균 백신을 제조하려고 했다. 아버지 엘 히브리는 로버트 캐들렉, 그리고 레이건 대통령과 조지 H.W. 부시 대통령의 합동참모본부 의장을 지낸 크로 장군 두 사람과 오래전부터 제휴해 왔다. 엘 히브리 일가는 과거에 탄저균 백신 사업에서 성공한 적이 있고 영국 정부가 제조한 탄저균 백신을 매입해 매입가의 100배 가격으로 사우디아라비아 정부에 되팔아 짭짤한 수익을 올렸다.[22] 바이오포트가 미시건 주에 있는 시설을 매입하고 채 한 달이 지나지 않아 바이오포트는 국방부와 2,900만 달러 단독 계약을 맺고 해외 주둔 미군이 쓸 탄저균 백신을 "제조, 실험, 병입, 저장"하기로 했다.[23] 육군부 장관은 1998년 9월 3일 이 계약에 서명하는 날 엘 히브리의 공장의 법적 책임을 면제해주었다. 엘 히브리 일가는 그들이 제조한 약물의 안전성을 실험한 적이 없다. 그럴 필요가 없었다. 상해에 대한 책임을 지지 않아도 됐기 때문이다.

엘 히브리 일가가 제조시설을 매입하기 10달 전, 식품의약국의 한 감사관이 그들의 실험시설에서 오염, 미심쩍은 일지기록 관리, 각종 보안규정을 위반한 사실을 적발했고 불순물이 섞인 9백만 회분도 발견했다. 바이오포트는 창립되자마자 미국 육군으로부터 거액을 받아 탄저균 공장을 복구하기 시작했지만, 여전히 식품의역국의 감사를 통과하지 못했다. 1999년, 그들은 공장을 갈아엎고 국민 세금으로 다시 지었다. 미시건 주도 편의를 봐주었다. 그러나 식품의약국은 새로 지은 제조시설을 승인해 주지 않았다. 막강한 로비 팀을 갖추고 고위 간부들 사무실을 유명 디자이너의 고급 가구로 채운 바이오포트는 돈이 없다고 징징대면서 계속해서 미국 정부에 손을 벌리다가[24] 결국은 2001년 중엽 파산의 소용돌이로 휘말려 들어갔다.[25] 2001년 10월 탄저균 우편 배달 사건이 엘 히브리 일가를 구원했다. 국방부는 이 미심쩍은 테러 공격을 지렛대 삼아 오랫동안 기다려 온 숙원을 실현하고 생물무기 연구의 전선을 확대하는 조치를 정당화했다.

1972년 체결된 생물무기 금지협약에 따르면 군도 정보기관도 법적으로 생물무기 연구나 제조를 할 수 없게 되어있다. 그러나 이 협약은 협약에 조인한 국가가 방어 용도로 생산하는 '이중 용도(dual use)*'의 백신과 무기 기술을 개발하도록 허용하는 허점이 있다. 탄저균 공격이 발생한 후 '백신'은 갑자기 생물무기의 완곡한 표현이 되었고 모래사장에 발이 묶여 숨을 헐떡이던 생물학전 산업계가 다시 깊은 바다로 돌아가 회생할 기회가 되었다. 국방부, BARDA, DARPA, 중앙정보국(은 USAID를 통해서)의 군사 기획관들은 '기능획득' 실험에 돈을 쏟아붓기 시작했다. '이중 용도' 연구가 갑자기 성행했다.

2001 다크 윈터(Dark Winter, 캄캄한 겨울) 작전

2001년 6월 22일과 23일 이틀 동안, 9/11 테러 공격이 일어나기까지 채 석 달이 남지 않은 시점에, 국방부는 앤드루 공군기지에서 암호명 다크 윈터(Dark Winter) 작전이라는 전쟁 가상 훈련에 돌입했다. 군이 생물무기 백신에 진지하게 임한다는 점을 강조하는 훈련이었다. 로버트 캐들렉이 이 팬데믹 시뮬레이션을 기획했고 암호명도 지었다.[26]

이 가상 시나리오는 (1995년 실제로 국내 테러 공격이 발생했던) 오클라호마시를 시작으로 미국 여러 지역에서 천연두 공격이 일어난다고 가정했다. 다크 윈터 작전 참가자들은 강제 격리, 검열, 마스크 의무 착용, 봉쇄령, 백신접종을 강제할 전략을 탐색했고, 경찰력 동원을 팬데믹에 대한 유일한 합리적인 대응으로 확대했다. 다크 윈터 가상 시나리오에서 국방부는 이러한 대응책들을 신속히 실행하지 못하면 천연두가 급속히 퍼져 미국의 대응 역량을 압도하고, 민간인 희생자가 대량으로 발생하게 되며, 공포가 확산해 사회가 붕괴하고 군중 폭동이 발생한다고 가정한다. 국방부는 이 훈련에서 전염병의 확산을 억제할 백신 부족이 질병 관리의 선택지를 가장 심각하게 제약한다는 결론을 내렸다.

다크 윈터 훈련은 그로부터 몇 달 후 벌어질 우편 배달 탄저균 공격의 여러 가지 측면을 기괴할 정도로 정확하게 예견했다. 그 후 미생물전 예행연습이 실행될 때마다 이처럼 기적적으로 정확히 앞을 내다보는 사례가 되풀이되었다.

---

* 민간 부문과 군사 부문에서 모두 사용 가능하다는 뜻 - 옮긴이

정보요원들과 시뮬레이션

상원 국방위원회 위원장을 오랫동안 맡은 철저한 전쟁 강경론자 샘 넌(Sam Nunn) 상원의원은 다크 윈터 작전에서 미국 대통령의 역할을 맡아 캐들렉의 다크 윈터 훈련에 권위와 긴급성과 군사적인 틀을 부여했다.

이 훈련의 핵심 참여자들은 대부분 캐들렉처럼 정보기관 계통이었다. 다크 윈터 훈련과 그 뒤를 이은 모든 시뮬레이션에도 하나같이 중앙정보국이 관여했다. 이 훈련 참여자들 가운데는 로버트 캐들렉의 동료 정보장교이자 국방참모대학교 교수인 랜들 라슨(Randall Larsen) 육군 대령이 있는데, 그 또한 생물무기 전문가로서 이 가상훈련의 각본을 짜는 데 이바지했고 보도용 동영상에도 출연했다. 중앙정보국 국장을 지낸 제임스 울시(James Woolsey)도 훈련을 기획하고 참여도 했는데, 그 역시 제약업계 로비스트이자 생물무기 전문가이다. 중앙정보국의 헤지펀드이자 투자부서인 인-큐-텔(In-Q-Tel) 소장 타라 오툴도 참여했다.[27] 중앙정보국의 과학기술 담당 부국장을 지낸 루스 데이비드(Ruth David), 존스 홉킨스 대학의 생물학 테러리즘 전문가 톰 잉글스비, 〈뉴욕타임스〉 기자 주디스 밀러(Judith Miller)도 참여했다.[28]

제임스 울시, 라슨 대령, 루스 데이비드, 타라 오툴의 존재는 생물안보와 백신 관련 모든 이슈에 정보계가 관여하고 정보계가 그 배후에 있음을 시사했다(나는 수년 동안 울시와 같은 이사회에 참여했으므로 미생물전에 대한 그의 깊은 우려에 대해 잘 알고 있다). 울시의 미생물공포증은 캐딜렉의 미생물공포증에 맞먹는다. 울시는 생물무기 공격을 "가까운 장래에 미국 국가안보를 위협할 가장 위험한 요소"라고 일컫는다.[29]

오툴은 생물방위의 열렬한 옹호자이고 존스 홉킨스 민간 생물방위 연구 센터 공동 창립자이며 중앙정보국의 투자부서인 인-큐-텔의 전무다. 인-큐-텔이라는 미심쩍은 기업은 미국 정보요원들이 기술 혁신의 첨병인 신생 기업들에 침투하는 매개체 역할을 한다. 오툴은 그녀의 오랜 공모자인 캐들렉과 마찬가지로 캐들렉이 육성한 탐욕스러운 제약업계와 군 하청업체들과 깊은 관계를 맺고 있다.

2009년 오바마 대통령이 오툴을 국토안보부 과학기술 담당 차관에 임명하자 존 매케인 상원의원은 그녀가 제약산업계 로비 기관인 얼라이언스 바이오사이언시즈(Alliance Biosciences)의 전략국장이었다는 사실을 은폐했다고 비판했다.[30] 얼라이언스는 이브라힘 엘-히브리와 그의 동업자인 전 합동참모본부 의장 윌리엄 크로 장군이 창립한 법인화하지 않은 위장단체로서 다른 여러 생물무기 기업들이 이 단체를 재정적으로 지원한다. 얼라이언스는 납세신고도 하지 않고 워싱턴 로비 단체들이 밀집해 있는 K가에 똬리를 틀고 있다. 의회 기록물에 따르면, 얼라이언스는 눈에 띄지 않고 은밀하게 이른바 '잠행 로비'를 하는 기업으로서 2005년부터 2009년까지 의회와 국토안보부를 상대로 생물방위 지출, 특히 탄저균 백신 관련 지출을 증액하라고 로비하는 데 50만 달러를 썼다. 얼라이언스는 화이자, 국제 제약 에어로졸 콘소시엄, 생물방위 군사 하청업체인 시그 테크놀로지스(Sig Technologies)로부터도 재정적 지원을 받는다.[31]

오툴이 국토안보부 차관에 임명되자 생물무기 전문가 주류 세력이 반대하고 나섰다. 그 가운데는 러트거스대학교의 저명한 미생물학자 리처드 이브라이트(Richard Ebright)도 있는데, 그는 "그녀는 단연코 가장 극단적인 시각을 지닌 인물이다. 정부 내에서든, 정부 외에서든 대대적인 생물방위의 확대와 안전성과 보안규정의 완화를 주장한다."라면서 이렇게 덧붙였다. "오툴에 비하면 닥터 스트레인지러브는 제정신으로 보일 정도다. 오툴은 부시 행정부에서 생물방위, 생물안전, 생물안보와 관련해 역효과를 낸 결함 있는 정책이라는 정책은 모조리 지지했다. 오툴은 현실감각이 전혀 없고 편집증 성향이 있다. 그 직책에 이보다 더 걸맞지 않은 사람을 생각해 내기 힘들다."[32]

2009년 오툴의 인준 청문회에서 민주당 소속 미시건 주 상원의원 칼 르빈(Carl Levin)은 회의적인 목소리에 다음과 같이 자기 의견을 보탰다. "오툴 박사는 존스 홉킨스 민간 생물방위 전략 센터 소장일 당시 과학적 원칙을 엄격히 준수하지 않았다." 르빈은 "오툴 박사가 미국이 생물무기 테러의 은밀한 공격을 받는 사태를 시뮬레이션 한 2001년 6월 다크 윈터 작전을 설계하고 제작한 주요 인물"임을 지적하면서 오툴이 이 훈련을 이용해 과장된 팬데믹 가상 시나리오로 생물안보 의제를 추진하려 했다며 다음과 같이 질책했다. "그러나 많은 최고 과학자들이 다크 윈터 훈련은 천연두 전염률을 과장하고 잘못된 가정을 토대로 한다고 말한다."[33]

미시건 대학교 역학과 제임스 쿠프먼(James Koopman) 박사는 미생물전에 대한 집착이 오툴의 과학적 판단을 흐리게 했다고 혹평했다. 전염병 전염률 모델을 구축하는 전문가로서 천연두 박멸 프로그램에 참여한 전문가인 쿠프먼 박사는 오툴 박사가 "균형 잡힌 과학적 의견을 청취하지 않고 과학적 이슈에 대해 분석적인 접근도 하지 않으며 균형 잡힌 접근방식을 추구하기보다 자기가 방어할 의무가 있다고 생각하는 바이오 테러리즘에 대해 과장된 주장을 한다."라고 불만을 표했다.[34]

질병통제예방센터 천연두 박멸 프로그램 소장을 역임한 마이클 레인(Michael Lane) 박사도 오툴 박사가 다크 윈터 훈련에서 천연두 전염률을 과장했다면서 이를 "있을 법하지 않고" 심지어 "터무니없다."라고 규정했다.[35]

공교롭게도, 그 무렵 이미 팬데믹을 과장하고 조작하는 달인이 된 파우치 박사조차 오툴과 캐들렉의 다크 윈터 훈련이 지나치게 과장되었다고 비판하면서, 실제 상황보다 "훨씬 더 심하게 과장했다."라고 말했다.[36]

오툴 박사와 캐들렉 박사가 사실을 무시한 부문은 천연두 전염률뿐만이 아니다. 2002년 2월 19일, 오툴은 "많은 전문가가 천연두 바이러스가 (미국에 하나, 러시아에 하나 있는) 이 두 공식적인 저장소에만 있는 게 아니며, 적극적으로 생물무기 개발을 추진하는 국가나 국가 내의 집단이 보유하고 있을지도 모른다고 생각한다."라고 말했다. 오툴은 1999년 6월 13일 자 〈뉴욕타임스〉에 실린 기사를 출처로 인용해 '국가 내부의 집단들'이 천연두 균을 보유하고 있다고 경고했다. 그러나 이 기사는 그 어떤 생물무기를 보유한 그 어떤 비국가 단체도 언급하지 않았다.[37]

다크 윈터 작전을 기획하고 작전에 참여한 또 하나의 핵심 인물은 중앙정보국 부국장을 지낸 루스 데이비드(Ruth David)다. 1998년, 그는 중앙정보국과 깊은 연관이 있는 비영리 기업 앤서(Analytic Services Inc., ANSER) 회장에 취임했다. ANSER는 9/11 이후 미국 정부가 '국토 안보'를 강화해야 한다고 밀어붙였고 미국 법 집행 기관들이 생체인식과 안면인식 소프트웨어를 사용해야 한다고 앞장서서 주장했다. ANSER의 여러 기능 가운데 하나는 사우스캐롤라이나주에 있는 미상(未詳)의 방위산업체 어드밴스트 테크놀로지 인터내셔널(Advanced Technology International, ATI)을 지원하는 일이다.[38] 미국 정부는 ATI를 통해서 화이자, 빌 게이츠가 투자한 노바백스(Novavax), 존슨&존슨, 사노피와 60억 달러에 달하는 워프 스피드(Warp Speed) 작전 백신 계약을 체결했다.[39] 워프 스피드 작전의 예산 100억 달러 중 대부분을 차지하는 이 계약은 코비드-19 백신 프로그램과 거대제약사들 간의 짭짤한 거래에 중앙정보국이 깊이 관여했음을 시사한다. 보건복지부 대비태세와 대응 담당 차관보 로버트 케들렉은 이 부정한 거래 계약서에 직접 서명했다. "이 계약조건에 따라 워프 스피드 작전은 기존의 연방정부 계약을 관장하는 관리 감독 규정과 투명성을 완전히 우회해도 된다."라고 국립 공영 라디오는 보도했다.[40]

2021년 1월 〈뉴욕타임스〉에 실린 폭로기사는 케들렉이 은밀히 체결한 백신 계약을 파헤쳐 "입수한 문건들에 따르면, 백신 납품 날짜를 융통성 있게 해달라고 한 제약사들의 요구가 받아들여졌고, 특허 보호와 그 어떤 부작용에 대한 면책권도 보장받았다. 경우에 따라서, 국가들의 백신 기부나 재판매도 금지했는데, 이는 백신을 빈곤한 국가들에 보급하는 데 방해가 될 가능성이 있다."라고 보도했다.[41]

다크 윈터 작전의 후유증

여러 자잘한 문제가 있었지만 다크 윈터 작전은 대성공이었다. 모의훈련을 끝마친 지 석 달이 채 안 되는 시점에 진짜 생물무기 테러 사건이 터지면서 국민의 미생물 공포증에 불을 붙였다. 9월 18일 탄저균이 우편으로 배달된 후 이를 사담 후세인과 알카에다 둘 다, 또는 둘 중 하나의 소행이라고 지목하는 공식적인 논조에 힘이 실렸다. 다크 윈터 작전에 참여한 몇몇 인사들이 발휘한 놀라운 예지력은 뒤따른 탄저균 공격으로 입증되었고 그들은 가차 없이 집요하게 사담 후세인을 범인으로 지목했다. 탄저균 공격의 첫 희생자 로버트 스티븐스는 10월 2일 입원해 탄저균 감염 진단을 받았다. 탄저균 공격이 국민에게 공개되기 사흘 전인 2001년 10월 1일에 시작된, 다크 윈터 시뮬레이션에 관한 상원 청문회는 미국 정부 관리들, 언론, 국민이 다크 윈터 작전의 편집증적인 가정들을 받아들이게 하고 탄저균 우편 배달을 사담 후세인의 소행으로 돌리는 역할을 했다.

또 다른 다크 윈터 작전 기획자 제롬 하우어(Jerome Hauer)는 중앙정보국 국장을 지낸 제임스 울시, 〈뉴욕타임스〉 기자 주디스 밀러와 더불어 9월 11일부터 10월 4일까지 3주 동안 온갖 TV 토크쇼, 심야 뉴스, 일요일 아침에 수다 떠는 TV 쇼에 출연해 탄저균 공격이 임박했다고 떠들어댔다. 주디스 밀러의 고용주 〈뉴욕타임스〉는 미국 영토에 대한 생물무기 공격에 대해 경종을 울리는 그녀의 기사를 여러 차례 싣는 등 그녀에게 각별한 지원을 했다. 놀랍게도 생물무기 공격은 밀러, 하우어, 울시가 예측한 그대로, 탄저균 공격에 대한 미국의 취약성을 논하는 미국 상원 청문회가 진행 중인 기가 막힌 타이밍에 일어났다. 생물무기 테러 전문가이자 제약업계를 위해 일하는 하우어는 현재 테네오(Teneo)의 고위 간부인데, 이 회사는 보안 문제와 관련해 기업들에 자문하는 컨설팅 회사로서, 기업들이 백신 의무접종을 고용 조건으로 내걸어야 한다고 앞장서서 주장하고 있다.[42]

미국 신세기 프로젝트(Project for the New American Century, PNAC) 회원들도 9/11 직후 생물무기 공격이 임박했다고 경종을 울리는 동시에 탄저균이 우편으로 배달된 사건이 일어난 후 공포심을 증폭시키고 이라크의 소행이라고 주장하는 데 핵심적인 역할을 했다. PNAC는 냉전의 승리자로서 미국과 미국의 다국적 기업들―특히 석유회사와 제약회사―이 한 세기 동안 세계를 다스릴 권리를 쟁취했다는 주장을 핵심적인 신조로 삼는다. PNAC 회원들은 부시 정권의 외교 정책과 관련된 핵심적인 직책들을 거의 모두 장악했다. 이 전쟁광 패거리는 미국 제국주의의 호전적 성향을 기리는 뜻에서 자신들을 로마신화에서 불과 기술의 신 '불카누스(Vulcanus)'라고 일컫는데, 딕 체니, 스쿠터 리비, 도널드 럼스펠드, 더글러스 피스, 엘리엇 애브람스, 존 볼턴, 럼스펠드의 자문역 리처드 펄과 폴 울포위츠 등을 아우른다. 이들은 '겁쟁이 강경론자(Chicken Hawks)'라는 비판을 받는다. 공교롭게도 이들은 하나도 빼놓지 않고 모조리 베트남전쟁 징병 기피자이기 때문이다.[43]

9/11 세계무역센터 테러 공격을 꾸민 오사마 빈 라덴(Osama Bin Laden)은 아프가니스탄에 있는 동굴에 틀어박혀서 작전을 지휘했다고 알려져 있다. 그러나 도널드 럼스펠드는 "아프가니스탄에는 마땅한 표적이 없다."라고 불평했다.[44] PNAC의 겁쟁이 강경론자들은 9/11을 빌미로 야속하게도 신이 마땅히 미국 소유여야 할 석유를 묻어놓은 이라크를 상대로 전쟁을 하기로 했다. 탄저균은 미국이 도발할 빌미를 제공해 주었다. PNAC가 생각하기에, 세계 석유 자원 장악은 다가오는 세기에 미국의 제국주의를 구축할 핵심적인 발판이었

고, 미국에 대한 생물무기 공격은 선제적으로 이라크를 침략할 좋은 핑계가 되어 주었다.

주디스 밀러는 〈뉴욕타임스〉 기자로서 단순히 다크 윈터 작전을 취재한 게 아니라 이 시뮬레이션 기획에 적극적으로 참여했다.[45] 밀러는 미생물공포증이 있고 생물안보의 열렬한 지지자다.

2001년 9월 4일, 9/11 테러 공격이 발생하기 정확히 일주일 전, 밀러는 자신이 〈뉴욕타임스〉 기자 윌리엄 브로드, 스티브 엥겔버그와 공동으로 저술한 편집증적인 저서 〈미생물(Germs)〉을 인용하면서, 국방부가 "훨씬 강력한 탄저균을 제조하는 프로젝트"를 승인했다면서 〈뉴욕타임스〉에 이를 지지하는 논조의 기사를 썼다.[46] 밀러는 국방부의 이러한 대응이 합리적인 이유, 아니 제정신인 이유를 설명하지 않았다.

밀러는 사담 후세인이 생물무기를 은닉해 두었고 탄저균 공격에 관여했을 가능성이 크다는 국방부와 중앙정보국의 주장을 되풀이하는 기사를 여러 차례 써서 미국의 이라크 침공을 부채질했다. 〈뉴욕 매거진〉에 따르면:

> 2001년 겨울 동안 그리고 2002년 내내 밀러는 대량파괴 무기를 생산하려는 사담 후세인의 야심과 역량에 관해 놀라운 내용의 기사를 연달아 썼는데, 거의 모두 경악스러울 정도로 부정확한 것으로 드러났다.[47]

밀러의 주전론적 논조의 보도 — 〈뉴욕 매거진〉은 그녀를 호들갑스러운 만화 주인공 이름을 따 '치킨 리틀(Chicken Little)'이라고 불렀다 — 는 백악관 전쟁광들의 이라크 침공을 정당화하는 데 결정적인 역할을 했는데, 나중에 〈뉴욕타임스〉는 미국 역사상 최악의 외교정책 결정을 내리는 데 〈뉴욕타임스〉가 한몫한 데 대해 이례적으로 사과까지 했다.

밀러는 이라크 침공을 부추기느라 혈안이 된 나머지 중앙정보국 요원 밸러리 플레임(Valerie Plame)의 신분을 유출하는 불법 행위까지 저질렀다. 이라크가 니제르로부터 조제 우라늄을 확보했다는 백악관과 중앙정보국의 주장에 플레임의 남편인 국무부 외교관 조셉 윌슨(Joseph Wilson)이 공개적으로 이의를 제기하자 그를 벌주기 위해서였다.

당시 중앙정보국은 공격적으로 전쟁을 밀어붙이고 있었다. 조지 W. 부시는 훗날 자신의 재직 기간 중 저지른 최악의 실수는 이라크가 대량파괴 무기를 은닉하고 있다는 중앙정보국의 주장을 그대로 받아들였다는 점이라며 다음과 같이 말했다. "대통령 직책을 수행하는 동안 가장 후회되는 점은 이라크와 관련해 정확한 정보를 얻는 데 실패했다는 점이다. 많은 이들이 자신의 명예를 걸고 대량파괴 무기가 사담 후세인을 제거해야 하는 이유라고 말했다."[48] 2003년, 전쟁 직전, 중앙정보국 국장 조지 테넷(George Tenet)은 부시 대통령에게 사담 후세인이 대량파괴 무기를 은닉하고 있다고 장담하면서 "걱정하지 마세요. 틀림없습니다."라고 말했다.[49]

밀러는 밸러리 플레임이 중앙정보국 요원이라는 사실을 기자에게 유출한 자가 누구인지 조사하는 연방대배심에 출석하기를 거부해 법정모독죄로 3개월 수감 된 끝에 공모자의 신분을 밝히기로 합의했다. 체니 부통령의 비서실장을 지낸 루이스 '스쿠터' 리비(Lewis "Scooter" Libby)가 밀러에게 플레임이 중앙정보국 비밀 요원이라고 일러주고 이 사실을 보도하라고 지시한 사실이 밝혀졌고, 결국 그는 교도소에 수감되었다. 오랜 세월이 지나고 나서야 중앙정보국은 중앙정보국이 밀러, 리비와 실제로 어떤 관계인지 설명하는 문건들을 공개했다. PNAC 창립자이자 미국의 100년 제국이라는 미래상을 전파하는 리비는 현대 생물안보 의제를 초창기부터 열렬히 주장했고 예일대학교, 방위산업체 랜드(Rand)와 노스럽 그러먼(Northrop Grumman), 국방부의 정보계와 개인적으로 두루 넓은 인맥을 형성하고 있다. 리비가 1980년대 초부터 일했던 국무부 동아시아태평양 담당 부서는 중앙정보국과 과거에 깊이 연관되어 있었고 지금도 연관되어 있다. 생물무기 테러리즘에 집착한 리비는 천연두 팬데믹에 대한 소설까지 썼고 백악관에서는 그를 '미생물 머슴아이(Germ Boy)'라고 불렀다. 도널드 트럼프 대통령에게 사면을 받고 교도소에서 출소한 리비는 로버트 캐들렉의 생물방위 특별위원회(Blue Ribbon Panel for Biodefense, BRPB)에 합류했다. BRPB는 생물안보를 미국 외교 정책 기조로 삼고 21세기를 미국 제국의 시대로 여기며, 대량 백신접종을 외교 정책의 도구로 삼는다. 리비와 같이 BRPB에 소속된 윌리엄 카레쉬(William Karesh)는 피터 데이잭(Peter Daszak)의 에코헬스얼라이언스(EcoHealth Alliance)의 전무다. 파우치, 캐들렉, 국방부(DARPA를 통해)가 에코헬스얼라이언스에 연구 자금을 지원하고 이렇게 세탁된 돈이 우한 연구소의 중국 과학자들이 기능획득 연구를 하는 데 지원되었다. 리비는 제약업계, 몬산토(Monsanto), 중앙정보국과 깊이 관련된 싱크탱크 허드슨 연구소(Hudson Institute)의 상무도 맡고 있다. 그는 허드슨 연구소에서 국가안보와 국방 문제들과 관련된 프로그램을 이끈다. 2021년, 트럼프 대통령의 중앙정보국 국장을 지낸 마이크 폼페오(Mike Pompeo)가 허드슨 연구소에 합류했다.

중앙정보국이 세계 백신 보급 음모에 전방위로 관여하는 사실에 대해 우리는 경계하고 의구심을 품어야 한다. 중앙정보국 역사를 통틀어 설립강령, 조직구성, 조직의 문화 어디에도, 공중보건이나 민주주의를 촉진하는 데 관심이 있다는 증거는 없다. 중앙정보국은 역사적으로 권력과 통제에 집착했다. 중앙정보국은 1947년부터 1989년까지 해외에서 적어도 72건의 쿠데타를 일으켜 일부는 불발에 그치고 일부는 성공했는데,[50] 이는 세계적으로 3분의 1에 해당하는 수의 정부에 개입했다는 뜻이다. 이 중 대부분이 제대로 기능하는 민주주의 국가였다. 중앙정보국은 공중보건에 관심 없다. 민주주의에도 관심 없다. 중앙정보국은 쿠데타를 일으킨다.

천연두: 생물안보 전성시대

다크 윈터 작전은 국민의 의식 속에 천연두에 대한 공포심을 계속 유지하려고 정보기관들과 생물무기 개발 로비 세력이 추진하는 캠페인의 일환이었다. 1977년 천연두가 박멸되기 전에 공중보건 규제 당국자들은 미국에서 천연두 백신접종을 중단했다. 공중보건 관계자들은 연방 관료조직과 군에게 천연두 저장분을 파기하라고 촉구했다.[51] 균이 유출되어서 어쩌면 인류를 멸절시킬 가능성을 미연에 방지하기 위해서였다. 그러나 이러한 경고를 무시하고 조지 W. 부시 행정부는 천연두 균을 더 많이 사들였다. 이라크 전쟁 직전 부시 대통령은 미국 국민에게 천연두 백신을 접종하게 하려고 했다. 이에 대해 의구심을 품은 이들은 이런 무모한 조치는 사담 후세인의 생물무기 프로그램에 대한 공포심을 조장하려는 미국 신세기 프로젝트(PNAC)의 속 들여다보이는 꼼수라고 비판했다. 천연두 백신의 역사에 관해 집필하던 메릴 내스 박사는 훗날 다음과 같이 말했다:

천연두 백신은 과도한 면역반응으로 부작용을 일으킨다고 알려져 있다. 2003년 이 백신을 보건의료 종사자들과 응급의료 종사자들에게 접종하자 심부전, 심장마비, 심근염, 사망 사례가 즉시 증가했다. 의사와 간호사들은 백신 상해로 소송을 제기할 수 없다는 사실을 깨달았고, 처음에는 연방정부에서 배상해 주지도 않았다. 그러자 그들은 백신접종을 거부하기 시작했다.[52]

클린턴 행정부도 계속해서 천연두 백신 수백만 회분을 비축했고 의회는 백신 부작용에 따른 피해배상 프로그램에 예산을 책정했지만, 영구적인 장애나 사망의 경우에도 최고 배상 한도가 겨우 25만 달러였다. 천연두 백신 4천만 회분을 접종하고 난 후 상해 사례가 속출하자 정부는 천연두 백신접종 대상에서 민간부문을 제외하기로 했다. 그러나 군 당국은 계속 제대로 검증되지 않고 승인도 받지 않은 치명적인 백신을 군인들에게 접종해, 처참한 결과를 낳았다.[53] 2015년 미국 육군이 실행한 한 연구에 따르면, 천연두 백신을 접종한 군인 216명당 1명꼴로 유증상 심근염을 일으켰고 35명당 1명꼴로 무증상 심근염을 일으켰다. 그 이후 정부 관리들은 걸프전쟁증후군의 원인이 백신일 가능성이 크다고 시인했다. 걸프전쟁증후군은 접종 후 파병된 군인과 파병에 대비해 백신을 접종했지만 파병되지 않은 군인들 모두 겪었다(법원은 "사전 동의 없이 또는 대통령의 사전 동의 면제 없이 미국은 군인들에게 실험용 약물의 기니피그 역할을 하라고 요구할 수 없다"라고 판단했다).[54][55]

10월 4일 탄저균 공격

다크 윈터 시뮬레이션을 한 지 4개월이 채 지나지 않아, 그리고 9/11 테러 공격이 발생하고 3주 후, 흰색 탄저균 가루가 들어있는, 누가 보냈는지 알 수 없는 우편물이 몇몇 언론사와 의회의 두 상원의원 톰 대쉴(Tom Daschle)과 패트릭 레이히(Patrick Leahy) 의원실에 배달되었다. 이 두 상원의원은 9/11 테러 이후 미국 신세기 프로젝트(PNAC) 패거리가 밀어붙인, 시민의 자유를 침해하는 조치를 가장 강하게 비판했다. 부시 행정부와 언론은 미국인 5명이 사망한 탄저균 공격의 장본인으로 사담 후세인을 지목했고 의회는—마이클 무어(Michael Moore)가 증명한 바와 같이 단 한 사람의 의원도 법안의 내용이 뭔지 제대로 읽지 않은 채—애국자 법(Patriot Act)를 서둘러 통과시켰다.

2021년 인종과 경제 행동센터(Action Center on Race and Economy)의 보고서에 따르면, 애국자 법은 기존의 사생활 보호법을 무시하고 '테러리즘을 빙자한 산업'을 탄생시켰다.

이 산업의 가장 큰 수혜자는 실리콘밸리 기술기업들이었다. 특히, 아마존, 마이크로소프트, 구글이었다. 이들은 연방 정보기관들과 손잡고 데이터를 수집하고 "2001년 이후로 테러와의 전쟁에서 적어도 440억 달러의 수익을 올렸다." 이 보고서는 "애국자 법이 통과되면서 빅테크가 우리의 개인 정보와 데이터의 중개상이 될 길이 열렸고, 이들은 이러한 정보와 데이터를 비밀 기관들과 국내외 민간 기업들에 팔아넘기면서 디지털 경제 시대를 출범시켰다."라고 말한다.[56]

부시 행정부의 워싱턴 정가 패거리 가운데 부통령 딕 체니에 둘째가라면 서러워할 전쟁 강경론자는 부시 행정부의 국방부 장관을 지낸, 전직 설 파마수티컬스 최고경영자이자 PNAC 두목인—그리고 14년 앞서 사담 후세인에게 탄저균 무기를 준 장본인인—도널드 럼스펠드다. 편지에 담긴 탄저균이 어디서 비롯되었는지 아무도 입증하지 못했고 연방수사국(FBI)은 이 탄저균 가루가 미국 육군 연구소에서 비롯되었다는 결론을 내렸다.[57]

로버트 캐들렉은 제약사와 군의 하청 방위산업체들 가운데 가장 먼저 탄저균 공포로 이득을 보았다. 탄저균이 담긴 편지가 배달된 직후, 캐들렉은 당시 국방부 장관 도널드 럼스펠드와 PNAC 회원이자 럼스펠드의 부하인 국방부 부장관 폴 월포위츠의 생물학전 특별자문이 되었다.

3명의 용의자 — 모두 미군과 연관이 있다.

PNAC 패거리는 탄저균 공격이 사담 후세인의 소행이라고 집요하게 밀어붙였고 럼스펠드의 부하 폴 월포위츠는 캐들렉에게 공격에 사용된 탄저균에 벤토나이트(Bentonite) 성분이 함유되어 있음을 확인하는 임무를 맡겼다. 전문가들은 럼스펠드와 월포위츠에게 벤토나이트는 이라크가 보유한 탄저균의 독특한 '지문'이라고 자문했다. 따라서 탄저균에 벤토나이트가 들어있으면 사담 후세인의 소행이라고 주장할 수 있었다. 캐틀렉은 연방수사국이 실험한 탄저균 표본들 어디에서도 벤토나이트를 검출하지 못했다. 그러나 언론매체들은 끊임없이 벤토나이트가 발견되었다고 사실과 달리 보도했고 사담 후세인에 대한 전쟁광들의 호전적인 광기를 부추겼다. 2001년 10월 말 무렵, 미국 전역을 상대로 한 설문조사에서 응답자의 74퍼센트가 이라크에 대한 미국의 군사행동에 찬성한다고 답했다. 이라크가 9/11이나 탄저균 공격과 연관되었다는 아무런 증거도 없는데 말이다.[58]

연방수사국 연구실은 사담 후세인을 범인으로 지목하기는커녕 탄저균이 미국 육군 연구소 세 군데, 즉 포트 디트릭, 스크랜턴 대학교 연구소, 그리고 엘-히브리의 동업자가 소유한 바텔(Battelle)의 오하이오주 웨스트 제퍼슨에 있는 연구소 중 하나에서 비롯되었다는 사실을 밝혀냈다.[59]

연방수사국은 가장 의심되는 용의자인, 포트 디트릭 미국 육군 연구소를 이끈 백신학자 브루스 아이빈스(Bruce Ivins)가 스스로 목숨을 끊었다는 주장이 제기된 후 조사를 마무리했다. 연방수사국의 어설프고 엉망진창인 수사를 비판한 이들은 아이빈스가 연방수사국이 꾸며낸 서툰 모함의 희생자라고 주장했다. 연방수사국의 전 선임수사관인 리처드 램버트(Richard Lambert)에 따르면, 연방수사국 수사팀이 아이빈스의 무죄를 증명해 줄 '산더미' 같은 증거를 은폐했다.[60]

2008년, 아이빈스 박사의 갑작스러운 "자살"에 뒤이어, 플로리다주에 있는 연방정부 법무부 소속 민사 소송 변호사들이 탄저균 희생자인 로버트 스티븐스의 미망인을 변호하는 과정에서 아이빈이 범인이라는 연방수사국의 주장을 공개적으로 반박하면서 엘-히브리 일가와 연관된 바텔이 관리하는 "오하이오주에 있는 민간 연구소"가 "탄저균 공격에 관여했을 가능성이 있다."라고 주장했다.[61] 법무부 본청은 플로리다에 있는 법무부 변호사들에게 위의 주장을 삭제하고 준비서면(brief)*을 다시 작성하라고 지시했다.

2001년 10월 이탈리아의 일간지 <일 마니페스토(Il Manifesto)>는 미국 연방수사국이 우편을 통해 탄저균을 배달시킨 혐의로 엘-히브리 일가를 용의선상에 올렸다고 보도했다.[62]

---

* 소송당사자가 변론에서 진술할 사항을 기재해 법원에 제출하는 서류 - 옮긴이

누가 이득을 보는가.

1995년 이후로 캐들렉은 국방참모대학교 학생들을 상대로 생물무기 테러리즘의 위협에 대해 입에 거품을 물고 열변을 토했고 백신을 비롯해 대응책들을 저장하는 전략적 국가 비축 물량 설치를 촉구했다. 2004년 캐들렉이 부시 행정부의 국방부 장관 럼스펠드 밑에서 일할 때, 의회는 — 캐들렉이 초안을 작성한 — 공중보건 안보와 생물무기 테러리즘 준비태세 법안을 통과시켜 보건복지부 장관에게 "전략적 국가 비축 물량"을 설치하고 국토안보부와 보건복지부가 공동으로 관리하라고 지시했다.[63]

같은 주, 의회는 — 역시 캐들렉이 초안을 작성한 — 프로젝트 바이오쉴드 법안(Project Bioshield Act)를 통과시키면서, 캐들렉이 제안한 전략적 비축 물량 목록에 올릴 새로운 기술 개발에 투자하는 정부의 은행인 생의학첨단연구개발국(BARDA)을 출범시켰다. 캐들렉의 지도로 BARDA는 거대제약사, 생물방위 하청업체들, 그리고 기능획득 연구자들의 현금인출기가 된다. 파우치의 NIAID, 국방부의 DARPA와 더불어 BARDA는 우한 연구소를 비롯해 여러 연구소에서 팬데믹 수퍼바이러스를 만들어 내는 실험에 재정적 지원을 하는 거대 투자자가 된다. 캐들렉이 작성한 전략적 국가 비축 물량 규정에 따르면 국가에서 백신을 비롯해 50억 달러 상당의 비축 물량을 구매하게 되므로 캐들렉의 친구들과 엘-히브리 일가는 노다지를 캐게 된다.

전략적 국가 비축 물량 덕을 본 또 하나의 눈에 띄는 수혜자는 당시 국방부장관이자 캐들렉의 상사인 도널드 럼스펠드로서, 그는, 2004년 앤서니 파우치가—그의 공모자인 야심만만한 젊은 영국 의사이자 웰컴 트러스트의 연구자인 제러미 파라와 함께—꾸며낸 가짜 조류독감 팬데믹 동안 돈을 쓸어 담았다. 그로부터 16년이 지난 2020년 파라는 웰컴 트러스트의 책임자로서 우한 연구소 바이러스 유출 사건을 은폐하는 데 핵심적인 역할을 한다. 2004년과[64] 2005년, 국방부는 파라가 날조해 낸 전염 예측치를 바탕으로 제약사 길리어드의 조류독감 백신 태미플루(Tamiflu) 8,000만 회분을 사들여 비축했다. 럼스펠드 장관은 1988년부터 2001년까지 길리어드 이사회 이사로 참여했고 1998년부터 국방부 장관으로 부시 행정부에 합류할 때까지 길리어드의 회장을 지냈다. 그는 장관에 취임한 이후에도 길리어드의 주식 지분을 그대로 보유했고, 태미플루 판매에서 500만 달러의 수익을 올렸다. 또 다른 미국 신세기 프로젝트(PNAC) 소속 전쟁 강경론자인 조지 슐츠(George Schultz)도 대박을 터뜨려 태미플루가 판매되는 동안 길리어드 주식으로 700만 달러를 벌어들였다.[65]

그러나 가장 큰 수혜자는 엘-히브리 일가였다. 탄저균 공격에 대한 혐의를 벗고 구원을 받았으며, 금전적으로 어마어마하게 횡재했다.

바이오포트(BioPort)의 부활과 이머전트 바이오솔루션스(Emergent BioSolutions)로의 변신

탄저균은 엘-히브리 일가에게는 더할 나위 없이 적절한 시기에 등장했다. 바이오포트는 그 무렵 궁지에 몰려 있었다. 엘-히브리 일가의 탄저균 백신 생산시설은 파산과 가동 허가를 잃을 위기에 직면하고 있었다. 바이오포트의 국방부와의 계약은 2001년 8월에 만료되었고 계약 갱신을 앞두고 해결되지 않은 각종 회계 문제를 안고 있었다. 국방부는 바이오포트에게 수백만 달러를 주고 시설을 개선하라고 했지만, 그 돈은 대부분 고위 관리자들에게 상여금을 주고 엘-히브리 일가의 호화로운 집무실 개조에 쓰였다. 언론인 휘트니 웹에 따르면 수백만 달러는 그냥 "사라졌다." 2000년, 국방부가 구제해 준 지 얼마 지나지 않아 바이오포트는 다름 아닌 바텔 기념 연구소(Battelle Memorial Institute)와 계약을 맺고 탄저균 비축 물량을 배양하기로 했다.

캐들렉의 상사 도널드 럼스펠드는 자신의 보좌관들에게 탄저균 우편 배달 사건 이후 생물안보와 관련해 가장 우선 할 일은 바이오포트 구제라며 다음과 같이 말했다. "바이오포트를 구할 작정이다. 그리고 그 회사가 재기할 기회를 줄 조치를 내려야 한다. 이 나라에서 그나마 뭐라도 진행하는 곳은 거기밖에 없다. 그리고 자네가 지적했듯이, 순조롭게 진행되지 않고 있다."[66]

황금시대

2001년 여름, 9/11 세계무역센터 테러 공격이 발생하기 두 달 전, 국방부는 생물무기 연구를 재개하는 작업에 공식적으로 착수하기로 하고 캐들렉이 작성한 보고서를 의회에 제출해 탄저균, 천연두를 비롯해 생소한 생물무기로부터 미군을 보호하기 위해 백신을 개발하는 군 체계가 "불충분하고 실패할 위기에 놓였다."라고 탄원했다.[67]

9/11 테러 공격을 기점으로 테러와의 전쟁은 세계 안보 우선순위에서 지각변동을 촉발했고 개방적인 민주주의 국가들이 안보 국가 체제로 전환하기 시작하면서 전 세계적으로 방위비 지출 유형이 대대적으로 변했다. 미국 정부가 미생물전에 관한 관심을 되살리면서 새로운 기회가 열렸다. 미국의 생물방위 예산은 1997년 137억 달러에서 2001~2004년 145억 달러로 증가했다.[68] 국가안보 기능을 한다고 주장할 만한 기관은 모조리 쓰나미처럼 밀려오는 이 돈을 퍼담으려고 미친 듯이 노를 저어 바다로 나갔다. 2001년부터 2014년 사이에 미국은 생물방위에 대략 800억 달러를 지출했다. 미생물 무기 개발은 여전히 불법이었으므로 백신은 수십억 달러 가치의 생물무기 산업을 되살리는 데 사용하는 완곡한 표현이 되었다. 국방부 소식통은 〈사이언스〉에 "연방정부가 백신을 개발해 군과 민간인을 모두 보호하는 방식을 군이 완전히 뜯어고치기로 했다."라고 말했다.[69] 국방부가 백신 영역을 침범하면서 파우치 박사와 NIAID에게는 기회이자 동시에 위협이 되었다.

미국 부통령 딕 체니와 그의 PNAC 동지들은 생물무기를 금지한 제네바 의정서에서 허점을 찾아내 이를 바탕으로 생물무기 연구 예산지출을 40배 확대했다.

국방부는 생물무기 금지협정을 준수하기 위한 엄격한 체계를 갖추고 있었다. 그러한 제약으로 인해 국방부는 자유롭게 새로운 연구 프로그램에, 특히 '생물방위' 첨단 연구에 착수하지 못했다. 리처드 이브라이트 교수에 따르면, 체니는 이에 대한 대응책으로 "국방부의 연구 업무를 국립보건원(NIH), 구체적으로 파우치가 소장인 국립알레르기전염병연구소(NIAID)로 이관했다. 2004년 무렵 이 업무 이관은 마무리되었고, NIAID는 방위 부문 관련 기관으로 변신했다."[70] 이로써 NIAID 소장 앤서니 파우치는 생물방위와 세균전 부문에 관여하는 중요 인물이 되었다.

파우치 박사는 정치력을 연마해 BARDA/국토 안보 관련 재원을 NIAID 쪽으로 돌리려고 술수를 쓰기 시작했다. 2000년 0달러였던 NIAID의 생물안보 예산은 2001년 탄저균 우편물 사건 이후 17억 달러로 늘었고 대부분은 생물무기 백신 개발에 쓰였다.[71]

탄저균 우편물 사건이 일어난 지 5개월이 지나지 않아, 파우치 박사는 두 개의 하부 기관을 신설해 자기 몫의 재원을 챙겼다. 그 두 기관은 NIAID 생물방위 연구 전략기획국과 질병통제예방센터(CDC)가 잠재적인 팬데믹 병원체로 지정한 미생물인 CDC A 범주 병원체를 연구하는 NIAID 생물방위 연구 의제국이었다. 파우치는 이 하부기관들을 자신에게 충성하는 부하직원들과 HIV 백신 개발로 노다지를 캔 전염병 책임연구원들로 채웠다. 그들의 임무는 전염병을 급박한 테러 위협으로 지정하고 팬데믹 공포를 부추기고 NIAID의 생물방위 백신접종에 대한 정부의 지원을 받아내는 로비활동이었다.

파우치 박사와 엘-히브리 일가는 공동으로 추구할 명분을 찾았다. 파우치 박사는 엘-히브리 일가를 위해 식품의약국의 업무에 개입해 바이오포트의 연구시설과 생산품 안전성에 대한 규제당국의 제제를 무효화했다. 그 대가로 엘-히브리 일가는 파우치 박사에게 생물방위 백신을 제공하고 군의 계약을 따내는 복잡한 미로를 헤쳐 나갈 교두보가 되어 주었다. 파우치 박사는 방송에 출연해 생물방위의 중요성을 설파하는 얼굴마담이 되었다. 이제 미국 국민에게는 익숙해진 어조로 파우치는 국민에게 탄저균 편지를 다룬 우편배달원들이 "두 달 동안 항생제를 복용했지만, 여전히 폐에 탄저균을 보유하고 있을지도 모르므로" 아침에 우편물을 배달할 때 병을 퍼뜨릴 수 있다고 경고했다. 파우치 박사는 예방 차원에서 엘-히브리가 제조한 백신을 접종하면 도움이 될지도 모른다고 주장했다.[72][73] 파우치 박사가 공포를 조장하는 전형적인 수법은 과학적 근거가 전혀 없는 추측이었다.

파우치는 엘-히브리 일가를 자신의 막강한 큰 날개로 보호해 주면서 안전성에 대한 식품의약국의 우려를 일축하고 바이오포트의 실험용 탄저균 백신 바이오스랙스(BioThrax)을 공개적으로 찬양했다. 그는 엘-히브리 일가가 바이오스랙스의 안전성을 입증한 적이 없다는 비판을 본인이 잘 써먹은 전형적인 기만 수법으로 일축했다. 파우치 박사는 "이 백신은 면역체계가 단백질을 — 그리고 박테리아를 — 인식하고 둘 다 파괴하도록 설계되었다."라고 말했다.[74]

2001년 공영방송 PBS와의 인터뷰에서 파우치는 이전 4년간 식품의약국의 감사를 단한 번도 통과하지 못한 '바이오스랙스'를 기록적인 속도로 제조해 배포하겠다고 약속했다. 파우치는 "평상시라면 몇 년이 걸리는 과정이다."라면서 그러나 그는 바이오스랙스를 출하하는 프로젝트를 "상황이 급박한 만큼 단시일 내에 마무리하겠다."라고 약속했다.[75]

PBS는 바이오포트의 생산에 문제가 있어서 국방부가 미국 군인에게 백신을 접종하는 계획을 대폭 축소했고 파우치 박사가 궁극적으로 추진하는 민간인 대량 접종을 하기에는 국방부의 탄저균 백신 비축 물량이 부족하다고 지적했다.[76] 그러나 바이오포트는 여전히 군과 계약을 체결한 유일한 탄저균 백신 제조사였고, 푸아드 엘 히브리는 생산을 대폭 늘릴 만반의 준비가 되어있다고 발표했다.

연방정부에서 잔뼈가 굵은 관료란 관료는 사실상 모조리 테러와의 전쟁에서 한 몫 챙길 승자의 무리에 끼려고 안간힘을 썼다. 미군의 의료단은 넘쳐흐르는 생물무기 테러리즘 재원에서 자기들 몫을 챙기려는 심산으로 미국 군인 한 사람마다 군에 입대하는 동시에 잠재적인 모든 생물무기로부터 보호하기 위해 75가지 새로운 백신을 접종해야 한다고 주장했다. 군 고위층은 부시 대통령에게 이러한 집중적인 백신접종을 재정적으로 지원해달라고 요청했다. 군 의료단에 뒤질세라 파우치 박사는 2002년 10월, 10년 안에 "NIAID가 흑사병과 출혈열 같은 20여 가지 생물무기로 인한 질병들 모두에 대한 백신과 치료제와 보조제를 생산할 계획"이라고 발표했다. 〈사이언티픽 아메리칸(Scientific American)〉에 실린 한 기사에 따르면 "익명을 요구한 한 과학자는 파우치 박사가 자신에게 부시 행정부가 이러한 목표를 추진하라고 했고 국방부나 국토안보부가 이 업무를 못 맡게 하려고 자기가 이 업무를 맡았다고 말했다." 파우치 박사는 탄저균의 위험을 빌미로 납세자들의 고혈을 빨아먹는 캠페인의 강도를 점점 높여가면서 군과 대놓고 경쟁하고 있었다. NIAID의 생물방위 예산만 해도 2002년부터 2003년 사이에 2억 7천만 달러에서 17억 5천만 달러로 여섯 배 증가했다.[77]

그 후 10년에 걸쳐 더는 생물테러 공격이 일어나지 않자, 파우치 박사는 호들갑 떨며 과장하던 생물 테러리즘을 능수능란하게 자연발생적 전염병으로 바꿔 새로운 공포를 조장함으로써 17억 달러 생물안보 예산을 지켜냈다. 파우치 박사가 테러리즘을 전염병으로 전환하면서 팬데믹 대응이 군사화하고 서구 민주주의 국가들이 강제적 의료 처치에 대해 지닌 — 뉘른베르크 강령에 반영된 — 거부감을 극복하는 중요한 변곡점이 되었다.

따라서 2002년부터 2004년 사이에 발생한 SARS 코로나바이러스는 세계적으로 800명의 목숨을 앗아가는 데 그쳤지만,[78] 파우치 박사에게는 하늘이 내린 선물이었다. NIAID 소장 파우치는 이러한 사건들이 일어나게 된 가장 중요한 원인을 무시했다. 바로 중국, 대만, 싱가포르의 연구실에서 유출된 코로나바이러스가 전염병을 촉발했다는 사실 말이다.[79] 2011년 파우치는 "탄저균 대응을 통해 우리는 물리적 지적 기반을 모두 구축해 광범위한 공중보건 위협에 대처할 수 있게 되었다."라고 떠벌렸다.[80] 그 무렵, 국방부, 중앙정보국, BARDA, DARPA, 그리고 보건복지부 사이에 생물안보 관련 재원을 차지하려는 경쟁이 점점 치열해지면서 군부, 중앙정보국, NIAID는 점점 더 '기능획득 연구'라는 위험한 비법의 수렁으로 깊이 빠져들었고 결국 중국 우한의 생물안전도 4등급(Biosafety Level 4, BSL4) 연구소에서 판도라 상자가 열리는 지경에 이르게 된다.[81]

중앙정보국, 조심스럽게 생물무기에 손대기 시작하다.

중앙정보국은 오랫동안 은밀하게 미국 생물무기 프로그램을 추진해 온 얼룩진 역사를 지니고 있다. 중앙정보국이 먼저 추진한 프로젝트 중 하나가 이른바 '밧줄 사다리' 네트워크를 구축해 육군 정보요원들이 1,600가지 화학물질과 생물무기와 대량파괴 무기 전문가들을 미국으로 몰래 들여오는 일이었다. 그리고 대량파괴 무기 전문가들은 대부분 독일 나치당의 중추적 인물들과 악명높은 전범들로서 제2차 세계대전 후 연합군 측의 뉘른베르크 전범재판 검사들도 이들에게 손대지 못했다. 암호명 종이물리개(Paperclip)라는 이 악명높은 작전을 지휘한 이들은 나치에 부역한 이 전문가들에게 새로운 신분을 주었다. 신분을 세탁한 이 전문가들은 포트 디트릭을 비롯한 여러 지역에서, 심지어 생물무기 금지 협약이 완성된 1972년 이후에도, 미국 미생물전 역량을 개발하는 일을 했다. 가깝게는 1997년에 중앙정보국은 생물무기 금지협정을 어기고 극비로—그리고 대단히 불법적으로 — '박테리아 소형폭탄' 제조에 착수했다.[82]

중앙정보국은 2004년 178개국에서 생물무기, 테러리스트, 팬데믹 위협을 감시하는 프로젝트 아르고스(Argos)＊에 착수하면서 공식적으로 생물안보를 빙자한 돈벌이에 뛰어들었다.[83] 중앙정보국 요원이자 소아과의사인 짐 윌슨(Jim Wilson)은 국토안보부와 정보혁신센터의 지원으로 조지타운 대학교에 이 프로그램을 설립했다. 그는 해외 생물무기 관련사건을 감시하고 역량을 추적했고, 날마다 수백만 건의 사회적 행동에 관한 정보를 분석했으며, 팬데믹 대비태세를 갖추도록 정부 관리들을 훈련시켰다.[84] 이러한 세계 감시 프로젝트에 관여한 핵심 인물 중 하나가 중앙정보국 요원 마이클 캘러핸(Michael Callahan)이다.

마이클 캘러핸 박사는 생물무기 연구에서 가장 거물급 인사로 손꼽힌다. 캘러핸 박사는 과거에 중앙정보국을 대리하는 조직이었던 미국국제개발처(USAID)에서 생물안보 프로그램을 운영하다가 방위고등연구계획국(DARPA)의 생물무기 연구 프로그램 책임자로 자리를 옮겼다. DARPA에서 그는 국립보건원과 앞서거니 뒤서거니 피터 데이잭의 에코헬스 얼라이언스를 통해 돈을 세탁했고 그렇게 세탁된 돈은 우한 연구소에 대한 재정적 지원을 비롯해 생물무기 연구 수행에 쓰였다.[85]

그리고 DARPA에서 일하면서 캘러핸은 2009년 제러미 파라의 가짜 조류독감 팬데믹에 뒤이어 프리딕트(PREDICT)라는 프로젝트에 착수했다. 프리딕트는 중앙정보국이 USAID를 통해 실시한 아르고스 프로젝트의 부활로 보였다. 프리딕트는 피터 데이잭에게 제공된 최대 금액의 지원으로서 캘리포니아 대학교(2015~2020)를 통해서 간접적으로 3~4백만 달러 정도가 데이잭에게 흘러 들어갔다. 프리딕트는 기능획득 연구의 최대 지원자가 되었고 기능획득 연구 카르텔이 버락 오바마가 2014년 명령한 기능획득연구 유예를 우회해 연구 자금을 지원받는 주요 통로가 되었다.[86]

대통령의 기능획득연구 유예 명령이 내려진 시기에도 랄프 배릭(Ralph Baric)과 텍사스대학교 의료 연구소의 비니트 메나체리(Vineet Menachery)는 배짱 좋게 2015년 섬뜩한

＊ 그리스 신화에 나오는 눈이 100개인 괴물 - 옮긴이

연구논문을 발표했다. 팬데믹을 일으킬 박쥐 코로나바이러스를 배양하는 무모한 실험을 했는데, 이 바이러스는 인간의 조직을 이식한 쥐가 호흡기 비말을 통해 퍼뜨릴 수 있다는 내용이었다. 그들은 이 논문의 온라인판에서 이 연구를 재정적으로 지원한 주체 중 하나가 USAID의 부상하는 팬데믹 위협(Emerging Pandemic Threats) 프로그램의 프리딕트(PREDICT) 프로젝트라는 사실을 빠뜨렸다. 물론 프리딕트는 흔적을 남기지 않으려고 피터 데이잭의 에코헬스 얼라이언스를 통해서 돈을 세탁해 지원했다.

USAID의 프리딕트 프로그램은 새로운 에볼라 변종을 비롯해 1,000여 가지 새로운 바이러스를 규명했고 이에 대비해 5,000명을 훈련시켰다고 자랑한다. 2019년 10월, 코비드-19가 등장하기 얼마 전, USAID는 갑자기 프리딕트 지원을 중단했고, 데이잭은 〈뉴욕타임스〉에 이러한 결정을 '분명한 실책'이라고 탄식했다.[87]

캘러핸은 데이잭과 아주 가까운 사이로, 두 사람은 몇 편의 논문을 같이 썼고 이러한 공동연구는 기능획득 유예 중에도 계속 이어졌다. 예컨대, 2015년 4월 마이클 V. 캘러핸과 피터 데이잭의 이름은 〈바이러스학 학술지〉에 실린 "태국 동부의 박쥐에게서 검출된 코로나바이러스의 다양성"이라는 제목의 논문에 공동 저자로 나란히 올랐다.[88]

캘러핸은 자신과 자신의 동지들이 위험한 불장난을 하고 있다는 사실을 잘 알고 있었다. 2005년 캘러핸은 DARPA로 이전하기 전 의회 청문회에 출석해 증언했다. 그는 파우치, 로버트 캐들랙을 비롯한 많은 이들과 마찬가지로 경솔하게도 두 얼굴을 가진 기능획득 연구의 위험성을 무시하고, 미국이 새롭게 이 연구에 매진해야 한다는 섬뜩한 주장을 하면서 다음과 같은 발언으로 청문회를 마무리했다:

생물무기 설계와 제조라는 어두운 과학은 공중보건 과학과 나란히 발전하고 이 두 분야는 현대 기술에서 서로 만난다. 생물무기의 치명성 강화는 부분적으로는 평화로운 과학적 진보의 부산물이다. 따라서 테러리스트가 모조리 사라질 때까지 미국 정부와 미국 국민은 모든 과학적 성취의 어두운 이면을 규명하는 각 분야 과학 지도자들에게 의존해야 한다.[89]

캘러핸은 DARPA와 USAID를 떠난 후에도 자신이 미국의 팬데믹 대응과 관련해 정부 최고위급 인사들에게 계속 영향력을 행사하고 있다고 자랑했다. 그는 2012년 이러한 관계에 대한 자신감을 내비쳤다. "나는 여전히 팬데믹 준비태세와 전염병 창궐과 관련해 백악관을 대신해 연방정부 차원의 책임을 맡고 있는데, 이러한 질병은 가까운 장래에 계속 발생한다."[90]

2020년 1월 4일, 코로나바이러스가 첫 희생자를 내기 시작할 무렵, 중국에 있던 캘러핸은 로버트 멀론(Robert Malone) 박사에게 전화를 걸었다. 미국 육군 전염병 연구소와 연구 계약을 했었고 알켐 연구소(Alchem Laboratories) 수석 의무관인 로버트 멀론 박사는 mRNA 백신 기술 플랫폼을 발명한 주인공이다. 멀론은 2009년 자신과 한때 동업을 한 대릴 갤러웨이(Daryl Galloway)를 통해서 캘러핸과 처음 만났다. 갤러웨이는 미국 해군 출신으로 국방부 국방위협감소국(Defense Threat Reduction Agency, DTRA)의 합동과학기술과(Joint Science and Technology Office, JSTO) 책임자를 맡았던 중앙정보국 요원이다. 갤러웨이는 멀론에게 캘러핸을 중앙정보국 동료 요원으로 소개했다. 캘러핸은 1월 4일 멀론에게 전화를 걸어 자기가 우한 연구소 근처에 있다고 말했다. 멀론은 캘러핸이 하버드 대학교와 매사추세츠 종합병원 직함으로 위장하고 중국을 방문하고 있다고 생각했다. 캘러핸은 멀론에게 자신이 코비드-19 환자 "수백 명"을 치료했다고 말했다. 캘러핸은 나중에 〈내셔널 지오그래픽〉에 코비드-19의 진원지 우한에서 수천 건의 사례들을 살펴보았다고 말했다. 그는 이 바이러스가 "지역사회의 소리 없는 스마트 폭탄처럼" 폭발하는 역량을 지녔고 전염성이 대단히 높아 놀랐다고 신바람이 나서 떠들었다.[91] 캘러핸은 나중에 자기는 우한에 있을 권한이 없었고, 중국 정부가 격리조치를 내리자 배를 타고 탈출했다고 멀론에게 털어놓았다. 캘러핸은 이 얘기를 〈사이언스〉 기자 브렌던 보렐에게도 했다. 국방위협감소국(DTRA)의 과학자로서 연방정부 최고위급 관료인 데이비스 혼(Davis Hone)은 멀론에게 캘러핸에 대해 언급하지 말라고 경고하면서 "코비드-19가 터질 때 우한에는 미군이 없었고 마이클 캘러핸이 우한에 있었다는 주장은 거짓말"이라고 했다. 멀론은 내게 "그렇다면 마이클 캘러핸은 브렌던 보렐에게도 거짓말을 한 셈이다."라고 말했다. 캘러핸은 중국에서 워싱턴으로 돌아와 연방 관료들에게 브리핑한 다음 로버트 캐들렉의 '특별자문'으로 일하면서 미국 정부의 코로나바이러스 대응을 관리했다.

"나쁜 산타클로스" 로버트 캐들렉: 횡재한 엘-히브리 일가

2011년 무렵, 바이오포트는 이미 생물무기/백신 부문에서 짭짤한 수익을 올리고 있었다. 9/11 이후 부시 대통령은 — 아마도 럼스펠드 장관, 로버트 캐들렉, 그리고 자신에게 가치 있는 조언을 한다고 생각한 파우치 박사의 강력한 권고에 따라 — 미시건 주에 있는 바이오포트 연구소를 "국익 차원에서" 보호할 시설로 지정했다.[92] 10월 4일 이전까지는 남이 버린 뼈다귀나 갉아 먹던 엘-히브리와 그의 아들은 NIAID와 BARDA의 하청을 받아 살집이 통통하게 오르기 시작했다. 파우치와 캐들렉 같은 고위층 인사들을 친구로 둔 바이오포트는 얼룩진 과거에서 벗어나기 위해 2004년 이름을 이머전트 바이오솔루션스로 바꾸고 처음으로 햇살 가득한 화창한 나날을 만끽하게 되었으며, 엘 히브리 일가는 2021년 코비드-19 덕분에 새로 억만장자가 된 엘리트 군단에 이름을 올리게 되었다.[93]

2001년 이후 럼스펠드가 이끄는 국방부는 바이오포트에 지불하는 백신 가격을 — 1998년 계약에서의 접종 1회당 3.35달러에서 4.70달러로 — 30퍼센트 올리기로 합의했다. 국방부는 240만 군인들에게 접종할 탄저균 백신도 구매하기로 했는데, 군인 한 사람당 18개월에 걸쳐 6회 접종하게 되어있었다.[94] 탄저균 우편 배달 사건 이후 다시는 등장하지 않은 위협을 예방하느라 효과도 형편없고 제대로 승인받지도 못한 백신에 6,000만 달러를 썼다는 뜻이다. 탄저균 위협은 늘 허구였다. 탄저균은 사람에서 사람으로 퍼지지 않는다. 따라서 탄저균 유행을 모의하는 테러리스트들은 미국 수십 개 도시에 동시에 탄저균을 살포해야 한다.

탄저균 백신 계약은 특히나 어처구니없었다. 항생제가 탄저균 감염을 막는 훨씬 안전하고 효과적인 방법이기 때문이다. 처방전을 받아 구매하는 시프로플록사신 (ciprofloxacin)은 저렴하고 흔히 사용되는 항생제로서 앤서니 파우치 본인이 2001년 탄저균 우편 배달 사건 후에 권고했던 약이다. 2007년 의회 청문회에서 파우치 박사는 "탄저균에 대한 가장 좋은 치료방법은 항생제다."라고 시인했다.[95] 실제로 9/11 테러 공격이 발생한 당일 밤, 백악관 의무실은 캠프 데이비드로 피신하는 딕 체니를 수행할 엄선된 백악관 보좌진에게 시프로플록사신을 나누어주는 예지력과 신중함을 보였다.[96]

게다가 엘-히브리 일가의 탄저균 백신은 역대 최악의 백신이었다. 〈뉴욕타임스〉에 따르면, "이머전트 솔루션스의 탄저균 백신은 정부의 1차 선택지가 아니었다. 개발된 지 30년이 넘었고 제조과정의 난관과 부작용에 대한 불만으로 얼룩진 백신이었다. 관리들은 백스젠(VaxGen)이라는 회사를 추천했는데, 이 회사는 군으로부터 사용 허가를 받은 새로운 기술로 백신을 개발하고 있었다."[97]

2004년, 엘-히브리 일가는 그들의 동업자이자 합동참모본부 의장을 지낸 윌리엄 크로 장군과 함께 생물안보연맹(Alliance for Biosecurity)이라는 로비 단체를 공동 창립했다. BARDA가 지원하는 수익성이 높은 바이오쉴드 계약을 따내고 백스젠 같은 신흥 경쟁자들을 제치기 위한 전략의 일환이었다. 이 로비 단체는 캐들렉과 함께 다크 윈터 작전 시뮬레이션을 기획한 존스 홉킨스 생물안보센터 소속 정보요원들 가운데 타라 오툴과 랜들 라슨 두 사람을 영입했고, 추가로 50명의 로비스트를 채용해 백스젠이 탄저균 백신 독점생산을 비집고 들어오지 못하게 막는 데 성공했다. 최고위층에 이런 든든한 친구들을 둔 이머전트 바이오솔루션스는 전략적 국가 비축 물량에 독점적으로 탄저균 백신을 공급했다. 2006년 백스젠은 8억 달러 가치의 계약을 잃고 파산했고, 이머전트 바이오솔루션스는 여전히 정부의 유일한 공급자로 남았다. 이머전트 바이오솔루션스는 백스젠의 탄저균 백신을 본래 가격보다 훨씬 싼 값인 200만 달러에 매입했다.

2021년 〈뉴욕타임스〉는 "어떻게 한 회사가 곤경에 처한 미국의 비축 물량에 '엄청난 부담'을 주게 되었나."라는 제목의 폭로성 기사에서 이머전트 바이오솔루션스가 어떻게 정부의 비축 물량 구매를 장악하게 되었는지 보도했다. "이머전트가 승승장구하면서 비축분으로 팬데믹 약품들을 개발하는 다른 회사들은 정부의 지출 의사결정에서 밀려났다." 연방정부 공중보건 관리들은 익명으로 〈뉴욕타임스〉에 "코비드-19 같은 전염병 대비는 늘 이머전트의 탄저균 백신보다 뒷전으로 밀려났다."라고 말했다.[98]

2011년 무렵, 엘-히브리 일가와 가까운 인맥은 이머전트를 탄저균 백신의 주요 공급원으로 운전석에 앉혔다. 이머전트의 백신은 위험하고 심각한 결함이 있는데도, 2010년 캐들렉의 BARDA로부터[99] 1억 700만 달러, 파우치의 NIAID로부터 최고 2,900만 달러를 받아 2014년 대량생산을 목표로 (이머전트의 기존의 탄저균 백신에 새로운 보조제를 섞었을 뿐인) 뉴스랙스(NuTharx)를 개발했다.[100] 2010년 무렵, 이머전트의 탄저균 백신 가격은 약 28달러로 올라(지금은 1회분당 30달러에 육박한다) 엘-히브리 일가에게 매출총이익률 75퍼센트를 안겨주었다.[101] 엘-히브리 일가는 바이오스랙스와 마찬가지로 뉴스랙스도 안전성을 검증하는 실험을 한 적이 없고, 식품의약국도 이 백신을 승인한 적이 없지만, BARDA는 최근 이 위험하기로 악명높고 허가도 나지 않은 실험단계의 탄저균 백신을 2억 6천 1백만 달러어치 구매하는 계약을 체결했다. 이 무렵 메릴랜드주 록빌에 사무실이 달랑 하나 있었던 이 기업은 시애틀, 뮌헨, 싱가포르에 본부를 둔 기업으로 성장했다. 이머전트는 옥스퍼드 대학교와 손잡고 게이츠 재단의 지원을 받아 팬데믹 독감과 결핵 백신을 개발하고 있다.

뉴스랙스가 식품의약국의 승인을 받는 데 실패했는데도 2020년 이전에 전략적 국가 비축 물량의 한 해 예산 5억 달러 가운데 거의 절반이 이머전트의 두 가지 탄저균 백신 매입에 쓰였다. 이 때문에 "미국 정부는 팬데믹에 필요한 다른 보급품을 살 재원이 부족하게 되었다."라고 〈뉴욕타임스〉는 보도했다.[102]

엘-히브리 일가가 휘청거릴 때마다 수호천사가 보이지 않는 손으로 그들을 부축해주는 듯했다. 2021년 3월, 두 연방정부 관리들이 익명으로 〈뉴욕타임스〉에 다음과 같이 털어놓았다. "이머전트가 계속 사업을 하려면 매출을 올려야 한다고 우겨서 정부가 이머전트의 탄저균 백신을 1억 달러어치 더 구매한 해도 있었다. 2016년 정부가 추가 구매를 발표할 당시 연방정부의 백신 비축 물량은 이미 1억 명이 접종하고도 남을 정도로 충분했다. 전략적 국가 비축 물량은 오랫동안 이머전트 탄저균 백신을 구매하는 가장 믿음직한 최대 고객이 되어왔고, 탄저균 백신은 2~3년마다 유효기간이 만료되어 새것으로 교체해야 한다."[103] 그 후로 엘-히브리 일가는 일이 꼬이기 시작했다.

캐들렉이 연방정부 관리직을 그만둔 후에도 엘-히브리 일가는 자신들을 파산과 어쩌면 구속수감 되는 사태에서도 구해준 그의 은혜를 잊지 않았다. 2012년 여름, 푸아드

엘 히브리는 로버트 캐들렉을 자신의 생물방위 기업 이스트 웨스트 프로텍션(East West Protection) 지분 소유자이자 상무로 영입했다.[104] 이 회사는 같은 해 국방부의 지원을 받아 보건복지부와 손잡고 유타주에 미국 생물방위 기지를 건설했다. 이 회사의 최고경영자 밥 크레이머(Bob Kramer)는 〈포브스〉에 이 시설이 미래에 팬데믹을 예방하기 위해 "설계되었다."라고 말했다.[105] 캐들렉은 엘-히브리 일가의 지원을 받아 RPK 컨설팅(RPK Consulting)을 창립했는데, 이 회사는 2015년까지 이머전트에 컨설팅 서비스를 제공했다. 이 회사는 2014년 한 해에만 캐들렉에게 451,000달러를 지급했다.

2015년, 엘-히브리 일가는 캐들렉이 보유한 이스트 웨스트 프로텍션 지분을 사들여, 그가 미국 상원 정보 특별위원회 보좌 부국장 자리를 맡게 길을 터주었다. 그로부터 2년 후, 도널드 트럼프 대통령은 캐들렉을 보건복지부의 준비태세와 대응 담당 차관보에 지명했다. 상원 인준 과정에서 캐들렉은 인준 서류 양식에 엘-히브리 일가와 금전적으로 얽혀있다는 사실을 밝히지 않았다.

엘-히브리 일가는 캐들렉이 맡은 새로운 직책 덕분에 이머전트가 황재하리라고 분명히 예상했다. 2017년 7월, 캐들렉이 지명된 지 나흘 후, 이머전트는 미국 정부에게 천연두 백신을 공급했던 사노피 파스퇴르로부터 천연두 백신 제조 권리를 인수한다고 발표했다.[106]

8월 3일, 상원은 캐들렉을 인준했고, 아나나 다를까, 미국 납세자들이 급여를 주는 캐들렉은 엘-히브리 가를 위해 일하기를 중단하지 않았다. 그해에 레바논 출신 무기 거래상 엘-히브리에게 크리스마스가 일찍 찾아왔다. 캐들렉은 새 직책에 임명된 직후 자신이 질병통제예방센터에서 근무할 때 만든 전략적 국가 비축 물량 관리 업무를 자기 사무실로 이관해 70억 달러어치 비축 물량의 구매를 관장할 권한을 행사하게 되었다.[107]

이머전트가 사노피 파스퇴르의 천연두 백신 인수를 마무리하자마자, 캐들렉은 이 위험하고 무용지물인 백신의 정부 비축 물량을 늘리는 조치를 취했다. 사노피 파스퇴르는 전략적 국가 비축 물량에 천연두 백신을 1회분당 4.27달러에 판매해 왔고 정부와 체결한 10년짜리 계약에서 5년이 남은 상태로 약 4억 2천 5백만 달러의 매출이 예정되어 있었다. 엘-히브리는 당초에 가격을 약간만 올리려고 했지만, 캐들렉은 자기 친구이자 과거의 동업자인 엘-히브리 일가가 요청한 5년 계약을 10년으로 두 배 연장해 주면서 후하게 인심을 썼다. 캐들렉은 한 해에 구매하는 회분도 900만 회분에서 1,800만 회분으로 두 배로 늘렸고 가격도 사노피가 받은 1회분당 가격의 두 배로 인상해 주었다. 캐들렉이 엘-히브리 일가와 체결한 신규 계약으로 이머전트는 첫해에 1회분당 9.44달러를 받게 되었고, 계약 기간 동안 이 가격은 해마다 인상된다. 결국 캐들렉은 엘-히브리 일가로부터 10년 동안 28억 달러어치의 천연두 백신을 사들이는 수의계약을 체결한 셈이다.[108]

2018년에 이미 천연두 백신 비축 물량은 차고 넘쳤다. 질병통제예방센터는 2019년 6월 웹사이트에 천연두 백신 비축 물량은 모든 미국인이 접종하고도 남을 정도로 충분하다고 보고했고 지금도 그렇게 말하고 있다. 캐들렉은 이러한 대량 구매가 "생산 기반이 녹슬지 않도록 유지"하는 데 필요하다고 해명했다.[109] 다시 말해서 엘-히브리 일가를 계속 살찌워야 한다는 얘기다. 캐들렉은 이머전트의 경쟁사들로부터는 전략적 국가 비축 물량을 더는 구매하지 않는다는 뻔뻔한 발표를 함으로써 엘-히브리 일가에게 주는 선물에 빨간 리본까지 달아주었다.

이머전트 바이오솔루션스는 트럼프 임기 동안 캐들렉과의 계약에서 12억 달러 이상을 벌어들였고 NIAID와 DARPA로부터 추가로 수백만 달러를 벌어들였다.[110]

캐들렉의 뻔뻔한 행태는 제약업계 내에서도 경외심을 불러일으켰다. 2020년 3월, 도널드 트럼프 대통령의 보건복지부 장관 알렉스 에이자(Alex Axar)는 캐들렉을 보건복지부 내의 코비드-19 팬데믹 대응을 이끄는 책임자로 임명했다. 알렉스 에이자는 제약사 일라이 릴리(Eli Lily) 회장을 역임했고, 제약사 로비스트로 활동했다. 캐들렉이 이 자리에 임명되자 제약사들은 이를 마음껏 약탈, 강탈, 수탈할 기회가 임박했다는 신호로 받아들였다. 당연히 엘-히브리 일가도 전리품에서 가장 큰 몫을 챙겼다. 같은 해 캐들렉은 긴급사용승인(EUA)을 발동해 엘-히브리 일가의 승인 받은 백신과 승인받지 못한 백신 합해서 3억 7천만 달러어치 구매했다. 2020년에 이머전트는 탄저균 백신 판매로 역대 최대 매출을 올렸다.[111]

2021년 2월, 식품의약국이 존슨&존슨이 제조한 코비드-19 백신의 긴급사용승인을 허가하자, 캐들렉은 존슨&존슨에게 압력을 넣어 엘-히브리 일가와 4억 8천만 달러에 상당하는 계약을 체결하게 하고 존슨&존슨의 코비드-19 백신을 엘-히브리 일가가 제조하게 해주었다. 이에 대해 〈포브스〉는 "거의 알려지지 않은 한 상장회사가 1회 접종 코비드-19 백신을 제조하는 거액의 계약을 따내다."라는 머리기사를 실었다.[112]

6월 무렵, 캐들렉의 BARDA는 한술 더 떠 이머전트 바이오솔루션스에 6억 2천 8백만 달러의 선물을 안겨주면서 백신 후보 생산량을 늘렸다. 이머전트는 아스트라제네카와 빌 게이츠가 투자하는 노바백스와도 수억 달러에 상당하는 계약을 따로 체결하고 메릴랜드주 게이터스버그에 있는 시설에서 백신을 제조하게 되었다.[113 114]

2021년 3월 7일 자 〈뉴욕타임스〉에 실린 이머전트와 정부의 담합에 관한 폭로기사에 따르면, 이머전트의 탄저균 백신과 천연두 백신을 구매하는 데 정부가 지출한 돈은 전략적 국가 비축 물량 예산의 거의 절반을 차지했고[115] 이머전트는 비축 물량 공급자 1위를 차지하게 되었다.

엘-히브리에게 이러한 횡재를 안겨주기 위해서 캐들렉은 다른 비축 물량 공급량을 줄여야 했다. 신종 코로나바이러스가 등장할 무렵, N95 마스크 비축분은 겨우 1,200만 장이었다. 캐들렉은 비교적 푼돈인 3,500만 달러를 들여 하루에 1,500만 개의 N95 마스크를 생산할 설비를 구축하기로 한 오바마 정권의 구상도 무효화 했다. 재고가 모자라는 상황을 합리화하기 위해서 캐들렉은 예산이 부족하다고 호소했다.[116] 〈뉴욕타임스〉는 코비드-19 위기가 발생하면서 보건의료 종사자들을 위한 보호장비, 산소호흡기, 마스크가 태부족한 충격적인 사실이 드러났다고 보도했다. 이 상황을 잘 알고 있으면서도 캐들렉은 "탄저균 백신 공급분을 줄여서 생기는 돈으로 이러한 장비를 구매하는 데 쓰려는 의지를 보이지 않았다."[117]

엘-히브리 일가의 두 번째 물주 앤서니 파우치 박사도 이머전트 바이오솔루션스에 은총을 마구 베풀어 주었다.

팬데믹 초창기에 이머전트는 NIAID와 혈장 유도 치료제를 개발하는 계약을 체결했다. 파우치 박사는 이머전트의 코비드-인간면역글로불린 상품을 NIAID의 임상 실험에 포함할 계획을 세우고 BARDA를 통해 캐들렉으로부터 1,450만 달러를 지원받기로 했다. 캐들렉은 파우치 박사와 빌 게이츠가 성배로 여기는 mRNA 백신을 개발하는 모더나도 지원하기로 했다. 2020년 4월 중엽, 캐들렉은 BARDA가 모더나에 최고 4억 8천 3백만 달러를 지원해 파우치/게이츠의 백신 개발과 제조에 속도를 내도록 주선했다. 이는 BARDA가 존슨&존슨, 화이자, 아스트라제네카를 비롯해 모더나의 경쟁사들에 지급한 총액의 절반 정도에 달했다.[118]

캐들렉은 빌 게이츠에게도 인심을 후하게 썼다. 그는 워프 스피드 작전에서 비롯된 자금 가운데 최고 액수인 16억 달러를 게이츠가 선택한 바이오테크 노바백스에 지원했다. 매릴랜드 주 게이터스버그에 있는 이 회사는 33년 역사를 통틀어 백신을 출시한 적이 단 한 번도 없었고 당시에 와해 될 위기에 처해있었다. 게이츠와 전염병예방혁신연합(CEPI)에서 일하는, 게이츠에게 고분고분한 똘마니들은 나방 세포를 이용해 전형적인 백신보다 빠른 속도로 중요한 물질들을 만들어 내는 노바백스의 기술에 판돈을 걸었다.[119] 캐들렉이 워프 스피드 작전의 돈을 노바백스에 후하게 지원하면서 노바백스의 주가는 30퍼센트 폭등했다. 노바백스의 최고 재무책임자이자 영업 책임자인 존 J. 트리치노는 부적절한 행위는 하지 않았다고 강조하면서도 게이츠와의 인맥이 거래를 성사하는 데 도움이 되었다고 시인했다.

2019년 9월, 코비드-19 바이러스가 돌기 시작하기 한 달 전, 게이츠의 재단은 바이오엔테크(BioNTech)의 상장에 앞서 사전공모에서 5,500만 달러를 투자했다. 이 회사도 단하나의 상품도 시장에 출시한 적이 없었다.[120] 곧 독일 정부가 게이츠 뒤를 이어 4억 4천 5백만 달러를 바이오엔테크에 투자했다.[121] 2020년 7월 21일, 로버트 캐들렉이 워프 스피드 작전의 일환으로 바이오엔테크/화이자의 코비드-19 백신 1억 회분을 20억 달러에 구매한다고 발표하자,[122] 이 회사의 주가는 치솟았고 빌 게이츠의 지분의 가치는 11억 달러로 올랐다.

2020년 10월, 이머전트 바이오솔루션스는 파우치 박사의 렘데시비어를 '(코비드-19 치료표준으로 쓰이는) 배경 치료제'로 사용하는 복합 치료 처방의 임상 실험에 협력하는 4개 제약사 가운데 하나로 선정되었다. 이 회사는 "이머전트는 국립알레르기전염병연구소(NIAID)/국립보건원(NIH) 그리고 방위고등연구계획국(DARPA)과 계속 협력해 코비드-19 치료 해법을 개발하게 되어 자부심을 느낀다."라고 발표했다.[123]

빌 게이츠는 렘데시비어 생산자인 길리어드 사의 지분을 많이 소유하고 있었다.[124] 세계보건기구의 자체 연구를 통해서도 렘데시비어는 코비드에 무용지물이라는 사실이 분명히 입증되었고 세계보건기구도 이를 시인하기까지 했다.[125] 설상가상으로 렘데시비어의 심각한 독성 — 렘데시비어의 부작용은 코비드 말기 증상과 유사하다[126][127] — 이 병의 증상을 악화할 수도 있다.[128] 이러한 장애물을 극복하기 위해 파우치 박사는 조작한 임상 실험에 돈을 대 렘데시비어는 환자의 입원 기간을 약간 단축할지도 모른다는 거짓 결과를 얻어냈다.[129] 이보다 훨씬 규모가 큰 세계보건기구의 연구는 입원 기간이 전혀 단축되지 않는다는 사실을 입증했다. 그런데도 파우치 박사는 날조한 '연구'를 이용해 렘데시비어를 코비드 '치료표준'으로 지정하는 승인을 식품의약국으로부터 받아냈다. 이와 동시에, 파우치 박사와 빌 게이츠는 클로로퀸(CQ)과 하이드록시클로로퀸(HCQ)에 대한 불신을 조장하고 아이버맥틴(IVM) 사용을 방해하는 연구에 돈을 댔다. 코비드 조기 치료에 효과적인 이 두 약제는 렘데시비어와 파우치/게이츠 코비드 백신 사업 전체에 대한 실존적인 위협이었다.

이머전트의 최고경영자 로버트 크레이머는 2021년 2월, 월스트리트 증권분석가들에게 그해는 "회사의 22년 역사상 최고의 해였다."라고 자랑했다.[130] 〈뉴욕타임스〉는 이머전트의 주가가 하늘 높은 줄 모르고 폭등해 푸아드 엘-히브리는 "자신이 보유한 주식과 옵션 가운데 4,200만 달러 넘는 지분을 처분했는데, 이는 그 이전 5년 동안 처분한 지분을 다 합한 액수보다 높다."라고 보도했다.[131]

2021년 4월 이머전트 바이오솔루션스가 관리가 허술한 자사의 볼티모어 생산시설에서 제조한 존슨&존슨 코비드-19 백신의 품질관리에 실패해 1,500만 회분이 파기되자, 의회는 계약을 제대로 이행하는 데 실패한 이력이 화려한 이머전트가 고위층과의 인맥을 이용해 수십억 달러에 달하는 연방정부 계약을 따냈는지 조사에 착수했다.[132] 의회는 또한 이머전트가 직원 훈련이 허술하고 품질관리 문제가 끊이지 않으며, 탄저균 백신 가격을 "정당한 이유 없이" 800퍼센트나 인상해 정부에 바가지를 씌운 데 대해 우려를 제기했다. 하원 정부 감독 개혁 위원회와 코로나 위기 특별감독 소위원회의 민주당 소속 위원장들은 캐들렉의 역할에 초점을 맞췄다. 위원회 위원장들은 서신에서 캐들렉이 "이머저트가 계약을 충실히 이행할 역량이 없다는 징후가 있는데도" 이머전트가 코비드 백신 생산시설을 갖추는 데 6억 2천 8백만 달러를 지원하는 조치를 "억지로 밀어붙인 것으로 보인다."라고 비판했다.[133]

코비드-19 팬데믹의 정부 측 관리자들 가운데 최고위급인 캐들렉은 이머전트를 미국 최고의 백신 제조시설을 갖추었다고 치켜세웠다. 2021년 4월, 〈뉴욕타임스〉는 또 한 번 장문의 폭로기사를 싣고 이머전트가 그 어떤 코비드-19 백신의 단 1회분도 제대로 생산하지 못했다고 보도했다.[134] 〈뉴욕타임스〉와 〈워싱턴포스트〉의 폭로기사가 나간 후 존슨&존슨은 이머전트의 생산시설을 넘겨받았다. 식품의약국은 이 시설을 점검한 후에 이머전트에게 시설을 제대로 평가하고 시정 조치가 취해질 때까지 코비드-19 백신 생산을 전면 중단하고 기존의 모든 재료를 격리보관하라고 명령했다.[135]

보건복지부는 이머전트에 오염된 백신 수백만 회분을 폐기 처분하라고 명령했다. 그런데 2021년 3월 이머전트는 하자가 있는 백신 수백만 회분을 캐나다, 유럽, 남아프리카, 멕시코에 출하했다. 하원 코로나바이러스 위기 특별 소위원회는 2021년 5월 19일 청문회를 열고 이머전트에게 2015년 이후로 연방정부와 체결한 계약 관련 자료 일체와 로버트 캐들렉과 주고받은 통신 내역과 내용을 모두 제출하라고 명령했다.[136] 그러나 이머전트는 막강한 정치적 인맥 덕분에 이 모든 추문에도 불구하고 끄떡없었다. 2020년 7월, 이머전트는 5년 동안 존슨&존슨의 코비드 백신을 제조하는 4억 5천만 달러에 상당하는 계약을 체결했다고 발표했다.[137] 2021년 2월, 보건복지부는 이머전트에 또 다른 계약을 선물했는데, 코비드-19 치료제를 개발하는 이 계약 액수는 최고 2,200만 달러에 달한다.[138]

2003년, 2005년 대서양에 휘몰아친 폭풍(Atlantic Storm)

2003년 1월, 그리고 2005년에 또 한 차례, 미국과 유럽의 군사, 정보, 의료계 관료 패거리들은 애틀랜틱 스톰(Atlantic Storm, 대서양 폭풍)이라는 또 다른 미생물전 훈련을 했다. 토머스 V. 잉글스비와 타라 오툴, 랜들 J. 라슨 대령 등 정보요원들이 이 시뮬레이션의 책임 기획자들이다.[139]

1999년 보건복지부의 천연두 시뮬레이션과 2001년 6월 다크 윈터 천연두 시뮬레이션 모두 공중보건 증진이 아니라 공중보건 긴급 사태가 발생하는 동안 미국을 비롯해 전세계 인구를 통제할 방법과 시민의 권리를 박탈하고 군사와 의료 기술 관료들에 대한 복종을 강제할 방법에 초점을 두었다. 애틀랜틱 스톰은 이러한 섬뜩한 대책을 더 깊이 논의했다. 이 시뮬레이션에서는 미국 국무장관을 지낸 매들린 올브라이트(Madeleine Albright)가 미국 대통령 역할을 하고 세계보건기구 사무총장을 역임한 그로 할렘 브룬틀란이 세계보건기구 사무총장 역할을 했다. 그 밖에도 대서양 양안의 군사와 정보기관 기획자 등 여러 고위급 정부 인사들이 참여해 급진적 테러리스트가 천연두를 살포한 후의 대응 방안을 조율했다.

사후 보고서에 따르면, 이 시뮬레이션 참석자들이 다룬 핵심적인 이슈는 "백신 같은 필수적인 의료 장비의 부족에 대처"하고 전 세계 모든 정부가 대응을 하나로 통일하는 일이었다. 이 시뮬레이션은 북대서양조약기구(NATO)와 유럽연합(EU) 같은 현재의 다자간 기구가 "자연발생적이든 생물테러 공격이든 관계없이" 세계 전염병 유행에서 비롯되는 사회적 경제적 정치적 혼란에 대처할 역량이 부족하다면서 "단순히 백신을 비축하거나 더 많은 의사를 훈련하는 조치"를 초월하는 세계적으로 일률적인 안보 규약들을 조율할 체제 개발의 중요성을 강조했다.[140]

애틀랜틱 스톰 시뮬레이션에 참여한 주요 인사들은 그들답게 국민의 면역체계를 강화하거나 용도 확장 약품의 효과를 실험하고 보급하는 조치 등에 대한 논의는 전혀 하지 않고 오로지 군사화 전략들을 권고했다. 경찰국가의 국민 통제에서 비롯한 국민을 상대로 한 선전 선동과 전략들은 시민권과 적법절차를 보류하고 공중보건당국의 일방적 명령에의 복종을 강조하는 등 모두가 국민의 백신 강제 접종을 겨냥했다. 2005년에 공중보건 관료와 정보요원들이 기획하고 모의훈련을 한 이러한 시나리오들이 2020년과 2021년 우리의 집단적 현실이 되었다.

2003년, 글로벌 머큐리(Global Mercury)

2003년 9월 8일부터 9월 10일 사이, 미국 국무부 대테러 정책 조율 담당 부서는 CDC, NIH, FDA, WHO, 국무부와 함께 글로벌 머큐리라고 명명한 또 다른 모의훈련을 기획했다. 56시간에 걸쳐 공중보건 기술 관료들은 자신을 천연두에 감염시킨 테러리스트가 전 세계 여러 나라에 천연두를 퍼뜨린다는 시나리오를 가정하고 세계 보건 안보 자문단(GHSAG) 국가들(미국, 영국, 캐나다, 프랑스, 독일, 이탈리아, 일본, 멕시코)의 '신뢰받는 요원들' 간에 소통과 일률적인 대응을 조율했다.[141]

2005년 전략 커뮤니케이션 연구소 (Strategic Communication Laboratories) 시뮬레이션

생물안보가 국방의 중요한 부문으로 부상한다고 국방부가 끈질기게 울린 경종은 애틀랜틱 스톰과 글로벌 머큐리 시뮬레이션 이후 그 강도가 한층 더 증폭되었다. 이러한 경고에 대응해 군의 민간 하청업체들은 마치 돼지가 옥수수 저장고에 몰려가듯 팬데믹 '감시와 심리작전' 부문에 앞다퉈 뛰어들기 시작했다.

로버트 머서(Robert Mercer)가 (자신의 딸 레베카(Rebekah)와 함께) 도널드 트럼프의 최대 민간인 정치 후원자가 되기 오래전, 그들이 우익 성향의 소셜미디어 플랫폼 팔러(Parler)를 출범시키기 전, 머서는 1993년 민간부문에서 최초로 심리전 서비스를 제공하는 기업을 설립했다. 머서 일가의 전략 커뮤니케이션 연구소(Strategic Communication Laboratories, SCL)는 데이터 조작으로 악명높은 케임브리지 애널리티카(Cambridge Analytica)의 모회사이다. 영국에 본부를 둔 이 신생 심리전 기업은 2005년 영국의 연례 군사기술 전시회에 첨단 선전 '작전 센터'를 선보여 가장 많은 군중의 관심을 받았다.[142]

당시 〈슬레이트(Slate)〉에 실린 한 기사는 SCL 시뮬레이션을 이렇게 묘사했다. "미심쩍은 매체가 끼어들어 정교한 대중 기만 캠페인을 획책하자" "전형적인 천연두 징후"가 나타나면서 "어마어마한 규모의 팬데믹 위협이 닥치게 된다." SCL은 독성 화학물질이 유출되었다는 거짓말을 꾸며내 전 국민이 봉쇄령을 준수하도록 설득하는 임무를 맡는다. 이 임무의 목적은 대중이 공포에 빠지지 않도록 하고 천연두 위협의 희생자가 발생하지 않도록 하는 일이다. SCL은 언론에 잘못된 정보를 퍼뜨리고 의료 데이터를 조작한다. "바깥에 나갔다가는 죽을지도 모른다고 생각하게 된 런던 시민들은 집 안에 머문다."[143]

이 기사는 다음과 같이 계속된다. "SCL이 진심이 아니라면 이 시뮬레이션은 SCL이 자사를 스스로 조롱하거나 조지 오웰을 조롱하는 듯이 보일지도 모른다. 천연두 시나리오 끝에 극적인 음악이 잦아들면서 '세계에서 가장 막강한 무기'인 SCL의 서비스를 이용하라고 촉구하는, 녹음된 메시지가 흘러나온다…. SCL의 전략이 아주 이례적인 이유는 단순히 여론에 영향을 미치는 데 그치지 말고 적어도 이따금 국내에서 선전 선동[144]하라고 제안하기 때문이다. SCL은 사람들이 특정한 방향으로 행동하기를 바란다."

SCL의 심리전 전략은 행동 역동성 연구소(Behavioral Dynamics Institute)가 개발한 선전 기법을 바탕으로 하고 있다. 영국 리즈 대학교(Leeds University) 필 테일러(Phil Taylor) 박사가 이끄는 이 연구소는 2010년 테일러가 56세로 사망할 때까지 영국과 미국 국방 기관들에 자문했다. 〈슬레이트〉의 기사는 SCL이 오로지 "민간 투자자들만 지원하는" 회사라고 했다.[145] SCL 책임자 나이절 오크스(Nigel Oakes)는 자사의 이러한 사악한 속임수가 정치적 목적을 위해 '의식에 영향을 미치는' 일이라고 묘사한다.[146] 2018년 3월 20일 〈야후 파이낸스〉와의 인터뷰에서 오크스는 자신을 "윤리를 감지하는 레이더가 없는" 사람이라고 묘사했다.[147]

SCL의 홍보 책임자 마크 브로턴에 따르면, "SCL은 방위 시장과 국토 안보 시장에 동시에 뛰어들고 있다." SCL이 전체주의적인 안보 국가를 부추긴다는 비판을 의식한 듯, 브로턴은 〈슬레이트〉에 SCL이 "인명을 구하는" 역할을 한다고 강조했다. 자사가 하는 일은 "이타주의가 스며있다."라고 말한 그는 마지못해 "하지만 우리는 돈도 벌려고 한다."라고 덧붙였다.[148]

전쟁 모의연습은 어떻게 복종을 강제하는 도구가 되었나.

다크 윈터, 애틀랜틱 스톰, 글로벌 머큐리는 코비드-19로 이어지기까지 군사, 의료, 정보 기획자들이 기획한 10여 건의 미생물전 모의훈련들 가운데 3건에 불과하다. 이러한 부조리한 악몽 같은 모의훈련은 하나같이 팬데믹 기획자들이 '뉴 노멀(New Normal)'이라 일컫는 암울한 미래를 섬뜩할 정도로 정확히 예견했다. 이러한 모의훈련에서는 시뮬레이션 설계자들이 의료를 군사화하고 중앙집권적 독재적 통치를 강조하는 특징이 일관성있게 나타난다.

이러한 모의훈련은 하나같이 똑같은 암울한 문구와 함께 마무리된다. 세계 팬데믹은 폭정과 백신 강제 접종을 정당화하는 핑계일 뿐이다. 이러한 훈련의 반복은 민주적 통치 체제를 세계적으로 와해하려는 의도가 저변에 깔린 일종의 예행 연습이나 모의훈련임을 시사한다.

군사 정보 분석가들은 처음에는 제2차 세계대전 동안 전략적 수단으로서 시나리오 기획을 도입했다. 랜드(RAND)의 전설적인 군사 기획관 허먼 칸(Herman Khan)은 냉전 시대 동안 정교한 전쟁 연습 시뮬레이션을 이용해 핵전쟁 전략 모델을 구축했다.[149] 1970년대와 1980년대에 석유기업 로열 더치/셸(Royal Dutch/Shell)의 의뢰를 받고 글로벌 비즈니스 네트워크(Global Business Network)의 미래학자 피에르 웩(Pierre Wack)과 피터 슈워츠(Peter Schwartz)는 기업 고객의 전략적 도구로서 시나리오-기획 시뮬레이션을 개척했다.[150] 2000년대 무렵 시뮬레이션은 군사정책 수립자, 정보기관 기획관, 공중보건 기술관료, 석유와 제약 다국적기업들이 미래에 닥칠 위기의 결말을 예측하고 엄격히 통제하도록 해주는 대응책을 미리 준비하고 강화하는 데 없어서는 안 될 수단으로 진화했다.

9/11 테러 공격 이후 부상한 생물안보 카르텔은 세계적 긴급 사태를 해결할 책임을 맡은 기업, 정치, 군사 전문가들 사이에 대응을 일률적으로 조율할 메커니즘으로서 시뮬레이션을 채택했다. 시나리오 기획은 여러 권력 중심지들이 전 세계 민주사회를 동시에 강제적으로 통제하는 복잡한 전략들을 조율하는 데 꼭 있어야 할 도구가 되었다.

팬데믹 시나리오 기획은 거의 모두 중앙정보국의 악명높은 심리전 지침과 매우 유사한 기술적 전제와 전략을 사용하고 있다. 중앙정보국은 이러한 수법으로 토착 사회를 분열하고 사회적 결속력을 무너뜨려 고립을 강제하고, 전통적 경제를 무너뜨려 저항을 억압하고, 혼돈과 사기저하와 의존과 공포를 조장하고 중앙집권화된 독재적인 통치를 강제했다.[151]

특히, 이러한 모의훈련들은 악명높은 '밀그램 복종 실험(Milgram Obedience Experiments)'에서 얻은 심리전 기법을 사용한다. 1960년대에 예일대학교 사회심리학 교수 스탠리 밀그램(Stanley Milgram) 박사는 권위자(흰 가운을 입은 의사)가 명령하면 각계각층의 "평범한 시민"이 자신의 양심에 반해 만행을 저지르도록 조종할 수 있음을 증명했다. 피실험자들은 옆 방에 있는, 자기들처럼 자원해 실험에 참여한 사람을 자기가 실제로 전기충격으로 고문한다고 믿었다. 의사가 피실험자들에게 전압을 높이라고 지시하자 옆 방에서 고통스러운 척하면서 비명을 지르고 살려달라고 애원하는 소리가 들렸다.* 밀그램의 피실험자 40명 가운데 65퍼센트가 옆방의 사람이 목숨을 잃을 수도 있는 450볼트까지 전압을 높이라는 명령에 복종했다. 밀그램은 이 실험을 통해 '권위에의 복종'이 도덕성과 양심보다 우선한다는 증거라며 다음과 같이 말했다:

> 엄격한 권위자의 명령이 타인을 해하지 않으려는 피실험자의 강한 도덕 규범과 충돌하고, 피실험자들이 희생자의 비명으로 귀가 멍해지는 가운데 권위가 도덕 규범을 이기는 경우가 더 많았다. 성인은 권위자의 명령이라면 아무리 극단적이라고 해도 기꺼이 복종한다는 게 이 연구에서 얻은 가장 중요한 결론이다.[152]

위스콘신 대학교 역사학자 알프레드 W. 매코이(Alfred W. McCoy)는 자신의 저서 〈고문이라는 문제: 중앙정보국의 심문, 냉전 시대부터 테러와의 전쟁에 이르기까지〉에서 예일대학교의 복종 실험이 인간의 행동을 조종하는 엠케이울트라(MKUltra) 실험의 일환으로서 중앙정보국이 지원했다고 주장한다.[153] 당시에 중앙정보국은 여러 연방기관을 통

---

* 피실험자는 자기가 고문하는 이가 실제로 전기고문을 당하는 게 아니라 연기를 하고 있고 전기충격기도 가짜라는 사실을 알지 못했다 - 옮긴이

해서 북미 전역에 걸쳐 여러 대학의 독립적인 연구자 185명에게 연구비를 지원해 인간의 행동을 조종하는 사악한 실험을 하게 했다.[154] 밀그램은 처음에 복종 연구 제안서를 중앙정보국의 엠케이울트라 심리조종 실험의 핵심적인 지원 주체인 해군연구국 집단심리 부서에 제출했다. 훗날 밀그램을 뉴욕시립대학교 교수로 채용한 학장은 해군연구국의 부국장을 지낸 인물이었다. 예일대학교의 밀그램 박사의 정신적 스승은 어빙 L. 재니스(Irving L. Janis)인데, 그는 랜드(RAND) 코퍼레이션 의뢰를 받고 "소비에트 심리조종과 최면"이라는 기념비적인 논문을 썼다. 밀그램이 중앙정보국의 심리전 프로그램과 연관되었다는 증거는 이 지면에 일일이 다 열거할 수 없을 정도로 많다.

중앙정보국의 심리조종 실험에서 사회와 개인의 행동을 통제하는 가장 중요한 원칙은 사회적 고립이라는 사실이 규명되었다는 점도 매우 중요하다. "1960년 중앙정보국과 가장 빈번하게 실험 계약을 맺은, 코넬 대학교의 로렌스 힝클(Lawrence Hinkle)은 신경학 문헌에 비추어 볼 때 지금까지 알려진 모든 기법 가운데 중앙정보국이 사용하는 심리조종 기법인 사회적 고립이 가장 효과적인 방법임을 확인했다."[155]

중앙정보국의 연구에 따르면, "고립이 뇌의 기능에(개인에) 미치는 영향은 구타당하고 굶주리거나 수면을 박탈당했을 때 발생하는 효과와 매우 유사하다."[156]

사회적 고립은 유기적인 뇌 발달, 신체, 수명, 심혈관 건강 등에 영향을 미친다. 사회적 고립은 흑인의 사망 위험을 두 배로 높이는 한편 백인의 조기 사망 위험을 60~84퍼센트 높인다. 사회적으로 고립되기보다 하루에 담배를 15개비 피우거나 알코올에 중독되는 게 더 안전하다는 다음과 같은 연구 결과도 있다:

브리검영 대학교 심리학과 신경과학 교수 줄리앤 홀트 런스태드가 공동 작성한 메타분석 연구에 따르면, 사회적 관계의 부재는 하루에 담배 15개비를 피우거나 알코올 사용 장애 못지않게 건강을 위협한다. 또한 사회적 고립이 신체적 정신적 건강에 미치는 해는 비만의 두 배에 달한다…"사회적 고립은 조기 사망 위험을 상당히 높이는데, 이러한 사회적 고립의 위험 지표는 건강을 가늠하는 다른 수많은 지표를 능가할 정도로 중요하다."[157]

국립보건원(NIH)이 이러한 가증할 고문, 복종, 세뇌 실험에서 중앙정보국과 협력했다는 사실은 안 그래도 오욕으로 얼룩진 NIH의 명예를 한층 더 훼손한다. 1950년대 동안 NIH 과학자 메이틀런드 볼드윈(Maitland Baldwin) 박사는 NIH 본부와 중앙정보국 안가(安家)에서 원숭이와 인간을 대상으로 사회적 고립 실험을 했다. 엠케이울트라(MKUltra) 실험에서는 '소모품'—사망하거나 행방불명되어도 아무도 눈치채지 못할 사람들—을 이용했다. 볼드윈의 '다소 끔찍한 실험'에서는 군인을 40시간 동안 상자에 가두었고 그 결과 군인은 정신이 이상해지고 상자를 발로 차 부쉈다. 메이틀런드는 '아티초크 작전' 사례 담당자에게 피실험자를 40시간 이상 고립시키면 "회복 불가능한 손상"과 아마도 "치유 불가능한" 상해를 입을 가능성이 있다고 말하면서도, 중앙정보국이 실험을 은폐해 주고 피실험자들을 공급해준다면 실험을 계속 진행하겠다고 합의했다.[158]

각종 시나리오 기획 시뮬레이션은 핵심적인 의사결정자들이 한자리에 모여 민주적 윤리적 규범을 위반하는 입에 담기도 힘든 행위를 권위자로서 허용하는 계기를 만들어 주었다. 그러한 행위는 건강한 사람들을 비롯해 인구 전체를 강제로 고립시키고 격리하는 행위, 표현의 자유 검열, 추적감시 시스템으로 사생활 침해, 사유재산권과 종교의 자유 침해, 전국적으로 사업장을 봉쇄하면서 전통적인 경제체제를 무너뜨리는 행위, 마스크 착용 강제, 강제적인 의료 처치, 인권, 시민권, 헌법, 민주주의의 훼손이라는 결과를 낳는다. 시뮬레이션을 거듭할수록 '신뢰받는 전문가들'—흰 가운을 걸친 의사들과 매들린 올브라이트 국무장관, 샘 넌 상원의원, 그로 할렘 브룬틀란 세계보건기구 사무총장, 톰 대쉴 상원의원 등—이 되풀이하는 메시지는 오로지 검열, 고립, 의료행위의 군사화, 전체주의적 통제, 백신 강제 접종만이 팬데믹에 대한 적절한 대응 방안이라는 깨달음을 강화했다. 다시 말해서, 시나리오 기획은 핵심적인 정치 지도자, 언론, 기술 관료조직 사이에 반민주적 정설을 조장하고 강화하는 동시에 헌법을 전복하는 그들의 이러한 행위를 국민이 아무런 저항 없이 받아들이게 하는 기법이다.

2010년, 락스텝(Lockstep, 일사불란) 시뮬레이션

2009년 오바마 대통령은 생물안보가 미국 외교 정책의 첨병이라고 선언하고 연방정부의 모든 기관에 지침을 하달해 생물안보를 각 기관이 수행할 임무에 통합하라고 지시했다. 2010년 무렵 미국 첩보 기관들은 백신을 외교 정책 도구로 사용하는 데 점점 더 큰 관심을 보이고 있었다. 냉전과 마찬가지로 '테러와의 전쟁'도 막강한 공산주의자들이 획책한 민족주의 저항의 불길을 차단하는 보루로서 미군이 전세계 곳곳에 주둔해야 한다고 합리화하는 수단이 되었다. 또한 백신 프로그램은 질병의 부담이 큰 개발도상 국가를 사회적 정치적으로 통제하는 도구로 사용해 개입을 정당화하는 데 쓰였다. 2010년, 세계보건기구는 생물안보가 세계적 위험을 관리하는 중추적인 접근방식이라고 선언했다.[159]

같은 달, 빌 게이츠가 유엔에서 백신의 시대라는 주제로 연설을 하면서 미생물과의 전쟁은 이미 '이슬람 테러리즘과의 전쟁'을 제치고 안보 국가 카르텔의 원동력이 되었다. 며칠 후, 피터 슈워츠는 라커펠러 재단이 후원한 '기술과 국제개발의 미래 시나리오'라는 보고서를 작성했다.[160] '락스텝(Lockstep, 일사불란)'이 언급된 부분은 엄혹한 세계적 폭정이 전염병의 해독제라는 정설을 다음과 같이 강화했다:

2012년, 세계가 수년 동안 예견해 온 팬데믹이 마침내 세계를 덮쳤다. 2009년의 H1N1과는 달리, 이 ― 기러기에서 비롯된 ― 새로운 인플루엔자 변종은 전염성이 매우 강하고 치명적이다. 이 바이러스가 세계에 창궐해 7개월 만에 세계 인구의 거의 20퍼센트를 감염시키고 800만 명의 목숨을 앗아가면서 팬데믹 대비태세가 잘 갖추어진 나라들조차 압도당했다.

이 팬데믹은 경제에도 치명적인 영향을 미쳤다. 사람들의 이동과 물건의 운송이 완전히 멈추면서 관광산업 같은 산업들이 무너지고 세계 공급사슬이 끊겼다. 지역적으로도 평상시에 북적거리던 상점들과 사무용 건물들이 직원과 고객의 발길이 끊어지면서 수개월 동안 텅 빈 채로 남아있었다.

팬데믹 동안 전세계 각국 지도자들은 자신의 권위를 과시하고 마스크 강제 착용에

서부터 기차역과 수퍼마켓 같은 공공장소 입구에서의 출입자 체온측정에 이르기까지 엄격한 규정과 제약을 부과했다. 팬데믹이 사라진 후에도 국민과 그들의 행동에 대한 이러한 독재적인 통제와 감시는 계속되었고 심지어 한층 더 강화되었다. 팬데믹에서부터 국경을 넘나드는 테러리즘, 환경위기와 증가하는 빈곤에 이르기까지 점점 세계적으로 확산하는 문제들로부터 자신들을 보호하기 위해 전 세계 지도자들은 권력을 한층 더 꽉 움켜쥐었다.[161]

슈워츠의 소름 끼치는 이 문건은 세균과 선전 선동으로 겁에 질린 시민들은 기꺼이 자신의 시민권과 헌법이 보장한 권리를 포기한다고 예언한다. 슈워츠는 이 새로운 폭정과 독재적인 탄압이 10년 넘게 지속되는 동안 국민은 저항할 엄두도 내지 못한다고 예언한다.

정보기관들은 이러한 시나리오 기획 훈련에 관여했다는 자취를 온 사방에 남겼다. 슈워츠는—오툴, 라슨, 캐들렉, 올시, 그리고 데이비드와 마찬가지로—정보계와 깊은 연관이 있고 무기화한 백신을 외교 정책 도구로 사용하는 데 앞장서는 많은 이들 가운데 하나다. 슈워츠의 이력을 살펴보면 '락스텝' 시나리오를 작성하기 전과 후에 첩보 기관들과 여러 차례 함께 일한 경력이 있다. 1972년, 슈워츠는 컴퓨터 기술과 인공지능의 초창기 개척자인 스탠퍼드 연구소(Stanford Research Institute, SRI, 훗날 SRI International로 개명)에 합류했다. 슈워츠는 SRI가 중앙정보국의 악명높은 엠케이울트라 프로그램을 주관해 사회를 파괴하고 중앙집권화된 통제를 하기 위해 선전 선동, 고문, 향정신성 약물 이용을 비롯해 적극적으로 심리전 연구를 할 무렵 SRI의 전략환경센터 소장 자리에 올랐다. 슈워츠는 SRI에서 로열 더치/셸의 시나리오 기획 책임자로 자리를 옮겼다. 그리고 나서 그는 1987년 글로벌 비즈니스 네트워크(GBN)를 공동 창립해 '미래 사고' 전략과 정보분석을 전문으로 하는 기업 컨설팅을 했다. 석유회사 셸은 GBN의 최대 고객이었다.

1990년대 초, 켄 매카시(Ken McCarthy) — 훗날 인터넷 상업화에 앞장선 초창기 개척자이다 — 는 캘리포니아주 시골 해리스에 있는 오지에서 열린 대규모 추수감사절 모임에서 슈워츠를 만났다. 슈워츠는 자신을 프린스턴에서 인류학을 전공했다고 매카시에게 소개했고, 슈워츠는 나라 이름은 밝히지 않은 채 서아프리카의 한 나라에서 "연방정부 대신 부족과 가족 결속력을 약화하는 일"등을 하는 계약에 참여할 생각이 있는지 매카시에게 캐물었다. 매카시는 이 만남을 떠올리면서 내게 "나는 슈워츠의 제안이 몹시 마음에 걸렸다."라고 말했다. 슈워츠는 매카시가 자신의 제안을 선뜻 받아들이지 않고 주저하자 이를 '순진'하다고 일축했다. 매카시는 "그 기억은 오래갔다. 수년에 걸쳐 그 만남을 수없이 여러 차례 반복해서 얘기할 정도로 말이다."[162]

슈워츠의 고객인 석유회사 셸은 나이지리아의 오고니 지역에 상당히 넓은 석유 매장지를 소유하고 있었다. 1995년, 나이지리아 정부는 오고니 지역의 환경지도자이자 작가이자 TV 프로듀서 켄 사로 위와를 비롯해 8명의 환경운동가를 '폭력 교사'를 근거로 처형했다. 사로 위와가 체포되고 군법회의에 회부 된 후 처형당하기까지 그를 비롯해 오고니 환경운동가들은 괴롭힘을 당했다. 그러한 괴롭힘은 그들이 셸에 맞서는 평화적인 시위를 조직해 이 지역 총인구 60만 명 중 30만 명이 시위에 참여하는 큰 성과를 올리면서 끊임없이 시위를 이어가자 1993년에 시작되었다.[163] 유엔총회와 유럽연합은 사로 위와의 처형을 규탄했고 미국은 나이지리아 주재 미국대사를 본국으로 소환했다.[164]

1993년, 슈워츠는 스튜어트 브랜드(Stewart Brand), 니콜라스 네그로폰테(Nicolas Negroponte)와 함께 〈와이어드(Wired)〉 잡지 창간을 추진한 배후 인물이다. 이 잡지는 당시 막 부상하던 온라인 생태계에 대한 보도를 취합해 주류 언론에 배포하는 중심지 역할을 했다. 〈와이어드〉는 곧 정보기관 요원들이 정보를 퍼뜨리는 정보 센터로서 악명을 얻었다. 〈와이어드〉가 등장하기 이전에는 미국 서해안 지역에서 출범한 기술문화 잡지 〈몬도 2000(Mondo 2000)〉가 기술혁신가들의 진보적이고 이상주의적인 시각을 반영했다. 이와는 대조적으로, 〈와이어드〉는 〈몬도 2000〉의 모양과 느낌은 본떴지만 〈몬도 2000〉과는 달리 대규모 직원을 두었고, 니콜라스 네그로폰테가 이끄는 MIT 미디어 랩(MIT Media Lab)의 고객들인 기업 최고경영자들, 군과 정보기관 유명 인사들을 미화했다. 〈와이어드〉는 중앙정보국이 악명높은 투자회사 인-큐-텔을 출범시켜 기술산업에 침투하고 유리한 조건으로 정부 계약을 수주하게 해줌으로써 실리콘밸리를 들뜨게 만든 2000년대 초 급속히 두각을 나타냈다(모의훈련 시나리오 기획자 타라 오툴이 인-큐-텔의 부사장을 역임했다).[165]

이쯤에서 우리는 기술산업이 탄생할 때부터 국방과 정보기관들이 산업 내부에 교두보를 마련해두었다는 사실을 상기할 필요가 있다. 방위고등연구계획국(DARPA)은 1969년 아파넷(ARPANET)을 구축함으로써[166] 인터넷을 창시했다.[167] DARPA는 국방부의 엔젤투자자이자 벤처 펀드다. DARPA는 인터넷 외에도 GPS, 스텔스 폭격기, 날씨 위성, 무인 드론, M16 소총도 개발했다. DARPA는 때로는 파우치 박사가 소속된 국립보건원을 제치고 기능획득 연구에 가장 많은 자금을 지원하기도 했다. 2017년 한해에만 DARPA는 피터 데이잭의 에코헬스 얼라이언스를 통해 세탁한 650만 달러를 중국 우한 연구소 실험에 지원했다. DARPA는 포트 디트릭에서 행한 기능획득 연구와 미주리주 세인트 조셉에 있는 바텔의 연구소에서 행한 생물안보 연구에도 자금을 지원했다.[168] 2013년을 시작으로 DAPRA는 모더나 백신의 핵심 기술 개발에도 자금을 댔다.[169]

2002년 DARPA는 레이건 대통령의 국가안보보좌관 존 포인덱스터(John Poindexter) 휘하에서 포괄적인 데이터 채굴 시스템을 만들어 좌우 양 진영 인권운동가들의 거센 비판을 받았다. 국민의 항의에 못 이겨 DAPRA는 이 프로젝트를 폐기했지만, 사람들은 DARPA가 이 기술을 이용해 페이스북(Facebook) 창립을 도왔다고 비난했다.[170] 페이스북과 비슷한 프로젝트로서 MIT 계약자들이 참여한 벤처 사업인 라이프로그(LifeLog) 프로젝트를 DARPA가 폐기한 바로 그달 — 2004년 2월 — 매사추세츠주 케임브리지에 있는 MIT에서 찰스 강을 따라 걸어서 30분 거리에 있는 하버드 대학교 교정에서 마크 저커버그가 페이스북을 시작하는 놀랄만한 우연의 일치가 일어났다.

2010년, 선견지명이 뛰어난 DARPA 국장 레지나 두건(Regina Dugan)은 구글의 고위 간부로 자리를 옮겼고, 2016년 그녀는 구글의 경쟁사인 페이스북으로 다시 자리를 옮겨 빌딩8(Building 8)이라는 미상의 프로젝트를 관장했다.[171] 2018년, 그녀는 다시 웰컴 트러스트로 자리를 옮겨 보건 기술 혁신 프로젝트인 웰컴 리프(Wellcome Leap)를 이끌었다. 그녀의 이직 편력은 빅테크, 거대제약사, 군사와 정보 기관들 간의 근친상간적인 관계를 보여주는 또 하나의 사례다.

중앙정보국 요원 케빈 쉽(Kevin Shipp)에 따르면, 중앙정보국의 인-큐-텔과 계약을 체결한 실리콘 밸리 최고경영자들은 중앙정보국의 압력을 받고 '국가 기밀 계약'에 서명하게 되는데, 그런 이들이 미국에 약 480만 명 정도 되고, 이 문서에 서명한 이들은 사소한 자의적인 규정만 위반해도, 그리고 심지어 이 계약에 서명한 사실을 시인하기만 해도, 비밀 법정에 회부돼 20년 수감, 재산몰수 등 각종 엄중한 처벌을 받게 된다. "일단 비밀 유지에 합의하고 나면 그 실리콘 밸리 기업가는 사실상 중앙정보국의 노예가 된다. 그 기업가와 그의 회사는 평생 중앙정보국에 손발이 묶이고 그런 합의를 했다는 사실 자체가 기밀로 분류된다."[172]

〈와이어드〉의 종잣돈은 MIT 미디어랩 창립자 니콜라스 네그로폰테가 댔다. 그의 형 존 네그로폰테(John Negroponte)는 초대 국가정보실장으로서 중앙아메리카에서 준군사조직인 살해 집단을 지원해 악명을 떨쳤다. 〈와이어드〉의 핵심 기능은 "당시에 꽃피고 있던 온라인 세계에 관한 보도에서 진보적 사고를 마지막 티끌까지도 제거하고 군 친화적/기업 친화적/정보기관 친화적인 정서를 디지털 미디어와 기술 공동체 내에 조장하는"일[173] 이라고 매카시는 말했다. 그는 1990년대에 샌프란시스코에서 거주하면서 인터넷을 금전화하는 주제에 대한 첫 회의를 주최했다. 티모시 리어리(Timothy Leary) 심리학 박사는 〈와이어드〉 창간호를 보고 이 잡지를 "〈몬도 2000〉에 대한 중앙정보국의 응수"라고 일컬었다고 알려졌다.[174]

2015년, 〈와이어드〉는 '신경 다양성(Neuro-diversity)'이라고 하는 새로운 개념으로써 자폐증이 폭증하는 현실을 부인하면서 눈길을 끌었다. 자폐증을 '신경 다양성'이라고 하면서 자폐증 환자 수를 희석하고 백신과 자폐증의 연관성을 부인하면서 모든 백신은 안전하고 백신 상해는 정신 나간 이들이 지어낸 망상이라는 시각을 널리 퍼뜨리는 게 목적이었다. 이 '운동'은 '활동가' 군단을 배출해 자폐증 연구자들, 자폐증 환자 옹호 단체, 심지어 백신 상해를 입은 아동의 가족까지도 공격했다. 2010년부터 〈와이어드〉에 글을 쓰는 스티브 실버먼(Steve Silverman)은 2015년 〈신경 부족들(Neurotribes)〉이라는 책을 썼고 고도로 짜여진 각본에 따라 관심과 찬사를 받았다. 이 책은 새로운 자폐증 권리 운동의 선언문이 되었고 이 운동가들은 의료 처치를 선택할 자유와 식품 안전을 옹호하는 이들을 악마화했다. 그들은 온라인으로 자폐증 원인 규명 운동가들을 공격하고 회의와 영화 시사회 등 공개 행사를 공격적으로 훼방하는 전술을 쓴다.

〈와이어드〉는 신경 다양성 못지않게 사악한 트랜스 휴머니즘(transhumanism) 운동의 진원지이기도 하다. 트랜스 휴머니즘은 인간과 기계의 통합을 옹호하는데, 핵심적인 실리콘 밸리 억만장자들이 영생을 누리게 하고 인공지능, 줄기세포와 나노봇, 백신접종, 피부에 이식하는 칩 등 신형 치료법을 이용해 '인간을 생물학적인 제약에서 해방'시키는 목적도 추구한다. 트랜스 휴머니즘의 초창기 개척자 자크 엘륄(Jacques Ellul)은 인류의 상명하달식 통제에 이바지하는 트랜스 휴머니즘의 탁월한 역량을 다음과 같이 묘사한다:

심리 문명화된 사회에서 인간과 기계의 완전한 결합은 '바이오통치체제(biocracy)' 라고 불리는 엄격한 체제에 따라 이루어지게 된다. 이 체제는 인간에 대한 철저한 과학적 이해를 토대로 하므로 이 체제에서 벗어나기는 불가능하다. 개인은 양심과 미덕이 필요 없게 된다. 개인의 도덕과 정신 구조는 바이오통치자(biocrats)가 결정할 문제가 되기 때문이다.[175]

트랜스 휴머니즘은 교조적인 다양한 접근방식을 바탕으로, 실리콘 밸리 엘리트 계층 사이에서 열렬한 추종자들을 거느린다. 마이크로소프트, 페이스북의 최고경영진, 테슬라의 일론 머스크, 구글 엔지니어링 책임자 레이먼드 커츠와일(Raymond Kurtzweil), 페이팔 창립자 피터 틸(Peter Thiel), 위성과 생명기술 분야의 거물 마틴 로스블랫(Martin Rothblatt), 그리고 빌 게이츠 등이 그 추종자들이다. 중앙정보국의 앤젤 투자자 인-큐-텔은 트랜스 휴머니즘을 장기적인 투자전략의 주제로 삼아왔다. 인-큐-텔 웹사이트에 가면 트랜스 휴머니즘을 찬양하는 내용이 있다.[176]

모든 사람이 트랜스 휴머니즘을 추종하지는 않는다. 프랜시스 후쿠야마(Francis Fukuyama)는 트랜스 휴머니즘을 '인류가 직면한 가장 큰 위협'이라고 말한다.[177]

슈워츠는 1998년 공상과학 재난 영화 〈딥 임팩트(Deep Impact)〉와 사람들이 살인을 저지르기 전에 미리 체포하는 미래의 프리크라임(PRE-Crime) 경찰부대 이야기를 그린 2002년 영화 〈마이너리티 리포트(Minority Report)〉 제작에 자문 역할을 했다. 슈워츠가 과거에 했던 예언은 훗날 현실이 되지 않는 경우가 드물다. 2020년 중국의 한 내부고발자는 중국 정부가 안면인식 기술을 이용해 소수 반체제 단체 인사들의 불순한 생각을 감시한다고 폭로했다. 2021년 3월 3일, 〈가디언〉에 실린 한 기사는 정부 법 집행 기관들의 수요에 힘입어 2023년 무렵이면 원격으로 사람들의 감정을 감시하는 기술이 360억 달러 산업으로 성장한다고 예측한다.[178]

슈워츠가 미래를 예언하는 능력은 전설적이다. 글로벌 비즈니스 네트워크에서 초창기에 그가 기획한 시나리오 중 하나는 주요 항공사가 코로나바이러스 팬데믹에서 살아남는 전략을 시험하는 내용이었다. 2004년 〈타임〉 잡지에 실린 슈워츠에 관한 기사는 그의 족집게 같은 예지력을 집중조명하고 있다. 슈워츠는 자신의 예측 능력에 대해 〈타임〉에 이렇게 말했다. "우리는 틀린 적이 거의 없다. 실패는 대부분 예측이 틀린 게 아니라 사람들이 우리 예측을 진지하게 받아들이도록 만들지 못한 데서 비롯된다." 〈타임〉에 실린 이 기사는 슈워츠가 한 가장 놀라운 예측 중 하나를 언급했다. 2000년, 상원의 한 위원회의 의뢰를 받고 실행한 연구의 일환으로 슈워츠는 "테러리스트들이 항공기를 몰고 세계무역센터로 돌진할 끔찍한 가능성"을 예언했다.[179]

2016년, 세일즈포스닷컴(Salesforce.com)의 전략기획 전무 슈워츠는 "생각하기조차 불가능한 사태에 정부는 어떻게 대비하는가."라는 주제의 세계 정부 정상회의의 한 세션에서 의장을 맡았다.[180] 그해 이 회의에는 125개국에서 3,000명이 참여했다. 버락 오바마가 기조연설을 했다. 세계경제포럼의 회장이자 세계은행의 총재인 클라우스 슈바프는 세계적 위기를 국제 금융계 패거리들이 학수고대하는 현금 없는 사회로 가는 길이라며 긍정적으로 평가했다.

2014년, 슈워츠는 세일즈포스가 주최한 '세계 통치의 미래'라는 회의에서 슈바프와 비공식 인터뷰를 했다.[181] 힐러리 클린턴이 연설을 마치자, 두 사람은 인간의 두뇌에 삽입한 새로운 장치가 기계와 융합해 기계가 "우리의 뇌, 우리의 영혼과 마음을" 조종하게 된다고 예언했다. 그들은 생물학이 새로운 기술과 과학적 혁명의 일환이라는 개념을 찬양하면서 인터넷이 기계와 인간 정신의 끊임없는 상호작용을 통합하고 일탈적인 범죄 행동(즉, 반론을 제기하는 행위)을 통제하고, 사람들의 신성한 정체성을 시험하는 역량을 높이 평가했다. 슈워츠는 기계가 주도하는 진화를 통해 감성 지능이 지식과 데이터로 대체된다고 예언한다. 클라우스 슈바프에 따르면, 새로운 지능이 보급되면 기술적 진보에 한층 더 속도가 붙게 된다. "뇌 연구와 빅데이터를 결합하면 행동을 통제하는 데 응용할 새로운 분야들이 생겨난다." 슈워츠는 세일즈포스를 이러한 과정에 참여할 주체라고 치켜세운다.[182]

세일즈포스에서 미래를 예측하는 최고책임자로서 슈워츠는 현재 각국 정부들이 세계 인구가 백신접종에 순응하도록 접종 여부를 추적하고 감시하고 금전화하고 강제하도록 해주는 '백신 관리' 소프트웨어 플랫폼을 판매하고 있다. 2021년 가을에 공개된 한 동영상은 "팬데믹이 일으킨 여러 가지 세계적 위기에서 벗어나는 우리의 능력에 영향을 미치는 최근의 요인들"을 설명하면서 세일즈포스의 시스템이 그 해결책이라고 선전한다. 슈워츠는 SARS-CoV-2의 끊임없이 진화하는 돌연변이 변종들로 인해 사망률이 치솟는 — 그리고 추측하건대, 제약사의 수익도 치솟는 — 암울한 미래를 예언하면서 '백신과 바이러스의 경쟁'이 세계 경제와 문명의 미래를 결정할 갈등이라고 말한다.[183]

세일즈포스가 선보인 감시 체제는 매우 정교하며 신뢰할 만한 신분 확인 시스템을 구축할 역량을 정부에게 부여한다. 인-큐-텔이 내놓은 경쟁력 있는 기술 비.넥스트(B.Next)는 추적감시를 통해 팬데믹을 관리하는 시스템이다. "연방, 주, 지역 등 여러 차원의 정부 정보기술 담당 부서가 지닌 현실적 역량을 고려할 때, 세일즈포스닷컴, 인-큐-텔, 그리고 IBM 같은 여러 기업의 도움 없었다면 파우치 박사를 비롯해 여러 인사가 주장하는 전 인구 대상 백신접종 프로그램의 기획과 실행은 불가능했을" 것이라고 매카시는 말한다.

폭정 훈련하는 날

2010년 무렵, 의기투합한 파우치/게이츠는 글로벌리스트의 생물안보 의제를 앞장서서 밀어붙이고 있었다. 빌 게이츠는 군사와 정보계 기획관들과 손잡고 정기적으로 후속 시뮬레이션을 했다. 모의훈련을 거듭할 때마다 훈련에 참여하는 핵심 파워브로커는 바뀌었지만, 슈워츠의 '락스텝' 시나리오는 똑같이 반복되었다. 이러한 훈련은 기획자들이 구축한 시나리오를 바탕으로 정부 필수인력과 예행 연습을 하고 정부, 산업계, 군, 정보계, 에너지 업계, 금융업계 권력 중심부 간의 소통과 행동을 조율해 입헌 민주주의를 독재적인 금권정치로 대체하는 방향으로 일사불란하게 발맞춰 행진하는 장치로 활용되었다. 전염병을 상대로 한 '세계 전쟁'은 정보를 억압하고 기업의 개입을 정당화할 구실이되었다. 기능획득 연구로 무기화하고 정부/기업의 치밀한 선전 선동으로 널리 알려진 질병과 싸우는 백신을 끊임없이 의무적으로 접종하게 만드는 게 이 전쟁의 무기이다.

2017년 2월, 게이츠는 ― 국제 안보 정책에 관한 세계 회의인 ― 뮌헨 안보 회의에서 다음과 같이 말했다. "보건 안보와 국제 안보의 관계를 무시하면 위험에 처한다. 자연이 변덕을 부려서든 테러리스트가 일으켜서든 우리가 살아있는 동안 매우 치명적인 세계적인 팬데믹이 일어난다. 세계는 군이 전쟁에 대비하듯 전염병에 대비해야 한다."[184]

2017년 마르스(MARS, 산악지대 연관 호흡기 바이러스)

2017년 중엽 무렵 라커펠러 재단과 정보기관 기획관들은 군사/정보계의 팬데믹 시뮬레이션의 일차적인 재정적 지원의 주체이자 간판 역할을 빌 게이츠에게 넘겨주었다. 그해 5월, 세계에서 가장 부유한 20개국(G20)은 베를린에 모여 처음으로 '마르스(MARS, Mountain Associated Respiratory Virus, 산악지대 연관 호흡기 바이러스)'라고 명명한 전염병에 중국이 대응하는 가상의 시나리오 모의훈련에 합동으로 참여했다.[185] (마르스(Mars)는 로마신화에서 전쟁의 신이기도 하다) 독일 정부 기관들이 게이츠 재단, 라커펠러 재단, 세계은행, 세계보건기구, 로베르트 코흐 연구소와 협력해 시뮬레이션을 실행했다. 미국, 러시아, 인도, 중국, 영국, 프랑스, 독일, 캐나다, 아르헨티나, 브라질, 한국, 멕시코, 사우디아라비아, 인도네시아, 남아프리카공화국, 터키, 유럽연합의 각료들이 이 시뮬레이션에 참여했다.

이 모의훈련 사회자를 맡은 두 인사도 게이츠 재단과 긴밀히 협력했다. 데이비드 하이먼(David Heymann)은 글로벌 헬스 시큐리티(Global Health Security)의 영국 지부 책임자이자 게이츠가 지원하는 런던 위생 열대 의학 의과대학원의 전염병학자이다. 하이먼은 모더나의 최고경영자 스테판 방셀(Stephane Bancel)과 함께 메리외(Merieux) 재단의 미국본부

이사회 이사로도 참여하고 있다. 바이오메리외(BioMerieux)는 우한 연구소를 건설한 프랑스 기업이다.[186] 코비드-19 팬데믹 내내 하이먼은 세계보건기구의 전염병 과학기술 자문단 의장을 맡았다. 2017년 시뮬레이션 사회자를 맡은 또 한 명의 인사는 게이츠의 글로벌 대비태세 감시 위원회 회원인 일로나 킥부쉬(Ilona Kickbusch) 교수였다.

이틀에 걸쳐 세계 보건당국 관리들과 '특별초청국과 국제 대표단'은 신종 호흡기 바이러스 마르스가 중국과 비슷한, 이름 모를 나라의 산악 국경지대에 있는 북적대는 시장에서 전 세계로 '팬데믹이 퍼지는 과정'을 지켜보았다. 오로지 이웃 나라 정부들의 강력한 통제와 영웅적인 세계보건기구 관료들이 물 샐 틈 없이 조율한 중앙집권적인 세계적 차원의 대응만이 인류를 암울한 참사에서 구원해준다.

이 모의훈련을 담은 한 시간 길이의 다큐멘터리에서 독일 언론인 파울 수라이어(Paul Shreyer)는 시뮬레이션 훈련에 몰두하는 보건당국 관료들을 보여준다. 슈라이어는 이렇게 말한다. "그 모습을 보면 이번 위기에서 왜 모든 나라, 아니면 적어도 대부분 나라가 일사불란하게 움직였고, 왜 모든 나라에서 하나같이 똑같은 일이 벌어졌는지 좀 더 잘 이해할지 모르겠다. 모든 나라에 똑같은 해결책과 절차에 대한 지침이 내려졌고 그런 지침이 일사불란하게 실현되고 있다."[187]

2017년 스파르스(SPARS)

그로부터 다섯 달 후인 2017년 10월, 게이츠는 존스 홉킨스 보건 안보센터의 세계 생물안보 지휘 센터에서 또 다른 팬데믹 시뮬레이션을 개최했다. 국립알레르기전염병연구소와 국립보건원 그리고 게이츠의 재단이 존스 홉킨스 블룸버그 공중보건 대학원의 주요 재정적 지원자이다.[188] '스파르스'(2017)은 2025년부터 2028년까지 가상의 코로나바이러스 팬데믹이 지속된다고 가정한다. 2017년에 실시된 이 훈련은 그로부터 3년 후에 발생한 코비드-19 팬데믹을 섬뜩할 정도로 정확하게 예측했다.

이 연습을 주관한 게이츠의 실무단은 정보기관들, 국립보건원과 깊은 연관이 있는 인물들이다. 실무단에는 중앙정보국 인-큐-텔의 부사장 루시아나 보리오(Luciana Borio),

인-큐-텔의 정보공동체 지원과 비.넥스트(B.Next) 작전 국장인 조셉 부시나(Joseph Buccina)도 참여했다. 부시나는 비.넥스트를 담당하기 전에 인큐텔의 바이오테크 포트폴리오 프로그램 매니저로서 정보와 국방 부문을 위해 증강된 제품들을 전문적으로 제작하는 신흥 기술기업들과 함께 일했다. 존스 홉킨스 보건 안보센터 선임분석가이자 동료 학자들의 심사를 거친 논문을 싣는 학술지 〈보건 안보(Health Security)〉의 부편집인인 매튜 쉬러(Matthew Shearer)는 2020년 2월 미국에서는 최초로 시애틀에서 코로나바이러스 감염사례들을 발견하게 된다.[189] 의사인 월터 오런스타인(Walter Orenstein)은 미국 공중보건 서비스단(Commissioned Corps of the US Public Health Service)의 의무부총감(assistant surgeon general)으로 재직하면서 1999년부터 2004년까지 자폐증과 백신의 연관성에 관한 과학적 연구를 억압하는 질병예방통제센터의 사기극을 주도했다. 그는 보건복지부를 그만둔 후 빌&멜린다 게이츠 재단(BMGF) 백신접종 프로그램 부국장으로 일했고 세계보건기구에 자문도 했다. 또 다른 시뮬레이션 실무단 구성원은 백신 개발자 그레고리 폴란드(Gregory Poland) 박사로서, 국립보건원이 1991년 이후로 그에게 꾸준히 재정 지원을 했다.[190]

국방부의 탄저균 시뮬레이션(1999)과 중앙정보국의 '다크 윈터'(2001), '애틀랜틱 스톰'(2003, 2005), '글로벌 머큐리'(2003), 슈워츠의 '락스텝'(2010), 그리고 '마르스'(2017) 시뮬레이션을 바탕으로 게이츠가 지원한 스파르스는 생물 테러리즘 공격이 발생해 세계적으로 코로나바이러스 유행이 2025년부터 2028년까지 지속되어 세계 인구에게 강제로 백신을 접종하는 시나리오를 가정한다. 그리고 게이츠가 말한 대로 팬데믹 준비태세는 '전쟁 준비태세'와 유사했다.[191]

볼티모어에 있는 존스 홉킨스 대학에서 열린 암호명 '스파르스 팬데믹'이라는 이 시뮬레이션을 총괄한 게이츠는 글로벌리스트, 첩보원, 기술관료들을 대상으로 이런 사악한 여름학교를 열었다. 참여자들은 역할을 분담해 세계에서 가장 영향력 있는 정치 기관들을 무력화하고 민주적 통치체제를 전복하고 자신들이 새로이 부상하는 독재적인 정권의 선출되지 않은 통치자를 자임했다. 그들은 무자비하게 반론자들을 탄압하고, 표현의 자유와 이동의 자유를 제한하고 시민권과 자율성과 주권을 훼손하는 기법들을 연습했다. 게이츠의 이 시뮬레이션은 선전 선동, 감시, 검열, 고립, 정치적 사회적 통제 등 통상적인 심리전 기법들을 이용해 팬데믹을 관리했다. 이 시뮬레이션을 요약한 89쪽짜리 공식 보고서는 족집게 점쟁이처럼 정확하게 미래를 예측했다. 2020년 코비드-19 팬데믹이 실제로 달별로 진행된 과정을 섬뜩할 정도로 정확히 예측했다.[192] 다른 시각에서 보면, 2020년 코비드-19 팬데믹은 스파르스 시뮬레이션의 청사진을 충실하게 따랐다. 게이츠와 이 시뮬레이션 기획자들이 유일하게 잘못 짚은 건 팬데믹이 발생한 해이다.

게이츠의 시뮬레이션은 공중보건 관리들을 비롯해 글로벌 백신 카르텔의 협력자들에게, 다가올 역병 기간에 정확히 무엇을 예상하고 어떻게 행동할지 지시한다. 89쪽짜리 최종 보고서를 읽어보면, 이 놀라울 정도로 정확히 미래를 예견한 문건은 민주주의를 군사화한 세계 의료 폭정으로 대체하는 과정을 기획하고 훈련하는 문건으로 해석하지 않을 수가 없다. 이 시나리오는 참여자들에게 공포심을 조장해 집단적 정신 이상을 유도하고 국민을 새로이 부상하는 사회적 경제적 질서에 무조건 복종하게 만들도록 지시한다.

이 시나리오에 따르면, 이른바 '스파르스' 코로나바이러스는 2020년 1월 미국에서 발생한다(코비드-19 팬데믹도 2020년 1월에 발생했다). 세계보건기구는 세계 긴급 사태를 선언하고 연방정부는 모더나와 유사한 가상의 기업과 계약을 체결한다. 게이츠의 사악한 작명 성향을 반영한 듯, 이 기업의 이름은 '신바이오(CynBio, "Cyn"은 "Sin(죄악)"과 동음이의어다)'이다. 이 기업은 새로운 '플러그 앤드 플레이(plug and play)'* 기술을 이용해 혁신적인 백신을 개발한다. 이 시나리오에서 연방 보건 관리들은 공공 대비태세와 비상사태 대비 법안(Public Readiness and Emergency Preparedness Act, PREP Act)을 발동해 백신 제조사들에 면책권을 부여하는데, 이는 코비드-19 팬데믹에서 실제로 현실이 되었다.[193]

이 시나리오에서 또 다른 기업이 과거에 연방정부 관리들이 사르스(SARS)와 메르스(MERS)의 치료제로 검토했던 항바이러스제 칼로시비어(Kalocivir)의 긴급사용승인을 받는데, 파우치와 게이츠가 밀어붙인 코비드-19 치료용 항바이러스제 렘데시비어와 이름이 비슷하다.[194]

이는 마치 파우치와 빌 게이츠가 에볼라 치료제로 밀어붙이다가 실패한 렘데시비어를 코비드-19 '치료표준'으로 지정하게 되는 상황을 예언하는 듯하다. 파우치 박사는 렘

---

* 하드웨어 장치를 포트에 꽂기만 하면 운영체제에 의해 자동으로 인식되고 사용 가능한 상태 - 옮긴이

데시비어 개발을 도왔고 게이츠는 이 약의 제조사인 길리어드에 상당한 지분을 보유하고 있다. 파우치와 게이츠는 에볼라와 지카 두 차례 팬데믹 당시 효과가 없다고 증명된 렘데시비어를 코비드-19 치료제로 밀어붙였다. 파우치와 게이츠는 렘데시비어를 밀어붙이는 동시에 하이드록시클로로퀸과 아이버맥틴 사용을 억압해 미국에서만 수십만 명이 사망하게 했다.

이 시나리오에 따르면, 1월 말 무렵, 스파르스(SPARS)는 미국의 모든 주와 42개국에 퍼진다. 재능이 뛰어난 기업과 영웅적인 정부 관리들이 합심해 기록적인 속도로 2026년 7월 긴급사용승인에 때맞춰 새로운 백신 '코로백스(Corovax)'를 개발해 보급하는 기적이 일어난다.

이러한 의학적 개가를 이루어 냈지만, 백신 제조사들이 임상 실험도 제대로 하지 않았다면서 성가신 몇몇 단체가 저항한다. 이러한 배은망덕한 자들은 미국 흑인들, 대체의학의 열렬한 지지자, 소셜미디어를 불평불만으로 도배하는, 급속히 증가하는 백신접종 반대 운동가들이다. 그러나 이 89쪽 보고서에 묘사된 정부와 산업계 지도자들은 이러한 위험한 불만분자들의 입을 틀어막고 검열해서 모든 저항을 무력화할 계획을 마련한다.[195]

스파르스 대응팀은 선전 선동을 쏟아내 백신에 대한 의구심을 잠재우고 백신접종을 주저하는 이들을 공개적으로 창피를 주고, 백신접종이 애국하는 길이라고 호소한다.

정부와 언론매체는 일치단결해 국민이 백신을 받아들이도록 선전 선동으로 부추기고, 게이츠의 똘마니들은 지역공동체와 의료계 지도자들 같은 신뢰받는 인사들을 동원해 정식으로 승인받지도 않았고, 서둘러 엉터리 임상 실험을 거쳤으며, 제조사들이 부작용에 대한 책임도 지지 않는 실험단계 백신이 '안전하고 효과적'이라고 국민을 달랜다. 국민과 이런 대화를 나누는 능력이 가장 뛰어난 신뢰받는 인사는 폴 파머(Paul Farmer) 박사다. 하버드 대학교의 명망 있는 의료 인류학자이자 파트너스 인 헬스(Partners in Health) 공동 창립자인 그는 전 세계 빈곤 지역에서 의술을 펼친다. 이 시뮬레이션 보고서는 다음과 같이 기록한다. "세계적인 보건 전문가 폴 파머는 코로백스의 안전성과 효과를 극찬했고 스파르스의 위험을 강조했다. 그는 이 백신이 아직은 전 세계 모든 이에게 도달하지 못하고 있다는 사실이 유감스러울 따름이라고 말한다(실제 인물 파머는 게이츠를 자신이 이끄는 조직에 가장 많은 지원을 하는 사람으로 손꼽는다)."[196]

2026년 봄 무렵, 긴급사용승인을 받은 백신 보급이 한창인 가운데, 이 백신에 대한 국민의 의구심은 점점 커진다. 이 시나리오는 백신접종 후 곧 아동과 성인에게서 심각한 신경 상해가 무더기로 발생한다고 예상한다. 질병통제예방센터는 백신에 대한 의구심이 점점 고조되자 코로나바이러스의 치명성을 과장한다. 공식적인 사망 통계를 보면 코로나바이러스 사망률은 계절독감과 비슷하다:

> 2026년 5월 무렵, 스파르스에 대한 국민의 관심이 사그라들기 시작한다. 4월 말, 질병통제예방센터는 사망률 추정치를 공개하는데, 스파르스로 인한 사망률은 미국에서 0.6퍼센트에 그쳤음을 시사한다(질병통제예방센터에 따르면, 2020년 코비드-19 사망률은 겨우 0.26퍼센트에 그쳤다).[197]

스파르스 대응팀은 사망률이 감소하면서 "스파르스는 초창기에 예상했던 만큼 위험하지는 않다는 정서가 소셜미디어에 널리 퍼진다."라고 경고한다. 이처럼 국민의 공포심이 잦아들면 백신 사업에 차질이 생긴다.

스파르스 대응팀은 팬데믹 포르노로 전략을 바꿔 — 끊임없이 사망자 수와 감염자 수를 알려줌으로써 — 공포심을 증폭해 대량 백신접종 프로그램이 성공하도록 한다. 국민의 안일한 정서를 극복하기 위해 질병통제예방센터와 식품의약국은 다른 정부 기관, 소셜미디어 전문가들과 합동으로 새로운 공중보건 선전 선동 캠페인을 개발한다:

> 이 캠페인을 통해 향후 스파르스 백신이 도입될 몇 달에 걸쳐 모든 공중보건 기관과 정부 기관들이 공유할 핵심적인 메시지 묶음을 창출한다.[198]

'곱씹어 볼 사항'이라는 제목이 달린 부분에서 이 시나리오는 참여자들에게 백신접종이 폭넓게 이뤄지도록 사람들의 상식을 마비시킬 나름의 전략을 짜내라고 다음과 같이 당부한다:

스파르스 백신의 개발과 임상실험 과정이 '서둘러' 이뤄졌고 결함이 있다는 사실을 국민이 못 깨닫게 하려면 연방 공중보건 관리들이 어떻게 하면 될까? 스파르스 백신 제조사들에 대한 면책권이 개인의 자유와 복지를 위협한다고 비판하는 이들에게 연방 공중보건 관리들은 어떻게 대응해야 할까? 장기적으로 어떤 효과가 있을지 아직 알 수 없는 새로운 스파르스 백신의 잠재적인 위험을 대폭 축소해 국민을 안심시키면 공중보건 관리들이 어떤 결과를 맞게 될까?[199]

게이츠 재단의 시나리오 기획서를 대충만 읽어봐도 게이츠의 대비책은 공중보건과 거의 관련 없고 개인의 자유를 제약하고 공격적으로 백신을 판촉하는 게 목적이라는 게 분명히 드러난다.

이 시나리오 기획자들은 공중보건 관계자와 팬데믹 정보 제공자들에게 백신의 성공담에 대한 희소식으로 방송을 포화상태로 만들면 백신의 부작용에 대한 국민의 우려를 잠재울 수 있다고 말한다. 이러한 모의훈련에서 주류 언론은 정부의 선전 선동물을 널리 퍼뜨리고 반론을 검열하고 억압적인 정책에 국민이 동의하도록 조작하는 경악스러운 역할을 한다. 시나리오 기획자들은 언론매체와 소셜미디어 회사들이 이러한 쿠데타에 적극적으로 협조하리라고 절대적으로 확신하는 태도를 보인다. 이 시뮬레이션 기획자들은 표현의 자유와 민주주의의 수호자로서의 언론의 역할을 무력화하고, 한때 정보의 흐름을 민주화하겠다고 약속했던 소셜미디어를 검열할 역량이 자신들에게 있다고 확신하는 혜안을 보인다. 알고 보니, 주류 언론과 거대 소셜미디어는 글로벌리스트 엘리트 계층의 시중을 드는 경향이 있었다. 게이츠와 그의 패거리는 이러한 기관들이 백신 의무접종에 국민이 복종하게 만들고 헌법을 해체하는 방향으로 충실히 보도하리라고 직관적으로 파악 한 듯 이 시나리오는 이렇게 말하고 있다:

앞으로 몇 달에 걸쳐 세계보건기구는 미국을 비롯해 여러 나라의 확대된 재정적 지원을 토대로 향상된 국제 백신 프로그램을 개발하기 시작했다. 시간이 지남에 따라 미국 전역에서 점점 더 많은 이들이 백신을 접종하자 부작용을 겪었다는 주장이 등

장하기 시작한다. 국민이 연방정부의 방침에 긍정적인 반응을 보였고 백신을 접종
할 의향이 있는 대다수 미국 국민이 이미 백신을 접종한 상황에서 부작용을 둘러싼
부정적인 보도는 전국적인 백신 접종률에 거의 영향을 미치지 않았다.[200]

게이츠와 그의 시나리오 실무단은 팬데믹 기획자들에게 실험용 백신이 일으킬 장기
적인 신경 상해에 대한 책임은 쉽게 모면하게 된다며 다음과 같이 안심시킨다:

> 연방정부는 코로백스의 급성 부작용을 둘러싼 우려는 적절히 처리한 듯하지만, 장
> 기적이고 만성적인 부작용은 여전히 대체로 미지수다. 2027년이 저물면서, 새로
> 운 신경 증상들에 관한 보도가 등장하기 시작했다. 거의 1년 동안 아무런 부작용
> 도 겪지 않은 몇몇 접종자들이 서서히 심각한 시력 감퇴, 두통, 감각마비 등의 증
> 상을 겪기 시작한다. 그러나 이러한 사례들은 소수이므로, 그러한 증상과 코로나
> 백스의 연관성은 결코 확인되지 않는다.[201]

이 시나리오를 기획한 이들에 따르면, 게이츠의 이 시뮬레이션 목적은 앞으로 닥칠
팬데믹에서 단계별로 실행할 전략을 담은 각본으로써 '공중보건 정보 소통 전문가들'을
대비시키는 일이다. 내가 이 글을 쓰는 지금, 코비드-19 팬데믹이 발생한 지 18개월에 접
어드는 현재, 게이츠가 자세히 서술한 2018년 문건을 훑어보면 우리 모두 그의 농간에
놀아났다는 느낌을 떨쳐버리기 어렵다.

전체주의 사전 정지 작업

스파르스 시뮬레이션 성공에 뒤이어 게이츠는 점점 더 군사적인 논조로 암울한 전망
을 했고 팬데믹이 임박한 가운데 사람들이 백신접종에 순응하도록 강압적인 정책이 필
요하다는 주장의 강도를 점점 높여갔다.

2018년 4월 18일, 게이츠는 런던에서 열린 말라리아 정상회의에서 행한 연설에서 앞

으로 10년 안에 새로운 치명적 질병이 등장해 전 세계적으로 확산하면서 수천만 명이 사망함으로써 세계가 "허를 찔리게 된다."라고 경고했다. 보건 관리들과 군의 긴밀한 정책 조율이 필요하다는 뜻을 내비치면서 게이츠는 다시 이렇게 강조했다. "세계는 전쟁에 대비할 때와 마찬가지로 진지하게 팬데믹에 대비해야 한다."[202] 게이츠의 시뮬레이션은 '전면전'이라는 개념을 불러냈다. 즉, 전 국민을 동원하고, 세계 경제를 희생시키고, 민주적 제도와 시민권을 말살한다는 뜻이다.

민주주의 국가에서 폭정과 같은 통제를 할 때 직면하게 될 난관을 의식한 듯, 게이츠는 빅테크와 군을 동맹 세력으로 끌어들이는 노력에 점점 집중했다.

4월 27일, 게이츠는 〈워싱턴 포스트〉에 자신이 트럼프 대통령에게 "생물 테러리즘 공격의 위험이 커지고 있다."라고 경고했다고 말했다.[203] 그는 자신이 대통령과 군 보좌관들과 자주 접촉하고 있다고 강조하면서, 자신이 트럼프 대통령의 전 국가안보보좌관 H. R. 맥매스터(H. R. McMaster)와 정기적으로 만나고 있다고 공개했다.

이와 동시에 게이츠는 아마존의 제프 베조스를 비롯해 소셜미디어 거물들과도 교감을 쌓고 있었다. 자신의 원대한 계획을 실현하려면 그들의 지원이 필요했기 때문이다. 전체주의적 음모가 하나같이 그러하듯이, 게이츠의 계획도 분서갱유(焚書坑儒) 같은 조치가 필요하고 베조스가 이를 도울 수 있었다. 2020년 3월을 시작으로, 아마존은 베조스의 자산을 수백억 달러 늘리는 데 이바지할 봉쇄령을 뒷받침하는 과학적 근거를 비롯해 공식적인 정론에 의문을 제기하는 서적과 비디오 목록에 오른 대상 전체의 판매를 전면 금지하거나 억압하게 된다. 흉내지빠귀 작전(Operation Mockingbird)* 전통을 이어받아 베조스의 〈워싱턴 포스트〉도 "빌 게이츠, 3,300만 명의 목숨을 앗아갈지 모르는 팬데믹과의 투쟁에 미국이 앞장서라고 요구하다."라는 머리기사로 호들갑을 떨면서 거들고 나섰다. 같은 달, 게이츠는 구글 공동 창립자 래리 페이지(Larry Page) 일가와 손잡고 만능 독감백신 개발에 박차를 가할 그랜드 챌린지(Grand Challenge)에 1,200만 달러를 쾌척한다고 발표했다.[204] 구글의 모회사 알파벳(Alphabet)은 이미 신흥 백신 제조사들에 집중적으로 투자하고 있었고 글락소스미스클라인과 7,600만 달러에 상당하는 제휴를 체결했다. 게이츠는 그 무렵 아마존, 구글, 페이스

---

* 냉전 초기부터 중앙정보국이 실시해온 미국 언론 보도 조작 프로그램 - 옮긴이

북, 그리고 물론 마이크로소프트의 최대 주주로 떠오르는데, 자기가 획책한 봉쇄령으로 빅테크가 큰 수익을 올리리라고 예상한 게 분명하다.

〈워싱턴 포스트〉 기사가 나간 후, 피터 데이잭이 이끄는 에코헬스 얼라이언스 이사회 이사 한 명이 동물학자이자 생물무기 전문가인 피터 데이잭에게 이메일을 보내 "서로 추구하는 목적이 완벽하게 일치하는데 우리가 되살릴만한 빌 게이츠 연줄이 있을까?"라고 물었다.

데이잭은 이렇게 답했다. "우리는 게이츠, 구글 둘 다와 좋은 관계를 맺고 있다. 당연히 그들에게 다시 연락할 예정이다. 에볼라 사태가 터진 이후로 게이츠 재단은 팬데믹 대비태세에 점점 더 몰입하고 있다."[205]

이 시기에 데이잭은 앤서니 파우치, 로버트 캐들렉, 국방부의 방위고등연구계획국(DARPA), 그리고—과거에 중앙정보국의 위장 조직이었고 지금은 국가안보위원회의 지시를 받는—미국국제개발처(USAID)가 우한 바이러스 생물안전 연구소를 비롯해 기능획득 연구를 하는 주체들에 지원하는 자금을 세탁하는 통로 역할을 하고 있었다. 2018년, 프랑스 정부는 프랑스가 건설해 준 우한 연구소가 엉망으로 관리되고 있고, 인력도 적절하지 않고, 안전에도 문제가 있다고 미국 정부 관리들에게 경고했다. 예컨대, 우한 연구소를 건설한 프랑스 건설회사 바이오메리외는 — 연구자들이 의도적으로 기능을 증강한 바이러스가 유출되어 팬데믹을 일으키지 않도록 방지하는 중요한 장치인 — 음성 기류 시스템(negative airflow system)을 제대로 설치하지 않았다. 파우치 박사는 이러한 경고를 무시했다.

2021년 5월, 내가 바이오메리외의 전 최고경영자(2007~2011) 스테판 방셀에게 이메일을 보내 당신 회사가 제 기능을 하는 시스템을 제공해야 하는 계약조건을 위반했다는 사실을 아냐고 물었는데, 그는 답변하지 않았다. 그즈음 방셀은 빌 게이츠와 앤서니 파우치의 동업자로서 바이러스의 연구소 유출의 일차적인 수혜자가 될 기업인 모더나를 경영하고 있었고, 방셀이 보유한 9퍼센트 지분은 순식간에 10억 달러 이상으로 가치가 뛰었고 여전히 오르고 있다. 2019년 3월, 코비드-19가 돌기 시작하기 8개월 전, 방셀은 모더나의 새 백신에 사용할 mRNA 기술에 대한 특허를 다시 출원했다. 미국특허청은 과거에 그의 출원을 승인하지 않았다. 그러나 이번에 그는 "SARS 코로나바이러스의 재등장이나 의도적인 유포가 우려"된다면서 특허청에 긴박한 상황임을 호소했다.[206 207 208 209 210]

게이츠는 한 미생물전 시뮬레이션을 마치고 다음 시뮬레이션에 착수하기 전까지 막간을 이용해 여기저기 돌아다니면서 집단 공포를 조장하고 독재적인 통치의 필요성을 역설했다. 2018년 4월 27일 보스턴에서 열린 연례 셰턱(Shattuck) 강연에서 그는 다음과 같이 경고했다. "언제인지 예단할 수는 없지만, 새로운 병원체가 계속 등장하는 상황으로 미루어볼 때, 그리고 생물테러 공격의 위험이 커지고 있다는 사실로 미루어볼 때. 우리 생애 동안 대규모 치명적인 팬데믹이 일어날 가능성이 상당히 크다." 그는 대량파괴 생물무기를 "연구실에서 제조하기가 훨씬 쉬워졌다."라고 경고하면서 다음과 같이 덧붙였다. "우리는 국립알레르기전염병연구소(NIAID)를 비롯해 여러 기관이 기울이는 노력에 재정적으로 지원하고 있는데, NIAID가 개발하는 백신 후보(아마 모더나의 백신을 뜻하는 듯하다)는 약 1년이면 인간을 상대로 안전성 임상 실험을 하는 단계까지 진전하리라고 예상한다."[211]

2018년 클레이드 X (Clade X)

그러더니, 2018년 5월 15일, 워싱턴에 있는 맨더린 오리엔탈 호텔의 어두컴컴한 연회장에서 전운이 감도는 군악이 울려 퍼지는 가운데 존스 홉킨스 대학교 보건 안보센터(게이츠와 국립보건원이 지원한 존스 홉킨스 대학교 인구센터의 후신)가 주최하는 '팬데믹/생물학전 대비태세 훈련'이 또 한차례 열렸다. 종일 진행된, 클레이드 X라고 명명된 이 행사는 감염을 예방할 백신이 존재하지 않는, 생물학적으로 조작된 가상의 병원체에 대한 대응 훈련이었다.[212] 세계 인구를 감축하려는 엘리트 컬트 집단이 유전적으로 조작된 바이러스를 취리히에 있는 연구소에서 일부러 유출했다는 가상의 시나리오였다. 이 질병은 우선 독일과 베네수엘라로 퍼진 다음 미국에 상륙해 전 세계적으로 1억 명의 목숨을 앗아가고 "보건의료 시스템이 붕괴하고 공포가 확산하고 미국 증시는 폭락한다."[213]

이 시뮬레이션에서는 "미국 정부의 지도자 10명이 참가한 가운데 국가안보위원회가 주최한 일련의 회의가 열렸고, 국가안보나 전염병 대응 분야에서 명망 있는 인사들이 이러한 지도자 역할을 했다."[214] 이 훈련은 군사화한 팬데믹 대응의 필요성을 강조하고 언론매체와 소셜미디어를 통제할 전략들을 모색했다. 이 시뮬레이션은 정치인, 행정관료, 군인, 정보기관 요원들이 미국의 민주주의와 헌법에 대한 쿠데타를 지원하도록 훈련하는 게 목적이었다. 참여자들 가운데는 식품의약국과 질병통제예방센터의 전직 최고위 관료들뿐 아니라 중앙정보국 전 법률 자문도 있었다. 자기 역할을 실제로 본인이 한 이들도 있는 데, 바로 상원 다수당 지도자 톰 대슐과 인디애나폴리스 하원의원 수전 브룩스다. 전 육군 정보요원을 지냈고 2001년 탄저균이 든 우편물을 받았던 대슐은 2018년 무렵 제약업계의 로비스트로 변신했다. 수전 브룩스는 제약사 일라이 릴리와 아주 가까운 관계인 인물로서, 하원 생물방위 코커스를 창설했다. 그녀는 2015년 소셜미디어 실무단 법을 성공적으로 통과시켜 국토안보부 내에 소셜미디어 담당 부서를 신설하고 국가 긴급 사태 동안 소셜미디어 검열을 촉진했다. 2015년 그녀가 상정한 또 다른 법안은 팬데믹 동안 연방정부의 강제적인 백신접종 프로그램 실행을 원활히 하는 내용이다.

클레이드 X는 엄선된 주요 언론계 인사들을 비롯해 150명이 초청된 가운데 페이스북에 실시간으로 중계되었다. 이 시뮬레이션이 끝나자 게이츠를 숭배하는 언론은 공포에 사로잡혔다. 제프 베조스의 〈워싱턴 포스트〉는 "이 모의 팬데믹 훈련은 1억 5천만 명의 목숨을 앗아갔다. 다음번에는 훈련이 아닐지도 모른다."라는 머리기사를 실었다.[215] 〈뉴욕포스트〉는 "세계는 다음번 팬데믹에 제대로 대응할 준비가 전혀 안 되어있다."라고 보도했다.[216 217]

〈워싱턴 포스트〉의 기자는 이 시뮬레이션을 다음과 같이 요약했다:

이 시뮬레이션은 과거에 실제로 발생한 재앙과 가상의 요소들을 혼합해 정부 관리와 전문가들이 실제 팬데믹에서 직면할 핵심적인 의사결정을 내리도록 구성되었다. 긴장이 감도는 하루였다. 2014년 에볼라 전염병에 대한 대응이 시원치 않았다는 우려도 이 연습을 하는 계기가 되었다. "직접적인 접촉과 체액을 통해 퍼지는" 에볼라와는 달리 이 바이러스는 "독감 같은 호흡기 바이러스 질환으로 기침과 재채기를 통해 사람에서 사람으로 훨씬 쉽게 퍼진다."

이 연습에서, 학교가 폐쇄되고 외과수술용 마스크와 산소호흡기의 수요가 공급을 능가하고, 미국의 병원들은 삽시간에 환자로 초만원이 된다. 다음과 같은 '난제'가 제기된다. "다른 나라에서 오는 항공기의 입국을 금지해야 할까?" "누가 가장 먼저 백신을 접종해야 할까?"[218]

존스 홉킨스 대학교에서 열린 시뮬레이션에서 용도 확장 약품이 팬데믹을 완화하거나 종식할지를 고려한 경우는 단 한 번도 없었다는 사실을 주목해야 한다. 그리고 헌법이 보장하는 권리를 폐기하고 미국의 정치, 사법 체계를 완전히 파괴하고 의료 군사 집단이 통치하는 폭정을 택하는 게 옳은지 고민한 흔적이 전혀 없었다. 이러한 시뮬레이션은 하나같이. 팬데믹은 헌법이 적용되지 않는 이례적인 경우라고 미국 헌법에 명시되지 않았다는 사실을 전혀 인정하지 않는다. 참여자들은 미국 민주주의에 맞서 고위급 인사들이 주도하는 반란을 예행 연습하느라 분주했다.

존스 홉킨스 대학교의 시뮬레이션은 하나같이 똑같은 결론을 내린다. 군사화한 경찰국가 같은 대응과 게이츠와 파우치가 이미 수십억 달러를 투자한 mRNA 백신의 보급이 절실히 필요하다고 강조한다. "참여자들은 미국이 '바이러스 출현부터 약품 보급까지' 걸리는 시간을 훨씬 단축할 필요가 있다고 강조했다."[219]

그리고 이 시뮬레이션은 하나같이 건강한 이들을 격리하고 고립시킬 '필요'가 있고, 게이츠와 파우치의 백신에 대한 비판을 검열하고 서둘러 보급한 백신의 접종을 강제할 필요가 있다고 강조한다. 논리, 상식, 과거의 공중보건 관행들에 완전히 반하는데도 말이다.

시뮬레이션을 주관한 존스 홉킨스 대학교 센터 소장 톰 잉글스비는 이 행사의 단기적인 목적은 트럼프 행정부의 새로운 의사 결정자들에게 "경험을 통해 학습할 기회를 제공"하는 일이었다고 설명했다.[220] 이 행사에 참여한 기자단은 게이츠가 자비로운 억만장자로서 그 천재성만으로도 우리를 살인적인 전염병으로부터 구원할 영웅이라며 찬사를 퍼부었다.

〈뉴요커〉에 실린 "팬데믹 시뮬레이션에서 얻는 끔찍한 교훈"이라는 제목의 기사는 게이츠를 눈부시게 하얀 군마를 타고 우리를 구하러 오는 장군으로 묘사하고 전쟁에 임하는 나라의 이미지를 떠올리게 한다. "최고 자선사업가 빌 게이츠는 게이츠의 전 마이크로소프트 동료 네이선 미어볼드(Nathan Myhrvold)가 창립한 (그리고 게이츠가 지원하는) 벤처기업, 질병 모델 구축 연구소가 개발한 모델을 이용해 현재의 준비태세로는 1918년 스페인독감에 준하는 세계 팬데믹이 발생하면 첫 여섯 달 안에 3,300만 명이 사망한다고 경고한다(게이츠는 2020년 1월에도 질병 모델 구축 연구소의 자기 똘마니들을 시켜 코비드-19 사망 예측치를 — 12개월 만에 2,200만 명이 사망한다고 — 어마어마하게 부풀려 앤서니 파우치의 혹독한 봉쇄 정책을 정당화했다)."[221]

가상의 바이러스는 어디서 비롯되었을까? 이 시나리오에서는, "누군가가 대체로 무해한 유사 인플루엔자를 살상용으로 유전적으로 조작했다."라고 〈MIT 테크놀로지 리뷰〉가 보도했다. "가상의 범인은 밝은 여명(A Brighter Dawn)이라는 지하 단체로 인구가 훨씬 줄어들어야 지구에 이롭다는 철학을 신봉한다. 존스 홉킨스 대학교 팬데믹 전문가 에릭 토너(Eric Toner)는 실제 바이러스학과 역학 모델들을 이용해 개연성 있는 위협을 생각해내느라 치밀하게 연구한 끝에 이 시나리오를 만들어냈다. 그 결과는 너무나도 생생해서 이 시뮬레이션 기획자들은 너무 자세한 내용을 공개하지 않기로 했다."[222]

게이츠와 파우치가 추구한 분명한 전략적 목적은 세계적인 팬데믹은 불가피하고 의무적인 백신접종만이 재앙을 피할 방법이며 시민권의 말살이 꼭 필요하다는 메시지를 반복하는 일이다. 무엇보다도 그들이 세계 언론을 동원해 과거부터 수용되어온 과학과 역사에 완전히 반하는 이러한 주장들을 무조건 받아들이게 하고 널리 퍼뜨리는 능력이 놀라울 따름이다.

같은 달, 한 때 미국의 TV 매체들 가운데 가장 부패하지 않은 방송으로 존경받았던 PBS의 프로그램 〈뉴스 아워〉는 2부작 "또 다른 독감 팬데믹 발생은 그저 시간문제일 가능성이 큰 이유"라는 프로그램에서 만능 독감백신의 필요성을 역설하는 파우치 박사를 치켜세웠다.

이 프로그램에서 PBS 기자는 모더나의 mRNA 백신 공동발명자 바니 그레이엄(Barney

Graham) 박사와 함께 파우치의 백신 연구 센터를 둘러본다. 그다음 PBS 기자가 파우치 박사에게 "지금까지 알려진 변종과 알려지지 않은 변종 등 모든 독감 바이러스로부터 보호하는 백신"에 관해 묻자 파우치 박사는 이렇게 답한다. "몇 년 전이라면 나는 언제 그런 날이 올지 대략적인 대답도 못 했을 거다. 그게 가능하다는 과학적 단서가 없었기 때문이다. 이제는 구조를 기반으로 한 백신 설계라는 놀라운 기법이 있으므로 목표물을 명중할 정도로 가까이 갔다고 생각한다."[223] 파우치 박사는 다음과 같이 말을 이었다. "새로운 팬데믹 바이러스가 등장하면 즉시 대응할 방법을 미리 마련해두어야 한다. 즉시 제조해서 비축해두고 필요할 때 쓸 수 있는 뭔가를 말이다."[224]

PBS 〈뉴스 아워〉에 방영된 이 2부작은 사실상 모더나와 mRNA 백신의 인포머셜 (Infomercial, 정보 제공을 가장한 제품 광고)이었다. PBS는 파우치 박사의 NIAID가 모더나 백신에 거액을 투자했다는 사실이나 NIAID가 모더나 백신의 특허권을 소유하고 있고 모더나 백신이 승인이 나면 상당한 수익을 올리게 되어있다는 사실을 언급하지 않았다. 빌&멜린다 게이츠 재단이 과거에 PBS의 〈뉴스 아워〉에 수백만 달러를 주었다는 사실도,[225] 2019년 게이츠가 모더나의 mRNA 백신에 수백만 달러를 투자했다는 사실도 언급하지 않았다. 게이츠는 모더나에 상당한 지분도 소유하고 있다.

2019년 9월, 게이츠가 지원하는 존스 홉킨스 대학교 보건 안보센터는 클레이드 X 시뮬레이션의 후속 조치로 "고강도 호흡기 병원체 전염병 대비태세"라는 제목의 84쪽 보고서를 발행했다. 이 보고서는 게이츠가 우려하는 듯한 단 하나의 종결점 — 게이츠/파우치의 mRNA 백신 프로젝트 — 에 초점을 두고 있다. mRNA 백신 홍보가 이 시뮬레이션의 유일한 목적이라는 주장에 대해 의구심을 품은 이가 있다면, 이 보고서는 그러한 의구심을 말끔히 제거했다. 클레이드 X 보고서 요약본에서 정부, 언론, 생물안보 관계자들이 일치단결해서 다음과 같은 사항을 최우선 과제로 삼아야 한다고 주장했다:

새로운 위협에 대응할 신속한 백신 개발을 겨냥한 연구개발과 급증하는 보급량을 소화할 제조 시설…. 핵산(RNA와 DNA) 기반 백신은, 아직 허가받은 상품은 없지만, 전망이 매우 밝고 신속한 개발이 가능하다고 널리 인식되고 있다.[226]

게이츠와 파우치 둘 다 이미 이 기술에 어마어마한 재원을 투자했다. 따라서 이 시뮬레이션은 검열, 선전 선동, 필요하다면 국가가 용인하는 폭력을 동원해 두 사람의 사업을 촉진하는 훈련을 정치, 군, 언론, 공중보건 관계자들이 받도록 설계된 홍보마케팅 연습이라고 해석할 수 있다.

이 보고서는 "특히 고강도 호흡기 질환 팬데믹을 초래할 가능성이 있는 병원체와 관련된 연구를 재정적으로 지원하는 나라들"의 생물안전에 대한 경고로 말을 맺는다.[227] 이 보고서는 자연발생적인 팬데믹에 대한 경고에 뒤이어, 같은 병원체가 의도적으로 유출되면 더욱 심각한 결과를 낳을 가능성이 있다고 경고했다.[228] 이 보고서는 대량 백신접종 전략을 개발하고 마련해두고 필요하면 즉시 백신에 접근할 수 있도록 해야 한다고도 했다.[229]

간단히 말해서, 게이츠는, 자신이 지원한 이 시뮬레이션 보고서를 통해서, 그의 동업자 파우치 박사가 백신 연구라는 핑계로 우한 연구소에 돈을 대 개발한 기능 증강 병원체들이 우발적으로든 의도적으로든 유출될 사태를 미리 예견하고 대량 백신접종을 신속히 실행할 전략이 필요하다고 말하고 있다.

게이츠의 이 시뮬레이션은 마스크와 산소호흡기의 필요성을 강조했지만, 게이츠, 파우치 박사, 캐들렉은 이러한 물품들을 비축해 놓지도 않았고 환자들을 성공적으로 치료할지도 모르는 그 어떤 항바이러스제도 비축해 놓지 않았다.[230] 그들은 오로지 차세대 백신, 감염되지 않은 건강한 이들의 강제 접종, 검열을 비롯한 강압적인 조치들, 세계 공중보건 기관들을 구축하고 장악하는 문제, 감시 기술에만 집중했다.

세계 대비태세 감시 위원회
(Global Preparedness Monitoring Board, GPMB)

2018년 5월 — 세계보건기구와 세계은행의 허가를 받고 — 게이츠는 세계적으로 가장 막강한 공중보건 인사들과 함께 세계 대비태세 감시 위원회(Global Preparedness Monitoring Board, GPMB)라는 일종의 상설 상임위원회를 창설해 이 모든 가상 시나리오

훈련에서 얻은 교훈을 제도화하기로 했다.[231] 이 위원회는 앞으로 닥칠 팬데믹 동안 필요한 규정을 마련하고 집행하는 권위 있는 집단체제 역할을 하게 된다. 이른바 '독립적인' 감시와 책임을 지는 이 기구의 목적은 세계와 지역 정치 지도자와 기술관료들이 경찰국가처럼 사회를 통제하는 행위를 정당화하고 게이츠의 시뮬레이션이 채택한 혹독한 조치들 — 전 세계적인 공중보건 위기가 계속되는 동안 저항을 억압하고 무자비하게 반론자들을 검열하고, 건강한 사람들을 고립시키고, 경제를 붕괴하고, 백신접종을 강제하는 조치 — 을 그들이 실행하도록 해준다. GPMB에는 내로라하는 기술관료들이 총집합했는데, 세계 보건 정책에 미치는 그들의 영향력을 모두 합하면 저항하기가 사실상 불가능해진다. 국립알레르기전염병연구소 소장 앤서니 파우치, 웰컴 트러스트의 제러미 파라 경, 빌&멜린다 게이츠 재단의 크라이스트 일라이어스, 중국의 질병통제예방센터 소장 조지 가오, 러시아 보건부 장관 베로니카 스크보르초바, 세계보건기구의 보건국장 마이클 라이언, 세계보건기구 전 사무총장 그로 할렘 브룬틀란, 세계보건기구 전 프로그래밍 국장 일로나 킥부쉬, 중앙정보국의 든든한 위장단체였던 미국국제개발처(USAID) 처장을 지낸 유니세프의 헨리에타 홀스만 포어 등이다.

2019년 6월, 코비드 팬데믹이 시작되기 약 20주 전, 세계보건기구의 보건 긴급 사태 프로그램 책임자 마이클 라이언 박사는 GPMB의 팬데믹 보고서 결론을 요약해 설명한 후 다음과 같이 경고했다. "우리는 세계 각국 정부가 국민의 이동을 엄격히 통제하고 제한하는 '뉴 노멀'이 성립되는 고강도 전염병의 새로운 국면에 접어들고 있다.[232]

2019년 크림슨 컨데이젼(Crimson Contagion, 붉은 전염병)

우한에서 최초로 코비드-19 감염사례가 보고되기까지 10주가 채 남지 않은 시점인 2019년 8월, 암호명 크림슨 컨데이젼(Crimson Contagion, 붉은 전염병)이라는 전쟁 모의훈련이 로버트 캐들렉의 주관하에 8개월 동안 진행한 대장정을 마무리했다. 로버트 캐들렉은 그 무렵 트럼프 대통령의 재앙 대응 책임자였다. 이 바이러스 전쟁 연습에는 국립보건원을 대표해 NIAID 소장 엔서니 파우치, 질병통제예방센터 소장 로버트 R. 레드필드, 보건복지부 장관 알렉스 에이자도 관여했다.[233] 보건복지부 대비태세와 대응 담당 부서는 국가안보위원회의 최고위 정보원들과 함께 나흘 동안 전국적으로 '기능 훈련'을 이끌었다.[234]

20년 동안 팬데믹을 빌미로 민주주의를 전복하고 헌법이 보장한 권리를 훼손하는 각본을 써온 캐들렉이 그 각본을 실천할 직책을 맡았다. 그는 이 바이러스 시뮬레이션에 그 시점으로부터 60일 이후에 사실상 쿠데타가 될 사태를 관리하게 되는 핵심적인 인사들을 모두 참여시켰다.

과거의 시뮬레이션은 고위급 정치, 군사, 언론, 정보기관, 규제 당국자들을 훈련하는 기능을 했다면, 2019년 크림슨 컨테이젼 시뮬레이션은 미국 전역에 걸쳐 각 주의 보건 관료, 시 정부 관료들, 병원과 법집행기관에 과거의 시뮬레이션에서 개발한 메시지를 설파하는 기능을 했다.

기밀 유지의 의무를 적용한 가운데, 이 시뮬레이션 기획자들은 미국 전역에 걸쳐 100여 곳에서 크림슨 컨테이젼 훈련을 했다. "참여자는 19개 연방정부 부서와 기관들, 12개 핵심 주 정부, 15개 원주민 부족들, 74개 지역 보건 부서들, 87개 병원, 100여 개 넘는 보건의료와 공중보건 민간부문 제휴 단체를 아울렀다."[235] 이 시뮬레이션 시나리오는 H7N9이라고 명명된, 중국에서 비롯된 '신종 인플루엔자' 팬데믹을 가정했다. 실제 코비드-19 팬데믹에서와 마찬가지로, 이 시뮬레이션에서도 여객기 승객들이 전 세계적으로 치명적인 호흡기 질환을 급속도로 퍼뜨린다.

이 시나리오에서는, 미국 보건 관리들이 시카고에서 최초로 이 바이러스를 규명할 무렵, 이미 다른 대도시 지역들에 바이러스가 무섭게 퍼져서 보건복지부 장관이 국가 공중보건 긴급 사태를 선포하게 된다. 세계보건기구는 한 달 뒤늦게 팬데믹을 선포한다. 코비드-19 팬데믹이 실제로 발생하기 겨우 몇 달 앞서 여러 주와 지역에서 열린 이 훈련은 "필수적인 사회기반 보호, 경제에 미치는 영향, 사회적 거리 두기, 희소자원 배분, 백신을 비롯한 대응조치의 우선순위 설정"에 초점을 두었다(이 시뮬레이션에서도 역시 치료제는 포함되지 않았다).[236] 크림슨 컨테이젼 훈련에서 가상으로 설정한 사망자의 수는 섬뜩할 정도로 정확하게 코비드-19의 공식적인 사망자 데이터와 일치했다. 이 시뮬레이션에서는 미국에서만 1억 1천만 명이 감염되고, 770만 명이 입원하고 568,000명이 사망한다고 예측했다.

2019년 10월 19일 날짜가 찍힌 '비공개'라고 명시된 보고서 초안은 공개되지 않다가 〈뉴욕타임스〉가 정보의 자유법에 따라 복사본 한 부를 확보해 세계보건기구가 코비드-19 팬데믹을 선포하고 8일이 지난[237] 2020년 3월 19일 1면에 보도하면서 알려졌다. 또 한 차례 정보의 자유법에 따라 공개하라는 압력을 받고서야 비로소 보건복지부 대비태세와 대응 담당 차관보 캐들렉은 2020년 1월에 작성한 크림슨 컨테이젼 훈련 사후 보고서를 9월에 가서야 공개했다. governmentattic.org/38docs/HHSaarCrimsonContAAR_2020.pdf를 클릭하면 이 보고서를 볼 수 있다.

〈뉴욕타임스〉 기사에는 다음과 같은 단락이 포함되어 있었다. "2019년 10월 보고서는 국토안보부와 보건복지부 관리들, 심지어 백악관의 국가안보위원회 관료들도 중국에서 비롯된 호흡기 바이러스 질환이 미국에 급속히 퍼져 전국을 강타할 가능성을 인식하고 있었다고 기록하고 있다."[238] 하지만 〈뉴욕타임스〉 기사는 훨씬 중요하고 포괄적인 내용을 놓쳤다. 바로 크림슨 컨테이젼 기획자들이 — 마스크 부족 사태에서부터 사망자 숫자에 이르기까지 — 코비드-19 팬데믹의 모든 요소를, 그것도 코비드-19가 공식적인 위협으로 규정되기 몇 달 전에, 모조리 정확하게 예측했고, 그들이 마련한 총체적인 대응책은 사전에 치밀하게 모의한 쿠데타를 통해 미국의 헌법을 파괴하는 방법이었다는 사실 말이다.

크림슨 컨테이젼 보고서 초안은 기존의 연방정부의 재정적 지원은 팬데믹과 싸우기에 부족하다면서, 예상대로, 정부 관리들이 훨씬 많은 재정적 지원과 훨씬 많은 권한이 필요하다며 다음과 같이 결론을 내렸다. "기존의 행정부와 법률적인 권한만으로는 보건복지부가 연방기관으로서 인플루엔자 팬데믹에 성공적으로 대응하는 데 필요한 기반을 제공하기에 충분치 않다는 우려가 제기되었다."[239]

이 보고서는 "시뮬레이션 참여자들은 국가의 경제와 수많은 미국인들의 일상적인 삶을 심각하게 훼손하는 위험이 있다고 하더라도 공격적인 사회적 거리 두기를 이행할 필요성이 곧 생기게 된다고 결론내렸다."[240]

2000-2007년 탑오프(TOPOFF, 고위 관리)

나는 이 책을 집필하면서 자료 조사를 하다가 2000년을 시작으로 안보, 군, 경찰, 정보기관들이 또 다른 대규모 시뮬레이션을 은밀히 실행했다는 사실을 발견했다. 암호명 탑오프(TOPOFF)라는 이 시뮬레이션을 미국 국민은 전혀 모르고 있다. 이러한 시뮬레이션은 하나같이 전 세계적으로 전체주의를 일사불란하게 강제하는 훈련이다. 참여자는 미국, 캐나다, 멕시코, 유럽 전역에 걸쳐 지역 경찰, 보건 관료, 응급요원들, 그리고 연방수사국, 국무부, 정보기관 소속 관리들, 화학, 석유, 금융, 통신, 보건의료 업계의 민간 기업들을 망라한다.

2000년 5월부터 2007년 사이에 네 차례 탑오프(TOPOFF, 고위관리(Top Official)를 뜻한다) 훈련이 열렸고, 법무부, 연방수사국, 연방긴급사태관리청(Federal Emergency Management Agency, FEMA) 관리들이 동원돼 생화학무기 공격을 둘러싼 가상 시나리오를 기획했다. 2000년 5월에 열린 첫 번째 탑오프 훈련은 콜로라도주 덴버와 뉴햄프셔주 포츠머스에 생화학 공격이 발생한다고 가정하고 콜로라도주 전체를 격리하는 물류 조치를 모색한다. 이 시뮬레이션의 핵심 요약본은 "콜로라도 주민들을 보호할 강력한 조치가 실행되지 않았다"라면서[241] 그러한 재앙에서 살아남으려면 주 당국이 "자택 바깥에서의 접촉 일절 금지"를 비롯해[242] 인구를 격리하는 등 전례 없는 신속한 조치를 실행해야 한다고 경고한다. 그로부터 20년 후 일어난 코비드-19에 대한 대응의 대표적인 특징이 된 바로 그 정책이다.

2003년 5월, 국토안보부가 후원한 탑오프 2차 시뮬레이션에는 시애틀과 시카고에서 8,000명이 그리고 캐나다 정부에서도 상당수가 참여했다.[243]

2005년 4월에 실시된 탑오프 3차 훈련은 뉴저지주, 코네티컷주에서 생화학무기 공격이 발생한다고 가정했고, 미국의 연방, 주, 지역 기관들과 민간 사업체들, 자원봉사단체들, 국제기구들, 캐나다와 영국에서 2만 명 이상이 훈련에 참여해 대응책을 조율했다.[244]

2007년 10월 15일부터 10월 24일까지 열린 탑오프 4차 훈련은 정부와 민간부문에서 23,000명 이상이 참여해 괌, 포틀랜드, 피닉스에서 공격이 발생한다고 가정한다. 워싱턴 DC에서는 국무부가 훈련 대책팀을 가동해 캔버라, 오타와, 런던에 있는 미국의 대사관

들을 비롯해 다른 행정부서와 기관의 의사결정자들과 고위급 회의에 참여했다.[245]

"이런 시뮬레이션들은 세뇌 훈련이다."라고 중앙정보국 전 요원이자 내부고발자 케빈 쉽은 말하면서 이렇게 덧붙인다. "공중보건과 법 집행기관 관료들 수천 명을 미국 권리장전을 말살하는 이런 훈련에 참여하게 하면 그들이 실제로 헌법을 유린하고 민주주의를 전복하는 행위를 하기에 앞서 사전승인을 받는 셈이 된다. 이런 시뮬레이션을 기획하는 이들은 시뮬레이션 참여자들 가운데 실제로 그런 사태가 발생하면 자기의 행동이 옳은지에 대해 갑자기 고뇌할 사람이 없다는 사실을 잘 알고 있다. 중앙정보국은 수십 년 동안 이런 종류의 기법들을 이용해 대규모 인구를 조종하는 방법을 연구했다. 우리는 이제 인구 전체를 상대로 한 밀그램 실험에서 조종당하는 피실험자들이다. 그리고 파우치 박사가 흰 가운을 입고 우리에게 우리가 지닌 미덕과 양심을 무시하라고 지시하면서 헌법을 유린하는 의사 역할을 하고 있다."[246]

2019년 10월 이벤트 201(Event 201)

크림슨 컨테이젼 훈련을 한 지 겨우 두 달 후, 그리고 미국 정보기관들이 코비드-19가 우한에서 돌고 있다고 생각한 지 3주가 지나, 2019년 10월 중엽, 게이츠의 지시하에 생물안보 카르텔을 구성하는 권력자들과 기관들 패거리는 백신 업계의 내부사정을 제대로 알고 비판하는 사람들을 소셜미디어에서 대거 퇴출할 대비를 갖추었다. 같은 달, 게이츠는 정부 생물안보 관계자들을 위한 또 다른 훈련을 기획했다. 이 전쟁 모의훈련은 세계적인 코로나바이러스 팬데믹의 네 차례 '탁상' 시뮬레이션으로 구성되었다. 참여자들은 세계은행, 세계경제포럼, 존스 홉킨스 대학교 인구 센터, 질병통제예방센터, 막강한 영향력 있는 각종 언론매체, 중국 정부, 중앙정보국/국가안보위원회 전 수장들, 세계 최대 제약사이자 백신 제조사 존슨&존슨, 금융산업과 생물안보 산업계의 수장들, 그리고 세계적인 기업 홍보 회사 에델먼(Edelman) 회장을 망라한다. 음모를 경계하는 이들은 이 패거리들을 '딥 스테이트(Deep State)'라 일컫는다. 세계경제포럼 회장 클라우스 슈바프는 이 패거리들이 추진하는 의제에 '그레이트 리셋(Great Reset)'이라는 명칭을 하사했다.[247]

이벤트 201은 신호전달 훈련이었다. 그러나, 앞으로 알게 되겠지만, 이 훈련은 '곧 등장할 정부'에 대비한 예행 연습이기도 했다. 이 훈련의 주요 참여자들은 몇 달 후 코비드-19가 터지자 팬데믹에 대응하는 핵심적인 직책을 맡게 된다.

게이츠의 지휘하에 참여자들은 팬데믹 통제 위원회 구성원 역할을 맡아 미국 민주주의를 전복할 구실인 전염병 대응 훈련을 실행한다. 그들은 공식적인 논조를 장악하고, 반론자들의 입을 틀어막고, 대규모 인구에게 강제로 마스크를 씌우고, 팬데믹을 지렛대 삼아 대규모 인구를 대상으로 백신접종을 강제하는 등 온갖 심리전 기법을 연습했다. 두말할 필요 없이, 면역체계를 구축하고 강화하거나, 용도 확장 약품을 치료제로 사용하거나, 특허가 만료된 약품과 비타민 복용을 권하는 등과 같은 조치는 거의 언급되지 않았다. 대신, 정부의 독재적 권한을 확대하고, 혹독한 제약을 가하고, 집회와 표현의 자유, 재산권, 배심원 심판을 받을 권리, 적법절차, 종교의 자유 등과 같은 시민권을 박탈하고, 특허 보호를 받는 새로운 항바이러스제와 백신접종을 부추기고 강요하는 논의는 활발하게 오갔다. 참여자들은 공포 조장, 무차별적 검열, 대중 선전 선동, 백신 대량 강제 접종을 비롯한 경찰국가 전략들에 초점을 둔 가상의 세계 코로나바이러스 전염 예행 연습을 했다.

클레이드 X 시뮬레이션과 마찬가지로, 제약사 친화적인 가장 신뢰받는 언론매체들이 참관했고, 〈포브스〉와 〈블룸버그〉는 의료 카르텔의 검열 구상을 예행 연습하는 데 초점을 둔 이 훈련에 직접 참여했다. 블룸버그 재단은 존스 홉킨스 대학교 산하 연구소의 주요 재정적 지원자이다. 묘하게도 게이츠는 나중에 이런 시뮬레이션을 실행한 적이 없다고 시치미를 뗐다. 2020년 4월 12일 게이츠는 BBC에 "결국 이렇게 됐다. 우리는 이러한 사태를 시뮬레이션하지도 연습하지도 않았다. 따라서 보건 정책과 경제정책 모두 전인미답의 상황에 놓이게 되었다."[248] 유감스럽게도 게이츠의 이런 주장이 거짓임을 증명하는, 이 행사를 찍은 동영상을 여전히 인터넷에서 찾을 수 있다. 이 동영상을 보면 게이츠와 그의 팀은 실제로 보건 정책과 경제정책 시뮬레이션을 했다. 게이츠가 그 사실을 잊어버렸다니 믿기 어렵다.

이벤트 201 기획자들은 이 행사를 "대규모 경제적 사회적 파장을 최소화하기 위해서 심각한 팬데믹에 대응하는 동안 민관 협력이 필수적인 분야들을" 선별하는 계기라고 규정했다. 그들은 참석자들에게 이 가운데 어느 팬데믹이든 "전 세계적으로 확산"하는 건 오직 시간문제라는 점에 "전문가들이 동의"한다는 점을 상기시켰다.[249]

이벤트 201은 '실시간' 시뮬레이션에 더할 나위 없이 가까이 접근했다. 코비드-19가 이미 우한에서 첫 희생자를 낸 바로 그 주에 가상의 팬데믹 긴급 사태 위원회가 개최한 회의였다. 개막 브리핑에서 한 가상의 의사가 "얼마나 심각해질지 아직 모르지만, 끝이 보이지 않는다."라고 경고한다.[250] 게이츠가 시뮬레이션한 코로나바이러스 전염은 그로부터 겨우 몇 주 후 미국을 강타하게 될 진짜 코비드-19 보다 훨씬 더 심각했다. 시뮬레이션 판 팬데믹은 18개월 종결점에 6,500만 명의 사망자를 내고 세계 경제 붕괴는 10년 동안 계속된다.[251] 따라서 게이츠의 시뮬레이션에 비하면 실제로 일어난 코비드-19 사태는 별것 아니었다. 공중보건 관리들은 13개월에 걸쳐 전세계적으로 250만 명이 사망했다고 주장한다. 그러나 실제로 코비드-19 사망자 수는 대단히 부풀려졌고 정확성이 의심된다. 게다가 250만 명 사망도 전 세계 78억 인구 가운데 해마다 5,900만 명이 사망한다는 맥락에서 이해해야 한다. 이벤트 201이 경제 붕괴가 10년 동안 지속된다고 한 예측이 아마 훨씬 정확하다고 판명될 가능성이 크다. 다만 팬데믹이 직접적인 원인이 아니라 게이츠와 파우치가 부추긴 봉쇄령 때문이긴 하지만 말이다.

이벤트 201의 주제는 팬데믹 위기가 닥치면 선전 선동, 검열, 감시를 통해 새로운 백신접종을 부추기고 정보 유통을 억압하고 행동을 통제하는 기회로 삼는다는 내용이다. 게이츠의 각본은 백신 의무접종이 촉발하고 인터넷 포스팅이 불붙이는 백신 저항 운동을 예견한다.

바이러스의 연구소 유출 언급 금지

세계보건기구가 세계 팬데믹을 선포하기 다섯 달 전, 미국인 99.999퍼센트가 '기능획득'이라는 용어를 들어본 적도 없었던 때, 코로나바이러스는 사람이 의도적으로 그 병원성을 증강해 인간에게 전염되도록 조작했을 가능성에 대한 공개적 토론을 억압할 전략을 정부 핵심 인사들은 이미 짜고 있었다.

그들은 코로나바이러스가 연구소에서 만들어졌다는 '소문'을 무마할 방법에 대단히 집착했다. 이벤트 201의 4차 시뮬레이션에서는 여론을 조종하고 통제하고 인위적으로 증강된 병원체에 대한 그 어떤 언급에도 재갈을 물려야 하는 사태를 예상했다. 누군가 의도적으로 또는 우발적으로 연구소에서 만든 바이러스를 유출했다는 그 어떤 추측도 당국자들이 즉각 억누르고 검열해야 한다고 시뮬레이션 참여자들은 하나같이 깊은 우려를 표했다. 이 대목은 현재 민주주의가 직면한 위기를 섬뜩할 정도로 정확히 예측했다는 점에서 이 시뮬레이션의 본색을 가장 잘 드러내 준다. 이 시뮬레이션 참여자들은 하나같이 검열과 선전 선동이 연방정부의 합법적인 권한 행사라고 여긴다. 참여자들은 언론을 선전 선동('바람직한 정보')으로 '포화상태'로 만들어 '그릇된 정보'와 '오보'가 발 디딜 틈이 없도록 하고, 거짓을 퍼뜨리면 처벌하고 반론(백신 반대 운동)에 대한 불신을 조장하는 등 대처 방안을 논의했다.

이러한 측면에서 이 시뮬레이션의 참여자들이 한 발언과 행동을 통해 그들이 어떤 자들인지 한번 엿보자:

- 중국 질병통제예방센터 소장 조지 가오(George Gao)는 바이러스가 연구소에서 비롯되었다는 필연적인 "소문", "이는 사람이 만들었다. 그리고 어떤 제약사가 이 바이러스를 만들었다." 등의 "소문"을 어떻게 억압할지 우려를 표했다. 이 발언을 한 지 두 달 후 가오는 직접 연구소 바이러스 유출 소문을 억압하는 일에 앞장서게 된다. 가오는 10억 중국 인구에게 백신을 접종하는 중국 정부의 정책을 총지휘했다.[252]

- 존스 홉킨스 블룸버그 공중보건 대학원 보건 안보센터 선임 연구원 타라 커크 셀(Tara Kirk Sell) 박사는 제약사가 약과 백신을 팔아 돈을 벌기 위해서 바이러스를 유출했다는 혐의를 받을까 걱정하면서 "제약사 제품에 대한 국민의 신뢰가 폭락했다."라고 말하고 "거짓 소문과 상충하는 메시지 유포로 불안감이 커지고 있고 신뢰 수준이 떨어지면서 질병 확산이 악화하고 사람들은 대응책에 협조하

지 않는다. 이는 심각한 문제로서 정부와 신뢰받는 기관들을 위협한다."[253]

셀은 자신의 공모자들에게 "이제는 소셜미디어가 사람들이 뉴스를 접하는 주요 통로이므로 이러한 플랫폼에 개입하면 오보의 확산을 막을 수 있다."라고 말한다. 셀 박사는 정부와 산업계가 이러한 목적을 달성할 방법은 다양하다면서 "인터넷 접근을 정부가 통제하는 나라도 있고, 웹사이트와 소셜미디어 콘텐츠를 검열하는 나라도 있다. 소수이긴 하나 오보의 확산을 막기 위해 인터넷 접속을 아예 차단하는 나라도 있다. 해로운 거짓 정보를 확산하면 체포되는 등 다양한 처벌을 받게 되어있다."[254]라고 말한다.

이벤트 201에 참여한 다른 많은 이들과 마찬가지로, 셀은 팬데믹이 선포된 후 곧 정부 요직을 맡았다.

코비드-19 팬데믹이 시작된 이후로 셀 박사는 (조지 오웰의 소설 〈1984〉에 등장하는) 일종의 '진실부(Ministry of Truth)' 역할을 하면서 미국 정부와 세계보건기구가 반론을 탄압하고 반론자들에 대한 불신을 조장하고 그들을 중상 비방하고 그들이 탄압받는 게 그들 잘못인 양 생각하게 만드는 조치들을 조율했다. 그녀는 자신의 임무를 조지 오웰의 〈1984〉에 나왔을 법한 '정보 역학(Infodemiology)'이라고 일컫는다. 즉, 질병을 추적하듯이 오보(반론)의 확산을 추적하고 그러한 확산의 위험을 널리 알리고 검열을 통해 확산을 차단하는 일이 자신의 임무라는 뜻이다.[255]

• 제인 홀턴(Jane Halton)은 오스트레일리아 보건부 장관과 재무장관을 역임했고 오스트레일리아에서 영향력이 막강한 거대 백신 업계에 재정적 지원을 하는 ANZ 은행 이사로 활동하고 있다.[256] 홀턴은 오스트레일리아의 억압적인 '백신 비접종자 급여 박탈' 정책을 입안한 이들 가운데 한 사람이다. 그녀는 세계보건기구의 세계보건총회 의장을 지냈다. 현재 그녀는 게이츠의 세계 전염병예방혁신연합(CEPI) 의장으로 일하면서 자선단체와 정부의 재정적 지원을 수익을 창출하는 제약사들이 제조하는 팬데믹 백신 개발에 전용하는 역할

을 하고 있다. 그녀는 이벤트 201 참여자들에게, 비공개로, 게이츠 재단이 국민을 위험한 생각과 정보로부터 보호하기 위해 이미 "소셜미디어 플랫폼에 올라오는 정보를 검열할" 알고리듬을 개발하고 있다고 안심시켰다.[257] 2020년 3월, 홀턴은 오스트레일리아 코비드-19 정책 조율 위원회 집행이사회에 합류해 세계에서 가장 혹독한 봉쇄령과 오스트레일리아 역사상 가장 극단적인 시민권 유린을 자행했다.

• 첸 황(Chen Huang)은 애플(Apple)사의 과학자이자, 구글 학자이자, 추적감시와 안면인식 기술의 세계적 전문가이다. 그는 이 시뮬레이션에서 정부의 대응조치들에 대해 보도하는 뉴스진행자 역할을 한다. 그는 폭동을 백신 반대 운동가들 탓으로 돌리고 트위터와 페이스북이 "전염병에 대한 이런 정보를 퍼뜨리는 심란할 정도로 수많은 계정을 규명하고 삭제"하는 데 협조하고 "공황 상태를 해소하기 위해 인터넷 차단"을 실행하는 데도 협조하게 된다고 득의만면한 표정으로 예언한다.[258]

• 매튜 해링턴(Matthew Harington)은 에델만의 글로벌 운영과 디지털 소통 책임자이다. 에델만은 세계 최대 홍보회사로서 화이자, 아스트라제네카, 존슨&존슨, 마이크로소프트 등을 대리하고 있다. 그는 소셜 미디어가 정부 정책에 고분고분 따라야 한다는 데 동의한다. "소셜 미디어 플랫폼이 솔선수범해서, 그들이 단순히 기술 플랫폼이지 방송 주체가 아니라고 인식하던 시대는 끝났음을 인정할 때가 되었다고 생각한다. 그들은 정확한 정보의 무차별적 융단폭격으로 플랫폼을 포화상태로 만들지는 못하더라도, 정확한 정보를 알리는 데 참여해야 하고 과학계 보건 부문과 손잡고 정확한 정보를 전달하는 주체가 되어야 한다. 그릇된 정보와 오보는 한번 쏟아지면 다시 주워 담을 수 없는 물과 같기 때문이다."[259]

- 스티븐 레드(Stephen Redd)는 육군 장군이자 미국 공중보건 서비스 의무부총감이다. 그는 정부가 소셜 미디어 데이터를 채굴하고 불순한 생각을 하는 미국인에 대한 데이터를 수집해야 한다는 섬뜩한 견해를 지니고 있다. 그는 "소셜 미디어를 통해 누가 오보에 취약한지 파악할 수 있다고 생각한다. 따라서 그러한 소통 플랫폼들로부터 데이터를 수집할 수 있다."[260]라고 했다. 이러한 견해를 밝히고 두어 달 후 레드는 질병통제예방센터에서 코비드 대응책을 관리하는 부국장이라는 새로운 직책을 맡았다.

- 에이드리언 토머스(Adrian Thomas)는 세계 최대 제약회사인 존슨&존슨의 글로벌 전략과 공중보건 부사장이다. 그는 "한 제약사에서 나온 중요한 소식을 전하겠다. 우리는 새로운 항레트로바이러스제와 백신에 대한 임상 실험을 하고 있다."라면서 엉터리 실험을 거친 제품이 "사망을 일으키고 따라서 환자들이 이러한 제품을 복용하지 않으려 한다는 소문이 실제로 퍼지게 되면" 제약사에 타격을 줄 문제들을 타개할 전략을 제안한다. 그는 "사망률과 감염률을 통계 내고 보고하는 게 실수일지도 모르겠다."라고 말한다.[261] 그의 이러한 우려는 연방 규제 당국자들이 백신접종으로 인한 상해를 99퍼센트 이상 숨기도록 설계된 백신부작용보고체계(VAERS)를 개선하지 않고 일부러 그대로 유지하는 이유를 보여준다. 토머스는 2021년 3월부터 존슨&존슨의 팬데믹 대응과 백신 개발 프로그램을 책임져왔다.

- 중앙정보국 부국장을 지낸 아브릴 헤인즈(Avril Haines)는 '보건의료 종사자뿐만 아니라 영향력 있는 지역사회 지도자들'을 비롯해 '신뢰받는 정보원'의 선전 선동으로 언론과 소셜 미디어를 '포화상태'로 만드는 전략을 제안했다. 그녀는 "팬데믹에 대처하는 능력을 실제로 훼손하는 거짓 정보"에 대해 경고하면서 "신속하게 이에 대응해야 한다."라고 주장한다.[262] 2021년 4월 11일, 바이든 대통령은 헤인즈를 팬데믹 대응을 책임진 최고위 관료인 국가정보국 국장에 임명했다.

• 에델만 최고경영자 매튜 해링턴(Matthew Haringrton)은 — 한 때 정보를 분권화 민주화하리라는 기대를 모았던 — 인터넷을 중앙에서 통제할 필요가 있다고 말한다. "아브릴의 발언에 좀 더 보태자면, 정보나 공중보건의 관리를 중앙집권화하는 문제와 관련해 앞서 토의한 바와 같이 소통의 접근방식에서도 중앙에서 마련한 대응을 비정부단체 지도자들, 의료 전문가들 등에게 하달해야 한다."[263] 에델만은 자사의 최대 고객이 빅테크이고 그 뒤를 제약사가 바짝 좇는다고 자랑한다. 마이크로소프트는 에델만의 가장 중요한 고객이다.

• 톰 잉글스비(Tom Inglesby)는 존스 홉킨스 대학교 보건 안보센터 소장이다. 그는 국립보건원, 국방부, 국토안보부에 자문한다. 이벤트 201에 참여한 다른 많은 이들과 마찬가지로 잉글스비는, 이 시뮬레이션 이후 곧바로 실제로 팬데믹 위기를 관리하는 역할을 맡게 된다. 이 시뮬레이션을 한 지 3개월 후 그는 보건복지부 코비드-19 대응 선임자문관으로 자리를 옮긴다. 잉글스비는 "국제적 차원의 중앙집권화 말이죠?"라면서[264] 강화된 중앙집권적 통제가 필요하다는 데 동의한다.

• 에델만 최고경영자 매튜 해링턴은 정보에 대한 접근이 "국제적 차원에서 중앙집권화되어야 한다. 데이터와 핵심적 메시지를 총괄하는 중심지가 필요하기 때문이다."라고 말한다.[265]

• 미디어 자문인 하스티 타기(Hasti Taghi)는 다음과 같이 요약한다. "백신 반대 운동이 매우 강한데 주로 소셜미디어를 통해 퍼진다. 따라서 질병의 확산을 막을 제대로 된 백신을 개발하는 연구를 하는 동시에 어떻게 올바른 정보를 제시하고 전달해서 우리가 제조하는 이러한 백신을 국민이 신뢰하게 만들지 고민해야 한다."[266]

- 게이츠가 지원하는 농업 프로젝트 홍보담당자인 케빈 매컬리즈(Kevin McAleese) 는 이렇게 말한다. "국가들은 그릇된 정보와 오보를 철저히 관리할 필요가 있다. 소셜미디어 회사들은 이러한 가짜 정보와 밤낮으로 싸우고 있다. 거짓을 퍼뜨리는 사람을 일일이 규명하는 작업은 매우 버겁다. 아랍의 봄 사태에서 목격했듯이 말이다. 이는 팬데믹을 종식하려는 우리를 방해하고 정부의 실패로 이어질지도 모르는 심각한 문제다. 정보를 통제하고 정보에 대한 접근을 축소하는 게 해결책이라면 그렇게 하는 게 옳다고 생각한다."[267]

- 존스 홉킨스의 톰 잉글스비 박사도 동의하면서 이렇게 묻는다. "이 경우에 있어서, 정부가 소셜미디어 회사에 특정한 방식으로 회사를 운영하라고 요구해야 할 시점에 이르렀다고 생각하나?"[268]

- 싱가포르 재무장관 라반 티루(Lavan Thiru)는 정부가 반론자들을 체포함으로써 "정부가 가짜뉴스에 엄중하게 법적으로 대응한다는 본때를 보여줘야 한다."라고 주장한다. 그는 "가짜뉴스를 다룰 새로운 규제가 필요하다. 어쩌면 지금이 가짜뉴스 유포자들을 법정에 세워 실제로 가짜뉴스를 퍼뜨리면 재판을 받게 된다는 몇 가지 본보기를 제시해야 할 때인지도 모른다."[269]라고 말한다.

- 유엔재단 뉴욕지부장 소피아 보르헤스(Sofia Borges)는 질병을 극복한 사람들에 대한 긍정적인 사연을 소개하고 "중앙집권화된 정보원과 모두의 존경을 받는 세계 기구가 있어야 하는데. 이 경우에는 세계보건기구가 그러한 정보의 원천이 될 수 있다."라고 말한다.[270]

- 에이드리언 토머스는 이렇게 덧붙인다. "민간부문에서 제약업계가 아닌 다른 부문의 인사들을 참여시키는 게 중요하다. 다국적제약사가 자사의 제품이 안전

하다고 얘기해봤자 신뢰를 못 받는다."271

* * *

게이츠의 이벤트 201 세계 팬데믹 전쟁 연습은 참여자들 ― 세계 최고위 의사결정 자들 ― 을 훈련하고 세뇌하는 게 목적이라는 게 드러났다. 이벤트 201 훈련을 한 지 일주일 후, 당시 대통령 후보였던 조 바이든은 〈워싱턴 포스트〉에 실린, 존스 홉킨스 대학교 보건 안보센터가 공동 작성한 이벤트 201 보고서의 후속기사를 읽었다. 이 기사는 195개국을 평가하는 새로운 글로벌 보건 안보 지표에 따르면 "미국을 비롯해 어떤 나라도 인류를 말살할 가능성이 있는 의도적 또는 우발적 위협에 대응할 만반의 태세를 갖추지 못했다."272라고 보도했다. 바이든은 2019년 10월 25일 다음과 같은 트윗을 날렸다. "우리는 팬데믹에 대한 대비태세를 갖추지 못했다. 우리는 실제 위협에 집중하고 세계를 동원해 질병이 우리 땅에 발을 들여놓기 전에 막을 지도자가 필요하다."273

2019년 11월 말, 롭 버틀러(Robb Butler) ― 2014년부터 2018년까지 세계보건기구/백신으로 예방 가능한 질병과 예방접종 프로그램 유럽 담당 책임자였다 ― 는 응용 전염병 역학에 관한 유럽 과학회의에서 "백신접종을 주저하는 정서"를 타파해야 하고 "백신접종이 최선의 선택"이라고 말했다.274

군/정보 복합체의 승리: 정보기관들과 코비드-19

2020년 11월, 영국의 해외 담당 첩보기관 MI6는 코비드-19 백신에 대한 공식적인 정설에 의문을 제기한 (아마도 미국인도 포함해) 외국인들을 감시하겠다고 발표했다. MI6는 "백신 반대 선동을 분쇄할 공격적 사이버 작전"을 실시한다고 선포하면서275 앞으로 백신에 대해 감히 의문을 제기하거나 공식적인 코비드 관련 발표나 대응책에 의문을 제기하는 사람들을 집중적으로 감시하겠다고 밝혔다. MI6는 과거에 테러리스트들에게 써먹었던 감시와 괴롭힘과 더러운 속임수를 사용하겠다고 했다. 〈타임스〉에 따르면, "영국 첩보기관 MI6는 테러단체의 가짜 정보와 조직원 모집에 대응하기 위해 개발한 수법들을 사용하고 있다."[276] 정부의 한 소식통은 〈타임스〉에 실린, 영국 첩보기관이 하는 말은 농담이 아니라며 다음과 같이 말했다. "정부통신본부(Government Communications Headquarters, GCHQ)*는 온라인과 소셜 미디어에서 백신 반대자들을 퇴출하라는 지시를 받았다. 테러리스트 선전 선동을 감시하고 타개할 때 사용한 수법이다."[277]

미국의 연방 법에 따르면, 미국 첩보기관들은 미국 국민을 감시하지 못하도록 금지되어있다. 그러나 서구진영의 정보기관들은 서로 협력해 서로 상대방 국민을 감시하고, 미국 중앙정보국은 유럽, 이스라엘, 캐나다 정보기관들을 대리인으로 이용해 미국의 법망을 빠져나간다.

2020년 8월, 베를린에서 열린 평화와 정의 시위에서 코비드와 관련한 강압적인 제약에 항의하면서 민주주의와 시민권 보호를 외치는 120만 유럽인들 앞에서 내가 기조연설을 한 후, 독일의 국내 정보기관은 나를 시위에 초청한 집단의 최고 지도자들을 감시하기 시작한다고 발표했다. AFP통신에 따르면, 독일의 첩보기관은 코비드 시위자들이 "국가 기관과 그 대표자들에 대한 신뢰를 영구히 훼손"하려 한다고 비난했다.[278] 미국 중앙정보국 전 요원 케빈 쉽은 "이제 테러는 너무 폭넓게 정의되어서 코비드 백신을 언급하기만 해도 테러 행위로 간주되어 정보기관의 표적이 된다."라고 말한다.[279]

이 사건은 세계 언론이 오랫동안 눈 감아온, 서구진영 정보기관들이 백신 사업에 깊이 관여하고 있다는 사실을 처음으로 시인한 사건이다. 20년에 걸친 미생물전 시뮬레이션을 통해 예견되었듯이, 미국을 비롯한 각국 비밀 정보기관들은 코비드-19 팬데믹 대응에 은밀하게 깊이 관여했다. 정보계 전직 현직 요원들은 세계적 백신접종을 부추기는 국제기구에서 요직을 차지하고 있다. 예컨대, 바이든 대통령의 국제개발처(USAID) 처장은 세계보건기구 대사를 지낸 서맨사 파워(Samantha Power)다. 파워는 제국주의적 전쟁 강경론자로서 오바마 대통령의 국가안보보좌관으로 일하면서 리비아에 군사적으로 개입하도록 오바마를 설득했다. 그녀는 USAID 처장으로서 자신이 추구하는 목표는 "미국이 제조한 백신을 전 세계 사람들의 '팔뚝'에 주입함으로써 미국

---

* 신호정보(signal intelligence, SIGINT)를 담당하는 정보기관 - 옮긴이

의 위상을 회복"하는 일이라고 선언했다.[280] 유니세프 사무총장 앤서니 레이크(Anthony Lake)는 빌 클린턴 대통령의 국가안보보좌관을 지냈고, 중앙정보국장에 지명되었지만, 부패 혐의가 제기되어 임명받지 못했다. 2020년 1월, 유니세프는 몰디브 정부가 권장하는 백신을 자녀에게 접종하기 거부하는 부모들을 형사 처벌하는 법을 몰디브 의회가 통과시키자 환호함으로써, 권위주의를 기꺼이 수용하는 새로운 면모를 보였다. 그러한 법안에 대해 유니세프가 노골적으로 열렬히 지지하는 행태를 보면 이 기구는 몰디브의 혁신적인 법안을 인류 전체에게 적용하기에 앞서 시범적으로 운영해보는 실험으로 여기는 게 분명하다.[281]

제약사 글락소스미스클라인에서 파생된 웰컴 트러스트는 거대제약사와 서구 첩보기관들을 융합하는 데 핵심적인 역할을 했다. 2015년부터 2020년 10월까지 — 영국판 게이츠 재단인 — 웰컴 트러스트 회장은 영국의 국내 담당 첩보기관인 MI5 수장을 지낸 일라이자 매닝엄-불러(Eliza Manningham-Buller)였다. 그녀는 35년 동안 대응 첩보 활동을 하면서 영국과 미국 정보기관들의 공식적인 연락관 역할을 했다. 앤서니 파우치의 이메일을 보면 웰컴 트러스트 책임자인 제러미 파라 경이 파우치 박사와 공모해 우한 연구소에서 바이러스가 유출되었다는 증거를 은폐하고 웰컴 트러스트 직원 5명을 시켜 이러한 사기극을 관리하게 한 정황이 드러난다.[282]

매닝엄-불러는 2011년부터 2015년까지 임페리얼 칼리지 런던 위원회 의장을 지냈다. 앤서니 파우치와 서구의 보건 관료들은 임페리얼 칼리지가 발표한 완전히 빗나간 — 그리고 웰컴 트러스트의 악명높은 역학자 닐 퍼거슨이 날조한 — 코비드-19 치사율 예측치를 널리 인용해 세계 전역에서 혹독한 봉쇄령을 정당화했다.[283] 교활한 퍼거슨의 예측치는 치사율을 열 배 이상 부풀렸다. 그는 광우병을 비롯해 전염병이 유행할 때마다 똑같은 짓을 했다. 영국 해외 담당 첩보기관 MI6 요원을 지낸 크리스토퍼 스틸(Christopher Steele)*은 '독립적인' 영국의 단체 비상사태과학자문단(Scientific Advisory Group for Emergencies, SAGE)의 주요 인사이다. 이 단체는 수상하기 이를 데 없지만, 막강한 영향

---

* 트럼프 전 대통령에게 러시아 간첩이라는 누명을 씌우는 데 핵심적인 역할을 한, 이른바 "스틸 문건(Steele Dossier)"을 날조한 장본인이다. 스틸은 이 문건을 미국 정보 기관과 언론사에 흘렸다 - 옮긴이

력을 행사하는 조직으로서 구성원은 사회과학자, 심리학자, 전문적인 선전선동가들을 망라하는데 이들은 영국 정부가 '제로 코비드' 달성에 필요한 혹독한 권위주의적 조치 실행을 주저할 때마다 언론을 이용해 무자비하게 정부에 압력을 가했다.[284]

스틸 말고도 코비드에 대한 혹독한 대응책에 환호하고 전체주의의 도래를 찬양한 전 직 정보요원들은 많이 있다. 초창기부터 백신접종을 주저하는 부모들을 소외시키고, 악 마화하고, 공식적으로 괴롭히는 조치를 옹호한 이는 줄리엣 카이엠(Juliette Kayyem)이다. 그녀는 오바마 정권에서 국토안보부 차관보를 지냈고 미국외교협회(Council of Foreign Relations)와 국립 대테러리즘 위원회(National Antiterrorism Committee) 회원이었다. 카이엠 은 〈워싱턴 포스트〉에서 고위직을 맡았다가 사우디아라비아 언론인 자말 카쇼기(Jamal Khashoggi)를 추적해 살해하는 데 사용된 소프트웨어를 제조하는 이스라엘 첩보 장비 제 조사와 연관이 있다는 정보가 유출되면서 자리에서 쫓겨났다.[285] 일찍이 2019년 4월, 그 녀는 〈워싱턴 포스트〉에 자녀의 홍역백신 접종을 거부하는 부모는 "고립시키고 벌금을 물리고 체포"해야 하며 정부가 테러리스트와 성범죄자들에게 적용하는 법적 강제력과 똑같은 강제력을 이들 부모에게 적용해야 한다는 사설을 썼다.[286]

일찍이 1977년, 워터게이트 사건을 파헤친 언론인 칼 번스타인(Carl Bernstein)은 중앙 정보국이 〈뉴욕타임스〉와 〈타임〉 잡지를 비롯해 400명의 미국 언론인과 기관들을 조종 한다는 사실을 상세히 보도했다. 중앙정보국이 흉내지빠귀 작전(Operation Mockingbird)을 통해 〈워싱턴 포스트〉의 소유주인 케서린 그레이엄과 필 그레이엄에서부터 고위급 편 집자들과 기자들에 이르기까지 많은 언론인들을 오랫동안 조종해온 사실은 잘 알려져 있다. 현재 소유주인 제프 베조스가 이러한 불미스러운 영향력을 행사하는 이들을 솎아 냈다는 증거는 거의 없다. 〈워싱턴 포스트〉와 〈뉴욕타임스〉는 혹독한 팬데믹 대응조치 들을 앞장서서 찬양해온 언론이다. 9월 5일, 맥스 블루먼탈(Max Blumenthal) ― 그는 〈워 싱턴 포스트〉에 자주 기고하는, 클린턴 백악관 고문을 지낸 시드니 블루먼탈의 아들이 다 ― 은 〈워싱턴 포스트〉가 가짜뉴스를 보도했다고 폭로했다. 〈워싱턴 포스트〉가 "거 리의 의사 인터뷰"라는 제목의 기사에서 워싱턴 DC의 평범한 의사가 백신접종을 주저 하는 부모들은 자녀를 방치한 죄로 사법적 절차를 밟을 필요 없이 살해해야 한다고 주장했다고 보도했다. 블루먼탈은 이 의사가 중앙정보국의 투자 담당 부서인 인-큐-텔의 기술 인력 담당 부사장이라고 폭로했다.[287]

중앙정보국을 비롯해 정보기관들은 해외 지역과 연관된 연구를 하는 제러미 파라 같은 과학자들을 적극적으로 포섭한다.[288] 그리고 백신접종 프로그램을 포괄적인 전략적 행동의 위장막으로 이용한다. 예컨대, 2011년부터 2014년 사이에 중앙정보국은 세계보건기구의 글로벌 질병 퇴치 프로그램을 이용해 파키스탄에서 가짜 소아마비/B형 간염 백신접종 프로그램을 시행했다. 오사마 빈 라덴을 추적하기 위해 사람들의 DNA를 은밀히 채취하기 위해서였다.

이러한 사례들은 첩보기관들이 백신접종을 외교 정책 도구로 이용하고 공포를 조장하고 사람들을 억압하고 통제하는 수단으로 사용할 뿐 진정으로 공중보건에 대한 우려와는 관계없음을 보여주는데, 이는 빙산의 일각에 불과하다.

* * *

2021년 7월, 세계가 봉쇄령이라는 처참한 상황에 놓인 지 1년 4개월에 접어들 무렵, 미국연방항공국은 미국 서해안에서부터 미시건에 이르는 비행경로를 지나가는 항공교통을 다른 곳으로 돌려야 했다. 억만장자들의 여름 캠프 또는 '거물들의 잔치(Mogul Fest)'라고 불리는 세계에서 가장 배타적인 모임의 38번째 연례행사가 열리는 아이다호주 선밸리에 모여드는 전용기들에게 길을 터주기 위해서였다.[289] 2021년 행사 참석자는 빌 게이츠, 애플 최고경영자 팀 쿡, 페이스북 창립자 마크 저커버그, 아마존 창립자 제프 베조스, 마이크 블룸버그, 구글 창립자 래리 페이지와 세르게이 브린, 워런 버핏, 넷플릭스 최고경영자 리드 헤이스팅스, 디즈니 회장 로버트 이거, 바이아컴/CBS 회장 샤리 레드스톤, 그리고 봉쇄령을 열렬히 선동한 가장 영향력 있는 인물로 손꼽히는 CNN 뉴스진행자 앤더슨 쿠퍼 등이 있다. 앤더슨 쿠퍼는 예일대학교 재학 중 중앙정보국의 요원 모집에 응모했고 여러 차례 여름 인턴으로 일했다고 시인한 적이 있다.

이 행사에서 논의된 사항은 철저히 비밀로 보안이 유지되지만, 참석자들은 암호화폐와 인공지능에 관한 얘기가 오갔다고 시인했다. 이 해에 산업계 거물들은 중앙정보국장 윌리엄 조셉 번즈(William Joseph Burns)를 귀빈으로 초청했고, 이 행사에 관해 보도된 내용으로 미루어볼 때 산업계 거물들의 사기가 매우 높아진 듯하다.[290] 그 무렵, 미국 억만장자들은 단 한 해 만에 자산이 총 3조 8천억 달러 늘어나게 될 가능성이 상당히 커졌고, 미국의 중산층은 그 액수만큼 자산을 영원히 잃고 붕괴하기 직전이었다. 팬데믹 봉쇄령으로 돈 궤짝이 터지도록 자산을 한껏 늘린 기술계 언론계 거물들이 바로 자신의 언론 매체와 소셜미디어 플랫폼을 이용해 봉쇄령에 대한 비판과 불만을 검열한 자들이다.

이 배부르고 탐욕스러운 자본가 한 명 한 명이 모두 세계에 본보기가 될 만한 미국의 헌정질서와 민주주의를 무너뜨릴 여건을 조성해 주었다. 그 무렵 권리장전은 무기한 유보되었다. 이 행사 참석자들은 공론의 장을 사유화하고 — 민주주의를 지탱하는 산소이자 햇빛인 — 정보의 자유로운 흐름과 열린 토론을 막았다. 그들은 검열을 통해 자신들의 동맹 세력인 기술관료 집단이 헌법이 보장한 국민의 권리를 역사상 유례를 찾아보기 힘들 정도로 철저히 유린하도록 도왔다. 미국 전역의 교회가 폐쇄되고, 수백만 명의 자영업자가 적법절차나 정당한 보상 없이 업장을 폐쇄해야 했고, 악덕 기업가들에 대한 배심원 판결이 유보되고, 정부 당국은 헌법적으로 보장된 투명한 공청회나 발언할 기회도 주지 않고 규제안을 통과시키고, 영장 없는 수색으로 사생활을 침해하고, 언행을 추적감시하고, 집회와 결사의 자유를 파기했다.

20년 동안 시뮬레이션한 끝에, 중앙정보국은 — 앤서니 파우치 같은 의료 기술관료와 인터넷으로 막대한 부를 축적한 억만장자들과 손잡고 — 궁극적인 쿠데타를 일으키는 데 성공했다. 공고한 과두체제와 독재적인 통치에 저항해 역사적인 혁명을 일으킨 지 250년 만에 미국의 자치 실험은 막을 내렸다. 과두체제는 복구되었고 과두체제 거물들과 첩보 수장들은 영국 조지 왕을 비롯해 역사상 그 어떤 폭군도 꿈에서조차 상상하기 힘든, 국민을 통제할 새로운 도구를 새로이 권력자로 부상하는 기술관료 집단의 손에 쥐여주었다.

* * *

코비드-19: 군사 작전

"우리는 군산복합체(military-industrial complex)가, 그들 스스로 확보했든
그들에게 주어졌든, 부당한 영향력을 행사하게 되는 상황을 경계해야 한다.
엉뚱한 손에 권력이 쥐어질 가능성이 현존하고 앞으로도 계속 존재하게 된다.
우리는 군산복합체의 무게가 우리의 자유나 민주적 절차를
짓누르게 해서는 절대로 안 된다. 우리는 아무것도 당연히 여겨서는 안 된다.
오로지 깨어있고 제대로 아는 국민만이 거대한 산업계/군 방위기관들과
우리의 평화로운 수단과 목표들이 적절히 조화를 이루어 안보와 자유가
함께 번영하도록 할 수 있다."

— 드와이트 아이젠하워(Dwight Eisenhower), 1961

미국 정부는 오랜 세월 동안 조율된 군사적 대응을 준비해왔고 정보기관들이 이 대응에 깊이 관여한 사실로 미루어볼 때 미국 정부의 코비드-19 대응이 급속히 군사 작전으로 부상했다는 사실은 놀랍지 않다.

2020년 9월 28일, 과학 전문 기자 니콜라스 플로코(Nicholas Florko)는 유출된 워프 스피드 작전(Warp Speed Operation, 초고속 작전)의 조직도를 〈스탯(STAT)〉에 실어[291] 100억 달러를 들인 워프 스피드 작전이 "군이 대거 관여한" 고도로 기획된 국방부 캠페인임을 폭로했다. 이 복잡한 작전 수행 도표를 보면,[292] 대략 90여 명의 지도자 가운데 군 장성과 군인이 각각 4명과 60명에 보건복지부의 민간인 보건 관료가 29명으로 군인이 민간인을 수적으로 압도한다.

보건복지부 정책 부실장 폴 맹고(Paul Mango)는 국방부가 20여 개의 백신 제조 팝업(pop-up) 시설을 구축하고, 장비와 원료를 전 세계에 공수하고, 사이버안보와 물리적 안보를 구축해 "우리의 작전이 성공하기를 바라지 않는 '국가 행위자들'로부터 백신을 철저히 지키는 등, 워프 스피드 작전의 모든 측면에 깊이 관여한다고 〈스탯〉에 말

했다. 이러한 편집증적인 내용은 백신접종을 주저하는 미국 국민을 사악한 외국 정부와 엮으려는 빌미로 보인다. 이는 한 마디로 '음모론'이다. 정부의 공식적인 주장이긴 하지만 말이다. 맹고는 〈스탯〉에 워프 스피드 작전의 기획과 사후 보고는 "기밀 정보를 논의하는 보안 시설에서" 이루어진다고 말했다. 연방 보건당국의 한 고위 관리는 '사막의 폭풍 작전(Operation Desert Storm)에 입었던 군복'을 입은 군인 100여 명을 비롯해 수많은 군인이 워싱턴 시내 보건복지부 본부 복도에서 어슬렁거리는 광경에 충격을 받았다고 말했다.

보건 관리들은 〈스탯〉에 워프 스피드 작전이 로버트 캐들렉이 주관하는, 군과 제약업계의 제휴 작전으로 변질하면서 자신들이 주변부로 밀려났다고 불만을 토로했다. 맹고에 따르면 워프 스피드 작전과 관련해 보건복지부가 체결하는 계약을 모조리 캐들렉이 직접 승인했다.

워프 스피드 작전 사령부는 코비드-19 백신을 개발한 6개 주요 제약사들과 비밀 거래를 했다. 이 작전의 수석 자문은 글락소스미스클라인에서 일했던 몬세프 슬라우이(Moncef Slaoui)이다. 그는 팬데믹이 발생하기 전 파우치/캐들렉/게이츠의 공모로 워프 스피드 작전의 주요 수혜자가 된 모더나 회장을 지냈다. 글락소스미스클라인주식을 대략 1,000만 달러어치 보유하고 있는 슬라우이는 자기 직책을 "외부 계약직"으로 규정함으로써 연방 공직자 윤리규정 적용을 피했다. 그 이후 슬라우이는 자기가 보유한 주식 가치가 인상되면 인상분은 기부하겠다고 약속했다.[293]

민주당 소속 매사추세츠 상원의원 엘리자베스 워런은 청문회에서 "가장 먼저 해고돼야 할 사람은 슬라우이 박사다. 미국 국민은 코비드-19 백신과 관련된 의사결정이 개인의 탐욕이 아니라 과학을 토대로 이뤄졌는지 알 권리가 있다."라고 말했다.[294]

파우치 박사는 자기 부하직원 래리 코리(Larry Corey)를 통해 워프 스피드 작전에 직접 관여했는데, 코리는 자신을 워프 스피드 작전의 '당연직' 구성원이라고 규정했다. 코리는 파우치 박사의 코비드-19 예방 업무에 관여하는 인맥을 관리했는데, 이 인맥이 HIV 임상 실험 네트워크를 코비드-19 백신의 3단계 임상 실험 네트워크로 바꾸었다.[295]

파우치 박사는 미국 보건 정책을 군이 장악했지만, 전혀 기죽지 않고 워프 스피드 작전이 "재능이 출중한 이들의 경연"이라고 찬사를 퍼부었다. 파우치 박사는 〈스탯〉에 워프 스피드 작전을 지휘하는 군 지도부가 공중보건 관련 경험이 일천하다는 사실이 전혀 걱정되지 않는다며 이렇게 말했다. "워프 스피드 작전 조직도를 훑어보면, 아주 아주 아주 인상적이다." 톰 잉글스비도 군의 관여를 칭송했다. 그는 "과학에 대한 깊은 지식이 있고 정부가 실행하는 복잡한 작전을 관리할 줄 안다."라고 말하고 이렇게 덧붙였다. "매우 심각한 팬데믹과 정치적 환경에서 작전을 수행하고 있고 임상 실험이 끝날 때까지는 안전하고 효과적인 백신을 얻게 될지 알 길이 없다. 하지만 능력이 출중한 이들이 이를 실현하기 위해 애쓰고 있다."[296]

보건복지부 장관 알렉스 에이자—그는 제약사의 최고경영자를 지냈고 제약업계 로비스트로 일했다—와 국방부 장관 마크 에스퍼(Mark Esper)는 워프 스피드 작전 조직도 최상층부에 위치한다. 슬라우이는 공식적인 민간인 책임자이고 구스타브 퍼나(Gustave Perna) 장군은 워프 스피드 작전의 최고경영자 역할을 한다.

조직도에서 퍼나와 슬라우이 바로 밑에는 (퇴역한) 폴 오스트로스키(Paul Ostrowski) 중장과[297] 매트 헵번(Matt Hepburn)이 있는데, 오스트로스키는 특수군 출신으로 백신이 나오면 이를 보급하는 역할을 담당하고, 헵번은 질병 포착을 비롯해 여러 용도로 쓰일 최첨단 감지장치를 군인들 몸에 이식하는 프로그램을 비롯해 국방부 미래 전쟁 프로젝트를 진행하고 있다.

홀로코스트 생존자이자 의료윤리 운동가인 베라 샤라브는 내게 이렇게 말했다. "이는 군사 작전이 아니라 의료 정책이어야 한다. 이는 공중보건 문제다. 그런데 왜 군과 중앙정보국이 깊이 관여할까? 왜 모조리 비밀일까? 왜 우리는 국민 세금을 지원해 만든 이 제품들의 성분들을 알 수 없을까? 왜 정보의 자유법에 따라 넘겨받은 그 모든 이메일이 알아볼 수 없게 검은 잉크로 지워져 있을까? 왜 우리는 정부와 백신 제조사 간에 체결한 계약서를 볼 수 없을까? 왜 명목상의 실험만 거친 실험단계의 기술을 질병을 치료하는 데 의무적으로 사용해야 할까? 코비드-19 감염으로 해를 입는 사람은 1퍼센트가 채 못 되는데, 인구 100퍼센트를 의무적인 백신접종으로 위험에 처하게 하는 조치를 무엇으로 정당화할까? 우리는 일차적으로 생명을 구하기보다 살해하는 훈련을 받은 첩보원과 장군들이 인류를 대상으로 안전성이 입증되지도 않은 기술을 대규모로 실험하는 게 워프 스피드 작전임을 인식할 필요가 있다." 그러니 사달이 안 날 까닭이 있겠는가?

저자 후기

여러분이 이 책을 읽고 나면 너무 사기가 꺾이고 낙담하게 될지도 모르겠다. 백신 강제 접종을 비롯해 만행을 저지른 파우치 박사와 그의 추종자들이 우리 힘으로 어쩔 수 없는 '대마불사(大馬不死)'라고 느껴질지도 모른다. 그러나 우리가 하기에 달렸다.

굴복하고 고분고분 하라는 대로 할 수도 있다. 주사를 맞고, 마스크를 쓰고, 디지털 접종 증명서를 보여달라고 요구하면 보여주고, 검사를 받으라면 받고, 생체 감시 국가 권력자들에게 경의를 표하면 된다.

아니면 단호히 거부하는 방법도 있다. 우리의 선택에 달렸다. 그리고 너무 늦지도 않았다.

코비드-19도 하나의 문제이기는 하지만, 본질적인 문제는 아니다. 코비드-19는 안전하고 효과적이고 저렴한 조기 치료제로 대부분 해결된다.

본질적인 문제는 의료-산업 복합체에 만연한 고질적인 부패이고, 이들은 현재 언론 매체가 철저히 비호하고 있다. 의료-산업 카르텔은 쿠데타를 일으켜 이미 국민 세금 수십억 달러를 유용했고, 세계 중산층의 고혈을 쥐어짜 수조 달러를 챙겼으며, 전 세계적으로 대대적인 선전 선동과 검열을 자행하고, 국민을 통제할 핑계를 만들어냈다. 이 카르텔은, 그들에게 포섭된 규제 당국자들과 더불어, 자유와 민주주의를 상대로 한 세계대전을 주도했다. 극작가이자 에세이스트인 C. J. 홉킨스가 이 상황을 더할 나위 없이 적확하게 다음과 같이 묘사한다:

하나의 '현실'을 또 다른 현실로 대체하기란 가차 없는 작업이다. 이 과정은 정교하고 은근한 구석이 없다. 사회는 그 사회의 '현실'에 점점 익숙해진다. 우리는 현실을 기꺼이 또는 쉽게 포기하지 않는다. 우리가 현실을 포기하도록 만들려면 보통 위기, 전쟁, 긴급 사태 또는 전 세계적으로 치명적인 팬데믹이 발생해야 한다.

낡은 '현실'에서 새로운 '현실'로 바뀌는 동안, 사회는 분열된다. 낡은 '현실'은 해체되고 있지만 새로운 현실은 아직 낡은 현실을 대체하지 못한다. 광기 같이 느껴진다. 그리고 어찌 보면 실제로 광기다. 두 가지 '현실'이 서로 우위를 차지하려고 다투는 동안 사회는 둘로 나뉜다. '현실'은 하나뿐이므로 이는 사활을 건 싸움이다. 결국 오직 하나의 '현실'만 살아남는다.

이러한 과도기는 전체주의 운동에 결정적인 시기이다. 새로운 현실을 구현하려면 낡은 현실을 파기해야 하는데, 이성과 사실로는 파기하기 불가능하다. 공포와 폭력이 필요하다. 사회 대다수를 공포에 질리게 만들어 아무 생각 없는 집단적 흥분 상태에 몰아넣고 이들이 새로운 '현실'에 저항하는 이들을 적대시하게 만들어야 한다. 새로운 '현실'을 받아들이도록 사람들을 설득하거나 납득시키는 문제가 아니다. 오히려 가축 몰이와 비슷하다. 가축은 겁을 줘서 움직이게 해야 한다. 그리고 나서 이끌고 싶은 방향으로 가축을 몰아간다. 가축은 자기들이 어디로 가는지 모른다. 그저 물리적인 자극에 반응할 뿐이다. 사실과 이성은 이와 무관하다.

지난 2년 동안 우리의 헌법이 유린당하는 전례 없는 사태를 겪으면서 미국 독립전쟁 동안 조지 워싱턴 장군이 이끄는 군의 발을 묶었던 천연두와 버지니아 군대를 초토화한 말라리아 전염병을 떠올렸다. 이 두 사태를 통해 미국 건국의 아버지들은 전염병이 얼마나 치명적이고 파괴적인지에 대해 경각심을 갖게 되었지만, 그런데도 미국 헌법에 팬데믹 예외 조항을 넣지 않기로 했다.

그러나 오늘날 팬데믹을 빌미로 헌정질서를 중단시키는 새로운 예외 조항들이 줄줄이 만들어지고 있다. 지금 일어나고 있는 모든 상황을 해명하는 단 한 가지 명분은 코비드이다. 지금 이런 사태가 일어나는 표면적인 이유를 잠시 접어두고 실제로 일어나고 있는 사태에 집중해보자.

권력을 휘두르는 자들은 반론자들을 비방하고, 의문을 제기하고 회의를 표하고 토론을 원하는 이들을 모조리 처벌한다. 역사 속의 모든 폭군과 마찬가지로 그들도 금서를 지정하고 예술가들의 입에 재갈을 물리고, 새로운 정설에 의문을 제기하는 작가, 시인, 지식인들을 매도한다. 그들은 집회를 불법화하고, 국민에게 강제로 마스크를 씌워 공포와 분열을 조장하고, 신과 진화가 인간에게 부여한 마흔두 개의 안면근육을 이용해 가장 미묘한 동시에 가장 표현력이 뛰어난 비언어적 소통방식으로 교감할 길을 막음으로써 그 어떤 연대감도 해체한다.

예상대로, 팬데믹은 전 세계적으로 폭정을 확대하는 핑계가 되었고 바이러스와 아무 관련 없는 변화를 초래했다. 헝가리는 표현의 자유를 억압하고 동성애에 대한 공개적인 표현을 금지했다. 중국은 홍콩의 마지막 남은 민주적 성향의 신문을 폐간하고 그 신문사의 간부들, 편집인들, 기자들을 구속했다. 벨로루시 대통령 루카셴코는 시위자들을 대거 체포하고 반체제 성향의 기자 한 명을 체포하려고 여객기를 납치하기까지 했다. 폴란드 정부는 여성과 동성애자의 권리를 폐기하고 낙태를 사실상 금지했다. 인도 총리는 기자들을 체포하고 트위터 측에 정부에 비판적인 포스팅을 삭제하라고 명령했다. 러시아 대통령 블라디미르 푸틴은 팬데믹을 빌미로 막강한 정적들을 구속하고 군중의 모임을 금지했다. 민주주의 국가라고 해서 크게 다르지 않았다. 프랑스는 국민에게 집에서 1킬로미터 밖으로 벗어나려면 통행증을 제시하라고 했고, 오스트레일리아는 프랑스보다는 조금 너그럽게 집에서 5킬로미터까지는 통행을 허락했다. 그러나 오스트레일리아는 새로운 억류시설을 구축했다. 영국은 국민의 해외여행을 금지했다.

미국에서도 이와 비슷한 수많은 일이 일어났다. 뉴욕주의 상원은 '공중보건'에 위협이라고 간주 되는 주민들을 강제로 무기한 억류하는 법을 통과시켰다. 그러나 미국에서는 무엇보다도 표현의 자유가 새로이 부상하는 폭정의 가장 큰 희생양이었다. 이제는 누구나 아는 '오보(misinformation)[*]'라는 용어는 공식적인 정설에서 벗어나는 어떤 표현이든 뜻하는 단어가 되었다. 소셜 미디어와 언론매체들은 정부의 주장이라면 무조건 옹호하고 그대로 받아쓰는 속기사가 되었다. 언론이 의문을 제기하고 호기심을 품고 조사하고 파고들고 권력자들에게 어려운 질문을(혹은 어떤 질문이든) 던져야 하는 의무를 의도적으로 포기함으로써 2020년과 2021년의 광기와 비극이 가능했다. 여러 가지 동기들이 복잡하게 얽히고설켜 이런 지경에 이르게 되었지만, 아주 단순한 사례를 하나 소개하겠다.

거대제약사들은 신문과 방송 언론매체들의 최대 광고주이다. 그들이 해마다 광고비로 지출하는 96억 달러로 광고 지면과 시간만 사들이는 게 아니다. 언론의 복종도 산다. (2014년, 한 방송국 회장 로저 에일스(Roger Ailes)는 방송에 나를 출연시켜 백신의 안전성에 의문을 제기하는 발언을 하게 내버려두는 진행자는 누구든 해고하리라고 내게 말했다. 그는 "우리 보도국은 선거가 없는 해에 광고 수익의 최고 70퍼센트가 제약사에서 비롯된다."라고 그 이유를 설명했다.)

여기서 언론의 역할을 새삼 거론할 필요는 없다고 생각되므로 한 가지 예만 들겠다. 백신 의무접종은 백신이 코비드-19 전염을 예방한다는 주장을 전제로 한다. 백신이 전염을 예방하지 못한다면, 그리고 백신 접종자와 비접종자가 똑같이 바이러스를 퍼뜨린다면, 이 두 집단 사이에 아무런 차이가 없다. 한 집단은 정부의 명령에 순순히 따르지 않는다는 점 말고는.

인구 전체에게 강제로 자의적이고 위험한 의료 처치를 받게 하는 행태는 미국 정부, 아니 그 어떤 정부가 강제한 정책 가운데서도 가장 강압적이고 인간의 존엄성을 짓밟는 정책이다.

게다가 그 정책은 거짓이 그 토대다.

질병통제예방센터 소장, 파우치 박사, 세계보건기구 모두 백신이 전염을 막지 못한다고 마지못해 시인해야 했다.

---

* "Misinformation"은 정보 전달 주체가 거짓인 줄 모르고 퍼뜨리는 오보를 뜻하고 "Disinformation"은 정보 전달 주체가 거짓인 줄 알면서도 퍼뜨리는, 의도적인 오보를 뜻한다. 최근에는 "Malinformation"이라는 신조어까지 등장했는데, 이는 정보 자체는 사실이지만 정부나 공공기관에 대한 국민의 불신을 조장하는 정보를 뜻하며 이 또한 검열대상이다 - 옮긴이

이스라엘의 공중보건 책임자가 미국 식품의약국 자문 위원회를 대상으로 연설하면서 백신은 바이러스의 전염도 감염도 사망도 막지 못한다고 말함으로써 조금도 의문의 여지를 남겨놓지 않았다. 2021년 9월 17일 이스라엘의 상황을 설명하면서 그녀는 다음과 같이 말했다:

중증이고 생명이 위중한 상태인 사람들의 60퍼센트가 접종자, 2회 접종자, 접종 완료자이다. 이번 4차 감염에서 사망한 사람들의 45퍼센트가 2회 접종자이다.

그런데도, 그로부터 3주 후인 10월 7일 — 이 책 인쇄가 시작되기 며칠 전 — 미국 대통령은 보건의료 종사자들이 반드시 백신을 접종하도록 만전을 기하겠다면서 "국민 여러분이 보건의료 시설에서 치료를 받으려면 치료를 하는 사람들이 코비드에 걸리지 않았고 이를 여러분에게 전염시키지 않는다는 확신이 필요하다."라고 그 이유를 밝혔다.

이처럼 대통령이 미국 국민에게 백신 접종자는 코비드에 걸리지 않고 코비드를 전염시키지도 않는다고 '확신'한다고 말했다.

명백히 사실과 다른, 현실과 완전히 동떨어진 대통령의 발언에 대해 의문을 제기하는 이가 아무도 없었다. 미국 대통령의 이러한 발언이 바로 현 상황을 적나라하게 보여준다.

지도자가 사실이 아닌 발언으로 국민을 오도하고 통제하는데도 아무도 이의를 제기하지 않는 모습이 방송되었다. 이는 조지 오웰이 〈1984〉에서 예언한 바로 그 세상이다.

2021년이 절반쯤 지날 무렵 70년 전에 오웰이 쓴 이 책이 갑자기 미국에서 베스트셀러 20위에 올랐다는 사실이 그나마 한 줄기 희망을 준다. 권력층이 생각하는 것보다 점점 더 많은 사람이 현재 상황을 제대로 인식하고 있다는 징표다.

그러한 인식, 그러한 기본적인 상식을 통해 우리는 불량한 독재자들 — 시장, 주지사, 대통령, 총리 — 로부터 다시 민주주의의 입법적인 권한을 쟁취해올 가능성을 확인한다. 합리적인 입법기관은 소수를 배 불리고 다수에게 해를 끼치는 재정적 지원을 끊을 수 있다. 입법기관은 조사에 착수하고, 형사처벌에 박차를 가하고, 지유를 회복할 수 있다.

정부의 힘을 빌리지 않아도 보통 사람들이 폭정으로부터 스스로를 구할 수 있다. 일터에서 접종을 강제하는 방침을 거부하고, 검사와 마스크 착용을 강제하는 학교에 자녀를 보내기 거부하고, 검열하는 소셜 미디어에 저항하면 된다. 물론 그렇게 하기가 쉽지는 않다. 하지만 가만히 있으면 초래될 결과는 감당하기가 훨씬 어렵다. 우리가 지닌 도덕성과 용기를 발휘하면 전 세계가 경찰국가로 일사불란하게 발맞춰 행진하는 이 사태를 막을 수 있다.

* * *

나는 코비드-19가 일어나기 훨씬 전에 아동건강보호(Children's Heath Defense, CHD)라는 단체를 창립했다. 일부 백신을 비롯해 각종 독성물질 노출에서 비롯되는 아동 질병의 확산을 종식하는 게 우리가 추구하는 목표다. CHD는 국민을 교육하고 나쁜 행위자들에게 책임을 물어 우리 아이들의 건강한 미래를 보장하기 위해 힘쓴다. 이 책이 인쇄에 들어가기 시작하는 현재, 우리 아이들의 몸에 안전하지 않은 코비드 백신을 강제로 주입하려는 시도가 절정으로 치닫고 있다. 우리 아이들이 자유와 건강이라는 축복을 누리려면 이 코비드-19 악몽을 끝내야 한다. 우리는 더는 '전문가들을 신뢰'하거나 그들의 뒤틀린 과학관을 따르면 안 된다. 그들이 우리를 이 지경에 이르게 만들었지 않은가.

바라건대, 여러분이 이 책에 담긴 정보로써 다른 사람들이 현실에 눈을 뜨게 만들고 여러분이 사는 지역 정부, 학교 이사회, 보건 담당 부서, 국회의원, 경찰(그리고 선출직 보안관)을 효과적으로 상대하게 되었으면 한다. CHD는 미국과 전 세계에 지부가 있다. 건강과 자유를 추구하는 어떤 단체든 우리 단체에 가입하길 바란다. CHD의 온라인 뉴스 사이트 '디펜더(The Defender)'에 가입하길 바란다. 늘 정보에 귀를 기울이고 적극적으로 행동하길 바란다. 우리가 강제적인 의료 처치를 토대로 국민을 가르는 신종 분리 정책에 협조하기를 거부한다면 이 광기를 끝낼 수 있다.

　미국은 여전히 노예제도, 분리 정책, 인종차별주의, 그리고 강제적인 의료 처치 등으로 얼룩진 잔인하고 흉측한 역사와 씨름하고 있다. 미국 흑인들을 2등 시민 취급하는 행태를 또다시 반복하지 말자.

　나는 이 책을 집필하면서 마틴 루터 킹 주니어 목사가 1963년 링컨기념관에서 했던 장엄한 연설 "나는 꿈이 있다(I Have A Dream)"를 다시 읽었다. 오랜 세월이 지난 지금까지도 킹 목사의 다음과 같은 발언은 우리에게 울림을 준다:

　　우리는 정의의 은행이 파산했다고 믿기 거부한다. 우리는 이 나라의 기회의 금고
　　에 저장된 자금이 부족하다고 믿기 거부한다. 따라서 우리는 이 수표를 현금으로
　　교환하려 한다. 우리가 요구하면 자유라는 귀중품과 유가증권으로 교환해줄 수표
　　말이다. 우리가 이 신성한 장소에 모인 까닭은 미국국민에게 사태의 긴박함을 깨
　　닫게 하기 위해서다. 지금은 마음을 차분히 가라앉히는 사치를 부리거나 점진주의
　　라는 진정제를 복용할 때가 아니다. 지금은 민주주의의 약속을 실현할 때다.

　우리의 민주주의와 자유를 되찾는 투쟁에 모두 동참해달라. 나는 이 투쟁의 최전선에 쳐진 바리케이드에서 여러분을 기다리고 있겠다.

로버트 케네디 주니어

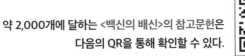

약 2,000개에 달하는 <백신의 배신>의 참고문헌은
다음의 QR을 통해 확인할 수 있다.

THE REAL ANTHONY FAUCI

백신의 배신

초판 1쇄 인쇄 2024년 11월 29일
초판 1쇄 발행 2024년 12월 10일

지은이   로버트 F. 케네디 주니어
옮긴이   홍지수
펴낸곳   ㈜엠아이디미디어
펴낸이   최종현
기 획   김동출
편 집   최종현
교 정   유현은
마케팅   유정훈
경영지원 윤석우
디자인   무모한 스튜디오, 한미나

주소   서울특별시 마포구 신촌로 162, 1202호
전화   (02) 704-3448   **팩스**   (02) 6351-3448
이메일 mid@bookmid.com   **홈페이지** www.bookmid.com

등록   제2011-000250호
ISBN   979-11-93828-12-0 (03300)